MAGNÍFICAS MULHERES
LUTANDO E CONQUISTANDO DIREITOS

DENISE PINHEIRO SANTOS MENDES
GIUSSEPP MENDES
JEFERSON ANTONIO FERNANDES BACELAR
Coordenadores

Prefácio
Jorge Ulisses Jacoby Fernandes

MAGNÍFICAS MULHERES

LUTANDO E CONQUISTANDO DIREITOS

Belo Horizonte

2023

© 2023 Editora Fórum Ltda.

É proibida a reprodução total ou parcial desta obra, por qualquer meio eletrônico, inclusive por processos xerográficos, sem autorização expressa do Editor.

Conselho Editorial

Adilson Abreu Dallari
Alécia Paolucci Nogueira Bicalho
Alexandre Coutinho Pagliarini
André Ramos Tavares
Carlos Ayres Britto
Carlos Mário da Silva Velloso
Cármen Lúcia Antunes Rocha
Cesar Augusto Guimarães Pereira
Clovis Beznos
Cristiana Fortini
Dinorá Adelaide Musetti Grotti
Diogo de Figueiredo Moreira Neto (in memoriam)
Egon Bockmann Moreira
Emerson Gabardo
Fabrício Motta
Fernando Rossi
Flávio Henrique Unes Pereira

Floriano de Azevedo Marques Neto
Gustavo Justino de Oliveira
Inês Virgínia Prado Soares
Jorge Ulisses Jacoby Fernandes
Juarez Freitas
Luciano Ferraz
Lúcio Delfino
Marcia Carla Pereira Ribeiro
Márcio Cammarosano
Marcos Ehrhardt Jr.
Maria Sylvia Zanella Di Pietro
Ney José de Freitas
Oswaldo Othon de Pontes Saraiva Filho
Paulo Modesto
Romeu Felipe Bacellar Filho
Sérgio Guerra
Walber de Moura Agra

Luís Cláudio Rodrigues Ferreira
Presidente e Editor

Apoio: Associação dos Magistrados Brasileiros

Coordenação editorial: Leonardo Eustáquio Siqueira Araújo
Aline Sobreira de Oliveira

Rua Paulo Ribeiro Bastos, 211 – Jardim Atlântico – CEP 31710-430
Belo Horizonte – Minas Gerais – Tel.: (31) 99412.0131
www.editoraforum.com.br – editoraforum@editoraforum.com.br

Técnica. Empenho. Zelo. Esses foram alguns dos cuidados aplicados na edição desta obra. No entanto, podem ocorrer erros de impressão, digitação ou mesmo restar alguma dúvida conceitual. Caso se constate algo assim, solicitamos a gentileza de nos comunicar através do *e-mail* editorial@editoraforum.com.br para que possamos esclarecer, no que couber. A sua contribuição é muito importante para mantermos a excelência editorial. A Editora Fórum agradece a sua contribuição.

Dados Internacionais de Catalogação na Publicação (CIP) de acordo com ISBD

M197　Magníficas mulheres: lutando e conquistando direitos / coordenado por Denise Pinheiro Santos Mendes, Giussepp Mendes, Jeferson Antonio Fernandes Bacelar. - Belo Horizonte : Fórum, 2023.

413p. ; 17cm x 24cm.

Inclui bibliografia.

ISBN: 978-65-5518-488-4

1. Direito Civil. 2. Direito das Mulheres. 3. Direitos Fundamentais. 4. Empoderamento Feminino. I. Mendes, Denise Pinheiro Santos. II. Mendes, Giussepp. III. Bacelar, Jeferson Antonio Fernandes. IV. Título.

CDD: 341.39
CDU: 34:336

Elaborado por Odilio Hilario Moreira Junior - CRB-8/9949

Informação bibliográfica deste livro, conforme a NBR 6023:2018 da Associação Brasileira de Normas Técnicas (ABNT):

MENDES, Denise Pinheiro Santos; MENDES, Giussepp; BACELAR, Jeferson Antonio Fernandes (Coords.). *Magníficas mulheres*: lutando e conquistando direitos. Belo Horizonte: Fórum, 2023. 413p. ISBN 978-65-5518-488-4.

SUMÁRIO

PREFÁCIO
JORGE ULISSES JACOBY FERNANDES..13

A GOVERNANÇA DO PROCESSO JUDICIAL ELETRÔNICO NO BRASIL E O DILEMA DA EFICÁCIA NORMATIVA DO CPC/2015
AGATHA GONÇALVES SANTANA..15
1 Introdução..15
2 A ausência de governança tecnológica e processual e seus impactos....................17
3 A implementação de um sistema de governança no PJe no Brasil........................19
4 A importância da governança do PJe sobre a gestão processual no Brasil...........22
5 Considerações finais...23
   Referências...24

TEORIA FEMINISTA DO DIREITO, CONSCIÊNCIA FEMINISTA E SEUS MÉTODOS
ALICE BIANCHINI..27
   Introdução..27
1 A consciência feminista..28
2 Métodos jurídicos feministas...29
   Conclusão..43
   Referências...44

PARIDADE DE GÊNERO E O ESPAÇO DA MULHER NO MERCADO DE TRABALHO
ANETE MARQUES PENNA DE CARVALHO, FLÁVIA GÓES COSTA RIBEIRO................47
1 Introdução..47
2 O que é "paridade de gênero"?...48
3 Antecedentes históricos: o ingresso da mulher no mercado de trabalho..............49
3.1 Lutas protagonizadas por mulheres ao longo dos anos..54
3.2 O Estado democrático de direito e o direito à igualdade e não discriminação: conquistas alcançadas..55
4 Perspectivas à paridade de gênero no mercado de trabalho..................................58
5 Conclusão..60
   Referências...62

VIOLÊNCIA OBSTÉTRICA: UMA BARREIRA NA EFETIVAÇÃO DOS DIREITOS SEXUAIS E REPRODUTIVOS DAS MULHERES
ANNA MARCELLA MENDES GARCIA..65
1 Introdução..65

2	Definição	66
2.1	Raça, classe e gênero	66
2.2	Discurso científico e institucionalização	67
2.3	Rotinas violentas no atendimento obstétrico	68
3	O papel do Estado no enfrentamento à violência obstétrica	69
4	Conclusão	71
	Referências	72

EQUIDADE DE GÊNERO NO JUDICIÁRIO E NA OAB: HABILIDADES PARA EQUILIBRAR E LIDERAR
ANNE WILIANS 73

Introdução 73
Judiciário 74
OAB – Ordem dos Advogados do Brasil 77
É preciso falar de liderança e novas habilidades 78
Conclusão 81

A PROTEÇÃO DA MULHER TRANS NO SISTEMA INTERAMERICANO DE DIREITOS HUMANOS: PARA ALÉM DO SEXO COMO CRITÉRIO BIOLÓGICO
BIANCA CARTÁGENES SARAIVA, DANIELA LIMA BARBALHO 83

1	Introdução	83
2	A proteção da mulher no SIDH	84
3	O reconhecimento dos direitos LGBTI no SIDH e a influência sobre o direito das mulheres trans	87
4	A violência contra a mulher trans como violência de gênero: o caso Vicky Hernandez e outra *v.* Honduras	90
5	Considerações finais	94
	Referências	94

LIDERANÇA, SUB-REPRESENTATIVIDADE FEMININA E CARREIRAS JURÍDICAS: O IMPACTO DAS AÇÕES AFIRMATIVAS PARA A CONCRETIZAÇÃO DA IGUALDADE MATERIAL
BRENDA ARAÚJO DI IORIO BRAGA 97

1	Introdução	97
2	Desenvolvimento	98
2.1	Mulheres e o labirinto da liderança	98
2.2	Sub-representatividade feminina em números	99
2.3	Ações afirmativas e o combate à discriminação de gênero	103
3	Considerações conclusivas	107
	Referências	108

DA PARTICIPAÇÃO E REPRESENTATIVIDADE FEMININA NA POLÍTICA BRASILEIRA E A FRAUDE À COTA DE GÊNERO
CARINA CÁTIA BASTOS DE SENNA 111

Introdução 111

Desenvolvimento 111
Conclusão 116
Referências 117

A DUALIDADE ENTRE PÚBLICO E PRIVADO NA PARTICIPAÇÃO FEMININA NA POLÍTICA: A FALTA DE NEUTRALIDADE DAS INSTITUIÇÕES POLÍTICAS
CAROLINA AMARAL VENUTO 119

Referências 134

CONSUMO E DISCRIMINAÇÃO DE GÊNERO: PERSPECTIVAS ACERCA DA HIPERVULNERABILIDADE DA MULHER CONSUMIDORA E DO EMPODERAMENTO FEMININO NA PUBLICIDADE
DENISE PINHEIRO MENDES, GABRIELA OHANA, LUANNA TAVARES 137

Introdução 137
1   A mulher, o mercado de consumo e as interfaces do capitalismo 138
2   A hipervulnerabilidade consumerista feminina no âmbito do assédio
    discriminatório de gênero 140
3   Um novo discurso? Contraposições entre o empoderamento feminino
    na publicidade e no real poder decisório de compra 145
    Conclusão 149
    Referências 150

PAPEL DE MULHER É NA CHEFIA OU ONDE ELA QUISER
ELIANA MARIA DE SOUZA FRANCO TEIXEIRA 153

Introdução 153
1   Mulher na sociedade 154
2   Mulher no trabalho 155
3   Mulher no setor público 159
4   Condições de vida das mulheres no Brasil 160
    Conclusão 162
    Referências 163

A PROTEÇÃO INTERNACIONAL DOS DIREITOS HUMANOS DAS MULHERES
FLÁVIA PIOVESAN 165

1   A proteção internacional dos direitos humanos das mulheres 165
2   O combate à violência contra a mulher no âmbito internacional 169
3   A Lei Maria da Penha na perspectiva da responsabilidade internacional do Brasil 172
4   Conclusão 178

A UTILIZAÇÃO DOS *NUDGES* NAS SESSÕES DE MEDIAÇÃO COMO INSTRUMENTO DA POLÍTICA NACIONAL DE TRATAMENTO ADEQUADO DOS CONFLITOS
GISELE SANTOS FERNANDES GÓES, AGENOR CÁSSIO NASCIMENTO CORREIA DE ANDRADE, BERNARDO AUGUSTO DA COSTA PEREIRA 181

1   Introdução 181

2	Os *nudges* e a economia comportamental	182
3	O uso de *nudge* em políticas públicas	186
4	*Nudges* e mediação	190
5	Utilização dos *nudges* no processo de mediação	193
6	Considerações finais	195
	Referências	196

O PROTAGONISMO DA MULHER NA GESTÃO DAS ENTIDADES DO TERCEIRO SETOR
HELENA MARIA OLIVEIRA MUNIZ GOMES, LIDIA MARIA BARBOSA CALADO COIMBRA 199

1	Introdução	199
2	O terceiro setor, o Estado e iniciativa privada	200
3	As organizações da sociedade civil na pauta dos direitos fundamentais	201
4	O protagonismo feminino	202
4.1	A gestão de mulheres nas entidades do terceiro setor	203
5	Considerações finais	209
	Referências	209

A IMPORTÂNCIA DAS MULHERES NOS ESPAÇOS DE PODER: PERSPECTIVAS E DESAFIOS
JULIANA RODRIGUES FREITAS, ELAINE FREITAS FERNANDES 211

	Introdução	211
1	O papel da mulher na sociedade colonial e patriarcal	212
2	Movimentos feministas e a emancipação da mulher	214
3	A importância das mulheres nos espaços de poder	216
3.1	Desafios e conquistas dos direitos da mulher na contemporaneidade	218
	Considerações finais	220
	Referências	221

A DIVISÃO SEXUAL DO TRABALHO E A SUB-REPRESENTAÇÃO DAS MULHERES NA POLÍTICA
CAMYLA GALEÃO DE AZEVEDO, LOIANE PRADO VERBICARO...................223

| | Referências | 226 |

AS CRIANÇAS E OS ADOLESCENTES SOBREVIVENTES DO FEMINICÍDIO NA JURISPRUDÊNCIA CRIMINAL DO TRIBUNAL DE JUSTIÇA DO ESTADO DO PARÁ
LUANNA TOMAZ DE SOUZA, EMY HANNAH RIBEIRO MAFRA, DEBORA DIAS DOS SANTOS, JESSICA KATHARINE GOMES MARQUES.................................227

1	Introdução	227
2	O feminicídio como violência de gênero	228
3	Órfãos do feminicídio como vítimas indiretas da violência	232

4	Levantamento da jurisprudência do TJPA e o papel atribuído às vítimas indiretas do feminicídio	233
5	Medidas estatais direcionadas às vítimas indiretas do feminicídio	236
6	Considerações finais	238
	Referências	238

QUANDO A VÍTIMA É MULHER
MARIA BERENICE DIAS 241

A MULHER NA GESTÃO E OS DESAFIOS DA CULTURA ORGANIZACIONAL: PERSPECTIVAS PARA O SÉCULO DISRUPTIVO
MARIA BETÂNIA DE CARVALHO FIDALGO ARROYO 247

1	Introdução	247
2	A mulher no contexto dinâmico da sociedade e suas organizações: uma introdução ao debate	248
3	A mulher na estrutura laboral no Brasil: apontamentos históricos e contextuais na atualidade	254
4	Mudanças organizacionais globais e novos requisitos para ser gestora	263
5	À guisa da conclusão: mulher, gestão e cultura organizacional	265
	Referências	266

MULHER – CONQUISTAS NO TEMPO – O CAMINHO QUE SEGUE
MARIA DE NAZARÉ SILVA GOUVEIA DOS SANTOS 271

1	Introdução	271
2	O tempo e a mulher – O caminho que segue	272
3	Conclusão	275
	Referências	275

FEMINICÍDIO NA PANDEMIA DE COVID-19: O FINAL FATAL DO CICLO DA VIOLÊNCIA CONTRA A MULHER COM PERSPECTIVA DE GÊNERO
MARIA DE NAZARÉ SAAVEDRA GUIMARÃES 277

Introdução	277
O que é feminicídio	278
Violência letal: o que revelam os dados de feminicídios durante o ápice da pandemia	281
Fatores que ampliaram a vulnerabilidade de mulheres, a manutenção e o agravamento das situações de violência já instaladas, durante a pandemia	283
A Lei nº 13.104/2015 – Lei do Feminicídio e suas controvérsias sobre a questão de gênero	284
As inovações legislativas ao enfrentamento da violência contra a mulher em 2021 no Brasil	287
Conclusão	289
Referências	289

ENQUANTO MULHER
MARIA FERNANDA PINHEIRO 291

UMA REFLEXÃO SOBRE OS DESAFIOS PARA A PROMOÇÃO DA IGUALDADE DE GÊNERO A PARTIR DA ANÁLISE DO PATRIARCADO NA CONSTRUÇÃO DA PRÓPRIA MULHER
MILENE DIAS DA CUNHA 295

1	Introdução	295
2	Reflexo do patriarcado na construção da própria mulher	296
3	A expressão do machismo não é só reproduzida pelos homens	300
4	O papel das instituições na igualdade de gênero	301
5	Considerações finais	304
	Referências	305

DESAFIOS PARA PROTEÇÃO E EFETIVAÇÃO DO DIREITO DAS MULHERES NO BRASIL: O IMPORTANTE PAPEL DESEMPENHADO PELAS SERVENTIAS EXTRAJUDICIAIS
MOEMA BELLUZO 307

	Introdução	307
1	Os obstáculos enfrentados pelo ODS 5 como meta global em busca da igualdade de gênero	309
2	Evolução legislativa da proteção à mulher no ambiente doméstico e familiar	310
3	O Provimento nº 73/2018 do CNJ e seu papel na efetivação de direitos das mulheres transgêneros	313
	Conclusão	314
	Referências	315

A DEFENSORIA PÚBLICA DO ESTADO DO PARÁ E A DEFESA DAS MULHERES: ENFRENTAMENTO À VIOLÊNCIA DE GÊNERO
MÔNICA PALHETA FURTADO BELÉM 317

1	Introdução	317
2	A Defensoria Pública e a evolução dos direitos conquistados pelas mulheres	318
2.1	Lei Maria da Penha (Lei nº 11.340/2006)	321
3	Defensoria Pública do Pará e as ações em defesa da mulher	324
3.1	Núcleo de Atendimento Especializado a Mulheres em Situação de Violência Doméstica e Familiar – Naem	325
3.2	Núcleo de Prevenção e Enfrentamento à Violência de Gênero – Nugen	326
3.2.1	Projeto Defensoria Para Elas – Educação em direitos e acesso à justiça para as mulheres em situação de violência de gênero	327
3.2.2	Programa Reincidência Zero	328
3.2.3	Centro Educativo Eles Por Elas	329
3.2.4	Projeto Defenda-me	330
3.2.5	Cartilhas educativas	330
3.2.6	Projeto Arara das Manas	331
4	Considerações finais	331
	Referências	332

A DISSEMINAÇÃO DE FAKE NEWS NO ESPAÇO POLÍTICO BRASILEIRO: UMA ANÁLISE CRÍTICA DA PROMOÇÃO DE VIOLÊNCIA DE GÊNERO CONTRA MULHERES NO AMBIENTE ELEITORAL
PAULA CRISTINA RODRIGUES GOMES 335

1	Introdução...	335
2	A garantia da liberdade de expressão, livre manifestação do pensamento e a disseminação de *fake news*...	336
3	Normativa eleitoral de combate à prática de *fake news*	339
4	A responsabilização da violência política de gênero gerada pelas *fake news* no Brasil	342
5	Considerações finais..	346
	Referências..	347

MULHERES: DIREITOS E ACESSO AOS ESPAÇOS DE PODER – UMA CORRIDA DE OBSTÁCULOS
REIJJANE DE OLIVEIRA..349

Referências..359

MULHERES – CONHECENDO E CONSTRUINDO DIREITOS
ROBERTA COELHO DE SOUZA...361

Conclusão..369

MULHERES E A HISTÓRICA ESTRUTURAÇÃO POLÍTICA E SOCIAL BRASILEIRA
SUZY ELIZABETH CAVALCANTE KOURY, JULIANA PANTOJA MACHADO.........371

1	Introdução..	371
2	Construção colonial e modelo social patriarcal, na sociedade brasileira	372
3	Quem vive os papéis de poder na sociedade brasileira?	375
4	O impacto social do modelo econômico capitalista na vivência das mulheres ...	377
4.1	A exclusão das mulheres brancas do espaço privado	379
4.2	A desumanização das mulheres negras	380
5	Como raça, classe e sexualidade se interseccionam para a invisibilidade das mulheres no espaço público brasileiro?	381
6	Conclusão...	382
	Referências	383

A DISCRIMINAÇÃO DE GÊNERO E AS DIFICULDADES DA INSERÇÃO DA MULHER NO MERCADO DE TRABALHO
VANESSA ROCHA FERREIRA, MURIELLY NUNES DOS SANTOS 385

	Introdução...	385
1	Os direitos da mulher no meio ambiente de trabalho e a ordem constitucional brasileira...	386
2	A proteção da mulher no trabalho e a discriminação de gênero	388

3   Causas da desvalorização da força de trabalho feminina, iniciativas públicas e perspectivas para o futuro 391

Considerações finais 394

Referências 394

POSFÁCIO
ENTRE MA'AT E AS PARAJÁS: A JUSTIÇA É UMA MAGNÍFICA MULHER
JEFERSON BACELAR E GIUSSEPP MENDES 397

Referências 404

SOBRE OS AUTORES..407

PREFÁCIO

É importante que os avanços da civilização sejam permanentemente incentivados e registrados.

Especialmente aqueles que são conquistados e revelados pelo mérito, pela disciplina e pela coragem.

Assim é a trajetória das mulheres no mundo e no Brasil. E, particularmente, na ciência jurídica.

Em 1897, a Faculdade de Direito do Largo do São Francisco recebeu a primeira aluna mulher: Maria Augusta Saraiva, que se formou em 1902, com notável destaque. Na Faculdade de Recife, no século XIX, formaram-se as primeiras mulheres do Brasil, em Direito: Maria Coelho da Silva Sobrinha, Maria Fragoso, Delmira Secundina da Costa e Maria Augusta C. Meira Vasconcelos.

A primeira juíza no Brasil foi Auri Moura Costa, que, segundo alguns, teria sido nomeada porque pelo nome não distinguiram o gênero. Fez uma carreira notável chegando à desembargadora.

No Pará, além do valor jurídico, as mulheres tiveram participação ativa na Cabanagem. Mulheres de todas as idades revelaram suas estratégias, práticas e grau de envolvimento na Revolução paraense.

Mas foi preciso mais de um século para que alcançassem assento no Supremo Tribunal Federal, quando, em dezembro de 2000, Ellen Grace Northfleet foi nomeada ministra.

Esta obra é mais um passo decisivo no cenário evolutivo. Chama a atenção que no estado do Pará todos os Tribunais são presididos por mulheres.

O Tribunal Regional Eleitoral do Pará – TRE/PA é presidido pela Desembargadora Luzia Nadja Guimarães Nascimento, que foi homenageada em 8 de março de 2022, no Dia Internacional da Mulher, com a medalha Desembargadora Lydia Dias Fernandes.

O Tribunal de Justiça do Pará – TJPA, hoje, é conduzido pela Presidente Desembargadora Célia Regina de Lima Pinheiro. O Tribunal de Contas do Estado do Pará – TCEPA apresenta como presidente a Conselheira Maria de Lourdes Lima de Oliveira e como vice-presidente a Conselheira Rosa Egídia Crispino Calheiros Lopes. Já no Tribunal de Contas dos Municípios do Pará – TCMPA, a Conselheira Mara Lúcia Barbalho da Cruz ocupa o cargo de presidente do Tribunal e, por último, no Tribunal Regional do Trabalho – TRTPA, 8ª Região, a presidente é a Desembargadora Graziela Leite Colares.

Único estado do Brasil em que cinco Tribunais são presididos por mulheres, a Assembleia Legislativa – Alepa também conta com o maior número de representatividade feminina.

Nesta obra, os temas foram desenvolvidos não só pelo senso de oportunidade, mas também como uma verdadeira contribuição à prática e à Academia. Obra que revela o valor intelectual de suas autoras, por demais conhecido e festejado nesse estado, para além das fronteiras.

Se esses valores dignificam as mulheres, com muito mais ênfase hão de irradiar no sistema jurídico pátrio.

O selo da Editora Fórum assegura a este empreendimento a qualidade e o âmbito nacional e internacional.

A união para o trabalho dessa plêiade proporcionada pelos ilustres Denise Pinheiro Santos Mendes, presidente do Instituto Brasileiro de Direito Público e Privado – IBDPP e advogada, Giussepp Mendes, presidente do Instituto de Gestão Previdenciária do Estado do Pará – IGEPREV e advogado (licenciado), e Jeferson Bacelar, professor titular da Universidade da Amazônia – Unama, é mais um atributo de referência no cenário jurídico.

A obra *Magníficas mulheres: lutando e conquistando direitos*, com todos esses predicativos, insere-se no cenário nacional com nosso aplauso e os votos de uma boa leitura pelos jovens acadêmicos e colegas advogados.

Jorge Ulisses Jacoby Fernandes
Mestre em Direito pela Universidade Federal de Pernambuco, advogado, professor de Direito Administrativo, escritor, consultor, conferencista.

A GOVERNANÇA DO PROCESSO JUDICIAL ELETRÔNICO NO BRASIL E O DILEMA DA EFICÁCIA NORMATIVA DO CPC/2015

AGATHA GONÇALVES SANTANA

1 Introdução

A Quarta Revolução Industrial rompeu barreiras sobre o modo de se relacionar humano, avançando sobre a tecnologia da automação, informatizando produtos e serviços. O avanço dessa revolução iniciou disrupturas a partir da evolução dos doze conjuntos de tecnologia atuais, como a inteligência artificial e a robótica, a fabricação aditiva, as neurotecnologias, as biotecnologias, a realidade virtual e aumentada, novos materiais, tecnologias energéticas. Inovações e tecnologias, em especial no âmbito digital, que modificaram comportamentos humanos no âmbito da sociedade humana.

Nesse novo panorama, o ambiente digital é governado por dados estruturados, os quais são constantemente coletados pela rede mundial de computadores, formando-se uma sociedade *data driven*, cujas características de hipervigilância e de direcionamento informacional provocam mudanças culturais, jurídicas, políticas e econômicas (GIDDENS, 1987, p. 27).

Nesse contexto, conforme previsto por Schwab (2018, p. 36), mudam-se sistemas inteiros, entendidos como normas, regras, expectativas, objetivos, instruções e incentivos que norteiam o comportamento diário do ser humano, em sua visão micro, como também em sua visão macro, em relação a infraestruturas e gerenciamento da vida em sociedade, tomada de decisões, modo de produção e consumo, de bens e serviços, além do trabalho humano – o que pode modificar inclusive o significado de ser humano.

No direito processual não haveria de ser diferente, uma vez que o desenvolvimento tecnológico no âmbito dos sistemas de justiça encontra-se no centro da maioria das agendas dos países no âmbito internacional (MALDONADO, 2019, p. 47). Portanto, hão de se considerar mudanças estruturais, envolvendo não apenas uma reestruturação da Administração Pública dentro do âmbito digital, como a formação de uma verdadeira governança digital, significando muito mais do que celeridade, segurança e eficiência (FALEIROS JUNIOR, 2020, p. 78-86).

Desde a Lei Federal nº 9.800/1999, a qual permitiu a utilização de sistema de transmissão de dados para a prática de atos processuais, muito se evoluiu até culminar no uso dos sistemas processuais eletrônicos, e mesmo em sistemas de aprendizado de máquina, como o Projeto Victor do Supremo Tribunal Federal ou o Projeto Sócrates, do Superior Tribunal de Justiça (PEIXOTO, 2020b), inaugurando novos marcos regulatórios, tendo a proteção aos dados pessoais ganhado um novo viés de proteção ao direito fundamental à privacidade, incorporando valores humanos no âmbito tecnológico. A tecnologia, portanto, passou a ser visualizada muito além da mera noção de desempenho diferenciado dos atos.

Organizações como a Ordem dos Advogados do Brasil (OAB..., 2013) desde o ano de 2013 apontam problemas de ordens diversas com a implementação do PJe no Brasil, como a dificuldade de acesso à infraestrutura de internet e energia por parte de todos; a acessibilidade sobre as certificações por parte dos advogados; o sistema de informações aplicados ao PJe, bem como sobreposição de sistemas e ausência de interoperabilidade, aspecto analisado minuciosamente no ano de 2018 pelo Tribunal de Contas da União, como observado no Relatório do TC nº 008.903/2018-2 (BRASIL, 2018, p. 2), ocasionando não apenas transtornos técnicos como a inviabilidade do cumprimento das normas procedimentais previstas nas legislações processuais civis, como é o caso do CPC/2015.

Assim se apresenta o problema central deste trabalho: como a implementação da estrutura de governança do Projeto Judicial eletrônico no Brasil poderá impactar diretamente a efetivação das normas e valores previstos não apenas no CPC/2015, como também em outras legislações processuais vigentes e pela própria Constituição da República Federativa do Brasil de 1988? Toma-se como hipótese inicial que se faz mister a constituição de uma base de governança sobre todo o Poder Judiciário, considerado em sua unidade e hierarquia, para que cada gestão local, seja no âmbito estadual seja federal, a qual deve ser realizada a partir de um modelo interoperável, garantindo-se uniformemente a coleta e o correto tratamento de dados; o direcionamento de demandas; a garantia da segurança do sistema; e controle de gastos desnecessários com a manutenção dos sistemas, observando-se a unidade da jurisdição e seus princípios básicos.

Objetiva-se, assim, demonstrar a necessidade de uma base de governança geral a ser aplicada de modo a uniformizar diretrizes gerais a serem aplicadas pelas gestões dos tribunais brasileiros, efetivando-se normas e valores do ordenamento jurídico vigente.

Nesta pesquisa, utilizou-se pesquisa predominantemente teórica, embora com análises pontuais de elementos de empiria, como a referência ao relatório de auditoria do TCU TC nº 008.903/2018-2, como forma de exemplificar o escopo do trabalho. Ademais, realizou-se análise a partir de uma abordagem qualitativa, de natureza básica, e com métodos de objetivos reflexivos. Quanto ao procedimento da pesquisa, partiu-se do levantamento bibliográfico e documental, realizando-se críticas de caráter transversal, aplicando-se na maior parte do trabalho a lógica dedutiva, a partir de uma visão teórica sistêmica, embora a lógica indutiva também seja observada quando da análise dos dados empíricos analisados.

2 A ausência de governança tecnológica e processual e seus impactos

Direito é fato, valor e norma, de acordo com a teoria tridimensional do direito, de matriz realiana. Na ocorrência da mudança dos fenômenos jurídicos, mudam-se valores e as normas assim os acompanham (REALE, 2004, p. 64-65). Não haveria de ser diferente em períodos de revolução, tal como ocorre com a atual "Revolução 4.0": novos fatos, mudanças axiológicas e consequentemente revisão normativa, a qual deve ser atualizada tanto em sua forma como em sua interpretação.

Essa revolução, também denominada "Quarta Revolução Industrial" trouxe consigo desafios, como a não distribuição de seus benefícios de forma justa; a necessidade do gerenciamento dos riscos e danos advindos das externalidades; e a garantia de que a aplicação integral de todas essas inovações seja liderada por humanos e para humanos, devendo-se pensar em sistemas, não em tecnologias isoladas e nos seus potenciais benefícios, o que se traduz pela necessidade de vontade política, investimento e cooperação de todas as pessoas envolvidas, viabilizando o desempenho de suas potencialidades (SCHWAB, 2018, p. 43-45).

Nas últimas décadas, as demandas levadas ao Poder Judiciário tornaram-se muito mais complexas, envolvendo direitos patrimoniais e extrapatrimoniais, de natureza individual ou coletiva, muitas vezes com fatos até então inéditos ocasionados pelo uso cada vez mais intenso da tecnologia no âmbito das relações humanas, ao que se denominou de "virada tecnológica no direito" (NUNES; BAHIA; PEDRON, 2020, p. 18). Portanto, deve-se pensar de maneira sistemática em relação à implementação de uma inovação tecnológica no âmbito digital dentro de uma estrutura tão tradicional de poder como é a do Poder Judiciário.

Destacam-se que essas cinco palavras – *inovação tecnológica no* âmbito *digital* – não poderão ser avaliadas em separado, tendo que ocorrer uma interpretação profunda sobre seu significado e impacto.

O mundo hoje possui visões ou percepções não tão fáceis de serem visualizadas e explicadas, quiçá criticadas ou refutadas, havendo de se considerar aspectos físicos e virtuais. O mundo material e o mundo digital caminham lado a lado, demonstrando um ecossistema em simbiose ao mesmo tempo em que mostram a separação do ritmo biológico do ser humano em relação ao ritmo desenfreado de crescimento e desenvolvimento das tecnologias digitais, criando uma nova realidade. Contratos inteligentes; assinaturas digitais; comércio eletrônico; influenciadores digitais; *e-marketplaces*; produtores de conteúdo digital; teletrabalho; governo eletrônico formam a revolução digital que ultrapassa a mera automação de atos outrora realizados de modo físico (PINHEIRO; WEBER; OLIVEIRA NETO, 2021). Também representam grandes desafios ao Poder Judiciário, não apenas em relação ao conteúdo de seus julgamentos, mas pela própria forma de instrumentalizar o direito processual no âmbito virtual e sua lógica diferenciada do âmbito físico.

Nesse contexto, as grandes temáticas da governança e gestão ganharam relevo no âmbito da Administração Pública nacional e também no âmbito mundial, sendo inclusive objeto das agendas de desenvolvimento traçadas internacionalmente. Governança, nesse sentido, deverá ser entendida como um conjunto de mecanismos de liderança, estratégia e controle postos em prática para avaliar, direcionar e monitorar a gestão, com vistas à condução de políticas públicas e à prestação de serviços de interesse da sociedade (TRIBUNAL DE CONTAS DA UNIÃO, 2014), de modo que os serviços prestados sejam menos burocráticos, mais gerenciais e operacionais, facilitando o direcionamento e monitoramento de seus resultados. Por outro lado, deve-se pensar a gestão de modo a criar-se parâmetros de avaliação e reavaliação dos procedimentos aplicados, bem como seus resultados, buscando desenvolver melhores desempenhos, eficiência e incremento na *accountability* (TEIXEIRA; GOMES, 2019, p. 522).

No âmbito da Justiça federal, já existe esforço no sentido de padronizar a governança a partir de diretrizes que formam um modelo de gestão baseado em um planejamento estratégico minucioso implementado a partir de estudos dos dados coletados, alinhando-se as estratégias a planejamento e monitoramento das operações e à possibilidade de análise de resultados a partir dos critérios previamente estabelecidos no planejamento baseado na realidade e nas possibilidades que com ela podem ser efetivadas (CONSELHO DA JUSTIÇA FEDERAL, 2015, p. 3-23). Não obstante, sem uma uniformização de parâmetros e, principalmente, em relação à operabilidade, interoperabilidade, *accountability*, correto tratamento dos dados pessoais na conformidade da Lei Federal nº 13.709/2018 – Lei Geral de Proteção de Dados, e uniformização da prática dos atos processuais que configurem a realização das normas previstas no ordenamento jurídico pátrio, inevitavelmente haverá uma grave crise não apenas sobre a gestão dos processos, como da própria jurisdição em sua natureza, tal como é delineada na República Federativa do Brasil (SANTANA; MOURA JUNIOR, 2002, p. 18-19).

No mesmo ano de 2018, o Tribunal de Contas da União – TCU, em Relatório de Auditoria TC nº 008.903/2018-2, analisou a implementação e o funcionamento da informatização dos processos judiciais realizados no âmbito do Poder Judiciário da União, tendo realizado ainda breve análise da situação no âmbito dos Tribunais estaduais, no sentido de investigar se estariam de acordo com os princípios da economicidade, eficiência e efetividade (BRASIL, 2018, p. 2). Foi observada a ausência de implementação da estrutura de governança da forma prevista na Resolução CNJ nº 185/2013 e Portaria CNJ nº 25, de 2015, ocasionando a fragmentação na implementação da versão nacional do Processo Judicial eletrônico no Brasil, além de sobreposição e duplicidade nas soluções, por meio de implementação de sistemas próprios, inclusive privados, sem a adequada aplicação do Modelo Nacional de Interoperabilidade – MNI, impactando no aumento de custos e burocratização, aumentando o tempo de tramitação e não garantindo o controle de riscos (BRASIL, 2018).

A ocorrência do que foi observado no referido relatório decorre diretamente da ausência de um planejamento para a implementação efetiva da governança e de um modelo de gestão processual centralizado e hierarquizado. Em outras palavras, a ausência de critérios efetivos de governança inevitavelmente facilita a existência dos problemas observados. A sobreposição de sistemas do PJe existe justamente pela ausência da implementação da governança e de um planejamento efetivo de uniformização não apenas do programa empregado, mas de como ele será utilizado.

Nesse sentido, a tecnologia pode ser extremamente útil, essencialmente em relação à facilidade de coleta e direcionamento dos dados obtidos a partir do aprendizado de máquinas. Com efeito, a própria tecnologia, dentro de sua lógica, é mais indicada para solucionar problemas originados no contexto tecnológico, muito mais complexo e ágil que o próprio ser humano, o qual é titular de direitos a serem preservados. A máquina deverá ser um auxiliar na garantia dos direitos fundamentais da pessoa humana (SANTANA; MOURA JUNIOR, 2002, p. 19).

Os problemas são agravados quando se tem notícias de *hackeamento* de *sites* governamentais para venda e sequestro de dados na *dark web* (MOGNON, 2002), e dos próprios tribunais, como foi o caso do Superior Tribunal de Justiça (PONTES, 2020) e de tribunais regionais federais, como o da 3ª Região (MACIEL, 2022), entre tantos outros casos noticiados em *sites* oficiais e jornalísticos. A mudança dos fatos, com a agregação das tecnologias incorporadas, faz com que a implementação desordenada acarrete sérios riscos, essencialmente sobre a segurança, devendo ocorrer um cuidado extremo com a formação da governança, apta a dialogar com uma equipe transdisciplinar.

Com efeito, a própria palavras "dados" nos remete ao significado das informações a serem inseridas na codificação, as quais necessariamente deverão ser compreendidas da forma devida pelos profissionais que mantenham o diálogo para a implementação do procedimento corretamente. Nas palavras de Saquel (*apud* PIMENTEL, 2000, p. 57):

> La informática jurídica no es una rama del Derecho; no es Derecho. Se trata de un aspecto de la Ciencia de la información; es esta ciencia abocada a un objeto particular, el fenómeno jurídico. En efecto, así como la Sociología del Derecho, a Sociologia Juridica no es una rama del Derecho, sino de la Sociología, la informática juridica es uma rama de la Ciencia de la información.

Nesse sentido, conforme o entendimento de Schwab (2018, p. 71), "como as tecnologias estão incorporadas à sociedade, temos a responsabilidade de moldar seu entendimento e a obrigação de priorizar os valores sociais", refletindo os valores da sociedade não apenas de seus criadores, tanto em relação aos juristas quanto em relação à codificação tecnológica à linguagem digital por parte dos programadores e *designers*. Não se deve esquecer que, ao serem inseridos dados no mundo virtual, ao se programarem as máquinas, há, na verdade, a codificação de valores, os quais necessitam de uma política interna de controle.

A exemplo de governança baseada em valores, há o Regulamento Geral de Proteção de Dados da União Europeia – RGPD (PARLAMENTO EUROPEU, 2016), englobando critérios que deverão ser respeitados para o tratamento dos dados, bem como os pilares que deverão ser respeitados nas políticas de privacidade e segurança da informação, configurando um sistema que dirige, monitora e incentiva boas práticas, transformando os princípios básicos da transparência; equidade; prestação de contas (*accountability*) e responsabilidade em recomendações objetivas com o intuito de efetivar os ideais de bem comum.

3 A implementação de um sistema de governança no PJe no Brasil

Muito além da elaboração de normas cogentes para implementação do PJe no Brasil, dada a complexidade da elaboração de um projeto para sua implementação, devem-se necessariamente considerar os diálogos transdisciplinares de equipes que possam não apenas dominar o jargão jurídico, assim como a parte da tecnologia da informação e da informática tenham condições de dialogar e entender os limites da tecnologia, tanto em relação à possibilidade de realização como em relação a limites jurídicos, sobre o que pode ou não ser feito como versão-teste.

Não seria a hipótese de um jurista ter exatamente o mesmo nível de profundidade de conhecimento de um engenheiro da computação ou vice-versa, mas a viabilidade de intensos diálogos sobre as possibilidades e dos meios de implementação de inovações e tecnologias, sejam elas ou não no âmbito digital. Nesse sentido, jamais se pode resignar à inevitabilidade das opções-padrão, devendo-se pensar em técnicas de *design thinking* e aplicar técnicas de pensamento sistêmico, que auxiliem a entender as estruturas que orientam aquele determinado universo, fazendo com que o sistema ganhe novas configurações no âmbito tecnológico (SCHWAB, 2018, p. 46), pensamento este que certamente é o mais compatível com o momento atual em âmbito mundial.

Cada passo do processo deve ser colocado em um fluxo, compreendido pelos programadores, para que possa ser programado em códigos matemáticos inseridos no *software*, de modo não apenas ordenado como uniforme. A cada passo tomado pela equipe técnica, uma revisão e uma versão-teste deverão ser aplicadas.

Não bastasse isso, deve-se zelar para que o aprimoramento do programa seja constante, observando-se sempre a proteção dos dados dos sujeitos do processo bem como a *cybersegurança* do ambiente virtual. Inevitavelmente deverá haver uma equipe permanente em um programa de conformidade.

Não por acaso, a Lei de Proteção de Dados – LGPD (BRASIL, 2018), baseada no RGPD europeu, estabeleceu, em seu art. 5º, II, um rol taxativo de dados considerados pessoais sensíveis, debruçando-se ao longo de seus dispositivos sobre a temática das boas práticas e da governança, facultando-se aos controladores e operadores individualmente, ou por meio de associações, formular regras de boas práticas e de governança, devendo cada produto ou serviço ofertado, não importa se na esfera pública ou privada, estabelecer, entre outras coisas, as normas de segurança e padrões técnicos a serem adotados.

Em outras palavras, para além do cumprimento de toda a parte operacional do direito processual, deve-se, internamente, garantir a confecção e efetivação de processos e políticas internas na proteção de dados pessoais (FONSECA; MELLO, 2020, p. 113-114). Nesse aspecto, liga-se, diretamente no caso específico da privacidade e segurança da informação em relação a serviços ou produtos, à Associação Brasileira de Normas Técnicas – ABNT, membro brasileiro efetivo da ISO – Organização Internacional de Padronização, possuindo-se no Brasil um grupo específico de normas técnicas, denominado "família ISO 27000", que já previa desde o ano de 2005 normas básicas de segurança dentro da tecnologia da informação.

Em apertada síntese, a preocupação inicial deverá ser a adaptação das leis processuais em seus aspectos procedimentais para a linguagem de máquina, sem descurar de todo um universo de padrões internacionais de proteção de dados sobre as normas da família ISO/IEC 27000 – que hoje compõe mais de 50 normas, as quais viabilizam que as organizações implementem um Sistema de Gestão da Segurança da Informação (SGSI), através do estabelecimento de uma política de segurança, controles e gerenciamento de riscos, incluindo métodos de auditoria, métricas controle e gerenciamento de dados e de riscos (FONSECA; MELLO, 2020, p. 117).

Tais sistemas são calcados na comunicação clara e transparente com as partes interessadas; desenhos de estratégias de proteção; direcionamento de recursos estabelecidos por uma alta gestão; implementação de controles e monitoramento dos dados; aprimoramento dos controles e estabelecimento de métricas de eficácia.

Outra dificuldade decorrente dessa conjuntura é o fato de não ser fácil definir a relação entre tecnologias e valores, já que ambos são abstratos e intangíveis, conectando dados pessoais que configuram direitos da personalidade e que estão conectados diretamente às formas como o ser humano realiza as coisas, toma decisões, pensa sobre si e sobre outros. Dados esses conectados à sua identidade e visão de mundo, impactando até mesmo em uma nova forma de se visualizar a responsabilidade humana, conduzindo à necessidade de uma revisitação à estrutura normativa, já que o próprio significado das tecnologias as torna políticas, extraindo-se seus significados econômicos, jurídicos e sociais (SCHWAB, 2018, p. 69).

Assim, essa estrutura normativa exige uma verdadeira engenharia de dados jurídicos, técnicos e dados sensíveis dos sujeitos do processo envolvidos, devendo-se passar, obrigatoriamente, por uma análise e entendimento minucioso do contexto da organização; seus apoiadores; recursos; conscientização ou cultura de colaboradores; operabilidade; sistema e avaliação do desempenho e melhorias a serem implementadas continuamente conforme a evolução das necessidades.

Toma-se como exemplo de parâmetros obrigatórios a serem observados a norma ABNT NBR ISO/IEC 27002 (ASSOCIAÇÃO BRASILEIRA DE NORMAS TÉCNICAS, 2005), a qual define as condições para coleta e tratamento lícito de dados a partir de seus propósitos legítimos estabelecidos, como a identificação e documentação do propósito e a determinação de quando e como o consentimento poderá ser obtido das partes.

Para que se possa falar em efetivação do PJe no Brasil como um sistema único, desafiam-se obstáculos até mesmo para que se possa falar efetivamente na aplicação da jurimetria e mesmo da inteligência artificial como auxiliares para diagnóstico e direcionamento de políticas públicas, ou ainda para a padronização de demandas de repetição, utilizando-se a máquina programada para detecção de padrões de forma automática, utilizando-os para realizar uma projeção ou recomendar uma ação, podendo viabilizar a predição, tendo-se como ponto de partida o fato de que o direito sempre foi um grande gerador de dados, em sua maioria desestruturados (PEIXOTO, 2020a, p. 17-18). Nesse sentido, a inteligência artificial no âmbito processual poderia auxiliar no reconhecimento de padrões, na identificação de inconsistências, no melhoramento do aproveitamento de fluxos informacionais, no incremento sobre ações estratégicas, além de permitir registros confiáveis para sistemas de *accountability* (PEIXOTO, 2020a, p. 24), chegando a ter maior acurácia que a própria análise humana sobre a pesquisa dos dados.

O impacto da inteligência artificial no âmbito processual, essencialmente no que tange à sua aplicação no âmbito do processo eletrônico, é reconhecido pelo Conselho Nacional de Justiça, o que pode ser observado na Resolução nº 332, de 25.8.2020, que, entre outras providências, dispõe sobre a ética, a transparência e a governança na produção e no uso de inteligência artificial no Poder Judiciário.

Logicamente, conforme destacado por Santana, Teixeira e Teixeira (2021, p. 177):

> os influxos das novas tecnologias aplicadas ao processo cada vez mais exigem um repensar do devido processo legal, podendo-se cogitar a existência de um devido processo legal tecnológico – ou digital, adaptando-se essa importantíssima cláusula geral à nova arquitetura processual que se desenha, incorporando-se as novas ferramentas, adequando-as ao ordenamento, o qual encontra como limite os direitos fundamentais previstos na CRFB/1988.

É importante ressaltar que, para a presente análise, considera-se processo judicial eletrônico toda versão informatizada do processo judicial, visualizada pelo TCU como uma política pública em nível nacional (BRASIL, 2018, p. 3). Justamente por esse motivo, deve-se mirar em um procedimento eletrônico uniforme e direcionado a um fim comum: realizar a finalidade das normas processuais, bem como das normas e valores da própria Constituição da República de 1988, de forma que se garanta a autenticidade, integridade e custódia plena desses atos, garantindo-se com isso o sistema de justiça de responsabilidade do ordenamento pátrio.

4 A importância da governança do PJe sobre a gestão processual no Brasil

A gestão processual (*case management e caseflow management*) configura uma parcela da gestão dos tribunais (*court management*), congregando diferentes problemas e soluções dentro das especificidades de cada ordenamento jurídico. Assim, seria definida como "a intervenção conscienciosa dos actores jurisdicionais no tratamento dos casos ou processos, através da utilização de variadas técnicas com o propósito de dispor as tarefas processuais de um modo mais célere, equitativo e menos dispendioso" (COELHO, 2015, p. 29).

A organização é um grande reforço à reafirmação e efetividade do poder jurisdicional, em especial considerando sua estrutura hierárquica e sua natureza una, na conformidade do ordenamento constitucional brasileiro.

Isso porque, como poder, não se trata meramente de um conjunto de poderes independentes, mas um conjunto harmônico que tem o dever de uniformização, integridade e estabilidade em suas decisões, garantindo assim a segurança jurídica, expressando assim deveres dos órgãos jurisdicionais (ALVIM, 2022, p. 68).

Deve-se realçar, ainda, a necessidade de efetivação dos seus elementos mais básicos, a saber: *notio* – a faculdade de conhecer os fatos que lhe são levados a juízo, em forma de uma narrativa de lesão ou ameaça a direitos; *vocatio* – traduzindo-se na faculdade de fazer comparecer em juízo todos aqueles que a presença se torne indispensável para o conhecimento da verdade; *coertio* – entendido como o direito de fazer-se respeitar e reprimir ofensas; *iudicium* – poder efetivo de julgar e proferir decisões as quais devam ser respeitadas por todos; e, por fim, a *executio* – o poder de, em nome do Estado, tornar obrigatórias e coativas suas próprias decisões (ALVIM, 2022, p. 75-76). Entre todos esses poderes específicos, o Poder Judiciário possui a autogestão, tendo poder de auto-organizar-se e gerir os interesses que, muito além daqueles que estão julgando e sendo julgados, configuram interesses públicos de ordem social.

Corroborando a visão de Coelho (2015, p. 157), a questão da gestão processual encontra-se diretamente conectada com a crescente utilização dos meios informáticos e demais tecnologias de informação no tratamento dos processos, incluindo-se essencialmente a digitalização dos processos e a desmaterialização dos atos processuais, além da circulação da informação e dos dados referentes à realidade processual e dos tribunais. Desta forma, um sistema informático dos tribunais, bem articulado e maturado, deveria permitir a prática de todos os atos processuais por todos os sujeitos do processo, além de proporcionar ferramentas auxiliares, como bases de dados documentais, como jurisprudências de todas as instâncias, aplicações de apoio, consulta de agendas e pautas de distribuição, e também possibilitar o registo digital da prova e documentação integral das audiências.

A partir de um momento em que a informatização viabiliza a padronização a partir de classificação por categorias processuais e até mesmo pelas padronizações de demandas repetitivas, a abertura de gerenciamento se abre ainda mais. Nesse sentido, o que "levanta problemas importantes sobre o domínio dos circuitos informáticos e dos sistemas de informação utilizados pelos tribunais, na contraposição do que é a esfera de influência do Ministério da Justiça, por um lado, e dos órgãos jurisdicionais, pelo outro" (COELHO, 2015, p. 158).

Não obstante, a título de exemplo, não raras vezes um processo no Brasil possui hoje dificuldades com uma carta precatória, já que os sistemas PJe não se encontram em interoperabilidade. Ou, ainda, um *delay* em relação a um pedido de sigilo processual, deixando processos sigilosos visíveis e totalmente publicizados durante algum tempo, suficiente para acesso por outros sujeitos processuais. Ainda, problemas como a utilização de empresas privadas com a custódia de dados sob responsabilidade do Poder Público, podendo comprometer diretamente a qualidade da prestação jurisdicional e até mesmo a responsabilização em caso de vazamento ou sequestro de dados. Ou, em um ultimo exemplo, sobre a polêmica do "sigilo parcial", em que se podem visualizar documentos de uma das partes em uma ação civil pública, mas não os da parte adversária e sequer decisões judiciais.

Todas são situações de fato que comprometem a realização do previsto no ordenamento jurídico, comprometendo a coerência e integridade do ordenamento, como também sua própria eficácia.

Por outro lado, as questões tecnológicas são problemas de primeira grandeza, devendo-se preocupar tanto quanto a realização das normas e valores do ordenamento jurídico, dado que veiculam valores e direitos de personalidade das pessoas envolvidas, carregando uma natureza de direito público muito maior do que se possa cogitar.

Tais preocupações advêm do novo paradigma instrumental e tecnológico resultante das atuais redes de comunicação pública-administrativa e de expansão da informação processual pelos meios eletrônicos, essencialmente quando não se observa de modo efetivo uma uniformidade na organização dos tribunais no que tange à gestão, ao controle, à supervisão e à segurança sobre o processo judicial eletrônico.

5 Considerações finais

Há inúmeros benefícios sobre a aplicação das inovações tecnológicas sobre o direito processual, essencialmente no que tange à aplicação da inteligência artificial sobre o processo eletrônico.

Não obstante, a aplicação da digitalização do processo implica uma atenção mais apurada sobre os custos sociais e econômicos ligados à interoperabilidade de um sistema processual eletrônico efetivo, à duração dos processos, bem como à apreciação dos fatores conducentes aos atrasos processuais e à melhor forma de os resolver, além do melhor direcionamento de políticas estratégicas a partir das informações coletadas das demandas, essencialmente das demandas em massa ou demandas de caráter coletivo e estrutural.

Urge assim a necessidade de, concomitantemente à formação de uma teoria geral do processo digital ou tecnológico, implementação efetiva de uma governança paralela a uma uniformização na implementação do PJe em âmbito nacional, de forma interoperável, que efetive as normas e os valores do ordenamento jurídico vigente, e essencialmente que seja segura para todos os sujeitos do processo.

Essa visão pressupõe uma análise organizativa da tarefa da jurisdição enquanto poder estatal, em que o processo é visualizado como instrumento de realização das finalidades advindas da função jurisdicional do Estado e integrado a uma visão sistêmica da realização da justiça, de forma que a tecnologia configura um *plus* para a formação de um Poder Judiciário mais transparente, contribuindo não apenas para uma sociedade civil informada e participante, como cooperativo com os demais poderes para a realização da justiça, realizando-se anseios do Estado democrático de direito.

Por outro lado, para que se possam desenvolver e aplicar os benefícios da tecnologia do PJe no âmbito do processo eletrônico no Brasil, deve-se ter um sistema interoperável, estável, seguro e uniforme, guiado por balizas comuns a partir de diretrizes gerais de uma governança aplicável a todo Poder Judiciário brasileiro, preservando-se não apenas a independência deste poder como sua característica de unidade, conforme preceitua a CRFB/1988, ao mesmo tempo em que mantendo a segurança jurídica e demais princípios previstos no ordenamento jurídico pátrio, constitucional e infraconstitucional.

Referências

ALVIM, Joaquim Eduardo Carreira. *Teoria geral do processo*. 24. ed. Rio de Janeiro: Forense, 2022.

ASSOCIAÇÃO BRASILEIRA DE NORMAS TÉCNICAS. *ABNT NBR ISSO/IEC 27002*. Tecnologia da informação – Técnicas de segurança. Rio de Janeiro: ABNT, 2005. Disponível em: https://profjefer.files.wordpress.com/2013/10/nbr_iso_27002-para-impressc3a3o.pdf. Acesso em: set. 2022.

BRASIL. *Lei nº 13.709, de 14 de agosto de 2018*. Brasília: Congresso Nacional, 2018. Disponível em: http://www.planalto.gov.br/ccivil_03/_ato2015-2018/2018/lei/l13709.htm. Acesso em: set. 2022.

BRASIL. Tribunal de Contas da União. TC 008.903/2018-2. Plenário. Relator: Raimundo Carreiro. Sessão de 03/07/2019. *Diário Oficial da União*, Brasília, 2019. Disponível em: https://www.migalhas.com.br/arquivos/2019/10/art20191031-16.pdf. Acesso em: maio 2022.

COELHO, Nuno. *Gestão dos tribunais e gestão processual*. Lisboa: Centro de Estudos Judiciários, 2015.

CONSELHO DA JUSTIÇA FEDERAL. *Manual de governança da Justiça Federal*. Brasília: Conselho da Justiça Federal, 2015. Disponível em: https://www.cjf.jus.br/observatorio/arq/ManualGovJF.pdf. Acesso em: maio 2022.

CONSELHO NACIONAL DE JUSTIÇA. *Resolução nº 332 de 21/08/2020*. Brasília: CNJ, 2020. Disponível em: https://atos.cnj.jus.br/atos/detalhar/3429 Acesso em: maio 2022.

FALEIROS JÚNIOR, José Luiz de Moura. *Administração Pública digital*: proposições para o aperfeiçoamento do regime jurídico administrativo na sociedade da informação. Indaiatuba: Foco, 2020.

FONSECA, Fernando; MELLO, Renata Avelar de. Frameworks para a privacidade e proteção de dados pessoais. *In*: CRESPO, Marcelo Xavier de Freitas (Coord.). *Compliance no direito digital*. São Paulo: Revista dos Tribunais, 2020. v. III.

GIDDENS, Anthony. *Social theory and modern sociology*. Cambridge: Policy Press, 1987.

MACIEL, Camila. Tribunal Federal em São Paulo sofre ataque hacker e suspende serviços. *Agência Brasil*, Brasília, 2022. Disponível em: https://agenciabrasil.ebc.com.br/justica/noticia/2022-03/tribunal-federal-em-sao-paulo-sofre-ataque-hacker-e-suspende-servicos. Acesso em: set. 2022.

MALDONADO, Viviane Nóbrega. O uso da tecnologia em prol da Justiça: aonde poderemos chegar? *In*: MALDONADO, Viviane Nóbrega; FEIGELSON, Bruno (Coord.). *Advocacia 4.0*. São Paulo: Revista dos Tribunais, 2019.

MOGNON, Mateus. Hackers estão vendendo dados e acessos do Gov.br após ataque. *Tecmundo*, 2022. Disponível em: https://www.tecmundo.com.br/seguranca/245954-hackers-vendendo-dados-acessos-gov-br-ataque.htm. Acesso em: set. 2022.

NUNES, Dierle; BAHIA, Alexandre; PEDRON; Flávio Quinaud. *Teoria geral do processo*: com comentários sobre a virada tecnológica do direito processual. Salvador: JusPodivm, 2020.

OAB aponta os cinco maiores problemas do Processo Judicial Eletrônico. *OAB Nacional*, Brasília, 2013. Disponível em: https://www.oab.org.br/noticia/25217/oab-aponta-os-cinco-maiores-problemas-do-processo-judicial-eletronico#:~:text=A%20partir%20das%20experi%C3%AAncias%20relatadas,utiliza%C3%A7%C3%A-3o%20do%20sistema%3B%20e%20a. Acesso em: set. 2022.

PARLAMENTO EUROPEU. *Regulamento (UE) 2016/679 do parlamento europeu e do conselho, de 27 de abriu de 2016*. Bruxelas: União Europeia, 2016. Disponível em: https://eur-lex.europa.eu/legal-content/PT/TXT/HTML/?uri=CELEX:32016R0679. Acesso em: set. 2022.

PEIXOTO, Fabiano Hartmann. *Direito e inteligência artificial*: referenciais básicos. Brasília: Dr. IA. UNB, 2020a.

PEIXOTO, Fabiano Hartmann. Projeto Victor: relato do desenvolvimento da inteligência artificial na repercussão geral do Supremo Tribunal Federal. *Revista Brasileira de Inteligência Artificial e Direito*, Brasília, v. 1, n. 1, 2020b.

PIMENTEL, Alexandre Freire. *O direito cibernético*: um enfoque teórico e lógico aplicativo. Rio de Janeiro: Renovar, 2000.

PINHEIRO, Patrícia Peck; WEBER, Sandra Paula Tomazi; OLIVEIRA NETO, Antonio Alves de. *Fundamentos dos negócios e contratos digitais*. 2. ed. São Paulo: Revista dos Tribunais, 2021.

PONTES, Felipe. STJ é alvo de ataque de hacker e Polícia Federal investiga o sistema. *Agência Brasil*, Brasília, 2020. Disponível em: https://agenciabrasil.ebc.com.br/justica/noticia/2020-11/stj-e-alvo-de-ataque-de-hacker-e-policia-federal-investiga-o-sistema. Acesso em: set. 2022.

REALE, Miguel. *Lições preliminares de direito*. 27. ed. São Paulo: Saraiva, 2004.

SANTANA, Agatha Gonçalves; MOURA JUNIOR, João Valério de. A governança do processo judicial eletrônico no Brasil: o impacto na gestão processual no contexto da inteligência artificial. *In*: MORAIS, Fausto Santos de; SOUZA, Jessyca Fonseca; FREITAS, Juliana Rodrigues. *Acesso à justiça, inteligência artificial e tecnologias do processo judicial II*. Belo Horizonte: Skema Business School, 2022.

SANTANA, Agatha Gonçalves; TEIXEIRA, Carla Noura; MOURA JUNIOR, João Valério de. O uso da jurisdição 4.0 para diagnóstico e direcionamento de políticas públicas. *Revista Em Tempo*, v. 19, n. 1, ago. 2020. DOI: https://doi.org/10.26729/et.v19i1.3121. Disponível em: https://revista.univem.edu.br/emtempo/article/view/3121. Acesso em: maio 2022.

SANTANA, Ágatha Gonçalves; TEIXEIRA, Carla Noura; TEIXEIRA, Mariano Junior Siqueira. O uso do QR Code no peticionamento eletrônico e o ordenamento jurídico processual civil brasileiro. *Revista Brasileira de Direito Processual – RBDPro*, Belo Horizonte, ano 29, n. 116, p. 165-186, out./dez. 2021.

SCHWAB, Klaus. *Aplicando a Quarta Revolução Industrial*. São Paulo: Edipro, 2018.

TEIXEIRA, Alex Fabiane; GOMES, Ricardo Corrêa. Governança pública: uma revisão conceitual. *Revista do Serviço Público*, Brasília, p. 519-550, out./dez. 2019. Disponível em: file:///C:/Users/ibyte/Downloads/3089-Texto%20do%20Artigo-12787-1-10-20191227.pdf. Acesso em: maio 2022.

TRIBUNAL DE CONTAS DA UNIÃO. *Referencial básico de governança aplicável a órgãos e entidades da administração pública*. 2. ed. Brasília: Secretaria de Planejamento, Governança e Gestão, 2014. Disponível em: https://portal.tcu.gov.br/data/files/FA/B6/EA/85/1CD4671023455957E18818A8/Referencial_basico_governanca_2_edicao.PDF. Acesso em: maio 2022.

Informação bibliográfica deste texto, conforme a NBR 6023:2018 da Associação Brasileira de Normas Técnicas (ABNT):

SANTANA, Agatha Gonçalves. A governança do processo judicial eletrônico no Brasil e o dilema da eficácia normativa do CPC/2015. *In*: MENDES, Denise Pinheiro Santos; MENDES, Giussepp; BACELAR, Jeferson Antonio Fernandes (Coords.). *Magníficas mulheres*: lutando e conquistando direitos. Belo Horizonte: Fórum, 2023. p. 15-26. ISBN 978-65-5518-488-4.

TEORIA FEMINISTA DO DIREITO, CONSCIÊNCIA FEMINISTA E SEUS MÉTODOS

ALICE BIANCHINI

Que nada nos limite, que nada nos defina, que nada nos sujeite.
Que a liberdade seja nossa própria substância, já que viver é ser livre.
(Simone de Beauvoir)

Introdução

Estudos que contemplem a Teoria Feminista do Direito – TFD (também conhecida como Teoria Jurídica Feminista) ainda são muito incipientes no Brasil, mas já estão trazendo uma importante repercussão e principalmente impactando a forma e o modo de elaborar, interpretar, aplicar e executar normas jurídicas.

O mais completo e importante documento legislativo elaborado com base na perspectiva de gênero foi a Lei Maria da Penha (Lei nº 11.340/06). Ela foi considerada pelo Fundo de Desenvolvimento das Nações Unidas para a Mulher uma das três legislações específicas sobre o tema mais avançadas do mundo.

A importância da perspectiva de gênero na análise jurídica, tal qual se deu no momento acima mencionado da produção da Lei Maria da Penha, decorre de um amadurecimento da forma de ver e de vivenciar das mulheres, denominada, por Rita Moura Sousa (2015, p. 63), consciência feminista, que, ainda de acordo com a autora citada, "consiste na criação de conhecimento pela narrativa e análise sistemática de experiências partilhadas" e que constituem "experiências que apesar de inicialmente vivenciadas pelas mulheres como sofrimentos individuais, passam a ser compreendidos como experiências coletivas de opressão." Quando essa consciência feminista atinge a análise da criação, interpretação e aplicação de normas jurídicas, estamos diante de uma consciência feminista que, ao ser levada para o campo jurídico, constitui-se na base da teoria feminista do direito (também chamada de teoria jurídica feminista).

A análise da teoria feminista do direito é, conforme Teresa Beleza (1991, p. 21):

> uma reflexão filosófico-jurídica que analisará e informará – como é próprio da teoria do direito e da jurisprudência (consoante a genealogia intelectual anglo-saxônica ou alemã) – os preceitos legais, a dogmática, a jurisprudência, as práticas jurídicas de outros níveis, sempre de um ponto de vista crítico feminista.

O surgimento da teoria feminista do direito está atrelado à percepção que mulheres adquiriram sobre sua condição. Essa consciência, alcançada por mulheres de carreiras jurídicas, bem como de outras profissões (filósofas, sociólogas, arquitetas, médicas, assistentes sociais, psicólogas, historiadoras etc.), e mesmo aquelas que não tinham profissão remunerada, representa o que Rita Mota Sousa (2015) chama de "consciência feminista", tema a ser abordado na sequência.

1 A consciência feminista

As mulheres que adquiriram consciência feminista percebem com mais facilidade o quanto a estrutura jurídica trabalha a partir de uma vertente que prestigia, quando não privilegia, a perspectiva masculina, seja pelo fato de que as mulheres não se veem representadas nas instituições que se vinculam direta ou indiretamente com as regras jurídicas (sistema de justiça, Legislativo, Executivo, poderes públicos municipais, estaduais e federal etc.), seja pelo fato de que os cargos de poder e decisão não estão distribuídos de forma equânime entre os sexos.

Ademais, o confronto com a realidade da mulher raramente trazida ao processo e que vem acompanhada e demonstrada por recentes pesquisas, principalmente, de vitimologia, "contribui para iluminar o ponto de vista daqueles mais fracos ou cuja voz normalmente não se faz ouvir" (SOUSA, 2015, p. 62).

Esse confronto da realidade da mulher com os números, mencionado acima por Rita Mota Sousa (2015), só foi possível em nosso país a partir da década de 90, quando são iniciadas, de forma mais sistemática, pesquisas estatísticas sobre a violência contra a mulher. Foi quando se percebeu que a quantidade e a intensidade desse fenômeno criminal eram absurdamente elevadas. Apesar dos índices assustadores, o Brasil foi um dos últimos países da América Latina a ter uma lei de proteção integral à mulher – Lei Maria da Penha, de 2006 –, o que sugere um perfil arraigadamente patriarcal do nosso país.

O aumento da consciência feminista foi o terreno fértil para fazer surgir no Brasil uma normativa como a Lei Maria da Penha, que foi gestada com vistas a, conhecendo-se o problema da violência (e para isso mulheres e ONGs que tinham como foco a questão feminina foram ouvidas), fazer o devido enfrentamento. Para tanto, criou-se um consórcio de ONGs feministas, o qual existe até os dias atuais, denominado Consórcio Lei Maria da Penha pelo Enfrentamento a Todas as Formas de Violência de Gênero contra as Mulheres.[1]

---

[1] O consórcio é formado pelas ONGs feministas Cepia, CFEMEA, Cladem, Themis, ativistas e pesquisadoras que atuam em defesa dos direitos das mulheres, incluindo a autora do presente artigo.

Todo o conhecimento produzido acerca da condição feminina foi importante para entender com mais profundidade o fenômeno. Como bem diagnosticado por Fabiana Cristina Severi (2018, p. 183):

> ao considerar que a violência doméstica contra as mulheres é sustentada em desigualdades de gênero que se entrelaçam e se potencializam com outras desigualdades (de classe e ético-raciais, por exemplo), as respostas efetivas a ela passam a depender, também, de mudanças mais profundas do sistema de justiça brasileiro.

Importante a compreensão de que a função da teoria do direito feminista não é, somente, a de "afirmar que as mulheres podem superar os papéis que lhes são esperados, mas a de localizar e de identificar as condições sociais, políticas e legais que promoverão a capacidade de subversão das identidades de gênero tradicionais" (SOUSA, 2015, p. 48-49). E ninguém melhor que as próprias mulheres para, ao adquirir a consciência feminista, propor estratégias, planos, ações (que incluem a criação e a alteração de leis que contemplem os problemas oriundos da condição de gênero), capazes de promover a emancipação e a libertação feminina.

O objetivo primordial da TFD é mudar a mentalidade dos atores jurídicos, bem como dos elaboradores e executores de leis, a fim de que a perspectiva de gênero seja considerada em todos os níveis de envolvimento e de ação, percebendo, sempre, que, apesar de ser fonte de justiça, o direito, se não bem manejado, também pode ser fonte de opressão. Aqui, todo o cuidado é pouco, pois, como bem adverte Rita Mota Sousa (2015, p. 59), "a lei é um discurso de autoridade, com uma particular capacidade para criar sentidos, reforçando certas visões de mundo e capaz de definitivamente moldar o pensamento coletivo".

Importante compreender que "aplicar uma perspectiva feminista às normas jurídicas significa interpretá-las e compreendê-las à luz das experiências e interesses das mulheres" (SOUSA, 2015, p. 62), o que faz toda a diferença.

Rita Mota Sousa (2015, p. 56) criou alguns métodos jurídicos feministas, os quais têm como principal virtude "introduzir novas leituras e perspectivas do direito, da norma jurídica, da sua interpretação e aplicação". É deles que falaremos a seguir, começando, exatamente, pelo método jurídico feminista de conscientização feminista.

2 Métodos jurídicos feministas

Rita Mota Sousa (2015) traz uma importante contribuição para o debate da teoria jurídica feminista ao propor a utilização de 11 métodos especiais e próprios: os métodos jurídicos feministas. Eles têm uma importância fundamental para a realização da igualdade substancial entre homens e mulheres.

As possibilidades apresentadas pelos métodos jurídicos feministas deslocam o direito do seu movimento androcêntrico e reequilibram-no, oferecendo diferentes centralidades e propostas concretas para a correção do seu viés patriarcal, onde exista. Deste modo, criam-se as condições para o florescimento de toda uma nova cultura jurídica centrada na ideia de justiça substantiva, menos formal, bem como para a disseminação das teorias do direito feministas onde elas são mais relevantes: na realidade da vida (SOUSA, 2015, p. 56).

A partir da aplicação dos métodos, poder-se-ia evitar a situação constrangedora, violenta e insensível dos atores jurídicos que protagonizaram a cena a seguir descrita. O diálogo que se vai transcrever aconteceu durante a oitiva da vítima em audiência, no ano de 2018:

> "O que acontecia para ele fazer isso?", pergunta um promotor a uma mulher vítima de violência doméstica. "Ele é muito machista", ela responde. "Tu dava motivo?", questiona o advogado do agressor. "Não", diz ela.
> "Tu tinha outro caso conjugal?", insiste o advogado. "Não, como eu teria se ele nem me deixava sair de casa?"
> "Temos que cuidar quem colocamos para dentro de casa", emenda o juiz. (IPEA, 2019)

Importante compreender que:

> aplicar uma perspectiva feminista às normas jurídicas significa interpretá-las e compreendê-las à luz das experiências e interesses das mulheres. Os métodos jurídicos feministas são, principalmente, métodos que desafiam o conhecimento, por questionarem a validade do que é a "natureza das coisas", as possibilidades de neutralidade e a equidade das conclusões extraídas dos métodos jurídicos tradicionais. (SOUSA, 2015, p. 61)

Vejamos cada um deles:

- **1º método: conscientização feminista**

O método da conscientização feminista funda e perpassa todos os outros. Ainda de acordo com a Rita Mota Sousa (2015, p. 62-63):

> não é possível compreender a urgência de uma perspectiva nova sem a conscientização de uma realidade de desigualdade social que afeta as mulheres, das dinâmicas de poder que produzem a desigualdade e os modos, normalmente partilhados, como empiricamente essa desigualdade é vivida. A conscientização assume-se, duplamente, como uma PRÁTICA e como um MÉTODO, pois que [...] se trata, essencialmente, de um modo de conhecer, um modo de apreender a realidade social do que é ser-se mulher, dos papeis, características, modos de ser e de proceder, das identidades que lhes foram atribuídas e da irracionalidade das tentativas de caber nesse mundo, não natural, desenhado à medida por outros como se da ordem natural das coisas se tratasse.

É por isso que, a partir da consciência feminista, há que se buscar uma sociedade em que as regras de comportamento sejam produzidas a partir de elementos próprios, que rompam com heranças de costumes cuja atribuição de sentido já não mais se coaduna com o presente. Para tanto, faz-se necessário avançar: compreender as formas como a assimetria sexual se processa e se reproduz em sociedades históricas concretas. Eis, neste entendimento, um fator importante para a superação do que ocorre. Sendo a diferença de tratamento entre os sexos uma construção social, pode, perfeitamente, ser modificada por meio do implemento de um novo modo de pensar, com valores outros sendo disseminados e reconhecidos por um proselitismo competente – ou seja, pela consciência feminista.

- **2º método: conscientização de que o pessoal é político**

Muito importante a percepção de que as práticas e os problemas cotidianos e não públicos têm uma dimensão política. Alguns exemplos:
- *A relação da gravidez com o trabalho*: ainda que a gravidez tenha uma concepção pessoal, as consequências da gravidez da mulher trabalhadora têm dimensão política na medida em que exige um tratamento diferenciado por conta da situação igualmente distinta.
- *A gratuidade do trabalho doméstico*: pesquisa realizada pelo Estudo Longitudinal da Saúde do Adulto (Elsa-Brasil), no período pandêmico, mostra que as mulheres realizaram, em média, quatro horas de labor doméstico por semana a mais do que os homens.[2] Os impactos dessa brutal diferença são sentidos diretamente na remuneração das mulheres, pois, entre outras consequências, o seu tempo para atividades remuneradas é menor, como também é menor a disponibilidade para executar horas extras e para se dedicar a cursos profissionalizantes e de qualificação no trabalho. Uma outra pesquisa (Rede Nossa São Paulo em parceria com a Inteligência em Pesquisa e Consultoria – Ipec) mostra um retrocesso na percepção sobre a divisão de tarefas dentro de casa. E esse novo olhar surgiu, especialmente, no decorrer da pandemia, quando as pessoas foram obrigadas a ficar mais tempo em casa.

De acordo com o estudo, 14% dos entrevistados (45% homens e 55% mulheres) afirmaram que o trabalho doméstico é responsabilidade exclusiva das mulheres. Um número crescente se considerarmos os dois últimos anos, cuja percepção foi de 9% em 2021 e 7% em 2020. Fazendo um recorte de gênero, percebemos que as mulheres acreditam mais do que os homens que as responsabilidades são, sim, exclusivas delas. A afirmação é verdadeira para 16% das mulheres e para 10% dos homens. Felizmente, o grupo que pensa que as tarefas domésticas são igualmente divididas entre homens e mulheres nos lares é maior, mas também apresentou uma involução de dez pontos percentuais: 37% dos entrevistados acham que essas tarefas são divididas igualmente entre homens e mulheres. Numa perspectiva de gênero, 47% dos homens possuem esse olhar, enquanto apenas 29% das mulheres têm a mesma percepção. Nesse grupo, apesar da expectativa de igualdade, 34% apontam que a mulher acaba assumindo a maior parte das atividades domésticas (em 2021, eram 28%).[3]
- *O assédio sexual*: apesar de o assédio sexual representar um crime que se dirige a uma vítima concreta (pessoal), quando praticado no ambiente de trabalho, ele traz consequências para lá de individuais, já que prejudica a capacidade de trabalho da mulher (a maioria esmagadora das vítimas é do sexo feminino), quando não a faz pedir demissão ou transferência do emprego.

---

[2] Disponível em: http://www.isc.ufba.br/sobrecarga-de-trabalho-na-pandemia-e-maior-para-as-mulheres-aponta-estudo-elsa-brasil/. Acesso em: 2 set. 2022.
[3] Disponível em: https://dossies.agenciapatriciagalvao.org.br/dados-e-fontes/pesquisa/viver-em-sao-paulo-mulheres-rede-nossa-sao-paulo-ipec-2022/. Acesso em: 2 set. 2022.

- *A violência de gênero*: a violência doméstica e familiar contra a mulher representa um fenômeno estrutural (EXPÓSITO; RUIZ, 2015, p. 222), uma vez que deriva da desigualdade (não só econômica, mas também em relação à valoração dos papéis que cada gênero desempenha na sociedade) entre homens e mulheres e se utiliza dessa injusta condição para mantê-las em situação de inferioridade. É um fenômeno que se retroalimenta, pois, em razão da distribuição desigual dos papéis sociais que são dados a cada gênero desempenhar, permanece diminuta a participação das mulheres em vários aspectos da vida (profissionais, pessoais, familiares, sociais), inibindo, ainda mais, suas capacidades e criando insegurança para elas. Assim, produzem-se ainda mais efeitos adversos, os quais contribuem para mantê-las em sua situação de inferioridade (minando sua confiança, limitando seus direitos e oportunidades, sobrecarregando-as de responsabilidades relativas ao asseio e organização do lar, alimentação, cuidados básicos dos familiares e outros dependentes etc.). Importante destacar que "não se trata de um fenômeno isolado nem característico de determinados relacionamentos, mas vinculado às normas básicas da sociedade e a modelos de comportamento assinalados a cada gênero", sendo que às mulheres não é dado faltar com seus papéis sociais e familiares. Delas são cobradas abnegação, capacidade de se doar ao outro, solidariedade social, multitarefas etc.

Todas as questões acima mencionadas, portanto, possuem dimensão política, pois, embora pessoais, "são consequências de dinâmicas sociais patriarcais que não podem ser reforçadas, protegidas ou ignoradas pela comunidade e pelo Estado". O Estado precisa se posicionar ante elas, buscando ações, planos, estratégias para enfrentá-las com vistas a aniquilá-las ou, na pior das hipóteses, reduzi-las.

- **3º método: os métodos tradicionais contribuem para a manutenção do *status quo* e dos equilíbrios de poder existentes (SOUSA, 2015, p. 63)**

Se não bastassem as consequências nefastas que as dinâmicas patriarcais trazem para as mulheres, há que se denunciar o fato de que a utilização dos métodos tradicionais reforça os desequilíbrios existentes entre os sexos. E isso se dá pelo fato de que os métodos tradicionais valorizam o aspecto mais formal da lei e deixam de alcançar a finalidade de justiça substantiva.

Uma consequência nefasta e objetiva refere-se ao fato de que, nos últimos 15 anos, o Brasil caiu 26 posições no *ranking* global de igualdade de gênero, passando da 67ª para a 93ª posição.[4] Para Francisca Expósito e Sergio Ruiz (2015, p. 223):

> existe relação entre violência e crenças culturais que considera as mulheres inferiores. Essa ideologia considera legítimo impor a autoridade às mulheres, usando a força se for necessário (força e agressividade), que os homens exercem se sua masculinidade se mostra ameaçada. A violência de gênero não é um fim em si mesma, mas instrumento de dominação e controle. O homem que usa a violência não almeja livrar-se da mulher (em geral), mas, sim, manter os laços que a sujeita.

---

[4] Disponível em: https://www.otempo.com.br/brasil/brasil-despenca-em-ranking-global-de-igualdade-entre-generos-1.2466257. Acesso em: 2 set. 2022.

Importante perceber que "o desequilíbrio de poder é um fator determinante na geração de violência" (ESCOBAR CIRUJANO; QUINTEROS; SÁNCHEZ GAMONAL; TANDÓN RECIO, 2011, p. 41). Isso porque "não existiria nenhum problema se as características masculinas e femininas assinaladas ao largo da história não houvessem implementado a desigualdade, a misoginia ou a violência contra as mulheres" (ESCOBAR CIRUJANO; QUINTEROS; SÁNCHEZ GAMONAL; TANDÓN RECIO, 2011, p. 41).

No entanto:

> enquanto se considerar o homem como superior à mulher e se valore naquele a dominação e agressividade, enquanto a submissão e a humildade forem consideradas características tipicamente femininas, a mulher será mais vulnerável e se seguirá considerando a violência contra ela como uma afirmação de poder e controle do varão. (MATUD, 2015, p. 205)

Em sentido inverso, o reconhecimento das mulheres como iguais, o rechaçamento das demandas patriarcais (que dão aos homens o *status* de seres dominantes e agressivos) libertará a sociedade (MATUD, 2015, p. 205).

• **4º método: o compartilhamento das experiências permite que vivências encaradas como falhas pessoais sejam entendidas como experiências coletivas de opressão (SOUSA, 2015, p. 63)**

A aquisição da consciência feminista:

> torna-se possível pela incorporação das experiências relatadas e na identificação da experiência individual com a experiência de outras, portanto, pela criação de conhecimento pela narrativa e análise sistemática de experiências partilhadas. Isto permite vivencias encaradas como falhaços pessoais e individualmente sofridos passem a ser compreendidos como experiências coletivas de opressão. (SOUSA, 2015, p. 63)

Ao incorporar as experiências relatadas (narrativa pessoal), está-se empoderando as mulheres individual e coletivamente, na medida em que as histórias pessoais são valorizadas. Ademais, pode-se mais facilmente perceber os riscos e as vulnerabilidades e propor ações preventivas calcadas na realidade vivida pelas mulheres.

No ano de 1963, a americana Betty Friedan lança o livro *A mística feminina*, trazendo uma experiência fantástica, a partir de respostas de mulheres a um questionário que a autora elaborou.[5] Ouvindo as mulheres que seguiram preceitos dos anos 40 e 50 (quando as atividades femininas se restringiam basicamente à atuação como donas de casa), ela percebeu um fenômeno que as mulheres imaginavam ser só seu, mas que, em verdade, estava ocorrendo na vida de muitas delas.

> A idéia central do livro está na observação de que a mulher foi mistificada após a Crise de 1929 e mobilização para a Segunda Guerra Mundial, sendo considerada fundamentalmente como mãe e esposa zelosa. Assim, a educação da menina desde a infância não a estimulava a ser independente, mas a desenvolver habilidades apenas para se casar e viver em função

---

[5] Foram feitas entrevistas com colegas de turma de Smith, quinze anos após a formatura. Duzentas mulheres responderam ao questionário.

dos filhos e do marido. Com o passar dos anos, a mulher se sentia frustrada e desenvolvia diversos distúrbios psicológicos que oscilavam da depressão ao consumismo. Como no período pós-Segunda Guerra foi também a solidificação do progresso estadunidense e do "american way of life", foi possível concluir que a frustração feminina de apenas viver para os outros era canalizada para aumentar o consumo desse período. Dessa forma, as desigualdades de tratamento entre mulheres e homens eram usadas para justificar uma obrigatória dedicação ao lar que era compensada pelo estímulo à economia da época através do incremento das frustrações e opressão femininas no âmbito doméstico.

Os fragmentos a seguir, retirados do Capítulo 1 ("O problema sem nome") do seu livro ilustram muito bem o fenômeno que acometia grande parte das mulheres americanas na época:

> Se surgisse uma crise nas décadas de 50 e 60, a mulher sabia que havia algo de errado em seu casamento ou nela própria. Outras viviam satisfeitas com a sua vida, segundo pensava. Que espécie de criatura seria ela que não sentia essa misteriosa realização ao encerar o chão da cozinha? Envergonhava-se de tal modo de confessar sua insatisfação que jamais chegava a saber que outras também a experimentavam. Se tentasse explicar ao marido ele não entenderia, pois nem ela própria se compreendia. Durante mais de quinze anos a mulher americana achou mais difícil falar sobre este assunto que sobre sexo. Mesmo os psicanalistas não sabiam que nome lhe dar. Quando uma mulher corria para eles, em busca de ajuda, conforme faziam muitas, dizia: "Estou tão envergonhada; Devo ser totalmente neurótica." [...]
> Aos poucos fui percebendo que o problema sem nome era partilhado por inúmeras mulheres do país inteiro. [...] As palavras hesitantes que ouvi em tardes tranquilas, quando as crianças estavam na escola, ou em noites em que os maridos faziam serão, creio que as compreendi primeiro como mulher, muito antes de perceber suas amplas implicações sociais e psicológicas. [...]
> Qual era exatamente esse problema sem nome? Quais as palavras usadas pelas mulheres ao tentar descrevê-lo? Ás vezes diziam: "Estou me sentindo vazia... incompleta" Ou então: "Tenho a impressão de não existir". As vezes apagavam a sensação com um tranquilizante, julgavam que o problema relacionava-se com o marido ou os filhos. Ou então que precisavam redecorar a casa, mudar-se para um bairro mais agradável, ter um caso com alguém, ou mais um filho. De quando em quando, consultavam um médico, apresentando sintomas que assim descreviam: "Sinto-me cansada... Zango-me tanto com as crianças que chego a me assustar... Tenho vontade de chorar sem motivos. [...]
> O problema era afastado dizendo-se à dona de casa que ela devia compreender o quanto era feliz: dona de si mesma, sem horários, sem competição. Caso contrário, acharia que os homens podem ser felizes neste mundo? Desejariam secretamente ser homem? Ignoraria o quanto vale ser mulher? [...]
> O problema foi também afastado com um encolher de ombros e as frases: "Não há solução. Faz parte da condição feminina. Que é que há com a mulher americana? Será que não sabe aceitar graciosamente seu papel? [...]
> É fácil descobrir os detalhes concretos que aprisionam a dona de casa, as contínuas exigência feitas ao seu tempo. Mas as cadeias que a prendem existem somente em seu espírito. São feitas de ideias errôneas e fatos mal interpretados, verdades incompletas e escolhas irreais. Não são fáceis de perceber, nem fáceis de romper. [...]
> Quero algo mais que meu marido, meus filhos e minha casa. (FRIEDAN, 1971, p. 20-21; 24; 30-31)

Como bem esclarece Rose Marie Muraro (1971, p. 10), no prefácio da edição brasileira, com este livro, "a mulher americana começou a tomar consciência da manipulação de que vinha sendo vítima. E começou a reagir". Essa reação, inspirada e impulsada pelo conteúdo do livro, fez surgir a segunda onda do feminismo.[6]

• **5º método: é pela partilha de narrativas que se evidenciam certas experiências traumáticas e opressoras que eram até então percebidas como naturais (SOUSA, 2015, p. 64)**

A experiência pessoal passa a ser um elemento de análise importante, pois ela vai sendo:

> sistematizada e elevada à teoria e a teoria, por sua vez, devolvida à vida, transforma a leitura e o entendimento das experiências pessoais. [Por sua vez,] a dialética entre a experiência individual e a teoria revela a dimensão social da experiência individual e a dimensão individual da experiência social e, portanto, a natureza política da experiência pessoal. (SOUSA, 2015, p. 64)

É isso que demonstra uma importante pesquisa, realizada no ano de 2013, sobre a sensação das mulheres quando recebem cantada nas ruas:

> Todos os dias, mulheres são obrigadas a lidar com comentários de teor obsceno, olhares, intimidações, toques indesejados e importunações de teor sexual afins que se apresentam de várias formas e são entendidas pelo senso comum como elogios, brincadeiras ou características imutáveis da vida em sociedade (o famoso "é assim mesmo...") quando, na verdade, nada disso é normal ou aceitável.

A campanha "Chega de Fiu Fiu" foi lançada pelo Think Olga. "Inicialmente, foram publicadas ilustrações com mensagens de repúdio a esse tipo de violência. As imagens foram compartilhadas por milhares de pessoas nas redes sociais, gerando uma resposta tão positiva que acabou sendo o início de um grande movimento social contra o assédio em locais públicos", com maciço apoio de mulheres à campanha.

Para trazer o olhar da mulher sobre o tema, a jornalista Karin Hueck elaborou um estudo *on-line*, lançado pelo Think Olga para averiguar de perto a opinião das mulheres em relação às cantadas de rua. Entre os resultados trazidos, destaca-se o seguinte dado: 83% das manifestantes não achavam legal receber cantada na rua, 90% já trocaram de roupa antes de sair de casa pensando onde iam por causa de assédio e 81% já haviam deixado de fazer algo (ir a algum lugar, passar na frente de uma obra, sair a pé) por esse motivo.[7]

• **6º método: permitir à mulher operar e encontrar o seu lugar dentro do discurso androcêntrico da lei (SOUSA, 2015, p. 64)**

A conscientização feminista é fundamental para a eliminação da falsa consciência, aquela fundada em preconceitos e em estereótipos que, por se encontrarem tão

---

[6] O PDF do livro pode ser encontrado em: https://catarinas.info/livros/mistica-feminina-betty-friedan-1963/.
[7] Veja a pesquisa completa em: https://olga-project.herokuapp.com/2013/09/09/chega-de-fiu-fiu-resultado-da-pesquisa/.

enraizados e arraigados, acabam passando por verdades. Ademais, como bem lembra Rosa Luxemburgo: "Quem não se movimenta, não sente as correntes que o prendem".

Uma tal perspectiva foi muito importante quando se reformou, no Brasil, todo o título que trata dos crimes contra a dignidade sexual. Aliás, de acordo com o Código Penal atual (que vigora desde 1940), a própria nomenclatura do título mostrava o quanto a legislação se ocupava e se preocupava com a questão voltada meramente à proteção do patriarcado.

Não se desconsidera a gravidade da prática de crimes sexuais contra pessoas do sexo masculino; mas o que mais ressalta na legislação brasileira é que a tipificação dos crimes sexuais, até muito recentemente, era basicamente protetora de bens jurídicos diretamente relacionados com determinado modelo de conduta moral e sexual que, sem consultá-las, esperava-se das mulheres. Por essa razão, é relevante abordar as intersecções existentes entre os crimes sexuais, direitos das mulheres e a consciência feminista.

O moderno entendimento a respeito dos delitos sexuais, e que somente veio à tona quando as mulheres participaram mais ativamente de sua construção, é de que tais normas de conduta atentam contra o livre exercício dos direitos sexuais, tanto de homens quanto de mulheres, violando uma relevante dimensão da dignidade da pessoa, que é o livre poder de decisão sobre seu corpo, seus interesses e desejos, no tocante aos relacionamentos de natureza sexual.

Percorrendo-se todas as previsões legais pátrias atinentes aos crimes sexuais, a partir do Código Penal de 1830 até o momento, chega-se à conclusão de que houve um avanço significativo em relação à criminalização primária de condutas que ofendem a dignidade sexual, apesar de alguns pontos ainda restarem pendentes de aprimoramento.

Uma manifesta carência é representada pela vitimização secundária, em razão da falta de assistência às mulheres vítimas de tais crimes, podendo-se citar, ilustrativamente, o número absurdamente insignificante de casas-abrigo no país. Mesmo previsto na Lei Maria da Penha o acolhimento em casas-abrigo de mulheres ameaçadas de morte, ele só é realidade em 2,4% das cidades brasileiras. Ao todo, são 153, conforme dados de 2018, trazidos na pesquisa de Informações Básicas Municipais do IBGE.[8]

• **7º método: ensino das teorias feministas nas universidades e escolas de formação jurídica**

Entre tantas louváveis e importantes iniciativas em cursos jurídicos, destacamos a criação da disciplina Direito, gênero e igualdade: as diversas formas de discriminação e violência, na PUC-SP, ministrada pelas professoras Silvia Pimentel e Monica Melo, cujos objetivos estão assim descritos:

Objetivos
MÓDULO I
Estereótipos, preconceitos e discriminação de gênero estão presentes na nossa cultura e profundamente inculcados nas (in)consciências dos indivíduos; são, portanto, absorvidos também pelos operadores do Direito e refletidos em sua *práxis* jurídica.

---

[8] Disponível em: https://www.ibge.gov.br/estatisticas/sociais/justica-e-seguranca/10586-pesquisa-de-informacoes-basicas-municipais.html?edicao=18190.

Por essa razão, o objetivo da disciplina é incorporar a perspectiva de gênero ao ensino universitário jurídico e à formação dos futuros profissionais do direito, bem como às e aos estudantes de toda a Universidade, através de uma abordagem crítica e multidisciplinar. Pretende-se, assim, oferecer aos (às) estudantes ferramentas capazes de estimular a reflexão acerca da desigualdade de gênero em nossa sociedade, a relação deste fenômeno com o direito, e, ainda, as possibilidades de intervenção prática na realidade. Serão consideradas as mulheres e meninas enquanto sujeitos de direito, em sua diversidade: pobres, negras, indígenas, do campo, sem-terra, sem moradia, migrantes, refugiadas, encarceradas, mulheres com deficiência, lésbicas, bissexuais, transexuais e pessoas intersex.

Para tanto, o tema será estudado sob as diversas vertentes do Direito, de forma interconectada com os campos da filosofia, história, antropologia, sociologia, literatura e outros.

Neste primeiro semestre, objetiva-se apresentar um panorama acerca dos direitos das mulheres e meninas, tanto na abordagem da academia, do Sistema de Justiça, da mídia, quanto do ativismo feminista e problematizar a trajetória de conquistas jurídicas, políticas, sociais e culturais das mulheres e meninas ao longo das últimas décadas.

A estrutura do curso foi montada a partir do *verbete "Gênero e Direito"*, publicado originalmente na Enciclopédia Jurídica da PUC/SP. Assim, apresentados alguns conceitos básicos para a compreensão do tema – tais como "gênero", "interseccionalidade", "discriminação e violência de gênero", "direitos humanos", "desigualdade", "patriarcado" –, pretende-se abordar a questão da discriminação e da violência de gênero, em sua complexidade, ou seja, a partir dos sujeitos, dos espaços, das formas como se manifesta, das medidas atualmente previstas, e das que poderão ser construídas, para combatê-la.

MÓDULO II

Objetivos: O objetivo do Módulo II da disciplina é, além de aprofundar conceitos básicos trabalhados no Módulo I, tais como direitos humanos das mulheres, discriminação e violência de gênero, desigualdade e patriarcado, também desenvolver a problemática do acesso à justiça e trabalhar com as áreas do direito constitucional, direito do trabalho e previdenciário, e do direito penal e processual penal. Como tratado no primeiro semestre, "estereótipos, preconceitos e discriminações de gênero estão presentes na nossa cultura e profundamente inculcados nas (in)consciências dos indivíduos; são, portanto, absorvidos também pelos operadores do Direito e refletidos em sua práxis jurídica". Por essa razão, o objetivo da disciplina é prosseguir na incorporação da perspectiva de gênero ao ensino universitário jurídico e à formação dos futuros profissionais do direito, através de uma abordagem crítica e multidisciplinar. O tema será estudado sob as vertentes do direito internacional (a Convenção CEDAW), e do direito nacional: direito constitucional, direito do trabalho e previdenciário, e direito penal e processual penal. Pretende-se, assim, oferecer aos (às) estudantes ferramentas capazes de estimular a reflexão acerca da desigualdade de gênero, a relação deste fenômeno com o direito, e, ainda, as possibilidades de intervenção prática na realidade. Serão consideradas as mulheres enquanto sujeitos de direito, em sua diversidade: pobres, negras, indígenas, do campo, sem-terra, sem moradia, migrantes, refugiadas, encarceradas, mulheres com deficiência, lésbicas, bissexuais, transexuais e pessoas intersex.[9]

---

[9] Disponível em: https://www.pucsp.br/sites/default/files/download/graduacao/optativas-2019/ementas-noturno/opt-2sem2019-noturno-direito-genero-igualdade.pdf Acesso em: 15 ago. 2022.

A primeira das professoras antes citada menciona sua experiência ao ministrar tal disciplina:

> Nas aulas semanais, há a participação de alunos e de alunas. Tenho a alegria de estar cercada de pessoas jovens, interessadas pelas questões das mulheres na perspectiva de gênero. Vislumbro, nos olhares das/os integrantes da classe, cumplicidades, dúvidas, perplexidades, sofrimentos... Vale ressaltar que, aproveitando os desenvolvimentos teóricos do conceito de gênero, incluímos em nossas buscas e reflexões os temas LGBTIQ, pois nosso compromisso é com a igualdade, a inclusão social e a democracia.

Do relato observa-se o quanto o conhecimento enriquece a experiência e pode ser uma mola propulsora da mudança, primeiro na própria existência dos alunos, depois, até nas suas relações mais próximas e, por fim, quando do exercício de sua profissão jurídica, pode levar à alteração da vida das pessoas que venham a ser atendidas (seja nas carreiras policiais, na advocacia, na magistratura, como pertencente ao Ministério Público, da defensoria pública etc.), contribuindo, com isso, para que o mundo seja um lugar mais igualitário.

No ano de 2020, a Faculdade de Direito da USP criou a disciplina Direito e Equidade de Gênero, tendo como professoras responsáveis Ana Elisa Bechara, Nina Ranieri, Susana H. da Costa e Sheila N. Cerezetti, com o objetivo de:[10]

> construir conhecimento sobre os processos de exclusão e discriminação das mulheres em sociedade, levando-se em consideração o fato de que o Direito, como expressão de determinada sociedade, constitui instrumento com potencial para (i) suprimir e transformar positivamente situações de desigualdades entre homens e mulheres ou para (ii) legitimar, estruturar, ampliar, multiplicar ou ignorar tais desigualdades. Tais circunstâncias impactam os cursos de Direito e, bem assim, a presença das mulheres como alunas ou professoras. O desenvolvimento do conhecimento a respeito das interações entre Direito e equidade de gênero busca formar profissionais que sejam capazes de diagnosticar, analisar e enfrentar os desafios que surgem nesse campo e que sejam diretamente e indiretamente impactados por ele.

Ambas as disciplinas acima mencionadas (PUC-SP e USP) foram ofertadas nos anos de 2020 e 2021 de forma virtual, e suas aulas puderam ser assistidas pelo público externo interessado.[11]

• **8º método: conscientização de que nenhuma forma de subordinação subsiste sozinha; todos somos reciprocamente afetados pela opressão de outros**

Rita Moura Sousa chama a atenção para a necessidade de:

> "fazer a pergunta do Outro" para revelar formas de opressão não óbvias, não visíveis à primeira vista; encontrar o patriarcado presente em comportamentos racistas; ou o

---

[10] Disponível em: https://edisciplinas.usp.br/pluginfile.php/5136901/mod_resource/content/3/Direito%20e%20Equidade%20de%20G%C3%AAnero%20-%20Programa_v07.03.20.pdf.

[11] As aulas podem ser encontradas nos seguintes endereços: PUC-SP: https://www.youtube.com/watch?v=u0UVeOZ55Pg; FDUSP: https://www.youtube.com/watch?v=vBxPvsnZ7_g.

heterossexismo em comportamentos sexistas; ou o interesse de classe no comportamento homofóbico são métodos que permitem compreender que nenhuma forma de subordinação subsiste sozinha e que todos somos reciprocamente afetados pela opressão dos outros. (SOUSA, 2015, p. 65)

Ou, como bem sentencia Audre Lorde (1984), "não serei livre enquanto alguma mulher for prisioneira, mesmo que as correntes dela sejam diferentes das minhas".

- **9º método: fazer sempre a pergunta da mulher (SOUSA, 2015, p. 65)** – "observar que o direito substantivo pode silenciar as perspectivas das mulheres ou de outros grupos de excluídos, colocando em evidência o seu viés androcêntrico"

Como bem esclarece Rita Mota Sousa (2015), quando os pontos de vista da mulher são trazidos, a aplicadora ou o aplicador do direito compreendem que apostar e acreditar na aparente neutralidade da norma, na realidade, deixa a mulher sem proteção.

No âmbito do direito penal, tal situação foi muito debatida por ocasião da criação da Lei do Feminicídio – Lei nº 13.104/15. Estabeleceu-se uma divisão, na doutrina, entre os que eram favoráveis e os que eram contrários a tal criação legislativa. Uma análise que parte da perspectiva feminista traz luzes sobre o assunto e encaminha para a posição favorável à lei antes mencionada. Nesse sentido, traz-se à colação o posicionamento de Alice Bianchini, Mariana Bazzo e Silvia Chakian (2022, p. 236):

> A técnica de tipos penais neutros, que até então predominava em nossa legislação no que tange ao homicídio, foi substituída pela criminalização gênero-específica. Constatou-se que não são suficientes os tipos penais neutros, pois o fenômeno da violência contra a mulher permanece oculto onde subsistem pautas culturais patriarcais, machistas ou religiosas muito enraizadas e que favorecem a impunidade, deixando as vítimas em situação de desproteção. Ou seja, corria-se (e ainda se corre, por restos de cultura machista que ainda circulam, inclusive, evidentemente, entre juízes) o risco de a sentença ser alcançada por tais concepções de mundo, o que reforçava a invisibilidade do fenômeno e impedia que se fizesse justiça ao caso concreto, já que a maior carga de desvalor do fato (feminicídio) não estava sendo levada em consideração. E não se propõe punir mais, mas fazê-lo de acordo com a gravidade do fato.

Outro exemplo clássico de como uma perspectiva meramente masculina pode trazer um viés totalmente equivocado do assunto, com enorme prejuízo às mulheres, pode ser retirado da exposição de motivos do Código Penal de 1940, onde se lê:

> Item 71: "nos crimes sexuais, nunca o homem é tão algoz, que não possa ser, também, um pouco vítima, e a mulher nem sempre é a maior e a única vítima de seus pretendidos infortúnios sexuais".

Novamente, aqui, aflora uma sustentação jurídica calcada em meros estereótipos e em conclusões que não são compartilhadas com a forma feminina de pensar no assunto.

- **10º método: questionar constantemente as práticas ou regras (SOUSA, 2015, p. 65)**

É necessário a todo momento revisitar as regras jurídicas com o intuito de se observar se as vigentes não se encontram eivadas de falácias, de equívocos e de preconceitos acerca da condição feminina. A preocupação é pertinente, uma vez que, em sua esmagadora maioria, elas foram criadas, são interpretadas e executadas, sem tomar em conta experiências, valores, formas de ver o mundo e contribuições do contingente feminino. Tal exercício, que deve ser contínuo e permanente, tem a vantagem de colocar a descoberto o teor não neutro e não universal do direito e de, a partir daí, sugerir urgentes correções.

O presente método feminista objetiva, portanto, "identificar a existência de uma norma masculina oculta a atravessar o direito, que, pretendendo-se universal e neutro, correspondia afinal ao ponto de vista dos homens que o elaboraram" (SOUSA, 2015, p. 55). Isso porque o mito da neutralidade do método jurídico tradicional "contribui para a legitimação das decisões, uma vez que oculta o pendor patriarcal das instituições e obstaculiza a aplicação da lei para a obtenção de resultados emancipatórios" (SOUSA, 2015, p. 58).

É preciso ter em conta, entretanto, como bem esclarece Rita Mota Sousa (2015):

> a pergunta colocada pela mulher não exige que a resposta seja sempre favorável à mulher, mas vem colocar o aplicador do direito na posição de perceber os preconceitos da lei e de atender a certos aspectos que respeitam somente a grupos historicamente ignorados: quais são os aspectos acerca daqueles que afeta que a lei presume?

Uma vez que o direito positivo, no geral das vezes, representa uma fonte de perpetuação das assimetrias de poder e de garantia da sua manutenção na disponibilidade daqueles que têm o poder de ditar as leis – no caso, a estrutura patriarcal da sociedade –, a perspectiva de gênero passa a ser fundamental para que se possa conhecer, denunciar e alterar tal quadro. O olhar aguçado exige que sejam prestigiados temas que realmente preocupam as mulheres na sua relação como direito. Mas, mais do que isso, há que se perceber a comunicabilidade da opressão feminina, e sua interdependência com outros fatores de opressão que se cruzem com essa dimensão da pessoa – a raça, a classe social, a orientação sexual ou deficiência física etc. (SOUSA, 2015, p. 23).

Entre tantas questões que merecem ser revisitadas constante e profundamente, podemos citar, usando a listagem elaborada por Rita Mota Sousa (2015, p. 43): crimes sexuais, pornografia, assédio sexual, violência contra a mulher, estupro marital.

Em relação ao último tema acima mencionado, ressalta-se que a doutrina brasileira, no que tange à possibilidade de o marido ser autor do crime de estupro contra a sua mulher, já se posicionou no sentido da impossibilidade (GUSMÃO, 1921, p. 196; NORONHA, 1998, p. 72; COSTA JÚNIOR, 2008, p. 608). O último autor citado mudou de opinião apenas no ano de 2010. São suas as seguintes palavras:

> Discute-se sobre se o marido pode ser sujeito de estupro. Entendíamos que não, pelo fato de que o estupro pressupõe a atividade sexual ilícita, e a prestação sexual é dever recíproco dos cônjuges. Hoje, entretanto, passamos a entender que o marido poderá responder pelo crime de estupro, desde que empregue a violência física para compelir a esposa à cópula ou a outro ato libidinoso. A solução é a mesma no caso de o agente conviver com a ofendida "more uxório". (COSTA JÚNIOR, 2010, p. 674)

Ainda o mesmo autor, agora em obra em coautoria com Fernando José da Costa (2011, p. 856), informa os motivos de sua mudança de entendimento:

Este foi o nosso entendimento durante muito tempo. No entanto, este entendimento não mais se admite nos tempos atuais. Seja porque a moderna sociedade, na qual homens e mulheres são iguais em direitos e obrigações, seja porque a violência sexual doméstica atingiu patamares nunca antes vistos, repudia-se, e com razão, a conjunção carnal, bem como qualquer outro ato libidinoso, praticado com violência ou grave ameaça. Entendemos hoje, alinhando-nos à doutrina que desafiávamos em tempos antanho, que não apenas o marido também pode ser sujeito ativo desse delito, como também o pode a esposa.

Ainda que os avanços legais tenham sido significativos, há que se registrar que em inúmeros casos "quando a mulher não é discriminada pela norma, ela será discriminada pela prática e/ou pela doutrina jurídica. Essa é a 'cilada' do patriarcalismo jurídico na atualidade, que continua a produzir e a reproduzir a discriminação feminina" (SABADELL, 2010, p. 278).

A falta de atendimento adequado e o reduzido número de delegacias especializadas demonstram que não se deu cumprimento a uma importante diretriz das políticas públicas que visam coibir a violência doméstica e familiar contra a mulher, estabelecida no art. 8º, IV, da Lei nº 11.340/06 (Lei Maria da Penha), a qual prevê "a implementação de atendimento policial especializado para as mulheres, em particular nas Delegacias de Atendimento à Mulher".

E, pior, eventual frustração e sensação de desamparo da vítima ante a Justiça (como mostram os dados acima coligidos) deixam uma margem ainda maior para a anteriormente mencionada vitimização secundária. Seja: à vitimização primária (causada pelo acusado) se acrescenta a vitimização secundária (causada pelo próprio aparelho policial/judicial estatal), aumentando ainda mais a (já tão intensa) violência contra a mulher.

Segundo dados do *Dossiê Mulher 2015*, elaborado pelo Instituto de Segurança Pública do Rio de Janeiro, entre as mulheres adultas, 9,3% disseram ter sido vítima de estupro por seu marido.

De todos esses casos, são raríssimos os que chegam à Justiça penal, destacando-se a condenação de um marido a nove anos, quatro meses e 15 dias de reclusão, em regime fechado, por ter estuprado a própria mulher, em Goianira, na região metropolitana de Goiânia, no ano de 2014. Segundo a juíza Ângela Cristina Leão, responsável pela sentença, o "matrimônio não dá direito ao marido de forçar a parceira à conjunção carnal contra a vontade". O marido confessou ter ameaçado a mulher com uma faca e a xingado, tentando constrangê-la.[12]

Um exemplo de como uma perspectiva feminista do tema pode alterar a forma de ver o tema é a Lei nº 13.718, de setembro de 2018, que alterou o Código Penal para incluir, entre as causas de aumento de pena, a majoração pela metade nos casos, entre outros, de o autor de crime sexual ser cônjuge ou companheiro da vítima.

- **11º método: raciocínio prático feminista**

Um bom exemplo de raciocínio prático é o que decorre da prática da *advocacy* feminista. Ainda sem tradução literal para o português (e mesmo para o espanhol),

---

[12] Disponível em: http://www.geledes.org.br/marido-e-condenado-9-anos-de-prisao-por-estuprar-propria-mulher/. Acesso em: 13 ago. 2022.

como bem referem Sonia Alvarez, Marlene Libardoni, Vera Soares (2000), quando se trata de ação feminista, a palavra *advocacy*, em seu trajeto para o sul das Américas, vem adquirindo conteúdos e significados diferenciados. Para as autoras (ALVAREZ; LIBARDONI; SOARES, 2000, p. 167):

> Até o início da década de 90, advocacy só fazia parte do jargão das agências de cooperação e do sistema das Nações Unidas, e estava também integrado à prática de lobby de algumas ONGs internacionais feministas sediadas nos Estados Unidos e na Europa. A partir do ciclo de conferências da ONU dos anos 90, e suas sequelas mais recentes (Viena +5, Cairo +5, Beijing +5, Copenhague +5), passou a ser incorporado cada vez mais nos fazeres políticos de muitas ONGs feministas latino-americanas. Todavia, a participação sem precedentes de um número expressivo de ativistas feministas nessas conferências, bem como o acúmulo das experiências locais nas décadas passadas, redundou no desafio posterior de tentar transformar esses acordos internacionais em ações e políticas concretas nesses países. Isso exige inovar as formas de ação e articulação para influir no debate público e nas agendas políticas. Na procura de novas estratégias, metodologias e instrumentos conceituais que dessem conta desse imenso desafio, algumas ONGs feministas latinoamericanas vislumbraram na noção de advocacy — antes vista como "gringa" e estranha — novas potencialidades. Mais do que a pressão política sobre gestores e/ou legisladores, como usualmente é considerado no norte, o fazer advocacy exige sistematizar aprendizados, desenvolver habilidades de negociação, planejamento e trato com os meios de comunicação. Exige também um conhecimento do terreno político onde circulam as propostas, os atores e os conflitos presentes. Mas, dado que o conceito e a prática de advocacy tinham sido formulados em contextos muitos distantes das realidades políticas, econômicas e culturais da América Latina, trazê-lo para nossas práticas exigiu não apenas uma tradução literal, mas um processo complexo e continuado de tradução política. [...] No contexto da frágil institucionalidade política, do enfraquecimento da cidadania e da dramática exclusão social decorrentes das políticas neoliberais, a prática de advocacy feminista na América Latina exige a redefinição de conceitos e a readequação de procedimentos originários em contextos de democracias consolidadas, instituições mais estáveis e direitos cidadãos menos ameaçados. Fazer advocacy "nos trópicos" não pode ser uma questão meramente técnica — como aparece em alguns dos manuais produzidos no norte. É um fazer nitidamente político, requer revisitar alguns conceitos como cidadania e liderança, rediscutir o papel do Estado e da sociedade civil na construção democrática e repensar as estratégias de incidência feminista na promoção das transformações políticas, econômicas e culturais. No contexto da globalização acelerada, da reforma e do enxugamento do Estado, e da transnacionalização da própria sociedade civil e dos movimentos sociais nesta virada de milênio, esse fazer político exige também adquirir novos conhecimentos e habilidades de advocacy, planejamento estratégico e estratégias comunicacionais. O projeto de advocacy latino-americano — coordenado conjuntamente pelo Centro de la Mujer Peruana "Flora Tristán", do Peru, Equidad de Gênero, Cludadanía, Trabajo y Família, do México, e, no Brasil, originalmente pelo Centro Feminista de Estudos e Assessoria (Cfemea) e, desde junho de 1998, pela Agende Ações em Gênero Cidadania e Desenvolvimento (Agende) — tem procurado responder a algumas dessas novas exigências do fazer feminista na região.

Um exemplo de prática feminista foi trazido no início do presente artigo, quando se fez referência ao Consórcio Lei Maria da Penha pelo Enfrentamento a Todas as Formas de Violência de Gênero contra as Mulheres.[13]

---

[13] O consórcio é formado pelas ONGs feministas Cepia, CFEMEA, Cladem, Themis, ativistas e pesquisadoras que atuam em defesa dos direitos das mulheres, incluindo a autora do presente artigo.

Conclusão

A legislação brasileira, no que tange à questão de gênero, apresenta longo histórico de discriminação negativa, com exemplos de textos legais, alguns relativamente recentes, que previam expressamente tratamento discriminatório em relação à mulher, a confirmar que contexto social e cultural contribui para produzir e reforçar a crença na diferença bem como a intolerância, fazendo-se refletir na norma positivada. As principais discriminações giravam em torno de questões sexuais. São exemplos: o Código Civil de 1916 (e que vigorou até 2002), que previa, em seu art. 219, IV, a possibilidade de o marido anular o casamento caso constatasse que sua esposa fora deflorada anteriormente (inexistindo qualquer previsão análoga para a mulher que descobrisse que seu marido mantivera relações sexuais antes do matrimônio); o Código Penal de 1940 (ainda em vigor), que até 2005 trazia o conceito de "mulher honesta", para identificar aquela cuja conduta moral e sexual fosse considerada irrepreensível, característica (até então) indispensável para assegurar proteção legal contra determinados crimes sexuais. Esse mesmo Código previa (também até 2005) a possibilidade de um estuprador não ser condenado caso a mulher vítima do estupro viesse a se casar com ele após o crime, pois entendia o legislador de então que a punição se tornaria desnecessária em face da "reparação do dano aos costumes", que era o bem jurídico (costumes) até então tutelado pela criminalização do estupro.

Os exemplos mencionados representam o espírito de uma época. Essa maneira de pensar tornou-se insustentável diante da construção de novas formas de tratamentos interpessoais e, principalmente a partir da consciência feminista, ainda mais quando se coloca em curso os 11 métodos jurídicos feministas desenvolvidos de forma magistral por Rita Mota Sousa (2015) e que foram apresentados acima.

Essa consciência feminista alterou as estruturas de pensamento, refletindo, diretamente, em várias e recentes produções legislativas, tornando possível mostrar necessidade e localizar exemplos de discriminação positiva da mulher no ordenamento jurídico brasileiro, como é o caso da Lei Maria da Penha, símbolo da luta do movimento de mulheres pelo reconhecimento e garantia de uma vida digna e livre da violência como um direito fundamental, assegurado, ademais, na órbita internacional.

A mudança interna de valores socioculturais, trazida pela consciência feminista (que deve se apoderar de mentes e corações de mulheres e homens) é a única chave capaz de levar à erradicação do sistema patriarcal, responsável direto pela opressão feminina/dominação masculina. O esforço de mudança que alcance cada um pode levar a uma alteração da forma de viver em sociedade. "Enquanto não houver uma mudança de mentalidade, o patriarcalismo jurídico continuará a permear as relações entre mulheres e sistema jurídico" (SABADELL, 2010. p. 278).

Os dados sobre violência contra a mulher e sobre a insistente desigualdade entre os sexos traz um desapontamento com a triste realidade brasileira. Mas, é preciso que a real e péssima situação da mulher em nosso país seja desvelada, para que, a partir do seu *conhecimento*, possa-se dar o passo seguinte, que é o de adquirir a *consciência feminista*, o que, por certo, levará ao *envolvimento* e esse, por sua vez, poderá conduzir ao tão necessário e já tardio processo de *mudança*, para que se possa, finalmente, alcançar o preceito constitucional que apregoa a *igualdade entre homens e mulheres*!

Referências

ALVAREZ, Sonia E.; LIBARDONI, Marlene; SOARES, Vera. Apresentação. *Revista Estudos Feministas*, Florianópolis, v. 8, n. 2, jan. 2000. ISSN 1806-9584. Disponível em: https://periodicos.ufsc.br/index.php/ref/article/view/11933/11199. Acesso em: 15 ago. 2022.

BELEZA, Teresa Bizzarro. *Direito das mulheres e da igualdade social*: a construção jurídica das relações de gênero. Coimbra: Almedina, 2010.

BELEZA, Teresa Bizzarro. Legítima defesa e género feminino: paradoxos da feminist jurisprudence. *Revista de Ciências Sociais*, n. 31, p. 14-159,1991.

BELLOQUE, Juliana Garcia. Da assistência judiciária – Arts. 27 e 28. *In*: CAMPOS, Carmen Hein de (Org.). *Lei Maria da Penha comentada em uma perspectiva jurídico-feminista*. Rio de Janeiro: Lumen Juris, 2011.

BIANCHINI, Alice. *Lei Maria da Penha*. 2. ed. São Paulo: Tirant do Brasil, 2021.

BIANCHINI, Alice; BAZZO, Mariana; CHAKIAN, Silvia. *Crimes contra as mulheres*. 4. ed. Salvador: JusPodivm, 2022.

BIANCHINI, Alice; PIMENTEL, Sílvia. *Feminismo(s)*. São Paulo: Matrioska, 2021.

CARVALHO, Márcia Haydée Porto de. Brasil. Lei 11.340/2006. *In*: MARÍN DE ESPINOSA CEBALLOS, Elena Blanca (Dir.). *Régimen jurídico de la violencia de género en Iberoamérica y España*: un estudio de las leyes integrales de segunda generacion. Navarra: Aranzadi, 2015.

COSTA JÚNIOR, Paulo José da. *Direito penal*: curso completo. 12. ed. rev. e atual. São Paulo: Saraiva, 2010.

COSTA JÚNIOR, Paulo José da. *Direito penal*: curso completo. São Paulo: Saraiva, 2008.

COSTA JÚNIOR, Paulo José da; COSTA, Fernando José da. *Código Penal comentado*. 10. ed. rev., ampl. e atual. São Paulo: Saraiva, 2011.

ESCOBAR CIRUJANO, Ana; QUINTEROS, Andrés, SÁNCHEZ GAMONAL, Sara Belén; TANDÓN RECIO, Bárbara. Aproximación teórica y conceptual al origen y definición de la desigualdad de género. *In*: PEREZ VIEJO, Jesús M.; HERNÁNDEZ, Ana Montalvo (Coord.). *Violencia de género, prevención, detección y atención*. Madrid: Grupo 5, 2011.

EXPÓSITO, Francisca; RUIZ, Sergio. Reeducación de maltratadores: una experiencia de intervención desde la perspectiva de género. *Psychosocial Intervention*, Madrid, v. 19, n. 2, jul. 2010. Disponível em: http://scielo.isciii.es/scielo.php?script=sci_arttext&pid=S1132-05592010000200006&lng=es&nrm=iso&tlng=es. Acesso em: 9 jul. 2022.

EXPÓSITO, Francisca; RUIZ, Sergio. Tratamiento para maltratadores: una propuesta de intervención desde la perspectiva de género. *In*: FARIÑA, Francisca; ARCE, Ramón; BUELA-CASAL Gualberto (Ed.). *Violencia de género*: tratado psicológico y legal. Madrid: Biblioteca Nueva, 2015.

FRIEDAN, Beth. *Mística feminina*. Petrópolis: Vozes, 1971.

GADELHA, Arthur Nóbrega. "Lei Julia Matos" e o respeito às prerrogativas das advogadas e advogados: direitos e garantias para a advogada gestante, lactante, adotante ou que der à luz e para o advogado que se tornar pai. *Jusbrasil*, 2016. Disponível em: https://arthurnobrega87.jusbrasil.com.br/artigos/413349259/lei-julia-matos-e-o-respeito-as-prerrogativas-das-advogadas-e-advogados. Acesso em: 15 ago. 2022.

GUSMÃO, Chrysolito. *Dos crimes sexuais*. Rio de Janeiro: Briguiet, 1921.

IPEA. *O Poder Judiciário no enfrentamento à violência doméstica e familiar contra as mulheres* – CNJ e IPEA. 8 ago. 2019. Disponível em: http://www.ipea.gov.br/portal/index.php?option=com_content&view=article&id=35101&Itemid=432.

LORDE, Audre. *Sister Outsider*. Berkeley: The Crossing Press Feminist Series, 1984.

MATUD, Maria Pilar. Intervención psicológica con mujeres maltratadas por su pareja. *In*: FARIÑA, Francisca; ARCE, Ramón; BUELA-CASAL Gualberto (Ed.). *Violencia de género*: tratado psicológico y legal. Madrid: Biblioteca Nueva, 2015.

MURARO, Rose Marie Prefácio – A mulher brasileira e a sociedade de consumo. *In*: FRIEDAN, Beth. *Mística feminina*. Petrópolis: Vozes, 1971.

NORONHA, Edgard Magalhães. *Direito penal*. São Paulo: Saraiva, 1998. v. 3.

SABADELL, Ana Lucia. *Manual de sociologia jurídica*. São Paulo: RT, 2010.

SABADELL, Ana Lucia. *Manual de sociologia jurídica*. São Paulo: RT, 2010.

SOUSA, Rita Mota. *Introdução às teorias feministas do direito*. Lisboa: Afrontamento, 2015.

VARELA, Nuria. *Feminismo 4.0*: la cuarta ola. Barcelona: Penguin, 2019.

Informação bibliográfica deste texto, conforme a NBR 6023:2018 da Associação Brasileira de Normas Técnicas (ABNT):

BIANCHINI, Alice. Teoria feminista do direito, consciência feminista e seus métodos. *In*: MENDES, Denise Pinheiro Santos; MENDES, Giussepp; BACELAR, Jeferson Antonio Fernandes (Coords.). *Magníficas mulheres*: lutando e conquistando direitos. Belo Horizonte: Fórum, 2023. p. 27-45. ISBN 978-65-5518-488-4.

PARIDADE DE GÊNERO E O ESPAÇO DA MULHER NO MERCADO DE TRABALHO

ANETE MARQUES PENNA DE CARVALHO
FLÁVIA GÓES COSTA RIBEIRO

Mais do que nunca, trabalho para compartilhar a alegria libertadora que a luta feminista traz para nossa vida, de mulheres e homens, que continuam a trabalhar por uma mudança, que continuam a esperar o fim do sexismo, da exploração sexista e da opressão.

(Bell Hooks, 2015)

1 Introdução

Convidada para escrever nesta obra que homenageia cinco grandes mulheres,[1] suas trajetórias inspiraram a escrever sobre o espaço da mulher no mercado de trabalho e as perspectivas futuras à paridade de gênero no ambiente profissional.

"Paridade de gênero" não possui um significado uníssono, pois polissêmico. Não há como aferir um sentido perfeito e completamente certo a tal expressão, na medida em que a epistemologia da palavra, em si, reserva um teor multifacetado e, logo, passível de múltiplas interpretações. Como o conceito pode sofrer mais de uma acepção, deve ser esclarecido no contexto que está inserido, mostrando-se necessário delimitá-lo, para se extrair a real necessidade de mudanças sociais almejadas, sobretudo aquelas referentes aos direitos da mulher, voltadas ao mercado de trabalho.

A concepção de paridade de gênero estabelecida em cada época reflete a realidade contingente de determinada sociedade. Isso significa que a partir do momento em que as práticas sociais se transformam, o fenômeno jurídico acaba por adaptar-se às novas necessidades do coletivo. Daí porque se antes os gêneros eram identificados por questões biológicas, atualmente, é o estrato social que emerge como aspecto relevante às

---

[1] Des. Célia Regina de Lima Pinheiro (TJPA); Des. Luzia Nadja Guimarães Nascimento (TRE); Des. Graziela Leite Colares (TRT8ª); Conselheira Maria de Lourdes Lima de Oliveira (TCE) e Conselheira Mara Lúcia Barbalho da Cruz (TCM).

discussões envoltas da paridade entre o masculino e o feminino. Fixados o significado e a extensão do termo, é possível adentrar nas particularidades do tema.

Com intenção de percorrer a cronologia histórica da mulher no mercado de trabalho, foram trazidos os principais fatos que levaram à abertura do ambiente laboral ao gênero feminino até os dias atuais, a exemplo do protagonismo do Chile na construção e na promulgação de uma Constituinte na Era Moderna, reflexo do lento e tortuoso caminho ao êxito.

Porém, os direitos hoje alcançados não foram conquistados sem lutas e derrotas. Pelo contrário. Os embates protagonizados por fortes mulheres na história ilustram a insistência em derrubar a opressão, o machismo, o sentimento de inferioridade, redundando posteriormente em vitórias jurídico-sociais jamais pensadas.

Calcadas nas lutas do passado e com a certeza de novos horizontes, dá-se contorno às perspectivas à paridade de gênero no mercado de trabalho, como forma de incentivar o constante esforço pela afirmação dos direitos femininos, atualmente, imparáveis.

Assim, buscou-se desmistificar o senso comum e os discursos patriarcais falaciosos então dominantes, com base em uma necessária reformulação da interpretação dos direitos conquistados pelas lutas femininas.

2 O que é "paridade de gênero"?

No sentido comum da palavra, o substantivo "paridade" significa semelhança, similaridade, ou seja, qualidade ou característica do que lhe é par ou igual. Tal concepção está íntima e umbilicalmente ligada ao reconhecimento das características próprias de um indivíduo ou grupo, levando-se em consideração os direitos de cada qual com imparcialidade.

Já o outro substantivo, "gênero", ganha acepção de natureza cultural, advinda das diferenças entre homens e mulheres e entre ideias sobre feminilidade e masculinidade. Em outras palavras, o "gênero" não está – nem deve estar! – vinculado ao sexo biológico, senão a representações do masculino e do feminino externadas na sociedade.

À medida que se conjugam ambos os substantivos – em que o segundo passa, de acordo com as regras sintáticas da gramática, a exercer função de adjunto adnominal –, o conceito de "paridade de gênero" cristaliza-se.

Daí porque pode-se definir como "paridade de gênero" aquilo que alcança uma proporção de 50:50 (cinquenta por cinquenta) de homens e mulheres, cuja origem lhes é comum ou similar e que, por isso, detêm os mesmos direitos e deveres em sociedade, em uma nítida compreensão de que as relações travadas entre os gêneros são produtos de padrões determinados social e culturalmente, passíveis, portanto, de modificação.

O tratamento antinômico entre o masculino e o feminino só afasta a real igualdade material e a concretização da justiça social. Os termos devem ser lidos como complementos, pois se mesclam – quando não se confundem – por diversas vezes. Há conexão necessária, não uma conexão contingencial, haja vista não carecerem de implicações mútuas.

Fato é que a "paridade", alinhada ao conceito de gênero, à noção de empoderamento e ao enfoque da transversalidade, vem deixando de ser promessa coadjuvante no Estado democrático de direito. Detidamente sobre a perspectiva da paridade de gênero, o trabalho conceitual importante está inserido no livro de ensaios intitulado

Ao poder cidadãs! Liberdade, igualdade, paridade,[2] de Françoise Gaspard, Claude Servan-Schreiber e Anne Le Gall, publicado em 1992. É nessa obra que se encontra a origem do conceito profundamente transformador da paridade plena de gênero. Isto porque, a concretude da igualdade só poderia ser efetivada caso o sistema jurídico concedesse espaços numéricos idênticos a mulheres e homens em todas as assembleias políticas.

3 Antecedentes históricos: o ingresso da mulher no mercado de trabalho

Para falar do cenário atual das mulheres no mercado de trabalho, imprescindível voltar um pouco no tempo para entender o desenrolar de alguns acontecimentos históricos que marcaram avanços na luta feminina por melhores condições e direitos.

O desvalor da mulher encontra-se presente em cenários históricos variados, tendo, como primeiro registro dessa desvalorização, o Código de Hamurabi, o qual apresentava imposições severas e desiguais às mulheres, inclusive com jargões ofensivos. Uma das passagens que mais chamava atenção à época era a forma de tratamento dada às relações extraconjugais: punia-se a mulher, sem que mesma pena fosse dada ao homem.

Anos depois, sob outra sociedade, nasceu o Código de Manu e a Lei das XII Tábuas, diplomas que mantiveram implicações severas ao penalizar as mulheres infiéis.

Na Antiguidade clássica – como a Grécia antiga, por exemplo –, as mulheres não eram consideradas cidadãs. Juntamente a escravos e crianças, o sexo feminino não tinha o direito de participar das grandes assembleias democráticas, tampouco das decisões políticas.

Verifica-se que o paradigma dominante, aqui entendido como o instituto do patriarcado, principalmente quando se aborda o assunto trabalho, foi padrão, matriz de referência, traduzido na principal tese motriz que melhor respondia às exigências da sociedade da época, de modo que acabava por se constituir em um cânone falsamente legitimador e falaciosamente legitimado, regulador dos fatos sociais por ser a vertente de pensamento.[3]

Em suma: com premissas e postulados complexos, o paradigma dominante partia do ponto de vista ontológico ao fazer referência ao fenômeno da mulher no mercado de trabalho, já que apenas o descrevia e o constatava, mas não o avaliava.

Nesse ponto, o debate teórico aproximou as análises sobre gênero e trabalho nas últimas décadas, ganhando maior atenção as abordagens feministas marxistas.

---

[2] Note-se que o famoso lema da Revolução Francesa, "Liberdade, Igualdade e Fraternidade", é substituído pela trinca "Liberdade, Igualdade e Paridade". A permuta da palavra "fraternidade", teoricamente instrumentalizada pelos homens para manter o controle patriarcal da representação política e do poder, pelo termo "paridade", mostra que as mulheres estão vigilantes na luta por melhores condições de vida, com voz ativa que não mais seria silenciada e reprimida.

[3] Beaudoux (2017), em interessante artigo publicado, brilhantemente comenta como as culturas consumerista e cinematográfica conseguiram criar um imaginário cor de rosa delicado e dedicado exclusivamente às mulheres, iniciado desde a infância. A estudiosa explica, com a sutileza que lhe é inerente, que desde cedo às meninas é dito que devem brincar com bonecas, usar vestidos, preferir o tom rosa aos demais, fatores esses afirmados e confirmados pela necessidade de ser uma princesa tal como retratam livros, filmes e séries. A mesma autora, em entrevista concedida (2019), chama atenção das mulheres no sentido de que não se acomodem com avanços dos direitos obtidos na área política, armadilha que apequena o arcabouço daqueles que ainda merecem ser conquistados, é dizer, Beaudoux ressalta que as conquistas das mulheres em qualquer âmbito devem ser lastreadas na constante e incessante promoção de uma agenda de gênero com enfoque em direitos humanos efetivos.

Pensou-se: se a posição das mulheres nas relações de trabalho é vista com inferioridade, o debate está no cerne e traz a lume as formas de exploração que caracterizam, nelas mesmas, a dominação de gênero (ou o patriarcado). Tratava-se, em verdade, de um conjunto variado de abordagens, atravessado pelo problema da correlação trinária entre a divisão do trabalho doméstico não remunerado (1), a divisão do trabalho remunerado (2) e as relações de poder nas sociedades contemporâneas (3), segundo leciona Biroli (2016, p. 725).

Martins, Lima e Lemos (2021, p. 341; 343) afirmam que, nas relações de trabalho capitalistas, os papéis destinados ao homem e aqueles destinados à mulher são previamente definidos a partir das próprias experiências, fator este que se convencionou denominar "divisão sexual do trabalho", expressão de natureza patriarcal.

De acordo com dados do Observatório da Igualdade de Gênero da América Latina e do Caribe (2021), o tempo de trabalho não remunerado das mulheres nos 16 (dezesseis) países das Américas Latina e Central pesquisados é muito superior ao tempo dedicado pelos homens às mesmas atividades. Este resultado mostra, à toda evidência, que, conquanto haja uma crescente participação feminina no mercado de trabalho, não houve um correspondente aumento do envolvimento masculino nos afazeres domésticos e nos cuidados com a família, a representar grandezas inversamente proporcionais.

Passando a buscar sua liberdade e sua igualdade femininas, o ápice dessa batalha por maior reconhecimento da condição como mulher veio, em 1789, com a Revolução Francesa, época que trouxe diferentes grupos que tentavam melhorar a situação feminina em variados aspectos sociais.

Na linha do tempo do século XX, mais especificamente em 1940, a Revolução Industrial facilitou às mulheres a libertação das amarras do interior de seus lares, rompendo, ainda que gradativamente, as barreiras jurídico-social-culturais que as impediam de ocupar espaço no mundo moderno.

Isso porque, com o surgimento das fábricas e com o avanço dos processos de industrialização, assim como com a triste explosão da Segunda Guerra Mundial (1939-1945) que requereu muitos combatentes, a mão de obra passou a ficar escassa, quando então as mulheres foram chamadas a laborar, mas sempre recebendo salários inferiores e, por isso, até priorizadas por seu trabalho mais barato. Neste interregno, em virtude de os homens terem sido convocados à guerra, muitas delas tiveram ainda de assumir os negócios da família.

Pode-se dizer, categoricamente, que foi nesse período que houve o embrião da emancipação feminina. Entretanto, "os espaços públicos ocupados por elas eram sempre subalternos e pior remunerados. Havia grande resistência ao seu acesso às posições mais elevadas de mando ou comando" (TESSLER, 2013).

E, dentro dessa conjuntura, é possível esboçar os contornos históricos que, no Brasil, levaram à entrada da mulher no mercado de trabalho. Questão primeira que se impõe é a consciência de que o cenário atual do mercado de trabalho é uma consequência das estruturas socioeconômicas do passado. Na fase colonial (1500-1822), as mulheres foram mantidas em plano inferior tanto econômica quanto socialmente em relação ao homem. Ao não possuírem direitos, foram elas marginalizadas de toda e qualquer atividade política ou econômica, já sendo desde cedo culturalmente ensinadas à prática do matrimônio, da maternidade e dos afazeres domésticos. Assim, assuntos considerados relevantes, comumente discutidos em espaços públicos, eram pautas destinadas somente ao gênero oposto.[4]

Já na República, as mulheres adquiriram seus primeiros direitos trabalhistas e passaram a exercer atividades para além do âmbito doméstico. Não obstante os notórios avanços trazidos pela Carta Magna de 1934, somente na década seguinte, por volta de 1943, com a Consolidação das Leis do Trabalho (CLT), que houve um crescimento das garantias às mulheres brasileiras. No período varguista, as normas trabalhistas consolidadas marcaram a conquista dos direitos de mesma espécie, essenciais em um país que cada vez mais se firmava como um Estado de população de maioria feminina.

Responsável por introduzir normas específicas de proteção do trabalho da mulher, a CLT buscou a salvaguarda de outros direitos dirigidos ao público feminino, cujo diploma legal federal ainda é alvo de aperfeiçoamento até os dias de hoje.

No escólio de Godoy (2015, p. 26), a evolução da mulher brasileira em busca da igualdade legal teve seu início, no Brasil, em 1960, mediante um movimento feminista que almejava romper definitivamente com o paradigma dominante. A propósito, foi nesse movimento que ficou marcado o ato da queima dos sutiãs pelas mulheres em praça pública, acontecimento de grande repercussão à época, o que "[...] demonstra a ruptura mais íntima do feminino com o masculino", nas próprias palavras do autor.

Por conta da estrutura social dominante, a mulher não tinha como prioridade o exercício de atividades remuneradas. Para trabalhar fora de casa, as brasileiras precisavam de uma autorização. No caso das mulheres casadas, os maridos eram aqueles que permitiam – ou não – a esposa seguir uma carreira. Tal barreira foi rompida com a aprovação do Estatuto da Mulher Casada (Lei Federal nº 4.121/1962), início das conquistas normativas femininas.

Iniciado o ímpeto revolucionário com o feminismo, nos meados de 1970, houve a efetiva abertura do mercado de trabalho brasileiro às mulheres. Desta maneira, ensina novamente Godoy (2015, p. 26) que, embora o trabalho não fosse a única forma de independência da mulher, é com ele, e com a inserção econômica, que ela tem sua liberdade feminina mais representativa contra a opressão masculina, visando à emancipação financeira.

Nessa mesma década, o Movimento Feminista eclodiu nos Estados Unidos e atingiu com notória força o Brasil, sempre acompanhado das incessantes discussões dele advindas. Gritos de liberdade, igualdade de gênero e direito das mulheres ecoavam por toda a América, dando início a um longo processo de lutas e (futuras) muitas conquistas.

---

[4] Entretanto, no Brasil, ainda se vivenciava momento de extrema segregação, um verdadeiro *apartheid* de gênero. A primeira delas foi a desigualdade de tratamento no ensino. Diante da lei voltada ao ensino básico no Brasil, de 1827, constata-se uma grade curricular completamente díspar para meninos e meninas. Ambos aprenderiam a ler e a escrever e o cálculo das 4 (quatro) operações aritméticas básicas. Contudo, somente eles teriam acesso à gramática, geometria, decimais, fração e outras noções matemáticas. Às meninas caberia o desenvolvimento de dotes domésticos. Essa desigualdade de tratamento no ensino perpetuou no ensino superior, entendido como um lugar de homens, tendo em vista que eles eram os provedores da família e, desse modo, deveriam receber instrução formal para seguir uma carreira. Esse acesso restrito à educação também impactou nas capacidades eleitorais ativa e passiva da mulher, que era subjugada e colocada à margem do sistema eleitoreiro do país. Foi só em 1932 que as mulheres puderam exercer seu direito ao voto, uma vez que a crença, até então, era de que elas eram desprovidas de condições para tomada de uma decisão política, sob o binômio "falta-relevância", complementar, mas ambivalente: as mulheres eram carentes de instrução (falta), inviável à condução de um tema tão caro ao futuro da sociedade brasileira (relevância).

Todavia, foi com a Constituição Federal 1988 que houve o estabelecimento do princípio da isonomia, pelo qual as mulheres tiveram os seus direitos trabalhistas devidamente firmados, com a instituição da equidade de gênero e da não discriminação. Referida carta política quis promover verdadeiro processo de transformação social, de concessão igualitária de oportunidades.

Com esse constitucionalismo e na crista legislativa, pautada em movimentos democráticos e republicanos, repensou-se a igualdade entre homens e mulheres, agora tratada expressa, e cuidadosamente, pela Carta Constitucional de 1988. Sob as considerações de Della Costa (2021), no caso do Brasil, durante a Assembleia Nacional Constituinte de 1987-1988, as legisladoras uniram-se no que ficou conhecido como *"lobby do batom"*, ao ampliarem uma série de direitos civis, políticos, econômicos, sociais, culturais, trabalhistas e jurídicos destinados às mulheres.

Analisar todo esse panorama histórico conduz ao debate da promoção de paridade para, então, alcançar-se a tão desejada igualdade. Se a história deixa legados, é preciso olhá-la e, com mecânicos jurídicos, buscar reparos naquilo que necessita de ajuste. Reparos esses que não podem ser encarados como favores motivados por pena. Fala-se, deveras, de mudanças de paradigmas, com restauros de falhas cometidas no passado e que continuam impactando no presente, em verdadeira reforma da interpretação do papel da mulher na sociedade.

E, assim como outros grupos minoritários, que não tiveram oportunidades iguais ao longo da história, é fundamental falar de paridade de gênero, criar mecanismos de compensação e sedimentar ações afirmativas, tal qual aqueles que foram tratados de forma diferente pelas mais variadas questões, com urgente mudança do paradigma dominante.

Todavia, a sociedade brasileira ainda tem um longo caminho a seguir, considerando que são relativamente recentes a entrada e consolidação da mulher no mercado de trabalho formal brasileiro e o "grau de civilização de uma sociedade se mede pelo grau de liberdade da mulher".[5]

Visa-se neste artigo afirmar que a paridade de gênero na estrutura institucional dos espaços públicos permitirá um olhar feminino em contraponto à visão androcêntrica, uma hermenêutica também feminina no exercício das funções. Destaca-se a constituinte chilena de 2020/2021, ao incorporar a paridade de gênero nesta dimensão política.

Um breve diagnóstico do processo histórico-constitucional chileno recente permite inferir que sua Constituição de 1980, ainda que diante das reformas de 1989 e 2005, não foi suficiente para abranger as inúmeras demandas populares por participação política e direitos sociais que se fortaleceram, em múltiplas facetas, no Chile nos últimos anos.[6]

Em nova ruptura do paradigma dominante – modelo que persistia no centro das disputas acerca da memória e do legado da (derrocada) ditadura chilena – contra a Constituição da "democracia protegida", emergiu o processo constituinte chileno, iniciado no ano de 2019. A postulação por uma nova Constituição esteve sempre ligada ao movimento feminista no país, grupo que mais clamava por mudanças. Durante os meses de protestos em massa, a frase "A revolução será feminista – ou não será uma

---

[5] Frase atribuída ao pensador francês Charles Fourier (1772-1837).
[6] Prevalecia no Chile a famosa Constituição de Pinochet e Jaime Guzmán, na qual a soberania popular era rechaçada, apesar da notoriedade da expressão "democracia protegida".

revolução" foi gravada nas paredes da Capital (Santiago), projetada em edifícios e entoada por milhares de mulheres.

De outubro de 2019 a março de 2020, o Chile viu e vivenciou o levantamento de massivas manifestações populares, no que ficou conhecido como *estallido social*. Esses protestos reivindicavam, entre outras temáticas, a elaboração de uma nova Constituição ao país, por meio de uma Assembleia Constituinte.

O *Acuerdo por la Paz Social y la Nueva Constitución* foi então anunciado no Palácio do Congresso Nacional de Santiago, tanto por líderes do Governo, quanto pela oposição. Com previsão da realização de um plebiscito nacional, os chilenos puderam se preparar para decidir o rumo de seu país. Em 25.10.2020, aproximadamente 78% (setenta e oito por cento) dos eleitores[7] votaram pela instauração de uma Convenção Nacional Constituinte, a quem competiria elaborar um novo texto constitucional, em substituição à Constituição de 1980, herdada da ditadura pinochetista. Finalmente, em 16.5.2021, ocorreu a eleição dos constituintes que seriam responsáveis por compor a Convenção, tendo como conclusão a eleição da primeira Constituinte paritária de gênero do mundo. Daí sua relevância.

Recorrendo-se aos ensinamentos de Azevedo (2021, p. 25), preconiza-se que a Convenção Constituinte levou o país da América Latina mais ao sul, pela terceira vez, ao centro do palco do Ocidente como protagonista de uma tentativa inédita de transição democrática, que tem em sua Constituinte, simultaneamente, paridade de gênero e alta representatividade de lideranças, na cristalina tentativa de desenhar um sistema capaz de superar a ortodoxia outrora dominante.

Detalhe interessante e curioso diz respeito ao fato de que, finalizadas as eleições, em se tratando de Constituinte paritária, tivera que ocorrer a cessão de 11 (onze) vagas de mulheres eleitas a homens que não tinham angariado votação suficiente, mas que necessitavam estar na Constituinte, justamente pelo fator da paridade. As mulheres chilenas demonstraram extrema força tanto que ajustes de assentos precisaram ser remanejados para que a garantia da composição do grupo estivesse igualmente distribuída entre os gêneros. Nas exatas palavras de Alvernaz (2021): "A lei de paridade de gênero, criada para evitar um predomínio masculino, obrigou-as a ceder vagas aos homens".[8]

Salta aos olhos um aspecto inusitado: geralmente, períodos de mudança ruptural, instrumentalizada por uma série de alterações que visam reformular a própria sociedade, são acompanhados de finais de guerras ou durante a passagem a um novo regime governamental. No entanto, o caso chileno redundou de reivindicações feitas por cidadãos, o que entra para a história – se não como pioneiro – como protagonista.[9]

---

[7] Número expressivo, considerando a não obrigatoriedade do voto no país.

[8] Além disso, vem previsto no regramento geral aprovado pela Constituinte que haverá observância da paridade na composição de todos os órgãos, não podendo a ocupação de cargos pelo sexo masculino superar a quantidade de 60% (sessenta por cento) (art. 32).

[9] Há quem esboce, entretanto, que o caso chileno, mais detidamente nas campanhas de mulheres na América Latina, retrata a figura da dona de casa, da guerreira, da mãe, da responsável, da sensível, da submissa e da trabalhadora, isto é, a mulher, em verdade, teria saído do lar não por interesse político e não para afirmar sua perspectiva diante das pautas parlamentares, mas por um amor maior que a fizera abdicar do seu espaço tradicional, sem questionamento da separação entre o público e o privado, de forma que, tomando como a origem de seus desejos atuar em nome da população, as candidatas acabaram indo na contramão dos feminismos, cuja cultura discriminatória de gênero é fruto da produção simbólica da modernidade, que teve no colonialismo sua contraface (MARTINS, 2019, p. 2).

Uma maior paridade representa não só uma esfera de reconhecimento do trabalho feminino, como uma necessidade de redistribuição. A justiça social, inclusive no mundo do trabalho, se dá pela pauta distributiva da participação identitária das mulheres. A questão é estrutural.

3.1 Lutas protagonizadas por mulheres ao longo dos anos

A reivindicação das mulheres por igualdade e participação nos espaços de poder não é recente. Foram anos, décadas e séculos para que fossem conquistados os direitos hoje garantidos às mulheres, bem como para que estes não retrocedam.

De Margaret Cavendish à Mary Wollstonecraft, passando por Simone de Beauvoir até a nova Constituinte chilena, as mulheres lutaram pela garantia de direitos políticos, econômicos e civis.

A revisão da ótica do paradigma dominante, de índole patriarcalista, passou a ser revista a partir do século XVII com a união de mulheres em prol da igualdade. Esse grupo passou a questionar o papel feminino na sociedade, sendo inspirado por escritoras como Margaret Cavendish.

Silenciadas, era necessária uma girada de chave. Em um dos mais famosos documentos fundadores do feminismo, escrito por Mary Wollstonecraft, foi tecida crítica à Constituição francesa de 1791, por não ter elevado as mulheres à categoria de cidadãs.

Ao denunciar a marginalização das mulheres pela Revolução francesa, ela desenvolveu legítimos fundamentos, a fim de que as mulheres fossem vistas como seres humanos merecedoras dos mesmos direitos fundamentais que os homens.

Convergindo com os ideais de sua antecessora, no mesmo ano, Olympe de Gouges redigiu a Declaração dos Direitos da Mulher e da Cidadã, como resposta à pretensa universalidade presente na Declaração dos Direitos do Homem e do Cidadão.[10]

Não se devem ignorar as diferenças e identidades de cada indivíduo a pretexto da necessidade de construção de uma figura universal imutável. Em verdade, é primordial que a tradição liberal e republicana, que pretende forjar as definições da norma de acordo com parâmetros e balizas masculinos, seja rompida.

Destaca-se, ademais, o papel da pensadora Simone de Beauvoir, a qual aprofunda a ideia do feminismo. Para ela, a (r)evolução deveria ser coletiva, cuja luta necessitaria abarcar mulheres e homens lado a lado, com vistas à necessária libertação de gênero. O feminismo ressalta que os valores universais correspondem, na realidade, aos valores daqueles que estão em posição privilegiada na sociedade.

No Brasil, exemplos de mulheres que enfrentaram desafios e abriram caminho para outras, sobretudo na área jurídica, foram: Myrthes Gomes de Campos, pioneira na advocacia feminina brasileira; Maria Augusta Saraiva, que se consagrou como a primeira figura feminina a ingressar na Faculdade de Direito do Largo São Francisco e a atuar no Tribunal do Júri e a Ministra Ellen Gracie, primeira mulher a integrar o Supremo Tribunal Federal (STF) e a presidi-lo. Todavia, a primeira ministra dos Tribunais Superiores a ser empossada foi Cnéa Cimini Moreira de Oliveira.

---

[10] A pretensão da autora era estender os direitos declarados em 1789, porque os indivíduos retratados nela não correspondem à totalidade, mas, sim, à metade da população.

Muito embora a primeira mulher advogada tenha aberto a porta a outras, atualmente não teve ainda uma presidente do Conselho Federal da Ordem dos Advogados do Brasil (OAB) em 90 anos de sua existência, situação que hoje não mais aparece nas Seccionais.[11]

Por óbvio que outras mulheres tiveram papel relevante no debate acerca da paridade de gênero, pois a vitória, após desgastantes lutas revolucionárias de ideais e de princípios, é conquistada por um grupo, uma coletividade, e não com um agir isolado.

Todas as discussões tidas em meio público, seja no passado ou nos dias atuais, tentaram suprimir a noção de que as diferenças devem ser definidas sob a forma de privilégios e vantagens, convicção que não leva(va) em consideração a questão identitária, mas sim aquela relacionada a posições que ganham sentido em hierarquias.

O Estado, os mecanismos da democracia representativa e o mercado de trabalho operam de forma desfavorável às classes trabalhadoras, às mulheres ou à população negra. Logo, para os grupos tradicionalmente dominados, "os espaços preestabelecidos de ação política são brechas, conquistadas muitas vezes em embates anteriores, mas também em terreno desfavorável, orientado à reprodução das hierarquias existentes" (MIGUEL, 2017, p. 36).

3.2 O Estado democrático de direito e o direito à igualdade e não discriminação: conquistas alcançadas

O estudo e pesquisa sobre discriminação das mulheres, nos mais diversos segmentos da vida em sociedade, são intensos, com intuito de achar medidas e proposições para reduzir a desigualdade de gênero. O cenário discriminatório que atravessa séculos ainda desafia uma atitude firme e de respeito em relação às mulheres. Entretanto, diversas normas, de nível internacional e nacional, trazem previsões igualitárias que merecem destaque.

Cediço que o princípio da isonomia (art. 5º, *caput* e inc. I, da Constituição Federal/88), mormente a material, determina a máxima do tratamento jurídico desigual para aqueles sob aspectos e condições desiguais, na exata medida que a desigualdade é constatada. Do direito fundamental à isonomia, desemboca-se no arcabouço dos direitos sociais (art. 6º da Constituição Federal), tendo o conjunto desses direitos sido consagrado constitucionalmente como uma das espécies de direitos fundamentais, caracterizando-se como verdadeiras liberdades positivas, de observância obrigatória em um Estado sob a égide de democrático e social de direito.

Todos esses valores constitucionais principiológicos possuem o invólucro da dignidade da pessoa humana (art. 1º, inc. III, da Constituição Federal/88) e da promoção do bem de todos, sem preconceitos de origem, raça, sexo, cor, idade e quaisquer outras formas de discriminação (art. 3º, inc. IV, do mesmo diploma constitucional), respectivamente fundamento e objetivo da República Federativa do Brasil.

---

[11] Atualmente, com a última eleição em 2021, as Seccionais somam um total de 15 (quinze) presidentes mulheres. Inclusive, registra-se que a Seccional do Pará teve 2 (duas) mulheres em sua Presidência. No quinto constitucional, a vaga destinada à OAB, de igual modo, nunca foi escolhida uma mulher para compor o Tribunal de Justiça do Estado do Pará (TJPA), em 90 anos de existência da Ordem.

O art. 39, §3º, da Constituição Federal de 1988, estende aos ocupantes de cargos públicos, entre outras previsões, aquelas contidas nos incs. XX (proteção do mercado de trabalho da mulher, mediante incentivos específicos, nos termos da lei) e XXX (proibição de diferença de salários, de exercício de funções e de critério de admissão por motivo de sexo, idade, cor ou estado civil), ambos do seu art. 7º.

Nesse espeque, caminha da mesma maneira a proteção internacional dos direitos humanos. Entre as inúmeras havidas pela Organização Internacional do Trabalho (OIT), restringe-se o exame a 3 (três), justamente ante suas relevâncias e por estarem direcionadas aos assuntos de paridade de gênero no mercado de trabalho.

Primeiramente, há a Convenção sobre a Igualdade de Remuneração (nº 100/1951), a qual preza, especificamente, pela eliminação da discriminação entre homens e mulheres em termos de remuneração, determinando o pagamento igual para trabalhos de idêntico valor.

A outra é a Convenção de Discriminação em Matéria de Emprego e Ocupação (nº 111/1958). Sinalizam Julião, Dib e Oliveira (2021, p. 24494) que se a de nº 100 respaldava a remuneração das mulheres que conseguiram ascender a determinado cargo, a de nº 111, por sua vez, mostrava os aspectos de segregação ocupacional fundamentada em gênero, motivados a toda evidência principalmente pela estereotipação das atividades laborais.

Na sequência, veio a Convenção Sobre a Igualdade de Oportunidades e de Tratamento para Homens e Mulheres Trabalhadores: Trabalhadores com Encargos de Família (nº 156/1981), reconhecedora da necessidade de equiparação de oportunidades previamente ao ingresso no mercado de trabalho.

Também têm expressa importância a Convenção Interamericana para Prevenir, Punir e Erradicar a Violência contra a Mulher de 1994 (Convenção de Belém do Pará), incorporada pelo Decreto Federal nº 1.973/2006, que reconhece a violência contra mulher como um fenômeno generalizado, alcançando diferentes tipos de raça, classe, religião, idade, ensejando a grave violação de direitos humanos e à dignidade da pessoa humana. E a Convenção sobre a Eliminação de Todas as Formas de Discriminação contra a Mulher de 1979, internalizada pelo Decreto Federal nº 4.377/2002, que estabelece diversos direitos às mulheres a serem assegurados pelos Estados-Parte signatários do instrumento jurídico, entre os quais se destacam: a tomada de todas as medidas apropriadas para eliminar a discriminação contra a mulher nas vidas política e pública do país e, em particular, a garantia, em igualdade de condições com os homens, do direito a ocupar cargos públicos e a exercer todas as funções públicas em todos os planos governamentais (art. 7º, letra "b"); a adoção de todas as medidas apropriadas para eliminar a discriminação contra a mulher na esfera do emprego, para fins de assegurar, em condições de igualdade entre homens e mulheres, os mesmos direitos (art. 11, item 1); e o asseguramento da efetividade de seu direito a trabalhar, a fim de impedir a discriminação contra a mulher por razões de casamento ou maternidade (art. 11, item 2).

Nesse contexto, muito já se avançou com diversas legislações supervenientes, merecendo destaque atual a Lei Júlia Matos, Lei nº 13.363/2020, que incluiu diversas proteções às advogadas no Estatuto da OAB e no Código de Processo Civil, merecendo destaque a possibilidade de suspensão do processo em caso de parto ou adoção, quando a advogada for a única constituída no processo, em nítida proteção à maternidade e à dignidade da mulher advogada.

Em 2021, propor e adotar políticas públicas que tratem a paridade de gênero como um direito universal e integrado foram ações experimentadas pela OAB, com a Resolução nº 5/2020, que altera o Regulamento Geral do Estatuto da Advocacia e da OAB para estabelecer paridade de gênero em 50% (cinquenta por cento), e a política de cotas raciais para pretos e pardos no percentual de 30% (trinta por cento), nas eleições da entidade.

No mesmo ano, o Conselho Nacional de Justiça (CNJ) alterou a Resolução nº 255/2018, que "Institui a Política Nacional de Incentivo à Participação Institucional Feminina no Poder Judiciário", através da Resolução nº 418/2021, que aprimorou tal política, com a obrigatoriedade de criação, pelos Tribunais, de um "repositório *on-line* para cadastramento de dados de mulheres juristas com *expertise* nas diferentes áreas do Direito", já tendo o TJPA seu próprio Comitê Deliberativo de Participação Feminina.

Mais recentemente, o mesmo CNJ fez publicar a Recomendação nº 128/2022, que "Recomenda a adoção do 'Protocolo para Julgamento com Perspectiva de Gênero' no âmbito do Poder Judiciário brasileiro", cujo documento visa à adoção da imparcialidade no julgamento de casos de violência contra mulheres, evitando avaliações impregnadas em estereótipos e preconceitos de gênero existentes na sociedade, como instrumento de promoção de uma postura ativa de desconstrução e superação de desigualdades históricas de gênero.[12]

Consoante a voz teórica de Mello (2022), a OAB, com paridade de gênero, pode criar e manter políticas institucionais que incentivem e favoreçam a indicação e a eleição de outras mulheres, seja em cargos de liderança, seja em eventos. Tudo isso significa contribuir com a redução da disparidade de gênero também encontrada, no Brasil, nos tribunais superiores.

Fazer com que metade dos postos de direção sejam ocupados por mulheres corrige uma distorção histórica, aproxima as decisões da OAB e dos tribunais das demandas femininas e incentiva a superação do machismo dentro da sociedade como um todo.

Esse é o compromisso de todos que visam ampliar a representação e tornar mais plurais as instituições. Uma composição colegiada paritária fortalece a classe, enriquece o debate e ratifica a heterogeneidade das decisões pelo elo da diversidade.

No plano estadual, vislumbra-se que os poderes Executivo e Legislativo vêm promovendo medidas públicas voltadas ao atendimento de grupos específicos, como no caso das mulheres, atendendo às necessidades do gênero, principalmente porque as bandeiras do empoderamento e do empreendedorismo femininos estão cada vez mais altas nos debates jurídico e social.[13]

---

[12] Atende ao Objetivo de Desenvolvimento Sustentável (ODS) nº 5 da Organização das Nações Unidas (ONU), cumprindo a Agenda 2030. O ato infralegal também considera a sentença da Corte Interamericana de Direitos Humanos (CIDH) em relação ao caso Márcia Barbosa de Souza e Outros *v.* Brasil, que condenou o Estado brasileiro por falhas reiteradas à integridade das mulheres, tendo, como reparação, a determinação de uma série de medidas, entre elas, a adoção e a implementação de um protocolo nacional à investigação de feminicídios.

[13] Cita-se, nesse novel campo normativo estadual, a Lei nº 8.884/2019, a qual "Institui o Dia Estadual do Empreendedorismo Feminino no Estado do Pará", a Lei nº 8.949/2019, que "Institui o Dia Estadual da Mulher Empreendedora", a Lei nº 9.015/2020, a qual "Institui a Política Estadual de Empoderamento da Mulher no Estado do Pará", a Lei nº 9.515/2022, que "Estabelece o programa denominado 'Mulher Empreendedora Cidadã (MEC)', compreendido por medidas de incentivo e apoio ao empreendedorismo feminino de micro e pequeno portes no Estado do Pará", e a Lei nº 9.664/2022, a qual "Institui a Semana Estadual da Mulher Empreendedora no Estado do Pará".

Luz e Silva (2022) constatam que o empoderamento feminino significa uma ampliação da liberdade de escolher e agir, determinado pelo aumento da autoridade e do poder das mulheres sobre os recursos e as decisões, de modo a torná-la empoderada para definir os seus objetivos, adquirir competências, resolver problemas e desenvolver seu próprio sustento.

A igualdade de tratamento de gênero no ambiente profissional é uma meta a ser conquistada por uma sociedade mais democrática. A legislação é farta e inclusiva, é preciso efetivá-la, realizar materialmente a igualdade prevista no ordenamento jurídico, garantindo às mulheres um ambiente, público e privado, em que possam desenvolver suas atividades e personalidades de forma tranquila e respeitosa.

A emancipação feminina está relacionada à busca pela igualdade de gênero, com superação de preconceitos e discriminação em relação às mulheres, para que possam exercer os mesmos direitos que os homens, considerando ambos como seres humanos sujeitos de direitos iguais.

Nesse contexto, faz-se necessária a valorização das mulheres no mercado de trabalho, com todas as ferramentas normativas para que possam ter acesso ao emprego, bem como sua manutenção com a observância de todos os seus direitos assegurados pelo ordenamento jurídico.

Por outro lado, a aplicação direta e estritamente formal das normas igualitárias não assegura, de forma ampla, a igualdade material, gerando potencias injustiças e iniquidades. A aplicação fria da lei para homens e mulheres gera, muitas vezes, situações de injustiças, pois não são iguais em sua origem, possuem diferenças biológicas e culturais, de responsabilidades, de cuidados com o outro, de forma que o tratamento de ambos deve ser pautado na equidade, em que suas diferenças sejam consideradas para, ao final, a igualdade material ser contemplada (HILL, 2019).

Importante reconhecer essas diferenças, ao invés de tentar evitá-las, e não perpetuar a perspectiva androcêntrica de visão social, processual e institucional, para que as desigualdades possam ser superadas (HILL, 2019).

Nesse sentido, os documentos normativos são igualitários, a igualdade formal, portanto, está contemplada. Precisa-se, porém, vivenciá-la e torná-la materialmente efetiva no âmbito do mercado de trabalho.

4 Perspectivas à paridade de gênero no mercado de trabalho

Nem todas as mulheres vivenciam o gênero da mesma maneira. É mister realçar que não é possível conceber a generalização das mulheres, ou seja, não há como categorizá-las ou reduzi-las em uma única classe homogênea. Além de ingênuo, seria incoerente e insuficiente para promover um debate crítico, antidiscriminatório e emancipatório, capaz de construir uma sociedade mais párea.

Daí que é preciso ajustar o foco da lente, com vistas a que se possa enxergar para além do estereótipo de mulher cisgênera, branca, burguesa, mãe, esposa e heterossexual, pois só então é possível refletir sobre toda a diversidade que permeia a compreensão do que é "ser mulher" e, também, do acesso feminino ao mercado de trabalho.

Outros pontos que merecem destaque são os desafios que a mulher enfrenta no mercado de trabalho como: preconceito, dupla jornada dividida entre maternidade e carreira, diferença salarial, dificuldade de ascensão profissional e assédio. Todos esses fatores estão atrelados ao ideário que muitos gestores insistem em cultivar, tal como a mentalidade da incapacidade da mulher à execução de funções e responsabilidades atreladas a cargos de liderança e de alto escalação – a famosa visualização do terno e da gravata como sinônimos de competência.

Esses tabus são questões hodiernas que ainda colocam o gênero feminino em posições de inferioridade e de segregação ocupacional, fortalecidas pela forte representação do mundo corporativo masculinizado e pela discriminação por formação profissional.

A Fundação Oswaldo Cruz (Fiocruz), em pesquisa realizada em 2019, tomando como referência a taxa de participação, a qual tem como escopo medir a parcela da População em Idade de Trabalhar (PIT),[14] chegou à estatística de que a taxa de participação das mulheres com 15 (quinze) anos ou mais de idade somava 54,5% (cinquenta e quatro inteiros e cinco décimos por cento), ao passo que entre os homens a mesma taxa alcançou 73,7% (setenta e três inteiros e sete décimos por cento). Logo, uma diferença de 19,2% (dezenove inteiros e dois décimos por cento), escancarando a desigualdade entre gêneros (FIOCRUZ, 2022).

Pesquisa do CNJ, em 2019, intitulada Diagnóstico da Participação Feminina no Poder Judiciário, identifica que apenas 35,9% dos magistrados eram mulheres, bem como que, quanto maior a progressão na carreira, menor o índice feminino, de forma que as mulheres representam 44% dos juízes substitutos, 39% dos juízes titulares, 23% dos desembargadores e apenas 16% dos ministros nos tribunais superiores.

À baila do trazido doutrinariamente por Feitosa, Almeida e Dias (2021, p. 271), a democratização da instituição do Poder Judiciário por meio de uma heterogenia em sua composição é uma proposta do quinto constitucional. O panorama da participação feminina na esfera judicante ainda se apresenta como uma sub-representação, pois, embora haja um crescimento no número de mulheres nos níveis iniciais da magistratura, estas ainda não alcançam representatividade. Para eles, é a famosa invisibilidade feminina no topo de órgãos e entidades permeados por *ethos* masculino.

Propostas estão em trâmite para alargar as conquistas até aqui alcançadas; outras já se encontram em estágios mais avançados, sendo aplicadas desde então. No ponto, tramita no Senado Federal a Proposta de Emenda à Constituição (PEC) nº 6/2022, que "Altera o art. 94 da Constituição Federal, para determinar que uma em cada duas das listas sêxtuplas de indicações para os tribunais sejam constituídas exclusivamente por indicações de mulheres".

Tentando modificar as estatísticas e superar os desafios, grandes empresas, no setor privado, têm dado um olhar mais acurado às qualidades da profissional feminina, com destaque a 5 (cinco) diferenciais da mulher no mercado do trabalho, quais sejam: resiliência, característica das mulheres tanto no mercado de trabalho, como na vida; multitarefas, como a capacidade de realizar várias coisas ao mesmo tempo; comprometimento, cujo labor é desempenhado com presteza; criatividade, estando preparadas a achar caminhos e soluções inovadores; e flexibilidade, com capacidade de adaptação às mudanças.

O acesso das mulheres a profissões de prestígio, assim como a presença na cúpula de órgãos e entidades de renome, com posições de destaque tem sido cada vez

---

[14] Leia-se: trabalhando ou procurando trabalho e disponível para trabalhar.

mais comum.¹⁵ De fato, a inclusão das mulheres no mercado de trabalho e a evolução da igualdade de gênero nos diversos âmbitos da sociedade evoluem em um ritmo bem mais acelerado (PORCARO, 2019, p. 152).

A paridade de gênero nas estruturas institucionais, a exemplo da OAB, é ferramenta com um potencial à redução da substanciosa desigualdade de gênero na própria cúpula, já que a equidade é determinante à participação integral das mulheres em cargos eletivos.¹⁶ Mais do que prestígio, a composição paritária de instituições de cunho deliberativo, opinativo ou decisório torna as discussões mais sensíveis à pluralidade de atores envolvidos.

Grande contribuição para um olhar de mudança estrutural adveio das convenções, como a IV Conferência das Nações Unidas sobre a Mulher, realizada na cidade de Pequim (China), em 1995: a maior de todas as convenções já realizadas até então, ocasião na qual foram fixadas 12 (doze) áreas de preocupação.¹⁷

5 Conclusão

Apesar dos direitos já conquistados pelas mulheres, a sociedade brasileira ainda tem um longo caminho a percorrer, considerando que são relativamente recentes a entrada e consolidação da mulher no mercado de trabalho formal brasileiro.

Historicamente, a mulher, inserida em um contexto patriarcal, era costumeiramente relegada aos espaços privados. A divisão sexual do trabalho, nas condições econômico-sociais então vigentes, era dominante e perceptível, pois aos homens eram reservados cargos públicos e espaços de poder, com remuneração provedora e, às mulheres, atividades privadas, incumbências domésticas não monetizadas.

Com o início de um movimento questionador da divisão dos papéis sociais, verificou-se um avanço consistente na outorga às mulheres de espaço na esfera pública. Entretanto, os espaços públicos ocupados por elas eram mais mal remunerados e com grande resistência ao seu acesso às posições mais elevadas de mando ou comando.

Essa solidificação de estereótipos acaba por retardar a consolidação da mulher no mercado de trabalho e a participação em debates democráticos e em espaços de poder. Para tanto, a luta e a persistência ainda são necessárias. É de suma importância reivindicar, recuperar e potencializar as possibilidades ativas e positivas do direito, como fatores de mudança social e de transformações emancipatórias. Trata-se, aqui, de modificações tanto quantitativas quanto qualitativas, de maneira que o direito funcione como um arcabouço normativo impulsionador de avanços coletivos calcado na normatividade e, consequentemente, na sua efetividade constitucional.

Não adianta só concordar e/ou aplaudir as mulheres que se arriscam a ocupar cargos ou exercer funções de liderança. A sociedade precisa absorver o conceito isonômico como ponto fundamental a fortalecer as instituições em um contexto paritário e plural.

---

[15] Como se constata com as 5 (cinco) mulheres homenageadas nesta obra, ao ocupar a presidência dos Tribunais.

[16] Com mais mulheres ocupando cargos de alta cúpula no sistema OAB, incentiva-se, inclusive, a candidatura de mulheres ao quinto constitucional, com reflexos diretos e ousados na composição dos Tribunais.

[17] Mulheres e Pobreza; Educação e Capacitação de Mulheres; Mulheres e Saúde; Violência contra a Mulher; Mulheres e Conflitos Armados; Mulheres e Economia; Mulheres no Poder e na Liderança; Mecanismos Institucionais para o Avanço das Mulheres; Direitos Humanos das Mulheres; Mulheres e a Mídia; Mulheres e Meio Ambiente; e Direitos das Meninas.

As providências públicas ousadas e transformadoras são urgentemente necessárias ao direcionamento do mundo para um caminho resiliente. Se a possibilidade de desafiar a divisão sexual do trabalho está aberta a poucas, o acesso aos espaços da política institucional atende à mesma dinâmica. Conquanto algumas mulheres possam atravessar as barreiras estruturais, institucionais e simbólicas, isso não significa que o façam em condições páreas com os homens.

Exatamente por isso, chega-se a 2022, ainda com pauta de colocar em prática a tão falada paridade de gênero. Com a delimitação da definição da expressão "paridade de gênero", embora com teor polivalente, constatou-se que sua fixação pelo aspecto biológico está superada, o que toma corpo um ressignificado que diz respeito à situação párea entre homens e mulheres do ponto de vista intercultural imparcial.

A igualdade numérica é, indubitavelmente, fundamental para despertar a importância das mulheres na sociedade, todavia, quebrar paradigmas e limitar abusos da sociedade patriarcal e racista é foco primordial, o que quase sempre constitui obstáculo para efetividade dos preceitos constitucionais da igualdade e não discriminação.

Embora imbuída de avançada legislação em matérias de direitos humanos, a sociedade atual ainda padece das influências históricas do patriarcado. O olhar da sociedade deve-se voltar à relevância de trajetórias mais plurais nos espaços institucionais, a partir da identificação e remoção de obstáculos à participação igualitária nos espaços públicos.

Uma composição plural das instâncias de poder é um pressuposto não apenas do princípio de igualdade, mas também imperativo democrático. As mulheres experienciam o mundo a partir de perspectivas distintas,[18] e sua maior representatividade nas instâncias de poder agrega novas concepções, o que traz repercussões em termos de pluralidade e legitimidade nas decisões, sejam jurídicas sejam políticas.

O Chile, como registrado, estampa posição de destaque e protagonismo, pois, inusitadamente, por pressão popular, rompeu o paradigma dominante patriarcal e lançou ao mundo uma nova Constituinte, a primeira imbricada de paridade de gênero.

Daí porque, sem pretensão de esgotar a temática, para além das perspectivas à paridade de gênero no mercado de trabalho, a intercomunicação entre os vários ramos da Justiça é primordial para tornar visíveis necessidades das mulheres nesse âmbito. Não à toa que a meta para o alcance da igualdade de gênero e do empoderamento de todas as mulheres e meninas está concentrada no ODS nº 5 da ONU e transversalizada em outros 12 (doze) objetivos globais (Agenda 2030),[19] visando garantir o fim da discriminação contra as mulheres e meninas em todos os lugares até 2030.

Ainda que se esteja sempre em busca de derrubar de vez o estereótipo de gênero, as perspectivas do tema indicam um futuro promissor na expansão dos direitos da

---

[18] Em virtude de condicionamentos de ordem histórica e cultural.

[19] Os Princípios de Empoderamento das Mulheres, promovidos pela Entidade das Nações Unidas para a Igualdade de Gênero e Empoderamento das Mulheres, determinam o seguinte: estabelecer liderança corporativa sensível à igualdade de gênero, no mais alto nível; tratar todas as mulheres e homens de forma justa no trabalho, respeitando e apoiando os direitos humanos e a não discriminação; garantir a saúde, segurança e bem-estar de todas as mulheres e homens que trabalham na empresa; promover educação, capacitação e desenvolvimento profissional para as mulheres; apoiar empreendedorismo de mulheres e promover políticas de empoderamento das mulheres por meio das cadeias de suprimentos e *marketing*; promover a igualdade de gênero por meio de iniciativas voltadas à comunidade e ao ativismo social; e medir, documentar e publicar os progressos da empresa na promoção da igualdade de gênero.

mulher, de modo a se romper cada vez mais com ideários retrógrados e alçar a mulher à condição igual do homem, máxime quando vem à tona a matéria alusiva ao mercado de trabalho.

Detectar as necessidades e denotar os dados que envolvem o lugar que a mulher ocupa atualmente na sociedade é atuação com perspectiva de gênero, compatível com o compromisso de avançar nas políticas públicas que viabilizem à mulher ocupar o espaço que lhe apetecer. Não são as mulheres que precisam de espaços no mercado de trabalho, é este quem delas precisa, inclusive, nos cargos de alto escalão. A utopia é do passado; a política, do agora; e o fazer urge e é emergente. *Sororidade*!

Referências

ALVERNAZ, Mariana. A força das mulheres no Chile: a elaboração da primeira constituinte com paridade de gênero do mundo. *Revista 180 – Narrativas Femininas*, ago. 2021. Disponível em: https://revistaumoitozero.com.br/a-forca-das-mulheres-no-chile-a-elaboracao-da-primeira-constituinte-com-paridade-de-genero-do-mundo/. Acesso em: 27 jul. 2022.

AZEVEDO, André Freire. Dossiê: constituinte e desconstituinte – Poderes, potências e pensamento (des)instituinte. Contra a constituição da "democracia protegida": a emergência do processo constituinte chileno 2021-2022. *Destroços – Revista de Pensamento Radical*, Belo Horizonte, v. 2, n. 2, p. 11-28, jul./dez. 2021.

BEAUDOUX, Virginia García. A liderança é uma espécie de armadilha para as mulheres. *Revista IHU On-Line*, mar. 2019. Disponível em: https://www.ihu.unisinos.br/78-noticias/587338-a-lideranca-e-uma-especie-de-armadilha-para-as-mulheres-entrevista-com-virginia-garcia-beaudoux. Acesso em: 13 ago. 2022.

BEAUDOUX, Virginia García. Teaching little girls to lead. *The Conversation – Academic Rigour, Journalistic Flair*, jul. 2017. Disponível em: https://theconversation.com/teaching-little-girls-to-lead-77146. Acesso em: 13 ago. 2022.

BIROLI, Flávia. Divisão sexual do trabalho e democracia. *DADOS – Revista de Ciências Sociais*, Rio de Janeiro, v. 59, n. 3, p. 719-681, 2016.

BIROLI, Flávia; QUINTELA, Débora Françolin. Divisão sexual do trabalho, separação e hierarquização: contribuições para a análise do gênero das democracias. *Revista de Ciências Sociais*, João Pessoa, n. 53, p. 72-89, jun./dez. 2020.

BRASIL. Conselho Nacional de Justiça (CNJ). *Diagnóstico da participação feminina no Poder Judiciário*. Distrito Federal: CNJ, 2019.

BRASIL. Fundação Oswaldo Cruz (FIOCRUZ). *Mulheres no mercado de trabalho*: avanços e desafios. Mar. 2022. Disponível em: https://portal.fiocruz.br/noticia/mulheres-no-mercado-de-trabalho-avancos-e-desafios. Acesso em: 27 jul. 2022.

DELLA COSTA, Beatriz. A imaginação política das mulheres latino-americanas. *Instituto UPDATE*, fev. 2021. Disponível em: https://www.institutoupdate.org.br/a-imaginacao-politica-das-mulheres-latinoamericanas/. Acesso em: 26 jul. 2022.

FEITOSA, Gustavo Raposo Pereira; ALMEIDA, Everton Vieira de; DIAS, Thaís Araújo. Dossiê: gênero e instituições judiciais – conexões teóricas e práticas. Igualdade de gênero nos tribunais pelo quinto constitucional: um caminho pela paridade no sistema eleitoral da OAB e a participação feminina nas cúpulas judiciais. *RDP*, Brasília, v. 18, n. 98, p. 256-283, mar./abr. 2021.

GODOY, Sandro Marcos. *A mulher e o direito do trabalho*: a proteção e a dimensão constitucional do princípio da igualdade. São Paulo: Boreal, 2015.

HOOKS, Bell. *O feminismo é para todo mundo*: políticas arrebatadoras. Rio de Janeiro: Rosa dos Tempos, 2021.

JULIÃO, Helena Vicentini; DIB, Aline Michelle; OLIVEIRA, Letícia Trevisolli de. Desigualdade de gênero no mercado de trabalho e as formas de enfrentamento alicerçadas na OIT. *Brazilian Journal of Development*, Curitiba, v. 7, n. 3, p. 24482-24499, mar. 2021.

LUZ, Lohenna Cloches; SILVA, Jéferson Fernando Amaral. A mulher no mercado de trabalho e (des)igualde de gênero: um estudo normativo e estatístico no Brasil. *Migalhas*, mar. 2022. Disponível em: https://www.migalhas.com.br/depeso/367001/a-mulher-no-mercado-de-trabalho-e-des-igualde-de-genero. Acesso em: 27 jul. 2022.

MARTINS, Joyce Miranda Leão. Imagens do gênero nas disputas pelo poder na América Latina. *Revista Estudos Feministas*, Florianópolis, v. 27, n. 3, 2019. Disponível em: https://www.scielo.br/j/ref/a/tw7yTsf4SbQ8RfYTsBq79qt/?format=pdf&lang=pt. Acesso em: 13 ago. 2022.

MARTINS, Luísa Lima Bastos; LIMA, Anne Floriane da Escóssia; LEMOS, Maria Cecília de Almeida Monteiro. Igualdade de gênero como promessa do estado democrático de direito. *RDP*, Brasília, v. 18, n. 98, p. 338-369, mar./abr. 2021.

MELLO, Célia Cunha. Paridade de gênero nas instituições: a revolução do óbvio. *Associação Nacional dos Procuradores dos Estados e do Distrito Federal (ANAPE)*, Minas Gerais, ed. 259, mar. 2022. Disponível em: https://www.editorajc.com.br/paridade-de-genero-nas-instituicoes-a-revolucao-do-obvio/. Acesso em: 28 jul. 2022.

MIGUEL, Luis Felipe. *Consenso e conflito na democracia contemporânea*. São Paulo: Editora Unesp, 2017.

ORGANIZAÇÃO DAS NAÇÕES UNIDAS (ONU). Comissão Econômica para a América Latina e o Caribe (CEPAL). Observatório da Igualdade de Gênero da América Latina e do Caribe. *Tempo médio destinado ao trabalho remunerado e não remunerado da população acima de 15 anos, por sexo, por país, último período disponível (média de horas semanais)*. 2021. Disponível em: https://oig.cepal.org/pt. Acesso em: 25 jul. 2022.

PORCARO, Nicole Gondim. Paridade de gênero na política: aprofundamento da democracia e realização dos direitos fundamentais da mulher. *Revista Populus*, Salvador, n. 6, p. 135-160, jun. 2019.

Informação bibliográfica deste texto, conforme a NBR 6023:2018 da Associação Brasileira de Normas Técnicas (ABNT):

CARVALHO, Anete Marques Penna de; RIBEIRO, Flávia Góes Costa. Paridade de gênero e o espaço da mulher no mercado de trabalho. *In*: MENDES, Denise Pinheiro Santos; MENDES, Giussepp; BACELAR, Jeferson Antonio Fernandes (Coords.). *Magníficas mulheres*: lutando e conquistando direitos. Belo Horizonte: Fórum, 2023. p. 47-63. ISBN 978-65-5518-488-4.

VIOLÊNCIA OBSTÉTRICA: UMA BARREIRA NA EFETIVAÇÃO DOS DIREITOS SEXUAIS E REPRODUTIVOS DAS MULHERES

ANNA MARCELLA MENDES GARCIA

1 Introdução

Diversas são as manifestações da violência de gênero contra as mulheres – violência doméstica e familiar, discriminação no ambiente de trabalho, assédio sexual, entre outras –, todavia, uma espécie até então desconhecida por uma grande parcela da sociedade despontou recentemente na mídia, a violência obstétrica.

Essa grave ofensa aos direitos humanos foi descortinada pela massiva divulgação de um caso de estupro de uma mulher grávida inconsciente, no bloco cirúrgico, por um médico anestesista, e também de uma influenciadora digital que sofreu diversas ofensas verbais pelo médico que a assistia no momento do parto, ambos os casos com registros em vídeo.

Longe de ser recente, a violência perpetrada por profissionais de saúde contra mulheres durante a gravidez, o parto, o pós-parto imediato ou o atendimento ao abortamento tem raízes sociais profundas e complexas, e já vinha sendo discutida na Academia há, pelo menos, duas décadas.

Trata-se de uma espécie de violência até pouco desconhecida da população em geral, em que pese atinja, no mínimo, uma em cada quatro mulheres brasileiras (FUNDAÇÃO PERSEU ABRAMO; SESC, 2010). Isto demonstra a ineficácia, até o presente momento, das políticas públicas destinadas à conscientização e prevenção.

A presente pesquisa busca conceituar a violência obstétrica a partir de suas principais particularidades: a presença de marcadores sociais de raça, classe e gênero, a institucionalização dos corpos femininos pelo patriarcado e pelo discurso científico, e a banalização de rotinas violentas no atendimento obstétrico.

Por fim, pretende demonstrar como esta prática constitui um entrave na efetivação dos direitos sexuais e reprodutivos das mulheres e carece de maior atenção por parte do Poder Público em diversas esferas.

2 Definição

A violência obstétrica encontra definição na doutrina e, também, em algumas legislações nacionais e internacionais, como a *Ley Orgánica sobre el derecho de las mujeres a una vida libre de violência*, promulgada na Venezuela, que assim a define:

> [...] toda conduta, ação ou omissão realizada por profissional de saúde que, de maneira direta ou indireta, tanto no âmbito público como no âmbito privado, afete o corpo e os processos reprodutivos das mulheres, expresso em um tratamento desumanizado, um abuso da medicalização e da patologização dos processos naturais. (VENEZUELA, 2006, p. 7)

A definição venezuelana aborda a legitimidade ativa e passiva deste tipo de violência, que pertence, respectivamente, ao profissional de saúde e às mulheres, bem como indica que ela pode ocorrer tanto no âmbito público, quanto no privado, e de maneira direta ou indireta.

Contudo, a conceituação dessa prática vai além dos aspectos práticos mencionados e tem como fatores determinantes aspectos históricos e sociais que merecem ser destacados, o que será feito a seguir.

2.1 Raça, classe e gênero

A violência obstétrica, assim como outras espécies de violações de direitos e garantias fundamentais, possui forte influência de marcadores sociais, como raça, classe e gênero.

No que concerne ao gênero, pode parecer óbvio que esse tipo de violência atinge somente mulheres, por serem elas as únicas que passam pelo processo gestacional, todavia, quando se aponta a importância deste marcador específico, o que se deseja evidenciar é a influência que os papéis de gênero socialmente determinados exercem no tratamento dispensado às mulheres dentro do sistema de saúde.

A violência obstétrica é classificada como violência de gênero por basear-se, fundamentalmente, no tratamento estereotipado dispensado à mulher, fruto de uma construção histórica e social machista e patriarcal, que a enxerga como objeto das ações de outrem, em uma postura ideal sempre passiva e submissa, sem a possibilidade efetiva de manifestar livremente suas vontades e preferências.

O feminino foi historicamente construído como sinônimo de submissão e docilidade, de modo que este imperativo ressoa no comportamento que se espera das mulheres no momento da gestação e do parto, sendo que posturas ativas e protagonistas são usualmente rechaçadas com violência.

De outro lado, os dados disponíveis sobre o tema mostram que mulheres pretas e pardas em condição de vulnerabilidade socioeconômica são as principais vítimas desta prática; isto porque estão situadas na intersecção entre o machismo, o racismo e o elitismo classista, sendo permeadas simultaneamente por estes três sistemas de opressão.

Às mulheres pretas e pardas costuma-se dispensar um tratamento menos humanizado, com menor oferta de alívio para dor e maior subjugação, em consonância ao mito escravocrata de que elas são mais resistentes do que as mulheres brancas. Nesse grupo, a mortalidade materna também é mais expressiva:

Mulheres pardas e pretas sofreram menos intervenções obstétricas no parto que as brancas; no entanto as pretas receberam menos anestesia local quando submetidas à episiotomia. Apesar de pardas e pretas possuírem similaridades, a adequação do pré-natal e vinculação à maternidade para as mulheres pretas se mostrou pior.

Foi identificado um gradiente de cuidado menos satisfatório para mais satisfatório entre pretas, pardas e brancas para a maioria dos indicadores avaliados, evidenciando aspectos do funcionamento cotidiano dos serviços de saúde que resultam em benefícios e oportunidades diferenciadas segundo a raça/cor, com prejuízo para as de cor mais escura. (LEAL *et al.*, 2017)

Verifica-se, portanto, que as mulheres pobres, pretas e pardas estão mais suscetíveis a serem vítimas de violência obstétrica, o que corrobora a compreensão de que se trata de um fenômeno fortemente influenciado por questões de gênero, raça e classe.

2.2 Discurso científico e institucionalização

Ao longo do tempo, o discurso científico passou a predominar nos serviços de saúde em detrimento de outros saberes até então considerados relevantes, como o tradicional. Por óbvio, isto não é ruim, todavia, este cenário propicia a subordinação e a subjugação daqueles que não são detentores do discurso dominante, no caso, as mulheres pacientes.

Por diversos fatores sociais, os profissionais de saúde são vistos por uma parcela da população de maneira idealizada. A disseminação desta cultura faz com que a população aceite passivamente todas as suas condutas, acreditando que, por sua condição de detentor do conhecimento técnico-científico, tudo o que fizerem estará correto.

Tal subordinação na seara obstétrica se perfaz na imposição de procedimentos e condutas muitas vezes não informadas e/ou recusadas expressamente pelas mulheres sob o argumento de autoridade de que o profissional de saúde é quem detém conhecimento científico e, portanto, sabe o que é melhor para a paciente (MENDES; KULKAMP, 2014).

Trata-se de uma evidente relação hierárquica de poder entre o profissional de saúde e a paciente, nascida tanto do patriarcado, quanto da sobreposição do discurso científico aos demais, que concedeu àquele o *status* de saber inquestionável e subordinador.

Essa construção histórico-social influencia diretamente a prática de procedimentos clínicos invasivos e desnecessários nas mulheres, como a episiotomia e o exame de toque de rotina, a fim, por exemplo, de ensinar acadêmicos, bem como de obter o máximo de informações sobre tais intervenções, em detrimento da integridade física e do bem-estar da mulher, traduzindo-se em uma evidente forma de violência obstétrica.

Essa subordinação excessiva leva à apropriação do corpo e dos processos reprodutivos das mulheres pelo profissional de saúde, isto é, elas perdem sua autonomia e ingerência sobre o próprio corpo no momento do atendimento obstétrico, de modo que suas convicções e vontades não são consideradas relevantes ou convenientes. É o que se chama de institucionalização dos corpos femininos, que favorece a violência.

Tem-se, portanto, que a violência obstétrica é, também, uma violência institucional, na medida em que seu agente deve possuir um papel hierarquicamente superior à vítima que o torne capaz de subjugá-la. Assim, seus legitimados ativos serão somente os profissionais responsáveis ou atuantes no pré-natal, parto, pós-parto ou atendimento ao abortamento.

Destaca-se que não é somente o profissional da área ginecológica ou obstétrica que perpetra tal tipo de violência, podendo ser, também, seu sujeito ativo:

> a) todo o pessoal que trabalha em um serviço de saúde, tanto profissionais (médicos(as), trabalhadores, assistentes sociais, psicólogos(as), como colaboradores: empregadas(os), serventes, pessoal administrativo, etc; b) todos os trabalhadores dos serviços públicos ou privados que operem nos centros de saúde; c) quem trabalha nos corpos médicos forenses nos âmbitos provinciais, municipais ou nacionais; d) aqueles que prestam serviços de perito legista de forma particular; e) os que trabalham como médicos do trabalho internamente em empresas ou organismos estatais; f) as pessoas que desempenhem nas áreas migratórias ou de polícia aduaneira a função de revistas as mulheres que ingressam no país, por exemplo, nos casos em que se suspeite que seja portadora de drogas. (MEDINA, 2009, p. 3-4)

Vê-se necessária, portanto, uma espécie de relação de poder para caracterizar a violência obstétrica, a qual pode ser claramente vislumbrada no binômio profissional de saúde-paciente.

Ante o exposto, verifica-se que superioridade do discurso científico no contexto da gestação e do parto – advinda de sua medicalização, conforme aprofundado adiante –, em que pese traga benefícios inquestionáveis à assistência à saúde, favorece a imposição de condutas desnecessárias e violentas, por romper com outros discursos dominados pelas pacientes, retirando-lhe a autonomia e o protagonismo.

2.3 Rotinas violentas no atendimento obstétrico

As práticas violentas na assistência à gestação e ao parto são quiçá tão antigas quanto a profissionalização do atendimento obstétrico. Sim, pois em um momento anterior, quando o parto era um evento natural e feminino, sem qualquer excesso de patologização, as intervenções eram menos recorrentes e o protagonismo da mulher costumava ser respeitado.

Todavia, com o advento da Modernidade e o direcionamento indiscriminado da gestação e do parto para o ambiente hospitalar, o atendimento obstétrico foi radicalmente modificado e a mulher, então protagonista destes eventos, tornou-se paciente e viu sua autonomia se esvair.

A gestação e o parto passaram então a ser compreendidos dentro da lógica moderna, que demanda rapidez e maximização dos resultados pretendidos, em um atendimento de massa e, assim, propicia a ocorrência da violência obstétrica.

As falhas no sistema de saúde brasileiro, tanto público, quanto privado, também contribuem para a perpetuação de práticas violentas, seja pela sobrecarga dos profissionais, física e psicologicamente exauridos pela rotina extenuante, seja pela precária estrutura material que lhes é oferecida em determinados estabelecimentos de saúde.

A violência obstétrica ocorre há tanto tempo e com tanta frequência que se tornou o ordinário a regra. As mulheres, em particular as mais vulneráveis, já esperam o trato degradante quando buscam atendimento, naturalizando condutas que, na verdade, constituem graves violação de direitos humanos, todavia, que veem se repetir de geração em geração.

Essa violência se manifesta de várias formas, podendo ser verbal, física, sexual, moral/psicológica ou patrimonial. Algumas destas são mais aceitas pela sociedade, ante seu caráter costumeiro e habitual, como é o caso de procedimentos invasivos e desaconselhados pela Organização Mundial de Saúde (OMS), como a manobra de Kristeller, a tricotomia e a episiotomia de rotina.

Outras formas são mais evidentes, como agressões físicas e verbais, negativa de atendimento, inobservância da Lei do Acompanhante, cobranças indevidas na rede pública, gritos e imposição de procedimentos dolorosos sem consentimento ou informação.

Tesser, Knobel, Andrezzo e Diniz (2015, p. 3) organizaram didaticamente as categorias de violência obstétrica mais recorrentes, os direitos por elas violados e algumas situações exemplificativas:

Categoria	Direito correspondente	Situações exemplares
Abuso físico.	Direito a estar livre de tratamento prejudicial e de maus tratos.	Procedimentos sem justificativa clínica e intervenções "didáticas", como toques vaginais dolorosos e repetitivos, cesáreas e episiotomias desnecessárias. Imobilização física em posições dolorosas, prática da episiotomia e outras intervenções sem anestesia, sob a crença de que a paciente "já está sentindo dor mesmo".
Imposição de intervenções não consentidas. Intervenções aceitas com base em informações parciais ou distorcidas.	Direito à informação, ao consentimento informado e à recusa, e respeito pelas escolhas e preferências, incluindo acompanhantes durante o atendimento de maternidade.	Mulheres que verbalmente e por escrito, não autorizam uma episiotomia, mas esta intervenção é feita à revelia da sua desautorização. Recusa à aceitação de planos de parto. Indução à cesárea por motivos duvidosos, tais como superestimação dos riscos para o bebê (circular de cordão, "pós-datismo" na 40ª semana, etc.) ou para a mãe (cesárea para "prevenir danos sexuais", etc.). Não informação dos danos potenciais de longo prazo dos modos de nascer (aumento de doenças crônicas nos nascidos, por exemplo).
Cuidado não confidencial ou privativo.	Confidencialidade e privacidade.	Maternidades mantêm enfermarias de trabalho de parto coletivas, muitas vezes sem sequer um biombo separando os leitos, e ainda usam a falta de privacidade como justificativa para desrespeitar o direito a acompanhantes.
Cuidado indigno e abuso verbal.	Dignidade e respeito.	Formas de comunicação desrespeitosas com as mulheres, subestimando e ridicularizando sua dor, desmoralizando seus pedidos de ajuda. Humilhações de caráter sexual, do tipo "quando você fez você achou bom, agora está aí chorando".
Discriminação baseada em certos atributos.	Igualdade, não discriminação, equidade da atenção.	Tratamento diferencial com base em atributos considerados positivos (casadas, com gravidez planejadas, adultas, brancas, mais escolarizadas, de classe média, saudáveis, etc.) depreciando as que têm atributos considerados negativos (pobres, não-escolarizadas, mais jovens, negras, e as que questionam ordens médicas).
Abandono, negligência ou recusa de assistência.	Direito ao cuidado à saúde em tempo oportuno e ao mais alto nível possível de saúde.	Estudos mostram o abandono, a negligência ou recusa de assistência às mulheres que são percebidas como muito queixosas, descompensadas ou demandantes, e nos casos de assistência ao aborto incompleto, frequentemente são deixadas por último, com riscos importantes à sua segurança física.
Detenção nos serviços.	Liberdade, autonomia.	Pacientes podem ficar retidas até que saldem as dívidas com os serviços. No Brasil e em outros países, começam a ocorrer detenções policiais, como no caso narrado no início deste artigo.

Fonte: Tesser, Knobel, Andrezzo e Diniz (2015).

Todas as condutas acima mencionadas são violações aos direitos humanos e aos direitos sexuais e reprodutivos das mulheres, impondo uma forte atuação estatal no seu combate, conforme se verá adiante.

3 O papel do Estado no enfrentamento à violência obstétrica

O Estado brasileiro se comprometeu internacionalmente a enfrentar efetivamente todas as formas de violência contra a mulher – inclusive a violência obstétrica – quando ratificou a Convenção Sobre a Eliminação de Todas as Formas de Discriminação contra a Mulher,[1] de 1979, e a Convenção Interamericana para Prevenir, Punir e Erradicar a Violência contra a Mulher,[2] de 1994.

No âmbito interno, também possui o dever de proteger e fomentar os direitos sexuais e reprodutivos das mulheres na medida em que estes configuram direitos e garantias fundamentais, posto que se fundam na dignidade da pessoa humana.

No que concerne ao papel do Estado ante os direitos sexuais e reprodutivos, eles devem ser analisados sob dois aspectos, o de direitos individuais e o de direitos sociais:

> [...] os direitos sexuais e reprodutivos importam dois âmbitos que se complementam: de um lado, traz consigo direitos de primeira dimensão, os direitos individuais, tais como a liberdade e a intimidade ("escolha de se e como o indivíduo pretende se reproduzir"), que de regra determinam uma atuação negativa do Estado, de simples reconhecimento e proteção; de outro, traz direitos de segunda dimensão, os direitos sociais, que suscitam uma atuação positiva do Estado, empreendendo políticas para sua efetivação, como a saúde e educação sexuais e reprodutivas. (PEGORER, 2016, p. 30)

No que tange ao primeiro aspecto, de liberdades individuais (direitos fundamentais de primeira dimensão), caberia ao Estado não somente reconhecer a existência do direito, o que faz, entre outros, por meio da legislação, mas também se abster de violá-lo, ou seja, não permitir que seus agentes pratiquem atos que configurem violência obstétrica. Isto é, autoridades, agentes e instituições públicas – todos aqueles que representam a Administração Pública e atuam em seu nome – não poderiam praticar esta violência ou mesmo reproduzir discursos que a incentivasse.

Não é o que ocorre na prática. Verifica-se que grande parte dos casos de violência obstétrica ocorre na rede pública de saúde, ou seja: é praticada por agentes públicos, em um espaço igualmente público, na prestação de um serviço público.

Nota-se, também, que diversos agentes públicos minimizam a violência obstétrica, negando sua existência e seus efeitos devastadores na vida das vítimas, de modo a contribuir para a sua banalização e perpetuação.

Assim, nesse aspecto, o Estado não está cumprindo devidamente seu papel.

Em relação ao segundo, talvez o mais complexo, pois é multifacetado, o Estado deveria fomentar os direitos sexuais e reprodutivos em todas as esferas, como educação, sistema de saúde e os três poderes, por exemplo.

No campo educacional, isso implica dizer que deveriam estar sendo promovidas campanhas de conscientização para a sociedade, nas escolas e fora delas, sobre quais são os direitos das mulheres na gestação e no parto, a fim de, com informação de qualidade, coibir a violência obstétrica.

No sistema de saúde, os profissionais deveriam ser capacitados para o atendimento obstétrico humanizado, atualizado e baseado em evidências científicas, para que fossem rechaçadas e sancionadas quaisquer práticas violentas contra as mulheres. As estruturas físicas de atendimento também deveriam ser adequadas ao tratamento de saúde humanizado.

---

[1] Promulgada pelo Decreto nº 4.377, de 13.9.2002.
[2] Promulgada pelo Decreto nº 1.973, de 1º.8.1996.

No campo legislativo, o país já deveria ter promulgado uma legislação de aplicação nacional que conceituasse violência obstétrica e criminalizasse sua prática.[3] Também deveriam ser incentivadas legislações estaduais e municipais neste sentido.

O Judiciário e o Executivo, em todas as suas ramificações, já deveriam estar plenamente capacitados, de maneira multiprofissional, para atender às mulheres vítimas de violência obstétrica e suas demandas, apresentando soluções satisfatórias para estas sem que houvesse revitimização.

Em todas as searas apontadas, o Estado brasileiro já fez progressos – *vide* a inclusão de alguns temas na Base Nacional Curricular, a edição dos guias de atendimento do Ministério da Saúde, a promulgação da Lei nº 11.108/2005 (Lei do Acompanhante) e os casos judicializados de violência obstétrica com desfechos positivos –, todavia, são diminutos diante da magnitude do problema e de seus números crescentes no país.

4 Conclusão

A violência obstétrica pode ser conceituada como quaisquer condutas omissivas ou comissivas realizadas por profissionais no contexto da gestação e do parto que, de maneira direta ou indireta, afete o corpo e os processos reprodutivos das mulheres, que se perfaz em tratamento desumanizado, abuso de medicalização e da patologização dos processos naturais.

Apesar de ocorrer rotineiramente no Brasil há muitas décadas, atingindo milhares de mulheres e impactando negativamente nas suas experiências de gestação e parto, ainda é de difícil percepção e compreensão pela sociedade em geral e pelas próprias vítimas, o que acarreta subnotificação e prejudica o enfrentamento.

Isto se dá pela naturalização que práticas violentas no atendimento à gestação e ao parto tiveram ao longo dos anos no país, atreladas à influência de marcadores sociais como raça, classe e gênero, à institucionalização dos corpos femininos pelo patriarcado e pelo discurso científico, e à reiteração de rotinas violentas no atendimento obstétrico, que são traços marcantes dessa prática.

A violência obstétrica se manifesta de diversas formas, tanto explícitas, quanto veladas, podendo ser verbal, física, sexual, moral/psicológica ou patrimonial, porém, todas convergem para a violação dos direitos sexuais e reprodutivos das mulheres, atingindo-as em sua dignidade.

Em que pese o Brasil seja signatário de ao menos dois tratados internacionais de direitos humanos que visam coibir todas as formas de violência contra a mulher, o país não demonstrou avanços concretos neste escopo. Comprovação disto, além dos dados alarmantes citados, é a ausência de uma legislação federal que conceitue e criminalize a violência obstétrica, tal qual dispõem outros países da América do Sul.

O Estado brasileiro precisa de avanços mais contundentes no enfrentamento à violência obstétrica para mudar os números do país. Falta conscientização e políticas públicas de prevenção e sanção adequadas.

---

[3] Neste sentido, existe o Projeto de Lei nº 7.633/2014, de autoria do então Deputado Jean Wyllys (PSOL-RJ), em tramitação na Câmara dos Deputados, contudo, nesta data, sua última movimentação remete ao ano de 2019. Para maiores informações, consultar: https://www.camara.leg.br/propostas-legislativas/617546.

Verifica-se, portanto, que a violência obstétrica constitui um entrave na efetivação dos direitos sexuais e reprodutivos das mulheres no Brasil e carece de maior atenção por parte do Poder Público.

Referências

BARRETO, Edna Abreu. Violência obstétrica é violência de gênero: naturalização, banalização e rotinas violentas na atenção ao parto. *In*: SOUZA, Luanna Tomaz de (Org.). *Estudos interdisciplinares de violência na Amazônia*. 1. ed. Curitiba: CRV, 2014.

FUNDAÇÃO PERSEU ABRAMO; SESC. *Mulheres brasileiras e gênero nos espaços público e provado*. 2010. Disponível em: https://fpabramo.org.br/publicacoes/wp-content/uploads/sites/5/2017/05/pesquisaintegra_0.pdf. Acesso em: 1º set. 2022.

LEAL, Maria do Carmo; GAMA, Silvana Granado Nogueira da; PEREIRA, Ana Paula Esteves; PACHECO, Vanessa Eufrauzino; CARMO, Cleber Nascimento do; SANTOS, Ricardo. A cor da dor: iniquidades raciais na atenção pré-natal e ao parto no Brasil. *Cadernos de Saúde Pública*, Rio de Janeiro, n. 33, 2017. Suplemento 1. Disponível em: https://doi.org/10.1590/0102-311X00078816. Acesso em: 1º set. 2022.

MEDINA, Graciela. *Violência obstétrica*. 2009. Disponível em: https://gracielamedina.com/violencia-obstetrica/. Acesso em: 1º set. 2022.

MENDES, Anna Marcella; KULKAMP, Camila. *Análise crítica do discurso científico através de Lyotard e suas relações com a violência obstétrica*. 2014. Disponível em: http://www.ufpb.br/evento/index.php/18redor/18redor/paper/viewFile/1904/722. Acesso em: 1º set. 2022.

PEGORER, Mayara Alice Souza. *Os direitos sexuais e reprodutivos da mulher*: das políticas públicas de gênero à diferença múltipla. Rio de Janeiro: Lumen Juris, 2016.

TESSER, Charles Dalcanale; KNOBEL, Roxana; ANDREZZO, Halana Faria de Aguiar; DINIZ, Simone Grilo. Violência obstétrica e prevenção quaternária: o que é e o que fazer. *Rev. Bras. Med. Fam. Comunidade*, p. 1-12, 2015. Disponível em: http://dx.doi.org/10.5712/rbmfc10(35)1013. Acesso em: 1º set. 2022.

VENEZUELA. Asamblea Nacional de la República Bolivariana. *Ley Orgánica sobre el derecho de las mujeres a una vida libre de violencia*. 2006. Disponível em: https://www.acnur.org/fileadmin/Documentos/BDL/2008/6604.pdf. Acesso em: 1º set. 2022.

Informação bibliográfica deste texto, conforme a NBR 6023:2018 da Associação Brasileira de Normas Técnicas (ABNT):

GARCIA, Anna Marcella Mendes. Violência obstétrica: uma barreira na efetivação dos direitos sexuais e reprodutivos das mulheres. *In*: MENDES, Denise Pinheiro Santos; MENDES, Giussepp; BACELAR, Jeferson Antonio Fernandes (Coords.). *Magníficas mulheres*: lutando e conquistando direitos. Belo Horizonte: Fórum, 2023. p. 65-72. ISBN 978-65-5518-488-4.

EQUIDADE DE GÊNERO NO JUDICIÁRIO E NA OAB: HABILIDADES PARA EQUILIBRAR E LIDERAR

ANNE WILIANS

Introdução

Os gestores públicos, independentemente do viés político-partidário, têm o dever de otimizar mudanças para remover os obstáculos que emanam de raça ou sexo e que bloqueiam a realização individual. Nossa Constituição é incisiva e inclusiva, rica em artigos referentes à equidade legal ("homens e mulheres são iguais em direitos e obrigações, nos termos desta Constituição"). Ainda assim, vivemos o dilema de criar uma sociedade na qual todos somos realmente iguais. Precisamos restaurar a crença em nós mesmos como uma sociedade capaz de buscar o equilíbrio e romper com ranços culturais que fazem a balança de gênero pender para um lado, que desconsidera o princípio da igualdade, nega a existência de tais distorções e, por conseguinte, mantém-se indiferente à necessidade de se encontrar soluções para resolver o problema.

Uma nação é formada pela disposição de cada um de nós em compartilhar a responsabilidade de defender o bem comum.
(Bárbara Jordan, feminista e política americana)

Para esse bem comum, precisamos nos responsabilizar pela construção de uma sociedade em que todos, de fato, tenham o privilégio e o direito de ser iguais, que não seja apenas de um gênero ou de uma raça, principalmente quando se observa o entrecruzamento do gênero com a raça e a classe social, resultando em obstáculos quase que intransponíveis para as mulheres negras que vêm de segmentos subalternizados.

Para isso, além da participação política ativa e diretrizes públicas, nós, mulheres, também precisamos mudar nossa maneira de pensar e construir uma nova relação social, sem medo de romper com erros seculares, que, numa perspectiva mais ampla, afetam a todas, mas, sobretudo, as mulheres em situação de vulnerabilidade, cujos bloqueios e obstáculos às levam para uma vida de opressão, marginalização e desvalorização humana.

A equidade de gênero é um direito humano e um prerrequisito para alcançar sociedades justas e economias inclusivas e prósperas, como bem ressalta a Agenda 2030 para o Desenvolvimento Sustentável da ONU.[1]

Porém, é importante destacar, especialmente, para que as mulheres assumam um papel ativo no planejamento de suas carreiras, que procurem outras habilidades para que possam mitigar desigualdades e agir na busca de seu espaço de direito.

Judiciário

De acordo com a pesquisa *Mulheres, Empresas e o Direito 2018*, do Banco Mundial, as desigualdades de gênero causam perda média de renda de 15% nas economias da OCDE – Organização para a Cooperação e Desenvolvimento Econômico,[2] estimando-se que "as perdas sejam muito mais altas em países em desenvolvimento" e que "as diferenças de gênero na lei reduzem a participação das mulheres na força de trabalho, prejudicando o crescimento do PIB".

Outro relatório, o *Perspectivas Sociais e de Emprego no Mundo – Tendências para Mulheres no Mercado de Trabalho em 2017*, da Organização Internacional do Trabalho, indica que reduzir as desigualdades de gênero no mercado de trabalho em 25%, com maior presença das trabalhadoras, poderia injetar US$5,76 trilhões à economia global, até 2025.

É fato que não existe uma opressão de gênero homogênea, mas sistemas de opressão que se interligam, desnivelando oportunidades de trabalho e influenciando os papéis sociais atribuídos a mulheres afetadas por estereótipos de gênero desde as primeiras idades.

Também é fato que as desigualdades são resultado da existência de hierarquias estruturais, que moldam os desenhos institucionais e produzem uma dissimetria de poder que se manifesta de diversas formas e em diversas áreas, inclusive no Judiciário, objeto deste artigo.

O *Diagnóstico da Participação Feminina no Poder Judiciário*, realizado pelo Conselho Nacional de Justiça (CNJ)[3] e publicado em 2019, mostrou que, da Constituinte de 1988 para 2018, o número de mulheres aumentou na Justiça estadual. Na Justiça federal, no entanto, o percentual diminuiu, caindo de 34,6% em 1988 para 31,2% em 2018. Se considerarmos o número total de magistrados em exercício em todo o Brasil (Justiça estadual, federal, tribunais superiores, entre outros), a participação feminina cresceu quase 60%, indo de 24,6% para 38,8%.

Houve também um aumento significativo nos tribunais superiores, nos quais, antes da Constituição de 1988, não havia nenhuma mulher. Apesar de estar longe da equidade, elas já ocupam 19,6% das vagas.

---

[1] Disponível em: https://brasil.un.org/pt-br/sdgs.
[2] Disponível em: https://www.oecd-ilibrary.org/sites/2f520410-en/index.html?itemId=/content/component/2f520410-en#:~:text=Such%20diversity%20and%20gender%20balance,willingness%20to%20enforce%20their%20rights.
[3] Disponível em: https://www.cnj.jus.br/wp-content/uploads/2019/05/cae277dd017bb4d4457755febf5eed9f.pdf.

Mas isso ainda significa uma presença raquítica. No STF são duas ministras e nove ministros; o Superior Tribunal de Justiça, composto de 33 ministros, tem somente seis mulheres em seus quadros. O pior índice é verificado no TSE – Tribunal Superior Eleitoral, em que, entre os sete ministros efetivos, não há presença feminina. Em seguida vem o STM – Superior Tribunal Militar, com apenas uma mulher entre os 15 ministros. Destaca-se ainda que a Ajufe – Associação dos Juízes Federais do Brasil nunca teve uma mulher na presidência.

Torna-se ainda mais evidente o desequilíbrio no Judiciário brasileiro quando se observa, para efeito de comparações, que a população brasileira é formada por 51,6% pessoas do sexo feminino e 48,4% pessoas do sexo masculino, segundo o Instituto Brasileiro de Geografia e Estatística (IBGE).

O "teto de vidro", como alguns pesquisadores definem a barreira supostamente invisível que impede a ascensão hierárquica das mulheres na magistratura federal, contribui para a "perenidade do patriarcado judicial, especialmente nas instâncias superiores de julgamento", como explica a juíza e pesquisadora Daniela Lustoza.

A historiadora austríaca Gerda Lerner define o patriarcado como "manifestação e institucionalização da dominância masculina sobre as mulheres e crianças na família e a extensão da dominância masculina sobre as mulheres na sociedade em geral".

Assinala Lustoza em artigo da *Conjur*:[4]

> Sob o aspecto dos bloqueios estruturais ao avanço na carreira, que alcançam as mulheres em geral, inclusive as magistradas, pode ser identificado um feixe complexo de difícil desconstrução, ainda amalgamado na vida das mulheres, como o patriarcado e a dominação masculina, que sustentam as responsabilidades relacionadas às tarefas de cuidado, familiares, à maternidade e à preservação dos afetos. Tudo isso entrelaçado, em regra, aumenta a carga mental e traz consigo sobrejornada extenuante. Além disso, são barreiras estruturantes as relações assimétricas entre homens e mulheres no âmbito profissional e o próprio concurso público para acesso à magistratura.

Uma maior participação das mulheres nas profissões judiciais, particularmente nos níveis superiores, tem o condão de reduzir os estereótipos de gênero e aumentar a disposição das mulheres de fazer valer seus direitos, além de reforçar a legitimidade dos tribunais, transmitindo uma mensagem de inclusão, representação e, sobretudo, contribuir significativamente para a qualidade da própria justiça e suas decisões.

A Organização das Nações Unidas (ONU) reconheceu como altamente positiva a atuação das mulheres juízas para alcançar a equidade de gênero, designando oficialmente, em 2021, o dia 10 de março como Dia Internacional das Juízas –[5] data para celebrar e fazer progredir o trabalho das mulheres juízas.

A resolução representa um inequívoco apoio à participação feminina no Judiciário: "a participação ativa das mulheres, em igualdade de condições com os homens, em todos os níveis de tomada de decisão é essencial para alcançar a igualdade, o desenvolvimento sustentável, a paz e a democracia".

---

[4] Disponível em: https://www.conjur.com.br/2022-mai-07/daniela-lustoza-patriarcado-judicial.
[5] Disponível em: https://documents-dds-ny.un.org/doc/UNDOC/LTD/N21/100/58/PDF/N2110058.pdf?OpenElement.

A representação das mulheres no Judiciário, ainda de acordo com a ONU, é um fator de inspiração para a próxima geração de juízas alcançar seus objetivos, sendo ainda um passo positivo para que o Poder Judiciário seja mais transparente, inclusivo e representativo.

Uma força de trabalho judiciária pouco diversificada, como amplamente compreendido, pode significar negar uma visão de justiça feminina àquelas que sentem na pele as queimaduras da desigualdade.

Sob esse aspecto, porém, destaca-se o esforço do Conselho Nacional de Justiça (CNJ), consciente de sua missão em um país marcado pela desigualdade de gênero, de produzir em 2021 o *Protocolo de Julgamento com Perspectiva de Gênero*,[6] um trabalho de seis meses, formado por 21 representantes dos diferentes ramos da Justiça e da academia, que estabelece uma série de protocolos oficiais de julgamentos com perspectiva de gênero, para que casos envolvendo direito das mulheres sejam tratados de forma adequada.

A OCDE também tem destacado a representação desigual de gênero nos tribunais de alto nível. De acordo com dados da Organização, em média, a proporção de juízas nos tribunais supremos nos países da OCDE-UE era de 36%, em 2018.

Esse índice pode ser explicado por vários obstáculos persistentes, como estereótipos, preconceitos de gênero e o desafio da mulher de conciliar trabalho e vida familiar, de acordo com a OCDE.

Eliminar as disparidades de gênero nas esferas pública e privada é uma questão crítica para todos os países que querem promover o crescimento inclusivo, não somente para os membros da OCDE.

À falta de empoderamento, orientação, oportunidades de desenvolvimento profissional, junta-se a pressão que as mulheres ainda sofrem para dar conta das demandas sociais em torno das suas funções reprodutivas. Portanto, ainda que as mulheres estejam ampliando sua participação continuamente nos mais diversos cargos e funções, elas continuam sendo as principais responsáveis pelas atividades do lar e pelo cuidado dos filhos, cumprindo a famigerada tripla jornada de trabalho: profissional, familiar e educacional.

Os impactos da dinâmica de gênero na vida familiar podem ser percebidos claramente na magistratura: 58% das desembargadoras são casadas, em comparação a 89% dos desembargadores. Entre os desembargadores, ter cônjuge favorece a progressão, atuando como um privilégio de gênero.

Não há dúvidas de que existem vantagens para uns e desvantagens para outras, e que a capacidade intelectual e a força feminina de trabalho são desrespeitadas de muitas maneiras em ambientes diversos, enquanto a autoconfiança masculina e o ambiente profissional mais receptivo a eles os impulsionam a buscar melhores oportunidades.

O que nos leva mais uma vez ao fato de que é preciso intervir na educação desde a pré-escola para erradicar os estereótipos, assim como é preciso rever a cultura corporativa e a maneira como a carreira constrói gênero e distribui desigualmente privilégios, até para a concretização dos valores constitucionais e para a própria legitimidade do Estado de direito.

---

[6] Disponível em: https://www.cnj.jus.br/wp-content/uploads/2021/10/protocolo-18-10-2021-final.pdf.

A Ordem dos Advogados do Brasil (OAB), por exemplo, que possui assento nos tribunais em razão do quinto constitucional, deve atuar para que as mulheres advogadas ocupem as bancadas nos tribunais superiores, da mesma forma que o MPF em relação às procuradoras. Isso é justo, democrático e constitucional.

OAB – Ordem dos Advogados do Brasil

> *Precisamos resistir à tirania das baixas expectativas. Precisamos abrir os olhos para a desigualdade que permanece. Não desbloquearemos todo o potencial do local de trabalho até vermos o quão longe da igualdade realmente estamos.*
>
> (Sheryl Sandberg, COO do Facebook)

A desigualdade de gênero na mais importante instituição da advocacia brasileira é tão antiga quanto as políticas sociais excludentes, que impedem a efetiva participação feminina. Com 50% de mulheres advogadas, seria natural que a OAB tivesse uma equivalência percentual na sua gestão, já que homens e mulheres figuram nos quadros da Ordem em número praticamente idêntico: 603.013 e 605.697, respectivamente. Lembrando ainda que elas, igualmente, contribuem financeiramente para a manutenção da própria Ordem.

Até 2020, todas as 27 seccionais eram presididas por homens. Para corrigir essa deformidade, a Ordem aprovou a Resolução nº 5/20,[7] que alterou o Regulamento Geral do Estatuto da Advocacia e da OAB para estabelecer paridade de gênero (50%) e a política de cotas raciais para negros no percentual de 30%, nas eleições da OAB. As alterações foram aprovadas em dezembro de 2020 e passaram a valer nas eleições de 2021.

Dessa maneira, cinco mulheres ascenderam à presidência das seccionais, entre elas, Patricia Vanzolini, eleita para a OAB de São Paulo, maior Conselho Seccional do Brasil. Destaca-se ainda a chapa 100% feminina eleita na Bahia, sob o comando de Daniela Borges. Santa Catarina, Mato Grosso e Paraná também elegeram uma mulher para presidir suas seccionais.

O Conselho Federal alcançou uma composição paritária, com 81 conselheiras, entre titulares e suplentes, pela primeira vez. Um grande passo, levando-se em consideração que o recorde feminino, em gestões anteriores, foi de apenas 16 conselheiras federais.

Essa correção de rumo merece ser destacada, pois deve ainda favorecer a nomeação de outras advogadas ao quinto constitucional, contribuindo para reduzir a disparidade de gênero também nos tribunais superiores brasileiros.

E, diga-se, a disparidade não é privilégio somente da Ordem. O IAB – Instituto dos Advogados Brasileiros é, atualmente, presidido por Rita Cortez. Ela é a segunda

---

[7] Disponível em: https://oabpe.org.br/wp-content/uploads/2021/09/Resolucao-05.2020-Percentual-Genero.pdf.

mulher a ocupar a presidência em mais de 170 anos de instituto. Na AASP – Associação dos Advogados de São Paulo nunca uma mulher ocupou a presidência. "A trajetória da conquista de espaços e dos direitos reivindicados pelos movimentos das feministas, incluindo aquelas que exercem carreiras jurídicas, é o compromisso efetivo com o tratamento justo e a igualdade entre todos os seres humanos" (Rita Cortez).

É preciso falar de liderança e novas habilidades

A disparidade existe, sem dúvida, por conta de uma cultura arcaica que distanciou propositadamente as mulheres dos cargos de liderança. O mercado jurídico reflete as mesmas discriminações à medida que limita a capacidade das mulheres em desenvolver suas aptidões pessoais e terem uma carreira profissional plena.

De modo óbvio, é preciso respeitar as aptidões e escolhas individuais que cada mulher pode livremente fazer na condução da sua carreira, porém, ainda que o gênero não interfira na competência, suscita outras desigualdades profissionais.

De acordo com o *Women in Law Mentoring Brazil*, somente 34,9% das mulheres são contempladas no quadro de sócios de capital dos escritórios de advocacia, apesar de responderem por 57% dos profissionais na composição geral.

Não basta combater o machismo presente nas instituições, é preciso estímulo para que as mulheres possam se sentir confortáveis e aptas e desejar ocupar espaços de poder. No início deste artigo, mencionei que a participação política ativa das mulheres é fundamental para a transformação dessa realidade. Aproveito aqui para reafirmar que também é necessária uma mudança de postura para que a transformação para a equidade aconteça de fato e de forma ampla.

A psicóloga americana Carol Dweck explica que a forma como pensamos sobre a possibilidade de mudança pode ter um impacto significativo em quase todos os aspectos de nossas vidas. A mentalidade de crescimento reconhece, portanto, as lacunas entre onde se está e para onde se quer ir, e motiva a melhorar.

E cultivar uma mentalidade de crescimento requer ultrapassar os limites de nossas zonas de conforto e aprender a liderar. Ainda que extremamente preparadas, são poucas aquelas que chegam ao topo da carreira. Isso se deve, claro, à barreira de gênero, mas também a um cenário de construção social que limitou uma postura mais ativa dessa mulher em busca de espaços, podendo ser até uma barreira comportamental, como crenças limitantes, ou por não se reconhecer nesses espaços e ver neles uma real possibilidade de ascensão.

Por isso, acredito também ser fundamental abordar as competências socioemocionais para que a faísca de liderança aconteça – esse é um tema que tenho levantado com certa frequência com estudantes de Direito e recém-formados. Geralmente, as pessoas com um elevado grau de liderança sabem decifrar suas emoções, administrar os próprios sentimentos e possuem muita habilidade para dialogar com os outros. Essas competências, porém, precisam ser aprimoradas dia após dia para que se possa gerenciar melhor as situações do cotidiano e obter resultados para o local de trabalho e nossas carreiras.

Os gestores conhecem esses conceitos há muito tempo. Mas é preciso trazê-los também para o cotidiano de nossa atividade. Não basta ter a técnica e saber usar a tecnologia, é preciso a capacidade de reconhecer e controlar suas próprias emoções, ao mesmo tempo em que as aproveita adequadamente para obter a melhor reação possível, conforme as situações determinam.

A faculdade, rica em conceitos liberais, não nos ensina sobre inteligência emocional, que, eu ousaria dizer, é a intersecção entre liderar e ter sucesso. Ou seja, precisamos liderar para acelerar a ideia de equidade profissional.

O psicólogo Daniel Goleman, considerado o "pai" da inteligência emocional,[8] descreve cinco habilidades que podem determinar sucesso nos relacionamentos, no trabalho e até mesmo no nosso bem-estar físico:

- *Autoconsciência*: quanto mais conhecemos nossos sentimentos, mais fácil torna-se gerenciá-los. Indivíduos que possuem os atributos de autoconsciência demonstram autoconfiança.
- *Autorregulação*: indivíduos que exibem autorregulação não reagem a contratempos, mas respondem adequadamente, gerenciando suas emoções.
- *Motivação*: quanto mais forte a motivação, maior a tendência de se concentrar nas metas estabelecidas. Indivíduos motivados têm um forte impulso para alcançar mais e exibem otimismo, mesmo diante de desafios inesperados.
- *Empatia*: refere-se à capacidade de responder aos outros com base em sua composição emocional ou reações. Requer sentir os sentimentos dos outros, permitindo-lhes compartilhar como se sentem e compreendê-los com base em sua perspectiva.
- *Habilidades sociais*: envolve a capacidade do indivíduo de encontrar um terreno comum com outras pessoas em diferentes circunstâncias e alavancar suas visões sobre o mundo para construir relacionamentos. Esse componente é essencial na construção e na realização de mudanças positivas nos ambientes.

Essas habilidades são ferramentas poderosas para tomarmos a propriedade ativa de nossas carreiras de liderança.

Um estudo feito pela Universidade de Oxford[9] mostra que, apesar de uma abundância de iniciativas organizacionais destinadas a apoiar a liderança feminina, o fator crítico para uma mulher alcançar o cargo mais alto ainda é "a propriedade ativa de sua própria carreira de liderança".

E isso começa com o reconhecimento de suas ambições e se enxergando como uma líder, aceitando os compromissos de vida profissional que terá que fazer e se fortalecendo para superar as barreiras pessoais e externas.

Qual a explicação para essa desigualdade? O Índice *de Desenvolvimento de Gênero* (IDG), de 2019, aponta que as mulheres no Brasil têm mais anos esperados de escolaridade (15,8 ante 15 dos homens) e maior média de anos de estudo (8,1 anos contra 7,6 dos homens), porém, possuem renda menor. Os homens recebem, em média, um valor 28,5% maior do que as mulheres.

Respondendo à pergunta acima, podemos nos atrever a dizer: nenhuma. O IDG está em perfeita sintonia com que acontece na advocacia. Ainda que passem mais tempo estudando e se aperfeiçoando, as advogadas têm salários menores e poucas conseguem chegar aos cargos de alto gestão.

---

[8] GOLEMAN, Daniel. *Inteligência emocional*. [s.l.]: [s.n.], [s.d.].
[9] Disponível em: https://www.sbs.ox.ac.uk/news-and-events/news/oxford-study-shows-exactly-what-it-takes-woman-become-ceo.

Vale aqui retornar ao índice de mulheres nos escritórios de advocacia: 57%. Porém, apenas 27% delas são sócias de capital.

Por isso, é muito importante levar essas provocações para o ambiente de trabalho. Quando mulheres influentes lideram pelo exemplo e incentivam outras de forma assertiva, isso se torna esperado, recompensado e normalizado. De outra forma, significa quebrar os obstáculos de gênero.

A especialista em liderança feminina e pesquisadora Jo Miller diz que a visibilidade é o fator mais importante para se avançar. Miller diz que ter seu valor e contribuições reconhecidos é o desafio número 1 citado por participantes de seus *workshops*.

"Tornar as conquistas visíveis é uma estratégia de avanço vital, especialmente para as mulheres, que muitas vezes precisam se esforçar mais para provar sua competência", disse Miller à *Forbes*.[10]

As mulheres tendem a relutar em compartilhar suas próprias realizações. Essa relutância não é uma falha pessoal, mas é uma resposta racional a normas culturais. Isso, obviamente, precisa ser mudado.

A pesquisadora acrescenta que, enquanto a autodefesa assertiva se alinha bem com o estereótipo de longa data do homem ambicioso, alguns estudos mostram que quando as mulheres demonstram comportamentos idênticos, elas provocam reações negativas por não mostrar "traços femininos" estereotipados, como ser humilde. Como resultado dessa desaprovação, algumas mulheres perdem muitas oportunidades.

Não é de surpreender que as mulheres sejam menos vocais em reivindicar crédito por seu trabalho. É importante, no entanto, avaliar se o problema não é você, mas, sobretudo, não ceder às expectativas culturais dominantes.

Essa postura de se esconder, que chamo aqui de efeito caramujo, tem a ver com um outro ponto importante em nossas carreiras e em nosso bem-estar: a negociação de honorários. Se estamos mais bem preparadas, temos habilidades, ampla formação e passamos por mentorias, por que não considerar que estamos em condições de negociar nossos honorários?

Em um estudo com 1.008 mulheres americanas adultas produzido para *HuffPost*, *Yahoo* e *CARE*, pela Langer Research Associates, 64% disseram que não tentaram negociar seu salário na última vez em que foram contratadas. Mas, entre aquelas que negociaram, 71% foram bem-sucedidas.

Então, por que as mulheres não negociam mais?

"Acho que parte do motivo pelo qual vemos menos mulheres negociando é devido ao medo", disse a especialista em comunidade Sarah Stoddard, ao *Yahoo Finance*. "Embora tenha havido um movimento em torno da transparência salarial, há um tabu quando se fala em salário".

Esse medo também decorre de "parecer que você está sendo egoísta sobre o que está ganhando", acrescentou Stoddard. "Como resultado, muitas mulheres podem ficar no escuro sobre quanto ganham outras em sua posição".

Essa oportunidade perdida também piora a diferença salarial geral entre homens e mulheres, sugeriu a COO do Facebook, Sheryl Sandberg, em seu livro *Faça acontecer –*

---

[10] Disponível em: https://www.forbes.com/sites/jomiller/2021/04/29/the-soul-crushing-truth-about-women-and-self-promotion/?sh=5664ffb36906.

Mulheres, trabalho e a vontade de liderar (Lean in: women, work, and the will to lead).[11] "Não admira que as mulheres não negociem com a mesma frequência que os homens", escreveu ela. "É como tentar atravessar um campo minado andando para trás de salto alto".

De fato, esse desconforto em levantar o assunto se deve ao fato de que não somos preparadas para considerar as negociações salariais.

Por isso, é importante desenvolver as competências socioemocionais, para lidar com os obstáculos sociais e assumir a propriedade ativa de seu progresso na carreira.

> *Você pode falar sobre dinheiro e poder e ainda ser legal. Em geral, as mulheres não gostam de falar sobre dinheiro e poder. Você nunca chegará à frente se não possuir seu valor. Conheça o seu valor e seja o seu maior campeão. Se você não sentir que vale a pena, ninguém mais vai.*
>
> (Shelley Zalis, empresária americana)

O caminho para se romper a estrutura atual do mercado judiciário é longo, e exige talvez até mesmo uma reforma constitucional que assegure a paridade, de fato. Mas também exige uma outra postura feminina, de planejamento, de relacionamentos interpessoais, preparo e desenvolvimento de uma mentalidade de liderança, que possa acelerar as mudanças de gênero que queremos ver no horizonte.

Conclusão

As raízes dos estereótipos são seculares. O mercado jurídico é espelho de nossa própria sociedade, construída sobre conceitos machistas e discriminatórios.

Só conseguiremos ter uma sociedade saudável quando erradicarmos as diferenças de grupos menorizados, em especial quando falamos de gênero e raça, com ferramentas efetivamente equitativas.

Essa é uma tarefa para todos, sobretudo de nossos gestores públicos, que devem buscar otimizar mudanças para remover os obstáculos que bloqueiam a realização individual, da mesma forma que devemos buscar remover as estruturas corporativas predefinidas que subjugam as mulheres e privilegiam os homens.

Um longo caminho já foi percorrido até chegarmos ao ponto de termos representantes nas principais instituições e cortes do país. Mas o desequilíbrio no Judiciário brasileiro é manifesto, diante da presença feminina na população brasileira, formada por 51,6% de pessoas do sexo feminino e 48,4% de pessoas do sexo masculino.

Além da participação política ativa e diretrizes públicas, nós, mulheres, também precisamos mudar nossa maneira de pensar e construir uma nova relação social para fechar lacunas importantes, empreendendo um trabalho de liderança em nossas atividades para a ocupação de espaços de evidência na magistratura e na advocacia.

---

[11] SANDBERG, Sheryl. *Lean in*: women, work, and the will to lead. [s.l.]: [s.n.], [s.d.].

A construção de um pensamento de liderança é fundamental para impactar, para mudar a realidade atual e para a proteção de nossas prerrogativas.

Além das qualidades técnico-jurídicas, é preciso desenvolver habilidades socioemocionais capazes de nos levar a atingir a plena realização profissional.

É necessário o desenvolvimento de uma mentalidade para remover as desigualdades e fortalecer o desenvolvimento pleno de nossas aptidões pessoais e profissionais.

Despojadas de ingenuidades e quaisquer animosidades feministas, mas com o poder da razão e da alma da igualdade que norteia a nossa Constituição, o Estado de direito e o de querer otimizar mudanças para remover os obstáculos que derivam de raça ou sexo e que bloqueiam a liberdade e realização individual – e não apenas ceder às expectativas culturais dominantes –, podemos liderar e continuar a transformação que inspire e contribua para o benefício das futuras gerações jurídicas e para uma sociedade melhor.

> *Um indivíduo não começou a viver até que ele possa se elevar acima dos limites estreitos de suas preocupações individualistas para as preocupações mais amplas de toda a humanidade.*
>
> (Martin Luther King Jr., ativista americano)

Informação bibliográfica deste texto, conforme a NBR 6023:2018 da Associação Brasileira de Normas Técnicas (ABNT):

WILIANS, Anne. Equidade de gênero no Judiciário e na OAB: habilidades para equilibrar e liderar. *In*: MENDES, Denise Pinheiro Santos; MENDES, Giussepp; BACELAR, Jeferson Antonio Fernandes (Coords.). *Magníficas mulheres*: lutando e conquistando direitos. Belo Horizonte: Fórum, 2023. p. 73-82. ISBN 978-65-5518-488-4.

A PROTEÇÃO DA MULHER TRANS NO SISTEMA INTERAMERICANO DE DIREITOS HUMANOS: PARA ALÉM DO SEXO COMO CRITÉRIO BIOLÓGICO

BIANCA CARTÁGENES SARAIVA
DANIELA LIMA BARBALHO

1 Introdução

O movimento feminista foi responsável por trazer a desigualdade entre homens e mulheres à tona e promover os estudos de gênero. Foi a partir de então que a matéria de gênero ganhou mais visibilidade e autonomia. Entretanto, ao mesmo tempo, mais especificamente a segunda onda do movimento, se posicionava contrariamente ao reconhecimento da mulher trans como mulher, tecendo críticas pesadas à transexualidade (HINES, 2010, p. 88-90).

Dessa forma, a mulher trans é constantemente invisibilizada pela sociedade que considera o sexo biológico, seja por atitudes cotidianas, como a utilização de pronomes masculinos e referência ao sexo masculino em documentos de identificação oficiais, seja por violências que levam ao óbito do indivíduo.

Segundo dados do dossiê intitulado *Assassinatos e violências contra travestis e transexuais brasileiras em 2021*, feito pela Associação Nacional de Travestis e Transexuais do Brasil (Antra), no ano passado, foram cometidos pelo menos 140 (cento e quarenta) assassinatos de pessoas trans, sendo 135 (cento e trinta e cinco) travestis e mulheres transexuais, e 5 (cinco) casos de homens trans (ANTRA; BENEVIDES, 2022, p. 30). Por conta disso, o Brasil é o país que mais mata trans no mundo todo.

Assim, a mulher trans deve ser vista sobre um viés interseccional, isto é, considerando as vulnerabilidades inerente às mulheres e às pessoas trans, de modo que são afetadas de forma particular, considerando esses dois elementos. Para além disso, é possível ainda combinações com outros recortes, por exemplo, uma mulher trans, sem escolaridade, trabalhadora sexual, portadora de HIV, como foi o caso julgado pela Corte IDH, Vicky Hernandez e outra *v.* Honduras.

Dessa forma, o presente trabalho tem como objetivo analisar a proteção da mulher trans no SIDH, sobretudo no âmbito da CIDH e da Corte IDH. Para tanto, utilizam-se os conceitos adotados na Opinião Consultiva nº 24/2017 da Corte IDH, como: sexo, como a soma das características biológicas que definem mulheres e homens, como vagina e mamas para o sexo feminino e pênis para o sexo masculino; identidade e expressão de gênero como a experiência interna e externa do gênero, respectivamente, de como cada pessoa a sente, que pode ou não corresponder ao sexo atribuído no momento do nascimento; e "trans", "pessoa trans" ou "transgênero" como sinônimos, sendo um termo guarda-chuva para englobar as diferentes variantes da identidade de gênero,[1] cujo denominador comum é a não conformidade entre o sexo atribuído ao nascimento da pessoa e a identidade de gênero tradicionalmente atribuída a ela (CORTE IDH, 2017, p. 15-17).

Faz-se, portanto, um duplo recorte das interseccionalidades. Primeiramente, é feita a abordagem do panorama geral no SIDH sobre as mulheres, com análise dos documentos internacionais e dos casos da Corte IDH e da CIDH. Em seguida, analisa-se o reconhecimento dos direitos LGBTI nas Américas atualmente e a sua influência sobre mulheres trans. Por fim, abordar-se-á o caso recente, Vicky Hernandez e outras *v.* Honduras, envolvendo mulher trans na Corte IDH com a posição firmada pela Corte e dos votos dissidentes.

2 A proteção da mulher no SIDH

Em nível global, tem-se a o reconhecimento universal do direito à igualdade pela Declaração Universal dos Direitos do Homem (DUDH), que, apesar de ter sido aprovada como resolução pela Assembleia-Geral das Nações Unidas, deve ser considerada, hodiernamente, costume internacional, logo, obrigatória a todos os Estados. Também é possível compreender o seu caráter de *ius cogens*, por elencar direitos como a proibição da escravidão e da tortura (SARAIVA, 2022, p. 25).

Porém, os direitos das mulheres e as circunstâncias específicas que estão sujeitas foram formulados de modo diferente da visão clássica de violação de direitos humanos e, portanto, marginais dentro de um regime que aspira a uma aplicação universal, sob a ótica masculina (CRENSHAW, 2002, p. 2).

Em razão disso, a Convenção sobre Eliminação de Todas as Formas de Discriminação contra a Mulher (CEDAW), de 1979, e a Declaração sobre a Eliminação da Violência contra a Mulher, de 1993, ambas proclamadas no âmbito das Nações Unidas, demonstram um avanço normativo acerca do direito das mulheres.

A CEDAW é relevante especialmente pelo fato de ter reconhecido de forma pioneira, em nível global, a diferença entre homens e mulheres, contando com a ampla ratificação dos Estados. Entretanto, ao mesmo tempo, é o instrumento internacional que mais recebeu reservas dos Estados sobre essa cláusula de igualdade entre homens e mulheres na família, tendo como justificativa a religião, a cultura e os ordenamentos jurídicos internos (PIOVESAN, 2013).

---

[1] Exemplo disso é que o termo engloba o transexual, sendo o diferencial para este a realização de procedimentos médicos para a adaptação do corpo com a mente. A conceituação de pessoas trans é relevante, pois, ainda que o indivíduo não tenha se submetido a procedimentos, sejam cirúrgicos, sejam hormonais, há o reconhecimento da sua identidade. Em que pese se tratar de uma questão conceitual, há efeitos práticos dessa diferenciação. Como exemplo, um Estado pode reconhecer direitos não apenas para pessoas que tenham realizado a intervenção cirúrgica, mas, também, para aqueles que se identificam com o sexo oposto àquele atribuído no nascimento, sem a imposição desse requisito, que pode ser limitador.

No âmbito do regional, a Declaração Americana de Direitos e Deveres do Homem (DADDH), assinada em Bogotá, em 1948, prevê direitos como igualdade perante a lei (art. II), a proteção da honra, da reputação pessoal e da vida particular e familiar (art. V) e proteção à maternidade e à infância (art. VII), se referindo especialmente à mulher grávida e/ou lactante.

Posteriormente, a Convenção Americana de Direitos Humanos (CADH), de 1969, ratificada pelo Brasil em 1992, prevê o respeito aos direitos e liberdades, sem discriminação alguma por motivo de raça, cor, sexo, idioma, religião, opiniões políticas ou de qualquer outra natureza, origem nacional ou social, posição econômica, nascimento ou qualquer outra condição social (art. 1º); a liberdade pessoal (art. 7º); a proteção da honra e da dignidade (art. 11º), a proteção à família (art. 17º), com a instituição do casamento.

Especificamente quanto ao art. 17º da CADH, nota-se o uso das expressões "homem" e "mulher",[2] que podem remeter a uma interpretação de um conceito fechado de família que vincula a sexualidade, a heteronormatividade,[3] a cisnormatividade,[4] a procriação e a convivência em uma unidade baseada no casamento monogâmico (JELIN, 2010, p. 21-22).

Dessa forma, quando se considera o momento de assinatura da CADH,[5] é comum a interpretação das expressões "homem" e "mulher" segundo o critério sexo como a soma das características biológicas que definem mulheres e homens, como vagina e mamas para o sexo feminino e pênis para o sexo masculino, conforme fixado pela Corte IDH, na Opinião Consultiva nº 24 2017 (CORTE IDH, 2017, p. 15).

Isso gera um impacto para as próprias mulheres cisgênero e heterossexuais que, apesar de inclusas nesse conceito, não desejam procriar e são socialmente pressionadas a demonstrar seu instinto materno. Igualmente, ao utilizar como base o sexo com características biológicas, a interpretação se mostra restritiva, excluindo pessoas LGBTI da definição de família (VAGGIONE, 2008, p. 16).

Nesse sentido, a questão é extremamente sensível às pessoas trans, eis que, ao considerar apenas critérios biológicos, desconsidera-se a identidade e a expressão de gênero, isto é a experiência interna e externa do gênero, respectivamente, de como

---

[2] Os termos são comuns em instrumentos internacionais para se referir à família e ao casamento, como o art. 16º da (DUDH), art. 23º do Pacto de Direitos Civis e Políticos (PDCP), e do art. 12º da Convenção Europeia de Direitos Humanos (CEDH). Também se verifica em leis internas, como a Constituição brasileira que, em seu art. 226º, §3º, reconhece a união estável entre homem e mulher como entidade familiar e teve seu entendimento ampliado pelo Supremo Tribunal Federal (STF), no julgamento Arguição de Descumprimento de Preceito Fundamental (ADPF) nº 132-RJ, em conjunto com Ação Direta de Inconstitucionalidade (ADI) nº 4.277-DF, para comtemplar a união estável homossexual como entidade familiar. À decisão foram atribuídos eficácia *erga omnes* e efeito vinculante. Posteriormente, o Conselho Nacional de Justiça (CNJ) também permitiu a habilitação, a celebração de casamento civil, ou de conversão de união estável em casamento, entre pessoas do mesmo sexo.

[3] Pelo glossário previsto na Opinião Consultiva nº 24/2017, considera-se heteronormatividade a tendência cultural em favor das relações heterossexuais, que são consideradas normais, naturais e ideais e são preferidas em relação ao mesmo sexo ou ao mesmo gênero. Este conceito apela a regras legais, religiosas, sociais e culturais que obrigam as pessoas a agir de acordo com os padrões heterossexuais dominantes e predominantes (CIDH, 2017, p. 20).

[4] Por cisnormatividade, compreende-se a ideia ou expectativa de acordo com a qual todas as pessoas são cisgênero e as pessoas que receberam sexo masculino ao nascer sempre crescem para ser homens e aquelas que receberam sexo feminino no nascimento sempre crescem para ser mulheres (CIDH, 2017, p. 20).

[5] Essa interpretação é chamada de literal ou de textualismo, segundo a qual uma disposição legal deve significar o que foi considerado originalmente, ou seja, no momento da promulgação. Ou, ainda, o intencionalismo, com a aplicação da disposição legal de acordo com a pretensão que os redatores originalmente previram (LETSAS, 2007, p. 60).

cada pessoa a sente, que pode ou não corresponder ao sexo atribuído no momento do nascimento (CORTE IDH, 2017, p. 16).

Até então, os documentos que integram o *corpus iuris* do sistema americano faziam poucas referências às mulheres, mas consagram direitos que fornecem base para proteção específica, considerando a discriminação estrutural, decorrente da cultura patriarcal, persistente nas Américas, sobretudo o direito à igualdade, que pode ser compreendido na vertente formal e material e indica um rol exemplificativo de categorias passíveis de não discriminação, dando a possibilidade de incluir, por exemplo, a identidade e expressão de gênero, conforme uma interpretação evolutiva,[6] como será visto nos próximos tópicos.

O marco regional sobre a proteção das mulheres veio em 1994, com a Convenção Interamericana para prevenir, punir e erradicar a violência contra mulher, doravante Convenção de Belém do Pará, ratificada pelo Brasil em 1995. Foi o primeiro instrumento internacional a reconhecer, de forma enfática, a violência contra mulheres como violação de direitos humanos e como manifestação das relações de poder historicamente desiguais entre homens e mulheres (DUARTE *et al.*, 2020, p. 270-271).

A Convenção de Belém do Pará determina a violência contra a mulher não apenas na forma física, mas também sexual e psicológica, ocorrida dentro ou fora do ambiente familiar, bem como perpetrada e tolerada pelo Estado. Além disso, o art. 6º merece destaque por determinar o direito da mulher de ser livre de todas as formas de discriminação e de ser valorizada e educada livre de quaisquer padrões estereotipados de comportamento e costumes sociais e culturais baseados em conceitos de inferioridade ou subordinação.

Em todos os instrumentos ora mencionados, observa-se que há referências expressas aos termos "mulher", "sexo" e "gênero", bem como a identificação de que há um padrão estrutural nos Estados discriminatório para com as mulheres. Por outro lado, a identidade de gênero e os contornos assumidos por mulheres trans não são abordados diretamente, o que não significa que os Estados não possuem o dever de eliminar as formas de violência e discriminação quanto a este grupo específico (BRAUN, 2014, p. 872).

No âmbito da jurisprudência, a Corte IDH já reconheceu a violação aos direitos humanos das mulheres, com a condenação dos Estados. Destacam-se os casos: Campo Algodonero *v.* México, que tratou, pela primeira vez da expressão "feminicídio" como o homicídio em razão de gênero; Miguel Castro Castro *v.* Peru, sobre mulheres no cárcere que foram expostas a situações que, segundo a Corte IDH, homens não seriam, como nudez forçada, tortura e até mesmo morte; Espinoza Gonzáles *v.* Peru, sobre violência sexual contra mulheres como tortura; Inés Fernández Ortega e outros *v.* México e Valentina Rosendo Cantú *v.* México, ambos sobre violência contra mulheres indígenas cometidas por militares do Estado; e Massacre de las dos erres *v.* Guatemala, sendo as vítimas mulheres no contexto de regimes ditatoriais.

---

[6] A interpretação evolutiva, também presente no constitucionalismo americano, ganhou repercussão no direito internacional dos direitos humanos no âmbito do Tribunal Europeu de Direitos Humanos (TEDH), ao considerar frequentemente a Convenção Europeia de Direitos Humanos (CEDH) como um instrumento vivo (*living instrument*), que deve se atentar às experiências dos Estados e evoluir junto com a sociedade (SARAIVA, 2022, p. 56).

Além disso, em 2001, o caso Maria da Penha *v.* Brasil[7] tornou-se emblemático em razão de ter sido a primeira vez que o SIDH – mais especificamente, a CIDH – reconheceu o padrão discriminatório do Estado de tolerância à violência contra a mulher (CIDH, 2001) e pela repercussão das recomendações feitas ao Brasil,[8] que culminaram na adoção da lei que leva o mesmo nome no país.

Em que pese o caso não ter chegado à Corte IDH, a Lei Maria da Penha representa o reconhecimento da relevância da causa, que conta ainda com muitas lutas, sobretudo em um país onde a cultura patriarcal e machista ainda impera. Leis como essa servem, portanto, como significativo instrumento de desconstrução do paradigma e efetividade dos direitos humanos das mulheres, demonstrando a potencialidade do SIDH de contribuir na agenda dos direitos humanos no ordenamento interno (SARAIVA, 2022, p. 129).

3 O reconhecimento dos direitos LGBTI no SIDH e a influência sobre o direito das mulheres trans

Em razão da discriminação histórica perpetrada contra as mulheres nas Américas (e ao redor do mundo), é possível caracterizá-las como grupo vulnerável que merece especial atenção e postura diligente dos Estados para combater toda forma de violência contra as mulheres.

Entretanto, é imperioso reconhecer que, para além disso, as mulheres estão sujeitas a outras categorias de diferenças que podem obscurecer ou negar a proteção aos direitos humanos que todas deveriam ter. Ou seja, as mulheres estão sujeitas à discriminação de gênero, bem como às discriminações em razão de classe, raça, religião, nacionalidade, orientação sexual e identidade sexual. É nesse sentido que Kimberly Crenshaw (2002, p. 173) afirma: "são diferenças que fazem diferença na forma como vários grupos de mulheres vivenciam a discriminação".

As diferentes combinações de categorias discriminadas geram diferentes problemas e vulnerabilidades exclusivos de subgrupos específicos de mulheres ou que afetam desproporcionalmente apenas algumas mulheres (CRENSHAW, 2002, p. 173). É o caso, por exemplo, de mulheres lésbicas, bissexuais e trans.

---

[7] A Senhora Maria da Penha Maia Fernandes foi violentada diversas vezes por seu esposo, na época dos fatos, o que ocasionou em uma paraplegia irreversível. A vítima realizou várias denúncias, o acusado chegou a ser condenado duas vezes pelo tribunal do júri por tentativa de homicídio, mas as sentenças foram anuladas e, até o momento do Relatório nº 54/01, em 2001, ele seguia em liberdade e sem condenações. Dessa forma, foi enviada queixa à CIDH, que concluiu que o Brasil violou os direitos às garantias judiciais e à proteção judicial previstos nos arts. 8º e 25º da CADH, em concordância com a obrigação geral de respeitar e garantir os direitos, prevista no art. 1.1 e nos arts. II e XVII da DADDH, bem como no art. 7º da Convenção de Belém do Pará.

[8] Foi recomendado ao Estado brasileiro: completar rápida e efetivamente o processamento penal; proceder com investigação séria, imparcial e exaustiva a fim de determinar a responsabilidade pelas irregularidades e atrasos injustificados que impediram o processamento, bem como tomar as medidas administrativas, legislativas e judiciárias correspondentes; adotar medidas necessárias para a reparação simbólica e material, considerando as violações sofridas; prosseguir e intensificar o processo de reforma que evite a tolerância estatal e o tratamento discriminatório. Este último ponto incluía a capacitação de funcionários judiciais e policiais, a simplificação dos procedimentos judiciais para a redução do tempo processual; formas alternativas às judiciais, rápidas e efetivas de solução de conflitos intrafamiliares; a multiplicação do número de delegacias policiais especiais para a defesa dos direitos da mulher, com recursos para a efetiva tramitação e investigação de todas as denúncias de violência doméstica; e a inclusão nos planos pedagógicos de unidades curriculares destinadas à compreensão da importância do respeito à mulher e a seus direitos.

No âmbito dos sistemas regionais de proteção dos direitos humanos, a jurisprudência, como fonte do direito internacional, conforme art. 38 do Estatuto da Corte Internacional de Justiça, acaba por assumir um papel central na questão envolvendo direitos LGBTI.

No SIDH, em que pese a ausência de regulamentação normativa sobre o tema, os tratados internacionais têm sido utilizados com uma interpretação evolutiva para assegurar a proteção aos direitos LGBTI, bem como dos Princípios de Yogyakarta,[9] que, apesar de serem caracterizados como *soft law*,[10] são utilizados como baliza interpretativa pela Corte IDH.

A Corte IDH já julgou, até o momento, cinco casos envolvendo a temática LGBTI. O primeiro a abordar a temática foi Atala Riffo e crianças *v*. Chile, de 2012, eis que se tratava de uma mulher lésbica, que teve seu direito de exercer a guarda das filhas negado em razão de sua orientação sexual. Em decisão paradigmática, a Corte IDH reconheceu a violação da CADH, destacando, em especial, que a orientação sexual não é causa de discriminação e que a Convenção não tem um conceito fechado sobre família, a qual não se reduz unicamente ao matrimônio, devendo abranger outros laços familiares de fato, em que as partes têm vida em comum (SARAIVA, 2022, p. 111).

A Corte IDH (2012, p. 34) concluiu que, apesar de alguns Estados sob a sua jurisdição não darem o mesmo tratamento a casais do mesmo sexo,[11] isso não pode ser considerado um argumento válido para negar ou restringir os direitos humanos de minorias ou ainda para perpetuar e reproduzir a discriminação histórica e estrutural que esses grupos têm sofrido. Assim como também não pode levar o Tribunal a abster-se de decidir sobre o caso.

O mesmo entendimento foi firmado em seguida, em 2016, no caso Duque *v*. Colômbia, sobre a negativa de obtenção de benefício previdenciário, sob o fundamento de que se tratava de um casal do mesmo sexo, e no caso Flor Freire *v*. Equador, sobre a dispensa do serviço militar em razão da orientação sexual da vítima.

No caso Azul Rojas Marín e outra *v*. Peru, a vítima, na época dos fatos, identificava-se como homem gay e, posteriormente, no julgamento do caso, como mulher trans, motivo pelo qual a Corte se refere à vítima com pronome feminino. Na ocasião, a vítima foi presa de forma ilegal e arbitrária, sendo submetida, inclusive, à violência sexual e psicológica, da qual decorreram traumas. Além disso, ela foi coagida e constrangida pelas autoridades responsáveis pelo caso no ordenamento interno.

A Corte IDH (2020, p. 25-26) assinalou que os Estados estão obrigados a adotar medidas positivas para reverter ou alterar as situações discriminatórias em detrimento determinado grupo e que as pessoas LGBTI têm sido historicamente vítimas de

---

[9] Trata-se de um documento que elenca princípios sobre a aplicação da legislação internacional de direitos humanos em relação à orientação sexual e identidade de gênero. O documento foi elaborado por especialistas de direitos humanos e assinado na Universidade Gadjah Mada, em Yogyakarta, Indonésia, em 2006. Em que pese ser considerado uma norma de *soft law*, que não vincula os Estados, a Corte IDH e a CIDH o têm utilizado como ferramenta de balizamento para sua interpretação.

[10] Em que pese a divergência doutrinária sobre o conceito de *soft law*, é possível identificar quatro aspectos, sendo: (i) expressão de expectativa comum quanto à conduta das relações internacionais; (ii) criação por sujeitos do direito internacional; (iii) não derivação de fonte formal de lei; e (iv) proximidade com a lei, em decorrência da capacidade de produzir efeitos jurídicos (THÜRER, 2009, p. 3-4).

[11] O entendimento foi fixado após o Estado chileno ter suscitado a ausência do consenso entre os Estados das Américas sobre a tratativa para casais do mesmo sexo.

discriminação estrutural, estigmatização e várias formas de violência e violações aos seus direitos humanos. Nesse sentido, voltou a afirmar que a orientação sexual, identidade de gênero ou expressão de gênero da pessoa são categorias protegidas pela CADH.

Outrossim, destacou que a violência contra pessoas LGBTI é baseada em preconceitos e percepções negativas baseados na orientação sexual, identidade ou expressão de gênero. A violência pode ser impulsionada pelo intuito de punir aqueles que "desafiam as normas de gênero". Logo, há uma questão simbólica: a mensagem a ser passada é de exclusão e/ou subordinação, com o objetivo de impedir ou anular o reconhecimento, gozo ou exercício dos direitos humanos e liberdades fundamentais da pessoa sujeita à discriminação (CORTE IDH, 2022, p. 27). Especificamente quanto às mulheres trans, tem-se a decisão proferida em Vicky Hernandez e outra *v.* Honduras, como será visto no tópico seguinte.

Em sua competência consultiva, a Corte proferiu a Opinião Consultiva nº 24/17, sobre a interpretação e o alcance dos arts. 11. 2, 18º e 24º da CADH, com relação ao art. 1.1, especificamente sobre reconhecimento da mudança de nome de acordo com a identidade de gênero e direitos patrimoniais decorrentes de relacionamentos entre pessoas do mesmo sexo.

A Corte ressaltou que vários Estados da região reconheceram nos seus ordenamentos jurídicos internos a proteção da orientação sexual e identidade de gênero contra diferentes tratamentos discriminatórios. Além disso, a respeito do sexo, gênero e identidade, considerou que não se tratam de componentes objetivos e imutáveis, mas sim traços que dependem da apreciação subjetiva do indivíduo (SARAIVA, 2019, p. 18).

A Corte IDH (2017, p. 69-70) também afirmou expressamente que a família também pode ser composta por pessoas com diversas identidades de gênero e/ou orientação sexual e que todas as formações familiares devem ser objeto de proteção da sociedade e do Estado, havendo, portanto, uma efetiva obrigação.

Especialmente sobre a adoção dos termos "homem" e "mulher", a Corte IDH (2017, p. 70) também se pronunciou afirmando que reconhece a família formada por eles, entretanto, não se trata de uma definição restritiva sobre o matrimônio ou a família. O conceito de família reconhecido é plural, o que não significa uma abolição desse tipo de família.

Assim, até o momento, as manifestações da Corte IDH têm sido favoráveis ao reconhecimento dos direitos LGBTI, considerando a orientação sexual e a identidade de gênero como categorias não passíveis de discriminação, ora norma *ius cogens*[12] no âmbito do SIDH.[13]

Quanto à CIDH, esta tem emitido documentos relevantes para mapear as questões envolvendo o tema, como o relatório *Violência contra Pessoas Lésbicas, Gays, Bissexuais, Trans e Intersexo nas Américas*, de 2015, que, considerando a violência e interseção com outros grupos, apontou como um dos problemas enfrentados pelas pessoas na interseção:

---

[12] Existem obrigações internacionais as quais os sujeitos do direito internacional estão vinculados, independentemente do ordenamento interno, como a proibição da tortura, reconhecida pela doutrina em geral e pela jurisprudência firmada no Acórdão da CIJ, Bélgica c. Senegal – *questions relating to the obligation to prosecute or extradite*, 2012 (SARAIVA, 2022, p. 134).

[13] Na Opinião Consultiva nº 18/03, de 2003, solicitada pelo México, sobre a condição jurídica e os direitos dos migrantes indocumentados, a Corte IDH reconheceu os princípios da igualdade e da não discriminação como normas de caráter *ius cogens*, que acarretam obrigações *erga omnes*, v. parágrafo 97 e seguintes.

Os atos de violência contra mulheres, incluindo mortes de lésbicas, bissexuais e trans, são sentidos por estas como manifestações estruturais e históricas do sexismo e da desigualdade entre homens e mulheres. Como resultado disso, a Comissão observa que os atos de violência contra as mulheres geralmente podem tomar formas específicas como a violência sexual ou a violência intrafamiliar. Ao examinar a interseção do gênero com a sexualidade, a orientação sexual e/ou a identidade de gênero, a Comissão concluiu que tais atos de violência são manifestações de uma combinação de sexismo estrutural e histórico e preconceito contra orientações sexuais e identidades de gênero não normativas e, consequentemente, podem tomar formas específicas, como violações sexuais que buscam castigar estas orientações e identidades, a perfuração dos implantes de silicone e a mutilação genital, dentre outras. (CIDH, 2015, p. 173)

Igualmente, o *Avances y Desafíos hacia el reconocimiento de los derechos de las personas LGBTI en las Américas*, de 2018, que apontou o fortalecimento de grupos que espalham falsa informação de que a categoria analítica "gênero" faz parte de um discurso ideológico com o objetivo de destruir a família, a religião e a sociedade tradicionais (CIDH, 2018, p. 43).

Nos comunicados de imprensa, a Comissão também costuma se manifestar sobre o tema. Em 2013, a CIDH publicou nota expressando preocupação com a violência LGBTI na educação e na família, considerando, inclusive, um caso de violência ocorrida no Brasil e outro nos Estados Unidos, nos quais jovens foram agredidos pelos próprios pais, por causa da sua orientação sexual e/ou expressão de gênero. Assim, a CIDH instou os Estados a cumprirem sua obrigação de proteger os menores de qualquer forma de violência e de garantir seu direito à integridade física e mental, inclusive no contexto familiar, reconhecendo, portanto, que a discriminação pode vir da própria instituição que deveria fornecer segurança e conforto (CIDH, 2013).

No dia internacional da eliminação de violência contra mulher, em 2014, a CIDH assinalou que os Estados devem considerar a diversidade existente entre as mulheres. Logo, devem atender a setores específicos de vulnerabilidade e discriminação devido à intersecção de fatores como idade, raça, origem étnica, orientação sexual. Entre os grupos vulneráveis, portanto, foi expressamente mencionada a exposição de mulheres lésbicas e trans à violência de gênero (CIDH, 2014).

Igualmente, a CIDH chamou atenção sobre a violência sexual praticada de forma "corretiva", ora cometida contra mulheres lésbicas e trans, e que não são denunciadas, permanecendo impunes e normalizadas (CIDH, 2014), considerando a heteronormatividade e a cisnormatividade como o padrão social o qual as vítimas deveriam seguir.

4 A violência contra a mulher trans como violência de gênero: o caso Vicky Hernandez e outra *v.* Honduras

Especificamente quanto às mulheres trans, objeto de estudo do presente trabalho, o próprio movimento feminista, mais especificamente a segunda onda, se posicionava contrariamente ao seu reconhecimento como mulher, tecendo críticas pesadas à transexualidade (HINES, 2010, p. 88-90).

Dessa forma, as mulheres trans sequer são vistas como mulheres na sociedade civil. Essa invisibilidade denota a predominância de critérios biológicos para caracterizar um indivíduo como homem ou mulher. Assim, mesmo que o indivíduo tenha a sua percepção interna e externa, isto é, a sua identidade e expressão de gênero, a sociedade ainda considera as suas características biológicas (no caso, pelos, pênis, escroto) e o sexo atribuído no nascimento.

A ausência de reconhecimento social e legal da identidade e expressão de gênero das mulheres trans faz com que elas estejam sujeitas a violências e discriminações diariamente, que vão desde o nome que pelo qual são chamadas até episódios de graves violações aos direitos humanos, como ocorreu com Vicky Hernandéz, em 28.6.2009, em Honduras. Mesma data, inclusive, que ocorreu o golpe de Estado no país.

O caso que chegou à Corte IDH guarda importantes contribuições aos direitos das mulheres, da população LGBTI e, sobretudo, das interseccionalidades às quais os indivíduos estão sujeitos. Isso porque Vicky era uma mulher trans, defensora dos direitos humanos de pessoas trans, trabalhadora sexual, sem escolaridade e portadora do vírus HIV. Dessa forma, estava particularmente exposta a diversas discriminações.

Para além disso, o contexto do Estado hondurenho era hostil em razão do golpe de Estado que levou à presença ostensiva das forças armadas nas ruas, bem como, desde 2002, as Nações Unidas já vinham apontando um quadro de violência às mulheres trans com dados alarmantes de assassinatos de mulheres com menos de 35 anos (CORTE IDH, 2021, p. 15).

Logo, a situação do Estado hondurenho era de crise da democracia, com violência advinda diretamente das forças armadas que deveriam fazer a segurança nacional e, consequentemente, a vulnerabilidade de uma população que já está exposta normalmente: as mulheres trans que exerciam trabalhos sexuais.

Vicky estava na companhia de outras trabalhadoras sexuais na noite do dia 28.6.2009, quando homens das forças armadas as surpreenderam com hostilidade. Todas correram, em uma tentativa de fugir das violências. Entretanto, ela foi apanhada e, no outro dia, sua família soube do seu falecimento. No laudo pericial, a causa da morte foi laceração cerebral e outros ferimentos em decorrência de projétil de arma de fogo e a possibilidade de violência sexual. O laudo também registrou o corpo com identidade desconhecida e indivíduo pertencente ao sexo masculino, sendo vitimizada mesmo após a sua morte (CORTE IDH, p. 16).

Dessa forma, concluiu-se que o Estado violou o direito à vida, à integridade pessoal, os direitos de reconhecimento da personalidade jurídica, liberdade pessoal, vida privada, liberdade de expressão e as garantias judiciais, conforme previstos na CADH, da vítima Vicky Hernandez, bem como de sua família.

O ponto crucial da decisão e que representou um avanço significativo para as mulheres trans foi o reconhecimento da violação dos arts. 7.a e 7.b da Convenção de Belém do Pará, que preveem a abstenção de atos de violência por meio de seus agentes e investigação, respectivamente, em razão da morte e inércia das autoridades após o ocorrido.

Dessa forma, a Corte IDH (2021, p. 35) fez a importante contribuição de que a violência com base na identidade ou expressão de gênero, e especificamente contra mulheres trans, também se baseia no gênero, como construção social de identidades, funções e atributos socialmente atribuídos a mulheres.

A Corte entendeu que a Convenção determina a adoção de medidas para prevenir, sancionar e erradicar a violência contra a mulher de forma ampla e não restritiva, por força da expressão "entre outras", prevista no art. 9º do instrumento. Assim, a identidade e expressão de gênero se encaixam em situações nas quais as mulheres podem sofrer violência, de forma interseccional. Dito de outra forma, a Corte IDH reconheceu a mulher trans como mulher, tal como assinalou o Juiz Patricio Pazmiño Freire.

Logo, a Corte fez uma interpretação evolutiva da Convenção de Belém do Pará, a fim de incluir a identidade e expressão de gênero e, portanto, reconhecer a aplicação do documento às mulheres trans. A interpretação evolutiva constitui um método de interpretação segundo o qual o Tribunal considera o avanço dos Estados-Membros sobre o tema, atento ao desenvolvimento e anseios sociais, podendo considerar para tanto a existência do consenso entre os Estados sobre o tema. Os juízes, portanto, fazem uma releitura da Convenção sobre as novas situações nas quais são demandados e que, em geral, não estavam na pauta nos trabalhos preparatórios ou até mesmo nas intenções dos Estados-Membros (SARAIVA, 2022, p. 161).

Nesse sentido, considera-se a Convenção um instrumento vivo, capaz de se amoldar às situações que não foram previstas originalmente e demandam resposta na atualidade. Anteriormente, a CIDH (2015, p. 52), no *Informe sobre violência contra pessoas LGBTI*, já havia assinalado que a Convenção de Belém do Pará deve ser compreendida como um instrumento vivo e que a identidade e expressão de gênero devem ser necessariamente contempladas.

Assim, a interpretação evolutiva é capaz de alargar os direitos consagrados na Convenção, envolvendo suas definições, delimitações, assim como uma ou várias dimensões ou categorias de diretos elencados no documento de análise (BURGORGUE-LARSEN, 2018, p. 30).

A interpretação evolutiva tem sido utilizada pelos tribunais internacionais, sobretudo pelo fato de que, tratando-se de instrumentos formais, exige-se um processo mais rígido para alteração de texto, com a necessidade de aprovação pelas partes contratantes. Logo, os juízes assumem um papel central na questão, o que levanta questões sobre o ativismo judicial e a legitimidade das decisões proferidas[14] (SARAIVA, 2022, p. 143).

Especificamente nesse caso e em questões envolvendo direitos LGBTI, a interpretação evolutiva tem sido usada para avançar a pauta sobre os direitos humanos no continente americano, sobretudo em razão do contexto no qual o sistema foi desenvolvido, isto é, em um meio autoritário. Pela situação histórica das Américas, com a democracia e o Estado de direito fragilizados internamente, falar de direitos humanos era tratar de uma agenda contra o Estado, de modo que o sistema nasceu quase como um movimento de resistência (PIOVESAN, 2020, p. 51).

Em contrapartida, o reconhecimento da aplicação da Convenção de Belém do Pará não se deu de forma unânime. O Juiz Eduardo Vio Grossi, conhecido por sua posição mais conservadora,[15] se posicionou contrário à interpretação evolutiva da Convenção,

---

[14] O termo "ativismo judicial" pode ganhar diferentes contornos e sentidos, a depender dos autores que o abordam. Na conceituação de Luís Roberto Barroso (2012, p. 23), por exemplo: "Já o ativismo judicial é uma atitude, a escolha de um modo específico e proativo de interpretar a Constituição, expandindo o seu sentido e alcance. Normalmente ele se instala em situações de retração do Poder Legislativo, de um certo descolamento entre a classe política e a sociedade civil, impedindo que as demandas sociais sejam atendidas de maneira efetiva. A ideia de ativismo judicial está associada a uma participação mais ampla e intensa do Judiciário na concretização dos valores e fins constitucionais, com maior interferência no espaço de atuação dos outros dois Poderes [...]". Especificamente quanto ao ativismo nos tribunais internacionais e a legitimidade das suas decisões, v. Popovic (2009, p. 376) e Malarino (2010, p. 29).

[15] V. Atala Rifo e meninas *v.* Chile.

considerando que o texto se refere apenas à mulher como sexo feminino. Ele afirma categoricamente que não há referências ao termo "mulher trans" ao longo da redação e que, se o escopo fosse a sua proteção, haveria a inclusão da identidade e expressão de gênero, motivo pelo qual a Convenção não deve ser aplicada no caso.

Ele considera que não existem elementos para a aplicação da interpretação evolutiva, fazendo, assim, uso do método teleológico, de acordo com a boa-fé, segundo o art. 31.3 da Convenção de Viena sobre Direito dos Tratados, de 1969 (CVDT I), que busca perseguir o objeto e a finalidade do instrumento, que, segundo ele, era a proteção da mulher, com base no critério biológico.

No voto dissidente, a juíza Elizabeth Odio assinalou que há: uma necessária distinção entre sexo, que é biológico, e gênero, que se trata de uma construção social hierárquica e subjetiva; "grave confusão" que introduziu na discussão acadêmica e política o equacionamento errôneo de identidade de gênero com sexo; a diferença da dinâmica de violência histórica contra as mulheres por serem mulheres, que originou a edição da Convenção de Belém do Pará, e a violência sofrida por outros grupos, como pessoas LGBTI.

A juíza afirma que, no caso, "sem fundamento científico", a "identidade de gênero", como sentimento que pode mudar de um dia para o outro, pode substituir e apagar o sexo biológico, e que não se trata mais de "mulheres" e "homens" com características próprias, mas sim de "pessoas", considerando uma linguagem neutra e indefinida.

Dessa forma, ela afirma que tudo se volta à "identidade de gênero", como experiência individual, e assume não entender as "novas abordagens que, sob a fachada de lutas de grupos historicamente marginalizados, que são absolutamente verdadeiros, pretendem apagar o que também é irrefutável: sexo".

Para além de outras falas controversas, a juíza, portanto, acaba por expressar a sua posição de discriminação, marginalização e, sobretudo, desconhecimento da afetação das interseccionalidades. Equivocadamente, ela parte da premissa de que, ao proferir sentença no caso Vicky Hernandez e outra *v.* Honduras, a Corte IDH substituiu o sexo biológico pela identidade e expressão de gênero.

Primeiramente, do aspecto jurídico e hermenêutico, percebe-se que, na sentença, a interpretação evolutiva foi utilizada justamente para incluir a identidade e expressão de gênero como situações protegidas pela Convenção de Belém do Pará, que já prevê, em seu art. 9º, a adoção de medidas especiais para mulheres vulneráveis por conta da raça, origem étnica ou condição de migrante, de refugiada ou de deslocada, "dentre outros motivos". Logo, não há uma substituição ou equivalência da identidade e expressão de gênero pelo sexo, que, conforme o já exposto, foram diferenciados conceitualmente na Opinião Consultiva nº 24/2017.

Para além disso, do aspecto sociológico, pessoas trans possuem particularidades que não podem ser apagadas. O indivíduo trans é aquele que não compreende uma conformidade entre o sexo atribuído ao nascimento da pessoa e a identidade de gênero tradicionalmente atribuída na Opinião Consultiva nº 24/2017, podendo ou não ter se submetido a procedimentos cirúrgicos e tratamentos hormonais (CORTE IDH, 2017, p. 17).

Desse modo, a identidade de gênero assume especial relevância para as pessoas, nesse caso, mulheres trans, que não pode ser desconsiderada. Fazer uma análise com preponderância do sexo como características biológicas que definem homem e mulher seria por demasiado excludente e não levaria a Corte IDH a proferir decisão nos mesmos termos e, possivelmente, sem tanta representatividade.

5 Considerações finais

Conclui-se que os tratados e convenções internacionais gerais preveem direitos que podem ser utilizados para proteger os direitos das mulheres, considerando a diferença material existente na sociedade, que impõe às mulheres uma posição de subordinação e violência (física, psicológica e simbólica) diante do patriarcado. Tais direitos são a igualdade, o direito à vida privada e familiar, a integridade física e o próprio direito à vida.

Entretanto, com relação à posição dos Estados em proteger as mulheres, a CEDAW e a Convenção de Belém do Pará representam marcos normativos. Este último, inclusive, no âmbito do SIDH, foi a primeira convenção a consagrar a violência contra mulheres como violação de direitos humanos e como manifestação das relações de poder historicamente desiguais entre homens e mulheres (DUARTE *et al.*, 2020, p. 270-271).

Quanto aos órgãos do sistema, a Corte IDH e a CIDH têm sido constantemente demandadas a atuar em casos envolvendo violações aos direitos das mulheres, adotando posições de garantia conforme o contexto histórico das Américas. Especificamente quanto aos direitos LGBTI, a Corte IDH também tem afirmado a necessidade de reconhecimento e inclusão da identidade e expressão de gênero como categorias não passíveis de discriminação, rompendo com o padrão da hétero e cisnormatividade.

No mesmo sentido, no caso Vicky Herndez, a Corte IDH firmou o entendimento de que as previsões da Convenção de Belém do Pará se aplicam às mulheres trans. Isso foi possível em razão da utilização da interpretação evolutiva para considerar a Convenção de Belém do Pará como instrumento vivo, atento às experiências dos Estados e evoluir junto com a sociedade. Trata-se, portanto, de um método de interpretação extensiva, a fim de ampliar ou complementar o disposto na Convenção.

Em razão disso, a interpretação evolutiva rende críticas sobre a atuação da Corte, por estender cada vez a sua proteção, inclusive com acusações sobre ativismo judicial, no nível dos tribunais internacionais. As críticas devem ser consideradas para o refinamento da interpretação. Isto é, qual seu alcance e objeto, a fim de que não sejam cometidas arbitrariedades e tomadas decisões sem embasamento.

Dessa forma, a Corte fixou um importante parâmetro para a proteção dos direitos humanos no âmbito do SIDH: mulheres trans devem ser consideradas e protegidas como mulheres, por força da identidade e expressão de gênero, para além do sexo como características biológicas que definem homens e mulheres.

Referências

ANTRA; BENEVIDES, Bruna G. (Org.). *Dossiê assassinatos e violências contra travestis e transexuais brasileiras em 2021*. Brasília: Distrito Drag, 2022. Disponível em: https://antrabrasil.files.wordpress.com/2022/01/dossieantra2022-web.pdf. Acesso em: 20 set. 2022.

BAPTISTA, Eduardo Correia. *Ius cogens em direito internacional*. Lisboa: Lex, 1997.

BARROSO, Luis Roberto. Judicialização, ativismo judicial e legitimidade democrática. *(Syn)thesis*, v. 5, n. 1, p. 23-32, 2012.

BRAUN, Kerstin. Do ask, do tell: Where is the protection against sexual orientation discrimination in international human rights law. *American University International Law Review*, v. 29, 2013. Disponível em: https://digitalcommons.wcl.american.edu/cgi/viewcontent.cgi?article=1825&context=auilr. Acesso em: 16 mar. 2021.

CIDH. Comunicado de prensa. *En el Día Internacional de la Eliminación de la Violencia contra la Mujer, la CIDH llama a los Estados a implementar medidas transformadoras*. 2014. Disponível em: https://www.oas.org/es/cidh/prensa/Comunicados/2014/140.asp. Acesso em: 15 set. 2022.

CIDH. Comunicado de prensa. *En el Día Internacional de la Memoria Trans, CIDH urge a los Estados a aumentar la expectativa de vida de las personas trans en América*. 2015. Disponível em: https://www.oas.org/es/cidh/prensa/comunicados/2015/137.asp. Acesso em: 15 set. 2022

CIDH. Comunicado de prensa. *La CIDH expresa preocupación por la violencia y la discriminación contra las personas LGBTI en el contexto de la educación y la familia*. 2013. Disponível em: http://www.oas.org/es/cidh/prensa/comunicados/2013/092.asp. Acesso em: 15 set. 2022.

CIDH. *Relatório anual 2000*. Relatório nº 54/01. Caso 12.051. Maria da Penha Maia Fernandes. Brasil. 04 de abril de 2001. Disponível em: http://www.cidh.oas.org/annualrep/2000port/12051.htm. Acesso em: 15 set. 2021.

CIDH. *Violência contra personas lesbianas, gay, bisexuales, trans e intersex en América*. 2015. Disponível em: http://www.oas.org/es/cidh/informes/pdfs/ViolenciaPersonasLGBTI.pdf. Acesso em: 15 set. 2022.

CORTE IDH. *Caso Atala Riffo e crianças v. Chile*. Mérito, Reparação e Custas. Serie C No. 239. Julgado em 24 de fev. de 2012. Disponível em: https://www.corteidh.or.cr/docs/casos/articulos/seriec_239_por.pdf. Acesso em: 25 mar. 2021.

CORTE IDH. *Caso Azul Rojas Marín y otra v. Perú*. Excepciones Preliminares, Fondo, Reparaciones y Costas. Serie C No. 402. Julgado em 12 de mar. de 2020. Disponível em: https://www.corteidh.or.cr/docs/casos/articulos/seriec_402_esp.pdf. Acesso em: 15 set. 2022.

CORTE IDH. *Caso Duque v. Colombia*. Excepciones Preliminares, Fondo, Reparaciones y Costas. Serie C No. 310. Julgado em 26 de fev. de 2016. Disponível em: https://www.corteidh.or.cr/docs/casos/articulos/seriec_310_esp.pdf. Acesso em: 3 mar. 2021.

CORTE IDH. *Caso Flor Freire v. Equador*. Excepciones Preliminares, Fondo, Reparaciones y Costas. Serie C No. 315. Julgado em 31 de ago. de 2016. Disponível em: https://www.corteidh.or.cr/docs/casos/articulos/seriec_315_esp.pdf. Acesso em: 3 mar. 2021.

CORTE IDH. *Caso Vicky Hernández y otras v. Honduras*. Fondo, Reparaciones y Costas. Serie C No. 422. Julgado em 26 de mar. de 2021. Disponível em: https://www.corteidh.or.cr/docs/casos/articulos/seriec_422_esp.pdf. Acesso em: 15 set. 2022.

CORTE IDH. *Identidad de género, e igualdad y no discriminación a parejas del mismo sexo*. Opinión Consultiva OC-24/17. Serie A No. 24. Julgado em 24 de nov. de 2017. Disponível em: https://www.corteidh.or.cr/docs/opiniones/seriea_24_por.pdf. Acesso em: 15 set. 2022.

CRENSHAW, Kimberlé. Documento para o encontro de especialistas em aspectos da discriminação racial relativos ao gênero. *Revista Estudos Feministas*, ano 10, p. 171-188, 1º sem. 2002.

DUARTE, Amanda de Andrade *et al*. A proteção da mulher indígena sob a perspectiva do Sistema Interamericano de Direitos Humanos. *In*: AMARAL JR., Alberto do; PIOVESAN, Flávia; DANESE, Paula Monteiro (Org.). *50 anos da Convenção Americana de Direitos Humanos* – O Sistema Interamericano: legado, impacto e perspectivas. Salvador: JusPodivm, 2020. p. 47-74.

HINES, Sally. Recognising diversity? The gender recognition act and transgender citizenship. *In*: HINES, Sally; SANGER, Tam (Ed.). *Transgender identities*: towards a social analysis of gender diversity. New York: Routledge, 2010.

JELIN, Elizabeth. *Pan y afectos*: la transformación de las familias. 2. ed. Buenos Aires: Fondo de Cultura Económica, 2010.

MALARINO, Ezequiel. Activismo judicial, punitivización y nacionalización. Tendencias antidemocráticas y antiliberales de la corte interamericana de derechos humanos. *In*: AMBOS, Kai; MALARONOS, Ezequiel (Ed.). *Sistema interamericano de protección de los derechos humanos y derecho penal internacional*. Montevidéu: Fundación Konrad-Adenauer, 2010. p. 25-63.

PIOVESAN, Flávia. *Direitos humanos e o direito constitucional internacional*. 14. ed. São Paulo: Saraiva, 2013.

POPOVIC, Dragoljub. O impacto da jurisprudência da Corte Interamericana de Direitos Humanos e a emergência de um novo paradigma jurídico. *In*: AMARAL JR., Alberto do; PIOVESAN, Flávia; DANESE, Paula Monteiro (Org.). *50 anos da Convenção Americana de Direitos Humanos* – O Sistema Interamericano: legado, impacto e perspectivas. Salvador: JusPodivm, 2020. p. 47-74.

POPOVIC, Dragoljub. Prevailing of judicial activism over self-restraint in the jurisprudence of the European Court of human rights. *Creighton L. Rev.*, v. 42, p. 361-396, 2008.

SARAIVA, Bianca Cartágenes. *A margem de apreciação no direito internacional dos direitos humanos e a proteção mínima*. Professora Orientadora: Dra. Ana Isabel Cruz Soares Pinto. Dissertação (Mestrado em Direito e Ciência Jurídica) – Faculdade de Direito, Universidade de Lisboa, 2022. Disponível em: http://hdl.handle.net/10451/52770. Acesso em: 15 set. 2022.

SARAIVA, Bianca Cartágenes. O direito ao casamento para transexuais e a margem de apreciação dos estados no Tribunal Europeu de Direitos Humanos. *In*: DANTAS, Fernando Antônio de Carvalho; LLORENS, Jorge Cardona; GARCIA, Marcos Leite (Coord.). *Direito internacional dos direitos humanos*. Florianópolis: Conpedi; Valência: Tirant lo Blanch, 2020. Disponível em: http://site.conpedi.org.br/publicacoes/150a22r2/xww0g7ht/i1Tzb15a9NwvTv6V.pdf. Acesso em: 15 set. 2022.

VAGGIONE, Juan Marco. Las familias más allá de la heteronormatividad. *In*: SÁEZ, Macarena; MOTTA, Cristina (Ed.). *La mirada de los jueces*. [s.l.]: [s.n.], 2008. v. 2. p. 13-87.

Informação bibliográfica deste texto, conforme a NBR 6023:2018 da Associação Brasileira de Normas Técnicas (ABNT):

SARAIVA, Bianca Cartágenes; BARBALHO, Daniela Lima. A proteção da mulher trans no Sistema Interamericano de Direitos Humanos: para além do sexo como critério biológico. *In*: MENDES, Denise Pinheiro Santos; MENDES, Giussepp; BACELAR, Jeferson Antonio Fernandes (Coords.). *Magníficas mulheres*: lutando e conquistando direitos. Belo Horizonte: Fórum, 2023. p. 83-96. ISBN 978-65-5518-488-4.

LIDERANÇA, SUB-REPRESENTATIVIDADE FEMININA E CARREIRAS JURÍDICAS: O IMPACTO DAS AÇÕES AFIRMATIVAS PARA A CONCRETIZAÇÃO DA IGUALDADE MATERIAL

BRENDA ARAÚJO DI IORIO BRAGA

1 Introdução

O objetivo deste artigo é traçar um panorama sobre a sub-representatividade feminina em cargos de liderança nas carreiras jurídicas no Brasil. Nesse sentido, este estudo problematiza a baixa ocupação dos cargos de direção de órgãos do sistema de justiça por mulheres e o impacto de políticas afirmativas como instrumento de transformação social nessa seara. A hipótese é que, independentemente das condições de ingresso nas carreiras jurídicas, o desafio principal das mulheres reside na promoção e ocupação de cargos de liderança e chefia, por nomeação e principalmente em decorrência de processos eletivos que envolvem política classista. A metodologia aqui adotada foi pesquisa bibliográfica e análise de dados de pesquisa do Conselho Nacional de Justiça e de indicadores sociais referentes à Ordem dos Advogados do Brasil.

O texto se utiliza de fontes documentais, empíricas e doutrinárias para realizar uma breve reflexão sobre o debate contemporâneo em torno da gestão pública paritária sob o prisma das teorias feministas e da psicologia social no que diz respeito à concepção da figura de líder.

A partir de uma análise normativa baseada na Constituição Federal e em tratados internacionais sobre igualdade de gênero, como a Declaração Universal dos Direitos Humanos (1948), a Convenção para a Eliminação de Todas as Formas de Discriminação contra a Mulher (CEDAW, 1979), a Convenção Interamericana para Prevenir, Erradicar e Punir a Violência Contra a Mulher (Convenção de Belém do Pará, 1994), e a plataforma de ação da IV Conferência Mundial das Nações Unidas (1995), constata-se a importância da adoção de ações afirmativas para equiparar a participação das mulheres nas carreiras jurídicas, destacando iniciativas recentes do Conselho Nacional de Justiça e da Ordem dos Advogados do Brasil em direção à despatriarcalização, como instrumento efetivo de promoção da democracia.

2 Desenvolvimento

2.1 Mulheres e o labirinto da liderança

Em 1971, o presidente dos Estados Unidos, Richard Nixon, ao explicar por que não nomearia uma mulher para a Suprema Corte dos EUA, disse:

> Eu não acho que uma mulher deveria estar em qualquer cargo do governo [...] principalmente porque elas são instáveis. E emocionais. Os homens são instáveis e emocionais também, mas o ponto é que é mais provável que uma mulher o seja.[1] (NIXON, 1971, tradução nossa)

A fala foi gravada em fitas de áudio da Casa Branca e tornada pública através da Lei de Liberdade de Informação.

Mas a quem ou o que culpar pela notória falta de mulheres em posição de liderança ainda nos dias de hoje?

Cargos políticos, assim como cargos de liderança no setor privado, comportam e são aprimorados pela diversidade de perfis e personalidades daqueles que os ocupam. Apesar disso, a falta de representatividade feminina nos espaços de poder tem sido um problema no mundo todo, e certamente houve um tempo em que a barreira para o acesso de mulheres a cargos de liderança era absoluta.

As teorias feministas são modeladas pelo valor de igualdade de gênero. O foco das teorias feministas da política não seria diretamente as mulheres, mas as relações de poder que historicamente inscrevem as mulheres em desvantagens, pela ausência de uma perspectiva de gênero, ou seja, pela preconcepção de uma neutralidade normativa e de práticas nas instituições (BIROLI, 2017).

Essa neutralidade normativa, em realidade, não existe. Para mulheres que aspiram posições de liderança de alto nível, os caminhos existem, mas estão cheios de reviravoltas, inesperadas e esperadas. É o que Alice Carli chamou de labirinto da liderança. O labirinto transmite a ideia de uma jornada complexa em direção a um objetivo pelo qual vale a pena lutar. Como todos os labirintos têm uma rota viável, entende-se que as metas são alcançáveis (EAGLI; CARLI, 2007).

Para falar da história da mulher, precisamos reconhecer que se trata de uma história de relação de dominação. O poder dado aos homens, no que tange às questões de gênero, vem sendo eternizado desde o surgimento da humanidade. Esse poder do homem sobre a mulher vai desde o controle do trabalho até o acesso restrito a recursos econômicos e sociais, decisões políticas, violência e controle da sexualidade (CARVALHO, 2011).

Historicamente, a sociedade (seu lar, sua coletividade, seu lazer, sua intimidade) é centrada e definida pela cultura dos valores do homem. Já a mulher, figurativamente, representa os sentimentos, a sensibilidade, a fragilidade física e emocional, o que acabou dividindo a humanidade em duas espécies com qualidades e aptidões particulares, uma segregação que inicialmente era fundamentada na diferenciação biológica e sexual

---

[1] "I don't think a woman should be in any government job whatsoever [...] mainly because they are erratic. And emotional. Men are erratic and emotional, too, but the point is a woman is more likely to be".

de atributos entre os sexos para legitimar o poder dos homens, o que há muito já se provou inconsistente.

Com o passar do tempo, esse paradigma cultural de que a mulher deve restringir-se à participação nos espaços privados foi sendo rompido e, gradativamente, permitiu-se a inserção da mulher nos espaços públicos.

Apesar disso, ainda predomina um conjunto de associações mentais conscientes e inconscientes amplamente compartilhadas sobre mulheres, homens e líderes. Estudos apontam que as pessoas associam mulheres e homens a diferentes traços e vinculam os homens a mais traços que conotam liderança (EAGLY; CARLI, 2007). Talvez porque uma longa história de dominação masculina dos papéis de liderança tenha dificultado a separação das associações de líderes das associações masculinas.

As mulheres estão associadas a qualidades comunais,[2] que transmitem uma preocupação com o tratamento compassivo dos outros, o que inclui ser afetuoso, prestativo, amigável, gentil e compreensivo, bem como sensível e de fala mansa. Em contraste, os homens estão associados a qualidades agentivas, que transmitem afirmação e controle. Elas incluem ser especialmente agressivo, ambicioso, dominante, autoconfiante e forte, bem como individualista. Essa divisão, segundo estudos de psicologia social, configura as duas dimensões da cognição social.

Em decorrência de tal associação, as mulheres tendem a desenvolver um estilo de liderança que reconcilia as qualidades comunais – que as pessoas preferem em mulheres – com as qualidades agentivas que as pessoas acham que os líderes precisam para ter sucesso.

Porém, dosar essa associação de perfis acaba sendo mais um desafio para o acesso à liderança, na medida em que não raro coloca as mulheres em um dilema de comunicação que emite mensagens conflitantes, chamado de duplo vínculo ou dupla ligação (do inglês *double bind*).[3]

Vejamos um comportamento de autopromoção, comum para cargos de chefia de alto escalão, mas que se revela arriscado para mulheres. Embora possa transmitir *status* e competência, não é nada comunal. Assim, enquanto os homens podem enaltecer suas posições, até mesmo com certa arrogância, para serem notados, a modéstia – enquanto ausência de vaidade em relação ao próprio valor, às próprias realizações – é esperada até mesmo de mulheres altamente talentosas.

Em resumo: era o jeito certo de um líder falar, mas não era o jeito certo de uma mulher falar.

2.2 Sub-representatividade feminina em números

Quando se trata da ocupação de cargos políticos por mulheres, o que demanda liderar grandes equipes, ampla exposição e abdicação de determinadas funções do lar

---

[2] A partir de um Modelo de Dupla Perspectiva (DPM-AC) descrito pela psicologia social, *agency* e *communion* configuram duas dimensões fundamentais de cognição social.

[3] Duplo vínculo (do inglês *double bind*) é um dilema da comunicação em que um indivíduo (ou grupo) recebe duas ou mais mensagens conflitantes, em que uma nega a outra. Isso cria uma situação na qual uma resposta bem-sucedida a uma mensagem resulta em uma falha na resposta à outra (e vice-versa), de modo que a pessoa estará automaticamente errada, independentemente da resposta.

ainda predominantemente femininas, a sub-representação feminina é notória em um contexto mundial, assim como nacional.

Muitos são os estudos que já tentaram compreender as razões para a sub-representação feminina na política, em especial, pesquisas internacionais. No entanto, no Brasil, ainda vivemos uma escassez de dados sobre o assunto.

Na pesquisa Perfil das mulheres na política, realizada em 2020 e conduzida exclusivamente com mulheres pela ONG Elas no Poder, diante da pergunta "porque não gostariam de se candidatar", 40% das respostas disseram respeito à "falta de perfil", enquanto 20% afirmaram que esse plano "não está no foco".

Isso demonstra que é preciso trabalhar a ambição política das mulheres, tornando a política um espaço menos hostil a elas e propício a diversos perfis e personalidades.

Os estudos de Jennifer Lawless e Richard Fox mostram que os incentivos sociais servem como um dos fatores mais fortes de predição da ambição política entre as mulheres, mas que mulheres e meninas recebem, ao longo de sua vida, menos incentivos que os homens (LAWLESS; FOX, 2013). Isso reforça a importância que o estímulo social possui na ambição política das mulheres.

Longe de pretender esgotar as causas e associações relacionadas a essa sub-representação, o escopo aqui se limita a traçar um panorama que, como era de se esperar, também se espelha no contexto jurídico, especialmente no Poder Judiciário, no Ministério Público e na advocacia.

O Departamento de Pesquisas Judiciárias promoveu o Censo do Poder Judiciário no ano de 2014 e publicou o Perfil Sociodemográfico dos Magistrados Brasileiros no ano de 2018. Sequencialmente, em 2019, foi publicado o Diagnóstico da Participação Feminina no Poder Judiciário, buscando ampliar o diagnóstico, a partir de um detalhamento da ocupação dos cargos por tribunal e por atribuições típicas de atividades de alta administração e de gestão, como forma de concretizar a Política Nacional de Incentivo à Participação Institucional Feminina no Poder Judiciário instituída pela Resolução CNJ nº 255/2018.[4]

As referidas pesquisas identificaram que, quanto maior o nível da carreira na magistratura, menor era a participação feminina, sendo ela representada por 44% dos juízes substitutos, 39% dos juízes titulares, 23% dos desembargadores e apenas 16% dos ministros de tribunais superiores.

O gráfico representado na imagem a seguir ilustra a constatação de que, quanto maior a progressão na carreira, menor a participação feminina no Poder Judiciário:

---

[4] A Política Nacional de Incentivo à Participação Institucional Feminina no Poder Judiciário propôs a adoção de medidas para assegurar a igualdade de gênero no ambiente institucional, com expedientes que incentivem a maior participação de mulheres nos cargos de chefia e assessoramento, nas bancas de concurso e como expositoras em eventos institucionais.

IMAGEM 1 – Proporção de mulheres em cada carreira da magistratura

DESIGUALDADE EM NÚMEROS
Composição da Magistratura Nacional
2009 - 2018

- Juíza substituta — 44%
- Juíza — 39%
- Desembargadora — 23%
- Ministra — 16%

Fonte: Diagnóstico da Participação Feminina no Poder Judiciário (CNJ, 2019).

A pesquisa considera dados do Poder Judiciário nos últimos dez anos (entre 1º.1.2009 e 31.12.2018), com índice de participação de 76% dos órgãos do Poder Judiciário, o que equivale a 68 dos 90 tribunais brasileiros.

Um dos estudos mais recentes, coordenado pela pesquisadora da Universidade de São Paulo Fabiana Cristina Severi, analisou a problemática das assimetrias entre os gêneros na composição das instituições de Justiça no Brasil e as possíveis relações entre os arranjos organizacionais e os resultados da produção judicial, considerando as expectativas democráticas em torno de decisões que garantam os direitos humanos das mulheres. Após um diagnóstico com dados de 2014 do Conselho Nacional de Justiça (CNJ), a pesquisadora já situou o debate em torno da predominância masculina e branca na magistratura brasileira (SEVERI, 2016). Esse perfil, ao contrário do esperado, não sofreu alteração conforme levantamento do mesmo órgão em 2018.

De maneira geral, o Poder Judiciário brasileiro é composto em sua maioria por magistrados do sexo masculino, com apenas 38,8% de magistradas em atividade. Apesar de ainda baixo, houve evolução do percentual de magistradas em relação à composição do Poder Judiciário no ano de 1988, quando as mulheres ocupavam somente 24,6% dos cargos.

Severi (2016) também revelou como foi decisivo para o ingresso substancial das mulheres na magistratura paulista a não identificação pelo nome nas provas discursivas.

Porém, reproduzindo o cenário geral, o principal gargalo não se encontra no acesso à carreira, e sim na sua progressão e na ocupação de cargos de chefia – o "labirinto da liderança". Há um verdadeiro escalonamento das mulheres nessas carreiras, que estão concentradas nos cargos iniciais e escassas nos cargos mais altos e de melhor remuneração.

Nas justiças estadual e federal, a ocupação feminina de cargos de presidente, vice-presidente e corregedor, nos últimos dez anos, ficou em torno de 21%, com indicativo de aumento da participação feminina nesses cargos na Justiça estadual, que no ano de 2018 apresentou um percentual de 34%. Por outro lado, quando se trata de cargos de chefia incluindo magistradas e outras servidoras, os resultados são mais expressivos, representando 58,7% e 51,5% de participação feminina, respectivamente.

A Justiça do Trabalho se destaca por ter apresentado nos últimos dez anos os maiores percentuais de magistradas em todos os cargos, com ênfase na composição de 41,25% de presidentes do sexo feminino. De outra banda, na Justiça Militar estadual não há participação feminina na ocupação desses cargos.

Cabe destacar que, no Tribunal de Justiça do Estado do Pará, em 2022, o número de desembargadoras representa 59% do colegiado. Nesse órgão, o Comitê Deliberativo de Participação Feminina do Judiciário paraense mobiliza e monitora ações voltadas à participação da mulher no âmbito institucional, além de promover oportunidades iguais a todos.

Vale a menção de que, no mesmo ano e pela primeira vez, o Pará tem cinco Tribunais sendo presididos por mulheres concomitantemente: o Tribunal de Justiça do Estado do Pará, o Tribunal Regional Eleitoral do Pará, o Tribunal Regional do Trabalho da 8ª Região, o Tribunal de Contas do Estado do Pará e o Tribunal de Contas dos Municípios.

Esse fato excepcional decorre de uma realidade local já impactada por políticas afirmativas implementadas no decorrer dos anos com muita seriedade, tendo em vista que a composição dessas cortes tem um número de mulheres acima da média nacional.

No âmbito do Ministério Público, a pesquisa Cenários de Gênero, realizada em 2018 para mapear possíveis discrepâncias de gênero no Ministério Público brasileiro, identificou que, desde a promulgação da Constituição de 1988, houve 73 mandatos de mulheres como procuradoras-gerais *versus* 413 mandatos de homens, o que representa – somente – 15% de lideranças femininas em contraposição a 85% de lideranças masculinas.

A advocacia não goza de um cenário diferente. Desde a criação da Ordem dos Advogados do Brasil em 1930, por 90 anos, apenas dez mulheres foram eleitas para presidir seccionais da Ordem nos estados. Essa realidade só mudou em 2021, quando ocorreram as primeiras eleições paritárias, ocasião em que nas 27 seccionais da OAB cinco mulheres foram eleitas presidentas a um só turno, para o triênio 2022-2024, incluindo a maior seccional do país, São Paulo, que pela primeira vez está sob a presidência de uma mulher. Na Bahia, mais um fato inédito e histórico: presidência e vice-presidência sob o comando de duas advogadas.

IMAGEM 2 – Número de mulheres presidentes de seccionais da OAB desde sua criação

Presidência da Ordem dos Advogados

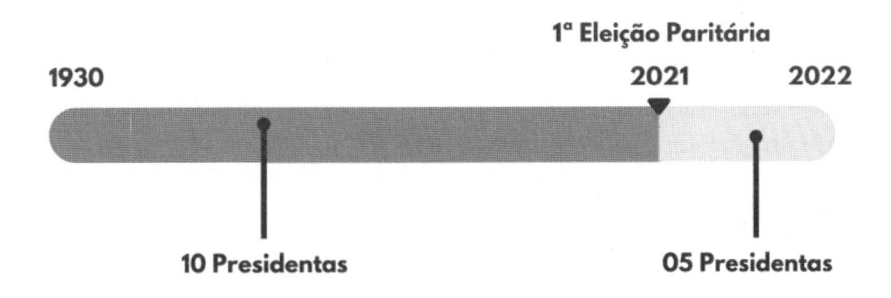

1930 — 1ª Eleição Paritária 2021 — 2022

10 Presidentas — 05 Presidentas

Fonte: Dados oficiais do CFOAB.

Por outro lado, o Conselho Federal, órgão máximo na estrutura da OAB, que não foi abarcado pela política afirmativa em questão, em mais de 90 anos de instituição nunca teve uma mulher eleita para ocupar o cargo de presidente. Apenas três mulheres ocuparam esse posto interinamente por ocasião de serem secretárias gerais, diante da ausência dos respectivos presidentes. Ainda assim, a primeira vez que isso ocorreu foi no ano de 2008, 78 anos após a criação da OAB.

2.3 Ações afirmativas e o combate à discriminação de gênero

A democracia inscrita em um regime político liberal está fundada na pretensa autonomia dos sujeitos e, exatamente por isso, não é capaz de promover a igualdade de direitos entre mulheres e homens.

No pensamento liberal ocidental, os contratos, os pactos e as práticas políticas dependem da voluntariedade dos indivíduos para serem legítimos. A crítica feminista ao modelo de democracia liberal denuncia que as mulheres têm reduzida a capacidade de livremente fazer escolhas em uma sociedade racista, desigual e patriarcal, com assimetria de recursos das mulheres em relação aos homens, em decorrência dos papéis de gênero traduzidos em práticas sexistas (BIROLI, 2016).

Flávia Biroli argumenta que:

> [...] os padrões desiguais de gênero permanecem na esfera privada, com a manutenção das mulheres como as principais responsáveis pelo trabalho doméstico e pela criação dos filhos, e na esfera pública, em que suas oportunidades são reduzidas e seus salários são menores em relação aos dos homens. Com isso, a possibilidade de não se tornar dependente de um companheiro – e mesmo de não fazer a opção pelo casamento – se reduz. Os contextos em que as preferências são produzidas e as escolhas são feitas permanecem, assim, estruturalmente assimétricos. (BIROLI, 2016, p. 40)

Logo, em razão dos regimes democráticos no ocidente terem sido edificados em sociedades patriarcais e escravocratas, os valores de igualdade democrática pautados na voluntariedade dos indivíduos encontram barreiras quando a distribuição de poder atende às memórias de uma diferença colonial.

Como consequência, ao longo do desenvolvimento da sociedade, observamos que parte dela não está minimamente representada. Podemos destacar a discriminação de gênero, de raça/etnia e de condição física, com a formação de grupos discriminados e marginalizados. Esses grupos tornam a sociedade desigual, o que, por consequência, prejudica o Estado democrático de direito, pois fere a representatividade da população.

Considerando essa realidade, é imprescindível implantar um sistema que conceda privilégios aos marginalizados, de tal forma que, em um dado momento, estejam todos materialmente iguais, já que, formalmente, a Constituição Federal assim o prevê.

Para minimizar os efeitos negativos da discriminação e colocar essa parcela da população em situação de equidade, o Estado vem se organizando na forma de ações afirmativas, as quais tiveram impulso significativo no Brasil após a Constituição de 1988.

Quando se originaram, nos EUA, as ações afirmativas eram uma resposta do poder público às necessidades, carências e anseios da sociedade negra. Atualmente, no Brasil, sua conceituação e aplicação alargou-se para representar ação não discriminatória, como forma de reprimir os discriminadores ou conscientizar aqueles que possam vir a discriminar; para a ideia de políticas que visam alocar recursos em benefício de pessoas que pertencem a grupos discriminados e vitimados pela exclusão social e econômica no passado e no presente.

Silva (2009) sustenta que as ações afirmativas são baseadas necessariamente em uma tríade conceitual, que leva em conta o caráter compensatório, distributivo e preventivo. Compensatório, como forma de compensar as injustiças históricas; distributivo, como forma de melhor distribuir as oportunidades e perceber uma nação condizente com sua população; e preventiva, no sentido de evitar conflitos sociais hoje latentes. Além disso, os beneficiários atuais das ações afirmativas, no futuro estarão em condições sociais melhores; portanto, seus descendentes não mais necessitarão beneficiar-se delas.

No que tange ao combate à discriminação de gênero, a Declaração Universal dos Direitos Humanos (1948) assim como a Constituição Federal brasileira (1988) expressam a igualdade de direitos entre mulheres e homens. Como consequência imediata dessa equiparação de direitos, o Brasil retirou as ressalvas realizadas durante a ditadura militar à Convenção para a Eliminação de Todas as Formas de Discriminação contra a Mulher (CEDAW, 1979), iniciando-se um verdadeiro ciclo virtuoso de políticas públicas em benefício das mulheres (PITANGUY, 2019).

O art. 2º da Convenção Internacional da Mulher (CEDAW, 1979) estabelece que os Estados-Partes se comprometem a adotar medidas adequadas, legislativas e de outro caráter, que proíbam todas as formas de discriminação contra a mulher, revogando, inclusive, leis, regulamentos e práticas que constituam ou acentuem discriminação contra a mulher, tomando ainda medidas gerais para modificar os padrões socioculturais baseados na ideia de inferioridade ou de superioridade de qualquer dos sexos. O art. 3º estabelece que os Estados-Parte, especialmente nas esferas política, social, econômica e cultural, tomarão todas as medidas apropriadas para assegurar o pleno progresso das mulheres. Já o art. 7º prescreve que serão adotadas as medidas necessárias para eliminar a discriminação na arena política, garantindo-se às mulheres não apenas o direito de voto, mas também o direito de ocupar em igualdade de condições os cargos públicos e políticos em todas as carreiras e níveis de governança.

Além desses, podemos citar como referencial normativo a Convenção Interamericana para Prevenir, Erradicar e Punir a Violência Contra a Mulher (Convenção de Belém do Pará, 1994), promulgada pelo Decreto nº 1.973 de 1º.8.1996, e a plataforma de ação da IV Conferência Mundial das Nações Unidas, na cidade de Beijing (1995).

O estímulo à participação feminina na política partidária por meio da chamada cota de gênero está previsto no art. 10, §3º, da Lei das Eleições. Segundo o dispositivo, cada partido ou coligação preencherá o mínimo de 30% e o máximo de 70% para candidaturas de cada sexo, nas eleições para Câmara dos Deputados, Câmara Legislativa, assembleias legislativas e câmaras municipais.

Em conformidade com a previsão legal, a Justiça Eleitoral elegeu o tema como prioridade, tendo promovido diversas ações no sentido de fomentar a participação feminina na política, como campanhas, seminários e até encontros internacionais.

Na mesma esteira, o Congresso Nacional promulgou a Emenda Constitucional nº 117 (originária da PEC nº 18/21), que obriga os partidos políticos a destinarem no mínimo 30% dos recursos públicos para campanha eleitoral às candidaturas femininas. A distribuição deve ser proporcional ao número de candidatas. A cota vale tanto para o Fundo Especial de Financiamento de Campanha – mais conhecido como Fundo Eleitoral – como para recursos do Fundo Partidário direcionados a campanhas. Os partidos também devem reservar no mínimo 30% do tempo de propaganda gratuita no rádio e na televisão às mulheres.

A nova emenda constitucional ainda destina 5% do Fundo Partidário para criação e manutenção de programas de promoção e difusão da participação política das mulheres, de acordo com os interesses intrapartidários.

No âmbito da Administração Pública Federal, o Decreto nº 4.228, de 13.9.2002, instituiu o Programa Nacional de Ações Afirmativas, contemplando de modo não exaustivo diretrizes de gestão estratégica para observância de metas percentuais de participação de afrodescendentes, mulheres e pessoas portadoras de deficiência no preenchimento de cargos de direção, chefia ou assessoramento e como requisito para contratação em licitações públicas.

Já na Ordem dos Advogados do Brasil, a composição paritária das chapas só foi possível pela imposição de uma política afirmativa instituída pela Resolução nº 5/2020, que alterou o Regulamento Geral do Estatuto da Advocacia e da OAB para estabelecer paridade de gênero (50%) e a política de cotas raciais para negros (pretos e pardos), no percentual de 30%, nas eleições. Ambas as alterações foram aprovadas pelo Conselho Pleno, instância máxima da OAB Nacional, em dezembro de 2020, e valeram para as eleições do sistema já em 2021.

Significa dizer que para obterem o registro nas eleições, as chapas em disputa deverão atender ao percentual de 50% para candidaturas de cada gênero, tanto para titulares como para suplentes, e 30% de negros, na composição da diretoria, conselhos seccional e federal, e caixa de assistência.

Essa política é compatível com o fato de termos hoje mais de 50% dos quadros da OAB preenchidos por advogadas,[5] muito embora a mesma representatividade tenha sido historicamente suprimida das mulheres, como visto no tópico anterior.

---

[5] Lamentavelmente, quanto ao número de negros na composição da advocacia nacional, há um vácuo de dados oficiais.

As políticas afirmativas no âmbito da OAB também podem vir a refletir na composição do Poder Judiciário, tendo em vista que pela regra do quinto constitucional (art. 94 da CF/88), um quinto dos lugares dos tribunais regionais federais, dos tribunais dos estados, e do Distrito Federal e territórios será composto de advogados de notório saber jurídico e de reputação ilibada, com mais de dez anos de efetiva atividade profissional, e de membros do Ministério Público, com mais de dez anos de carreira, indicados em lista sêxtupla pelos órgãos de representação das respectivas classes.

Nesse sentido, tem-se percebido um forte movimento pela composição paritária das listas sêxtuplas formadas no âmbito dos conselhos seccionais e federal da OAB, no intuito de que três vagas sejam compostas por advogados e três vagas por advogadas, concedendo a estas, como grupo marginalizado, condições equidistantes dos privilegiados da exclusão – os homens.

Em 2022, a ONG Paridade de Verdade protocolou requerimento nesse sentido junto ao Conselho Federal da Ordem dos Advogados, requerendo a regulamentação da paridade nas listas sêxtuplas em âmbito nacional. Este órgão, a despeito de ser composto por 81 conselheiros e 81 conselheiras – justamente em decorrência da regra de paridade nas eleições implementada a partir de 2021 –, mas presidido novamente por um homem, não apreciou ou sequer deu andamento ao pleito até o presente momento.

Em paralelo, batalhas independentes têm sido traçadas nas seccionais. Naquelas em que a gestão da OAB não responde aos pleitos formalizados, o Poder Legislativo tem provocado o debate por meio de moções, sessões especiais e audiências públicas, como já ocorreu no Rio Grande do Sul, no Mato Grosso do Sul, na Bahia, no Pará, e até mesmo na Câmara dos Deputados.

Até o presente momento, a regra de paridade nas listas sêxtuplas já foi implantada por meio de resolução administrativa nos estados de São Paulo, Minas Gerais, Mato Grosso, Bahia e Pernambuco.

Sem dados precisos, é de conhecimento notório que a eleição de mulheres advogadas para a composição da lista sêxtupla com vistas a concorrer para vagas do quinto constitucional pela OAB é muito deficitária, e que menor ainda é o número de mulheres que efetivamente chegam a ser nomeadas. A exemplo, no estado do Pará, onde a magistratura de segundo grau é predominantemente feminina, o Tribunal de Justiça comporta três vagas da advocacia, mas nunca na história uma mulher foi nomeada para as vagas da OAB, e apenas duas mulheres figuraram na lista sêxtupla em três ocasiões diferentes. Isso implica dizer que a composição majoritariamente feminina decorre exclusivamente de magistradas por ascensão na carreira e de membras do Ministério Público.

Na busca pela igualdade material e segurança jurídica, tramitam, no mesmo sentido, no Congresso Nacional, ambos por proposição da Senadora Soraya Thronicke (MS), o Projeto de Lei nº 985/2022, que altera o Estatuto da Advocacia (Lei nº 8.906/1994), a fim de fixar critério de paridade de gênero na elaboração, pelos conselhos federal e seccionais da OAB, de listas constitucionalmente previstas para o preenchimento de cargos nos tribunais judiciários; e a proposta de Emenda à Constituição nº 6/22, que altera o art. 94 da Constituição Federal, para determinar que uma em cada duas das listas sêxtuplas de indicações para os tribunais sejam constituídas exclusivamente por indicações de mulheres.

Neste último caso, a proposta de emenda constitucional inclui também as nomeações provenientes do Ministério Público e almeja dar concretude à política afirmativa, pois "amarra" o chefe do Poder Executivo que vai nomear o candidato à vaga pelo quinto a fazê-lo promovendo necessariamente uma mulher a cada três nomeações, tendo em vista que uma em cada três listas deverão ser compostas exclusivamente por mulheres. De outra banda, se o critério paritário incide somente na composição das listas sêxtuplas, as mulheres podem – como têm sido – ser eliminadas nas etapas seguintes do processo (lista tríplice pelo tribunal respectivo e nomeação pelo chefe do Poder Executivo).

Além disso, a proposição prevê que a primeira lista sêxtupla formada após a vigência da emenda constitucional seja submetida à nova regra, de modo a ser composta exclusivamente por mulheres, fato que representará um evento histórico em nível internacional, tendo em vista que todos os tribunais brasileiros receberão a indicação de uma mulher para a composição de seus quadros.

3 Considerações conclusivas

A participação significativa das mulheres nos espaços de tomada de decisão depende de investimentos responsáveis em políticas sociais com perspectiva de gênero. A inserção equânime das mulheres em cargos de decisão e gestão nas carreiras jurídicas está ainda distante da realidade. O "discurso de neutralidade profissional, que implica masculinização, pois o neutro na verdade é o masculino, não deve passar sem questionamento" (PIMENTEL, 2019).

Não há neutralidade quando a sobrecarga das mulheres no âmbito doméstico contribui para a "perda de ambição" que funciona como principal fator dissuasório para as mulheres competirem pelos cargos de comando (MATOS, 2013). Também não há neutralidade enquanto cognitivamente associarmos características masculinas – tipicamente agentivas – a características de liderança, ao mesmo tempo em que repudiamos as mesmas características em mulheres, colocando-as em um *double bind*, em um dilema de comunicação que emite mensagens conflitantes.

Na concepção tridimensional de Justiça, Nancy Fraser (2002) informa que a redistribuição, como medida de correção de injustiças econômicas, não se esgota na repartição das riquezas, incorporando, igualmente, a necessidade de reorganização da divisão do trabalho, o que pode ser pensado para os trabalhos domésticos e de cuidado com filhos e parentes, considerando o impacto desse serviço não remunerado para as mulheres ao interferir na disponibilidade e no interesse delas em participar da vida política e desempenhar atividades de liderança, inclusive nas carreiras jurídicas.

Nesse contexto, a incorporação de mecanismos de discriminação positiva para as mulheres das carreiras jurídicas, notadamente por meio de ações afirmativas, é uma das estratégias que se colocam para redimensionar a inserção subalterna das mulheres nesse campo de poder. A reserva de vagas para as mulheres em espaços de tomada de decisão nas carreiras jurídicas, associada a políticas nacionais que colaborem para mudanças organizacionais, é um bom começo.

Um cenário local mais ou menos avançado nesse sentido não pode ludibriar a noção real do panorama geral em âmbito nacional e internacional devidamente constatado pelo levantamento de dados. Pelo contrário, se não se tratar de exceção ou conjunção não intencional de fatores, só pode ser derivado dos efeitos já em curso de políticas afirmativas colocadas em prática.

A baixa representatividade feminina em carreiras políticas e em posições de liderança nas carreiras jurídicas não é problema das mulheres, mas da democracia.

Referências

ABELE, Andrea E.; WOJCISZKE, Bogdan. Communal and agentic content in social cognition: a dual perspective model. *Advances in Experimental Social Psychology*, v. 50, p. 195-255, 2014. Disponível em: https://bityli.com/IErSXTC. Acesso em: 5 ago. 2022.

BEAUVOIR, Simone de. *O segundo sexo*. 2. ed. Rio de Janeiro: Nova Fronteira, 2015.

BIROLI, Flávia. Autonomia, preferências e assimetria de recursos. *Revista Brasileira de Ciências Sociais*, São Paulo, v. 31, n. 90, p. 39-56, fev. 2016. Disponível em: http://dx.doi.org/10.17666/319039-56/2016. Acesso em: 13 ago. 2022.

BIROLI, Flávia. Teorias feministas da política, empiria e normatividade. *Lua Nova: Revista de Cultura e Política*, São Paulo, n. 102, p. 173-210, dez. 2017. Disponível em: http://dx.doi.org/10.1590/0102-173210/102. Acesso em: 13 ago. 2022.

CARVALHO, Débora J. A conquista da cidadania feminina. *Saber Acadêmico*, São Paulo, n. 11, jun. 2011. Disponível em: https://livrozilla.com/doc/636699/12.-aconquista-da-cidadania-femiinina. Acesso em: 13 ago. 2022.

CARVALHO, José Jorge de. *Inclusão étnica e racial no Brasil*: a questão das cotas no ensino superior. São Paulo: Attar, 2005.

CECCHIN, Airton José. Ações afirmativas: inclusão social das minorias. *Revista Ciência Jurídicas e Sociais da Unipar*, Umuarama, v. 9, n. 2, jul./dez. 2006. Disponível em: https://revistas.unipar.br/index.php/juridica/article/view/256/228. Acesso em: 13 ago. 2022.

CONSELHO NACIONAL DE JUSTIÇA. *Diagnóstico da participação feminina no Poder Judiciário*. 2019. Disponível em: https://www.cnj.jus.br/wp-content/uploads/2019/05/cae277dd017bb4d4457755febf5eed9f.pdf. Acesso em: 1º ago. 2022.

CONSELHO NACIONAL DE JUSTIÇA. *Perfil sociodemográfico dos magistrados brasileiros*. 2018. Disponível em: https://www.cnj.jus.br/wp-content/uploads/2019/09/a18da313c6fdcb6f364789672b64fcef_c948e694435a52768cbc00bda11979a3.pdf. Acesso em: 1º ago. 2022.

CONSELHO NACIONAL DO MINISTÉRIO PÚBLICO. *Cenários, reflexão, pesquisa e realidade*. Cenários de gênero. Disponível em: https://www.cnmp.mp.br/portal/images/20180622_CEN%C3%81RIOS_DE_G%C3%8AN%20ERO_v.FINAL_2.pdf. Acesso em: 13 ago. 2022.

EAGLI, Alice; CARLI, Linda L. Career planning: women and the labyrinth of leadership. *Harvard Business Review*, set. 2007.

ELAS NO PODER. *Perfil da mulher na política*. 2020. Disponível em: https://elasnopoder.org/wp/wp-content/uploads/2020/07/ENP_MFO_RELAT%C3%93RIO_PESQUISA_V4.pdf. Acesso em: 1º ago. 2022.

FRASER, Nancy. A justiça social na globalização: redistribuição, reconhecimento e participação. Tradução de Vanessa Tavares. *Revista Crítica de Ciências Sociais*, n. 63, p. 7-20, 2002. Disponível em: https://www.ces.uc.pt/publicacoes/rccs/artigos/63/RCCS63-Nancy%20Fraser-007-020.pdf. Acesso em: 15 ago. 2022.

LAWLESS, Jennifer; FOX, Richard. *Girls just wanna not run*: the gender gap in young Americans political ambition. Washington, DC: Women & Politics Institute, 2013. Disponível em: https://www.american.edu/spa/wpi/upload/girls-just-wanna-not-run_policy-report.pdf. Acesso em: 19 ago. 2022.

MATOS, Marlise; PARADIS, Clarisse G. Desafios à despatriarcalização do Estado brasileiro. *Cadernos Pagu*, n. 43, p. 57-118, 2014. Disponível em: http://www.scielo.br/scielo.php?script=sci_arttext&pid=S0104-83332014000200057&lng=pt&tlng=pt. Acesso em: 11 ago. 2022.

MENDES, Liz Elainne de Silvério e Oliveira *et al*. Ações afirmativas para equidade de gênero nas carreiras jurídicas. *Brazilian Journal of Development*, Curitiba, v. 7, n. 1, p. 10755-10774, jan. 2021. Disponível em: https://brazilianjournals.com/index.php/BRJD/article/download/23921/19190. Acesso em: 31 jul. 2022.

NIXON, Richard. I don't think a woman should be in any government job. *YouTube*, 21 jan. 2014. Disponível em: https://www.youtube.com/watch?v=nb1iX4wTZyU. Acesso em: 10 ago. 2022.

PITANGUY, Jacqueline. A carta das mulheres brasileiras aos constituintes: memórias para o futuro. *In*: HOLLANDA, Heloísa B. (Org.). *Pensamento feminista brasileiro*: formação e contexto. Rio de Janeiro: Bazar do Tempo, 2019. p. 81-96.

SEVERI, Fabiana Cristina. O gênero da justiça e a problemática da efetivação dos direitos humanos das mulheres. *Direito e Práxis*, v. 7, n. 13, p. 80-115, 2016. Disponível em: https://www.redalyc.org/articulo.oa?id=350944882004. Acesso em: 10 ago. 2022.

TRIVELINO, Alexandra de S. *Ação afirmativa e política social*: focalização como instrumento de justiça social. Dissertação (Mestrado) – Programa de Pós-Graduação em Serviço Social – SER, Universidade de Brasília – UnB, Brasília, 2006. 131 p. Disponível em: https://repositorio.unb.br/handle/10482/8178. Acesso em: 29 jul. 2022.

Informação bibliográfica deste texto, conforme a NBR 6023:2018 da Associação Brasileira de Normas Técnicas (ABNT):

BRAGA, Brenda Araújo Di Iorio. Liderança, sub-representatividade feminina e carreiras jurídicas: o impacto das ações afirmativas para a concretização da igualdade material. *In*: MENDES, Denise Pinheiro Santos; MENDES, Giussepp; BACELAR, Jeferson Antonio Fernandes (Coords.). *Magníficas mulheres*: lutando e conquistando direitos. Belo Horizonte: Fórum, 2023. p. 97-109. ISBN 978-65-5518-488-4.

DA PARTICIPAÇÃO E REPRESENTATIVIDADE FEMININA NA POLÍTICA BRASILEIRA E A FRAUDE À COTA DE GÊNERO

CARINA CÁTIA BASTOS DE SENNA

Introdução

O presente trabalho tem por escopo analisar as supostas fraudes no percentual de gênero exigido pela legislação eleitoral brasileira e, por conseguinte, violação ao direito à igualdade das mulheres no âmbito da política.

Em uma sociedade na qual a Constituição é a Carta Maior, a República compreende a forma de governo e a democracia representa um valor fundamental que deveria ser observado de maneira incondicional, o processo eleitoral ganha relevo e merece ser estudado, não apenas para melhor compreendê-lo, mas também para apontar eventuais distorções.

A legislação eleitoral brasileira – compreendida como um conjunto de regras e princípios –, tendo sua base primeira na Constituição Federal de 1988 e complementada por normas jurídicas infraconstitucionais, busca corrigir a histórica distinção entre o papel do homem e da mulher na sociedade. E, para tanto, a Lei nº 9.504/1997 instituiu o percentual de gênero ou, comumente conhecido, "cota de gênero", para tornar mais equânime a posição entre homens e mulheres no âmbito político-eleitoral.

Conforme será demonstrado ao longo deste trabalho, a obrigatoriedade do atendimento dos percentuais mínimo e máximo para candidaturas de cada sexo não tem sido observada de forma efetiva apenas em âmbito formal, não cumprindo, assim, o real intuito da norma, que é estimular e tornar constante a participação das mulheres no cenário político. Ao revés, o que se tem constatado são violações a princípios basilares da Constituição, a exemplo da cidadania, do pluralismo político e da igualdade – todos plasmados na Carta Maior de 1988.

Desenvolvimento

Os direitos políticos foram postos à tentativa de garantir as condições de igualdade entre homens e mulheres há menos de 100 anos, visto que o primeiro passo – o da conquista do direito ao voto – lhes foi dado em 1932. Há menos de 30 anos, apenas em 1995, foi realizada a inserção das cotas eleitorais de gênero (para o contexto das eleições de 1996), sendo definitivamente inserido somente na Lei nº 9.504/97.

A Constituição Federal de 1988 estabelece logo no primeiro artigo vários princípios estruturantes da república brasileira, a saber: soberania, cidadania, dignidade da pessoa humana, valores sociais do trabalho e da livre iniciativa e o pluralismo político.

A colocação de princípios fundamentais no início da Constituição expressa o objetivo de permitir ao intérprete fazer uma leitura adequada do texto constitucional de acordo com os objetivos e fundamentos do Estado brasileiro (MORAES, 2002).

Observa-se, na Constituição Federal brasileira de 1988, a presença do termo "pluralismo" logo em seu preâmbulo, ratificando um Estado democrático que garante os direitos sociais e individuais, a liberdade, a segurança, o bem-estar, o desenvolvimento, a igualdade e a justiça como valores supremos de uma sociedade fraterna, pluralista e sem preconceitos, eliminando qualquer discriminação, seja étnica, sexual, econômica, filosófica, política ou religiosa. Fica claro, portanto, que a "ideia de pluralismo encontra-se enraizada aos conceitos de Estado Democrático de Direito e Democracia" (NASPOLINI, 2008).

A cota de gênero – trazida pelo §3º do art. 10 da Lei nº 9.504/1997 – é uma tentativa de realizar uma ação afirmativa para dirimir a hegemonia estrutural masculina na política, visto que estabelece um mínimo e um máximo a ser cumprido pelo partido ou coligação, quando do registro de candidatos e candidatas. É o dispositivo citado:

> Art. 10. Cada partido ou coligação poderá registrar candidatos para a Câmara dos Deputados, a Câmara Legislativa, as Assembleias Legislativas e as Câmaras Municipais no total de até 150% (cento e cinquenta por cento) do número de lugares a preencher, salvo: (Redação dada pela Lei nº 13.165, de 2015) [...]
> §3º Do número de vagas resultante das regras previstas neste artigo, cada partido ou coligação preencherá o mínimo de 30% (trinta por cento) e o máximo de 70% (setenta por cento) para candidaturas de cada sexo. (Redação dada pela Lei nº 12.034, de 2009)

Assim, essas ações afirmativas são medidas específicas que tendem à promoção da igualdade de fato, que derivam da consciência de que o combate da discriminação direta, sozinho, não é capaz de mudar a realidade, tendo em vista a persistência de efeitos discriminatórios de medidas neutras em face da desigualdade existente (RIOS, 2008).

Contudo, não basta somente garantir o número de vagas, haja vista que é necessário que seja conferido às candidaturas as devidas condições para que a disputa no pleito seja equitativamente realizada. Somente cumprir o disposto na legislação não é o bastante. Mais grave ainda é nem cumprir com o mínimo legal.

Nesse sentido, ressalte-se que o conceito de garantir oportunidades para ocupação de espaços de poder às mulheres, ou seja, garantir o empoderamento material destas, é um instrumento de emancipação política e social, não se propondo a simplesmente criar relações paternalistas, assistencialistas ou de dependências entre os indivíduos (BERTH, 2018).

Em uma sociedade desigual, pautada por espaços de poder perpetuados, há experiências diferenciadas associadas à posição ocupada por cada uma das pessoas que a compõe, e, assim, "todas possuem uma 'perspectiva social' única (fruto de suas experiências), interesses (que podem ser representados) e perspectivas (que podem ser representadas por outro)" (AVELAR; RANGEL, 2017).

Dificilmente candidatos masculinos terão vivenciado as mesmas experiências que as candidatas femininas, primeiro porque são indivíduos com histórias distintas, segundo porque estão socialmente e institucionalmente em posições estabelecidas como distintas, o que implica diretamente a recepção de sua vivência.

A preocupação legislativa em inserir mais mulheres na política se dá pela capacidade que as candidatas eleitas possuem de transformar e incorporar temas relacionados às suas necessidades, direitos e interesses, geralmente não contemplados por legisladores ou gestores públicos do gênero oposto.

Nesse sentido, como a perspectiva dos grupos dominantes é considerada uma não perspectiva, eis que é tomada como universal, torna-se necessário incluir grupos subalternos em espaços de deliberação (YOUNG, 2006).

A discriminação sexual pode se manifestar pela ausência de medidas destinadas a promover seu progresso social, pela permanência de padrões culturais que naturalizam funções sobre as quais elas não possuem poder para determinar seus limites e sentidos, daí que as concepções de igualdade que legitimam a adoção de ações afirmativas encontram fundamento na dimensão política da igualdade porque permitem a participação dos indivíduos nos processos decisórios, realizando o princípio de que o poder deve ser exercido coletivamente entre pessoas que se enxergam como pessoas igualmente competentes (MOREIRA, 2020).

Assim, cumprir com o disposto na legislação – ou seja, que cada partido ou coligação preencha o mínimo de 30% (trinta por cento) e o máximo de 70% (setenta por cento) para candidaturas de cada sexo – se torna apenas o primeiro passo em busca da igualdade material nos espaços de decisão, e por isso é tão necessário.

Dessa forma, a *ratio essendi* da norma em comento não é apenas uma obrigação a ser cumprida pelo partido, eis que "desarrazoado considerar que uma simples obrigação formal, desprovida de qualquer conteúdo valorativo e real, é o bastante para se ver satisfeita aquela aspiração legal" (TSE, 2017).

Como forma de evitar que os partidos políticos busquem apenas formalmente lançar mulheres como candidatas a cargos eletivos, sem respaldar suas candidaturas, e considerando que a falta de recursos financeiros foi uma das razões identificadas para a pouca efetividade das cotas de gênero, o Superior Tribunal Federal julgou procedente uma ação direta de inconstitucionalidade (ADI nº 5.617/DF) em março de 2018 e decidiu que a porcentagem de 30% (trinta por cento) destinada ao registro das candidaturas femininas também se aplica ao mínimo de recursos do Fundo Partidário e deverá ser destinado às candidatas tanto nas eleições majoritárias quanto nas proporcionais:

> AÇÃO DIRETA DE INCONSTITUCIONALIDADE. DIREITO CONSTITUCIONAL E ELEITORAL. ART. 9º DA LEI 13.165/2015. FIXAÇÃO DE PISO (5%) E DE TETO (15%) DO MONTANTE DO FUNDO PARTIDÁRIO DESTINADO AO FINANCIAMENTO DAS CAMPANHAS ELEITORAIS PARA A APLICAÇÃO NAS CAMPANHAS DE CANDIDATAS. PRELIMINAR DE IMPOSSIBILIDADE JURÍDICA DO PEDIDO. REJEIÇÃO. INCONSTITUCIONALIDADE. OFENSA À IGUALDADE E À NÃO-DISCRIMINAÇÃO. PROCEDÊNCIA DA AÇÃO. 1. O Supremo Tribunal Federal, ao examinar as alegações de inconstitucionalidade de norma, deve fixar a interpretação que constitucionalmente a densifique, a fim de fazer incidir o conteúdo normativo

cuja efetividade independe de ato do Poder Legislativo. Precedentes. 2. O princípio da igualdade material é prestigiado por ações afirmativas. No entanto, utilizar, para qualquer outro fim, a diferença estabelecida com o objetivo de superar a discriminação ofende o mesmo princípio da igualdade, que veda tratamento discriminatório fundado em circunstâncias que estão fora do controle das pessoas, como a raça, o sexo, a cor da pele ou qualquer outra diferenciação arbitrariamente considerada. Precedente do CEDAW. 3. A autonomia partidária não consagra regra que exima o partido do respeito incondicional aos direitos fundamentais, pois é precisamente na artificiosa segmentação entre o público e o privado que reside a principal forma de discriminação das mulheres. 4. Ação direta julgada procedente para: (i) declarar a inconstitucionalidade da expressão "três" contida no art. 9º da Lei 13.165/2015; *(ii) dar interpretação conforme à Constituição ao art. 9º da Lei 13.165/2015 de modo a (a) equiparar o patamar legal mínimo de candidaturas femininas (hoje o do art. 10, §3º, da Lei 9.504/1997, isto é, ao menos 30% de cidadãs), ao mínimo de recursos do Fundo Partidário a lhes serem destinados, que deve ser interpretado como também de 30% do montante do fundo alocado a cada partido, para eleições majoritárias e proporcionais*, e (b) fixar que, havendo percentual mais elevado de candidaturas femininas, o mínimo de recursos globais do partido destinados a campanhas lhes seja alocado na mesma proporção; (iii) declarar a inconstitucionalidade, por arrastamento, do §5º-A e do §7º do art. 44 da Lei 9.096/95. (STF, 2018) (Grifos nossos)

É nesse sentido que a Justiça Eleitoral busca garantir uma efetiva participação feminina, com *condições* reais para a disputa, a fim de evitar que os partidos políticos lancem candidaturas femininas apenas com o objetivo de cumprir formalmente o dispositivo legal, mas que atuem, efetivamente, para que as mulheres tenham reais chances de sucesso no pleito eleitoral, com a correta distribuição de valores e tempo de propaganda eleitoral no rádio e na televisão. Isso porque, na medida em que o Poder Judiciário atuar com rigidez, a tendência é que a finalidade da lei seja atingida.

Ademais, o Conselho Nacional de Justiça (CNJ) editou o Protocolo para Julgamento com Perspectiva de Gênero 2021, como um instrumento para alcançar a igualdade de gênero nos diversos âmbitos da Justiça, de modo que o exercício da função jurisdicional se dê de forma a concretizar um papel de não perpetuação de diferenças, constituindo-se um espaço de rompimento com culturas de discriminação e de preconceitos.

Tal protocolo assevera que deve a magistrada ou o magistrado eleitoral adotar postura ativa e sensível à realidade para afastar subterfúgios, como candidaturas fictícias, tratando nesse intuito de tópicos como: a distribuição do tempo de propaganda e a distribuição de recursos financeiros eleitorais.

Em suma, a referida recomendação do CNJ tem como escopo "Afastar do ambiente democrático práticas que obstam a inserção feminina igualmente mostra-se prioritário, sendo o emprego de políticas afirmativas indispensável a tal fim" (CONSELHO NACIONAL DE JUSTIÇA, 2021).

Uma das questões que tem gerado mais polêmica atualmente diz respeito às candidaturas femininas fraudulentas ou fictícias ("candidaturas laranjas"), que têm por escopo apenas levar o partido político a cumprir formalmente a cota de gênero, com registro de candidaturas femininas apenas formalmente existentes.

Por candidaturas fictícias ou "candidaturas laranjas" se entende uma candidatura de fachada. Isso significa dizer que uma candidata participa das eleições, sem a verdadeira intenção ou possibilidade de se eleger, mas para servir a outros interesses, como exemplo, fazer a grei cumprir a cota de gênero.

A partir do julgamento do RESPE nº 0000001-49.2013.6.18.0024, o e. Tribunal Superior Eleitoral passou a interpretar o termo "fraude", contido no art. 14, §10, da CF/88, de forma ampla, englobando *todas as situações de fraude que possam afetar a normalidade das eleições e a legitimidade do mandato* (TSE, 2015, p. 25-26).

Assim, analisam-se os dois pontos do conceito da fraude: (1) que afete a normalidade das eleições; e (2) que afete a legitimidade do mandato.

Entende-se por "normalidade das eleições" o impedimento de fraudes e tumultos que dizem respeito à segurança do voto, e que, ao fim e ao cabo, acabam por resvalar na legitimidade do pleito, que é um conceito mais abrangente (VARGAS, 2009).

A legitimidade do pleito – que impacta diretamente na legitimidade do mandato – visa impedir que o processo eleitoral seja comprometido por atos que atinjam diretamente a verdade *material*, não mais meramente formal, das urnas.

O Tribunal Superior Eleitoral, em *leading case* – REsp nº 193-92/PI, julgado em 17.9.2019, sob relatoria do Ministro Jorge Mussi, firmou o entendimento de que determinadas circunstâncias permitem identificar a fraude na cota de gênero, entre elas: candidatas do gênero feminino que obtiveram votação ínfima ou zerada; inexistência de abandono formal das candidaturas e/ou de explicação plausível para justificar o afastamento; apresentação de prestação de contas com indícios de falsidade inclusive com elevada similaridade entre as contas das candidatas tidas como "laranjas"; ausência de comprovação de participação efetiva das candidatas na conquista de votos do eleitorado.

Nesse sentido, segue a transcrição da ementa do julgado:

ELEIÇÕES 2016. AGRAVO INTERNO EM RECURSO ESPECIAL. AIME. COLIGAÇÃO. REGISTRO DE CANDIDATURAS FICTÍCIAS PARA PREENCHIMENTO DAS COTAS DE GÊNERO. FRAUDE CONFIGURADA. CONJUNTO PROBATÓRIO ANALISADO PELO TRIBUNAL REGIONAL. REEXAME. REITERAÇÃO LITERAL. FUNDAMENTO NÃO AFASTADO. DISSÍDIO JURISPRUDENCIAL. MERA TRANSCRIÇÃO DE EMENTA. COMPROVAÇÃO. ADOÇÃO DAS BALIZAS DO LEADING CASE (RESPE Nº 193–92/PI). INCIDÊNCIA DOS ENUNCIADOS SUMULARES NºS 24, 26, 28 E 30 DO TSE. NÃO PROVIDO O AGRAVO INTERNO. 1. Na hipótese, o TRE/PI concluiu pela existência de provas robustas configuradoras da fraude à cota de gênero prevista no art. 10, §3º, da Lei nº 9.504/1997, a saber: (a) viabilização das candidaturas femininas em reunião restrita entre os representantes dos partidos coligados dias após a ocorrência das convenções partidárias, nas quais somente foram escolhidos candidatos do sexo masculino; (b) semelhança entre as prestações de contas das candidatas femininas, nas quais *não se registrou gasto algum com material ou serviço de campanha;* (c) *inexistência de propaganda eleitoral por parte das candidatas do sexo feminino;* (d) *ausência de participação efetiva das candidatas em prol de suas candidaturas;* (e) *votação zerada e/ou inexpressiva (0, 1 e 3 votos);* (f) depoimentos de testemunhas do círculo pessoal das candidatas que afirmaram não terem tido conhecimento das referidas candidaturas, não terem presenciado atos de campanha nem recebido pedido de votos, não terem observado a existência de materiais publicitários na casa das candidatas fictícias, bem como terem presenciado as supostas candidatas fazendo campanha para outros candidatos a vereador da mesma chapa. 2. As *premissas utilizadas pelo acórdão regional para assentar a fraude ao disposto no art. 10, §3º, da Lei nº 9.504/1997 são similares* àquelas *fixadas no leading case analisado no julgamento do REspe nº 193–92/PI, as quais foram reafirmadas no julgamento do REspe nº 0000008–51/RS, ocorrido em 4.8.2020.*3. Para alterar as conclusões do acórdão regional seria necessária nova incursão no acervo probatório dos autos do processo eletrônico, o que é inadmissível, nos termos do Enunciado nº 24 da Súmula do TSE. Precedentes. 4. A mera transcrição de ementas não comprova o dissídio jurisprudencial. Precedente. 5. Negado provimento ao agravo interno. (TSE, 2020) (Grifos nossos)

Mais recentemente, no julgamento do AgR-REspe nº 0600651-94/BA, Rel. Min. Sérgio Banhos, em sessão de 10.5.2022, o Tribunal Superior Eleitoral, revisando o tema, deu provimento ao recurso para restabelecer a sentença, por maioria de votos, e entendeu suficiente a moldura fática descrita no acórdão regional para a demonstração da fraude à cota de gênero, a partir da divergência inaugurada pelo Min. Alexandre de Moraes, considerada a presença de 3 (três) circunstâncias incontroversas: (i) obtenção de votação zerada das candidatas; (ii) prestação de contas com idêntica movimentação financeira; e (iii) ausência de atos efetivos de campanha (TSE, 2022).

Dir-se-á, talvez, que o princípio da soberania popular prevalece em toda e qualquer situação, porque em uma democracia o voto é a principal arma do eleitor.

No entanto, a soberania popular somente é exercida de forma legítima quando não há, no processo eleitoral, abusos, de natureza econômica ou política, ou fraude. Verificada uma dessas irregularidades, ao fim e ao cabo, a soberania popular estará viciada, pois a vontade do povo estará sendo utilizada para legitimar o comportamento abusivo ou fraudulento de algum representante invalidamente eleito.

Dir-se-á, ainda, que o partido político não teria tido intenção de burlar a cota de gênero, no caso concreto, e que possivelmente estaria de boa-fé. Todavia, a política pública de cotas ora analisada visa corrigir desigualdades históricas e estruturais, assim, o critério a ser adotado é unicamente objetivo.

A necessidade que se faz aqui – do respeito às ações afirmativas, tal qual ao da cota de gênero nas eleições, enquanto tarefa concreta de alteração da realidade fática desigual e discriminatória – está diretamente ligada ao enfrentamento, além das intenções, dos efeitos de medidas neutras, mesmo que bem-intencionadas, mas que perpetuam a desigualdade, dada a perenidade do preconceito e da discriminação (RIOS, 2008).

Não há como afastar a configuração de fraude, tendo em vista que as agremiações, para efeito de observância da regra da cota de gênero em registro de candidatura, podem optar por reduzir a quantidade de candidaturas masculinas para se adequar à regra eleitoral, mas preferem a burla e a fraude à legislação e à Justiça Eleitoral por meio da utilização de candidaturas fictícias femininas para serem admitidas na disputa.

Desse modo, conforme entendimento do e. TSE, nos casos de procedência de ação de impugnação de mandato eletivo manejada com base em alegação de fraude no Demonstrativo de Regularidade de Atos Partidários (DRAP) "a consequência será não apenas a cassação dos mandatos dos candidatos eleitos, mas também a anulação do DRAP desde sua origem, e, por conseguinte, dos registros de candidatura de todos os candidatos que compuseram o DRAP" (TSE, 2017).

Consequentemente, impõe-se "a redistribuição dos mandatos aos demais partidos ou coligações que alcançaram o quociente partidário, conforme estabelece o art. 109 do Código Eleitoral" (TRE/RS, 2018).

Conclusão

O principal objetivo deste trabalho era analisar a participação e representatividade feminina na política brasileira e fraude relacionada ao percentual de gênero estabelecido pela legislação eleitoral do Brasil, conhecida como candidatura laranja.

A partir de uma análise histórica da participação e representatividade feminina na política brasileira, pretendeu-se demonstrar no que a legislação brasileira vem progredindo gradualmente nesse quesito, a partir da conquista do voto feminino ocorrida em 1932.

A Constituição Federal de 1988 trouxe em seu texto princípios norteadores, como a igualdade, o pluralismo político e a cidadania, que serviram de base para importantes inovações legais e jurisprudenciais quanto à problemática da sub-representação feminina na política. Com destaque para a Lei nº 9.504/1997, conhecida como "Lei de Cotas", que instituiu o percentual de gênero mínimo que se deve cumprir nas candidaturas. Essa lei revelou o intuito dos legisladores em dar mais espaço para as mulheres no cenário eleitoral, porém tal finalidade vem sendo burlada.

Através de candidaturas fictas ou laranjas, o percentual de gênero exigido é cumprido formalmente no registro da coligação e/ou partido, entretanto essas candidatas não estão no pleito com condições e/ou interesse de representar a classe feminina na política brasileira. A Lei de Cotas de gênero, por si só, não conseguiu alterar o quadro da discrepância de participação política entre os sexos.

Observamos que o Tribunal Superior Eleitoral e os Tribunais Regionais Eleitorais vêm inovando em sua jurisprudência, demonstrando o crescente interesse do Judiciário em ampliar e fortalecer a participação feminina na política, em passo de igualdade com a posição ocupada há anos pelos homens, admitindo o questionamento da fraude em sede de ação de impugnação de mandato eletivo (AIME) e ação de investigação judicial eleitoral (AIJE), estabelecendo os requisitos para caracterização da "candidatura laranja" e aplicando sanções aos partidos políticos que praticam a fraude.

Garantir uma maior representação feminina no quadro político-eleitoral é condição *sine qua non* para o aperfeiçoamento da democracia brasileira.

Referências

AVELAR, Lúcia; RANGEL, Patrícia. Como as mulheres se representam na política? Os casos de Argentina e Brasil. *In*: BLAY, Eva Alterman; AVELAR, Lúcia (Org.). *50 anos de feminismo*: Argentina, Brasil e Chile. São Paulo: EdUsp, 2017.

BERTH, Joice. *O que é empoderamento?* Belo Horizonte: Letramento, 2018.

BRASIL. SUPREMO TRIBUNAL FEDERAL. Tribunal Pleno. *Ação Direta de Inconstitucionalidade 561-7*. Relator: Min. Edson Fachin. *Diário de Justiça Eletrônico*, Brasília, 3 out. 2018.

BRASIL. TRIBUNAL REGIONAL ELEITORAL – TRE/RS. Recurso Eleitoral nº 1-62.2017.6.21.0012. Acórdão nº 33172 de 02/05/2018. Relator(a) Eleitoral Silvio Ronaldo Santos de Moraes. *Diário da Justiça Eletrônico do TRE/RS*, Porto Alegre, 9 maio 2018.

BRASIL. TRIBUNAL SUPERIOR ELEITORAL – TSE. Agravo em Recurso Especial nº 060065194. Relator(a) Min. Sergio Silveira Banhos, Relator(a) designado(a) Min. Alexandre de Moraes. *Diário de Justiça eletrônico*, Brasília, 30 jun. 2022.

BRASIL. TRIBUNAL SUPERIOR ELEITORAL – TSE. Recurso Eleitoral nº 114. Acórdão nº 53583 de 06/11/2017. Relator(a) Luiz Taro Oyama, Revisor(a) Pedro Luís Sanson Corat. *Diário da Justiça eletrônico*, Brasília, 9 nov. 2017.

BRASIL. TRIBUNAL SUPERIOR ELEITORAL – TSE. Recurso Especial Eleitoral nº 060056286. Relator(a) Min. Og Fernandes. *Diário da Justiça eletrônico*, Brasília, 22 set. 2020.

BRASIL. TRIBUNAL SUPERIOR ELEITORAL – TSE. Recurso Especial nº 00000014920136180024. Relator: Min. Henrique Neves da Silva. *Diário de Justiça eletrônico*, Brasília, p. 25-26, 21 out. 2015.

BRASIL. TRIBUNAL SUPERIOR ELEITORAL – TSE. Recurso nº 37054, Acórdão de 01.08.2017. Relatora Des. Claudia Lúcia Fonseca Fanucchi. *Diário da Justiça eletrônico*, Brasília, 8 ago. 2017.

CONSELHO NACIONAL DE JUSTIÇA (Brasil). *Protocolo para Julgamento com Perspectiva de Gênero 2021*. Grupo de Trabalho instituído pela Portaria CNJ n. 27, de 2 de fevereiro de 2021. Brasília, DF: Conselho Nacional de Justiça, 2021. Disponível em: https://www.cnj.jus.br/wp-content/uploads/2021/10/protocolo-18-10-2021-final.pdf. Acesso em: 23 maio 2022.

MORAIS, Alexandre de. *Direito constitucional*. 16. ed. São Paulo: Atlas, 2002.

MOREIRA, Adilson José. *Tratado de direito antidiscriminatório*. São Paulo: Contracorrente, 2020.

NASPOLINI, Samuel Dal-Farra. *Pluralismo político*. 1. ed. Curitiba: Juruá, 2008.

RIOS, Roger Raupp. *Direito da antidiscriminação*: discriminação direta, indireta e ações afirmativas. Porto Alegre: Livraria do Advogado, 2008.

VARGAS, Alexis. *Princípios constitucionais de direito eleitoral*. 2009. Tese (Doutorado em Direito) – Pontifícia Universidade Católica de São Paulo – PUC-SP, São Paulo, 2009.

YOUNG, Iris Marion. Representação política, identidade e minorias. *Revista Lua Nova*, São Paulo, n. 67, p. 139-190. 2006. Disponível em: https://www.scielo.br/j/ln/a/346M4vFfVzg6JFk8VZnWVvC/?format=pdf&lang=pt. Acesso em: 23 maio 2022.

Informação bibliográfica deste texto, conforme a NBR 6023:2018 da Associação Brasileira de Normas Técnicas (ABNT):

SENNA, Carina Cátia Bastos de. Da participação e representatividade feminina na política brasileira e a fraude à cota de gênero. *In*: MENDES, Denise Pinheiro Santos; MENDES, Giussepp; BACELAR, Jeferson Antonio Fernandes (Coords.). *Magníficas mulheres*: lutando e conquistando direitos. Belo Horizonte: Fórum, 2023. p. 111-118. ISBN 978-65-5518-488-4.

A DUALIDADE ENTRE PÚBLICO E PRIVADO NA PARTICIPAÇÃO FEMININA NA POLÍTICA: A FALTA DE NEUTRALIDADE DAS INSTITUIÇÕES POLÍTICAS

CAROLINA AMARAL VENUTO

As definições convencionalmente fixadas para público e privado, na prática, servem para impor a perspectiva dominante masculina e reverberam em todas as dimensões da ação política, como nas normas, nos valores e nas instituições.

As inciativas para a alteração desse cenário e a gradual conquista de direitos políticos e trabalhistas formalmente iguais para as mulheres, no entanto, não foram, ainda, suficientes para acabar com as injustiças e desigualdades de gênero. Mesmo com a formalidade de leis neutras, os costumes e hábitos enraizados no corpo social dificultam a sua expressão concreta e distanciam a concretude de um sistema democrático verdadeiramente representativo.

A democracia, fundada na soberania popular e na separação e desconcentração de poderes, é considerada o regime político que melhor protege e promove os direitos humanos. Nascida nas antigas repúblicas grega e romana, onde se manifestava pela forma direta, a democracia surgiu no século XVIII sob a forma indireta ou representativa em decorrência da complexidade das sociedades modernas, como as dimensões territoriais dos estados que não possibilitavam o exercício do regime em sua forma direta (GROSSELI; MAZZAROBA, 2011).

Uma vez eleito o representante, ele deixaria de ser representante apenas daqueles que o elegeram para ser representante de toda a nação, não estando vinculado a nenhum mandato. No entanto, numa sociedade composta por grupos diferentes e autônomos que lutam pela sua supremacia, por fazer vencer seus interesses sobre os demais, a representação política muitas vezes é desconsiderada em favor da representação de interesses particulares. A própria disciplina partidária nada mais é do que uma violação aberta à proibição de mandatos imperativos. Um representante, que depende do apoio do partido para se reeleger, se votar de forma diferente da orientação partidária corre o risco de sofrer reprovação pública ou até mesmo sanções (BOBBIO, 1986).

O pluripartidarismo adotado pela Carta Constitucional brasileira permite a livre criação, fusão, incorporação e extinção dos partidos políticos, desde que sejam resguardados os princípios da soberania nacional, o regime democrático, o pluripartidarismo e os direitos fundamentais da pessoa humana. No art. 17 da CF/88, ainda, a autonomia partidária assegura o direito aos partidos políticos de definir a sua estrutura interna, sua organização e seu funcionamento.

Diante disso, os partidos políticos são os principais atores na relação política entre o indivíduo e o governante, no entanto, não está assegurada a efetiva representatividade do corpo social como um todo em relação às decisões políticas.

Também é importante colocar no centro da compreensão da representatividade a noção de poder: recurso econômico, cultural, político, religioso ou qualquer outro necessário para a realização de qualquer objetivo político. Surge, assim, uma relação de dominação dos detentores desses recursos para perpetuar a consagração de seus interesses.

Por mais longe que se remonte na história da humanidade, a mulher, em sua maioria, sempre ocupou posição de inferioridade em relação ao homem. Tentando estabelecer algum paralelo com outros casos em que uma categoria dominou totalmente a outra, Simone de Beauvoir afasta as principais hipóteses para o caso das mulheres. Em seus dizeres, ela coloca que: muitas vezes a desigualdade numérica é que confere esse privilégio, mas as mulheres não são, como os negros nos Estados Unidos ou os judeus, uma minoria; há tantos homens quanto mulheres na Terra. Também acontece de um evento histórico subordinar o mais fraco ao mais forte, mas as mulheres não passaram, como os colonizados ou os proletariados, por um evento específico que as relegasse ao patamar de inferioridade ou que as constituísse como uma coletividade em separado (BEAUVOIR, 1949).

Diferentemente de outras categorias dominadas, as mulheres – num modo geral – dificilmente buscam a alteração dessa posição de subalternidade, como o proletariado e os negros fizeram em muitos países no mundo, realizando verdadeiras revoluções. As ações femininas não costumam ser fortes o suficiente, na maioria das vezes, inclusive, encontram resistência até mesmo das próprias mulheres. Por esse motivo, mobilizações no corpo social dificilmente surtem efeito no corpo político, pois não corroboram a manutenção e fixação das esferas decisórias que hoje são constituídas por homens.

Isto pode ser explicado pelo fato de as mulheres não possuírem os meios concretos de se reunir numa unidade capaz de se opor. Não possuem identidade de trabalho ou interesses como os proletários, nem identidade espacial como os negros e os judeus. As mulheres vivem dispersas por todo o mundo, ligadas mais estreitamente aos homens, seja pelo habitat, pelo trabalho, pelos interesses econômicos e afetivos ou pela condição social, do que a outras mulheres (BEAUVOIR, 1949).

A desigualdade sexual é um problema de dominação, ou seja, de distribuição desigual do poder entre homens e mulheres e, consequentemente, de distribuição de benefícios. O patriarcado é responsável por valorizar positivamente a sexualidade masculina, tornando-a fonte e justificação do poder dos homens sobre as mulheres nas várias instituições sociais, políticas, econômicas e, sobretudo, na família. Nesse sentido, não basta igual oportunidade de buscar papéis previamente definidos por homens, mas de criar os papéis que homens e mulheres possam preencher (KRITSCH, 2012).

Esse patriarcado não é fruto da sorte ou de uma revolução significativa. Desde os primórdios, o privilégio biológico permitiu aos homens se firmarem sozinhos como sujeitos soberanos. Superado o período anterior à agricultura, com relação ao qual não se tem muito registro sobre a situação que a mulher ocupava, foi com a fixação dos nômades ao solo e com o desenvolvimento da agricultura que surgem as instituições e o direito e, com eles, a diferenciação sexual passa a refletir de maneira mais singular na coletividade. Enquanto a propriedade onde a agricultura desenvolvida é de natureza coletiva, a mulher e seu poder de procriação possuem significativo prestígio, posto que a criança tem elevado valor para os trabalhos na terra. Ainda que com o advento do bronze e do ferro seja possível desenvolver ferramentas que maximizam o trabalho sobre a terra e, também, o desequilíbrio das forças, as intemperes do solo são ligadas à mulher e, pelo terror, chegam a lhes render o culto, ainda que não por opção própria. Mas isso não bastou. O homem quis esgotar as possibilidades que as novas ferramentas lhe conferiam e a mão de obra servil reduziu o seu semelhante à condição de escravo, com isso, a mulher perde o seu valor econômico na coletividade. Inclusive, a própria coletividade já não é mais vantajosa, surgindo, assim, a propriedade privada e, como desdobramento, o homem reivindica também a propriedade da mulher. É à propriedade privada que o destino das mulheres fica ligado nos séculos que se sucedem, muitas vezes, confundindo-se à história da herança. A religião e a família, no afã de manterem intacta a propriedade privada, em muito corroboram para manter a mulher na posição subalterna em que historicamente foi colocada (BEAUVOIR, 1949).

No Egito antigo, a condição da mulher foi mais favorecida, no entanto, Beauvoir esclarece que:

> Essa sorte singular nada tem de causal: provém do fato de que no Egito antigo o solo pertencia ao rei e às castas superiores dos sacerdotes e dos guerreiros; para os particulares, a propriedade territorial consistia apenas no usufruto; o fundo permanecia inalienável, os bens transmitidos por herança tinham pouco valor e não se via qualquer inconveniente em partilhá-los. Em virtude da ausência do patrimônio privado, a mulher conservava a dignidade de uma pessoa. (BEAUVOIR, 1949)

As grandes invasões bárbaras impõem o predomínio da força bruta, colocando a mulher numa situação de total impotência. Com o fim das convulsões da Idade Média, o feudalismo realiza uma confusão entre soberania e propriedade, entre direito público e privado, mas o domínio do feudo ainda pressupõe a capacidade de defendê-lo. Quando os feudos se tornam hereditários, a religião e a família ainda confluem para manter a subalternidade da mulher e o mesmo se repete, como continuidade, quando a burguesia se constitui. É essa a regra que se segue do século XV ao XIX, com ressalva do Renascimento italiano, em que as classes privilegiadas conseguem fazer desabrochar importantes personalidades, sem distinção de sexo. Com a revolução burguesa, a sociedade aristocrática é transformada em capitalista, dominada pela produção mercantil liberal, e reclama uma organização rigorosamente hierarquizada. A liberdade de espírito herdada do século XVIII não fere a moral familiar, célula indissolúvel que será o microcosmo da sociedade. Com os socialismos utópicos nasce a utopia da mulher livre, pois a associação universal exige a supressão de toda escravidão, seja do operário, seja da mulher. Dessa teoria, no entanto, também se desenvolve a identificação na mulher de atributos como a feminilidade, a intuição e o sentimento, no lugar da razão, que contribuem para o seu consequente descrédito. A Revolução Industrial e o desenvolvimento do maquinário põem por terra o argumento da força física entre os trabalhadores e a participação ativa da mulher na produção passa a ser necessária. O socialismo científico promete às mulheres a sua libertação, junto com a do proletariado (BEAUVOIR, 1949).

Nesse mesmo sentido, o liberalismo, fundado em ideais que pretendem ser de liberdade individual e de igualdade, confere às mulheres racionalidade inferior e prevalência de atributos femininos que a tornam inapta para a vida pública, em decorrência disso, elas alienam seus direitos aos homens com a justificativa de que estes garantam a sua sobrevivência e a de seu filho, seja por um pacto tácito, seja por um contrato nupcial, seja por acreditar que tais diferenças são intrínsecas aos dois sexos (MIGUEL, 2012).

À mulher, no decorrer do tempo, é reservada a esfera filosoficamente entendida como privada, ou seja, os cuidados da casa e da família, sendo que esta não deve ser de preocupação fundamental do Estado. Ainda que teorias tenham evoluído quanto aos ideais de igualdade e justiça, estes se remetem, apenas, à esfera entendida como pública, como de atuação legítima do Estado, ignorando, por consequência, que o domínio do patriarcado na esfera privada pode se reproduzir nas instituições e no arcabouço legal.

A conquista dos direitos políticos não se deu com facilidade e, na maior parte do mundo, ocorreu apenas na primeira metade do século XX.

Em 1867, Stuart Mill faz a primeira defesa oficial do voto feminino no Parlamento inglês. Seguindo seus passos, as inglesas organizam-se politicamente sob a direção de Mistress Fawcett e as francesas fazem o mesmo sob a direção de Maria Deraismes, iniciando um tímido movimento que foi intitulado de sufragista. Com a proclamação da igualdade dos sexos no congresso socialista de 1878, acreditou-se que com a abolição do capital o destino das mulheres, tal qual o do proletário, estaria resolvido. O foco inicial do feminismo, então, estava nos direitos civis. Em 1892, é feito o primeiro Congresso Feminista, que empresta seu nome ao movimento e a partir daí são aprovadas algumas leis conferindo maior participação da mulher na vida pública, como no Conselho Superior do Trabalho e no Tribunal do Comércio. Em 1901, René Viviani apresenta a questão do voto feminino no Parlamento francês e, em 1909, é fundada a União Francesa pelo Sufrágio das Mulheres, cuja animadora é Madame Brunschwing. Alguns projetos de lei são apresentados objetivando, sem sucesso, conceder o direito de voto às mulheres (BEAUVOIR, 1949).

Na Inglaterra, após a fundamental participação da mulher na Primeira Guerra Mundial, em 1918 é conferido o direito ao voto às mulheres. Na França, em 1932, um dos projetos de lei consegue ser aprovado na Câmara, mas o Senado o rejeita sob argumentos, inicialmente, galanteadores (gostamos demais das mulheres para deixá-las votar), passando pelo argumento de proteção da família (onde as discussões políticas poderiam causar discórdia) e chegando aos argumentos de superioridade masculina e atributos femininos que distanciam a mulher da razão. Apenas em 1945, a francesa conquista os direitos políticos (BEAUVOIR, 1949).

Ao redor do mundo, a conquista dos direitos políticos pelas mulheres foi árdua e alcançada não apenas pelo esforço feminino, mas também pela participação dos homens, o que se pode levar a dizer que, em certa medida, foi concedida nos moldes e na medida em que era do interesse ou necessidade masculinos.

A Nova Zelândia foi o primeiro país no mundo a conceder o direito ao voto à mulher, fazendo-o em 1893. Em 1906, foi a vez da Finlândia, 1907, da Noruega e 1908, da Austrália. As norte-americanas, assim como as francesas e as inglesas, tiveram que percorrer um longo caminho até conquistarem o direito ao voto. As primeiras campanhas pelo voto feminino nos Estados Unidos acompanharam as lutas pela abolição da escravatura em 1830, no entanto, só em 1869 o estado de Wyoming é o primeiro estado americano a conferir direitos políticos à mulher, seguido pelo Colorado, Idaho e Utah em 1896. Em 1913, o movimento sufragista americano toma corpo e forma uma militância capaz de pressionar o Congresso e a Casa Branca, culminando com a aprovação de emenda a favor do voto feminino em 1919. Nos países latinos e orientais, a mulher é oprimida mais pelo rigor dos costumes que pelo rigor das leis. Na Itália, por exemplo, o fascismo, procurando aliança com a Igreja e a família, freou sistematicamente a evolução de qualquer movimento feminista e a mulher só teve direito ao voto em 1945 (BEAUVOIR, 1949).

A brasileira conquistou o direito de votar e ser votada em 24.2.1932, por meio do Decreto presidencial nº 21.076 de Getúlio Vargas. O texto, em seu art. 2º, determinava que "é eleitor o cidadão maior de 21 anos, sem distinção de sexo, alistado na forma deste Código". O mesmo diploma legal, no entanto, ressalvava no art. 121 que "os homens maiores de sessenta anos e as mulheres em qualquer idade podem isentar-se de qualquer obrigação ou serviço de natureza eleitoral".

Em 1934, o sufrágio feminino no Brasil ganhou *status* constitucional, sendo consagrado em seu art. 108 que "são eleitores os brasileiros de um e de outro sexo, maiores de 18 anos, que se alistarem na forma da lei". A prevalência, no entanto, era de que o voto feminino era facultativo, sendo obrigatório para as mulheres quando estas exercessem função pública remunerada, nos termos do art. 109. A Constituição de 1937 repetiu o mandamento anterior e conferiu direito ao voto à mulher, sendo que o Decreto-Lei nº 7.586, de 28.5.1945, que regulamentou o alistamento eleitoral e as eleições pós-ditadura Vargas, excetuou, em seu art. 4º, a obrigatoriedade do voto às mulheres que não exercessem profissão lucrativa.

Com a Constituição de 1946, o voto feminino passa a ser obrigatório, excepcionando-se apenas nas situações genéricas às quais os homens também eram submetidos, como incapacidade civil absoluta e condenação criminal transitada em julgado, nos termos dos arts. 131 a 135. A Constituição de 1967, patrocinada pelos militares, manteve o voto feminino obrigatório e na redemocratização a Constituição de 1988 tornou o processo eleitoral brasileiro mais democrático. Além do voto feminino obrigatório, incluiu como facultativo o voto do analfabeto.

O direito ao voto feminino no Brasil completou 90 anos em 2022. No entanto, em que pesem algumas conquistas formais, embora hoje as mulheres representem a maioria (cerca de 53%) do eleitorado, elas ainda possuem pouca participação nos espaços públicos de poder. Na legislatura de 2019-2022, dos 513 deputados, apenas 77 são mulheres, e dos 81 senadores, elas são apenas 13.

De autoria da então Deputada Marta Suplicy, a primeira proposta de cota eleitoral feminina aprovada no Brasil foi trazida na Lei nº 9.100, de 1995, e tinha abrangência limitada às eleições das câmaras municipais, estabelecendo uma reserva mínima de 20% das candidaturas de cada partido para mulheres. Dois anos depois, a Lei nº 9.504 de 1997 expandiu as cotas de candidatura feminina ao Legislativo das esferas estadual e federal (exceto Senado Federal) e aumentou o percentual mínimo, inicialmente, para 25% e, posteriormente, para 30%. Nessa nova lei, no entanto, os partidos políticos interpretaram como necessária apenas a reserva das vagas, não sendo necessário o preenchimento de fato das candidaturas femininas. Somente doze anos depois, a Lei nº 12.034 de 2009 substituiu o verbo "reservar" por "preencher", obrigando os partidos a apresentarem o mínimo de 30% (e o máximo de 70%) de candidaturas de cada sexo no ato de registro da sua lista de candidatos no Tribunal Superior Eleitoral (parecer da Deputada Soraya Santos à PEC nº 134/2015).

A atuação da bancada feminina no Congresso Nacional vem se fortalecendo a cada nova legislatura, tendo hoje em ambas as Casas estrutura de liderança e direito a voto e fala nos diversos espaços de deliberação legislativa. Esse trabalho conjunto que, na maioria das vezes ultrapassa barreiras ideológicas e partidárias, tem corroborado diversos avanços normativos.

Foi o caso da Lei nº 12.034/09, que determina percentual mínimo de 30% para candidaturas femininas e destinação de no mínimo 30% dos recursos do Fundo Partidário e do Fundo Eleitoral para essas candidaturas, bem como do tempo de propaganda eleitoral gratuita no rádio e na TV.

Ainda, em 2021, a Emenda Constitucional nº 111 determinou a contagem em dobro dos votos dados a mulheres e pessoas negras no cálculo para a distribuição dos recursos dos fundos partidário e eleitoral.

Para além desses exemplos, o Brasil já se debruçou também em algumas propostas legislativas com o objetivo de se definir cota para as eleições de mulheres no Legislativo, mas ainda não conseguiu dar esse passo. Em 2015, durante a votação da PEC nº 182/2007 (reforma política), por exemplo, a bancada feminina apresentou a seguinte emenda:

> Art. 101. Nas eleições para a Câmara dos Deputados, Assembleias Legislativas dos Estados, Câmara Legislativa do Distrito Federal e Câmaras Municipais, para o período de três legislaturas consecutivas, será assegurada a eleição mínima de membros de cada sexo na circunscrição eleitoral respectiva, nos seguintes percentuais, desprezada a fração:
> I - dez por cento na primeira legislatura;
> II - doze por cento na segunda legislatura; e
> III - quinze por cento na terceira legislatura.
> Parágrafo único. Caso os percentuais não sejam atingidos pelo sistema proporcional, aplicar-se-á o princípio majoritário para as vagas remanescentes.

Por se tratar de proposta de emenda à Constituição, precisava de 308 votos para ser aprovada, mas só recebeu 293 votos favoráveis, 101 contrários e 53 abstenções.

Durante a apreciação da matéria, discursaram a favor, essencialmente, a bancada feminina (deputadas Alice Portugal – PCdoB/BA; Carmen Zanotto – PPS/SC; Professora Dorinha – DEM/TO; Soraya Santos – PMDB/RJ; Gorete Pereira – PR/CE; Jandira Feghali – PCdoB/RJ; Flávia Morais – PDT/GO; Benedita da Silva – PT/RJ; Luizianne Lins – PT/CE; Erika Kokay – PT/DF; Janete Capiberibe – PSB/AP; Luciana Santos – PCdoB/PE; Carmem Zanotto – PPS/SC), mas também os deputados José Carlos Aleluia – DEM/BA; Leonardo Picciani – PMDB/RJ; Nilson Leitão – PSDB/MT; Rogerio Rosso – PSD/DF; Penna – PV/SP; Chico Alencar – PSOL/RJ; Moroni Torgan DEM/CE; Pompeo de Mattos – PDT/RS; Sarney Filho – PV/MA; Caio Narcio – PSDB/MG; Edmilson Rodrigues – PSOL/PA; Betinho Gomes – PSDB/PE; Celso Pansera – PMDB/RJ; Eduardo da Fonte – PP/PE; Bebeto – PSB/BA; Covatti Filho – PP/RS; Newton Cardoso – PMDB/MG; Gilberto Nascimento – PSC/SP; Pastor Eurico – PSB/PE; Glauber Braga – PSB/RJ; Mauro Pereira – PMDB/RS; Luiz Carlos Hauly – PSDB/PR; Arnaldo Jordy – PPS/BA; Celso Russomanno – PRB/SP.

De todos esses deputados que falaram favoravelmente, vale destacar que os deputados Nilson Leitão – PSDB/MT e Caio Narcio – PSDB/MG, na hora da votação, se abstiveram.[1] Já o Deputado José Carlos Aleluia – DEM/BA não procedeu à votação.

Apenas dois parlamentares discursaram contra a matéria, os deputados Delegado Edson Moreira – PTN/MG e João Rodrigues – PSD/SC. Além disso, nenhum partido orientou sua bancada pela rejeição da matéria, sendo que aqueles que não chegaram a um consenso entre todos os deputados do partido ou bloco partidário liberaram para que cada deputado votasse como bem entendesse.[2]

Os discursos poderiam dizer muito, esclarecer as razões daqueles 101 deputados que votaram não ou dos 53 que se abstiveram. No entanto, apenas 2 deputados se manifestaram contrariamente à proposta.

Analisando a relação das práticas discursivas e os poderes que as permeiam, Foucault anuncia que em toda a sociedade a produção discursiva é, a um só tempo, controlada, selecionada, organizada e redistribuída por meio de procedimentos destinados a tramar seus poderes e perigos, dominar seus acontecimentos aleatórios e evitar a sua materialidade, ressaltando que é na política que os discursos exercem seus poderes mais temíveis (FOUCAULT, 1996).

A importância dos discursos nas tomadas de decisões de uma sociedade, ou a ausência deles, é tida com grande relevância por Foucault, que conclui que "o discurso não é simplesmente aquilo que traduz as lutas ou os sistemas de dominação, mas aquilo pelo que se luta, o poder de que queremos nos apoderar" (FOUCAULT, 1996).

O que podemos perceber ao se acompanhar as discussões de matérias voltadas à garantia de ampliação e efetivação da participação feminina no debate público é que ainda nos deparamos com discursos muito parecidos com aqueles ocorridos no século XIX em oposição ao movimento sufragista. Discursos que reforçam a narrativa do patriarcado e de dominação, bem como desconsideram os papéis previamente definidos na esfera privada para as mulheres e as consequências disso na ocupação dos espaços públicos.

---

[1] Quando o deputado se abstém, o voto dele conta para o quórum, mas ele se escusa a tomar parte na votação – art. 180, §2º do Regimento Interno da Câmara dos Deputados.

[2] Orientação dos partidos para a votação da emenda da cota para as mulheres no Legislativo na PEC nº 182/2007:
Bloco PMDB, PP, PTB, PSC, PHS, PEN: Liberado
PT: Sim
PSDB: Liberado
Bloco PRB, PTN, PMN, PRP, PSDC PRTB, PTC, PSL, PTdoB: Liberado
PSD: Sim
PR: Sim
PSB: Liberado
DEM: Liberado
PDT: Sim
Solidariedade: Liberado
PCdoB: Sim
PROS: Liberado
PPS: Sim
PV: Sim
PSOL: Sim
Minoria: Liberado (Disponível em: http://www.camara.leg.br/internet/votacao/mostraVotacao.asp?ideVotacao =6377&numLegislatura=55&codCasa=1&numSessaoLegislativa=1&indTipoSessaoLegislativa=O&numSessao=1 57&indTipoSessao=E&tipo=partido).

Ao analisar o gênero público e, consequentemente as dualidades entre o público (político) e o privado (social) e, mais tarde, entre púbico e pessoal, Raquel Kritsch percorre as bases sobre as quais se apoia a teoria feminista em sua recusa a uma concepção de justiça que exclui a esfera doméstica e as relações de poder que nela se definem, através de hierarquias e opressões (KRITSCH, 2012).

Partindo de Simone de Beauvoir (1949), que dissemina que as mulheres são dominadas em todos os aspectos de suas vidas em virtude de um conjunto de valorações e práticas sociais, passando por Kate Millet e Shulamith Firestone (1970), que evolui o pensamento sobre as formas de dominação da mulher para o patriarcado, Kritsch chega ao feminismo de matriz liberal, impulsionador do movimento pelo sufrágio universal e pela igualdade de gênero no mercado de trabalho, criticando-o por tomar como premissa a liberdade e a igualdade de todos os seres humanos, o que justificaria a atuação do Estado para garantir esses dois princípios. Ocorre que, se tal premissa fosse verdadeira, a concessão de direitos plenos às mulheres poria fim à desigualdade de gênero existente (KRITSCH, 2012).

Como se tem demonstrado aqui, mesmo depois de serem feitas leis que garantissem o direito ao voto pelas mulheres e condições iguais no ambiente de trabalho, a subordinação aos homens dentro da família e do emprego, incluindo com remuneração inferior, permaneceu. Também não houve um aumento expressivo da representatividade feminina no parlamento, para o que elas dependeriam, além do voto, do apoio do partido durante suas candidaturas. Ainda, as mulheres não passaram a ocupar mais cargos estratégicos no Executivo.

Nessa linha de raciocínio, os movimentos contra a subordinação sexual das mulheres devem exigir que se abandone as definições de justiça em termos de igualdade (KRITSCH, 2012).

Quanto a essa construção, destaca-se o discurso do líder do PSOL, Deputado Chico Alencar (RJ), que orientou os demais membros de seu partido a votarem favoravelmente à proposta da seguinte maneira:

> Todo partido tem que fazer uma leitura da sociedade onde opera, onde atua e onde busca o poder a partir de um projeto, de uma proposta. O PSOL olha a história da sociedade brasileira como aquela marcada fortemente pelo patriarcalismo – que é um subproduto da dominação oligárquica, secular, desde os tempos do Brasil Colônia; pelo machismo, pelo masculinismo, expressões muito fortes em nossa cultura. Isso explica porque as primeiras instâncias de representação do Brasil, da Colônia até o século XIX, praticamente foram chamadas de câmaras dos "homens bons". Quem eram esses homens bons? Eram os proprietários de terras e de escravos, donos de gado e de gente, os que professavam a única religião permitida, a religião católica, naquela época do Cruzadismo. E os homens bons, rigorosamente, tinham que ser homens. Ora, claro que isso significa uma marca fortíssima, tanto que a Deputada Luciana Santos, Presidente Nacional do PCdoB, lembrou aqui que o voto feminino, o direito de escolher representantes pelo sufrágio universal só foi conquistado pelas mulheres na década de 30, direito esse consagrado inclusive na Constituição de 1934. Isso é uma aberração! É um atraso! É uma forte marca regressista em nossa sociedade! Por isso entendemos que o fato de as mulheres, no Brasil, que são 52% da população, só terem aqui, do ponto de vista do gênero, 9,9%, menos de 10% dos Parlamentares. Isso é uma sequela, é uma consequência dessa estrutura patriarcal e machista que desborda do ambiente familiar para as relações de vizinhança, para as relações nas cidades. Nas instâncias do poder público, esse machismo, esse patriarcalismo

continua – de forma, é claro, mais disfarçada – no Judiciário, no Executivo, no Legislativo, particularmente nas Forças Armadas. Ou seja, essa é uma batalha política, jurídica e cultural. Os 30% de mulheres nas chapas partidárias que disputam as eleições são uma conquista recente, de 2009. O fundamental da mudança – daí a proposta de transição – é uma política afirmativa. Ela tende a se extinguir na medida em que a população, por sua vontade mesmo consolidada e sua compreensão, inclusive cultural, coloque pelo menos metade de mulheres nos Parlamentos, mas essa política transitória é importante, vista como uma afirmação diante de uma sociedade com essas características que elenquei aqui. Defendemos sempre uma proposta que sequer foi apreciada por este Plenário – quem sabe na legislação infraconstitucional venha a sê-lo. A proposta é que, a partir das chapas partidárias, nas listas pré-ordenadas com participação do eleitor, nós tenhamos a garantia da alternância de gênero: um homem e uma mulher; um homem e uma mulher; uma mulher e um homem; uma mulher e um homem. Isso não foi contemplado. Defendemos, sim, que o ideal seria o que ocorre em muitos países do mundo, como, por exemplo, no Parlamento Europeu, na Grécia, na Irlanda, na Polônia, na Espanha, em Portugal, assim como em *nuestra* América. Nós estamos lá atrás, na zona de desclassificação dessa Copa América dos direitos das mulheres. Existe a Copa para as mulheres na nossa vizinha Argentina, no Uruguai, no México, na Bolívia, na Colômbia, no Peru. Então, o País está muito atrasado em relação a tudo isso. Nós entendemos que a proposta de hoje é a mais rebaixada possível, a mais recuada, já que nem a garantia de que passará agora está assegurada, o que é um absurdo! Concordamos que é preciso negociar; que é preciso, às vezes, recuar um pouco. Mas, vejam, nós estamos no limite já realizado. O Senado Federal tem 16% de mulheres. O que está se propondo aqui é, para o próximo pleito, 10% em todos os Parlamentos; depois 12%; depois 15%, e acabou. O próprio povo vai perceber que as mulheres – assim espero – são mais operosas do que muitos de nós, homens. Agora, ser só mulher não é segurança de ética e posição de avanço social, não. É claro que, como a discriminação é de gênero, não é por posição ideológica. A política afirmativa tem que ser de gênero. Por isso o PSOL, orientado pelo seu setorial de mulheres, que graciosamente nos enquadrou, vota "sim". (Disponível em: http://www.camara.leg.br/internet/plenario/notas/extraord/2015/6/EV1606151701.pdf)

O líder do PSOL ressaltou a perspectiva social histórica da mulher, marcada pelo patriarcalismo que transborda da esfera privada para a pública. Afirmando a necessidade de uma medida afirmativa, uma vez que as mulheres não se encontram em condições iguais às dos homens nem na esfera privada nem na esfera pública.

O sistema social do patriarcado, nos termos de Foucault, funciona como um dispositivo que, estrategicamente, subordina as mulheres aos homens. Segundo Foucault, um dispositivo se refere a um conjunto de:

> [...] discursos, instituições organizações arquitetônicas, decisões regulamentares, leis, medidas administrativas, enunciados científicos, proposições filosóficas, morais, filantrópicas. Em suma, o dito e o não dito são os elementos do dispositivo. O dispositivo é a rede que se pode estabelecer entre estes elementos. (FOUCAULT, 2002)

Importante destacar também do discurso do Deputado Chico essas relações de subordinação dentro da esfera familiar doméstica. A família é o ponto inicial e crucial da desvalorização cultural e da dependência econômica vinculadas aos papéis tradicionais de gênero, reforçando o enclausuramento das mulheres nas esferas tipicamente femininas de atividade, ou seja, ao domínio privado, excluindo-as do debate público e, ainda, causando a invisibilidade pública de sua opressão e dominação (KRITSCH, 2012).

Essa dicotomia entre público e privado, fortemente marcada pelo patriarcalismo, também foi abordada pela Deputada Luizianne Lins – PT/CE em seu discurso:

> Sr. Presidente, Sras. e Srs. Deputados, embora esta seja uma Casa muito efusiva – estamos discutindo tudo ao mesmo tempo agora –, acho que o debate é importante para aqueles que ainda não entenderam a importância das cotas, e eu queria que ele fosse feito de forma franca, de forma consciente, de forma racional.
>
> Nós não queríamos cota. É claro que, para vivermos em igualdade, a melhor maneira seria sermos representadas igualmente na sociedade. Mas, por acaso, os Deputados presentes acham que o fato de sermos 51 entre 513 Deputados é um problema das mulheres? Somos menos capazes? Somos menos capazes de pedir voto? Temos menos capacidade de agir sobre a sociedade? Não, Srs. Deputados. É porque existe uma desigualdade histórica, em que o processo eleitoral é apenas uma ponta, o que faz com que a gente sofra, até hoje, uma brutal violência doméstica. Essa também é uma faceta do chamado sistema patriarcal deste mundo de desigualdade histórica.
>
> Quando criamos cota, nós não estamos resolvendo o problema. Nós estamos apenas criando o que chamamos de ação afirmativa para minimizar o processo de desigualdade que vivemos, e que não se expressa só no processo eleitoral. Ele está no mundo do trabalho, na questão da violência, no salário menor; significa, muitas vezes, a mulher ter quatro turnos de trabalho e não poder se dedicar à política.
>
> Quando meu partido instituiu 30%, depois 50% de mulheres na sua direção, nós dissemos que isso não bastava. Se as mulheres continuarem sem conseguir dividir o trabalho doméstico, se elas continuarem responsáveis sozinhas pela educação dos filhos, se elas continuarem dando três jornadas de trabalho, vai ser impossível elas se dedicarem à vida partidária; vai ser impossível elas se dedicarem à vida política.
>
> Portanto, o que nós estamos discutindo aqui é um mecanismo artificial, sim, porque nós não queríamos cota, mas sem ela nós vamos esperar 400 anos para sermos 50% no Parlamento, e nós não podemos esperar esse tempo todo, não. Nós temos que estar aqui, colaborando com a República brasileira, colaborando com a vida de tantas outras mulheres, que hoje são mais da metade da população e mais da metade do eleitorado.
>
> Portanto, Sr. Presidente, quem não compreendeu ainda isso talvez não tenha entendido que nós estamos vivendo um momento histórico, que é a votação da constitucionalização de vagas para mulheres nesta Câmara Federal, e que, a partir de agora, se os nobres Deputados aprovarem, não haverá mais sessão legislativa sem a presença feminina trazendo o debate necessário para mais da metade da população.
>
> Sr. Presidente, peço aos nobres Deputados que reforcem essa luta. Já estamos recuando, porque, no mínimo, queríamos um terço e já estamos em 10%, o número que somos hoje, e queremos avançar. Para isso, é preciso que se entenda que cota não é um favor às mulheres, que cota não é simplesmente dar uma esmola para as mulheres, como muito aqui se disse. Cota é uma forma de conseguirmos uma ação que minimize os efeitos da desigualdade entre os gêneros no Brasil.
>
> Obrigada, Sr. Presidente. (Disponível em: http://www.camara.leg.br/internet/plenario/notas/extraord/2015/6/EV1606151701.pdf)

A fala da deputada também ressalta o fato de que os papéis e posições socialmente relevantes seguem definições masculinas que não levam em consideração os aspectos da vida familiar doméstica que sobrecarregam muito mais as mulheres que os homens.

Nesse mesmo sentido, e acrescentando que não bastam leis mais justas com relação ao gênero, sendo fundamental que as mulheres ocupem os espaços de poder, a Deputada Luciana Santos – PcdoB/PE discursou da seguinte maneira:

Sr. Presidente, Sras. e Srs. Deputados, num momento como este, nos remetemos a 1932, ao tempo das mulheres sufragistas, que, sob a liderança de Bertha Lutz, conquistaram o voto feminino no Brasil.

Essa conquista marcou um salto civilizacional no País, porque nós sabemos que somos vítimas de uma cultura que, historicamente, levou à desigualdade entre homens e mulheres.

Nós somos mais de 40% da população economicamente ativa, construímos esta Nação brasileira e, ainda assim, amargamos salários desiguais para funções iguais. Nós somos as maiores vítimas da violência doméstica, exatamente pelo conceito machista que marcou e marca a sociedade brasileira. Conquistamos muitos marcos legais, como a Lei Maria da Penha, mas sabemos, Sr. Presidente, Srs. Deputados, que isto é insuficiente.

Nós precisamos ter espaços de poder. Nós precisamos ter espaço de decisão política. Para isso, precisamos enfrentar o modelo eleitoral e político, que é perverso, que exclui as mulheres, que exclui pela base da influência do poder econômico, que exclui pelos aspectos da própria cultura dos partidos. Por isso, nós precisamos, num momento como este, fazer valer um modelo, a exemplo de vários países do mundo.

Não é possível que o Brasil amargue essa situação de ter uma representação parlamentar feminina menor que a da do Haiti, que a de Belize, que a da Malásia e que a de tantos países aos quais, respeitando todas as condições socioeconômicas, estamos bem à frente em termos de desenvolvimento.

Por isso, Sr. Presidente, eu não tenho dúvida de que esta Casa não negará fogo e realizará esse grande feito histórico.

Um grande abraço. Estamos firmes na luta. (Disponível em: http://www.camara.leg.br/internet/plenario/notas/extraord/2015/6/EV1606151701.pdf)

Vale destacar também que todo discurso carrega em si uma vontade de verdade que já contém em seu bojo um sistema histórico de crenças, costumes e conhecimentos prévios, com isso, aquele que o pronuncia premeditadamente distingue o verdadeiro do falso. Quando o discurso, então, é pronunciado com o suporte e distribuição institucional, tende a exercer sobre os demais discursos uma espécie de pressão, de coerção (FOUCAULT, 1996). Quanto a isso, vale trazer o discurso pronunciado pelo Deputado Leonardo Picciani – PMDB/RJ, líder do partido à época:

Sr. Presidente, a bancada do PMDB, reunida na última semana, decidiu por ampla maioria aprovar o projeto de cotas para a bancada feminina. Nós entendemos que a sociedade avança quando tem a coragem de quebrar paradigmas, quando tem a coragem de ousar e de buscar a transformação.

Portanto, a bancada do PMDB votará majoritariamente "sim". Sei que V.Exa., se pudesse, votaria dessa forma, seguindo a orientação do nosso partido.

V.Exa. não pode votar porque está impedido pelo Regimento.

Como nosso Bloco tem mais 5 partidos e há divergência, a posição do Bloco é liberada, mas a posição da bancada do PMDB é "sim". (Disponível em: http://www.camara.leg.br/internet/plenario/notas/extraord/2015/6/EV1606151701.pdf)

O Deputado Picciani aproveitou seu discurso para pressionar o então presidente da Casa, Deputado Eduardo Cunha – PMDB/RJ e, assim, tentar fazer influência nos demais deputados, que poderiam se sentir obrigados a votar como o presidente da Câmara.

Já o Deputado Delegado Edson Moreira, à época no PTN/MG, cujo partido contém duas deputadas na Câmara, sendo que uma delas é a presidente do partido, votou contrariamente à proposta e se manifestou da seguinte forma:

> O art. 5º da Constituição diz que todos são iguais em direitos, independentemente de sexo e de cor. Portanto, não há injustiça na disputa sadia. Todos disputam o voto, todos trabalham para ser eleitos. Não é justo, Sr. Presidente, que se dê uma parcela para que tal sexo, para que tal segmento tenha cotas na disputa de vagas para a Câmara, para o Senado, para a Câmara de Vereadores ou para as Assembleias Legislativas. Isso não é justo. Certa é a disputa tal como é feita hoje, uma disputa sadia, sem desvantagem nenhuma, todo mundo indo à captura do voto com o seu trabalho, nas esquinas, nas favelas do Brasil inteiro, em todos os Estados. Sr. Presidente, é cota daqui, cota dali... Daqui a pouco, se passar esta emenda, todos estarão fazendo cirurgia para mudar de sexo, porque assim vai ficar muito fácil se eleger aqui para a Câmara Federal. A disputa tem que ser voto a voto, trabalho a trabalho, e não com um percentual reservado. A disputa é igual para todos. Todos são iguais na disputa. Ganha quem for mais votado. Se tiver cota, Sr. Presidente, vai ficar ruim. Precisamos seguir a Constituição, seus arts. 14 e seguintes. Todos são iguais, então que busquem os votos em igualdade de condições, e não sabendo que uma minoria, com percentual pequeno e pouco trabalho, terá garantida uma cadeira que não é fácil obter. O trabalho é para todos. O direito tem que ser de todos. Sr. Presidente, pedimos que votem contra mais uma cota que se quer impor à população brasileira. (Disponível em: http://www.camara.leg.br/internet/plenario/notas/extraord/2015/6/EV1606151701.pdf)

O Deputado Moreira argumentou no sentido da igualdade absoluta entre homens e mulheres, ignorando as desigualdades históricas embutidas, inclusive, na definição dos cargos e instituições sociais, atribuições até então masculinas.

O deputado convoca o mandamento constitucional do princípio da igualdade para justificar a rejeição da medida afirmativa pretendida, no entanto, ele cuidadosamente se esquece de que, conforme interpretação sistêmica da Carta Magna, o referido princípio pressupõe que o tratamento isonômico significa tratar igualmente os iguais e desigualmente os desiguais, na exata medida de suas desigualdades. Quanto a esse dispositivo, o constitucionalista José Afonso assevera que "é uma regra que resume décadas de lutas das mulheres contra discriminações. Mais relevante ainda é que não se trata aí de mera isonomia formal. Não é igualdade perante a lei, mas igualdade em direitos e obrigações" (SILVA, 2001).

Na oportunidade, o deputado interpretou a regra constitucional da forma que lhe era mais conveniente, chegando a definir que as mulheres seriam uma minoria que não justifica um tratamento diferenciado. Todo processo de dominação é exercido em um ritual que determina obrigações e direitos em cuidadosos procedimentos. Esse universo de regras não é destinado a adoçar, mas a satisfazer a violência, reativando sem cessar o jogo da dominação (FOUCAULT, 2002).

O Deputado João Rodrigues – PSD/SC também votou contrariamente e seu discurso foi nos seguintes termos:

> Sr. Presidente, Sras. e Srs. Deputados, diante do momento em que estamos, eu quero, obviamente, elogiar o esforço das Parlamentares mulheres que apresentaram a esta Casa um projeto extremamente importante. Mas eu também quero manifestar minha posição como Parlamentar e explicar por que não concordo com isto.
> Cada Deputada que aqui está chegou a esta Casa por mérito do seu trabalho, porque trabalhou na sua base, porque construiu uma história. O Brasil está virando um país de cotas. Para tudo é preciso uma cota. Daqui a pouco vai ficar em segundo plano o serviço prestado, o empenho, a dedicação na representação do povo brasileiro.

Todos nós sabemos que não é vetada nos Estados e Municípios a candidatura das mulheres. A mulher não é proibida de ser candidata. E já há cotas a serem preenchidas. Na maioria dos casos, é preciso até colocar candidata fantoche para atingir o percentual mínimo exigido. Ora, se nós criarmos cota obrigatória aqui nesta Casa, amanhã ou depois teremos Deputadas Federais eleitas com 15 mil votos, com 10 mil, com 5 mil, com 3 mil, com meia dúzia de votos.

Então, com todo o respeito à bancada feminina, vamos fazer justiça aos brasileiros e acabar com essa história de cota. Criaram cota para tudo! Para absolutamente tudo tem que ter uma cota! Precisamos então ter cotas por empenho, por trabalho, por dedicação, e não cotas por cor, por opção sexual. Amanhã os homens também vão exigir uma cota, e teremos uma cota mínima para a representação dos homens nesta Casa. Logo, logo teremos os homossexuais com mais uma cota. A cada momento uma cota!

Eu quero fazer um apelo à bancada feminina e à bancada masculina, a todos, sem distinção de sexo. Nós Parlamentares não entramos aqui pelo gênero de cada um, nem pela opção sexual, fomos eleitos pelo empenho, pelo esforço, pelo compromisso, pelo serviço prestado em cada cidade, em cada Estado que representamos.

Louvo a iniciativa, respeito o empenho, mas não me permito concordar com isto, porque sou contra todo e qualquer tipo de cota. A única cota à qual sou favorável é a cota para os pobres, sem distinção de cor. Agora, sou contra cota por cor e sou contra cota por sexo. Chega de cota no Brasil! A maior cota que tem que haver é a cota da decência, do trabalho e da dedicação. (Disponível em: http://www.camara.leg.br/internet/plenario/notas/extraord/2015/6/EV1606151701.pdf)

O deputado, após fazer elogios à bancada feminina, também desconsiderou o fato de que as mulheres não disputam em condições iguais às dos homens nos pleitos eleitorais. Ele ainda fez alusão à prática de candidaturas "fantoches" para cumprimento da regra de percentual mínimo de candidaturas femininas, sem discorrer ou se interessar pelas razões que levam os partidos políticos a cometerem tais fraudes.

Importante esclarecer que o princípio da igualdade insculpido no art. 5º da Constituição Federal tem como destinatário não apenas o aplicador da lei, mas também o próprio legislador, que não pode fazer leis que gerem privilégios ou perseguições, e sim que sirvam de elemento pacificador da sociedade. No entanto, discriminar situações, colocando pessoas sob a égide de diferentes regimes é da própria essência do ato de legislar, não constituindo, por si só, gravame ao princípio da igualdade. A existência de uma conexão lógica entre a distinção da regra e a desigualdade da situação fática correspondente justifica a atuação do legislador de forma diferenciada (BANDEIRA DE MELLO, 2000). Assim, pondera-se que a conexão lógica da regra pretendida com as cotas femininas e a desigualdade das situações fáticas nas disputas eleitorais seria o fator justificador para aprovação da emenda da bancada feminina.

Durante as discussões da Proposta de Emenda Constitucional nº 182/2007, que tratava da reforma política como um todo, vários pontos foram polêmicos, como o financiamento privado de campanha. Todas as votações foram acirradas e os deputados travaram embates que duraram horas a fio. Quanto à emenda que sugeria a cota feminina, no entanto, o que foi observado foi a falta de discursos e orientações contrárias que justificassem ou que sinalizassem para a derrota. Foram apenas dois discursos contrários e absolutamente nenhum partido orientou o voto não.

Algumas explicações podem ser sugeridas para a ausência dos discursos contrários à proposta, e uma das formas de se controlar os discursos é, exatamente, a rarefação dos sujeitos que falam. Não se trata, apenas, de dominar os poderes que os discursos possuem nem de determinar o momento em que ocorram, mas também de determinar as condições de seu funcionamento, impondo aos que os pronunciam certo número de regras e, assim, não permitindo que todos tenham acesso a eles. Definem-se os gestos, os comportamentos, as circunstâncias, a eficácia das palavras e seus efeitos sobre aqueles aos quais se dirigem, sendo que os que os pronunciam possuem papéis previamente estabelecidos (FOUCAULT, 1996).

A bancada feminina trabalhou para tentar ver a sua emenda aprovada. Além de realizar audiências na comissão especial com autoridades e estudiosos que apontavam para a insuficiência da cota de candidaturas femininas nos partidos políticos e para a importância da emenda de cota feminina no Legislativo, produziu material ilustrativo para orientar os parlamentares, como fôlderes, adesivos e broches. No entanto, como se pode observar dos discursos feitos em plenário, não chegou a ocorrer um embate de ideias daqueles que se posicionaram contrariamente, mas sim a simples rejeição da proposta.

O trabalho realizado pela bancada foi enaltecido pelo Deputado Caio Narcio – PSDB/MG, que também se prestou a fazer comentários elogiosos da beleza da mulher:

> Sr. Presidente, quero, primeiramente, fazer um reconhecimento do trabalho de convencimento feito pelas mulheres aqui no plenário, especialmente pela minha amiga Deputada Soraya Santos, que liderou aqui esse processo de convencimento.
> Eu acho importante a valorização das mulheres e quero fazer uma ressalva: é justa a demanda do aumento da participação das mulheres, mas também seria justo se houvesse uma representação dos negros, que aqui também estão em minoria, que, dentro dessa proporção, nós também pudéssemos fazer algo de cunho social àqueles que não têm a possibilidade de se apresentarem por diferenças econômicas e, além disso, fazer justiça àquelas que já são Deputadas aqui, para poderem já estar em condições iguais aos Deputados que estão em curso. Então, são algumas avaliações.
> De qualquer maneira, fica aqui o nosso reconhecimento como justa a causa de aumentar o número de mulheres, até porque o plenário ficará muito mais bonito. (Disponível em: http://www.camara.leg.br/internet/plenario/notas/extraord/2015/6/EV1606151701.pdf)

Interessante perceber que, apesar de o deputado ter feito um discurso no sentido de apoiar a proposta, na hora da votação ele se absteve, não corroborando a aprovação da emenda.

O Deputado Nilson Leitão – PSDB/MT também discursou favoravelmente à proposta, mas se absteve na votação:

> Sr. Presidente, Sras. e Srs. Deputados, sem dúvida nenhuma, as mulheres vêm ocupando um espaço importante na política brasileira – Governadoras, Deputadas, Prefeitas, Vice-Prefeitas, Senadoras –, e cada vez crescente.
> O PSDB entende que as mulheres têm que avançar ainda mais. Os partidos políticos já têm a obrigatoriedade de que 30% das candidaturas sejam de mulheres. As mulheres representam, sim, o avanço do Brasil – é claro, com uma nota negativa da Presidente Dilma, que vem denegrindo essas mulheres no País e no mundo.
> O PSDB vai liberar, em razão de respeitar toda a sua bancada. (Disponível em: http://www.camara.leg.br/internet/plenario/notas/extraord/2015/6/EV1606151701.pdf)

O Deputado José Carlos Aleluia – DEM/BA, por sua vez, discursou com intuito de se mostrar favorável à emenda, disse que votaria sim, mas na verdade não procedeu à votação:

> Sr. Presidente, nós não estamos fazendo nenhuma concessão às mulheres. Essa emenda é quase um usucapião. As mulheres brasileiras já atingiram esse número, o que é muito bom!
> Na primeira reunião que tive com parlamentares da Alemanha, pude constatar que, lá, tanto no Legislativo federal como no estadual, a presença das mulheres varia entre 40% e 60%.
> Eu vejo as mulheres com uma capacidade de enxergar o mundo por uma ótica distinta. Vejo que a presença das mulheres no Parlamento é essencial para humanizar as decisões do Parlamento.
> O meu voto é "sim", e a minha bancada está liberada. (Disponível em: http://www.camara. leg.br/internet/plenario/notas/extraord/2015/6/EV1606151701.pdf)

Do discurso do deputado, vale ponderar que argumentos como os de que as mulheres enxergam o mundo de uma forma capaz de humanizar o Parlamento historicamente são usados como atributos que acabam por inferiorizar a mulher, afastando-a de atributos ligados à razão.

Na análise dos discursos a memória funciona como um interdiscurso. Aquilo que já foi dito em outra circunstância é fundamental para se compreender a relação do discurso com o seu sujeito e a sua ideologia (ORLANDI, 2007). No caso em análise, quando o deputado ressaltou que a mulher teria atributos diferentes daqueles associados aos homens, deixou transparecer uma filiação, uma memória que historicamente o identifica com compromissos políticos e ideológicos que não favoreceram os movimentos feministas.

A bancada feminina não conseguiu os votos necessários para a aprovação da emenda, mas nem mesmo o debate honesto e claro chegou a ser feito pelos opositores da medida.

Além disso, é preciso ressaltar também que o espaço onde esses discursos ocorreram, a Câmara dos Deputados, também não corroborou o sucesso da medida afirmativa, posto que se trata de um ambiente extremamente masculinizado, contando com apenas dez por cento de mulheres à época e que, em muitas vezes, sequer conseguem se fazer ouvir nos microfones. As deputadas que elevam o tom de suas vozes na tentativa de sobrepô-las às dos homens chegam a ser chamadas de histéricas. Essas condições, mais uma vez, refletem o dispositivo teórico fundado na relação de dominação que parte da esfera privada da família e alcança a esfera pública de tomadas de decisões.

A ampliação da participação política como pretendia a emenda poderia, além de aperfeiçoar a democracia, conferindo maior justiça social, colaborar a qualidade da atuação feminina nos espaços de poder, pois a inclusão da mulher na vida política a obriga a traduzir publicamente seus desejos e aspirações, forçando-as a argumentar racionalmente e a compartilhar responsavelmente as consequências das decisões.

Uma política afirmativa para garantir o acesso da mulher às esferas de deliberações públicas é justificável não apenas porque compartilham dos mesmos interesses e opiniões ligados ao gênero que precisam ser levados em conta, mas porque partem de uma mesma perspectiva social, vinculada a certos padrões de experiência de vida. É essa diferença estrutural que se traduz na desigualdade de capacidade de intervenção na esfera pública e é naturalizada pela adequação dos agentes ao comportamento que lhes é destinado (MIGUEL, 2012).

A atuação das mulheres na Câmara tem evoluído gradativamente. Entre todos os fatores que possam ter contribuído para essa evolução, as discussões envolvendo as pautas femininas, como a política de cotas, certamente, corroboram a qualificação das parlamentares, garantindo-lhes maior participação e interferência política.

Para o aumento da presença de mulheres nos espaços de tomada de decisão, no entanto, é preciso ir além. É preciso que haja uma fiscalização mais incisiva por parte do Tribunal Superior Eleitoral para evitar e punir o preenchimento meramente formal das candidaturas femininas. Além disso, é fundamental que os partidos políticos invistam em formação política para mulheres, garantam a elas recursos financeiros nos mesmos padrões que o fazem para os homens e disponham de mecanismos eficazes para o combate e a repressão à violência política de gênero.

E todos esses fatores são ainda mais importantes quando nos aprofundamos em uma camada a mais dessa problemática e alcançamos as mulheres pretas e a população LGBTQIA+.

Mudar uma estrutura de poder tão enraizada na nossa sociedade não é fácil e depende do esforço comum entre Estado e sociedade.

Referências

BANDEIRA MELLO, Celso Antonio. *O conteúdo jurídico do principio da igualdade*. São Paulo: Malheiros, 2000.

BEAUVOIR, Simone de. *O segundo sexo*. Lisboa: Bertrand, 2008.

BOBBIO, Norberto. *O futuro da democracia*: uma defesa das regras do jogo. 6. ed. Rio de Janeiro: Paz e Terra, 1986.

FOUCAULT, Michel. *A ordem do discurso*. São Paulo: Edições Loyola, 1996.

FOUCAULT, Michel. *Microfísica do poder*. Rio de Janeiro: Graal, 2002.

GROSSELI, G.; MAZZAROBA, O. A participação política e suas implicações para a construção de uma cidadania plena e de uma cultura política democrática. *In*: XX ENCONTRO NACIONAL DO CONPEDI, 3. Anais... Belo Horizonte: [s.n.]: 2011. Disponível em: http://egov.ufsc.br/portal/sites/default/files/grosselli_7.pdf. Acesso em: 24 de julho de 2016.

KRITSCH, Raquel. O gênero público. *In*: BIROLI, Flavia; MIGUEL, Luis Felipe. *Teoria política e feminismo*: abordagens brasileiras. Vinhedo: Horizonte, 2012.

MIGUEL, Luís Felipe. O gênero público. *In*: BIROLI, Flavia; MIGUEL, Luis Felipe. *Teoria política e feminismo*: abordagens brasileiras. Vinhedo: Horizonte, 2012.

ORLANDI, Eni. *Análise de discurso*: princípios e procedimentos. 7. ed. Campinas: Pontes, 2007.

SILVA, José Afonso. *Curso de direito constitucional positivo*. São Paulo: Malheiros, 2001.

Sites

Nota taquigráfica da Sessão 157.1.55.0, de 16/06/2015. Disponível em: http://www.camara.leg.br/internet/plenario/notas/extraord/2015/6/EV1606151701.pdf. Acesso em: 4 ago. 2016.

Parecer da Deputada Soraya Santos à PEC 134/2016. Disponível em: http://www.camara.gov.br/proposicoesWeb/prop_mostrarintegra?codteor=1505659&filename=PRL+1+PEC13415+%3D%3E+PEC+134/2015. Acesso em: 8 dez. 2016.

Registro de votação (PEC nº 182/2007 – Emenda Aglutinativa nº 57 – Nominal Eletrônica/Sessão 157.1.55.0, de 16/06/2015). Disponível em: http://www.camara.leg.br/internet/votacao/mostraVotacao.asp?ideVotacao =6377&numLegislatura=55&codCasa=1&numSessaoLegislativa=1&indTipoSessaoLegislativa=O&numSess ao=157&indTipoSessao=E&tipo=partido. Acesso em: 25 out. 2016.

Informação bibliográfica deste texto, conforme a NBR 6023:2018 da Associação Brasileira de Normas Técnicas (ABNT):

VENUTO, Carolina Amaral. A dualidade entre público e privado na participação feminina na política: a falta de neutralidade das instituições políticas. *In*: MENDES, Denise Pinheiro Santos; MENDES, Giussepp; BACELAR, Jeferson Antonio Fernandes (Coords.). *Magníficas mulheres*: lutando e conquistando direitos. Belo Horizonte: Fórum, 2023. p. 119-135. ISBN 978-65-5518-488-4.

CONSUMO E DISCRIMINAÇÃO DE GÊNERO: PERSPECTIVAS ACERCA DA HIPERVULNERABILIDADE DA MULHER CONSUMIDORA E DO EMPODERAMENTO FEMININO NA PUBLICIDADE

DENISE PINHEIRO MENDES
GABRIELA OHANA
LUANNA TAVARES

Introdução

Ser indescritível, complexo e interessante a se decifrar, traduzindo: o ser feminino. Tratando-se de mulher, há de se reconhecer que foram muitos fatos, marcas históricas e um longo processo de desenvolvimento que construíram as guerreiras do cotidiano. Não é fácil definir um gênero que constantemente precisa ultrapassar barreiras para se impor, foram – e são – inúmeras as formas de agressões, repressões, trabalhos árduos, buscas por reconhecimento social e tantas outras lutas diárias pelos ideais que acreditamos, para atingir um lugar de menor desigualdade, maior respeito e reconhecimento.

No contexto histórico-social, a imagem da mulher foi se modificando. Passou-se a ocupar lugares que antes eram vistos como exclusivamente masculinos, conquistaram-se direitos nunca imaginados, mas, nada disso veio sem revolução, sem luta, sem esforço e, principalmente, sem o ônus e a carga que a sociedade insiste em colocar sob os ombros de uma mulher. Não diante disso, na seara do consumo a mesma perspectiva foi observada.

Os efeitos da indústria cultural, capitalismo e assédio de consumo, a ampliação do poder aquisitivo da mulher em pequena escala face ao seu menor empoderamento econômico-social, o olhar subalternizado ante as práticas de publicidade abusivas e direcionadas, consolidam vertentes discutíveis da discriminação de gênero e despertam a necessidade de uma visão diferencial quanto à posição de vulnerabilidade agravada da consumidora mulher.

Diametralmente, a percepção do mercado quanto aos gostos e predileções do gênero feminino elevaram e modificaram os padrões publicitários, no intuito de se construir um *branding* apto a fidelizar um numerário maior de mulheres que se identificam com a "bandeira" conclamada empoderadora de pertencimento e representatividade. Mas, seria de fato a externalidade de uma gestão cultural empresarial ou apenas a superficialidade publicitária no intuito lucrativo?

Nesse sentido, a presente pesquisa visa problematizar como a discriminação de gênero reforça a posição de hipervulnerabilidade da mulher no mercado de consumo e se reflete na publicidade. Para corroborar a problemática eleita, serão analisadas as nuances do capitalismo, a materialização da discriminação de gênero nas relações consumeristas e a consequente hipervulnerabilidade da mulher consumidora, elegendo-se duas situações destaques: a dificuldade de acesso das mulheres ao absorvente íntimo e a *pink tax* (ou taxa rosa). Ademais, serão abordados os aspectos pertinentes à percepção do empoderamento feminino na publicidade e no poder decisório de compra, referenciando contraposições entre as práticas de *femvertising* e *femwashing*. A metodologia utilizada será a pesquisa bibliográfica interdisciplinar nacional e estrangeira, com a utilização de dados relativos às mulheres no âmbito econômico, social e das relações de consumo.

1 A mulher, o mercado de consumo e as interfaces do capitalismo

Desde as relações sociais e econômicas mais antigas, o indivíduo-consumidor sempre existiu (BAUMAN, 2007), batalhando, ainda que indiretamente, para seu reconhecimento e existência de legislações protetivas, evoluindo ao longo dos anos e modificando-se conjuntamente com o ato de consumir. Nessa linha, entender o consumo e o direito derivado deste pressupõe o entendimento da sociedade à qual todos os indivíduos pertencem.

Em uma linha mais pontual, para La Boétie (2016), o consumo figura como um pilar, juntamente com o labor, capaz de impor ao homem o cumprimento de suas necessidades de vida, contudo, não implicando significar um processo de libertação, mas de servidão voluntária face às necessidades artificiais estabelecidas pelo mercado.

No que tange essencialmente à relação entre mulher e consumo, é necessária a compreensão de um contexto histórico de evolução da mulher na sociedade, remetendo ao ideário das convenções seculares que reservavam às mulheres o estigma de "dona do lar", submissas aos maridos, os provedores-"mor", cabendo-lhes como suficiente a vida que estes pudessem lhes oferecer. E, ainda, na ausência dos provedores – pai ou marido –, estas deveriam obrigatoriamente angariar seus sustentos basilarmente com as atividades domésticas, como costuras, confecção de doces, aulas de música, contudo, ainda assim, as atividades não eram recebidas com bons olhos pela sociedade da época (LANINI; OLIVEIRA; FORTUNA, 2017, p. 1878).

Nas palavras de Beauvoir (1970, p. 97):

> [...] o triunfo do patriarcado não foi nem um acaso nem o resultado de uma revolução violenta. Desde a origem da humanidade, o privilégio biológico permitiu aos homens afirmarem-se sozinhos como sujeitos soberanos. Eles nunca abdicaram o privilégio; alienaram parcialmente sua existência na Natureza e na Mulher, mas reconquistaram-na a seguir. Condenada a desempenhar o papel do Outro, a mulher estava também condenada a possuir apenas uma força precária: escrava ou ídolo, nunca é ela que escolhe seu destino.

Deste modo, nas interfaces históricas primitivas do capitalismo – eras iniciais de acumulação – sempre se observou uma atribuição de papel secundarizado à mulher, quando comparada ao homem, quer seja em relação aos critérios acumulativos de divisões e diferenças relativas à sujeição, hierarquia, trabalho reprodutivo e doméstico e questões de gênero, assim como sobre "raça" e formação do proletariado moderno (FEDERICI, 2017, p. 119).

Na linha do marcador social de gênero atrelado à perspectiva capitalista, acerca da divisão sexual do trabalho e poder aquisitivo, há de se considerar que os eixos de discriminação não atuam de forma isolada (GUIMARÃES; DAOU, 2020, p. 188). Logo, para Biroli (2018, p. 36):

> Na conexão entre divisão sexual do trabalho remunerado e não remunerado, a vida das mulheres se organiza de maneiras distintas, segundo a posição que elas ocupem em outros eixos nos quais se diferem vantagens e desvantagens. Entendo assim que a divisão do trabalho produz o gênero, e fato, mas a produção se dá na convergência entre gênero, classe, raça e nacionalidade.

Por sua vez, no período da industrialização brasileira – "anos dourados", Pinsky (2014) discorre sobre a expulsão característica das mulheres do setor secundário de produção e a ampliação do surgimento de empregos considerados "femininos", diga-se em contraponto com o maior acesso à educação das mulheres, mas, ainda há predominância hipervalorizada do trabalho doméstico. Essa mudança de panorama e vinculação empregatícia trazia, por consequência, relevantes aspectos com relação ao consumo feminino e a publicidade.

O padrão de beleza estava em foco. No auge. As campanhas publicitárias, fossem por meio de revistas, rádio, televisão ou meios similares, atinham-se a incentivar em larga escala o uso de itens de maquiagem, acessórios valiosos no intuito de agradar os maridos e pretendentes; a aquisição de peças de vestuário e calçados, pelo mesmo motivo, bem como para se posicionar como uma boa dama na sociedade; e da aquisição de eletrodomésticos, voltando para a ambientação de um lar sempre impecável socialmente (PINSKY, 2014).

Desta forma, o enredo e de fato o próprio conteúdo publicitário apropriaram-se paulatinamente no decorrer temporal da mulher como público-alvo "número um" no mercado de consumo e, paralelamente, corroboraram a construção de estereótipos patriarcais (PINSKY, 2014) por meio de signos, gostos, predileções e padrões (LIPOVETSKY, 2007). O que se intensificou mais ainda com a globalização, impondo-se, como nas palavras de Verbicaro e Alcântara (2017, p. 175), a consumidora "globalizada" "um modelo de consumo predatório, a precarização de suas relações pessoais autênticas, sua servidão voluntária (terceirização de escolhas) aos ditames da Indústria Cultural".

Essa nova forma de padrão de consumo e publicidade remonta tecnicamente ao que Lipovetsky (2007, p. 25) explana em sua obra *Felicidade paradoxal*:

> As indústrias e os serviços agora empregam lógicas de opção, estratégias de personalização dos produtos e dos preços, a grande distribuição empenha-se em políticas de diferenciação e de segmentação, mas todas essas mudanças não fazem mais que ampliar a mercantilização dos modos de vida, alimentar um pouco mais o frenesi das necessidades e avançar um grau na lógica do "sempre mais, sempre novo" que o último meio século já

concretizou como sucesso que se conhece. É nesses termos que deve ser pensada a "saída" da sociedade de consumo, uma saída por cima, não por baixo, por hipermaterialismo mais que por pós-materialismo.

Nesse contexto, em linhas complementares, Melo e Souza (2011, p. 14) pontuam:

> A feminilização da esfera de consumo está relacionada com as imagens de mulheres divulgadas pela mídia, imagens que naturalizam padrões e comportamentos pertencentes a uma moral específica. Socialmente atribui-se, cada vez mais, o ato de comprar à figura de mulheres, mas não queremos afirmar, portanto, que é são mulheres as únicas a serem incentivadas à prática consumista, mas sim que vem consumindo e decidindo numa crescente.

Veja-se que, porquanto a sociedade e o mercado de consumo e publicitário se valham da pauta de gênero, concorda-se com o que Verbicaro e Homci (2021, p. 53-54) ponderam a respeito de que:

> A desigualdade das relações de poder e, consequentemente, discriminação de gênero se fazem presentes na sociedade em todas as relações, sejam elas privadas ou públicas. Apesar das conquistas feministas, os homens são considerados superiores, constituindo-se no primeiro sexo. A mulher, por sua vez, é o segundo sexo, submissa, discriminada e desvalorizada. [...] A referida discriminação também é percebida nas relações consumeristas, uma vez que, ao tratá-la como mero objeto, inferioriza-se e discrimina-se a mulher, apagando a sua individualidade e personalidade, desvalorizando-a e a tornando serva do consumo (VERBICARO; VERBICARO; AZEVEDO, 2019). Essa servidão está caracterizada nos inúmeros padrões destinados à mulher, na qual se dedica com vigor a realizá-los diante da possibilidade de exclusão.

É nesse contexto que se observa uma linguagem de oferta e publicidade sexista, corriqueiramente utilizada como subsídio mercadológico para dialogar com a sociedade de consumidores, não apenas pelo caráter apelativo publicitário, mas, também correlacionado a abordagens depreciativas de gênero subliminarmente, simbologia sexual, objetificação de consumo ou estereótipos (VERBICARO; ALCANTÂRA, 2017).

2 A hipervulnerabilidade consumerista feminina no âmbito do assédio discriminatório de gênero

A moldagem da personalidade do gênero através da lógica de consumo, como já mencionada, assume um papel determinante em relação ao direcionamento de vontades, anseios e sentimentos da mulher, por meio da indústria cultural na pós-modernidade (VERBICARO; VERBICARO; AZEVEDO, 2020). Não obstante de modo cotidiano e permanente se observam os rigorosos padrões estéticos, comportamentais preestabelecidos e, não largas vezes, das diversas publicidades direcionadas a carências específicas da mulher, conjunto capaz de induzir o poder de compra da consumidora.

Quer se dizer, então, que as vontades, os anseios e os sentimentos femininos sofrem com maior intensidade diante pressões sociais. É nesse cenário que são impostas lógicas de consumo deturpadas ao público feminino. A mulher precisa estar sempre adequada aos padrões que a sociedade impõe como aceitáveis, ou seja, corpos dentro dos padrões de magreza imediatamente vinculados à saúde e bem-estar, cabelos que remetam à feminilidade e jovialidade, roupas que comportem decotes "na medida", considerando que o excesso recai no vulgar e a falta no puritanismo, infinitos são os exemplos. Consoante tal afirmação, Verbicaro e Homci (2021, p. 56-57) explicitam:

> Atualmente, não é diferente. Padrões de beleza descrevem termos precisos do relacionamento da mulher com seu corpo. Todas as partes do corpo feminino durante a sua vida são tocados. Os cabelos são tingidos, alisados, as sobrancelhas são tiradas e tatuadas, cílios enrolados, pelos depilados, queimados por laser, hormônios masculinos são prescritos ou instalados mediante chips na pele, o corpo sujeito a constantes modificações por meio de procedimentos estéticos e cirúrgicos em nome do padrão fixado pela sociedade... São inúmeros os processos em busca desse modelo imposto, sendo o seu corpo uma matéria a ser constantemente corrigida.

Como consequência, nesse sentido, nas palavras de Verbicaro e Alcântara (2017, p. 173):

> [...] a mulher é levada à saturação emocional, pela inevitável elevação dos níveis de ansiedade, depressão e angústia por não alcançar os falseados ideais de bem-estar (prazer hedonista) e reconhecimento social estabelecidos pelo assédio de consumo, fenômeno característico de um modelo econômico agressivo e não menos excludente.

Concorda-se, portanto, com o que lecionam os autores Verbicaro e Alcântara (2017, p. 174) quando situam que a própria discriminação de gênero já enseja legitimamente a justificativa de um tratamento diferencial em prol da consumidora mulher, uma vez que, ante a imersão de um contexto de assédio de consumo,[1] excessivamente dinâmico, superdependente dos modelos culturais, resta evidenciado o agravamento de sua vulnerabilidade, daí porque categorizar o *plus* da fragilidade da mulher consumidora, enquadrando-a como hipervulnerável, ao lado do idoso, da criança, do adolescente e dos deficientes.

Sobre a temática, nas palavras de Canto (2013, p. 189) "A vulnerabilidade, portanto, decorre da ideia de que o consumidor está potencialmente sujeito a ser ofendido, seja no sentido físico, psíquico ou econômico do termo". Por sua vez, para Jean-Pascal Chazal (2000, p. 244 *apud* CANTO, 2013, p. 89): "se o consumidor deve ser protegido pela lei, não é porque ele é sistematicamente lesionado, mas porque é suscetível de sê-lo pela simples razão de defender-se mal, de não estar bem armado para fazer frente a seu parceiro-adversário que é o fornecedor".

---

[1] Vale neste ponto cingir as ideias apontadas por Verbicaro e Alcântara (2017, p. 178): "A busca frenética por um modelo fictício de 'qualidade de vida' leva a consumidora de hoje a ocupar seu tempo de modo 'economicamente produtivo', abrindo mão da convivência e das mais simples experiências com seus familiares e amigos, agora substituídos pelos símbolos de consumo e pelas amizades virtuais, das quais passará a depender em relação à aprovação ou não de suas escolhas, o que comprometerá sua autoestima e sua própria estabilidade físico-emocional. Aliás, o assédio de consumo levado a efeito pela comunicação publicitária tendenciosa em relação ao público feminino sofisticou a 'gangorra' entre vender a ilusão da felicidade pela própria 'desculpabilização' do ato de comprar e, logo depois, acelerar o processo de decepção e frustração, sugerindo que, agora, há uma nova fórmula para aquela mesma felicidade, que não mais lhe pertence, mesmo porque sempre fora artificial, algo que consumidor inebriado pelas técnicas subliminares de convencimento não consegue perceber".

Deste modo, a vulnerabilidade constitui uma condição intrínseca da consumidora, sendo uma presunção absoluta nas relações de consumo, podendo ser percebida pelas vertentes técnica (ausência de conhecimento especializado do consumidor sobre produtos e/ou serviços disponíveis no mercado), jurídica (desconhecimento de direitos, deveres e consequências jurídicas em fase pré-processual e processual), fática ou socioeconômica, informacional (déficit de informação clara, objetiva e adequada da consumidora ante a especialidade dos fornecedores. Veja-se que não implica a ausência de informação, mas sua manipulação e, por vezes, dados desnecessários) (MARQUES, 2004), a política ou legislativa (ponto fraco dos consumidores concentra-se no *lobby* praticado pelos fornecedores quanto às normativas que passam pelo processo legislativo), biológica ou psíquica (decorrente dos apelos e sedução do mercado do *marketing*) e a ambiental (advinda dos produtos e serviços que afetam diretamente o meio ambiente, a vida, saúde e segurança do consumidor) (MORAES, 2009).

Marques e Miragem (2014, p. 190-225) permitem-se ir mais além na discussão, destacando o aspecto da vulnerabilidade dos consumidores em relação ao futuro da proteção pelo direito privado, elencando revisitar os ideais do direito moderno público quanto a uma nova igualdade (direito à diferença; pluralismo; igualdade com "alma e calma, enfatizando a sensibilidade do *alter*; respeito e igualdade em combate à discriminação; reconhecimento da hipervulnerabilidade, quer seja a situação de vulnerabilidade agravada; superação da visão formalista da igualdade mecânica), uma nova liberdade (autonomia do outro, liberdade do *alter*, do mais fraco da relação de consumo; valorização do tempo) e uma nova fraternidade (reconhecimento de identidades, culturas; diálogo das diferenças; diálogo de fontes e cooperação de normas do direito público").

O Código de Defesa do Consumidor – CDC (Lei nº 8.078/90), por sua vez, não deixou de positivar a vulnerabilidade, suas agravantes e incidências, podendo o entendimento ser extraído do art. 4º, I e art. 39, IV, ante a posição dos indivíduos e grupos economicamente desfavorecidos nas relações de consumo face as práticas abusivas do fornecedor no mercado de consumo, no âmbito pré-contratual das ofertas publicitárias. Nessa linha, Solomon (2006, p. 22) reforça a necessidade de reconhecimento da hipervulnerabilidade ante o fato de que a mulher, face os anseios sociais e padrão comportamental e de sucesso social, acaba estando predisposta a realizar pagamento mais caro ao fornecedor para fins de autorrealização (autossatisfação, experiências enriquecedoras); egocentrismo (prestígio, *status* e realização); pertencimento (amor, amizade, aceitação dos outros); e segurança (abrigo e proteção).

Da mesma forma, o autor pontua:

> A diferenciação por gênero começa bem cedo – até mesmo as fraldas são vendidas na versão rosa para as meninas e azul para meninos. Muitos produtos, desde perfumes a calçados, são dirigidos ou para homens ou para mulheres. Uma equipe de marketing da Procter & Gamble composta só de mulheres, que jocosamente se denominam "mulheres no comando", introduziu o Crest Rejuvenating Effects, o primeiro creme dental do mercado posicionado exclusivamente para mulheres. A P&G informa que esse produto é feminino embalando-o em um tubo azul-petróleo, e tem sabor de baunilha e canela. (SOLOMON, 2006, p. 41)

Não obstante os padrões reforçados por publicidades abusivas e preços sexistas baseados no gênero, são os fenômenos que insistem em enquadrar a mulher num lugar de constrangimento e hipervulnerabilidade. Entre os possíveis exemplos cabíveis para ilustrar relações de consumo distorcidas pelo gênero, podemos destacar a situação dos absorventes. A análise acerca de um único item do cotidiano feminino permite visualizações dos mais diversos aspectos que este artigo busca evidenciar.

A princípio, vale lembrar, absorventes íntimos já trazem consigo uma carga de rejeição e tabu. Afinal, são pequenos instrumentos utilizados para conter o sangue menstrual, ou seja, aquele que é amplamente difundido pelas campanhas publicitárias como algo sujo e com odores desagradáveis. Nesse cenário, as crenças sobre a menstruação ser anti-higiênica e discussões sobre essas preocupações "impróprias" mantiveram os produtos menstruais fora do acesso popular[2] (KOTLER, 2018).

Antes da existência de absorventes descartáveis, as mulheres utilizavam pequenas toalhas de tecido reutilizáveis. Ao surgirem no mercado, os absorventes íntimos descartáveis trouxeram a ideia de limpeza, de modernidade. Atualmente, incontáveis são os modelos de absorventes descartáveis, por vezes até com utilidades capazes de comprometer a saúde íntima feminina, como exemplo, os absorventes perfumados.

Ainda assim, os absorventes movimentam uma indústria milionária, além do mercado publicitário sempre em alta, com foco em disfarçar o sangramento menstrual, fazendo com que as mulheres fossem vistas como mais femininas, higiênicas e capazes. Estratégias baseadas no medo da "descoberta" continuam a ser empregadas pelos comerciantes ainda hoje, desde produtos perfumados a embalagens silenciosas e discretas (KOTLER, 2018).

A essencialidade do absorvente imposta à mulher não é proporcional aos valores praticados no mercado brasileiro. Vale lembrar que os absorventes – e os demais produtos equivalentes – não são itens de higiene opcional para mulheres, mas foram impostos como verdadeiros itens obrigatórios para higiene feminina e que serão utilizados durante uma boa parte da vida de uma mulher.

Ainda que sejam vistos pela sociedade como itens indispensáveis para as mulheres, em recente pesquisa realizada pelo Fundo de População da ONU e Unicef,[3] constatou-se:

> [...] meninas e mulheres não conseguem realizar de três a seis trocas diárias de absorventes, conforme a indicação de ginecologistas, permanecendo com o mesmo absorvente por muitas horas, seja porque o custo dos absorventes exerce um peso importante no orçamento das famílias mais pobres (que em vários casos enfrentam algum grau de insegurança alimentar), seja porque o item é considerado supérfluo mesmo quando existe algum espaço orçamentário que acomodaria a compra de uma quantidade maior do produto [...].

Ao considerarmos que:

> O período de sangramento menstrual varia de *quatro a oito dias*. O custo de um pacote com oito unidades de absorvente externo é *de R$3 a R$10*. Para a manutenção correta da higiene menstrual, o item deve ser trocado a cada quatro horas. Na circunstância extrema de menstruar por oito dias, pagando R$10, pode-se chegar ao gasto de R$50 mensais.[4]

---

[2] Informações mais concisas e pertinentes à temática podem ser verificadas em Kotler (2018).
[3] Disponível em: https://www.unicef.org/brazil/media/14456/file/dignidade-menstrual_relatorio-unicef-unfpa_maio2021.pdf. p. 11.
[4] Disponível em: https://www.ufrgs.br/sextante/a-luta-para-menstruar-em-paz/. Acesso em: 29 set. 2022.

É possível compreender que a mulher se encontra exposta novamente a uma situação de hipervulnerabilidade. Em uma sociedade que insiste em pagar salários menores à mulher,[5] imputar obrigações domésticas como inerentes ao gênero feminino e onerar com impostos excessivos um item como absorventes íntimos, não é de se esperar resultado diverso. A mulher brasileira não tem acesso adequado aos absorventes e, quando tem, é comprometendo algum outro item essencial, fazendo com que o absorvente íntimo seja um item de luxo.

Esse pensamento se coaduna aos dizeres de Rodrigues e Soares (2021, p. 149):

> Tem-se, portanto, que o grupo que trabalha mais e recebe menos em termos salariais, é o que é mais exigido e visado em termos de lucratividade pelo mercado de consumo, principalmente por segmentos como o de cosméticos e beleza, vestuário, medicamentos, cirurgias plásticas, dentre outros, além de algumas práticas abusivas.

Ainda no âmbito das relações de consumo e assédio discriminatório de gênero, verifica-se a existência do chamado fenômeno da *pink tax* ou taxa rosa.[6] Tal fenômeno se traduz na diferença de valores referentes a produtos e serviços em razão do gênero do consumidor, ou seja, homem ou mulher, elevando preços para produtos femininos. A *pink tax* consiste em "um movimento do mercado consumerista apoiado em técnicas de marketing e *desing*, que torna os produtos desenvolvidos para mulheres mais caros que para os homens, mesmo que se tratem de produtos iguais" (MARIMPIETRI, 2017).

Nos dias atuais, a taxa rosa pode ser avaliada a partir de diversas perspectivas, abarcando consumo, tributação, sociologia e *marketing*, por exemplo. Diversas são as pesquisas sobre o assunto. Em 2018, a Escola Superior de Propaganda e Marketing – ESPM realizou uma pesquisa na qual se verificou que os produtos rosas ou com personagens femininos custam, em média, 12,3% a mais que os outros no Brasil.[7]

No mesmo sentido, em um dos levantamentos feitos, a Agência Brasil[8] identificou que o percentual de diferença alcançado entre produtos para mulheres e homens foi de 35% em relação aos produtos femininos. Entre os produtos averiguados, o mais impactante foi o Ibuprofeno 400 miligramas, também vendido como Advil, considerando que o mesmo remédio, quando acompanhado da palavra "mulher", passou a custar quase o triplo, o que significa uma diferença de 190% em relação ao remédio sem identificação de gênero.

A prática da *pink tax* nada mais é do que uma verdadeira prática abusiva, vedada pela própria Constituição Federal, em seu art. 5º, I, no âmbito da previsão de igualdade entre homens e mulheres perante a lei, mas também pelo Código de Defesa do Consumidor. Vejamos:

> Art. 39. É vedado ao fornecedor de produtos ou serviços, dentre outras práticas abusivas:
> [...]

---

[5] Segundo o Instituto Brasileiro de Geografia e Estatística (IBGE), a diferença salarial entre homens e mulheres é de 22% (Disponível em: https://biblioteca.ibge.gov.br/visualizacao/livros/liv101892.pdf).

[6] Em que pese ser nomeada com a expressão "taxa", a taxa rosa não é um tributo, mas um fenômeno de discriminação de gênero.

[7] Disponível em: https://jornalismorio.espm.br/geral/88577/. Acesso em: 20 set. 2022.

[8] Disponível em: https://agenciabrasil.ebc.com.br/radioagencia-nacional/economia/audio/2021-03/sabe-o-que-quer-dizer-pink-tax-ou-taxa-rosa.

IV - prevalecer-se da fraqueza ou ignorância do consumidor, tendo em vista sua idade, saúde, conhecimento ou condição social, para impingir-lhe seus produtos ou serviços; [...]
X - elevar sem justa causa o preço de produtos ou serviços.

Nesse sentido, compartilhamos da opinião Verbicaro e Alcântara (2017, p. 185), quando defendem que "o gênero ou a natureza do produto/serviço, nestes casos, não pode ser considerado um fator legítimo para diferenciação da prática de preços imposta por produtores e fornecedores". No entanto, ainda não há no ordenamento jurídico brasileiro qualquer regulamentação capaz de coibir a desigualdade baseada no gênero do consumidor. Em contrapartida, no cenário internacional existem leis, como a do estado da Califórnia, nos Estados Unidos, que proibiu a discriminação de preço por gênero em serviços de cabeleireiro e lavanderia, na Europa, a Lei do Orçamento das Ilhas Canárias de 2018 eliminou o Imposto sobre Valor Agregado (IVA) sobre alguns produtos específicos para mulheres (ANTÓN; NAVARRO; BOUZAS, 2018, p. 386).

A contínua alimentação quanto à crença na diferenciação entre homens e mulheres reforça e retroalimenta a construção de estereótipos de gênero. Baseando-se em um contexto histórico-social perpetuado por décadas, percebe-se que a desigualdade social entre mulheres e homens é essencialmente o que fundamenta fenômenos discriminatórios de gênero, como a *pink tax*, impulsionados pelas publicidades abusivas e obrigando mulheres a permanecerem numa condição de hipervulnerabilidade no mercado consumerista.

Interessante destacar, nesse contexto, o que lecionam Antón, Navarro e Bouzas (2018):

> A discriminação de gênero ao invés de se manifestar em preço, pode se apresentar na forma de diversificação. Ou seja, o lançamento de uma vasta oferta de produtos específicos para um gênero, neste caso feminino, resguardados no seu interesse pelo cuidado pessoal e pelo valor atribuído a esta categoria de produtos. Não se trata de pagar um preço extra, mas de investir um orçamento maior para adquirir produtos mais específicos, sob o impulso da necessidade e do desejo de se sinalizar perante os outros e obter autossatisfação.

Em vias de conclusão de raciocínio, os exemplos de práticas discriminatórias não se resumem aos explanados, ainda assim, o contexto exemplificativo remonta à ideia de que as facetas da hipervulnerabilidade da consumidora mulher, quando não reconhecidas, implicam a afetação direta de sua liberdade de escolha, causando insegurança nas decisões racionais, assim, refletindo decisões genérica e apenas em conformidade com as vias da publicidade e do capitalismo.

3 Um novo discurso? Contraposições entre o empoderamento feminino na publicidade e no real poder decisório de compra

> Mulheres empoderadas, cumpridoras de multitarefas, fruto de lutas e conquistas. Todas são convocadas diariamente a "exercer o seu poder" em jornadas duplas, triplas, nos lares, no mercado de trabalho, na vida acadêmica, no mundo globalizado. O convite é feito sob a forma de mensagens publicitárias, que alinham à subjetividade do empoderamento feminino a evidência desse poder através de motivações para o consumo. (LANINI; OLIVEIRA; FORTUNA, 2017, p. 1882)

Não se pretende negar a influência indiscutível que a mídia tem na construção da sociedade de consumo, seja na inspiração de estilos de vida, produtos da moda, modos de pensar e até mesmo na criação de identidade sociocultural de sujeitos (ANTÓN; NAVARRO; BOUZAS, 2018) e do gênero feminino (KITE; DEAUX; HAINES, 2008; ALMANSA-MARTÍNEZ; TRAVESEDO-ROJAS, 2017). Gênero feminino aqui partindo de um sentido de construção sociocultural identitária sexual prescrita de comportamentos e expectativas sobre o que os indivíduos esperam que se deva fazer ou sua atuação ante o "seu gênero", permitindo na visão publicitária identificar a forma de processamento da informação e a consequente tomada de decisão.

Nesse contexto, observando a tríade consumo, gênero e publicidade, não podemos desconsiderar o que Verbicaro e Alcântara (2017, p. 178) explanam sobre o fato de que:

> [...] o comportamento do consumidor sofreu longa e perniciosa influência da indústria cultural patrocinada por um mercado ávido não apenas por forjar necessidades de consumo, mas também por fidelizar o consumidor, criando uma espécie de relação umbilical de auto identificação com a marca e pertencimento ao grupo artificial por ela criado, através da assimilação ideológica de supostos valores compartilhados entre seus membros, fica muito difícil acreditar nessa emancipação, sobretudo quando considerada a mulher em sua hipervulnerabilidade.

Em se tratando de mercado publicitário, com a percepção relativa do aumento crescente do poder de compra e de consumo do gênero, o potencial de compra das mulheres movimenta-se num crescente empenho criativo com abordagem efetiva voltada para o feminino (LANINI; OLIVEIRA; FORTUNA, 2017, p. 1882). Como efeito, a nova tendência do mercado visa corresponder às novas exigências por parte das consumidoras. E mais, o ato de fornecer e publicizar produtos e serviços femininos se complementa quando a conceituação do gênero, na perspectiva de responsabilidade corporativa e visibilidade social da categoria, se agrega às mercadorias, transpassando um ideal de participação visível, respeito e sensação de pertencimento (JANUÁRIO, 2021).

A justificativa encontra-se nos enlaces lucrativos que movem as corporações empresariais, valendo-se das subjetividades identitárias para alcançar suas ascensões no mercado, principalmente através da publicidade global, vendendo a ideia de que o consumo é capaz de emancipar, trazer felicidade e essencialidade de pertencimento. Nesse aspecto, o consumo age como uma espécie de marcador social, reforçando a ideia de que a acumulação de riquezas e capitais está cada vez menos ligada à real necessidade material, articulando-se em prol, majoritariamente, da necessidade de busca de destaque social (CORNETTA, 2017).

Nesses contornos, flagrante se torna a percepção de marcas que investem em publicizar pautas feministas, angariando visibilidade, especialmente nos produtos e discursos voltados para mulheres, ante o fator principal de (des)construção de gênero que se encontra em constante mudança e ressignificação (JANUÁRIO, 2021), rompendo com as visões e comportamentos hegemônicos.

Eis que surge na publicidade a figura do "empoderamento feminino", visto sob a denominação de *femvertising*. O *femvertising*, por sua vez, trata-se do direcionamento da publicidade para as questões de empoderamento feminino, através de discursos e ideias difundidos em campanhas publicitárias (HAMLIN; PETERS, 2018), o qual se tornou uma tendência crescente do *marketing* das marcas, utilizado por grandes empresas, como: Avon, Dove, Always, Pantene, entre outras, que usam pautas feministas em suas estratégias publicitárias (JANUÁRIO, 2021).

Nessa ótica, inegável é que a proposta ideológica do *branding* empresarial com a veiculação dessas campanhas "sociais" tem um impacto positivo, possibilitando o fomento do debate e adesão expressiva à causa relacionada à desigualdade de gênero e perspectivas atreladas à mulher/a feminismos que anteriormente eram invisibilizada(o)s ou distorcida(o)s, como, a título de exemplo, as campanhas de cervejas em que a mulher era objetificada, apresentada apenas sob o viés de padrão estético não alcançável, afigurada como sempre dona de lares, entre outros.

Contudo, em contraposição a isso, não se pode marginalizar o fato de que a crescente apropriação de questões relacionadas ao empoderamento feminino pela publicidade levanta questões e problemas quanto à real legitimidade e preocupações ético-sociais das marcas no que tange de fato à igualdade de gênero e respeito ou apropriação ideológica para massificação lucrativa. A exemplo, retoma-se a ideia dos medicamentos com mesma formulação e vendidos com valor diferente. Qual a preocupação publicitária e justificativa da causa feminina? Transferir à consumidora hipervulnerável o peso de se enquadrar no gênero feminino?

O que se extrai de tais práticas mascaradas de mercado é o que podemos assemelhar de *femwashing* (HAINNEVILLE; GUÈVREMONT; ROBINOT, 2022), uma espécie de publicidade enganosa perpetuada por determinados segmentos empresariais que apenas se apropriam de símbolos, cores, padrões e/ou linguagem afetas à igualdade de gênero, mas, em sua real essência, não demostram, praticam ou garantem políticas capazes de permear isonomia material ou inclusão deste nicho social, inclusive, por vezes, praticando valores acima de mercado.

Nas palavras de Verbicaro e Silva (2022, p. 241):

> O foco nesse nicho de mercado também se justifica pelo reconhecimento do alto poder aquisitivo desse grupo de consumidores e pela necessidade de interagir com um público mais acostumado a atrelar seus hábitos de consumo às questões que marcam a sua identidade como grupo tradicionalmente marginalizado socialmente, mas que agora se sente mais empoderado em suas escolhas. Dessa forma, vislumbra-se que as maquiagens publicitárias são plúrimas e versam sobre temas de extrema importância no contexto mundial. As abordagens, cada vez mais inovadoras e tangentes às emoções do indivíduo, ocorrem por lojas físicas ou plataformas virtuais e têm o condão de fidelizar cliente por meio de seu branding e pela imagem que fazem circular no mercado de consumo.

Aqui cinge o risco criado pelos falseados empoderamentos, que nas palavras de Brown (2019) são meras expressões de uma racionalidade liberal que aprisionam e fazem desaparecer com os poderes sociais e reivindicações, causando incoerências entre o uso do enredo verdadeiro da luta pelas quais as mulheres travam e a movimentação da máquina capitalista. Diametralmente nesse foco, destaque-se com primazia e rigor da palavra, o que leciona Barreto Januário (2021):

> De fato, há contribuições positivas. mas temos que considerar o debate feminista como algo muito mais profundo do que as ideias apresentadas sob o rótulo do *femvertising* (2015). apenas o conceito, a meu ver, não é suficiente para a apresentação de uma perspectiva

de mudança de cenário social. a proposta dialoga com a superfície, com uma parte da comunicação estratégica das marcas e empresas que pode ser moldada de acordo com as interações sociais e as lógicas de mercado. efetivamente, é raso e superficial dizer que o *femvertising* contempla um novo cenário para a mulher nas representações midiáticas comerciais. cabe ressaltar que, inclusive, já fui entusiasta da estratégia em questão. Dessa forma, é pertinente reforçar que a publicidade corresponde a uma certa superficialidade externa no pensamento mercadológico, enquanto a filosofia empresarial por trás da gestão de uma marca é mais profunda e diversa.

E então, como vislumbrar nas relações consumeristas o empoderamento de gênero feminino? Como não ter apenas uma visão que deflagra o manejo esvaziado das pautas de gênero em prol único de retorno financeiro?

A mudança de padrão publicitário e de *branding* mercadológico ao longo da história ocorreu em razão de as mulheres, apesar de toda a indústria cultural e assédio de consumo, se tornarem mais informadas e de certo modo mais exigentes em relação ao que consomem, articulando-se e não se silenciando em detrimento de discordâncias sociais, éticas e culturais. De espectadoras caminhamos para protagonistas, que, apesar de hipervulneráveis, temos à disposição um grande poder, o poder de decisão de mercado.

A linha tênue dessa versão diferencial de empoderamento decisório feminino, por meio do exercício do poder de escolha e uso da seletividade, ampliou-se mais ainda com o uso das redes sociais. Nesse sentido, vários exemplos podem ser destacados.

Há a publicidade feita pela Cervejaria IRADA!, que passou a oferecer um chope gratuitamente às mulheres que realizassem *topless* – retirada da parte de cima do biquíni – na praia. A repercussão foi enorme por parte das consumidoras nas redes sociais, de tal forma que a empresa foi acusada de propagar "machismo oportunista disfarçado de pauta feminista libertária" e pediu desculpas em suas redes sociais, assumindo a responsabilidade por interpretações de forma "ambígua" (ALMEIDA, 2016).

Nota de esclarecimento publicada pela cervejaria Irada (Foto: Reprodução/Facebook)

Fonte: Almeida (2016).

Na seara da beleza, a grande marca de cosméticos Avon também não passou despercebida com relação às manifestações de consumidoras insatisfeitas com o tipo de representatividade feminina publicizada ao mercado. Isso ocorreu no vídeo "Quilinhos", da campanha #MegaPraCima.[9] A publicidade trazia a representação de uma mulher se autodifamando em razão de não ter atendido aos padrões estéticos de magreza impostos pela sociedade, mas, ao utilizar o produto da marca em questão – um rímel –, havia uma maquiagem em seu humor e tudo se tornava para "cima". Diante disso, diversas mulheres brasileiras manifestaram-se diretamente à empresa para demonstrar qual seria o lugar de representação feminina que de fato elas buscam para se autoidentificar.

Após os boicotes e manifestações de consumidoras e potenciais consumidoras, a marca realizou uma revisão geral de seu posicionamento estratégico, tornando de fato as ações mercadológicas voltadas ao empoderamento feminino a partir da campanha "Beleza que faz sentido",[10] inclusive referente à criação de uma plataforma *on-line* de ações voltadas a questões do real empoderamento feminino.

Nessa perspectiva, para Pierre Bourdieu (2016, p. 8-9):

> Convocar as mulheres a se comprometerem com uma ação política em ruptura [...] é desejar que elas saibam trabalhar para inventar e impor formas de organização e de ações coletivas e armas eficazes, simbólicas sobretudo, capazes de abalar as instituições, estatais e jurídicas, que contribuem para eternizar sua subordinação.

Canclini (2010) defende que, no processo de compra e comportamentos, quando os bens de consumo são escolhidos e nos apropriamos deles, acabamos por definir o que de fato consideramos importante e valioso publicamente para os demais atores sociais, ou seja, não somente para a individualidade, mas em prol do coletivo. E essa é a perspectiva de empoderamento que se contrapõe aos meros declínios publicitários sexistas de mercado, (re)afirmando que são as práticas socioculturais efetivas que dão sentido à sensação de pertencimento social.

Conclusão

Identifica-se nas relações de consumo a figuração de uma percepção sexista derivada dos efeitos da indústria cultural e assédio de consumo, ocasionando no gênero feminino a potencial exposição existencial e coletiva aos riscos de mercado, principalmente quando relacionados à publicidade. A mulher, por decorrência história considerável, parece então não conseguir se desvencilhar da acentuação de sua vulnerabilidade, aqui afirmada como hipervulnerabilidade. Assim, seguindo, ainda que menos, sucumbindo aos efeitos psicológicos e sociais impostos pelo mercado consumerista, predisposto à obtenção do lucro em cima de questões como discriminação de gênero; e justo por tal motivo, merece o devido amparo e olhar de equilíbrio proporcionado pelo Código de Defesa do Consumidor.

As rotineiras práticas mercadológicas do consumo e das publicidades que as acompanham, que se apoderam de falsos discursos em prol de gênero, afiguram-se, em

---

[9] Disponível em: https://www.youtube.com/watch?v=apPIaVt8V9Y. Acesso em: 20 set. 2022.
[10] Disponível em: https://www.abevd.org.br/case-avon-beleza-que-faz-sentido/. Acesso em: 20 set. 2022.

grande parte, como verdadeiros abusos atentatórios às mulheres consumidoras como individualidade e coletividade. Não obstante, reitera-se que as violações ao princípio da igualdade e o tratamento da mulher como subalterna, desprovida de direitos, de desejos próprios e de independência são cenários que passaram a ser incompatíveis, enfatizando que nos dias atuais já não subsistem espaços que legitimem o gênero como um fator para a discriminação feminina em qualquer espaço, incluindo-se aqui as relações de consumo e na liberdade da atividade econômica.

A posição que a mulher ocupa na sociedade atual, o maior acesso informativo e até mesmo o uso das redes sociais permite uma espécie de conscientização coletiva, gerando uma verdadeira corrente de empoderamento feminino a partir da não aceitação das imposições da mídia, conforme demonstrado no texto. A experiência social feminina, construída por lutas, trabalhos árduos e contraposições, nos permite paulatinamente (re)estruturar uma consciência crítica feminina que se firma contrariamente ao que não nos representa, ao que nos deturpa e agride, a um mercado que vincula chope a *topless*, por exemplo.

Finalmente, nunca é suficiente lembrar que cabe a nós mulheres a luta pelos nossos direitos, a contraposição ao mercado que insiste em se aproveitar da nossa, tão duramente conquistada, participação social, apenas com objetivo de lucrar. Não parabenizemos empresas que hoje fingem dar visibilidade às mulheres, quando elas mesmas foram as responsáveis por agravar nossa vulnerabilidade como consumidoras.

O conhecimento político, histórico e social nos ensina que o empoderamento feminino não está baseado em *marketing*, ferramenta que serve aos anseios capitalistas ligados ao lucro. O empoderamento do gênero feminino, em contraposição à hipervulnerabilidade, não se coaduna com a mera estética e com a representatividade rasa, mas com a difusão dos próprios conhecimentos e atitudes das mulheres de todos os espaços sociais, virtuais, políticos e econômicos, possibilitando posicionamento e inclusão da maioria. O poder da publicidade não deve ser o peso diferencial na balança, mas sim o poder de escolha e tomada de decisão da mulher consumidora, pois é este último que é capaz exponencialmente de reduzir gradualmente as desigualdades e discriminações de gênero.

Referências

ALMEIDA, Matheus. Cervejaria da qual Malvino Salvador é sócio sofre críticas por campanha. *Ego*, 2016. Disponível em: http://ego.globo.com/famosos/noticia/2016/12/cervejaria-da-qual-malvino-salvador-e-socio-sofre-criticas-por-campanha.html. Acesso em: 13 set. 2022.

ANTÓN, R. Manzano; NAVARRO, G. Martínez; BOUZAS, D. Gavilán. Identidade de gênero, consumo e discriminação de preços. *Revista Latina de Comunicação Social*, v. 73, p. 385-400, 2018. DOI: 10.4185/RLCS-2018-1261en. Disponível em: http://www.revistalatinacs.org/073paper/1261/20en.html. Acesso em: 20 set. 2022.

BAUMAN, Zygmunt. *Vida líquida*. Tradução de Carlos Alberto Medeiros. Rio de Janeiro: Zahar, 2007.

BIROLI, Flávia. *Gênero e desigualdades*: os limites da democracia no Brasil. São Paulo: Boitempo, 2018.

BOURDIEU, Pierre. *A dominação masculina*: a condição feminina e a violência simbólica. 3. ed. Rio de Janeiro: BestBolso, 2016.

BRASIL. *Lei nº 8.078, de 11 de setembro de 1990*. Dispõe sobre a proteção do consumidor e dá outras providências. Brasília, DF: Presidência da República, 1990. Disponível em: http://www.planalto.gov.br/ccivil_03/leis/l8078.htm. Acesso em: 12 set. 2022.

BROWN, Wendy. *Nas ruínas do neoliberalismo*: a ascensão da política antidemocrática no ocidente. São Paulo: Politéia, 2019.

CANCLINI, Néstor. *Consumidores e cidadãos*: conflitos multiculturais da globalização. Tradução de Maurício Santana Dias. 8. ed. Rio de Janeiro: EdUFRJ, 2010.

CANTO, Rodrigo Eidelvein. Direito do consumidor e vulnerabilidade no meio digital. *Revista de Direito do Consumidor*, São Paulo, ano 22, v. 87, p. 179-210, maio/jun. 2013.

COMISSÃO ECONÔMICA PARA AMÉRICA LATINA E CARIBE (ONU). Mujeres: las más prejudicadas por el desempleo. *Nota para la igualdad*, n. 22, mar. 2017. Disponível em: http://oig.cepal.org/es/notas/nota-la-igualdad-ndeg-22-mujeres-mas-perjudicadas-desempleo. Acesso em: 23 ago. 2022.

CORNETTA, Wiliam. *Produto essencial no direito do consumidor*. Rio de Janeiro: Lumen Juris, 2017.

ELIAS, Juliana. As mulheres deveriam pagar mais por produtos iguais? *Consumidor Moderno*, São Paulo, jan. 2017. Disponível em: http://www.consumidormoderno.com.br/2017/01/09/mulheres-deviam-pagar-mais-produtos-iguais-tesco/. Acesso em: 25 ago. 2022.

FEDERICI, Silvia. *Calibã e a bruxa*: mulheres, corpo e acumulação primitiva. Tradução de Coletivo Sycorax. São Paulo: Elefante, 2017.

GUIMARÃES, Sandra Suely Moreira Lurine; DAOU, Saada Zouhair. Isso que se chama de amor é trabalho reprodutivo não pago: uma análise sobre trabalho reprodutivo e desigualdade de gênero em tempo de pandemia Covid-19. *In*: VERBICARO, Dennis; VERBICARO, Loiane Prado. *Tensões de uma sociedade em crise*. Rio de Janeiro: Lumen Juris, 2020.

HAINNEVILLE, Valentine; GUÈVREMONT, Amélie; ROBINOT, Élisabeth. Femvertising or femwashing? Women's perceptions of authenticity. *Journal of consumer behaviour*, 2022. Disponível em: https://onlinelibrary.wiley.com/doi/full/10.1002/cb.2020.

HAMLIN, Cynthia; PETERS, Gabriel. Consumindo como uma garota: subjetivação e empoderamento na publicidade voltada para mulheres. *Lua Nova: Revista de Cultura e Política*, n. 103, p. 167-202, 2018. ISSN 1807-0175. Disponível em: https://doi.org/10.1590/0102-138/103. Acesso em: 20 set. 2022.

JANUÁRIO, Soraya Barreto. Feminismo de mercado: um mapeamento do debate entre feminismos e consumo. *Cadernos Pagu*, n. 61, 2021. Disponível em: https://doi.org/10.1590/18094449202100610012. Acesso em: 19 set. 2022.

KITE, M. E.; DEAUX, E. L.; HAINES, E. L. Estereótipos de gênero. *In*: DINAMARCA, F. L.; PALUDI, M. A. (Ed.). *Psicologia das mulheres*. Um manual de questões e teorias. 2. ed. Westport: Praeger, 2008.

KOTLER, Jennifer. Uma breve história dos produtos menstruais modernos: como chegamos aos absorventes que temos hoje? *Clue*, 2018. Disponível em: https://helloclue.com/pt/artigos/absorventes-e-mais/uma-breve-historia-dos-produtos-menstruais-modernos. Acesso em: 20 ago. 2022.

LA BOÉTIE, Étienne de. *Discurso sobre a servidão voluntária*. 2. ed. rev. Tradução de J. Cretella Jr. e Agnes Cretella. São Paulo: Revista dos Tribunais, 2009. (RT textos fundamentais, 8).

LIPOVETSKY, Gilles. *A felicidade paradoxal*: ensaio sobre a sociedade do hiperconsumo. São Paulo: Companhia das Letras, 2007.

MARIPIETRI, Flávia. Pink tax e o direito das consumidoras. *Revista Direito UNIFACS – Debate Virtual*, n. 206, 2017.

MARQUES, Cláudia Lima. *Confiança no comércio eletrônico e a proteção do consumidor*: um estudo dos negócios jurídicos do consumo no comércio eletrônico. São Paulo: Revista dos Tribunais, 2004.

MARQUES, Cláudia Lima; MIRAGEM, Bruno. *O novo direito privado e a proteção dos vulneráveis*. 2. ed. rev., ampl. e atual. São Paulo: Revista dos Tribunais, 2014.

MARTÍNEZ, Almansa; TRAVESEDO-ROJAS, R. Gómez de. O estereótipo das mulheres nas revistas femininas espanholas de alta qualidade durante a crise. *Revista Latina de Comunicação Social*, v. 72, p. 608-628, 2017. Disponível em: http://www.revistalatinacs.org/072paper/1182/32es.html. Acesso em: 20 ago. 2022.

MELO, Camila Oliveira de; SOUZA, Nelson Rosário. *Sociedade de consumo e o espaço de mulheres na contemporaneidade*. 26 f. Monografia (Especialização) – Universidade Federal do Paraná, Curitiba, 2011.

MILLER, D. *Acknowledging consumption*. London: Routledge, 1995.

MORAES, Paulo Valério Dal Pai. *Código de Defesa do Consumidor*: o princípio da vulnerabilidade no contrato, na publicidade, nas demais práticas comerciais: interpretação sistemática do direito. 3. ed. Porto Alegre: Livraria do Advogado, 2009.

PINSKY, Carla Bassanezi. *Mulheres dos anos dourados*. São Paulo: Contexto, 2014.

SOLOMON, Michael R. *O comportamento do consumidor*: comprando, possuindo e sendo. Porto Alegre: Bookman, 2016.

VERBICARO, Dennis; ALCÂNTARA, Ana Beatriz Quintas Santiago de. A percepção do sexismo face à cultura do consumo e a hipervulnerabilidade da mulher no âmbito do assédio discriminatório de gênero. *Revista Pensamento Jurídico*, São Paulo, v. 11, n. 1, jan./jun. 2017.

VERBICARO, Dennis; HOMCI, Janaina Vieira. A objetificação sexista da mulher nas relações de consumo à luz da teoria feminista de MacKinnon. *Revista da Faculdade de Direito UFPR*, Curitiba, v. 66, n. 2, p. 51-68, maio/ago. 2021. ISSN 2236-7284. DOI: http://dx.doi.org/10.5380/rfdufpr.v66i2.69906. Disponível em: https://revistas.ufpr.br/direito/article/view/69906. Acesso em: 31 ago. 2021.

VERBICARO, Dennis; SILVA, Luiza Tuma da Ponte. Consumismo, maquiagem publicitária e o dever de informação dos fornecedores. *Suprema: revista de estudos constitucionais*, Brasília, v. 2, n. 1, p. 225-253, jan./jun. 2022.

VERBICARO, Dennis; VERBICARO, Loiane Prado; AZEVEDO, Camyla Galeão de. A indústria cultural e o consumismo sob a perspectiva da mulher. *Revista de Direito do Consumidor*, São Paulo, ano 28, v. 123, p. 77-106, maio/jun. 2019.

Informação bibliográfica deste texto, conforme a NBR 6023:2018 da Associação Brasileira de Normas Técnicas (ABNT):

MENDES, Denise Pinheiro; OHANA, Gabriela; TAVARES, Luanna. Consumo e discriminação de gênero: perspectivas acerca da hipervulnerabilidade da mulher consumidora e do empoderamento feminino na publicidade. *In*: MENDES, Denise Pinheiro Santos; MENDES, Giussepp; BACELAR, Jeferson Antonio Fernandes (Coords.). *Magníficas mulheres*: lutando e conquistando direitos. Belo Horizonte: Fórum, 2023. p. 137-152. ISBN 978-65-5518-488-4.

PAPEL DE MULHER É NA CHEFIA OU ONDE ELA QUISER

ELIANA MARIA DE SOUZA FRANCO TEIXEIRA

Introdução

O presente artigo é escrito em homenagem a mulheres que ocupam os cinco cargos mais importantes e de controle do estado do Pará: no Tribunal de Justiça do Estado do Pará, a Desembargadora Célia Regina de Lima Pinheiro; no Tribunal Regional do Trabalho/TRT 8, a Desembargadora Graziela Leite Colares; no Tribunal Regional Eleitoral, a Desembargadora Luzia Nadja Guimarães Nascimento; no Tribunal de Contas do Estado do Pará, a Conselheira Maria de Lourdes Lima de Oliveira; e no Tribunal de Contas dos Municípios do Estado do Pará, a Conselheira Mara Lúcia Barbalho da Cruz.

Todas essas mulheres maravilhosas exercem funções de chefia e tiveram que lutar por seus espaços não somente para demonstrar sua capacidade de chefia, mas contra o preconceito que as mulheres sofreram e sofrem ao longo de sua história. Com certeza, seus pares não agiram com preconceito ou mesmo seus familiares e amigos(as), ao menos não de forma pensada ou expressa, porém, é a própria história das mulheres que mostra todo o ambiente hostil e de categoria "z", no ambiente privado no qual foram colocadas.

Não é piegas ou ultrapassado analisar as condições de vida das mulheres na pós-modernidade. Assim, o objetivo da pesquisa é verificar o percurso normativo das mulheres no direito do trabalho e no campo das atividades públicas, bem como as condições de vida atual das mulheres, para demonstrar as dificuldades enfrentadas por elas.

A pesquisa é exploratória, pois busca conhecer referências e dados secundários produzidos sobre os caminhos normativos e as condições de vida das mulheres no estado do Pará.

Este estudo se divide em 3 (três) etapas: mulher na sociedade; mulher no trabalho; e condições de vida da mulher brasileira.

As homenageadas merecem todos os nossos aplausos, porque elas são a prova viva de que é possível ser mulher e ter destaque na sociedade e no trabalho. Deste modo, todas as mulheres devem seguir os seus exemplos. O *slogan* é de uma loja famosa brasileira, mas é escrito com carinho, "de mulher para mulher". É uma felicidade tê-las como exemplo de vida.

1 Mulher na sociedade

A mulher na sociedade antiga[1] ocupava o papel privado, colocado em casa, nos cuidados privados, a parideira, embora muitas mulheres tenham alcançado destaque na história, mas normalmente aliadas aos homens poderosos de sua época.

No estágio civilizatório na Idade Antiga, a formação do poder era patriarcal (pelos romanos) e a sociedade era escravocrata, sendo que mulheres, crianças e escravos eram excluídos do processo de cidadania. As mulheres eram dividas em três categorias: esposas – não tinham quase contato com pessoas externas à família e eram destinadas a gerar os filhos legítimos; concubinas – auxiliavam os homens a lidar com as tarefas diárias da vida; e as prostitutas – viviam em locais próprios e serviam para o prazer dos homens (BRAGA, 2019).

Na Idade Média,[2] a condição das mulheres não muda muito. O destaque continua a ser para os comandos militares e políticos – em alguns casos, redundando em fins trágicos.

Apesar da expansão da agricultura, do aumento da população, da organização de classes e restrição de atividades e domínios das pessoas mais pobres, da organização de trabalho em troca de casa e comida, todas essas mudanças que não foram aos olhos contemporâneos tão evoluídas em termos de cidadania e respeito aos direitos, as mulheres médias continuavam em situação precária, sendo a mulher do campo integrada ao trabalho rural familiar e às tarefas domésticas. As mulheres da cidade que tinham algum recurso pertenciam à burguesia, enquanto que as que não tinham, trabalhavam com remunerações diminutas, tinham muita dificuldade em participar de corporações de ofício e, quando ficavam viúvas, poucas conseguiam continuar com os negócios da família (BRAGA, 2019).

Na Idade Moderna,[3] mantém-se o destaque das mulheres para os comandos militares e políticos. Este período foi marcado pela revolução comercial, sendo que a organização da estrutura social era em três camadas (clero, nobreza e burguesia), e vem o período da Renascença, dos valores culturais e religiosos católicos e o aparecimento do protestantismo. As mulheres continuavam presas às determinações de seus maridos, mas já apareciam de maneira esparsa em atividades comerciais, mesmo contrariando a sociedade da época. Elas trabalhavam na indústria manufaturada rural e eram

---

[1] "Cleópatra, cujos ardis, nos tempos do domínio romano sobre o Egito, fizeram dois generais de Roma, Júlio César e Marco Antônio, atrelarem-se a ela amorosa e politicamente. Entre as muitas figuras femininas de destaque na Idade Antiga, há ainda Roxane, a princesa persa que se tornou cônjuge de Alexandre Magno, da Macedônia". Veja mais sobre grandes mulheres da história em Fernandes ([s.d.]).

[2] "No período medieval, a mulher de maior vulto foi Joana D'Arc, que chefiou tropas do exército francês na Guerra dos Cem Anos, mas acabou sendo perseguida e morta, acusada de heresia". Veja mais sobre grandes mulheres da história em Fernandes ([s.d.]).

[3] "Na entrada da Era Moderna, a rainha Elizabeth, da Inglaterra, também teve grande vulto, assim como Maria Stuart, da Escócia. Soma-se a essas duas, Santa Teresa de Ávila, grande escritora e mística do Catolicismo Espanhol". Veja mais sobre grandes mulheres da história em Fernandes ([s.d.]).

parteiras. Nesta época, houve avanço pelas navegações e do comércio internacional, o que modificou a sociedade já em desenho capitalista (BRAGA, 2019).

As mulheres médias da Idade Moderna em diante passam a lutar mais por seus direitos e reconhecimento dentro da sociedade, sendo na Idade Contemporânea constatados muitos movimentos em favor do reconhecimento de direitos das mulheres, as quais passaram a exigir: o direito de participação política; de comerciar sem autorização de marido; de controlar a quantidade de filhos(as) pelo uso da pílula anticoncepcional; e de participar da vida profissional, podendo manter o seu *status* de mulher, mãe, esposa e profissional (muitos dos papéis exercidos pelas mulheres contemporâneas), pois não há justificativas razoáveis para se impor que uma mulher tenha que viver abrindo mão de todas essas possibilidades para ser reconhecida como capaz de fazer parte de todas as atividade sociais existentes na sociedade.

O que muda na Idade Contemporânea[4] é que as mulheres já passaram por lutas de posição na sociedade para poder votar e ser votadas, estudar e comerciar sem autorização de homens, mas as mulheres continuam a enfrentar o preconceito por serem mulheres. Também na Idade Contemporânea, os campos de atuação das mulheres passam a abranger os âmbitos militar, político e cultural.

Apesar de as mulheres terem alcançado muitas conquistas, entre os direitos e a vida real, ainda há um longo caminho a ser percorrido, no qual homens, mulheres e a população LGBTQIA+ possam ocupar espaços de maneira harmoniosa, fazendo parte de uma grande regência da vida: a vida humana.

2 Mulher no trabalho

A situação da mulher no trabalho foi verificada pela análise das convenções aprovadas no âmbito da Organização Internacional do Trabalho, da Consolidação das Leis do Trabalho e do Código Civil de 1916,[5] que versam sobre condições de trabalho e identidade da mulher, por exemplo.

---

[4] "Nos séculos XIX e XX, o número de mulheres de destaque é bem grande e abarca vários setores, desde o cultural até o político. Nomes como Anita Garibaldi, Maria Quitéria e Princesa Isabel, no Brasil, têm lugar proeminente". Veja mais sobre grandes mulheres da história em Fernandes ([s.d.]).

[5] Há um Código Civil vigente que superou o Código Civil de 1916, mas o objeto é verificar como a mulher era identificada até 2002.

TABELA 1 – CONVENÇÕES SOBRE OS DIREITOS DAS MULHERES

(continua)

Convenção da OIT	Teor
Convenção nº 3 – Convenção relativa aos Emprego das Mulheres antes e depois do parto (Proteção à Maternidade). Aprovada em 1919.	A Convenção trata de direito das mulheres de licença à maternidade (embora essa nomenclatura não seja adotada) de seis semanas anteriores (mediante atestado médico) e seis semanas posteriores ao parto, bem como indenização (uma espécie de salário-maternidade) e dois dias e meio de folga para fins de aleitamento.
Convenção nº 4 – Convenção relativa ao Trabalho Noturno da Mulher. Aprovada em 1919.	Ficou proibido o trabalho noturno da mulher, que o faria em situações extraordinárias, por força maior.
Convenção nº 41 – Convenção relativa ao Trabalho Noturno das Mulheres. Revista em 1934.	Revisita a questão do trabalho noturno da mulher, incluindo-se que a proibição do trabalho da mulher no turno noturno não se aplicaria às mulheres que ocupassem postos de direção que importem responsabilidade e que não efetuassem trabalho manual.
Convenção nº 89 – Trabalho Noturno das Mulheres na Indústria. Adoção da OIT em 1948.	Continua a ser negado, em regra geral, o trabalho noturno das mulheres, salvo se trabalharem em conjunto com outros membros da família, em caso de direção e por força maior. A esta Convenção, no entanto, houve aplicação da proibição nos casos da ocupação dos postos de responsabilidade de direção ou de natureza técnica e para ocupações em serviços de higiene e bem-estar que não executem trabalho manual.
Convenção nº 100 – Igualdade de Remuneração de Homens e Mulheres Trabalhadores por Trabalho de Igual Valor. Entrou em vigor no plano internacional em 1953.	Trata-se de aplicação do princípio da igualdade de remuneração entre mulheres e homens que exerçam a mesma atividade laboral.

(conclusão)

Convenção da OIT	Teor
Convenção nº 103 – Amparo à maternidade. Adoção da OIT em 1952.	A Convenção é mais detalhista com relação ao amparo à maternidade, observando-se que são consideradas empregadas as trabalhadoras em indústria, em trabalhos não industriais e agrícolas e as domésticas. Há previsão de seis semanas de licença do trabalho, com recebimento de prestações pagas por seguro social, custeado por taxa paga por empregadores e empregados. Houve a previsão de interrupção do trabalho para fins de amamentação. A Convenção nº 103 prevê a possibilidade de derrogação dos dispositivos nas seguintes circunstâncias: a) a certas categorias de trabalhos não industriais; b) a trabalhos executados em empresas agrícolas outras que não plantações; c) ao trabalho doméstico assalariado efetuado em casas particulares; d) às mulheres assalariadas trabalhando em domicílio; e e) às empresas de transporte marítimo de pessoas ou mercadorias.

Fonte: Elaborada pela autora a partir de dados do *site* da Organização Internacional do Trabalho.

É possível observar a preocupação em proteger a mulher do trabalho noturno, salvo em exceções de força maior ou em razão de produção de material com pouca durabilidade (alimentos). Ao mesmo tempo, isso cerceava a oportunidade de trabalho das mulheres. Noutra direção, a proteção da maternidade surge como preocupação, especialmente pela Revolução Industrial, em que as mulheres acabavam tendo seus filhos(as) nas fábricas. Na década de 50, inicia-se a preocupação de tratar de forma igual homens e mulheres, em termos de remuneração.

No âmbito nacional, a Consolidação das Leis do Trabalho (CLT) regulou em vários artigos a atividade laboral das mulheres e o Código Civil de 1916 também capitulou dispositivos que tratavam de identidade e capacidade jurídica da mulher, entre os quais se destacam:

TABELA 2

CLT
Art. 376. Somente em casos excepcionais, por motivo de força maior, poderá a duração do trabalho diurno elevar-se além do limite legal ou convencionado, até o máximo de 12 (doze) horas, e o salário-hora será, pelo menos, 25% (vinte e cinco) superior ao da hora normal. (Revogado pela Lei nº 10.244, de 2001) Parágrafo único. A prorrogação extraordinária de que trata este artigo deverá ser comunicada por escrito à autoridade competente, dentro do prazo de 48 (quarenta e oito) horas.
Art. 379. É vedado à mulher o trabalho noturno, considerado este o que for executado entre as vinte e duas (22) e as cinco (5) horas do dia seguinte. Parágrafo único. Estão excluídas da proibição deste artigo, além das que trabalham nas atividades enumeradas no parágrafo único do art. 372: a) as mulheres maiores de dezoito (18) anos, empregadas em empresas de telefonia, rádio-telefonia ou radiotelegrafia; b) as mulheres maiores de dezoito (18) anos, empregadas em serviços de enfermagem; c) as mulheres maiores de dezoito (18) anos, empregadas em casas de diversões, hotéis, restaurantes, bares e estabelecimentos congêneres; d) as mulheres que, não participando de trabalho contínuo, ocupem postos de direção. Observação: passou por duas alterações até a revogação.
Art. 380. Para o trabalho a que se refere a alínea "c" do artigo anterior, torna-se obrigatória, além da fixação dos salários por parte dos empregadores, a apresentação à autoridade competente dos documentos seguintes: (Revogado pela Lei nº 7.855, de 24.10.1989) a) atestado de bons antecedentes, fornecido pela autoridade competente; b) atestado de capacidade física e mental, passado por médico oficial. (Revogado pela Medida provisória nº 89, de 1989) (Revogado pela Lei nº 7.855, de 24.10.1989)
Art. 381. O trabalho noturno das mulheres terá salário superior ao diurno. §1º Para os fins desse artigo, os salários serão acrescidos duma percentagem adicional de 20% (vinte por cento) no mínimo. §2º Cada hora do período noturno de trabalho das mulheres terá 52 (cinquenta e dois) minutos e 30 (trinta) segundos. [Observação: vigente]
Art. 387. É proibido o trabalho da mulher: a) nos subterrâneos, nas minerações em subsolo, nas pedreiras e obras de construção pública ou particular; b) nas atividades perigosas ou insalubres, especificadas nos quadros para este fim aprovados. (Revogado pela Medida Provisória nº 89, de 1989) (Revogado pela Lei nº 7.855, de 24.10.1989)

Fonte: Elaborado pela autora a partir de pesquisa na Consolidação das Leis do Trabalho.

É possível observar a obediência dos dispositivos trabalhistas nacionais às Convenções da OIT, quando se trata de trabalho noturno. Apesar da "preferência" pela proibição do trabalho noturno, algumas funções foram excepcionadas, tendo uma delas destaque pelo teor das funções: as mulheres maiores de dezoito (18) anos, empregadas em casas de diversões, hotéis, restaurantes, bares e estabelecimentos congêneres, das quais se exigia atestado de capacidade física e mental.

3 Mulher no setor público

A primeira mulher a ser aprovada em concurso público em primeiro lugar para função diversa de professora e de trabalho nos Correios foi empossada em 27.9.1918 (há 104 anos), quando a baiana Maria José de Castro Rebello Mendes foi empossada como diplomata pela Secretaria de Estado das Relações Exteriores. A inscrição da diplomata chegou a ser contestada por setores da opinião pública e virou polêmica na época (PRIMEIRA..., 2022).

Segundo o Exército brasileiro, a primeira mulher a participar de um combate foi Maria Quitéria de Jesus, em 1823. Ela lutou pela manutenção da independência do Brasil, mas foi somente em 1943, durante a Segunda Guerra Mundial, que as mulheres ingressaram oficialmente como voluntárias no serviço ativo das forças armadas, exercendo atividade de enfermeiras e de especialistas em transporte aéreo (A HISTÓRIA..., [s.d.]).

Auri Moura Costa foi a primeira mulher juíza nomeada por mérito em 31.5.1939, tendo sido a primeira mulher desembargadora e presidente do Tribunal Regional Eleitoral do Estado (TRIBUNAL DE JUSTIÇA DO ESTADO DO CEARÁ, 2021).

É na década de 30 que as mulheres começam a ter acesso a cargos públicos, sendo que a Constituição brasileira de 1934 preconizou: "Art. 168. Os cargos públicos são acessíveis a todos os brasileiros, sem distinção de sexo ou estado civil, observadas as condições que a lei estatuir". Nesta Constituição, foi previsto concurso para investidura dos membros do Ministério Público Federal, juízes estaduais, funcionários públicos e professores.

A Constituição brasileira de 1937 reduz a incidência da expressão "concurso público", sendo determinada, a partir do art. 103, a investidura de juízes e funcionários públicos ligados ao Poder Legislativo.

Na Constituição brasileira de 1946, a expressão "concurso público" aparece 12 vezes, indicando o provimento dos cargos de oficial de justiça, juiz, membros do Ministério Público Federal, docentes e funcionários públicos.

A Constituição brasileira de 1967, apesar de vigente no regime militar, passou a regular de forma mais efetiva os concursos públicos. Foi pelo art. 95 desta Constituição que ficou estabelecido que os cargos públicos seriam acessíveis a todos os brasileiros, preenchidos os requisitos que a lei estabelecesse, sendo que a nomeação para cargo público exigia aprovação prévia em concurso público e provas de títulos.

Na Constituição brasileira de 1988, em que se retoma a democracia no Brasil, a palavra "concurso" aparece 33 vezes, sendo que, no art. 37, inc. II, fica determinado que o acesso a cargo ou função pública na Administração Pública exige a aprovação em concurso de provas e títulos, salvaguardados os cargos em comissão.

O concurso é uma realidade no serviço público brasileiro que não prevê distinção de acesso em função do sexo, raça ou credo religioso, não do ponto de vista legal, mas será que se pode afirmar que as mulheres não sofrem mais preconceitos na atualidade para terem acesso aos cargos e funções públicas?

Considerando que os estados tinham que ter secretarias específicas que se ocupassem das políticas públicas para as mulheres, isso não ocorre em todos os estados da Amazônia Legal (Acre, Amapá, Amazonas, Maranhão, Mato Grosso, Pará, Tocantins, Rondônia e Roraima), segundo Teixeira, Lamarão Neto, Feitosa (2021, p. 44601), no período da Covid-19, das secretarias exclusivas ou não que tratam de políticas públicas para mulheres,

Três estados evidenciaram manter os serviços preexistentes, reforçando a divulgação, com ou sem informações sobre adaptações; outros três, evidenciaram desenvolver novos instrumentos ou mobilizar iniciativas extras, além de manter/adaptar os serviços preexistentes; já dois estados evidenciaram manter os serviços preexistentes, alguns reforçando, sem maiores informações sobre adaptações; e, por fim, um estado não enviou informações até a finalização da Nota Técnica.

Somente os estados do Amapá e Maranhão possuem secretarias específicas para mulheres. Assim, para que as mulheres medianas alcancem cargos e funções de destaque ainda há muito "chão" para ser percorrido.

4 Condições de vida das mulheres no Brasil

A análise das condições de vida das mulheres é averiguada pela pesquisa de dados secundários a partir dos *Indicadores sociais das mulheres no Brasil – Estatísticas de gênero*, 2ª edição, do Instituto Brasileiro de Geografia e Estatística (IBGE). A pesquisa observa dados das estruturas econômicas, a partir da taxa de desocupação das pessoas de 14 anos ou mais de idade, da educação, da saúde, da vida pública e dos direitos humanos, sendo que os quatros primeiros serão apresentados nesta pesquisa.

Com relação à estrutura econômica, percebe-se a taxa de desocupação das pessoas de 14 anos ou mais de idade.

TABELA 3 – TAXA DE DESOCUPAÇÃO DAS PESSOAS DE 14 ANOS OU MAIS DE IDADE – 2019

Grandes regiões	Homens				Mulheres			
	14 a 29 anos	30 a 49 anos	50 a 59 anos	60 anos ou mais	14 a 29 anos	30 a 49 anos	50 a 59 anos	60 anos ou mais
Norte	16,0	6,3	5,0	2,3	22,7	11,6	5,7	2,2
Nordeste	21,3	8,0	8,1	5,5	30,2	12,7	7,7	3,5
Sudeste	20,2	6,2	6,2	5,0	26,4	11,3	8,1	4,1
Sul	12,2	3,6	3,0	3,5	17,8	6,9	4,5	2,8
Centro-Oeste	15,9	4,8	4,9	4,1	23,2	9,1	5,4	3,2

Fonte: Organizado pela autora a partir de dados dos *Indicadores sociais das mulheres no Brasil*, do Instituto Brasileiro de Geografia e Estatística.

Pelos dados, é possível observar que a taxa de desocupação comparada entre homens e mulheres brasileiras só é positiva na faixa etária de 60 ou mais anos. Isso significa que em todas as demais faixas etárias a mulher ocupa menos postos de trabalho do que os homens. Tal circunstância conexa ao número de mulheres chefes de família (segundo o Instituto de Pesquisa Econômica Aplicada – Ipea, o percentual de domicílios brasileiros chefiados por mulheres foi de 40,5% em 2015) denota mais ainda as diferenças entre oportunidades de trabalho para homens e mulheres.

No campo da educação, os *Indicadores sociais das mulheres no Brasil* apontam certa equiparação e até maior escolaridade do que os homens, embora isso não signifique empregabilidade, conforme verificado na Tabela 3.

TABELA 4 – ESCOLARIDADE DA POPULAÇÃO BRASILEIRA – 2019

Grandes regiões	Anos iniciais do Ensino Fundamental		Anos finais do Ensino Fundamental		Ensino Médio		Ensino Superior	
	Homens	Mulheres	Homens	Mulheres	Homens	Mulheres	Homens	Mulheres
Norte	94,8	94,9	77,7	84,8	57,9	67,1	18,9	23,2
Nordeste	95,7	96,0	81,5	87,02	57,00	70,03	16,03	22,7
Sudeste	96,1	96,1	90,7	90,9	76,01	83,00	23,9	32,5
Sul	95,8	95,7	87,8	91,6	68,00	78,00	24,7	27,3
Centro-Oeste	96,7	94,8	87,00	93,00	70,6	78,0	25,2	27,3

Fonte: Organizado pela autora a partir de dados dos *Indicadores sociais das mulheres no Brasil*, do Instituto Brasileiro de Geografia e Estatística.

Os homens nos primeiros anos do Ensino Fundamental estão à frente das mulheres em quase 2%, mas, nos anos finais do Ensino Fundamental, Médio e Superior, as mulheres ficam à frente, com maior percentual de diferença no Ensino Médio (7,4%).

TABELA 5 – CONDIÇÕES DE SAÚDE – EXPECTATIVA DE VIDA

Grandes regiões	Expectativa de vida	
	Homens	Mulheres
Norte	19,2	22,4
Nordeste	19,5	23,3
Sudeste	21,4	25,0
Sul	21,3	25,3
Centro-Oeste	20,4	23,7

Fonte: Organizado pela autora a partir de dados dos *Indicadores sociais das mulheres no Brasil*, do Instituto Brasileiro de Geografia e Estatística.

Em termo de saúde, os *Indicadores sociais das mulheres no Brasil* envolvem expectativa de vida, natalidade, mortalidade infantil, tabagismo e obesidade. A Tabela 5 abordou um dos temas, a expectativa de vida, na qual fica demonstrado que as mulheres vivem mais que os homens.

TABELA 6 – TOTAL DE MULHERES CANDIDATAS POR GRANDES REGIÕES – 2018

Grandes regiões	Total de candidaturas	Mulheres
Norte	859	286
Nordeste	1.972	653
Sudeste	3.937	1.240
Sul	1.123	356
Centro-Oeste	697	232

Fonte: Organizado pela autora a partir de dados dos *Indicadores sociais das mulheres no Brasil*, do Instituto Brasileiro de Geografia e Estatística.

Do ponto de vista da vida pública, as mulheres estão em grande desvantagem e isso significa que há poucas vozes representativas das mulheres, de seus interesses e em defesa de seus direitos. As mulheres têm que se envolver mais com a vida pública, sobretudo na política.

De acordo com o Conselho Nacional de Justiça, o *Diagnóstico da participação feminina no Poder Judiciário* mostra que houve um aumento da participação de 24,6%, em 1988, para 38,8% em 2018. Com relação às servidoras, as mulheres têm sido a maioria em representação (56,6%) e na ocupação de cargos comissionados (56,8%) e em cargos de chefia (54,7%), nos últimos dez anos. "A Justiça do Trabalho (50,5%) e a Justiça Estadual (37,4%) apresentam os maiores percentuais de mulheres magistradas em atividade" (CNJ, 2019).

Os menores percentuais de participação de mulheres do Poder Judiciário estão nos Tribunais Superiores (19,6%) e na Justiça Militar Estadual (3,7%).

Conclusão

A mulher na sociedade trilhou caminhos tormentosos para o seu reconhecimento como pessoa humana digna e ainda não alcançou a plenitude de seus direitos, apesar de terem mulheres registradas na História com destaque para os comandos militares, políticos e culturais.

As leis no âmbito internacional e constitucional e na esfera das leis ordinárias voltadas para mulheres limitaram a participação das mulheres no trabalho, na vida comercial e na vida social por bastante tempo, considerando a Idade Moderna e Idade Contemporânea.

Desde 1930, as mulheres vêm ocupando espaços públicos e galgando espaços concursados em maior escala do que na vida política, cuja representação é baixa, compondo em parte da estatística 1/3 da participação masculina.

No Poder Judiciário, as mulheres vêm ocupando os espaços de acesso por concurso ou não, exercendo cargos de chefia e de presidência, exceto no Superior Tribunal e Justiça e na Justiça Militar, nas quais têm baixa participação.

As homenageadas, Desembargadora Célia Regina de Lima Pinheiro, Desembargadora Graziela Leite Colares, Desembargadora Luzia Nadja Guimarães Nascimento, Conselheira Maria de Lourdes Lima de Oliveira e Conselheira Mara

Lúcia Barbalho da Cruz, trazem para a sociedade paraense a honra e a esperança de que todas as mulheres possam alcançar destaque no trabalho e na sociedade. Sigamos seus exemplos!

Referências

A HISTÓRIA da mulher no exército. *Exército Brasileiro*, [s.d.]. Disponível em: https://www.eb.mil.br/web/ingresso/mulheres-no-exercito/-/asset_publisher/6ssPDvxqEURl/content/a-historia-da-mulher-no-exercito?inheritRedirect=false. Acesso em: 30 ago. 2022.

BRAGA, Gleidy. As mulheres no contexto das sociedades ocidentais: uma luta por igualdade. *Revista Humanidades e Inovação*, v. 6, n. 10, p. 309-320, 2019. Disponível em: https://revista.unitins.br/index.php/humanidadeseinovacao/article/view/1560. Acesso em: 25 ago. 2022.

BRASIL. *Constituição da República dos Estados Unidos do Brasil de 1934*. Disponível em: http://www.planalto.gov.br/ccivil_03/constituicao/constituicao34.htm. Acesso em: 30 ago. 2022.

BRASIL. *Constituição dos Estados Unidos do Brasil de 1937*. Disponível em: http://www.planalto.gov.br/ccivil_03/constituicao/constituicao37.htm. Acesso em: 30 ago. 2022.

BRASIL. *Constituição dos Estados Unidos do Brasil de 1946*. Disponível em: http://www.planalto.gov.br/ccivil_03/constituicao/constituicao46.htm. Acesso em: 29 ago. 2022.

BRASIL. *Constituição dos Estados Unidos do Brasil de 1967*. Disponível em: http://www.planalto.gov.br/ccivil_03/constituicao/constituicao46.htm. Acesso em: 29 ago. 2022.

CONSELHO NACIONAL DE JUSTIÇA. *Diagnóstico da participação feminina no Poder Judiciário*. 2019. Disponível em: https://www.cnj.jus.br/wp-content/uploads/2021/08/relatorio-participacaofeminina.pdf. Acesso em: 30 ago. 2022.

FERNANDES, Cláudio. Grandes mulheres da história. *Brasil Escola*, [s.d.]. Disponível em: https://brasilescola.uol.com.br/historia/grandesmulheres.htm. Acesso em: 30 ago. 2022.

INSTITUTO BRASILEIRO DE GEOGRAFIA E ESTATÍSTICA. *Indicadores sociais das mulheres no Brasil – Estatísticas de gênero*. 2. ed. Disponível em: https://www.ibge.gov.br/busca.html?searchword=mulher. Acesso em: 30 ago. 2022.

INSTITUTO DE PESQUISA ECONÔMICA APLICADA. *Retrato das desigualdades de gênero e raça*. Disponível em: https://www.ipea.gov.br/retrato/indicadores_chefia_familia.html. Acesso em: 30 ago. 2022.

ORGANIZAÇÃO INTERNACIONAL DO TRABALHO. *Convenções coletivas ratificadas pelo Brasil*. Disponível em: https://www.ilo.org/brasilia/convencoes/lang--pt/index.htm. Acesso em: 25 ago. 2022.

PRIMEIRA mulher diplomata no Brasil. *Guia Diplomático*, 2022. Disponível em: https://guiadiplomatico.com.br/artigos/primeira-mulher-diplomata-do-brasil. Acesso em: 30 ago. 2022.

TEIXEIRA, Eliana Maria de Souza Franco; LAMARÃO NETO, Homero; FEITOSA, Bianca de Paula Costa Lisboa. Violência contra a mulher, Agenda 2030 e as políticas públicas na Amazônia legal. *Brazilian Journal of Development*, Curitiba, v. 7, n. 5, p. 44587-44607, maio 2021. Disponível em: https://brazilianjournals.com/ojs/index.php/BRJD/article/view/29291. Acesso em: 30 ago. 2022.

TRIBUNAL DE JUSTIÇA DO ESTADO DO CEARÁ. *Primeira juíza do Brasil é cearense do Município de Redenção*. 2021. Disponível em: https://www.tjce.jus.br/noticias/primeira-juiza-do-brasil-e-cearense-do-municipio-de-redencao/. Acesso em: 30 ago. 2022.

Informação bibliográfica deste texto, conforme a NBR 6023:2018 da Associação Brasileira de Normas Técnicas (ABNT):

TEIXEIRA, Eliana Maria de Souza Franco. Papel de mulher é na chefia ou onde ela quiser. *In*: MENDES, Denise Pinheiro Santos; MENDES, Giussepp; BACELAR, Jeferson Antonio Fernandes (Coords.). *Magníficas mulheres*: lutando e conquistando direitos. Belo Horizonte: Fórum, 2023. p. 153-163. ISBN 978-65-5518-488-4.

A PROTEÇÃO INTERNACIONAL DOS DIREITOS HUMANOS DAS MULHERES[1]

FLÁVIA PIOVESAN

1 A proteção internacional dos direitos humanos das mulheres

A arquitetura protetiva internacional de proteção dos direitos humanos é capaz de refletir, ao longo de seu desenvolvimento, as diversas feições e vertentes do movimento feminista.[2] Reivindicações feministas, como o direito à igualdade formal (como pretendia o movimento feminista liberal), a liberdade sexual e reprodutiva (como pleiteava o movimento feminista libertário rádical), o fomento da igualdade econômica (bandeira do movimento feminista socialista), a redefinição de papéis sociais (lema do movimento feminista existencialista) e o direito à diversidade sob as perspectivas de raça, etnia, entre outras (como pretende o movimento feminista crítico e multicultural) foram, cada qual ao seu modo, incorporadas pelos tratados internacionais de proteção dos direitos humanos.

Enquanto um construído histórico, os direitos humanos das mulheres não traduzem uma história linear, não compõem uma marcha triunfal, tampouco uma causa perdida. Mas refletem, a todo tempo, a história de um combate,[3] mediante processos que abrem e consolidam espaços de luta pela dignidade humana,[4] como invoca, em sua complexidade e dinâmica, o movimento feminista, em sua trajetória plural.

Considerando a historicidade dos direitos humanos, destaca-se a chamada concepção contemporânea de direitos humanos, que veio a ser introduzida pela Declaração Universal de 1948 e reiterada pela Declaração de Direitos Humanos de Viena de 1993.

---

[1] Um especial agradecimento é feito à Alexander von Humboldt Foundation pela *fellowship* que tornou possível este estudo, e ao Max-Planck Institute for Comparative Public Law and International Law por prover um ambiente acadêmico de extraordinário vigor intelectual.

[2] Sobre as diferentes fases do movimento feminista, ver TONG, Rosemarie Putnam. *Feminist thought* – A more comprehensive introduction. Oxford: Westview Press, 1998.

[3] LOCHAK, Daniele. *Les Droits de l'homme*. nouv. ed. Paris: La Découverte, 2005. p. 116 *apud* LAFER, Celso. Prefácio. *In*: PIOVESAN, Flávia. *Direitos humanos e justiça internacional*. São Paulo: Saraiva, 2006. p. XXII.

[4] HERRERA FLORES, Joaquín. *Direitos humanos, interculturalidade e racionalidade de resistência*. Mimeo. p. 7.

Esta concepção é fruto do movimento de internacionalização dos direitos humanos, que surge, no pós-guerra, como resposta às atrocidades e aos horrores cometidos durante o nazismo. É neste cenário que se vislumbra o esforço de reconstrução dos direitos humanos, como paradigma e referencial ético a orientar a ordem internacional. A barbárie do totalitarismo significou a ruptura do paradigma dos direitos humanos, por meio da negação do valor da pessoa humana como valor-fonte do direito. Se a Segunda Guerra significou a ruptura com os direitos humanos, o Pós-Guerra deveria significar a sua reconstrução. O sistema internacional de proteção dos direitos humanos constitui o legado maior da chamada "Era dos Direitos", que tem permitido a internacionalização dos direitos humanos e a humanização do direito internacional contemporâneo.[5]

Fortalece-se a ideia de que a proteção dos direitos humanos não deve se reduzir ao domínio reservado do Estado, porque revela tema de legítimo interesse internacional. Prenuncia-se, deste modo, o fim da era em que a forma pela qual o Estado tratava seus nacionais era concebida como um problema de jurisdição doméstica, decorrência de sua soberania. Para Andrew Hurrell:

> O aumento significativo das ambições normativas da sociedade internacional é particularmente visível no campo dos direitos humanos e da democracia, com base na idéia de que as relações entre governantes e governados, Estados e cidadãos, passam a ser suscetíveis de legítima preocupação da comunidade internacional; de que os maus-tratos a cidadãos e a inexistência de regimes democráticos devem demandar ação internacional; e que a legitimidade internacional de um Estado passa crescentemente a depender do modo pelo qual as sociedades domésticas são politicamente ordenadas.[6]

Neste contexto, a Declaração de 1948 vem a inovar a gramática dos direitos humanos, ao introduzir a chamada concepção contemporânea de direitos humanos, marcada pela universalidade e indivisibilidade destes direitos. Universalidade porque clama pela extensão universal dos direitos humanos, sob a crença de que a condição de pessoa é o requisito único para a titularidade de direitos, considerando o ser humano como um ser essencialmente moral, dotado de unicidade existencial e dignidade, esta como valor intrínseco à condição humana. Indivisibilidade porque a garantia dos direitos civis e políticos é condição para a observância dos direitos sociais, econômicos e culturais e vice-versa. Quando um deles é violado, os demais também o são. Os direitos humanos compõem, assim, uma unidade indivisível, interdependente e inter-relacionada, capaz de conjugar o catálogo de direitos civis e políticos com o catálogo de direitos sociais, econômicos e culturais.

A partir da Declaração de 1948, começa a se desenvolver o direito internacional dos direitos humanos, mediante a adoção de inúmeros instrumentos internacionais de

---

[5] BUERGENTHAL, Thomas. Prólogo. *In*: TRINDADE, Antônio Augusto Cançado. *A proteção internacional dos direitos humanos*: fundamentos jurídicos e instrumentos básicos. São Paulo: Saraiva, 1991. p. XXXI. No mesmo sentido, afirma Louis Henkin: "O Direito Internacional pode ser classificado como o Direito anterior à 2ª Guerra Mundial e o Direito posterior a ela. Em 1945, a vitória dos aliados introduziu uma nova ordem com importantes transformações no Direito Internacional" (HENKIN, Louis *et al. International law*: cases and materials. 3. ed. Minnesota: West Publishing, 1993. p. 3).

[6] HURRELL, Andrew. Power, principles and prudence: protecting human rights in a deeply divided world. *In*: DUNNE, Tim; WHEELER, Nicholas J. *Human rights in global politics*. Cambridge: Cambridge University Press, 1999. p. 277.

proteção. Sob este prisma, a ética dos direitos humanos é a ética que vê no outro um ser merecedor de igual consideração e profundo respeito, dotado do direito de desenvolver as potencialidades humanas, de forma livre, autônoma e plena. É a ética orientada pela afirmação da dignidade e pela prevenção ao sofrimento humano.

Ao longo da história, as mais graves violações aos direitos humanos tiveram como fundamento a dicotomia do "eu *versus* o outro", em que a diversidade era captada como elemento para aniquilar direitos. Vale dizer, a diferença era visibilizada para conceber o "outro" como um ser menor em dignidade e direitos, ou, em situações-limites, um ser esvaziado mesmo de qualquer dignidade, um ser descartável e supérfluo. Nesta direção, merecem destaque as violações da escravidão, do nazismo, do sexismo, do racismo, da homofobia, da xenofobia e de outras práticas de intolerância. Como leciona Amartya Sen, "identity can be a source of richness and warmth as well as of violence and terror".[7] O autor ainda tece aguda crítica ao que denomina "serious miniaturization of human beings", quando é negado o reconhecimento da pluralidade de identidades humanas, na medida em que as pessoas são "diversily different".[8]

O temor à diferença é fator que permite compreender a primeira fase de proteção dos direitos humanos, marcada pela tônica da proteção geral e abstrata, com base na igualdade formal.

Torna-se, contudo, insuficiente tratar o indivíduo de forma genérica, geral e abstrata. Faz-se necessária a especificação do sujeito de direito, que passa a ser visto em sua peculiaridade e particularidade. Nesta ótica, determinados sujeitos de direitos, ou determinadas violações de direitos, exigem uma resposta específica e diferenciada. Neste cenário as mulheres, as crianças, as populações afrodescendentes, os migrantes, as pessoas com deficiência, entre outras categorias vulneráveis, devem ser vistas nas especificidades e peculiaridades de sua condição social. Ao lado do direito à igualdade, surge, também como direito fundamental, o direito à diferença. Importa o respeito à diferença e à diversidade, o que lhes assegura um tratamento especial.

Destacam-se, assim, três vertentes no que tange à concepção da igualdade: a) a igualdade formal, reduzida à fórmula "todos são iguais perante a lei" (que, ao seu tempo, foi crucial para a abolição de privilégios); b) a igualdade material, correspondente ao ideal de justiça social e distributiva (igualdade orientada pelo critério socioeconômico); e c) a igualdade material, correspondente ao ideal de justiça como reconhecimento de identidades (igualdade orientada pelos critérios de gênero, orientação sexual, idade, raça, etnia e demais critérios).

Para Nancy Fraser, a justiça exige, simultaneamente, redistribuição e reconhecimento de identidades. Como atenta a autora:

> O reconhecimento não pode se reduzir à distribuição, porque o status na sociedade não decorre simplesmente em função da classe. [...] Reciprocamente, a distribuição não pode se reduzir ao reconhecimento, porque o acesso aos recursos não decorre simplesmente em função de status.[9]

---

[7] SEN, Amartya. *Identity and violence*: the illusion of destiny. New York/London: W.W.Norton & Company, 2006. p. 4.
[8] SEN, Amartya. *Identity and violence*: the illusion of destiny. New York/London: W.W.Norton & Company, 2006. p. XIII-XIV.
[9] Afirma Nancy Fraser: "O reconhecimento não pode se reduzir à distribuição, porque o status na sociedade não decorre simplesmente em função da classe. Tomemos o exemplo de um banqueiro afro-americano de Wall

Há, assim, o caráter bidimensional da justiça: redistribuição somada ao reconhecimento. No mesmo sentido, Boaventura de Souza Santos afirma que apenas a exigência do reconhecimento e da redistribuição permite a realização da igualdade.[10] Atente-se que esta feição bidimensional da justiça mantém uma relação dinâmica e dialética, ou seja, os dois termos relacionam-se e interagem mutuamente, na medida em que a discriminação implica pobreza e a pobreza implica discriminação.

Ainda Boaventura acrescenta:

> temos o direito a ser iguais quando a nossa diferença nos inferioriza; e temos o direito a ser diferentes quando a nossa igualdade nos descaracteriza. Daí a necessidade de uma igualdade que reconheça as diferenças e de uma diferença que não produza, alimente ou reproduza as desigualdades.[11]

Se, para a concepção formal de igualdade, esta é tomada como pressuposto, como um dado e um ponto de partida abstrato, para a concepção material de igualdade, esta é tomada como um resultado ao qual se pretende chegar, tendo como ponto de partida a visibilidade às diferenças. Isto é, essencial mostra-se distinguir a diferença e a desigualdade. A ótica material objetiva construir e afirmar a igualdade com respeito à diversidade. O reconhecimento de identidades e o direito à diferença é que conduzirão a uma plataforma emancipatória e igualitária. A emergência conceitual do direito à diferença e do reconhecimento de identidades é capaz de refletir a crescente voz do movimento feminista, sobretudo de sua vertente crítica e multiculturalista.

Isto é, em sua fase inicial, o sistema internacional de proteção dos direitos humanos guiou-se pelo lema da igualdade formal, geral e abstrata – lema do movimento feminista liberal. O binômio da igualdade perante a lei e da proibição da discriminação,

---

Street, que não consegue tomar um taxi. Neste caso, a injustiça da falta de reconhecimento tem pouco a ver com a má distribuição. [...] Reciprocamente, a distribuição não pode se reduzir ao reconhecimento, porque o acesso aos recursos não decorre simplesmente da função de status. Tomemos, como exemplo, um trabalhador industrial especializado, que fica desempregado em virtude do fechamento da fábrica em que trabalha, em vista de uma fusão corporativa especulativa. Neste caso, a injustiça da má distribuição tem pouco a ver com a falta de reconhecimento. [...] Proponho desenvolver o que chamo concepção bidimensional da justiça. Esta concepção trata da redistribuição e do reconhecimento como perspectivas e dimensões distintas da justiça. Sem reduzir uma à outra, abarca ambas em um marco mais amplo" (FRASER, Nancy. Redistribución, reconocimiento y participación: hacia un concepto integrado de la justicia. *In*: UNESCO. *Informe Mundial sobre la Cultura*. [s.l.]: [s.n.], 2000-2001. p. 55-56). Ver ainda, da mesma autora: FRASER, Nancy. From redistribution to recognition? Dilemmas of justice in a postsocialist age. *In*: FRASER, Nancy. *Justice interruptus*. Critical reflections on the "Postsocialist" condition. NY/London: Routledge, 1997. Sobre a matéria, consultar HONNETH, Axel. *The struggle for recognition*: the moral grammar of social conflicts. Cambridge/Massachusetts: MIT Press, 1996; FRASER, Nancy; HONNETH, Axel. *Redistribution or recognition?* A political-philosophical exchange. London/NY: Verso, 2003; TAYLOR, Charles. The politics of recognition. *In*: TAYLOR, Charles et al. *Multiculturalism* – Examining the politics of recognition. Princeton: Princeton University Press, 1994; YOUNG, Iris. *Justice and the politics of difference*. Princeton: Princeton University Press, 1990; GUTMANN, Amy. *Multiculturalism*: examining the politics of recognition. Princeton: Princeton University Press, 1994.

[10] A respeito, ver SANTOS, Boaventura de Souza. Introdução: para ampliar o cânone do reconhecimento, da diferença e da igualdade. *In*: SANTOS, Boaventura de Souza (Org.). *Reconhecer para libertar*: os caminhos do cosmopolitismo multicultural. Rio de Janeiro: Civilização Brasileira, 2003. p. 56. Ver ainda, do mesmo autor: Por uma concepção multicultural de direitos humanos. *In*: SANTOS, Boaventura de Souza (Org.). *Reconhecer para libertar*: os caminhos do cosmopolitismo multicultural. Rio de Janeiro: Civilização Brasileira, 2003. p. 429-461.

[11] Ver SANTOS, Boaventura de Souza. Por uma concepção multicultural de direitos humanos. *In*: SANTOS, Boaventura de Souza (Org.). *Reconhecer para libertar*: os caminhos do cosmopolitismo multicultural. Rio de Janeiro: Civilização Brasileira, 2003. p. 429-461.

sob a ótica formal, vê-se consagrado em todos os instrumentos internacionais de direitos humanos. Sua proteção é requisito, condição e pressuposto para o pleno e livre exercício de direitos.

No entanto, gradativamente, surgem instrumentos internacionais a delinear a concepção material da igualdade, concebendo a igualdade formal e a igualdade material como conceitos distintos, mas inter-relacionados. Transita-se da igualdade abstrata e geral para um conceito plural de dignidades concretas. Daí a contribuição das demais vertentes feministas – como a libertária radical; a socialista; a existencialista; e a multiculturalista – para o processo de construção histórica dos direitos humanos das mulheres.

À luz da internacionalização dos direitos humanos, foi a Declaração de Direitos Humanos de Viena de 1993 que, de forma explícita, afirmou, em seu §18, que os direitos humanos das mulheres e das meninas são parte inalienável, integral e indivisível dos direitos humanos universais. Esta concepção foi reiterada pela Plataforma de Ação de Pequim, de 1995.

O legado de Viena é duplo: não apenas endossa a universalidade e a indivisibilidade dos direitos humanos invocadas pela Declaração Universal de 1948, mas também confere visibilidade aos direitos humanos das mulheres e das meninas, em expressa alusão ao processo de especificação do sujeito de direito e à justiça como reconhecimento de identidades. Neste cenário, as mulheres devem ser vistas nas especificidades e peculiaridades de sua condição social. O direito à diferença implica o direito ao reconhecimento de identidades próprias, o que propicia a incorporação da perspectiva de gênero,[12] isto é, repensar, revisitar e reconceptualizar os direitos humanos a partir da relação entre os gêneros, como um tema transversal.

O balanço das últimas três décadas permite apontar que o movimento internacional de proteção dos direitos humanos das mulheres centrou seu foco em três questões centrais: a) a discriminação contra a mulher; b) a violência contra a mulher; e c) os direitos sexuais e reprodutivos. Este artigo será concentrado na temática da violência contra a mulher, com especial destaque aos parâmetros protetivos internacionais e seu impacto na Lei Maria da Penha.

2 O combate à violência contra a mulher no âmbito internacional

Em 1979, foi adotada a Convenção sobre a Eliminação de todas as formas de Discriminação contra a Mulher, ratificada por 189 Estados (2021). Apresenta, assim, um amplo grau de adesão, apenas perdendo para a Convenção sobre os Direitos da

---

[12] Afirma Alda Facio: "[...] *Gender* ou gênero sexual corresponde a uma dicotomia sexual que é imposta socialmente através de papéis e estereótipos" (FACIO, Alda. *Cuando el genero suena cambios trae*. San José da Costa Rica: Ilanud – Proyecto Mujer y Justicia Penal, 1992. p. 54). Gênero é, assim, concebido como uma relação entre sujeitos socialmente construídos em determinados contextos históricos, atravessada e construído a identidade de homens e mulheres. Sobre a matéria, ver ainda BUNCH, Charlotte. Transforming human rights from a feminist perspective. *In*: PETERS, J. S.; WOLPER, Andrea (Ed.). *Women's rights human rights*. [s.l.]: Routledge, 1995. p. 11-17; BARTLETT, Katharine T. *Gender and law*. Boston: Little, Brown, 1993. p. 633-636; SCALES, Ann. The emergence of feminist jurisprudence: an essay. *In*: SMITH, Patricia (Ed.). *Feminist jurisprudence*. New York: Oxford University Press, 1993. p. 94-109; WEST, Robin. Jurisprudence and gender. *In*: SMITH, Patricia (Ed.). *Feminist jurisprudence*. New York: Oxford University Press, 1993. p. 493-530; MACKINNON, Catharine. Toward feminist jurisprudence. *In*: SMITH, Patricia (Ed.). *Feminist jurisprudence*. New York: Oxford University Press, 1993. p. 610-619.

Criança, que, por sua vez, conta com 196 Estados-Partes (2021). A Convenção foi resultado de reivindicação do movimento de mulheres, a partir da primeira Conferência Mundial sobre a Mulher, realizada no México, em 1975. No plano dos direitos humanos, contudo, esta foi a Convenção que mais recebeu reservas por parte dos Estados signatários,[13] especialmente no que tange à igualdade entre homens e mulheres na família. Tais reservas foram justificadas com base em argumentos de ordem religiosa, cultural ou mesmo legal, havendo países (como Bangladesh e Egito) que acusaram o Comitê sobre a Eliminação da Discriminação contra a Mulher de praticar "imperialismo cultural e intolerância religiosa", ao impor-lhes a visão de igualdade entre homens e mulheres, inclusive na família.[14] Isto reforça o quanto a implementação dos direitos humanos das mulheres está condicionada à dicotomia entre os espaços público e privado, que, em muitas sociedades, confina a mulher ao espaço exclusivamente doméstico da casa e da família. Vale dizer, ainda que se constate, crescentemente, a democratização do espaço público, com a participação ativa de mulheres nas mais diversas arenas sociais, resta o desafio de democratização do espaço privado – cabendo ponderar que tal democratização é fundamental para a própria democratização do espaço público.

Embora a Convenção não explicite a temática da violência contra a mulher, o Comitê da ONU sobre a Eliminação de Todas as Formas de Discriminação contra a Mulher (Comitê CEDAW) adotou relevante recomendação geral sobre a matéria, realçando:[15]

> A violência doméstica é uma das mais insidiosas formas de violência contra mulher. Prevalece em todas as sociedades. No âmbito das relações familiares, mulheres de todas as idades são vítimas de violência de todas as formas, incluindo o espancamento, o estupro e outras formas de abuso sexual, violência psíquica e outras, que se perpetuam por meio da tradição. A falta de independência econômica faz com que muitas mulheres permaneçam em relações violentas. [...] Estas formas de violência submetem mulheres a riscos de saúde e impedem a sua participação na vida familiar e na vida pública com base na igualdade.

Ainda nos termos da Recomendação Geral nº 19 (1992):

> Gender-based violence is a form of discrimination that seriously inhibits women's ability to enjoy rights and freedoms on a basis of equality with men. [...] The full implementation of the Convention required States to take positive measures to eliminate all forms of violence against women.[16]

---

[13] Trata-se do instrumento internacional que mais fortemente recebeu reservas, entre as convenções internacionais de direitos humanos, considerando que ao menos 23 dos mais de 100 Estados-Partes fizeram, no total, 88 reservas substanciais. A Convenção sobre a Eliminação de todas as formas de Discriminação da Mulher pode enfrentar o paradoxo de ter maximizado sua aplicação universal ao custo de ter comprometido sua integridade. Por vezes, a questão legal acerca das reservas feitas à Convenção atinge a essência dos valores da universalidade e integridade. A título de exemplo, quando da ratificação da Convenção, em 1984, o Estado brasileiro apresentou reservas ao art. 15, §4º e ao art. 16, §1º (a), (c), (g), e (h), da Convenção. O art. 15 assegura a homens e mulheres o direito de, livremente, escolher seu domicílio e residência. Já o art. 16 estabelece a igualdade de direitos entre homens e mulheres, no âmbito do casamento e das relações familiares. Em 20.12.1994, o Governo brasileiro notificou o secretário-geral das Nações Unidas acerca da eliminação das aludidas reservas.

[14] HENKIN, Louis et al. Human rights. New York: New York Foundation Press, 1999. p. 364.

[15] COMITÊ PELA ELIMINAÇÃO DE TODAS AS FORMAS DE DISCRIMINAÇÃO CONTRA A MULHER. Violence against women. CEDAW General recommendation n. 19, A/47/38 (General Comments), 29.1.1992.

[16] Para a prevenção e a erradicação da violência contra a mulher, o Comitê CEDAW recomenda, entre outras medidas: "(a) States parties should take appropriate and effective measures to overcome all forms of gender-based

Segundo a ONU, a violência doméstica é a principal causa de lesões em mulheres entre 15 e 44 anos no mundo, manifestando-se não apenas em classes socialmente mais desfavorecidas e em países em desenvolvimento, mas em diferentes classes e culturas.

A Declaração sobre a Eliminação da Violência contra a Mulher, aprovada pela ONU, em 1993, bem como a Convenção Interamericana para Prevenir, Punir e Erradicar a Violência contra a Mulher ("Convenção de Belém do Pará"), aprovada pela OEA, em 1994, reconhecem que a violência contra a mulher, no âmbito público ou privado, constitui grave violação aos direitos humanos e limita total ou parcialmente o exercício dos demais direitos fundamentais. Definem a violência contra a mulher como "qualquer ação ou conduta, baseada no gênero, que cause morte, dano ou sofrimento físico, sexual ou psicológico à mulher, tanto na esfera pública, como na privada" (art. 1º). Vale dizer, a violência baseada no gênero ocorre quando um ato é dirigido contra uma mulher, porque é mulher, ou quando atos afetam as mulheres de forma desproporcional. Adicionam que a violência baseada no gênero reflete relações de poder historicamente desiguais e assimétricas entre homens e mulheres.

A "Convenção de Belém do Pará" elenca um importante catálogo de direitos a serem assegurados às mulheres, para que tenham uma vida livre de violência, tanto na esfera pública, como na esfera privada. Consagra ainda a Convenção deveres aos Estados-Partes, para que adotem políticas destinadas a prevenir, punir e erradicar a violência contra a mulher. É o primeiro tratado internacional de proteção dos direitos humanos a reconhecer, de forma enfática, a violência contra as mulheres como um fenômeno generalizado, que alcança, sem distinção de raça, classe, religião, idade ou qualquer outra condição, um elevado número de mulheres.

Com relação aos direitos das mulheres, emblemático é o caso González e outras contra o México (caso "Campo Algodonero"), em que a Corte Interamericana condenou o México em virtude do desaparecimento e morte de mulheres em Ciudad Juarez, sob o argumento de que a omissão estatal estava a contribuir para a cultura da violência e da discriminação contra a mulher. No período de 1993 a 2003, estima-se que de 260

---

violence, whether by public or private act; (b) States parties should ensure that laws against family violence and abuse, rape, sexual assault and other gender-based violence give adequate protection to all women, and respect their integrity and dignity. Appropriate protective and support services should be provided for victims. Gender-sensitive training of judicial and law enforcement officers and other public officials is essential for the effective implementation of the Convention; (c) States parties should encourage the compilation of statistics and research on the extent, causes and effects of violence, and on the effectiveness of measures to prevent and deal with violence; (d) Effective measures should be taken to ensure that the media respect and promote respect for women; (e) States parties in their report should identify the nature and extent of attitudes, customs and practices that perpetuate violence against women, and the kinds of violence that result. They should report the measures that they have undertaken to overcome violence, and the effect of those measures; (f) Effective measures should be taken to overcome these attitudes and practices. States should introduce education and public information programmes to help eliminate prejudices which hinder women's equality; (g) Measures that are necessary to overcome family violence should include: Criminal penalties where necessary and civil remedies in case of domestic violence; Legislation to remove the defence of honour in regard to the assault or murder of a female family member; Services to ensure the safety and security of victims of family violence, including refuges, counselling and rehabilitation programmes; Rehabilitation programmes for perpetrators of domestic violence; Support services for families where incest or sexual abuse has occurred; (h) States parties should report on the extent of domestic violence and sexual abuse, and on the preventive, punitive and remedial measures that have been taken; (i) That States parties should take all legal and other measures that are necessary to provide effective protection of women against gender-based violence" (COMITÊ PELA ELIMINAÇÃO DE TODAS AS FORMAS DE DISCRIMINAÇÃO CONTRA A MULHER. *Violence against women*. CEDAW General recommendation n. 19, A/47/38 (General Comments), 29.1.1992).

a 370 mulheres tenham sido vítimas de assassinatos, em Ciudad Juarez. A sentença da Corte condenou o Estado do México ao dever de investigar, sob a perspectiva de gênero, as graves violações ocorridas, garantindo direitos e adotando medidas preventivas necessárias de forma a combater a discriminação contra a mulher.[17] Destacam-se também relevantes decisões do sistema interamericano sobre discriminação e violência contra mulheres, o que fomentou a reforma do Código Civil da Guatemala, a adoção de uma lei de violência doméstica no Chile, a adoção da Lei Maria da Penha no Brasil, entre outros avanços.[18]

No âmbito da ONU, merecem ainda destaque as resoluções do Conselho de Direitos Humanos nº 11/2 de 2009 e nº 14/12 de 2010 sobre *Accelerating efforts to eliminate all forms of violence against women*. A Resolução nº 14/12 expressamente demanda dos Estados que estabeleçam ou fortaleçam planos de ação de combate à violência contra mulheres e meninas contemplando mecanismos de *accountability* para a prevenção da violência,[19] considerando a adoção de estratégias de alcance universal e de alcance específico endereçada a grupos vulneráveis (por exemplo, mulheres afrodescendentes e indígenas). A relatora especial sobre a violência contra a mulher, de igual modo, tem realçado a necessidade de fortalecer *due diligence standards*, envolvendo tanto a prevenção, como a repressão à violência no campo da responsabilidade do Estado.[20]

3 A Lei Maria da Penha na perspectiva da responsabilidade internacional do Brasil

"Sobrevivi, posso contar". É este o título do livro autobiográfico de Maria da Penha, vítima de duas tentativas de homicídio cometidas por seu então companheiro, em seu próprio domicílio, em Fortaleza, em 1983. Os tiros contra ela disparados (enquanto dormia), a tentativa de eletrocutá-la, as agressões sofridas ao longo de sua relação matrimonial culminaram por deixá-la paraplégica aos 38 anos.

Apesar de condenado pela Justiça local, após quinze anos o réu ainda permanecia em liberdade, valendo-se de sucessivos recursos processuais contra decisão condenatória do Tribunal do Júri. A impunidade e a inefetividade do sistema judicial ante a violência doméstica contra as mulheres no Brasil motivou, em 1998, a apresentação do caso à Comissão Interamericana de Direitos Humanos (OEA), por meio de petição conjunta das entidades Cejil-Brasil (Centro para a Justiça e o Direito Internacional) e Cladem-Brasil (Comitê Latino-Americano e do Caribe para a Defesa dos Direitos da

---

[17] Ver sentença de 16.11.2009 (Disponível em: www.corteidh.or.cr/docs/casos/articulos/seriec_205_esp.pdf).

[18] A respeito, ver caso María Eugenia *versus* Guatemala e caso Maria da Penha *versus* Brasil, decididos pela Comissão Interamericana.

[19] Observe-se que a Austrália se destaca por apresentar um exemplar plano de prevenção à violência contra a mulher – *Time for Action: The National Council's Plan for Australia to Reduce Violence against Women and their Children*, 2009-2011.

[20] Consultar *15 years of The United Nations Special Rapporteur on Violence against Women, its Causes and Consequences*. Sobre o tema, realça a Recomendação Geral n. 19 do Comitê CEDAW: "Under general international law and specific human rights covenants, States may also be responsible for private acts if they fail to act with due diligence to prevent violations of rights or to investigate and punish acts of violence, and for providing compensation" (COMITÊ PELA ELIMINAÇÃO DE TODAS AS FORMAS DE DISCRIMINAÇÃO CONTRA A MULHER. *Violence against women*. CEDAW General recommendation n. 19, A/47/38 (General Comments), 29.1.1992).

Mulher). Em 2001, após 18 anos da prática do crime, em decisão inédita, a Comissão Interamericana condenou o Estado brasileiro por negligência e omissão em relação à violência doméstica.[21]

O Caso Maria da Penha é elucidativo de uma forma de violência que atinge principalmente a mulher: a violência doméstica. Aos 38 anos, Maria da Penha era vítima, pela segunda vez, de tentativa de homicídio. Essa violência revelou, todavia, duas peculiaridades: o agente do crime, que deixou Maria da Penha irreversivelmente paraplégica, não era um desconhecido, mas seu próprio marido; e as marcas físicas e psicológicas derivadas da violência foram agravadas por um segundo fator, a impunidade.[22]

Estudos apontam a dimensão epidêmica da violência doméstica. Segundo pesquisa feita pela Human Rights Watch,[23] de cada 100 mulheres assassinadas no Brasil, 70 o são no âmbito de suas relações domésticas. De acordo com pesquisa realizada pelo Movimento Nacional de Direitos Humanos, 66,3% dos acusados em homicídios contra mulheres são seus parceiros.[24] Ainda, no Brasil, a impunidade acompanha intimamente essa violência.[25] Estima-se que, em 1990, no estado do Rio de Janeiro, nenhum dos dois mil casos de agressão contra mulheres registrados em delegacias terminou na punição do acusado. No estado de São Luiz, relata-se, para este mesmo ano, que dos quatro mil casos registrados apenas dois haviam resultado em punição do agente.[26]

A violência doméstica ainda apresenta como consequência o prejuízo financeiro. Em conformidade com o BID (Banco Interamericano de Desenvolvimento), uma em cada cinco mulheres que faltam ao trabalho o fazem por terem sofrido agressão física.[27] A violência doméstica compromete 14,6% do Produto Interno Bruto (PIB) da América Latina, cerca US$170 bilhões. No Brasil, a violência doméstica custa ao país 10,5% do seu PIB.[28]

À luz deste contexto, o Caso Maria da Penha permitiu, de forma emblemática, romper com a invisibilidade que acoberta este grave padrão de violência de que são vítimas tantas mulheres, sendo símbolo de uma necessária conspiração contra a impunidade.

Em 2001, em decisão inédita, a Comissão Interamericana condenou o Estado brasileiro por negligência e omissão em relação à violência doméstica, recomendando

---

[21] PIOVESAN, Flávia; PIMENTEL, Silvia. Conspiração contra a impunidade. *Folha de S.Paulo*, p. A3, 25 nov. 2002.
[22] Ver, a respeito, COMISIÓN INTERAMERICANA DE DERECHOS HUMANOS. *Informe n. 54/01, caso 12.051.* Maria da Penha Maia Fernandes v. Brasil, 16.4.2001.
[23] AMERICAS WATCH. *Criminal injustice:* violence against women in Brazil. 1992. Afirma ainda o relatório da Human Rights Watch que, "de mais de 800 casos de estupro reportados a delegacias de polícia em São Paulo de 1985 a 1989, menos de um quarto foi investigado". Ainda esclarece o mesmo relatório que "a delegacia de mulheres de São Luis no Estado do Maranhão reportou que, de mais de 4000 casos de agressões físicas e sexuais registrados, apenas 300 foram processados e apenas dois levaram à punição do acusado" (AMERICAS WATCH. *Criminal injustice*: violence against women in Brazil. 1992).
[24] MOVIMENTO NACIONAL DE DIREITOS HUMANOS. *Primavera já partiu*. Brasília, 1998.
[25] *Jornal da Redesaúde – Informativo da Rede Nacional Feminista de Saúde e Direitos Reprodutivos*, n. 19, nov. 1999, citado por PANDJIARJIAN, Valéria. *Os estereótipos de gênero nos processos judiciais e a violência contra a mulher na legislação*. Mimeo.
[26] AMERICAS WATCH. Criminal injustice: violence against women in Brazil. *In*: STEINER, Henry; ALSTON, Philip. *International human rights in context*. Oxford: Oxford University Press, 2000. p. 171.
[27] *Folha de S.Paulo*, 21 jul. 1998, p. 1; 3. Caderno São Paulo.
[28] *Jornal da Redesaúde – Informativo da Rede Nacional Feminista de Saúde e Direitos Reprodutivos*, n. 19, nov. 1999, citado por PANDJIARJIAN, Valéria. *Os estereótipos de gênero nos processos judiciais e a violência contra a mulher na legislação*. Mimeo.

ao Estado, entre outras medidas, "prosseguir e intensificar o processo de reforma, a fim de romper com a tolerância estatal e o tratamento discriminatório com respeito à violência doméstica contra as mulheres no Brasil".[29] Adicionou a Comissão Interamericana:

> essa tolerância por parte dos órgãos do Estado não é exclusiva deste caso, mas é sistemática. Trata-se de uma tolerância de todo o sistema, que não faz senão perpetuar as raízes e fatores psicológicos, sociais e históricos que mantêm e alimentam a violência contra a mulher.[30]

A decisão fundamentou-se na violação, pelo Estado, dos deveres assumidos em virtude da ratificação da Convenção Americana de Direitos Humanos e da Convenção Interamericana para Prevenir, Punir e Erradicar a Violência contra a Mulher ("Convenção do Belém do Pará"), que consagram parâmetros protetivos mínimos concernentes à proteção dos direitos humanos. A Comissão ressaltou:

> O Estado está [...] obrigado a investigar toda situação em que tenham sido violados os direitos humanos protegidos pela Convenção. Se o aparato do Estado age de maneira que tal violação fique impune e não seja restabelecida, na medida do possível, a vítima na plenitude de seus direitos, pode-se afirmar que não cumpriu o dever de garantir às pessoas sujeitas à sua jurisdição o exercício livre e pleno de seus direitos. Isso também é válido quando se tolere que particulares ou grupos de particulares atuem livre ou impunemente em detrimento dos direitos reconhecidos na Convenção. [...] A segunda obrigação dos Estados Partes é "garantir" o livre e pleno exercício dos direitos reconhecidos na Convenção a toda pessoa sujeita à sua jurisdição. Essa obrigação implica o dever dos Estados Partes de organizar todo o aparato governamental e, em geral, todas as estruturas mediante as quais se manifesta o exercício do poder público, de maneira que sejam capazes de assegurar juridicamente o livre e pleno exercício dos direitos humanos. Em conseqüência dessa obrigação, os Estados devem prevenir, investigar e punir toda violação dos direitos reconhecidos pela Convenção e, ademais, procurar o restabelecimento, na medida do possível, do direito conculcado e, quando for o caso, a reparação dos danos produzidos pela violação dos direitos humanos.[31]

Ao final, recomendou ao Estado brasileiro que: a) concluísse rápida e efetivamente o processo penal envolvendo o responsável pela agressão; b) investigasse séria e imparcialmente irregularidades e atrasos injustificados do processo penal; c) pagasse à vítima uma reparação simbólica, decorrente da demora na prestação jurisdicional, sem prejuízo da ação de compensação contra o agressor; d) promovesse a capacitação de funcionários da justiça em direitos humanos, especialmente no que toca aos direitos previstos na Convenção de Belém do Pará.[32] É a primeira vez que um caso de violência

---

[29] COMISSÃO INTERAMERICANA DE DIREITOS HUMANOS – OEA. *Informe 54/01*, caso 12.051. Maria da Penha Fernandes v. Brasil, 16/04/01, parágrafos 54 e 55. Disponível em: http://www.cidh.oas.org/annualrep/2000port/12051.htm.

[30] COMISSÃO INTERAMERICANA DE DIREITOS HUMANOS – OEA. *Informe 54/01*, caso 12.051. Maria da Penha Fernandes v. Brasil, 16/04/01, parágrafos 54 e 55. Disponível em: http://www.cidh.oas.org/annualrep/2000port/12051.htm.

[31] COMISSÃO INTERAMERICANA DE DIREITOS HUMANOS – OEA. *Informe 54/01*, caso 12.051. Maria da Penha Fernandes v. Brasil, 16/04/01, parágrafos 42 a 44. Disponível em: http://www.cidh.oas.org/annualrep/2000port/12051.htm.

[32] COMISSÃO INTERAMERICANA DE DIREITOS HUMANOS – OEA. *Informe 54/01*, caso 12.051. Maria da Penha Fernandes v. Brasil, 16/04/01, Recomendações. Disponível em: http://www.cidh.oas.org/annualrep/2000port/12051.htm.

doméstica leva à condenação de um país, no âmbito do sistema interamericano de proteção dos direitos humanos.

O objetivo das entidades peticionárias era um só: que a litigância internacional pudesse propiciar avanços internos na proteção dos direitos humanos das mulheres no Brasil.

Em 31.10.2002, finalmente, houve a prisão do réu, no estado da Paraíba.[33] O ciclo de impunidade se encerrava, após dezenove anos. As demais medidas recomendadas pela Comissão Interamericana (como exemplo, medidas reparatórias; campanhas de prevenção; programas de capacitação e sensibilização dos agentes da justiça, dentre outras) foram objeto de um termo de compromisso firmado entre as entidades peticionárias e o Estado brasileiro.[34] Em 24.11.2003, foi adotada a Lei nº 10.778, que determina a notificação compulsória, no território nacional, de casos de violência contra a mulher que for atendida em serviços de saúde públicos ou privados.

Em 31.3.2004, por meio do Decreto nº 5.030, foi instituído um grupo de trabalho interministerial, que contou com a participação da sociedade civil e do Governo, para elaborar proposta de medida legislativa e outros instrumentos para coibir a violência doméstica contra a mulher. O grupo elaborou uma proposta legislativa, encaminhada pelo Poder Executivo ao Congresso Nacional, no final de 2004. Na exposição de motivos do aludido projeto de lei, há enfática referência ao Caso Maria da Penha, em especial às recomendações formuladas pela Comissão Interamericana.

Finalmente, em 7.8.2006, foi adotada a Lei nº 11.340 (também denominada Lei Maria da Penha), que, de forma inédita, cria mecanismos para coibir a violência doméstica e familiar contra a mulher, estabelecendo medidas para prevenção, assistência e proteção às mulheres em situação de violência.

Diversamente de dezessete países da América Latina, o Brasil até 2006 não dispunha de legislação específica a respeito da violência contra a mulher.

Aplicava-se a Lei nº 9.099/95, que instituiu os Juizados Especiais Criminais (JECrim) para tratar especificamente das *infrações penais de menor potencial ofensivo*, ou seja, aquelas consideradas de menor gravidade, cuja pena máxima prevista em lei não fosse superior a um ano. Contudo, tal resposta mostrava-se absolutamente insatisfatória, ao endossar a equivocada noção de que a violência contra a mulher era *infração penal de menor potencial ofensivo* e não grave violação a direitos humanos. Pesquisas demonstram o quanto a aplicação da Lei nº 9.099/95 para os casos de violência contra a mulher implicava a naturalização e legitimação deste padrão de violência, reforçando a hierarquia entre os gêneros.[35] O grau de ineficácia da referida lei revelava o paradoxo do Estado de

---

[33] ECONOMISTA é preso 19 anos após balear a mulher. *Folha de S.Paulo*, 31 out. 2002.

[34] No *Relatório Anual da Comissão Interamericana de Direitos Humanos 2003*, no capítulo sobre situação referente ao cumprimento de recomendações da CIDH (Disponível em: http://www.cidh.org/annualrep/2003port/cap.3c.htm. Acesso em: 25 fev. 2005), verifica-se que o Estado brasileiro informou à Comissão sobre o andamento do processo penal em trâmite contra o responsável pelas agressões e tentativa de homicídio a que se refere a Recomendação nº 1. Posteriormente, a Comissão teve conhecimento de que a sentença que condenou à pena de prisão do responsável havia sido executada.

[35] A título exemplificativo, ver ARAUJO, Alessandra Nogueira. *A atuação do Juizado Especial Criminal de Belo Horizonte nos casos de violência contra a mulher*: intervenções e perspectivas. Dissertação (Mestrado) – Universidade Federal de Minas Gerais, Belo Horizonte, 2005. Na visão de Leila Linhares Barsted: "Após dez anos de aprovação dessa lei, constata-se que cerca de 70% dos casos que chegam aos Juizados Especiais Criminais envolvem situações de violência doméstica contra as mulheres. Do conjunto desses casos, a grande maioria termina em 'conciliação', sem que o Ministério Público ou o juiz tomem conhecimento e sem que as mulheres encontrem uma resposta

romper com a clássica dicotomia público-privado, de forma a dar visibilidade a violações que ocorrem no domínio privado, para, então, devolvê-las a este mesmo domínio, sob o manto da banalização, em que o agressor é condenado a pagar à vítima uma cesta básica ou meio fogão ou meia geladeira... Os casos de violência contra a mulher ora eram vistos como mera "querela doméstica", ora como reflexo de ato de "vingança ou implicância da vítima", ora decorrentes da culpabilidade da própria vítima, no perverso jogo de que a mulher teria merecido, por seu comportamento, a resposta violenta. Isto culminava com a consequente falta de credibilidade no aparato da justiça. No Brasil, apenas 2% dos acusados em casos de violência contra a mulher são condenados.

No campo jurídico, a omissão do Estado brasileiro afrontava a Convenção Interamericana para Prevenir, Punir e Erradicar a Violência contra a Mulher – a "Convenção de Belém do Pará" – ratificada pelo Brasil em 1995. É dever do Estado brasileiro implementar políticas públicas destinadas a prevenir, punir e erradicar a violência contra a mulher, em consonância com os parâmetros internacionais e constitucionais, rompendo com o perverso ciclo de violência que, banalizado e legitimado, subtraía a vida de metade da população brasileira. Tal omissão deu ensejo à condenação sofrida pelo Brasil no Caso Maria da Penha.

Daí o advento da Lei nº 11.340, em 7.8.2006. Destacam-se sete inovações extraordinárias introduzidas pela Lei Maria da Penha:

1) *Mudança de paradigma no enfrentamento da violência contra a mulher.*

A violência contra mulher era, até o advento da Lei Maria da Penha, tratada como uma *infração penal de menor potencial ofensivo*, nos termos da Lei nº 9.099/95. Com a nova lei passa a ser concebida como uma violação a direitos humanos, na medida em que a lei reconhece que "a violência doméstica e familiar contra a mulher constitui uma as formas de violação dos direitos humanos" (art. 6º), sendo expressamente vedada a aplicação da Lei nº 9.099/95.

2) *Incorporação da perspectiva de gênero para tratar da violência contra a mulher.*

Na interpretação da lei, devem ser consideradas as condições peculiares das mulheres em situação de violência doméstica e familiar. É prevista a criação de Juizados de Violência Doméstica e Familiar contra a Mulher, com competência cível e criminal, bem como atendimento policial especializado para as mulheres, em particular nas Delegacias de Atendimento à Mulher.

---

qualificada do Poder Público à violência sofrida. Em face do efeito praticamente descriminalizador dessa lei, o movimento de mulheres tem debatido algumas soluções e avaliado iniciativas de parlamentares que encontram no Congresso Nacional, bem como experiências legislativas de outros países que elaboraram leis contra a violência doméstica. Com tais subsídios, um consórcio de ONGs elaborou uma proposta de lei sobre o tema, calcada na Convenção de Belém do Pará e que afasta a aplicação da Lei 9.099/95. Essa proposta foi apresentada à Secretaria Especial de Políticas para as Mulheres" (BARSTED, Leila Linhares. A violência contra as mulheres no Brasil e a Convenção de Belém do Pará dez anos depois. *In*: UNIFEM. *O progresso das mulheres no Brasil*. Brasília: Cepia/Ford Foundation, 2006. p. 280-281).

3) *Incorporação da ótica preventiva, integrada e multidisciplinar.*

Para o enfrentamento da violência contra a mulher, a Lei Maria da Penha consagra medidas integradas de prevenção, por meio de um conjunto articulado de ações da União, estados, Distrito Federal, municípios e de ações não governamentais. Sob o prisma multidisciplinar, determina a integração do Poder Judiciário, Ministério Público, Defensoria Pública, com as áreas da segurança pública, assistência social, saúde, educação, trabalho e habitação.

Realça a importância da promoção e realização de campanhas educativas de prevenção da violência doméstica e familiar contra a mulher, bem como da difusão da lei e dos instrumentos de proteção dos direitos humanos das mulheres. Acresce a importância de inserção nos currículos escolares de todos os níveis de ensino para os conteúdos relativos a direitos humanos, à equidade de gênero, raça e etnia e ao problema da violência doméstica e familiar contra a mulher.

Adiciona a necessidade de capacitação permanente dos agentes policiais quanto às questões de gênero, raça e etnia.

4) *Fortalecimento da ótica repressiva.*

Além da ótica preventiva, a Lei Maria da Penha inova a ótica repressiva, ao romper com a sistemática anterior baseada na Lei nº 9.099/95, que tratava da violência contra a mulher como uma infração de menor potencial ofensivo, sujeita à pena de multa e pena de cesta básica.

De acordo com a nova lei, são proibidas, nos casos de violência doméstica e familiar contra a mulher, penas de cesta básica ou outras de prestação pecuniárias, bem como a substituição de pena que implique o pagamento isolado de multa.[36] Afasta-se, assim, a conivência do Poder Público com a violência contra a mulher.

5) *Harmonização com a Convenção Interamericana para Prevenir, Punir e Erradicar a Violência contra a Mulher de Belém do Pará.*

A Lei Maria da Penha cria mecanismos para coibir a violência doméstica e familiar contra a mulher em conformidade com a Convenção Interamericana para Prevenir, Punir e Erradicar a Violência contra a Mulher ("Convenção de Belém do Pará"). Amplia o conceito de violência contra a mulher, compreendendo tal violência como "qualquer ação ou omissão baseada no gênero que lhe cause morte, lesão, sofrimento físico, sexual ou psicológico e dano moral ou patrimonial", que ocorra no âmbito da unidade doméstica, no âmbito da família ou em qualquer relação íntima de afeto.

---

[36] A respeito, ver Nova lei que protege a mulher já tem um preso. *O Estado de São Paulo*, C5, 23 set. 2006. O caso refere-se à prisão de homem que agrediu a mulher, grávida de cinco meses. Segundo a delegada, o agressor teria achado "um absurdo ser preso".

6) *Consolidação de um conceito ampliado de família e visibilidade ao direito à livre orientação sexual.*

A nova lei consolida, ainda, um conceito ampliado de família, na medida em que afirma que as relações pessoais a que se destina independem da orientação sexual. Reitera que toda mulher, independentemente de orientação sexual, classe, raça, etnia, renda, cultura, nível educacional, idade e religião tem o direito de viver sem violência.

7) *Estímulo à criação de bancos de dados e estatísticas.*

Por fim, a nova lei prevê a promoção de estudos e pesquisas, estatísticas e outras informações relevantes, com a perspectiva de gênero, raça e etnia, concernentes à causa, às consequências e à frequência da violência doméstica e familiar contra a mulher, com a sistematização de dados e a avaliação periódica dos resultados das medidas adotadas.

Na visão de Leila Linhares Barsted:

> O balanço de mais de uma década no enfrentamento da violência contra as mulheres no Brasil revela o importante papel dos movimentos de mulheres no diálogo com o Estado em suas diferentes dimensões. [...] Não há dúvidas de que, ao longo das três últimas décadas, o movimento de mulheres tem sido o grande impulsionador das políticas públicas de gênero, incluindo aquelas no campo da prevenção da violência. Mas, apesar das conquistas obtidas, é inegável a persistência da violência doméstica e sexual contra a mulher no Brasil.[37]

4 Conclusão

A Lei Maria da Penha constitui fruto de uma exitosa articulação do movimento de mulheres brasileiras: ao identificar um caso emblemático de violência contra a mulher; ao decidir submetê-lo à arena internacional, por meio de uma litigância e do ativismo transnacional; ao sustentar e desenvolver o caso, por meio de estratégias legais, políticas e de comunicação; ao extrair as potencialidades do caso, pleiteando reformas legais e transformações de políticas públicas; ao monitorar, acompanhar e participar ativamente do processo de elaboração da lei relativamente à violência contra a mulher; ao defender e lutar pela efetiva implementação da lei.

---

[37] BARSTED, Leila Linhares. A violência contra as mulheres no Brasil e a Convenção de Belém do Pará dez anos depois. *In*: UNIFEM. *O progresso das mulheres no Brasil*. Brasília: Cepia/Ford Foundation, 2006. p. 288 Ao tratar do diálogo entre o movimento feminista e os poderes públicos, no que se refere à violência doméstica, prossegue a autora: "E esse diálogo tem enfatizado atuações em diversas áreas, entre as quais: a) a ação voltada ao Poder Legislativo para alterar dispositivos discriminatórios da lei penal e para criar legislação sobre a violência doméstica contra as mulheres; b) o empenho com os Poderes Executivo e Legislativo para ratificar tratados, convenções e planos de ação internacionais que reconheçam os direitos humanos das mulheres, especialmente no campo da segurança e da luta contra a violência; c) a pressão nos Poderes Executivo e Legislativos estaduais para criar, ampliar e melhorar delegacias, abrigos, centros de referências, núcleos da Defensoria Pública e do Ministério Público e serviços na área da saúde voltados ao atendimento das vítimas; d) a demanda com o Poder Executivo e o Congresso Nacional por recursos para o combate à violência em suas diversas dimensões; e) a demanda com os órgãos da administração federal e estadual por pesquisas nacionais e locais que possam ampliar a visibilidade dessa violência e orientar políticas públicas de prevenção e atenção; f) o esforço sobre os órgãos federais e estaduais para qualificar policiais que atuam nas Delegacias da Mulher" (BARSTED, Leila Linhares. A violência contra as mulheres no Brasil e a Convenção de Belém do Pará dez anos depois. *In*: UNIFEM. *O progresso das mulheres no Brasil*. Brasília: Cepia/Ford Foundation, 2006. p. 288).

A partir da competente atuação do movimento de mulheres, na utilização de estratégias legais e de um ativismo transnacional, o Caso Maria da Penha teve a força catalizadora para fomentar avanços na proteção dos direitos humanos das mulheres, por meio da reforma legal e de mudanças de políticas públicas.

A adoção da Lei Maria da Penha permitiu romper com o silêncio e a omissão do Estado brasileiro, que estavam a caracterizar um ilícito internacional, ao violar obrigações jurídicas internacionalmente contraídas quando da ratificação de tratados internacionais. A tolerância estatal à violência contra a mulher perpetua a impunidade, simbolizando uma grave violência institucional, que se soma ao padrão de violência sofrido por mulheres, em total desprezo à ordem internacional e constitucional.

Perante a comunidade internacional, o Estado brasileiro assumiu o dever jurídico de combater a impunidade em casos de violência contra a mulher, cabendo-lhe adotar medidas e instrumentos eficazes para assegurar o acesso à justiça para as mulheres vítimas de violência. É dever do Estado atuar com a devida diligência para prevenir, investigar, processar, punir e reparar a violência contra a mulher, assegurando às mulheres recursos idôneos e efetivos.[38]

No amplo horizonte de construção dos direitos humanos das mulheres, jamais se caminhou tanto quanto nas últimas cinco décadas. Elas compõem o marco divisório em que se concentram os maiores avanços emancipatórios na luta das mulheres por dignidade, direitos e justiça. Sob esta perspectiva, em absoluta harmonia com os parâmetros protetivos internacionais, a Lei Maria da Penha inaugura uma política integrada para prevenir, investigar, sancionar e reparar a violência contra a mulher.

Ao repudiar a tolerância estatal e o tratamento discriminatório concernente à violência contra a mulher, a Lei Maria da Penha constitui uma conquista histórica na afirmação dos direitos humanos das mulheres. Sua plena implementação – com a adoção de políticas públicas voltadas à prevenção, punição e erradicação da violência contra a mulher, em todas as suas manifestações – surge como imperativo de justiça e respeito aos direitos das vítimas desta grave violação que ameaça o destino e rouba a vida de tantas mulheres brasileiras.

Informação bibliográfica deste texto, conforme a NBR 6023:2018 da Associação Brasileira de Normas Técnicas (ABNT):

PIOVESAN, Flávia. A proteção internacional dos direitos humanos das mulheres. *In*: MENDES, Denise Pinheiro Santos; MENDES, Giussepp; BACELAR, Jeferson Antonio Fernandes (Coords.). *Magníficas mulheres*: lutando e conquistando direitos. Belo Horizonte: Fórum, 2023. p. 165-179. ISBN 978-65-5518-488-4.

---

[38] Ver COMISSÃO INTERAMERICANA DE DIREITOS HUMANOS. *Acceso a la Justicia para las Mujeres víctimas de violência em las Américas*. OEA/Ser L./V/II Doc.68, 20.1.2007.

A UTILIZAÇÃO DOS *NUDGES* NAS SESSÕES DE MEDIAÇÃO COMO INSTRUMENTO DA POLÍTICA NACIONAL DE TRATAMENTO ADEQUADO DOS CONFLITOS

GISELE SANTOS FERNANDES GÓES
AGENOR CÁSSIO NASCIMENTO CORREIA DE ANDRADE
BERNARDO AUGUSTO DA COSTA PEREIRA

1 Introdução

A sociedade contemporânea vive uma avalanche de informações. Consequentemente, o processo de tomada de decisões torna-se mais complexo devido à variedade de opções disponíveis. Tal fenômeno também é observado nos processos autocompositivos, pois as múltiplas opções podem dificultar a resolução do conflito.

Em geral, as questões tratadas nas sessões autocompositivas envolvem sentimentos e emoções, o que potencializa as dúvidas e as incertezas. Por isso, durante a tomada de decisão, os indivíduos buscam identificar ações que minimizem as probabilidades de que ocorram resultados não desejados.

De acordo com Ada Pellegrini Grinover,[1] a Resolução nº 125 do Conselho Nacional de Justiça (CNJ),[2] o Código de Processo Civil (CPC) de 2015[3] e a Lei de Mediação, Lei nº 13.140/2015,[4] constituem um minissistema brasileiro de métodos consensuais de solução judicial de conflitos.

---

[1] GRINOVER, Ada Pellegrini. Os métodos consensuais de solução de conflitos no novo CPC. *In*: GRINOVER, Ada Pellegrini *et al*. *O Novo Código de Processo Civil*: questões controvertidas. São Paulo: Atlas, 2015. p. 1-22.
[2] CONSELHO NACIONAL DE JUSTIÇA. Resolução nº 125, de 29 de novembro de 2010. Dispõe sobre a Política Judiciária Nacional de tratamento adequado dos conflitos de interesses no âmbito do Poder Judiciário e dá outras providências. *Diário de Justiça Eletrônico*, Brasília, DF, n. 219, p. 2-14, 1 dez. 2010. Disponível em: https://atos.cnj.jus.br/atos/detalhar/156. Acesso em: 20 jun. 2021.
[3] BRASIL. Lei nº 13.105, de 16 de março de 2015. Código de Processo Civil. *Diário Oficial da União*: seção 1, Brasília, DF, p. 1, 17 mar. 2015. PL 8046/2010. Disponível em: http://www.planalto.gov.br/ccivil_03/_ato2015-2018/2015/lei/l13105.htm. Acesso em: 20 jun. 2021.
[4] BRASIL. Lei nº 13.140, de 26 de junho de 2015. Dispõe sobre a mediação entre particulares como meio de solução de controvérsias e sobre a autocomposição de conflitos no âmbito da administração pública; altera a Lei nº 9.469, de 10 de julho de 1997, e o Decreto nº 70.235, de 6 de março de 1972; e revoga o §2º do art. 6º da Lei nº 9.469, de 10 de julho de 1997. *Diário Oficial da União*, Brasília, DF, seção 1, p. 4, 29 jun. 2015. PL 7169/2014. Disponível em: http://www.planalto.gov.br/ccivil_03/_ato2015-2018/2015/lei/l13140.htm. Acesso em: 20 jun. 2021.

A obrigatoriedade da audiência preliminar de mediação ou de conciliação, conforme prescrito no art. 334 do CPC, foi uma forma de incentivar um maior número de soluções consensuais dos litígios judiciais.

No entanto, dados do CNJ mostram que, no ano anterior à vigência do CPC de 2015, o índice total de conciliações, comparativamente ao total de sentenças proferidas, foi de 11,1%; já em 2018, após três anos de vigência do CPC/2015, o número foi de 11,5%.[5] Logo, o impacto da audiência obrigatória de mediação foi reduzido.

Dito de outra forma, a norma do art. 334 do CPC/2015 não foi suficiente para que houvesse mudança significativa no comportamento das partes e dos sujeitos processuais; consequentemente, os estímulos comportamentais previstos no minissistema brasileiro de métodos consensuais de solução judicial de conflitos demonstraram-se insuficientes para aumentar os índices de soluções amistosas nos tribunais.

Nesse cenário, uma possibilidade seria a adoção de *nudges*, os quais funcionam como estímulos paralelos inseridos como direcionamentos comportamentais. Assim, na escolha entre a adjudicação judicial e o consenso, os *nudges* poderiam incentivar as partes a optarem pelos mecanismos de solução consensual.

Diante do exposto questiona-se: em que medida os *nudges* influenciam as sessões de mediação? Levanta-se a hipótese de que os incentivos à mudança de comportamento das partes em conflito, por meio dos *nudges*, podem estimular a solução por acordo entre os sujeitos.

Utiliza-se no presente trabalho o método de abordagem hipotético-dedutivo, uma vez que se propõe uma hipótese para o problema e tenta-se averiguá-la ao longo do trabalho. Ademais, como método de procedimento, adota-se a pesquisa bibliográfica em fontes primárias e secundárias para a obtenção de dados e de argumentos a fim de confirmar ou desqualificar a hipótese levantada.

Na primeira seção, explicar-se-á em que consistem os *nudges* e de que modo eles moldam as escolhas dos indivíduos à luz da economia comportamental. Na segunda seção, investigar-se-á a possibilidade de aplicação dos *nudges* em políticas públicas, demonstrando-se o que já tem sido feito. Na terceira seção, averiguar-se-á a viabilidade de aplicação dos *nudges* na mediação compreendida como uma política pública de tratamento adequado do conflito. Na quarta e última seção, analisar-se-á como os *nudges* podem ser aplicados nas sessões de mediação de modo a estimular a participação dos envolvidos.

2 Os *nudges* e a economia comportamental

Nudges – em português informal, "empurrãozinho", "cutucada" – é um conceito advindo da economia comportamental,[6] a qual tem como expoente o autor Daniel Kahneman, que, em 2012, publicou o livro *Rápido e devagar: duas formas de pensar*,[7] em

---
[5] CONSELHO NACIONAL DE JUSTIÇA. *Justiça em números 2019*. Brasília, DF: CNJ, 2019. p. 142. Disponível em: https://www.cnj.jus.br/pesquisas-judiciarias/justica-em-numeros/. Acesso em: 20 jun. 2021.
[6] Ramo da economia que incorporou análises e teorias da psicologia, da neurociência e de outras ciências sociais para comprovar que as decisões econômicas dos indivíduos são influenciadas por outros fatores que não apenas a razão. Por exemplo, estudos conjuntos da economia e da psicologia KAHNEMAN, Daniel; SLOVIK, Paul; TVERSKY, Amos. *Judgment under uncertainty*: heuristics and biases. Cambridge: Cambridge University Press, 1974).
[7] KAHNEMAN, Daniel. *Rápido e devagar*: duas formas de pensar. Tradução de Cássio de Arantes Leite. Rio de Janeiro: Objetiva, 2012. Daniel Kahneman é israelense, nasceu em 1934, graduou-se com um *major* em Psicologia

que investiga os efeitos psicológicos, sociais e econômicos do comportamento humano e estuda os vieses responsáveis pelas tomadas de decisões.

O viés é tal qual uma lente que distorce um ponto de vista. Portanto, é um ângulo que vai modificar as coisas a partir de outra percepção e, assim, possibilitar tomadas de decisões baseadas nesse mundo que se enxerga.

A teoria do sistema dual consiste em analisar a mente sob o ângulo de dois sistemas: sistemas 1 e 2. O sistema 1 é o rápido, pois automático e intuitivo, e o sistema 2 é o devagar, pois refletido e avaliador. No sistema 1, as decisões são tomadas com o mínimo de esforço e de forma involuntária. No sistema 2, o pensamento já é consciente, controlado e racional.[8]

Os estudos de Kahneman trouxeram luz aos múltiplos vieses e à subjetividade dos processos de decisão, demonstrando que a mente humana apresenta dois tipos de raciocínio: o impulsivo, de cognição superficial, no qual estão os comportamentos habituais e rotineiros, e o reflexivo, que apresenta uma cognição mais elaborada.[9]

Nesse passo, os *nudges* advêm das heurísticas e dos vieses que surgem a partir da interação dos sistemas automático e reflexivo da teoria do sistema dual.[10] Eles funcionam exatamente porque as pessoas nem sempre se comportam racionalmente. Pesquisas na psicologia têm demonstrado que, por causa das limitações cognitivas, as pessoas agem de maneira racionalmente limitada, com a influência de heurísticas e de vieses cognitivos na tomada de decisão.[11]

Em síntese, os *nudges* são ferramentas usadas pela mídia, pela política, por empresas e por marcas multinacionais que estimulam, de forma sutil e quase imperceptível, os indivíduos a tomar certas atitudes, a caminhar em determinado rumo ou a realizar determinado tipo de negócio.

Eles foram concebidos originariamente pelos juristas Richard Thaler e Cass Sunstein[12] e são utilizados, entre outras finalidades, como ferramentas de políticas públicas em diversas áreas.

---

e um *minor* em Matemática pela Hebrew University, de Jerusalém; depois concluiu seu PhD em Psicologia pela University of California, Berkeley, nos Estados Unidos. Entre a década de 70 do século XX e a primeira década do século XXI, dedicou-se a explorar temas que o ajudaram a desenvolver o campo da economia comportamental – da qual se tornou o principal expoente, ao lado de nomes como Richard Thaler e Amos Tversky, seu principal parceiro de pesquisa (BRASIL, Gabriel. Nobel 2002: Daniel Kahneman. *Terraço Econômico*, 13 out. 2020. Disponível em: https://terracoeconomico.com.br/nobel-2002-daniel-kahneman/. Acesso em: 10 jul. 2021).

[8] KAHNEMAN, Daniel. *Rápido & devagar*: duas formas de pensar. Tradução de Cássio de Arantes Leite. Rio de Janeiro: Objetiva, 2012. p. 19-27.

[9] VERBICARO, Dennis; CAÇAPIETRA, Ricardo dos Santos. A economia comportamental no desenho de políticas públicas de consumo através dos nudges. *Revista de Direito do Consumidor*, v. 30, n. 133, p. 385-411, jan./fev. 2021. p. 395.

[10] KLAGENBERG, Andressa. *A economia comportamental e o uso de nudge em políticas públicas*. 2019. 41 f. Trabalho de Conclusão de Curso (Graduação em Ciências Econômicas) – Faculdade de Ciências Econômicas, Universidade Federal do Rio Grande do Sul, Porto Alegre, 2019. p. 12.

[11] SIMON, Herbert A. A behavioral model of rational choice. *The Quarterly Journal of Economics*, v. 69, n. 1, p. 99-118, fev. 1995. p. 100.

[12] Os "empurrões", conhecidos como *nudges*, foram propostos por Richard Thaler, vencedor do Prêmio Nobel de Economia em 2017, e Cass Sunstein. Segundo os autores, "um nudge é qualquer aspecto da arquitetura da escolha que altera o comportamento das pessoas de uma forma previsível sem proibir nenhuma opção nem alterar significativamente as consequências econômicas" (CUNHA, José Adson; AGUIAR, Yuska Paola Costa; PONTES, Josinaldo; SILVA, Mirelly da. Como influenciar decisões em ambientes digitais através de nudges? Um mapeamento sistemático da literatura. *In*: WORKSHOP SOBRE ASPECTOS SOCIAIS, HUMANOS E ECONÔMICOS DE SOFTWARE (WASHES), 5., 2020, Cuiabá. *Anais*... Porto Alegre: Sociedade Brasileira de Computação, 2020. p. 41).

Desse modo, os *nudges* apresentam-se como arquiteturas de escolhas moldadas para alterar e induzir o comportamento das pessoas de forma previsível, conduzindo-as, assim, em direções socialmente desejadas, como exemplo, melhorar a vida dos indivíduos e contribuir para a resolução dos vários problemas que atingem a sociedade.

A função dos *nudges* é auxiliar o indivíduo na tomada de decisões para que sejam direcionadas para escolhas positivas, que favoreçam o próprio indivíduo e toda a coletividade, sendo uma ferramenta de baixo custo para facilitar o alcance dos objetivos das pessoas.[13]

É importante destacar que os *nudges* não são ordens, não se obriga o sujeito a nada, pois se preserva a liberdade de escolha das pessoas e não há qualquer tipo de coerção. São apenas sugestões que se configuram como um tipo de abordagem que serve para incentivar o indivíduo a ir em determinada direção, que ele pode seguir ou não. Portanto, o sujeito continua tendo a sensação de liberdade para trilhar qualquer caminho.

Nessa perspectiva, Thaler e Sunstein relatam a experiência de Carolyn, uma nutricionista responsável pelo serviço de alimentação das escolas de uma grande cidade, que percebeu como a disposição dos alimentos no refeitório influencia a escolha dos alunos na hora da refeição. Sem mudar nenhum item do cardápio, a nutricionista alterou apenas a posição dos alimentos nos refeitórios das escolas. Com a reorganização das sobremesas e das batatas fritas, que ficaram fora da linha de visão dos alunos, verificou-se a redução do consumo desses alimentos calóricos e o aumento do consumo de alimentos mais saudáveis.[14]

Outro exemplo de utilização de *nudges* na atualidade ocorreu na Suécia, onde foram instaladas escadas que reproduzem a aparência e o som de um piano. O projeto foi desenvolvido pela empresa Volkswagen na estação de metrô de Estocolmo. Como resultado, percebeu-se que o índice de pessoas que usaram a escada aumentou em quase 70% no dia do experimento. Logo, esse estímulo incentivou as pessoas a terem uma alternativa mais saudável em seu cotidiano.[15]

Com base nos exemplos, é possível constatar que os programadores de *nudges*, ou arquitetos de escolhas, estudam o comportamento social e as tendências do ser humano para, posteriormente, direcionar os indivíduos para que tomem as decisões mais adequadas. Portanto, são responsáveis por organizar o ambiente e influenciar o processo de tomada de decisão, orientando as escolhas que podem ser mais benéficas na vida das pessoas.

Segundo Thaler e Sunstein,[16] uma arquitetura de escolhas efetiva deve trazer, para além de um ponto de partida embasado em escolhas-padrão, o atendimento da demanda de se atingir um bem-estar.

---

[13] MARANHÃO, Ney; BENEVIDES, Davi Barros; ALMEIDA, Marina Nogueira de. Empresa panóptica: poder diretivo do empregador e direitos fundamentais à privacidade e intimidade do empregado diante das novas formas de tecnologia. *Revista da Academia Nacional de Direito do Trabalho*, v. 23, p. 29-40, 2020. p. 34-35.

[14] THALER, Richard H.; SUNSTEIN, Cass R. *Nudge*: como tomar melhores decisões sobre saúde, dinheiro e felicidade. Rio de Janeiro: Objetiva, 2019. p. 4.

[15] BRAGA, Giuliana Morel. *A economia comportamental como ferramenta de auxílio para políticas públicas*. 2020. 64 f. Trabalho de Conclusão de Curso (Graduação em Ciências Econômicas) – Instituto de Ciências da Sociedade e Desenvolvimento Regional, Universidade Federal Fluminense, Campos dos Goytacazes, 2020. p. 49.

[16] THALER, Richard H.; SUNSTEIN, Cass R. *Nudge*: como tomar melhores decisões sobre saúde, dinheiro e felicidade. Rio de Janeiro: Objetiva, 2019.

Portanto, o desenvolvimento da ideia de *nudges* por Thaler e Sunstein está associado à intenção de ajudar as pessoas a tomarem melhores decisões.[17] Todavia, nem sempre é o que ocorre na prática.

Em um texto intitulado *Nudge, not sludge*,[18] Thaler salienta que o objetivo de um arquiteto de escolha consciente é ajudar as pessoas a fazerem melhores escolhas conforme sua própria autonomia. Mas as mesmas técnicas de "cutucadas" podem ser usadas para propósitos menos benevolentes, o que ele denomina *sludge*, palavra que pode ser traduzida literalmente por "lama", "lodo", "sedimento".

Tais estímulos comportamentais têm finalidades corrompidas, furtivas e sub-reptícias. Ao invés de ajudar as pessoas a escolherem melhores opções, direcionam os indivíduos a tomar más decisões ou dificultam a tomada de boas decisões, como exemplo, quando prejudicam os consumidores ao dificultarem o cancelamento de serviços ou ao estimularem o seu superendividamento, empregando, para tanto, técnicas que visam corromper o ser humano.

Isso ocorre quando profissionais da área da publicidade e do *marketing* desenvolvem abordagens subliminares com o objetivo de despertar fortes reações emocionais no consumidor que levam à criação de necessidades ligadas à marca que não existiam. Essas ações levam o consumidor a selecionar inconscientemente certos bens ou serviços mediante recursos que apelam aos sentidos e às emoções.[19]

A abordagem subliminar assume contornos de assédio de consumo ao não possibilitar ao consumidor a percepção de estar diante de uma estratégia comercial formulada meticulosamente para influenciar a sua vontade e reduzir seu poder decisório.[20]

Constata-se, então, que os incentivos comportamentais podem assumir duas formas: induzir o indivíduo a ter hábitos saudáveis, fazer boas escolhas, ou alterar seu comportamento para decisões irracionais que reforçam vieses e se aproveitam ao máximo deles para trazer a maior vantagem possível para o seu criador.

Desse modo, sendo um incentivo comportamental, um *nudge* nunca deve servir como trapaça, simulação ou, ainda, como um meio escuso para obter vantagens. Portanto, o arquiteto de escolhas deve possuir elevado grau de alinhamento com a genuína finalidade dos *nudges*, na medida em que, ao projetar um ambiente, estará oferecendo impulsos sutis para que o indivíduo utilize o "sistema 1" – rápido – de forma favorável a si próprio e a sua comunidade.

Tendo apresentado o que são os *nudges*, como podem ser utilizados e, principalmente, a diferença entre eles e os *sludges*, abordar-se-á na seção seguinte o uso de *nudges* em políticas públicas como mecanismos de fomento de boas práticas.

---

[17] Afirmam Ramiro e Fernandez: "No caso do paternalismo libertário, essa arquitetura de escolhas deve ser pensada em um âmbito de se facilitar que os indivíduos e a sociedade atinjam seus objetivos em termos de bem-estar, se valendo, inclusive, dessas orientações em forma de *nudges*, mas também através de informações mais claras e que correspondam à capacidade de racionalidade limitada entendida pelos autores" (RAMIRO, Thomas; FERNANDEZ, Ramon Garcia. O nudge na prática: algumas aplicações do paternalismo libertário às políticas públicas. *Textos de Economia*, Florianópolis, v. 20, n. 1, p. 1-18, 2017. p. 6-7).

[18] THALER, Richard H. Nudge, not sludge. *Science*, New York, v. 361, n. 6401, p. 431, 3 ago. 2018. Disponível em: http://science.sciencemag.org. Acesso em: 14 jun. 2021.

[19] VERBICARO, Dennis; CAÇAPIETRA, Ricardo dos Santos. A economia comportamental no desenho de políticas públicas de consumo através dos nudges. *Revista de Direito do Consumidor*, v. 30, n. 133, p. 385-411, jan./fev. 2021. p. 395.

[20] VERBICARO, Dennis; CAÇAPIETRA, Ricardo dos Santos. A economia comportamental no desenho de políticas públicas de consumo através dos nudges. *Revista de Direito do Consumidor*, v. 30, n. 133, p. 385-411, jan./fev. 2021. p. 397.

3 O uso de *nudge* em políticas públicas

As pesquisas sobre os *nudges* têm sido conduzidas em diversas áreas do conhecimento, como exemplo, na saúde, no *marketing*, na publicidade e, inclusive, nas políticas públicas. Trata-se, portanto, de um campo fértil de aplicação.

Como visto na primeira seção do presente artigo, os *nudges* são um meio de induzir as pessoas a tomarem determinadas decisões, consideradas boas. Por isso, passou-se a usar os *nudges* para implantar políticas públicas e efetivar direitos fundamentais e outros.

Algumas políticas públicas assumem a forma de proibições, como exemplo, o crime previsto no art. 129 do Código Penal, que veda agressões físicas a outras pessoas.[21] Outras fazem uso de incentivos ou de desestímulos, como exemplo, incentivos econômicos no subsídio dos combustíveis e desestímulo com a incidência de alíquotas maiores sobre a indústria do tabaco.

Os *nudges* devem sempre induzir mudanças comportamentais, sempre preservando a liberdade de escolha do indivíduo, pois, apesar de orientarem em uma determinada direção, o próprio cidadão pode escolher seguir outro caminho. São como aplicativos que fornecem rotas de deslocamento, mas não obrigam o usuário a segui-las, dando-lhe apenas uma opção.

A ideia é tirar vantagem dos vieses comportamentais e incentivar as pessoas a fazerem o melhor para elas e para a sociedade, desenvolvendo uma ação ou um detalhe no ambiente de escolha que incentive as pessoas a tomarem melhores decisões.

O uso de *nudges* no setor público auxilia na concretização de políticas públicas, na medida em que, compreendendo o comportamento do ser humano por meio dos estudos da economia comportamental, o Estado pode implementar ações que visem ao bem-estar da sociedade.

Com base no resultado da análise dos comportamentos e na percepção de fatores psicológicos dos indivíduos, podem ser executadas políticas sociais de melhorias com o aprimoramento de condutas do ser humano e com uma atuação estatal muito mais eficaz. É possível, assim, implantar políticas públicas eficientes nos âmbitos da segurança e da saúde, da educação e da sustentabilidade.

Sunstein[22] cita o exemplo de uma norma governamental que exige que restaurantes mostrem em seus cardápios as calorias dos pratos. É uma forma de *nudge* educativo que informa ao consumidor o total de calorias daquela refeição, para que, baseado naquela informação, o indivíduo tome a decisão de ingerir ou não aquele produto.

Aplicados às políticas públicas, esses estímulos comportamentais produzem um impacto positivo, conseguindo resultados saudáveis e melhorando a vida das pessoas. Tais mecanismos públicos podem dirigir comportamentos a fim de influenciar escolhas e obter resultados desejáveis sob o prisma dos governos. Nota-se que os *nudges*

---

[21] "Ofender a integridade corporal ou a saúde de outrem: Pena - detenção, de três meses a um ano" (BRASIL. Decreto-Lei nº 2.848, de 7 de dezembro de 1940. Institui o Código Penal. *Diário Oficial da União*, Brasília, DF, seção 1, p. 23911, 31 dez. 1940. Disponível em: http://www.planalto.gov.br/ccivil_03/decreto-lei/del2848compilado.htm. Acesso em: 29 jul. 2020).

[22] SUNSTEIN, Cass R. The ethics of nudging. *Yale Journal on Regulation*, v. 32, n. 2, p. 413-450, 2015. Disponível em: http://digitalcommons.law.yale.edu/yjreg/vol32/iss2/6. Acesso em: 10 jul. 2021.

aumentam a eficiência de comportamentos que deveriam ser adotados por indivíduos, pela sociedade ou por determinado segmento social.[23]

Diversos países já começaram a adotar os *nudges* como fomento de políticas públicas. O Reino Unido tomou a iniciativa de criar um grupo de estudos dentro do próprio governo denominado *Behavioural Insights Team* (BIT), que se espalhou para outros países, como Estados Unidos, Austrália, Canadá, França e Arábia Saudita, todos com o objetivo de analisar os vieses do comportamento humano à luz da economia comportamental.[24]

A doação de órgãos é um exemplo de utilização de *nudges* pelos países. De fato, uma arquitetura de escolha bem definida pode reduzir o número de pessoas que aguardam na fila de transplante. A grande dificuldade para a doação de órgãos é a obtenção do consentimento familiar dos falecidos por morte cerebral. Uma das formas de aumentar o número de doadores seria a utilização dos *nudges* que Sunstein[25] denominou *default rules*: a inclusão automática das pessoas como doadores de órgãos e tecidos. Por meio dessa inclusão automática, todos passam a ser doadores. Se a pessoa não quiser doar, ela ou sua família precisa registrar explicitamente essa decisão, pois a política consiste em um consentimento presumido em que se poupa a pessoa de escolher se quer ou não ser doador.[26]

Na maioria dos países, o processo-padrão para doação de órgãos é aquele no qual a pessoa tem de fazer uma ação para tornar-se doadora. Mesmo que, por pesquisas de senso comum, as pessoas, em sua maioria, considerem-se doadoras, elas não tomam a iniciativa de se registrar como tal em seus documentos oficiais, nos quais acaba não havendo qualquer menção nesse sentido, o que faz com que o número de doações de órgãos nos países seja muito baixo.

A proposta é a implementação de uma política pública que declare os agentes doadores como norma-padrão, exatamente o uso do *default rules*. É o sistema do consentimento presumido, que permite a extração de órgãos do corpo da pessoa falecida, para fins de transplante, a menos que ela tenha manifestado em vida sua oposição ou que alguém declare que o falecido a isso se opunha.[27] Assim, na Alemanha, onde é válida a opção explícita, apenas 12% dos cidadãos são doadores; em contrapartida, na Áustria, onde é vigente a opção implícita, 99% são doadores.[28]

---

[23] SILVA, Amanda Carolina Souza; RODRIGUES, Débhora Renata Nunes; TIBALDI, Saul Duarte. Nudges e políticas públicas: um mecanismo de combate ao trabalho em condição análoga à de escravo. *Revista Brasileira de Políticas Públicas*, Brasília, DF, v. 8, n. 2, p. 266-286, ago. 2018. p. 279.

[24] MARANHÃO, Ney; BENEVIDES, Davi Barros; ALMEIDA, Marina Nogueira de. Empresa panóptica: poder diretivo do empregador e direitos fundamentais à privacidade e intimidade do empregado diante das novas formas de tecnologia. *Revista da Academia Nacional de Direito do Trabalho*, v. 23, p. 29-40, 2020. p. 37.

[25] SUNSTEIN, Cass R. Nudging: a very short guide. *Journal Consumer Pol'y*, v. 23, p. 1-7, set. 2014. Disponível em: https://ssrn.com/abstract=2499658. Acesso em: 27 jun. 2021.

[26] SOUZA, Luciana Cristina; RAMOS, Karen Tobias França; PERDIGÃO, Sônia Carolina Romão Viana. Análise crítica da orientação de cidadãos como método para otimizar decisões públicas por meio da técnica nudge. *Revista Brasileira de Políticas Públicas*, Brasília, DF, v. 8, n. 2, p. 234-250, ago. 2018. p. 246.

[27] CIOATTO, Roberta Marina; PINHEIRO, Adriana de Alencar Gomes. Nudges como política pública para aumentar o escasso número de doadores de órgãos para transplante. *Revista Brasileira de Políticas Públicas*, Brasília, DF, v. 8, n. 2, p. 368-384, ago. 2018. p. 381.

[28] JOHNSON, Eric J.; GOLDSTEIN, Daniel. Do defaults save lives? *Science*, New York, v. 302, n. 5649, p. 1338-1339, 21 nov. 2003. Disponível em: https://www.researchgate.net/publication/8996952_Medicine_Do_defaults_save_lives. Acesso em: 22 jun. 2021.

Sunstein e Thaler[29] destacam que o *nudge* acima exemplificado é um dos mais importantes para fins de política pública. Trata-se da utilização das regras-padrão, com a inscrição automática em programas, incluindo educação, saúde, poupança.

No Brasil, temos um exemplo de *nudge* criado por uma lei relacionada a doações de medula óssea. A Lei Federal nº 13.656/2018 isenta do pagamento de taxa de inscrição em concursos públicos federais candidatos doadores de medula óssea. Essa lei usa o incentivo da isenção no concurso público como recompensa, induzindo as pessoas a serem doadoras de medula óssea.[30]

Outro exemplo vem de uma lei municipal de Belo Horizonte,[31] que proíbe a exposição de sal em mesas e em balcões de bares, de restaurantes e de lanchonetes. Se o cliente quiser consumir sal, deve pedir ao estabelecimento, que disponibilizará, sem exposição, embalagens individuais (sachês) contendo o produto. Essa ação objetiva chamar a atenção da população para o desenvolvimento de hábitos saudáveis e para a proteção do sistema cardíaco e da saúde das pessoas, considerando os males causados pelo consumo excessivo de sal, como a hipertensão.

Thaler e Sunstein[32] apresentam alguns tipos de *nudges* que podem ser aplicados às políticas públicas, como exemplo, o estabelecimento de normas de proteção à saúde da população no combate a uma pandemia viral, estimulando as pessoas a ficarem em casa, a usarem máscaras e a se vacinarem.

Outro *nudge* aplicado a políticas públicas mencionado pelos autores é o efeito manada, que ocorre quando se utilizam normas sociais para informar às pessoas que a maioria apresenta o mesmo comportamento em determinada situação. A economia comportamental explica que as pessoas tendem a seguir o que a maioria faz. Esse efeito parte da ideia de que os seres humanos são facilmente influenciados pelo comportamento de outros seres humanos. Uma das explicações para isso é a busca da conformidade e o desejo de evitar a desaprovação do grupo.

Outros *nudges* são os lembretes, os quais consistem na utilização de avisos periódicos para incentivar as pessoas a realizarem determinada conduta. Podem ser enviados lembretes por mensagem de aplicativo, *e-mail* ou mensagem de texto para, por exemplo, lembrar o pagamento de contas ou compromissos agendados, porque algumas pessoas deixam de realizar determinadas atividades em razão da procrastinação, do esquecimento etc.

Também a utilização de gráficos e de avisos de forte impacto visual pode servir de estímulo ou de desestímulo de comportamentos. Um exemplo são as advertências impressas no verso das caixas de cigarros.

---

[29] THALER, Richard H.; SUNSTEIN, Cass R. *Nudge*: improving decisions about health, wealth, and happiness. New Haven, CT, US: Yale University Press, 2008.

[30] BRASIL. Lei nº 13.656, de 30 de abril de 2018. Isenta os candidatos que especifica do pagamento de taxa de inscrição em concursos público de cargo efetivo ou emprego permanente em órgãos ou entidades da administração pública direta e indireta da União. *Diário Oficial da União*, Brasília, DF, seção 1, p. 1, 2 maio 2018. PL 3641/2008. Disponível em: https://www2.camara.leg.br/legin/fed/lei/2018/lei-13656-30-abril-2018-786628-publicacaooriginal-155452-pl.html. Acesso em: 20 jul. 2021.

[31] BELO HORIZONTE. Lei nº 10.982, de 10 de outubro de 2016. Dispõe sobre a proibição da exposição, em mesas e balcões, de recipientes que contenham cloreto de sódio (sal de cozinha) em bares, restaurantes, lanchonetes e similares. *Diário Oficial do Município de Belo Horizonte*, Belo Horizonte, MG, 10 out. 2016. Disponível em: https://www.legisweb.com.br/legislacao/?id=329706. Acesso em: 20 jul. 2021.

[32] THALER, Richard H.; SUNSTEIN, Cass R. *Nudge*: como tomar melhores decisões sobre saúde, dinheiro e felicidade. Rio de Janeiro: Objetiva, 2019.

Assim, constata-se que os *nudges* orientam o comportamento dos indivíduos de uma maneira previsível, mas não podem proibir quaisquer opções, pois não se pode desconsiderar a liberdade de escolha, apenas estimular escolhas mais saudáveis e/ou razoáveis.

Consigne-se que, além de respeitar a liberdade de opção dos indivíduos, as decisões sobre políticas públicas devem oferecer aos cidadãos meios adequados para participarem do processo de escolha. O Estado deve estimular a participação da sociedade civil na criação de ações e de atitudes voltadas para a melhoria social, como a realização de audiências públicas, o orçamento participativo, a participação popular em conselhos, o fortalecimento de instituições que representam a população, como o Ministério Público e a Defensoria Pública, e os estímulos à criação de associações como forma de organização autônoma dos indivíduos.[33]

Alguns críticos opõem-se à utilização, pelo Estado, da economia comportamental como ferramenta programática do bem-estar social. Argumentam que, ao predefinir um quadro de opções já articuladas, o Estado induziria ilegalmente os comportamentos de seus nacionais, uma vez que não haveria manifesta autonomia da vontade individual, da declaração consentida e da manifestação inequívoca de intenções. As opções já estariam previamente definidas pelo gestor público, reduzindo o campo da liberdade das escolhas das pessoas.[34]

A fim de superar o argumento acima, é imperioso ressaltar que a aplicação da técnica dos *nudges* em políticas públicas deve ter como norte os princípios contidos na Constituição da República, exigindo que as ações estatais estejam alinhadas aos objetivos fundamentais da República Federativa do Brasil. Se forem, portanto, compatíveis com os objetivos constitucionais e com os direitos fundamentais, não há objeção à aplicação dos *nudges*.[35]

Essa advertência é motivada pela própria natureza desvirtuada que os *nudges* podem assumir, transformando-se em *sludges*, como relatado no tópico anterior. Não tendo como baliza os princípios constitucionais, o administrador público poderia afastar-se de seu dever de eticidade e manipular decisões públicas para seu favorecimento pessoal.

Com o escopo de evitar uma possível manipulação estatal, devem-se proibir *sludges* que sejam capazes de afetar a cidadania e a livre escolha do indivíduo.

Os *nudges* são compatíveis com nosso ordenamento constitucional. No entanto, devem sempre ser aplicados respeitando os princípios constitucionais e democráticos, de forma a afastar qualquer ação que possa manipular de modo escuso o pensamento e as atitudes do cidadão.

Assim, caso os *nudges* sejam implementados nesses termos e respeitando todos esses princípios, estarão em consonância com a Constituição da República Federativa do Brasil (CRFB) de 1988 e com todos os direitos fundamentais dos cidadãos. Além

---

[33] SOUZA, Luciana Cristina; RAMOS, Karen Tobias França; PERDIGÃO, Sônia Carolina Romão Viana. Análise crítica da orientação de cidadãos como método para otimizar decisões públicas por meio da técnica nudge. *Revista Brasileira de Políticas Públicas*, Brasília, DF, v. 8, n. 2, p. 234-250, ago. 2018. p. 245.

[34] RIBEIRO, Marcia Carla Pereira; DOMINGUES, Victor Hugo. Economia comportamental e direito: a racionalidade em mudança. *Revista Brasileira de Políticas Públicas*, Brasília, DF, v. 8, n. 2, p. 456-471, ago. 2018. p. 473.

[35] SOUZA, Luciana Cristina; RAMOS, Karen Tobias França; PERDIGÃO, Sônia Carolina Romão Viana. Análise crítica da orientação de cidadãos como método para otimizar decisões públicas por meio da técnica nudge. *Revista Brasileira de Políticas Públicas*, Brasília, DF, v. 8, n. 2, p. 234-250, ago. 2018. p. 247.

disso, porão em prática a consensualidade para a resolução de conflitos, nos termos do art. 26 da Lei de Introdução às Normas do Direito Brasileiro (LINDB) – Decreto-Lei nº 4.657/1942,[36] artigo que consagra o modelo de controle consensual da administração pública, pois autoriza explicitamente a celebração de "compromissos com os interessados".

A autocomposição também é uma espécie de política pública, pois os números crescentes das mediações nos tribunais demonstram a sua elevada eficiência no tratamento adequado aos conflitos, além de proporcionar um acesso à justiça adequado e eficiente no tratamento dos conflitos sociais.[37] Nessa perspectiva, na seção seguinte, dar-se-á ênfase à aplicação dos *nudges* em uma política pública de resolução de conflitos por meio da consensualidade: a mediação aplicada no Poder Judiciário.

4 *Nudges* e mediação

Os métodos autocompositivos são ferramentas efetivas na solução da lide, uma vez que direcionam a resolução para as próprias partes e para a causa da litigiosidade, razão pela qual também buscam a pacificação social.

De acordo com o CNJ, os métodos compositivos de resolução dos conflitos são: negociação, mediação, conciliação e arbitragem. Vale ressaltar que, além da conciliação e da mediação, há outros métodos de atendimento, como as práticas restaurativas e a constelação familiar, os quais também são instrumentos efetivos de pacificação social, de solução e de prevenção de litígios, que se coadunam com o objetivo da política.

Como corte metodológico, este artigo abordará especificamente o método da mediação, a partir da releitura dos textos legais e normativos pertinentes à matéria, como a Resolução nº 125/2010 e o manual de mediação do CNJ, que menciona as fases técnicas e os principais fundamentos teóricos e práticos necessários para a formação do mediador.[38]

O CNJ estabeleceu, por meio da Resolução nº 125/2010 e suas emendas nº 1 e nº 2, a política pública de tratamento adequado dos conflitos de interesse no Poder Judiciário, apresentando diretrizes para organizar, em âmbito nacional, os serviços prestados nos processos judiciais, bem como incentivar sua solução mediante outros mecanismos, em especial os consensuais, autocompositivos. A partir de tal resolução, o interesse pela solução de conflitos por meios adequados à sua natureza e à sua peculiaridade angariou *status* de política pública, conforme consta em seu art. 1º.[39]

---

[36] "Para eliminar irregularidade, incerteza jurídica ou situação contenciosa na aplicação do direito público, inclusive no caso de expedição de licença, a autoridade administrativa poderá, após oitiva do órgão jurídico e, quando for o caso, após realização de consulta pública, e presentes razões de relevante interesse geral, celebrar compromisso com os interessados, observada a legislação aplicável, o qual só produzirá efeitos a partir de sua publicação oficial" (BRASIL. Decreto-Lei nº 4.657, de 4 de setembro de 1942. Lei de Introdução às normas do Direito Brasileiro. *Diário Oficial da União*, Rio de Janeiro, RJ, seção 1, p. 13635, 9 set. 1942. Disponível em: http://www.planalto.gov.br/ccivil_03/decreto-lei/del4657compilado.htm. Acesso em: 20 jul. 2021).

[37] SPENGLER, Fabiana Marion. A autocomposição como política pública de incentivo ao direito fundamental de acesso à justiça. *Revista Cidadania e Acesso à Justiça*, Belém, v. 5, n. 2, p. 1-16, jul./dez. 2019.

[38] CONSELHO NACIONAL DE JUSTIÇA. *Manual de mediação judicial*. 6. ed. Brasília, DF: CNJ, 2016.

[39] "Fica instituída a Política Judiciária Nacional de tratamento dos conflitos de interesses, tendente a assegurar a todos o direito à solução dos conflitos por meios adequados à sua natureza e peculiaridade" (CONSELHO NACIONAL DE JUSTIÇA. Resolução nº 125, de 29 de novembro de 2010. Dispõe sobre a Política Judiciária Nacional de tratamento adequado dos conflitos de interesses no âmbito do Poder Judiciário e dá outras providências. *Diário de Justiça Eletrônico*, Brasília, DF, n. 219, p. 2-14, 1 dez. 2010. Disponível em: https://atos.cnj.jus.br/atos/detalhar/156. Acesso em: 20 jun. 2021).

Por intermédio da referida resolução, foram criados os Centros Judiciários de Solução de Conflitos e Cidadania (Cejusc) e os Núcleos Permanentes de Métodos Consensuais de Solução de Conflitos (Nupemec), que visam fortalecer e estruturar unidades destinadas ao atendimento dos casos de conciliação e de mediação.

Como forma de sistematizar a mediação em nossos tribunais, o CNJ publicou o *Manual de mediação judicial*, o qual é utilizado nos cursos de capacitação promovidos pelos tribunais nacionais. O termo "mediação judicial" é utilizado pelo CNJ para diferenciá-lo de "mediação extrajudicial", que pode ser utilizado em outras searas. A mediação judicial é adotada pelos mediadores vinculados aos Cejuscs, capacitados conforme as diretrizes do CNJ.[40]

De acordo com o art. 165, §3º, do CPC/2015[41] e com o *Manual de mediação judicial* do CNJ, a mediação é uma espécie de negociação, realizada por um terceiro, nos casos em que houver vínculo anterior entre as partes. Esse terceiro facilitador auxiliará os interessados a melhor compreenderem suas posições, a compatibilizarem seus interesses e necessidades e a encontrarem, por si sós, soluções consensuais que gerem benefícios mútuos.

A mediação judicial pode ser realizada de forma pré-processual ou de forma processual. Cabe ao juiz realizá-la a qualquer tempo (art. 139, V, do CPC/2015).[42] Logo, pode ser realizada na fase de cumprimento de sentença e até na fase recursal, tudo em consonância com a evolução do direito processual na adoção do modelo cooperativo.

É inerente ao instituto da mediação a flexibilidade procedimental, o que permite ao mediador direcionar o andamento do procedimento de acordo com a evolução comunicativa das partes. Por isso, o CNJ não criou normas obrigatórias para o procedimento de mediação judicial, mas sugere que o mediador siga determinadas regras, cujo cumprimento aumentará a probabilidade de se alcançar o acordo entre as partes.

Na mediação, o mediador contribui para que a comunicação flua de modo eficiente; ao promover um diálogo pautado pela clareza, o mediador contribui para que os envolvidos ampliem a percepção sobre sua responsabilidade pessoal de modo a encontrar respostas adequadas para os impasses.[43]

A missão do mediador é aproximar as pessoas para que elas compreendam melhor diversas circunstâncias da controvérsia, proporcionando alívio de elementos emocionais que impeçam a visualização realista do conflito; assim, elas estarão preparadas para

---

[40] Os cursos de formação de mediadores e de conciliadores judiciais devem ser realizados na forma do Anexo I da Resolução nº 125/2010 do CNJ, devendo os de mediadores judiciais também obedecer à Resolução nº 6/2016 da Escola Nacional de Formação e Aperfeiçoamento dos Magistrados (Enfam).

[41] "Os tribunais criarão centros judiciários de solução consensual de conflitos, responsáveis pela realização de sessões e audiências de conciliação e mediação e pelo desenvolvimento de programas destinados a auxiliar, orientar e estimular a autocomposição. [...] §3º O mediador, que atuará preferencialmente nos casos em que houver vínculo anterior entre as partes, auxiliará aos interessados a compreender as questões e os interesses em conflito, de modo que eles possam, pelo restabelecimento da comunicação, identificar, por si próprios, soluções consensuais que gerem benefícios mútuos" (BRASIL. Lei nº 13.105, de 16 de março de 2015. Código de Processo Civil. *Diário Oficial da União*: seção 1, Brasília, DF, p. 1, 17 mar. 2015. PL 8046/2010. Disponível em: http://www.planalto.gov.br/ccivil_03/_ato2015-2018/2015/lei/l13105.htm. Acesso em: 20 jun. 2021).

[42] "O juiz dirigirá o processo conforme as disposições deste Código, incumbindo-lhe: [...] V - promover, a qualquer tempo, a autocomposição, preferencialmente com auxílio de conciliadores e mediadores judiciais" (BRASIL. Lei nº 13.105, de 16 de março de 2015. Código de Processo Civil. *Diário Oficial da União*: seção 1, Brasília, DF, p. 1, 17 mar. 2015. PL 8046/2010. Disponível em: http://www.planalto.gov.br/ccivil_03/_ato2015-2018/2015/lei/l13105.htm. Acesso em: 20 jun. 2021).

[43] TARTUCE, Fernanda. *Mediação nos conflitos civis*. 4. ed., rev., atual. e ampl. São Paulo: Método, 2015. p. 52.

proceder a uma análise mais equilibrada da situação e, se for o caso, atuar para entabular um acordo.[44]

Com o escopo de fomentar a mediação no Brasil para que se atinja o fim almejado de promover a pacificação social e, por consequência, aumentar a resolutividade dos processos pela autocomposição, o CNJ tem exigido uma capacitação dos mediadores cada vez mais profunda e transdisciplinar.

Sabe-se que o estudo dos métodos autocompositivos é bem complexo, pois envolve a análise do comportamento humano e, por conseguinte, diversas áreas do conhecimento que formam uma espécie de base conceitual do indivíduo, como a psicologia, a economia, a sociologia e a neurociência.

Devem sempre ser buscadas mediações com qualidade e não apenas em quantidade. O sucesso da mediação não pode ser avaliado apenas pela homologação do acordo pelo Poder Judiciário. Só o fato de poder estar em uma mesa de negociação e de se recuperar o diálogo já provoca impactos positivos nas pessoas envolvidas no conflito.

Mas, para que isso ocorra, a capacitação dos mediadores deve ser uma política constante dos tribunais, com discussões profundas sobre o tema, sempre inter-relacionadas com outras ciências do conhecimento humano.

Quando as partes entram em uma sessão de mediação e estão com medo, elas acabam não se sentindo seguras e acionam a parte do cérebro mais automatizada (sistema 1), reduzindo sua capacidade de raciocínio e de reflexão. Daí a necessidade dos *nudges*, criando um *design* de ambiente no qual se "empurram" os comportamentos das pessoas em certas direções, exercendo influência subconsciente nas escolhas das partes, para que se sintam mais seguras e tenham maior probabilidade de realizar a autocomposição.

Nesse passo, com as ferramentas utilizadas no *Manual de mediação*, busca-se incentivar comportamentos na sessão de mediação para que o ambiente do conflito foque as próprias partes, e elas, dentro da sua autonomia da vontade, superem a causa da litigiosidade.

A sessão de mediação deve ser estruturada de forma que a organização das regras e a utilização das ferramentas repercutam diretamente no comportamento daqueles que participam do processo mediatório.

Cada vez mais, o direito processual civil tem sido concebido como espaço de desenvolvimento de comportamentos pelos sujeitos processuais, podendo valer-se de ferramentas da economia comportamental para formatar incentivos que induzem condutas no processo.[45] Diante dessa realidade, desenvolver a economia comportamental pode significar um importante complemento teórico e prático para que políticas públicas de autocomposição sejam mais eficazes e implementadas com benefícios compartilhados por todos.[46]

---

[44] TARTUCE, Fernanda. *Mediação nos conflitos civis*. 4. ed., rev., atual. e ampl. São Paulo: Método, 2015. p. 52.

[45] ABREU, Rafael Sirangelo de. *Incentivos processuais*: economia comportamental e nudges no processo civil. São Paulo: Revista dos Tribunais, 2020. p. 104.

[46] VERBICARO, Dennis; CAÇAPIETRA, Ricardo dos Santos. A economia comportamental no desenho de políticas públicas de consumo através dos nudges. *Revista de Direito do Consumidor*, v. 30, n. 133, p. 385-411, jan./fev. 2021. p. 410.

A mediação passa a ser um desses espaços de arranjos institucionais em que a arquitetura de escolhas é utilizada para que as alternativas humanas sejam encaminhadas para a autocomposição.

Os *nudges* podem ser usados como importantes ferramentas estratégicas para mudar culturas, comportamentos e pensamentos, de modo que, em longo prazo, possa haver ganho significativo em algum objetivo específico, que, no presente caso, é fomentar a política de pacificação.[47]

Por todo o exposto, constata-se a possibilidade de aplicação dos *nudges* na mediação, entendida como um mecanismo da Política Nacional de Tratamento Adequado dos Conflitos. Desse modo, na última seção, averiguar-se-á como tal aplicação pode ocorrer.

5 Utilização dos *nudges* no processo de mediação

O *Manual de mediação* do CNJ propõe que se adote o papel do mediador facilitador em contraposição ao do mediador avaliador. No modelo facilitador, o mediador age estabelecendo regras básicas, administrando a negociação entre as partes e facilitando o intercâmbio de informações.[48]

Esse modelo possibilita que a mediação seja feita por meio de arquiteturas realizadas com base nos preceitos da economia comportamental, que funcionam como estímulos de criação de oportunidades para que as partes falem sobre seus sentimentos em um ambiente neutro. Com isso, cada parte pode compreender o ponto de vista da outra ouvindo a exposição de sua versão dos fatos, com a facilitação do mediador.

Algumas possibilidades de aplicação de *nudges* nas sessões de mediação serão explicitadas a seguir de acordo com as técnicas e os fundamentos da negociação baseada em princípios, método de mediação proposto pelo CNJ inspirado na teoria de Roger Fisher, William Ury e Bruce Patton, da Escola de Negociação de Harvard. O método desenvolvido no programa de negociação de Harvard apoia-se em quatro pontos importantes: (1) separe as pessoas do problema; (2) concentre-se em interesses, não em posições; (3) invente múltiplas opções, em busca de ganhos mútuos, antes de decidir; (4) insista para que o resultado tenha por base algum critério objetivo.[49]

Todos esses pontos constituem formas de *nudges*, já que criados dentro de uma arquitetura de escolha que altera o comportamento das pessoas de uma forma previsível, mas, sem qualquer tipo de proibição, induz o avanço na negociação para produzir um acordo sensato e eficiente, que melhore o relacionamento entre as pessoas.

Separando-se a pessoa do problema, cria-se um estímulo comportamental para que uma parte tome consciência de que a outra parte, que está em posição aparentemente antagônica, não é formada por inteiro pela situação em conflito: a situação-problema faz parte do outro, mas não é o outro. Isso implica lidar diretamente com o problema, sem comprometer o relacionamento com a outra parte.

---

[47] MARANHÃO, Ney; BENEVIDES, Davi Barros; ALMEIDA, Marina Nogueira de. Empresa panóptica: poder diretivo do empregador e direitos fundamentais à privacidade e intimidade do empregado diante das novas formas de tecnologia. *Revista da Academia Nacional de Direito do Trabalho*, v. 23, p. 29-40, 2020. p. 37-38.
[48] CONSELHO NACIONAL DE JUSTIÇA. *Manual de mediação judicial*. 6. ed. Brasília, DF: CNJ, 2016. p. 139.
[49] FISHER, Roger; URY, William; PATTON, Bruce. *Como chegar ao sim*: a negociação de acordos sem concessões. Tradução de Vera Ribeiro e Ana Luiza Borges. 3. ed., rev. e ampl. Rio de Janeiro: Imago, 2014. p. 37.

Com o uso desses *nudges* estratégicos, gradativamente se restabelece a comunicação, passando a ser perceptível o avanço da conversa de um com o outro e não de um contra o outro. Trata-se de um espaço de contribuição da economia comportamental no âmbito dos meios autocompositivos de solução de conflito.

Focar os interesses e não as posições também viabiliza incentivos na forma de *nudges*, porque direciona a consciência dos sujeitos para seu verdadeiro objetivo, que é a resolução do problema. Procura-se fazer com que as posições tomadas sejam vistas de maneira secundária, na medida em que uma análise atenta dos interesses subjacentes revelará a existência de muito mais interesses em comum do que opostos.

Segundo esse método, assumir posições pode até levar a um acordo; mas pode levar a outros caminhos também, pois a barganha posicional não atende a critérios básicos para a produção de acordos sensatos de forma eficiente e amigável, e discutir com base em posições produz resultados insensatos.[50]

Quanto mais atenção se der a posições, menos ênfase será dada ao atendimento dos interesses subjacentes das partes. Um acordo torna-se mais improvável. E qualquer acordo que resulte desse tipo de situação poderá refletir uma divisão mecânica das diferenças entre as posições finais, em vez de uma solução cuidadosamente elaborada para satisfazer aos interesses de ambas as partes. O resultado é geralmente um acordo – quando há um acordo – menos satisfatório do que poderia ser para ambos os lados, quando um bom entendimento seria perfeitamente possível.[51]

Outra técnica autocompositiva usada pelo mediador, que também é um modelo de incentivo, consiste em estimular nas partes a criação de várias alternativas para solucionar os conflitos, gerando opções de ganhos mútuos. Quando se abre o leque de possibilidades, reduz-se a visão de túnel dos indivíduos que, sob pressão, enfrentam dificuldades para encontrar soluções eficientes especificamente em razão do envolvimento emocional.

Somente a partir do momento em que os negociadores alcançam esse estágio de superação desses obstáculos, abre-se um espaço para a criatividade, inclusive moral, de ideias e de formas para dirimir problemas ou insatisfações pessoais, uma vez que se estimulam opções para satisfazer os interesses mútuos e individuais.

Estimulando-se a solução criativa do problema, direciona-se a decisão das partes, pois se projetam hipóteses com troca de papéis e com opções que agradem a outra parte, buscando formas de obter êxito levando em consideração os interesses do outro.

O fomento à utilização de critérios objetivos nas mediações também é visto como *nudge*, por simplificar as propostas baseadas em padrões, em tabelas, em preços de mercado e na normalidade dos acontecimentos do homem médio. Isso provoca no sujeito um sentimento de adequação. As posições deixam de ser antagônicas, e a proposta passa a ser acolhida, recorrendo-se à estratégia de concordar com o padrão externo e não de concordar com o outro.

Quando se usa a técnica da normalização, as partes entendem que o conflito não é inerente somente a elas, que muitas pessoas também enfrentaram a mesma situação

---

[50] FISHER, Roger; URY, William; PATTON, Bruce. *Como chegar ao sim*: a negociação de acordos sem concessões. Tradução de Vera Ribeiro e Ana Luiza Borges. 3. ed., rev. e ampl. Rio de Janeiro: Imago, 2014. p. 27.

[51] FISHER, Roger; URY, William; PATTON, Bruce. *Como chegar ao sim*: a negociação de acordos sem concessões. Tradução de Vera Ribeiro e Ana Luiza Borges. 3. ed., rev. e ampl. Rio de Janeiro: Imago, 2014. p. 29.

e obtiveram soluções semelhantes. Com isso, o comportamento dos indivíduos é direcionado para a resolução amigável por acordo com determinado padrão. É o chamado efeito manada, que parte da ideia de que os seres humanos são facilmente influenciados por outros seres humanos pelo desejo do pertencimento e de evitar a desaprovação do grupo.[52]

O próprio ambiente em que a mediação é realizada também pode ser dirigido em prol da autocomposição. Os aspectos físicos e ambientais das salas de mediação devem constituir uma etapa de preparação à mediação, como o formato circular da mesa, que é um *nudge* de igualdade de fala e de poder, e a arrumação das cadeiras de forma que as partes não se situem em posições antagônicas.

Os elementos de organização física proporcionam um ambiente de maior informalidade e de acolhimento das partes. Busca-se, assim, estabelecer sensações de bem-estar para se começar o contato.[53]

Outro exemplo ilustrativo é a nomeação das salas de mediação com sentimentos positivos, que indiquem estados emocionais de equilíbrio, como ocorre no Cejusc do Fórum Clóvis Beviláqua, em Fortaleza (CE), que dividiu suas salas de mediação em: "superação", "justiça", "tolerância", "sabedoria", "harmonia" e "transformação".

A adoção dos *nudges* na mediação possibilita a expansão do método autocompositivo como instrumento de plena resolução de conflitos, e não apenas de extinção de processos, visto que requerem baixo custo de implementação, apresentam bons resultados e mantêm a liberdade das partes em suas escolhas.[54]

Portanto, os *nudges* utilizados na mediação podem contribuir para a mudança de mentalidade social da cultura demandista, direcionando as pessoas para a resolução consensual do conflito e para a manutenção do diálogo em suas relações.

6 Considerações finais

O objetivo do presente estudo foi demonstrar o impacto dos *nudges* nas sessões de mediação, enfatizando-se a importância de se analisar a economia comportamental ao lado dos métodos autocompositivos, em especial na mediação, como mecanismo de fomento às soluções consensuais em nosso ordenamento jurídico.

Preliminarmente, destacou-se a existência dos *nudges*, oriundos da economia comportamental, como importante estratégia para estimular as pessoas a adotarem comportamentos que melhorem sua qualidade de vida.

Em seguida, abordou-se o uso dos *nudges* em políticas públicas, com a utilização pelo Estado de estímulos ao comportamento como um caminho para melhorar a conduta individual e coletiva dos cidadãos de forma mais efetiva. Segundo o conceito apresentado, a regulação informada no comportamento consiste em intervenções esta-

---

[52] THALER, Richard H.; SUNSTEIN, Cass R. *Nudge*: como tomar melhores decisões sobre saúde, dinheiro e felicidade. Rio de Janeiro: Objetiva, 2019. p. 69.
[53] MORAES, Paulo Valério Dal Pai; MORAES, Márcia Amaral Corrêa de. *A negociação ética para agentes públicos e advogados*: mediação, conciliação, arbitragem, princípios, técnicas, fases, estilos, e ética da negociação. Belo Horizonte: Fórum, 2012. p. 169.
[54] SOUZA, Luciana Cristina; RAMOS, Karen Tobias França; PERDIGÃO, Sônia Carolina Romão Viana. Análise crítica da orientação de cidadãos como método para otimizar decisões públicas por meio da técnica nudge. *Revista Brasileira de Políticas Públicas*, Brasília, DF, v. 8, n. 2, p. 234-250, ago. 2018. p. 245.

tais estruturadas na exploração das heurísticas e dos vieses da racionalidade humana, promovidas com a finalidade de orientar o comportamento dos indivíduos.

Em continuidade, houve a análise da aplicação dos *nudges* para estimular as pessoas a procurarem os meios consensuais de conflito em substituição ao intervencionismo estatal, partindo-se da premissa de que, em uma sessão de mediação, as partes têm um rol de escolhas a seguir, podendo os *nudges* ser utilizados por um arquiteto de escolhas para influenciar as partes na escolha do caminho da solução amigável.

Buscou-se demonstrar, primeiramente, a importância dos métodos autocompositivos como forma de solução de conflitos no ordenamento jurídico atual, considerando suas diversas vantagens, como exemplo, celeridade, economia de custos, maior participação das partes na formação da solução e, por conseguinte, menor incidência de descumprimento dos acordos, em comparação com as decisões judiciais impositivas.

Ressaltou-se que o CNJ, ao criar o método de mediação baseado em interesses, incentivou um melhor comportamento das partes em busca da solução pacífica, uma vez que os *nudges* acabam por assinalar a perspectiva de uma mudança social no que tange à eleição dos meios consensuais.

Como consequência dos resultados, conclui-se que os *nudges* podem ser utilizados como ferramenta da política pública de tratamento adequado dos conflitos, a fim de suscitar uma mudança de mentalidade social da cultura demandista, direcionando as pessoas para a resolução consensual do conflito e para a manutenção do diálogo em suas relações.

Referências

ABREU, Rafael Sirangelo de. *Incentivos processuais*: economia comportamental e nudges no processo civil. São Paulo: Revista dos Tribunais, 2020.

BELO HORIZONTE. Lei nº 10.982, de 10 de outubro de 2016. Dispõe sobre a proibição da exposição, em mesas e balcões, de recipientes que contenham cloreto de sódio (sal de cozinha) em bares, restaurantes, lanchonetes e similares. *Diário Oficial do Município de Belo Horizonte*, Belo Horizonte, MG, 10 out. 2016. Disponível em: https://www.legisweb.com.br/legislacao/?id=329706. Acesso em: 20 jul. 2021.

BRAGA, Giuliana Morel. *A economia comportamental como ferramenta de auxílio para políticas públicas*. 2020. 64 f. Trabalho de Conclusão de Curso (Graduação em Ciências Econômicas) – Instituto de Ciências da Sociedade e Desenvolvimento Regional, Universidade Federal Fluminense, Campos dos Goytacazes, 2020.

BRASIL, Gabriel. Nobel 2002: Daniel Kahneman. *Terraço Econômico*, 13 out. 2020. Disponível em: https://terracoeconomico.com.br/nobel-2002-daniel-kahneman/. Acesso em: 10 jul. 2021.

BRASIL. [Constituição (1988)]. *Constituição da República Federativa do Brasil de 1988*. Brasília, DF: Presidência da República, 5 out. 1988. Disponível em: http://www.planalto.gov.br/ccivil_03/constituicao/constituicao.htm. Acesso em: 29 jul. 2020.

BRASIL. Decreto-Lei nº 2.848, de 7 de dezembro de 1940. Institui o Código Penal. *Diário Oficial da União*, Brasília, DF, seção 1, p. 23911, 31 dez. 1940. Disponível em: http://www.planalto.gov.br/ccivil_03/decreto-lei/del2848compilado.htm. Acesso em: 29 jul. 2020.

BRASIL. Decreto-Lei nº 4.657, de 4 de setembro de 1942. Lei de Introdução às normas do Direito Brasileiro. *Diário Oficial da União*, Rio de Janeiro, RJ, seção 1, p. 13635, 9 set. 1942. Disponível em: http://www.planalto.gov.br/ccivil_03/decreto-lei/del4657compilado.htm. Acesso em: 20 jul. 2021.

BRASIL. Lei nº 10.406, de 10 de janeiro de 2002. Institui o Código Civil. *Diário Oficial da União*, Brasília, DF, seção 1, p. 1, 11 jan. 2002. PL 634/1975. Disponível em: http://www.planalto.gov.br/ccivil_03/leis/2002/L10406compilada.htm. Acesso em: 29 jul. 2020.

BRASIL. Lei nº 13.105, de 16 de março de 2015. Código de Processo Civil. *Diário Oficial da União*: seção 1, Brasília, DF, p. 1, 17 mar. 2015. PL 8046/2010. Disponível em: http://www.planalto.gov.br/ccivil_03/_ato2015-2018/2015/lei/l13105.htm. Acesso em: 20 jun. 2021.

BRASIL. Lei nº 13.140, de 26 de junho de 2015. Dispõe sobre a mediação entre particulares como meio de solução de controvérsias e sobre a autocomposição de conflitos no âmbito da administração pública; altera a Lei nº 9.469, de 10 de julho de 1997, e o Decreto nº 70.235, de 6 de março de 1972; e revoga o §2º do art. 6º da Lei nº 9.469, de 10 de julho de 1997. *Diário Oficial da União*, Brasília, DF, seção 1, p. 4, 29 jun. 2015. PL 7169/2014. Disponível em: http://www.planalto.gov.br/ccivil_03/_ato2015-2018/2015/lei/l13140.htm. Acesso em: 20 jun. 2021.

BRASIL. Lei nº 13.656, de 30 de abril de 2018. Isenta os candidatos que especifica do pagamento de taxa de inscrição em concursos público de cargo efetivo ou emprego permanente em órgãos ou entidades da administração pública direta e indireta da União. *Diário Oficial da União*, Brasília, DF, seção 1, p. 1, 2 maio 2018. PL 3641/2008. Disponível em: https://www2.camara.leg.br/legin/fed/lei/2018/lei-13656-30-abril-2018-786628-publicacaooriginal-155452-pl.html. Acesso em: 20 jul. 2021.

CIOATTO, Roberta Marina; PINHEIRO, Adriana de Alencar Gomes. Nudges como política pública para aumentar o escasso número de doadores de órgãos para transplante. *Revista Brasileira de Políticas Públicas*, Brasília, DF, v. 8, n. 2, p. 368-384, ago. 2018.

CONSELHO NACIONAL DE JUSTIÇA. *Justiça em números 2019*. Brasília, DF: CNJ, 2019. Disponível em: https://www.cnj.jus.br/pesquisas-judiciarias/justica-em-numeros/. Acesso em: 20 jun. 2021.

CONSELHO NACIONAL DE JUSTIÇA. *Manual de mediação judicial*. 6. ed. Brasília, DF: CNJ, 2016.

CONSELHO NACIONAL DE JUSTIÇA. Resolução nº 125, de 29 de novembro de 2010. Dispõe sobre a Política Judiciária Nacional de tratamento adequado dos conflitos de interesses no âmbito do Poder Judiciário e dá outras providências. *Diário de Justiça Eletrônico*, Brasília, DF, n. 219, p. 2-14, 1 dez. 2010. Disponível em: https://atos.cnj.jus.br/atos/detalhar/156. Acesso em: 20 jun. 2021.

CUNHA, José Adson; AGUIAR, Yuska Paola Costa; PONTES, Josinaldo; SILVA, Mirelly da. Como influenciar decisões em ambientes digitais através de nudges? Um mapeamento sistemático da literatura. *In*: WORKSHOP SOBRE ASPECTOS SOCIAIS, HUMANOS E ECONÔMICOS DE SOFTWARE (WASHES), 5., 2020, Cuiabá. *Anais*... Porto Alegre: Sociedade Brasileira de Computação, 2020. p. 41-50.

FISHER, Roger; URY, William; PATTON, Bruce. *Como chegar ao sim*: a negociação de acordos sem concessões. Tradução de Vera Ribeiro e Ana Luiza Borges. 3. ed., rev. e ampl. Rio de Janeiro: Imago, 2014.

GRINOVER, Ada Pellegrini. Os métodos consensuais de solução de conflitos no novo CPC. *In*: GRINOVER, Ada Pellegrini *et al*. *O Novo Código de Processo Civil*: questões controvertidas. São Paulo: Atlas, 2015. p. 1-22.

JOHNSON, Eric J.; GOLDSTEIN, Daniel. Do defaults save lives? *Science*, New York, v. 302, n. 5649, p. 1338-1339, 21 nov. 2003. Disponível em: https://www.researchgate.net/publication/8996952_Medicine_Do_defaults_save_lives. Acesso em: 22 jun. 2021.

KAHNEMAN, Daniel. *Rápido e devagar*: duas formas de pensar. Tradução de Cássio de Arantes Leite. Rio de Janeiro: Objetiva, 2012.

KAHNEMAN, Daniel; SLOVIK, Paul; TVERSKY, Amos. *Judgment under uncertainty*: heuristics and biases. Cambridge: Cambridge University Press, 1974.

KLAGENBERG, Andressa. *A economia comportamental e o uso de nudge em políticas públicas*. 2019. 41 f. Trabalho de Conclusão de Curso (Graduação em Ciências Econômicas) – Faculdade de Ciências Econômicas, Universidade Federal do Rio Grande do Sul, Porto Alegre, 2019.

MARANHÃO, Ney; BENEVIDES, Davi Barros; ALMEIDA, Marina Nogueira de. Empresa panóptica: poder diretivo do empregador e direitos fundamentais à privacidade e intimidade do empregado diante das novas formas de tecnologia. *Revista da Academia Nacional de Direito do Trabalho*, v. 23, p. 29-40, 2020.

MORAES, Paulo Valério Dal Pai; MORAES, Márcia Amaral Corrêa de. *A negociação ética para agentes públicos e advogados*: mediação, conciliação, arbitragem, princípios, técnicas, fases, estilos, e ética da negociação. Belo Horizonte: Fórum, 2012.

RAMIRO, Thomas; FERNANDEZ, Ramon Garcia. O nudge na prática: algumas aplicações do paternalismo libertário às políticas públicas. *Textos de Economia*, Florianópolis, v. 20, n. 1, p. 1-18, 2017.

RIBEIRO, Marcia Carla Pereira; DOMINGUES, Victor Hugo. Economia comportamental e direito: a racionalidade em mudança. *Revista Brasileira de Políticas Públicas*, Brasília, DF, v. 8, n. 2, p. 456-471, ago. 2018.

SILVA, Amanda Carolina Souza; RODRIGUES, Débhora Renata Nunes; TIBALDI, Saul Duarte. Nudges e políticas públicas: um mecanismo de combate ao trabalho em condição análoga à de escravo. *Revista Brasileira de Políticas Públicas*, Brasília, DF, v. 8, n. 2, p. 266-286, ago. 2018.

SIMON, Herbert A. A behavioral model of rational choice. *The Quarterly Journal of Economics*, v. 69, n. 1, p. 99-118, fev. 1995.

SOUZA, Luciana Cristina; RAMOS, Karen Tobias França; PERDIGÃO, Sônia Carolina Romão Viana. Análise crítica da orientação de cidadãos como método para otimizar decisões públicas por meio da técnica nudge. *Revista Brasileira de Políticas Públicas*, Brasília, DF, v. 8, n. 2, p. 234-250, ago. 2018.

SPENGLER, Fabiana Marion. A autocomposição como política pública de incentivo ao direito fundamental de acesso à justiça. *Revista Cidadania e Acesso à Justiça*, Belém, v. 5, n. 2, p. 1-16, jul./dez. 2019.

SUNSTEIN, Cass R. Nudging: a very short guide. *Journal Consumer Pol'y*, v. 23, p. 1-7, set. 2014. Disponível em: https://ssrn.com/abstract=2499658. Acesso em: 27 jun. 2021.

SUNSTEIN, Cass R. The ethics of nudging. *Yale Journal on Regulation*, v. 32, n. 2, p. 413-450, 2015. Disponível em: http://digitalcommons.law.yale.edu/yjreg/vol32/iss2/6. Acesso em: 10 jul. 2021.

TARTUCE, Fernanda. *Mediação nos conflitos civis*. 4. ed., rev., atual. e ampl. São Paulo: Método, 2015.

THALER, Richard H. Nudge, not sludge. *Science*, New York, v. 361, n. 6401, p. 431, 3 ago. 2018. Disponível em: http://science.sciencemag.org. Acesso em: 14 jun. 2021.

THALER, Richard H.; SUNSTEIN, Cass R. *Nudge*: como tomar melhores decisões sobre saúde, dinheiro e felicidade. Rio de Janeiro: Objetiva, 2019.

THALER, Richard H.; SUNSTEIN, Cass R. *Nudge*: improving decisions about health, wealth, and happiness. New Haven, CT, US: Yale University Press, 2008.

UNIVERSIDADE DE SÃO PAULO. *Mediação e conciliação avaliadas empiricamente*: jurimetria para proposição de ações eficientes. Brasília, DF: CNJ, 2019. Justiça Pesquisa. Relatório analítico propositivo.

VERBICARO, Dennis; CAÇAPIETRA, Ricardo dos Santos. A economia comportamental no desenho de políticas públicas de consumo através dos nudges. *Revista de Direito do Consumidor*, v. 30, n. 133, p. 385-411, jan./fev. 2021.

Informação bibliográfica deste texto, conforme a NBR 6023:2018 da Associação Brasileira de Normas Técnicas (ABNT):

GÓES, Gisele Santos Fernandes; ANDRADE, Agenor Cássio Nascimento Correia de; PEREIRA, Bernardo Augusto da Costa. A utilização dos nudges nas sessões de mediação como instrumento da política nacional de tratamento adequado dos conflitos. *In*: MENDES, Denise Pinheiro Santos; MENDES, Giussepp; BACELAR, Jeferson Antonio Fernandes (Coords.). *Magníficas mulheres*: lutando e conquistando direitos. Belo Horizonte: Fórum, 2023. p. 181-198. ISBN 978-65-5518-488-4.

O PROTAGONISMO DA MULHER NA GESTÃO DAS ENTIDADES DO TERCEIRO SETOR

HELENA MARIA OLIVEIRA MUNIZ GOMES
LIDIA MARIA BARBOSA CALADO COIMBRA

1 Introdução

O presente artigo tem por escopo fazer abordagem sobre a participação da mulher nas organizações da sociedade civil, que são entidades que compõem o terceiro setor. Primeiramente traremos algumas considerações relevantes sobre o terceiro setor; em seguida, destacaremos a importância da organização da sociedade civil como espaço de debate político e sua inserção na realização de políticas públicas, sejam como viabilizadoras de efetiva prestação de serviços públicos sociais, sejam como espaço de debate e promoção de cidadania.

Com relatos de mulheres a frente de entidades no estado do Pará e em outros estados, e os dados sobre as entidades do terceiro setor obtidos pelo Núcleo do Terceiro Setor do MPPA, verifica-se o importante papel feminino nessas associações, bem como as barreiras impostas a todos no período da pandemia e pós-pandemia de Covid-19, em especial às pequenas entidades de interesse social que dependem de verbas do Estado para funcionar e, ainda, da iniciativa privada.

Os problemas havidos e a busca por soluções no período pós-pandemia realçaram o papel feminino, em que a presença da mulher trouxe elementos de integração e realização de pautas populares de enfrentamento das questões impostas pelas relações econômicas, sociais e culturais na sociedade.

Deste modo, é relevante considerar a moldura constitucional sobre os direitos sociais, individuais homogêneos, difusos e coletivos e sua efetiva realização como direitos fundamentais e o modo como as entidades de interesse social através de suas finalidades estatutárias atuam na promoção desses direitos.

Abordaremos, ainda, a tarefa do Ministério Público, em face da amplitude social dessas entidades dirigidas por mulheres, que impõe ao Parquet um cariz de órgão defensor da ordem jurídica, expresso na figura do *ombudsman* – defensor do povo –, lugar este, consagrado na Constituição da República, levando os anseios da sociedade para o cumprimento dos objetivos da Carta Magna pelo Estado democrático de direito.

Não poderíamos deixar de chamar a atenção no papel feminino de superação espiritual e técnica para criar mecanismo de ajuda social diante do sofrimento humano, a exemplo das mulheres líderes em suas entidades que foram entrevistadas pelo Núcleo do Terceiro Setor do Ministério Público do Estado do Pará – NTS/MPPA.

2 O terceiro setor, o Estado e iniciativa privada

Quando se fala em terceiro setor, a primeira ideia que surge é que ele se resume a um conceito econômico. Em que pese a necessidade de situar o terceiro setor no espaço entre o Estado e o mercado,[1] com estes não se confunde. Sua natureza advém da relevância social e cultural, cuja capilaridade se situa no seio da sociedade civil, como fruto de organizações por melhor participação na vida política, econômica e social. Assim, o terceiro setor deve ser compreendido no contexto do Estado e do mercado e nas relações sociais.

Com essa abrangência, a Constituição da República, ao resguardar a iniciativa privada como fundamento do Estado, o faz na matriz da função social. Deste modo, privilegia os direitos coletivos e sociais, cuja principal guarida se encontra nas organizações da sociedade civil. O terceiro setor, que mobiliza grande volume de recursos humanos e movimenta fortemente a economia do país, impulsiona várias iniciativas voltadas para o desenvolvimento e bem-estar social que se traduz na forma como a sociedade tem reivindicado espaços na estrutura do Estado brasileiro, como meio de efetiva participação na esfera política e social.

Pertencem ao terceiro setor as entidades de interesse social civis sem fins lucrativos, como as associações civis, os institutos e as fundações privadas. Faz-se mister esclarecer que o Estado é considerado o primeiro setor, o mercado é considerado o segundo setor, e o terceiro setor é composto por entidades de interesse social sem fins lucrativos, antes conhecidas com o designativo de ONGs, atualmente, nos termos da Lei nº 13.019/14,[2] são as organizações da sociedade civil – OSC ou entidades de interesse social – EIS.

Para Lima:

> O Terceiro Setor existe por conta da lacuna deixada, principalmente, pelo Primeiro Setor, é de iniciativa privada e intenciona o bem comum. Surge para tentar suprir a debilidade do Poder Público em prover as necessidades da sociedade em vários segmentos. É inequívoca demonstração de cidadania e altruísmo. É parcela significativa e organizada da sociedade civil, que não intencionando lucro, busca solução dos infindáveis problemas sociais, de forma não coercitiva, compensando e atuando nas necessidades da população carente do amparo governamental e de empresas privadas. Aliás, entendo que seja a personificação da palavra cidadania. Então, estamos diante de um maravilhoso inconformismo privado com finalidade, exclusivamente, pública.[3]

---

[1] PAES, José Eduardo Sabo. *Fundações, associações e entidades de interesse social*. Aspectos jurídicos, administrativos, contábeis, trabalhistas e tributário. 11. ed. São Paulo: Forense, 2021.

[2] Marco Regulatório do Terceiro Setor.

[3] LIMA, Antônio Marcos de Oliveira. A importância do terceiro setor e a ineficiência da Administração Pública. *Jusbrasil*, 20 abr. 2015. Disponível em: https://oliveiralimaadv.jusbrasil.com.br/artigos/182558949/a-importancia-do-3-setor-e-a-ineficiencia-da-administracao-publica. Acesso em: 12 set. 2022.

Não resta dúvida de que a natureza do terceiro setor é peculiar: sua configuração é de espaço privado revestido de interesse público. Para Galvão, *apud* Paes,[4] é cada vez mais evidente que o Estado não é o único detentor do interesse público, do altruísmo social. Aliás, o Estado tem atribuído ao terceiro setor tarefas antes tidas como exclusivas deste.

Se, por um lado, a exoneração do Estado permite maior participação da sociedade na busca da realização de serviços essenciais, como saúde e educação, por outro, haverá sempre o risco do abandono por parte do ente público em relação às políticas públicas sociais indispensáveis e urgentes.

3 As organizações da sociedade civil na pauta dos direitos fundamentais

As pessoas jurídicas que compõem o terceiro setor trazidas pelo Código Civil, elencadas nos arts. 40 a 44, têm as mais variadas matizes. Para a análise que se propõe, importam aquelas que são consideradas de "interesse social". Tal discussão envolve elementos conceituais que causam variações a depender da interpretação que se dá ao termo aberto "interesse social". Contudo, não se pretende adentrar nesse embate, mas concentrar um olhar para entidades cujas finalidades estatutárias garantam a prestação de serviços sociais, a defesa de sociedade de forma coletiva, em especial nas áreas de saúde, educação, cultura, assistência social, diretos de minorias, como raça, sexo, pessoas deficientes etc., na esteira das garantias fundamentais universais, excluindo-se as entidades de classes e as entidades públicas.

Assim, as entidades de interesse social têm a função de perseguir a participação efetiva da sociedade, mas não como coadjuvante apenas, e sim como forma de enfrentamento e exigências no cumprimento de políticas públicas pelo Estado que resguardem direitos, cuja gramática se converte em práticas efetivas de concretização dos direitos fundamentais. Essas organizações da sociedade civil, em que pese operarem em parceria com o Estado, com este não se confundem.

Para Norberto Bobbio,[5] é fundamental que haja essa separação, eis que um Estado em que a sociedade civil é absorvida tende a se constituir em totalitário, e a sociedade civil e o Estado devem atuar como dois momentos necessários, separados, mas contíguos, distintos, mas interdependentes do sistema social em sua complexidade e em sua articulação.

Não se pode olvidar, conforme nos ensina Carlos Montaño,[6] que nem sempre essas entidades do terceiro setor representam efetivamente interesses que se propõem a defender. Há grande número dessas entidades "sem fins lucrativos" que são verdadeiros instrumentos de muito "lucro" para seus instituidores, na maioria empresários e políticos, que as utilizam para satisfazer interesses próprios ou de grupos aos quais pertencem. Para o teórico, "a chamada 'parceria' não é outra coisa senão o repasse de verbas e fundos no âmbito do Estado para instâncias privadas, substituindo o movimento social pela ONG".

---

[4] PAES, José Eduardo Sabo. *Fundações, associações e entidades de interesse social*. Aspectos jurídicos, administrativos, contábeis, trabalhistas e tributário. 11. ed. São Paulo: Forense, 2021.
[5] BOBBIO, Norberto. *Estado, governo, sociedade*: por uma teoria geral da política. São Paulo: Paz e Terra, 1999.
[6] MONTAÑO, Carlos. *Terceiro setor e questão social*: crítica ao padrão emergente de intervenção social. São Paulo: Cortez, 2010.

É importante ressaltar que ainda vivenciamos em nosso país graves violações aos direitos humanos e a falta de serviços básicos às populações vulneráveis, mas que, não fossem as ações desenvolvidas pelas entidades de interesse social no dia a dia, essas violações seriam ainda piores.

4 O protagonismo feminino

O protagonismo da mulher na busca por direitos de participação na política na esfera dos movimentos sociais remonta a tempos antigos, quando a organização em torno dos grupos humanos se fez pelo trabalho feminino, na luta pela terra, como lugar de construções de identidades.

Uma das maiores demonstrações de articulações de mulheres na busca de direitos que foram positivados na Constituição de 88 foi a *Carta das Mulheres aos Constituintes em 1988*, movimento conhecido como *Lobby do Batom*. Basta verificar a importância do Sistema Único de Saúde para as populações carentes, consagrando o direito fundamental à saúde, muito embora nem sempre prestado adequadamente pelo Estado, mas se configura como vitória importante nas conquistas de direitos fundamentais. Além do SUS, outros direitos são reivindicados na Carta das Mulheres, como a questão do racismo, pauta sobre educação, violência, etc., que fazem hoje parte do texto constitucional.

Mas, em que pese o espaço conquistado pela mulher nas organizações da sociedade civil, uma situação interessante é a participação feminina no âmbito das organizações sociais – OSs,[7] como parte integrante do terceiro setor. Nessas organizações de grande porte, a exemplo das OSs de saúde, que gerenciam grandes hospitais públicos, os cargos de direção são, na maioria, ocupados homens, e não é difícil entender os motivos: essas entidades são constituídas como estruturas empresariais e movimentam grandes volumes de repasses públicos; em razão dos serviços sociais de grande relevância, em especial nas áreas de saúde, cultura e educação, de certa maneira, detêm indiretamente parcela de poder do Estado.

Isto mostra que, embora as mulheres representem número significativo na direção de entidades do terceiro setor, quando se trata de grandes OSs, são os homens a ocupar esses espaços.

Segundo Patta:

> As mulheres têm dificuldades de competir com os homens em representatividade na maioria dos ambientes. No mercado de trabalho, elas ganham em média 19% a menos que os homens, segundo uma pesquisa da economista Laísa Rachter, do Ibre. No Congresso Nacional, ocupam 15% dos cargos. No terceiro setor, no entanto, elas têm maior representatividade. No Brasil, elas representam 62% das pessoas que realizam trabalho voluntário, segundo a Pnad Contínua de 2019. Elas ainda dominam os cargos de liderança no setor, representando 51% da categoria, segundo uma pesquisa de 2017 do Grupo de Institutos Fundações e Empresas (GIFE).[8]

---

[7] OS é a qualificação jurídica dada à pessoa jurídica de direito privado, sem fins lucrativos, instituída por iniciativa de particulares, e que recebe delegação via decreto do Poder Público, mediante contrato de gestão, para desempenhar serviço público de natureza social, fazendo parte das entidades de interesse social sem fins lucrativos, compondo, portanto, o terceiro setor.

[8] PATTA, Laura. Mulheres refletem sobre terceiro setor. *Observatório do Terceiro Setor*, 29 mar. 2022. Disponível em: https://observatorio3setor.org.br/noticias/terceiro-setor/mulheres-refletem-sobre-lideranca-feminina-no-terceiro-setor. Acesso em: 6 set. 2022.

Em que pese essa idiossincrasia, é ainda nas organizações da sociedade civil que as mulheres ocupam maiores espaços, como se lê do texto acima, e o percentual à frente da gestão das entidades do terceiro setor ainda é maior, atuando como presidentes, diretoras ou secretárias executivas.

Para Albaniza Lucia, conselheira do Gife – Grupo de Institutos, Fundações e Empresas, associação de investidores sociais privados do Brasil:[9]

> O terceiro setor demanda profissionais sensíveis às causas das minorias, ao combate à pobreza, à inserção social etc., não importa o gênero. Porém, o sexo feminino pode fazer a diferença. As mulheres culturalmente assumiram o papel de cuidar dos filhos na relação familiar, tornando-as mais disponíveis ao outro. O outro hoje equivale às demandas sociais. Algo mais que pode ser feito é a busca constante por qualificação profissional e aquisição de competências, sempre na perspectiva de alcançar resultados positivos no seu trabalho e, consequentemente, índices sociais melhores para o país.

A atuação da mulher no cenário econômico vem mudando e evoluindo no passar das décadas, e o terceiro setor é o sinal claro dessa realidade. A reforma do Estado brasileiro a partir da EC nº 19/2009,[10] com seu novel modelo de gestão, transferiu parcela dos serviços públicos sociais às entidades do terceiro setor, dinamizando essa esfera e propiciando em média escala a presença da mulher como agente participativo de políticas públicas manejadas pelo Estado. Essa participação ativa, historicamente, vem revestida de um caráter altruísta; filantropo, expressando solidariedade e compromisso com a sorte dos menos favorecidos da sociedade.

4.1 A gestão de mulheres nas entidades do terceiro setor

Quando se pensa na participação da mulher no universo das entidades da sociedade civil organizada, chama a atenção a capacidade de doar-se ao trabalho de maneira voluntária e altruísta. Esse trabalho se trasmuda em humanismo, com ações solidárias.

É nessa forma humanizada, comprometida em doar-se para promover o bem-estar dos outros, sem esperar nada em troca, muitas vezes deixando de lado suas necessidades para atender ao próximo que muitas mulheres se colocam à frente de entidades que prestam assistência àqueles que precisam:

> O altruísmo é um nobre sentimento. A pessoa altruísta se doa para o próximo sem esperar nada em troca. Ela naturalmente ajuda quem está a sua volta, sem precisar de incentivos ou recompensas e não se queixa do serviço prestado. Essa característica é admirada por diversas culturas e crenças religiosas.[11]

---

[9] Grupo de institutos, fundações e empresas, associação de investidores sociais privados do Brasil, sejam eles institutos, fundações ou fundos familiares, corporativos independentes ou empresas, entidade com uma rede de mais de 160 associados que, somados, aportaram R$5,3 bilhões em investimento social no ano de 2020, segundo dados do Censo GIFE (QUEM somos. *GIFE*. Disponível em: https://gife.org.br/quem-somos-gife. Acesso em: 10 set. 2022).

[10] Modifica o regime e dispõe sobre princípios e normas da Administração Pública, servidores e agentes políticos, controle de despesas e finanças públicas e custeio de atividades a cargo do Distrito Federal.

[11] PIMENTA, Tatiana. Como nossa mente nos estimula a praticar o altruísmo? *Vittude*, 19 out. 2020. Disponível em: https://www.vittude.com/blog/como-a-mente-estimula-altruismo/. Acesso em: 5 set. 2022.

É o trabalho encampado por mulheres nas entidades de interesse social surgidas nas periferias das grandes cidades, na maioria das vezes dirigidas por mulheres de baixa ou média escolaridade, que com simplicidade, linguagem e abordagem humanística, especialmente nesses tempos tão desafiadores de pós-pandemia, assumem responsabilidades sobre sua própria vida e do próximo, mostrando que não são apenas meras espectadoras, mas que aceitam os desafios, deixando para trás a visão anacrônica da figura da mulher submissa e sem espaço para o protagonismo social e político.

A gramática que envolve a participação feminina nos movimentos de mobilização social e, em particular, nas associações de interesse social no Pará, se traduz nos resultados empreendidos por essas mulheres simples do povo no enfrentamento de problemas em suas comunidades.

Com suas próprias demandas domésticas, com a ausência de reconhecimento de sua identidade como pessoa humana, às vezes, por seus próprios companheiros, se dividem entre cuidar dos filhos e reivindicações relevantes para toda a coletividade. É visível a determinação de mulheres líderes de associações, na luta incansável por melhorias não apenas de sua condição, que já é uma luta à parte, mas pela promoção do bem-estar coletivo.

O trabalho feminino, à frente de uma associação de interesse social, tem diversas atuações, desde a liderança da entidade, exercendo o cargo de presidente, diretora ou secretária-geral. É certo dizer também que, embora algumas entidades tenham como liderança homens, na prática, são conduzidas por mulheres que cuidam da administração, mobilizações, contabilidade, limpeza do prédio da entidade, ou até das valas das ruas do bairro, capinam mato, costuram roupinhas para bebês.

Mas essas não são as únicas tarefas realizadas por essas mulheres. São elas a participarem de reuniões com agentes públicos nos órgãos de Administração Pública municipal ou estadual visando à redução da pobreza e exclusão social.

Em entrevista concedida ao Núcleo do Terceiro Setor do Ministério Público do Estado do Pará, perguntou-se para algumas mulheres líderes de suas associações o que as motivou a trabalhar numa entidade de interesse social sem fins lucrativos, há quanto tempo dedicam suas vidas à causa assistencial, se são remuneradas ou voluntárias, que cargo ocupam na entidade, quais as maiores dificuldades enfrentadas na entidade, como foi a atuação da entidade no período da pandemia e pós-pandemia, qual seu nível de satisfação atuando na associação, se se sentem realizadas como mulher e como cidadãs, como as pessoas a veem à frente da associação e se estão satisfeitas com suas atuações e pretendem avançar mais nas conquistas para a entidade em prol da coletividade. As respostas confirmam o quanto essas mulheres exercem papel de protagonismo nas entidades que lideram.

A diretora executiva da Fundação Privada José Maria A. Cavaleiro de Macedo, Sra. Lucidalva Almada, a "Tia Lu",[12] como gosta de ser chamada, informa que a entidade está em funcionamento há mais de 10 anos, com sede em Belém, atende crianças da Educação Infantil em regime de tempo integral e não recebe verba pública. Ela nos fala da alegria e dificuldades que enfrenta:

---

[12] ALMADA, Lucidalva Barbosa. *Depoimento*. Entrevista concedida ao Núcleo do Terceiro Setor do Ministério Público do Pará. Belém, set. 2022.

> A Fundação [...] prioriza e proporciona condições na melhoria da qualidade de vida, busca minimizar as desigualdades sociais por meio de lazer, cultura e educação, oferecendo além do ambiente escolar, benefícios assistenciais tais como: Uniforme completo, calçados, material pedagógico, alimentação elaborada por nutricionista de acordo com a necessidade nutricional e alimentar de cada grupo, dentista e pediatra. Oferece também à comunidade cursos e oficinas a fim de gerar uma renda extra para as famílias.

É inconteste a dedicação, o altruísmo de mulheres como "Tia Lu", que trabalham com espírito de dedicação ao próximo, com a alegria de quem serve por amor, se rejubila com o crescimento de jovens e adultos que ajuda a encontrar o caminho:

> Antes da pandemia participei das programações para o Terceiro Setor ofertadas pelo MPPA onde me abriu um leque de conhecimentos que contribuíram imensamente para eu entender a grandiosidade do terceiro setor, seus direitos e deveres. E estar na linha de frente desta fundação não tem sido um trabalho fácil, mas a satisfação do dever cumprindo ao término de cada ano, em cada formatura vendo as crianças escrevendo e lendo maravilhosamente bem aos 6 anos não tem preço [...].

O cotidiano dessas mulheres é dividido entre as tarefas de casa (algumas com trabalho fora), como cuidar dos filhos, e a disponibilidade para resolver problemas da comunidade. Regra geral, não são remuneradas, trabalham como voluntárias motivadas por algum acontecimento doloroso que passaram na vida ou, ainda, por puro sentimento humanitário. É claro que há situações em que a entidade remunera seus dirigentes, mas não é a regra.

O perfil das gestoras à frente das entidades é variado. Algumas são mães solteiras que se desdobram no papel de pai e mãe, mesmo assim não esmorecem ante os obstáculos para participar da vida comunitária com seu tempo e trabalho.

A Associação Voluntária de Apoio a Oncologia – Avao é um exemplo do envolvimento feminino em entidades do terceiro setor. Dona Ana Klautau Leite,[13] presidente da entidade, viúva, de 78 anos, com 8 filhos, 19 netos e 6 bisnetos, tem uma vida dedicada à causa de pessoas portadoras de câncer. Quando indagada sobre as finalidades da entidade, responde:

> Nós trabalhamos para dar assistência ao paciente carente que sofre de câncer, o que mora em Belém ou que vem do interior para se consultar no Ophir Loyola. Os pacientes entram para tomar café ou para almoçar e as vezes trazem receitas com medicação ambulatorial que o governo não fornece e a AVAO "corre atrás" para fornecer essa medicação. Além disso, a AVAO doa fraldas descartáveis para os pacientes que estão internados no Hospital Ophir Loyola e cestas básicas ao paciente que fazem quimioterapia, soro vermelho e radioterapia.

Sobre a motivação em trabalhar em uma entidade sem fins lucrativos, dona Ana é enfática: "Vontade de ajudar o próximo".

Percebe-se que um dos motivadores da atuação feminina nas entidades de interesse social é a religiosidade, especialmente a fé cristã, inspirada no desejo de igualdade entre as pessoas e esperança de dias melhores para todos.

---

[13] LEITE, Ana Klautau. *Depoimento*. Entrevista concedida ao Núcleo do Terceiro Setor do Ministério Público do Pará. Belém, set. 2022.

Esse viés religioso propiciou, e ainda propicia, respeito e confiabilidade da comunidade, fator fundamental para a concretização das finalidades da entidade que busca melhorias para a comunidade. Mulheres como dona Ana doam seu tempo, suas energias para dedicar-se ao trabalho humanitário, sem recursos públicos, contando apenas com ajuda de pessoas de boa vontade da sociedade.

O mesmo espírito voluntarista, de religiosidade, se vê em dona Noeme Rodrigues,[14] de 70 anos de idade, à frente da Creche Lar Cordeirinhos de Deus há vinte anos. Conta que a entidade angaria fundos de várias maneiras. Recebe verbas públicas e presta contas finalísticas ao Ministério Público do Pará, além de receber apoio de algumas empresas da região. Ressaltou ainda a parceria com órgãos da justiça, atendendo a pessoas que cumprem penas alternativas e garante que o trabalho tem trazido bons frutos, "essas pessoas saem daqui mesmo pensando duas vezes, saem outra pessoa. Aqui a gente trabalha a família, resgatando a família".

A entidade divulga no *site* as necessidades "que a creche ou o ou o abrigo estão tendo, seja fraldas, ou biscoitos. Pão nunca falta, porque a Padaria [...] há 20 anos manda 300 pães todo dia, tudo a gente inventa com o pão e as crianças amam".

Sua narrativa expressa compromisso com o trabalho que faz, que vem de sua luta pessoal contra doenças e, a partir de então, se dedica às causas das pessoas necessitadas da sociedade:

> Eu tive leucemia, aneurisma, depois veio câncer de mama e Deus sempre me livrando, passou a COVID e eu não tive nem sequela, cuidei das minhas crianças com COVID. O amor de Deus foi o que me motivou. O amor de Deus não tem barreiras, não tem religião, o amor é tudo e eu sou muito pelo social, sou muito por aqueles que são excluídos, rejeitados, infelizmente temos uma sociedade muito preconceituosa e eu não tenho isso, eu amo a todos. Eu sou em defesa das crianças, dos adolescentes, dos idosos. Eu gosto de ajudar aqueles que querem uma oportunidade, que precisam, não importa quem é a pessoa, eu não vivo o ontem, eu vivo o hoje [...].[15]

O impacto da pandemia de Covid-19 acrescentou dificuldades às organizações de interesse social, mormente as que precisavam atender a crianças e pessoas enfermas.

Para a Avao, que precisava continuar a prestar assistência aos doentes, arriscando a própria vida em muitos momentos para cumprir sua missão, os impactos da pandemia só aumentaram as dificuldades:

> Na pior fase da pandemia a AVAO ficou fechada de março/2020 e reabriu em junho/2020 quando duas voluntárias iam para a entidade para fornecer as cestas básicas aos pacientes e voltaram a atender em agosto/2020 quando a AVAO reabriu. As oficinas ofertadas aos pacientes também pararam durante a pandemia e agora que serão retomadas, porém com número reduzido de alunos (6) por turma.

---

[14] RODRIGUES, Noeme de Lima. *Depoimento*. Entrevista concedida ao Núcleo do Terceiro Setor do Ministério Público do Pará. Belém, set. 2022.

[15] RODRIGUES, Noeme de Lima. *Depoimento*. Entrevista concedida ao Núcleo do Terceiro Setor do Ministério Público do Pará. Belém, set. 2022.

Não foi diferente para a Associação Creche Lar Cordeirinho de Deus, que se dedica a cuidar de crianças na creche. Para Dona Noeme, apesar da pandemia, o esforço da entidade em cumprir com seus objetivos contou com a ajuda da iniciativa privada:

> Durante a pandemia, todo o dia eu vinha pra cá (creche). Nós ficamos ajudando as famílias doando cestas básicas que a gente recebeu de empresas como a [...] e a Igreja [...], até me surpreendi porque não tenho contato com eles, a gente fazia marmita, mandava marmita, conseguíamos remédios, recebemos muita doação.

Exemplo igual de protagonismo da mulher no terceiro setor é da Associação Mães da Sé, cujo nome oficial é *ABCD – Associação Brasileira de Busca e Defesa a Crianças Desaparecidas*. A história da entidade se confunde com a de sua fundadora. Desde 1995, em São Paulo, a senhora Ivanise Espiridião que comanda a entidade, teve sua filha Fabiana de 13 anos desaparecida. Na luta em encontrá-la, sentiu o descaso que existe em relação às mães e famílias de pessoas desaparecidas no Brasil. Movida pela dor e solidariedade, fundou a entidade Mães da Sé, que presta serviços de acolhimento a essas famílias e atua junto ao Poder Público para defender sua pauta. Com seu trabalho juntamente com outras mulheres, já encontrou milhares de pessoas desaparecidos ao longo dos anos.

Outro modelo de gestão é de Jacqueline Farias, no Rio de Janeiro – RJ, que comanda a Associação Mulheres de Peito e Cor. Uma mulher negra que venceu o câncer de mama e criou um grupo de mulheres para debater os problemas causados pela doença em suas vidas.

A entidade Mulheres de Peito e Cor começou ajudando mulheres negras com câncer de mama, hoje atende a mulheres negras e em geral, mulheres em situação de rua e mulheres com fibromialgia. A força empreendida por essas mulheres na entidade se expressa não apenas na busca da cura da doença, mas no resgate da autoestima de pessoas assoladas por doenças graves.

Por fim, Associação Banco de Alimentos, fundada em 1988, em São Paulo, pela economista Luciana Chinaglia Quintão, tem entre suas finalidades o combate à fome e ao desperdício de alimentos no país. O trabalho da organização é recolher alimentos que já perderam seu valor para o comércio, mas que ainda estão aptos para o consumo e distribuí-los para quem precisa.[16]

Nota-se, pelas narrativas, que mesmo em momentos de dificuldades as mulheres se apresentam como gestoras, mobilizadoras de força capaz de imprimir elementos de solidariedade, amor ao próximo e dedicação ao trabalho voluntário. A capacidade de aglutinação em torno de uma demanda possibilita a formação de associações, principalmente em áreas de saúde, educação, cultura e assistência social.

Em rápida pesquisa no banco de dados do Núcleo do Terceiro Setor do Ministério Público do Pará, as entidades de interesse social, aí incluídas as fundações privadas e associações de interesse social que são fiscalizadas pelo Ministério Público do Pará com atribuição no terceiro setor, têm como finalidades em seus estatutos a defesa de interesses coletivos como saúde, educação, assistência social das minorias excluídas etc.

---

[16] Disponível em: observatorio3setor.com.br/registro. Acesso em: 25 ago. 2022.

Mas em que pese todo esforço das entidades do terceiro setor, na construção da cidadania, da prestação de serviços públicos sociais, sejam com verbas públicas ou com a boa vontade de particulares, estas entidades, para se manter, enfrentam muitos desafios, e o principal deles é continuar a existir apesar das dificuldades pelas quais o país passa.

Importa mencionar a especial fiscalização finalística exercida pelo Ministério Público às entidades de interesse social, que não se limita à averiguação da contabilidade, para isso, há outro órgão de controle.

O velamento do Ministério Público se traduz na garantia que todo cidadão deve ter da concretização de direitos fundamentais previstos na Carta Magna. A fiscalização finalística do Ministério Público tem o viés jurídico, o contábil e o social, e busca verificar se as finalidades da entidade estão sendo executadas conforme seu estatuto. Este é o perfil atual do Ministério Público brasileiro, de *ombudsman* – advogado do povo, de ouvidor do povo. Então, está entre as atribuições do órgão ministerial o velamento das entidades do terceiro setor, porque são estas que formatam, com suas pautas, o interesse da sociedade.

Ciente das dificuldades enfrentadas pelas entidades de interesse social, sem fins lucrativos, especialmente as de médio e pequeno porte, em que o problema maior é a falta de recursos financeiros para sobreviver dia após dia, prestando ajuda humanitária.

Cabe ao Ministério público, que fiscaliza o terceiro setor, não apenas implementar, nas suas fiscalizações, ações de combate à improbidade administrativa na utilização de recursos públicos e privados destinados ao terceiro setor, mas, também, promover ações pedagógicas junto a essas entidades, no sentido de elas se manterem em funcionamento e poderem representar efetivamente interesses da sociedade onde vivem.

Deste modo, cabe ao Ministério Público o papel de garantidor da ordem jurídica, de defensor de direitos como fundamentais, como os direitos sociais, coletivos, difusos e individuais homogêneos, nos termos do art. 127 da Constituição de 88.

Velar pelas entidades do terceiro setor é garantir a efetivação de serviços públicos sociais pelas entidades de interesse social. Esse é o olhar integrador entre a fiscalização e velamento. Fiscalizar para que possam permanecer íntegras; velar para que continuem em sua tarefa de ser o canal entre a sociedade e o Estado na consecução de serviços públicos sociais e na defesa da cidadania. É papel do MP:

> [...] de curador, de amparo, de auxílio, de acompanhamento e de vigilância, das entidades do Terceiro Setor, do que apenas a fiscalização em sentido estrito. O legislador objetiva com o velamento das fundações privadas (extensivo às associações de interesse social) fortalecer as ações das entidades e garantir a elas as condições de estabilidade, de transparência e de fomento de suas atividades, pois tudo que elas fazem vem ao encontro e em proveito dos interesses da sociedade civil.

As entidades do terceiro setor caminham ao lado do Estado em regime de colaboração, guardando sua autonomia, porque precisam reivindicar seus espaços de participação democrática nas decisões que são de interesse da coletividade e neste contexto as mulheres exercem papel de destaque.

5 Considerações finais

A papel da mulher como líder à frente das entidades do terceiro setor é uma realidade que se impõe como novo modelo de atuação política. Sabe-se que muitas mulheres que são lideranças comunitárias se arriscam a participar do universo da política partidária ainda hoje, ambiente eminentemente masculino, em que pese o grande movimento no sentido de maior participação da mulher na representatividade do parlamento.

Merece destaque a participação dessas mulheres que, nas entidades do terceiro setor, sacrificam sua vida pessoal, como ausências de casa para socorrer a mãe que precisa deixar filho na creche; as famílias com pessoas dependentes de drogas; os doentes de câncer; pessoas com deficiências; os que são vítimas de discriminação racial, sexual; o que precisa de atendimento médico; o menor abandonado; as pessoas com fome; o animal maltratado; a floresta devastada e tantas outras demandas sociais.

São mulheres que – apesar de poucos recursos financeiros e dependendo muitas vezes de respostas dos órgãos públicos, que demoram a chegar ou não chegam no tempo que as demandas exigem – ocupam o espaço como protagonistas no terceiro setor.

Servir ao próximo com amor, dedicação, simplicidade, alegria e religiosidade, realmente, torna essas mulheres heroínas e referência de vida em suas comunidades.

Por fim, conhecer o trabalho de pessoas dedicadas ao voluntariado, sejam mulheres sejam homens, é sempre um incentivo, tanto para os órgãos públicos responsáveis em implementar políticas públicas, como para a iniciativa privada e empresários, assim como para pessoas físicas de boa vontade e que tenham compromisso social.

Referências

ALMADA, Lucidalva Barbosa. *Depoimento*. Entrevista concedida ao Núcleo do Terceiro Setor do Ministério Público do Pará. Belém, set. 2022.

BOBBIO, Norberto. *Estado, governo, sociedade*: por uma teoria geral da política. São Paulo: Paz e Terra, 1999.

BRASIL. *Lei 13.019 de 2014*. Disponível em: http://www.planalto.gov.br. Acesso em: 1º set. 2022.

LEITE, Ana Klautau. *Depoimento*. Entrevista concedida ao Núcleo do Terceiro Setor do Ministério Público do Pará. Belém, set. 2022.

LIMA, Antônio Marcos de Oliveira. A importância do terceiro setor e a ineficiência da Administração Pública. *Jusbrasil*, 20 abr. 2015. Disponível em: https://oliveiralimaadv.jusbrasil.com.br/artigos/182558949/a-importancia-do-3-setor-e-a-ineficiencia-da-administracao-publica. Acesso em: 12 set. 2022.

MONTAÑO, Carlos. *Terceiro setor e questão social*: crítica ao padrão emergente de intervenção social. São Paulo: Cortez, 2010.

PAES, José Eduardo Sabo. *Fundações, associações e entidades de interesse social*. Aspectos jurídicos, administrativos, contábeis, trabalhistas e tributário. 11. ed. São Paulo: Forense, 2021.

PATTA, Laura. Mulheres refletem sobre terceiro setor. *Observatório do Terceiro Setor*, 29 mar. 2022. Disponível em: https://observatorio3setor.org.br/noticias/terceiro-setor/mulheres-refletem-sobre-lideranca-feminina-no-terceiro-setor. Acesso em: 6 set. 2022.

PIMENTA, Tatiana. Como nossa mente nos estimula a praticar o altruísmo? *Vittude*, 19 out. 2020. Disponível em: https://www.vittude.com/blog/como-a-mente-estimula-altruismo/. Acesso em: 5 set. 2022.

PORTAL Jusambiente. *Jusbrasil*. Disponível em: http://jusbrasil.com.br/jusambiente. Acesso em: 5 set. 2022.

QUEM somos. *GIFE*. Disponível em: https://gife.org.br/quem-somos-gife. Acesso em: 10 set. 2022.

RODRIGUES, Noeme de Lima. *Depoimento*. Entrevista concedida ao Núcleo do Terceiro Setor do Ministério Público do Pará. Belém, set. 2022.

Informação bibliográfica deste texto, conforme a NBR 6023:2018 da Associação Brasileira de Normas Técnicas (ABNT):

GOMES, Helena Maria Oliveira Muniz; COIMBRA, Lidia Maria Barbosa Calado. O protagonismo da mulher na gestão das entidades do terceiro setor. *In*: MENDES, Denise Pinheiro Santos; MENDES, Giussepp; BACELAR, Jeferson Antonio Fernandes (Coords.). *Magníficas mulheres*: lutando e conquistando direitos. Belo Horizonte: Fórum, 2023. p. 199-210. ISBN 978-65-5518-488-4.

A IMPORTÂNCIA DAS MULHERES NOS ESPAÇOS DE PODER: PERSPECTIVAS E DESAFIOS

JULIANA RODRIGUES FREITAS

ELAINE FREITAS FERNANDES

Introdução

O presente estudo tem o condão de discutir e analisar o contexto da mulher nos espaços de poder sob a ótica de um contexto histórico e atual, tendo como premissa básica que homens e mulheres são iguais perante a lei, o que nem sempre foi assim, pois, após muitos séculos de desigualdades, com visíveis privilégios para os homens, as mulheres continuam sendo vítimas de um patriarcado opressor, do machismo e da estigmatização.

Com a observação envolvendo a falta de direitos e a (in)visibilidade das mulheres nos espaços de poder, surgiu a seguinte problemática: quais os avanços e desafios que a mulher vem enfrentando ante uma sociedade na qual, diante de qualquer crise política, econômica e religiosa, tem os seus direitos questionados, e como ela está inserida nos espaços de poder?

Em busca de uma resposta que albergue o problema da pesquisa, no capítulo primeiro será abordado o período colonial ante a supressão de direitos e garantias da mulher fruto do patriarcado, no qual as mulheres estavam ausentes e desfiguradas na própria história. No segundo capítulo, demonstrar-se-á o surgimento do movimento feminista e suas vertentes.

No terceiro e último capítulo, serão discutidos a importância das mulheres nos espaços de poder e os desafios e conquistas dos direitos da mulher na contemporaneidade.

Essa pesquisa foi elaborada para que sejam salientadas partes da história das mulheres, como os movimentos pelos direitos da mulher no Brasil do século XIX e como isto desencadeou a conquista de direitos, de modo a ponderar sobre a desconstrução da imagem de sexo frágil e inferioridade feminina para enobrecer os seus empenhos, as suas lutas dos últimos três séculos, e os seus desafios diários na atualidade para a importância da inserção das mulheres nos espaços de poder.

Assim, o trabalho valeu-se da leitura de documentos e registros, visando demonstrar que o entendimento do contexto social e cultural é elemento de extrema importância à pesquisa em tela.

1 O papel da mulher na sociedade colonial e patriarcal

As mulheres do período colonial estavam inseridas em um contexto de sociedade patriarcal discriminatória. Estavam subordinadas ao mando de seus pais e de seus maridos e aos dogmas religiosos. O modelo patriarcal sempre serviu de base para a configuração da história da família brasileira através dos tempos, e nesse período não seria diferente.

Muitos documentos revelam que as mulheres sofriam episódios constantes de agressões, clausuras e perseguições sem direito nenhum de defesa, não tinham participação política e eram vistas apenas como objeto de reprodução, deixando de lado a cooperação das mulheres no processo de construção social. Além disso, nessa época, eram-lhes reservados apenas dois papéis: o de boa mãe e o de esposa.

De acordo com a professora Vera Lucia Casteleins,[1] a sociedade colonial teve parâmetros severos impostos pelos colonizadores, que desenvolveram uma sociedade com visões e parâmetros na qual o homem era superior à mulher. Não era nada fácil ser mulher no Brasil colonial, enfrentando os preconceitos e os tabus trazidos pelos colonizadores portugueses para uma terra onde existiam apenas indígenas.

Ainda de acordo com a professora, um fator de grande peso em relação à mulher no Brasil colônia era a preservação da honra e da virtude, porque a conduta e a moral feminina estavam vinculadas à submissão masculina.[2]

A condição de honra na sociedade colonial, de acordo com a professora, era atribuída apenas às mulheres livres, portanto, as indígenas, escravas e negras eram consideradas mulheres sem honra ou sem valor algum. As mulheres sem honra, assim chamadas, não podiam recorrer às leis de punição em caso de estupros e abusos sexuais.

Leila Mazan Algranti (1993, p. 125) preleciona:

> Escravas, prostitutas e bastardas eram mulheres de uma sociedade onde a condição legal, raça, e ilegitimidade de nascimento classificavam e distinguiam os indivíduos de acordo com os valores dos grupos dominantes, concedendo ou negando status de honra, dignidade, virtude.

Entende-se, então, que durante esse período os modelos impostos sobre as mulheres, sendo elas honradas, sem honra ou desonradas, classificavam a forma cruel dos preconceitos estabelecidos pelos colonizadores.

Pesquisas e estudos[3] com esse tema mostram que as mulheres foram protagonistas das suas histórias, mesmo em uma sociedade patriarcal, pensada a partir de classes dominantes. Para entender os papéis sociais atribuídos às mulheres, são necessárias abordagens históricas e sobre as organizações familiares, os moldes do patriarcalismo, a inserção das mulheres na organização familiar, as normas de uma sociedade sustentada

---

[1] Em seu artigo intitulado: *Mulheres, sociedade colonial, época do império e nos dias atuais* (Disponível em: https://docplayer.com.br/18952746-Mulheres-sociedade-colonial-epoca-do-imperio-e-nos-dias-atuais.html. Acesso em: 9 jun. 2022).

[2] Disponível em: https://docplayer.com.br/18952746-Mulheres-sociedade-colonial-epoca-do-imperio-e-nos-dias-atuais.html. Acesso em: 9 jun. 2022.

[3] Encontre em Eni de Mesquita Sâmara o texto *A família brasileira* (SP), e Mariza Correa, *Repensando a família patriarcal brasileira*.

pela burguesia. Assim, vale ressaltar que, mesmo havendo toda essa opressão, algumas mulheres não se conformaram com o papel de subordinação dado a elas, revelando diversas formas de escapar dessa lógica de dominação na tentativa de uma vida mais autônoma.

A noção de patriarcado tem sido um conceito analítico para pensar nas perspectivas de interpretação feministas sobre a desigualdade de gênero.

De acordo com Walby (1990), patriarcado é um sistema de estruturas e práticas sociais em que homens dominam, oprimem e exploram as mulheres, sendo identificadas seis estruturas através das quais o patriarcado exerce a sua ação, quais sejam: relações de produção em casa; o trabalho remunerado; o estado patriarcal; a violência masculina; as relações patriarcais na sexualidade e as instituições culturais patriarcais.

Distinguir o patriarcado entre o privado e o público é importante, pois ambos consistem em uma violência de estratégia de exclusão. Conforme preleciona Walby (1990):

> O patriarcado privado consiste na dominação da mulher em casa às mãos de um patriarca. Trata-se de uma estratégia de exclusão, pois as mulheres são essencialmente impedidas de participar na vida pública. O patriarcado público, por outro lado, adquire uma forma mais coletiva. As mulheres envolvem-se em áreas públicas como a política e o mercado de trabalho, mas continuam afastadas da riqueza, do poder e do estatuto.

Na sociedade patriarcal, as mulheres estavam em uma relação de obediência e reprodução. Era negado o direito de estudar ou se manifestar socialmente. A diferença entre homens e mulheres era evidente, mas naturalizada.

Os dogmas religiosos reforçavam as ideologias para assegurar a moral e o patrimônio, gerando, assim, uma aceitação entre as mulheres à medida que iam educando seus filhos.

A idealização do papel específico da mulher no lar, como canal de preservação das funções sociais, expressa no texto de um jornal curitibano, denominado *Diário da tarde*, dizia como era a imagem da esposa ideal:

> A esposa que procura compreender o gênio do marido, a que se alegra com as alegrias dele, a que lhe aplaina o caminho escabroso da vida diária, a que se mostra sempre contente ou ao menos resignada, dócil e sem exigências, a que sabe cativar o marido com meigos sorrisos, sem falar sempre fora de propósito, que é econômica e modesta, cuidadosa e de atividade silenciosa – tal mulher é bendita por Deus. Ela é a mulher ideal. A mulher pode ser ignorante e ao mesmo tempo ser uma excelente companheira de vida para o marido ilustrado, contanto que tenha outras qualidades que valem mais que a instrução. Ela deve ter caráter bondoso, cordato; deve ser modesta, sempre serena e amável, sempre pronta a ouvir o marido, dócil ao ensinamento. [...] Homens de gênio, de muito trabalho mental, preferem para companheira, a mulher moça, sadia, de bons dentes, de corpo flexível e graça feminil. É um contrapeso ao excessivo espiritualismo.[4]

Ainda hoje, essa idealização permeia o imaginário masculino, corroborando a inferiorização e diminuição da mulher. A sociedade continua investindo na natura-

---

[4] *Revista História: Questões & Debates*, ano 16, n. 30, jan./jun. 1999. Disponível em: file:///C:/Users/elain/Downloads/2034-264-PB.pdf. Acesso em: 8 jun. 2022.

lização desse processo, a qual requer uma ruptura com esse pensamento distorcido, obscuro e categorizador.

Portanto, estes mesmos preconceitos e tabus trazidos pelos colonizadores, dentro de um sistema patriarcal, fizeram com que a mulher ganhasse mais força para lutar a favor da sua independência, no âmbito social, político e religioso.

2 Movimentos feministas e a emancipação da mulher

Extenso foi o período em que as mulheres foram invisibilizadas na história; mesmo diante de todos os obstáculos que têm sido apresentados nesse contexto de submissão das mulheres a uma estrutura hierarquizada da sociedade, temos conquistado direitos e espaços.

A tradição considerava as mulheres seres inferiores ao homem, impondo o servir na procriação e nos afazeres domésticos. A partir do Movimento Iluminista[5] nos séculos XVII e XVIII, houve uma exclusão das mulheres, que não eram titulares de direitos políticos e tampouco inseridas na vida pública, sendo-lhes negada a educação, para que não se igualassem aos homens, e assim continuariam a obedecer-lhes e agradá-los.

Várias mudanças ocorreram no decorrer das décadas, modificando-se a perspectiva da mulher no contexto social, a partir de novos paradigmas introduzidos, ainda que as reflexões das atividades feministas, hoje, voltem-se para uma perspectiva inexistente de universalidade, apoiando-se em um movimento quase que exclusivamente intelectual branco e de classe média.

Os movimentos feministas deram origens ao aparato teórico extenso e estruturado para explicar as desigualdades de gênero e, na sua primeira fase, concebido na Europa e nos Estados Unidos,[6] teve como objetivo a luta por igualdade de direitos civis, direitos políticos que reivindicavam o direito ao voto e à educação, que eram reservados aos homens: com toda notoriedade que o movimento tomou, tornou símbolo de afirmação das mulheres.

A segunda fase surge na década de 1960/70, uma fase que buscou igualdade, valorização das diferenças masculinas e femininas e foi contra a opressão masculina. O movimento preocupou-se com a construção teórica e o conceito de gênero problematizado.

De acordo com Maxwell,[7] a presença da mulher no mercado de trabalho e o aumento da luta pela igualdade de direitos e pela liberdade na conquista do espaço público permitiram que a presença do outro fosse descoberta, neste caso, as excluídas da história: as mulheres, que desde o século XIX lutavam e reivindicam o direito à educação, melhores condições de trabalho, o sufrágio feminino[8] e depois pela emancipação.

---

[5] O Iluminismo foi um movimento intelectual que surgiu durante o século XVIII na Europa, que defendia o uso da razão (luz) contra o antigo regime (trevas) e pregava maior liberdade econômica e política. Este movimento promoveu mudanças políticas, econômicas e sociais, baseadas nos ideais de liberdade, igualdade e fraternidade e da cidadania, mas concedidos somente aos homens (Disponível em: https://www.sohistoria.com.br/resumos/iluminismo.php. Acesso em: 7 jul. 2022).

[6] Disponível em: https://mundoeducacao.bol.uol.com.br/historiageral/movimento-feminista.htm. Acesso em: 9 jul. 2022.

[7] Disponível em: https://www.maxwell.vrac.puc-rio.br/15501/15501_3.PDF. Acesso em: 9 jun. 2018.

[8] No dia 24.2.1932, o Decreto nº 21.076 passou a considerar eleitor o cidadão maior de 21 anos, sem distinção de sexo. A luta do sufrágio feminino no Brasil foi longa, as primeiras discussões a respeito no Congresso datam de 1891. Os argumentos contra o voto feminino baseavam-se no fato de a mulher ser considerada angelical, fútil

O movimento feminista a partir da década de 70 trouxe diferentes olhares para entender as mudanças que estavam ocorrendo sobre a luta das mulheres, de acordo com Matos (1997, p. 88):

> Somaram-se a essa luta outros canais de participação da mulher, sobretudo na forma dos movimentos por melhores condições de vida que ocupara o espaço social e político a partir da segunda metade da década de 70. Nos âmbitos dos bairros, creches, escolas e, principalmente, nas igrejas, a presença feminina foi marcante, reivindicando condições de saúde, educação, saneamento básico, habitação, além de luta pela anistia.

Esse período de repressão política também modificou a luta das mulheres na sociedade brasileira, que se organizavam como sujeitos políticos e objeto de estudo, repensando os paradigmas construídos historicamente.

Na segunda onda do movimento feminista, no seu interior, foram levantadas discussões sobre a vida privada, também um ato político, porque questões de gênero relacionadas à profissão, violência, entre outras discussões sobre a mulher vieram à tona.

Novas temáticas começaram a surgir diante da condição da mulher no Brasil: sexualidade e raça se apresentam como algumas das interseccionalidades que atravessam o debate à medida que paralelamente a cidadania das mulheres também era discutida.

Em 1980, surgiu o terceiro movimento feminista, que aparece com a discussão não mais sobre o estudo de homens e mulheres, mas sobre gênero. Sobre esse movimento, Louro (2007, p. 3) disserta: "[...] [sua] proposta concentra-se na análise das diferenças, da alteridade, da diversidade e da produção discursiva da subjetividade. Com isso, desloca-se o campo do estudo sobre as mulheres e sobre os sexos para o estudo das relações de gênero".

Verifica-se um enriquecimento nos estudos sobre as mulheres ao criar a categoria gênero, pois o estudo relacional trabalha o masculino, o feminino e não enxerga a mulher apenas como uma categoria livre e independente do social.

Ainda de acordo com Louro (1996, p. 9):

> [...] gênero não pretende significar o mesmo que sexo, ou seja, enquanto se refere a identidade biológica de uma pessoa, gênero está ligado a sua construção social enquanto sujeito masculino ou feminino [...] agora não se trata mais de focalizar as mulheres como objeto de estudo, mas, sim, os processos de formação de feminilidade e da masculinidade, ou os sujeitos masculinos e femininos.

O conceito de gênero traz à luz as diferenças não apenas no aspecto biológico de homens e mulheres, mas nos espaços e as relações pessoais e a sua construção social.

Para Scott (1996), o gênero é uma primeira maneira de dar significado às relações de poder. Seria melhor dizer: o gênero é um primeiro campo no seio do qual, ou por meio do qual, o poder é articulado.

---

e fácil de ser convencida. A mulher era considerada incapaz de refletir sobre política e os rumos da nação, sua presença em qualquer debate político era evitada, ou só tolerada se houvesse permissão dos homens presentes. A conquista pelo sufrágio feminino só veio acontecer 40 anos depois. E, mesmo nessa época, havia muita gente relutante. Há 80 anos, a divisão entre público e privado em relação aos papéis de gênero era ainda mais contrastante (Disponível em: https://www.revistaforum.com.br/80-anos-de-conquista-do-sufragio-feminino-e-os-entraves-atuais-da-participacao-politica-feminina/. Acesso em: 7 jul. 2022).

As relações de poder estão inteiramente ligadas com a categoria gênero, pois essas conexões ampliam os horizontes da reflexão, desconstruindo a lógica binária e evidenciando a compreensão da desigualdade de gênero na história da construção e da luta das mulheres.

3 A importância das mulheres nos espaços de poder

De acordo com Daniela Leandro Rezende, a histórica exclusão das mulheres das esferas de poder e a tomada de decisão foi abordada em diversos tratados e conferências internacionais e fundamenta as lutas pela garantia de direitos políticos, como os direitos de votar e de se eleger. Contudo, a existência formal desses direitos não assegura às mulheres participação equitativa nos espaços de poder, que permanecem com escassa presença feminina na política formal, ainda que haja ampla participação na política não institucional.[9]

Perante esse cenário, a noção de transversalidade, um dos princípios da Declaração da Plataforma de Ação de Beijing de 1995,[10] preleciona que a perspectiva de gênero seja difundida em todas as esferas de políticas públicas, de forma a assegurar a concreta superação das desigualdades entre homens e mulheres. Essa declaração, importante documento que é um marco no que se alude à justiça de gênero, determina como objetivo estratégico a implementação de "medidas para garantir às mulheres igualdade de acesso às estruturas de poder e ao processo de decisão e sua participação em ambos" (PEQUIM, 2006, p. 216).

De acordo com Pequim (2006):

> A participação das mulheres em condições de igualdade na tomada de decisões constitui não só uma exigência básica de justiça ou democracia, mas pode ser também considerada uma condição necessária para que os interesses das mulheres sejam levados em conta.

Entre as atuações a serem promovidas para a inserção das mulheres nos espaços de poder, destacam-se medidas para uma "massa crítica" de mulheres administradoras nos setores público e privado, e o aumento de ações de desenvolvimento que estimulem e habilitem as mulheres a ocupar esses espaços.

O documento aponta ainda como causas da sub-representação das mulheres nos espaços de poder e tomada de decisões a divisão sexual do trabalho, que aumenta os custos de participação feminina em tais arenas, a existência de estereótipos, atitudes e práticas discriminatórias, que atuam como barreiras à presença de mulheres em partidos políticos, órgãos governamentais, sindicatos e cargos de direção no setor privado, o que termina por constranger o desenvolvimento de capacidades e habilidades associadas à liderança.[11]

---

[9] Mulher no poder e nas toadas de decisão (Disponível em: https://www.ipea.gov.br/retrato/pdf/190215_tema_g_mulher_no_poder_e_na_tomada_de_decisoes.pdf. Acesso em: 18 jul. 2022).

[10] Declaração e Plataforma de Ação da IV Conferência Mundial Sobre a Mulher – Pequim, 1995 (Disponível em: https://www.onumulheres.org.br/wp-content/uploads/2013/03/declaracao_beijing.pdf. Acesso em: 18 jul. 2022).

[11] Mulher no poder e nas toadas de decisão (Disponível em: https://www.ipea.gov.br/retrato/pdf/190215_tema_g_mulher_no_poder_e_na_tomada_de_decisoes.pdf. Acesso em: 18 jul. 2022).

De acordo com Rezende (2015), a análise do tema mulher no poder e na tomada de decisões deve considerar: o perfil das mulheres brasileiras, especificamente características relacionadas à formação universitária e à presença de mulheres em postos de direção nos setores público e privado, incluindo partidos políticos e sindicatos, dados relacionados à dimensão da oferta de potenciais candidatas às posições de poder e tomada de decisão; informações relativas à presença de mulheres em tais espaços que, em comparação com o conjunto de informações mencionadas anteriormente e à luz das características do sistema político brasileiro, como legislação eleitoral e partidária, permitem explicitar os desafios relacionados à presença de mulheres no poder.

A presença equitativa de mulheres nos espaços de poder e tomada de decisão se justifica, segundo a plataforma de ação, porque permite que a composição de tais espaços se assemelhe mais à constituição da sociedade, mas também porque é "condição necessária para que os interesses das mulheres sejam levados em conta" (PEQUIM, 2006, p. 215).

Nas democracias contemporâneas em que direitos de cidadania são amplamente garantidos, estranha-se que haja tão grande distorção entre o percentual de mulheres na população e o percentual de posições de poder ocupadas por pessoas do sexo feminino. Além disso, dadas as demandas de diversos grupos de mulheres, relacionadas à saúde, ao combate à violência e à representação política, apenas para citar alguns exemplos de reivindicações recorrentes na agenda pública, esse cenário pode ser um indicador de que há algo errado, uma vez que um dos princípios da democracia é que aqueles(as) afetados(as) pelas decisões devem ter a chance de participar do processo de sua formulação, ainda que indiretamente. No entanto, algumas autoras retomaram a discussão sobre a representação política, explorando a relevância da dimensão descritiva. Destaca-se nesse sentido o argumento de Phillips (1995) sobre política da presença, conceito que enfatiza a dimensão descritiva da representação política. Segundo essa autora, no contexto de emergência de demandas políticas por reconhecimento, a separação entre quem são os representantes e o que eles fazem é colocada em xeque. A "política da presença" contrasta com a noção de representação de ideias priorizadas pela dimensão substantiva (PHILLIPS, 1995, p. 273) e prevê a representação de grupos, já que concebe a diferença como estando relacionada a experiências e identidades específicas, havendo uma relação entre preferências políticas e as características dos indivíduos que as adotam, ou seja, mulheres tendem a apresentar preferências, interesses e prioridades distintos dos homens (REZENDE, 2015).

> Quando há significativa sub-representação de mulheres nas decisões finais, isso pode e deve mudar a ênfase dos detalhes dos compromissos políticos para a composição do grupo responsável pela tomada de decisões. A experiência política nos mostra que assembleias compostas apenas por homens ou em sua maioria por homens serão más juízas de interesses, prioridades e preocupações de mulheres, e que tentar preservar esse julgamento através de programas pré acordados possui apenas efeito limitado. [...] Representantes têm considerável autonomia, precisamente a razão porque importa quem eles são (PHILLIPS, 1995, p. 7) (Tradução nossa)

Embora o destaque seja no Legislativo, é possível transcender a temática sobre representação política para outros setores, como o Executivo e o Judiciário. Ademais, é importante incluir também a análise da presença de mulheres em espaços de poder e tomada de decisão no setor privado, uma vez que a ocupação de posições de direção e chefia em sindicatos e corporações pode garantir "habilidades e experiências valiosas para altas posições públicas" (NORRIS, 2013, p. 13).

3.1 Desafios e conquistas dos direitos da mulher na contemporaneidade

No dia 8 de março é celebrado o Dia Internacional da Mulher, que representa a luta das mulheres contra a discriminação e por igualdade de direitos civis, sociais, políticos e culturais. Ponderando que a Declaração Universal dos Direitos Humanos completou 70 anos em dezembro de 2018, cabe uma discussão sobre a efetividade das melhorias em seus direitos, incluindo as condições de vida, bem como a superação das situações de violência e desigualdade nas quais se inseriam na autonomia e liberdade das mulheres.

> "Discriminação contra a mulher" significará toda distinção, exclusão ou restrição baseada no sexo e que tenha por objeto ou resultado prejudicar ou anular o reconhecimento, gozo ou exercício pela mulher, independentemente de seu estado civil, com base na igualdade do homem e da mulher, dos direitos humanos e liberdades fundamentais nos campos político, econômico, social, cultural e civil ou em qualquer outro campo. (Artigo 1º da Convenção para a eliminação de todas as formas de Discriminação contra a Mulher, adotada pela Assembleia Geral da ONU em 1979).[12]

A luta das mulheres pela igualdade de gênero e pelo fim da discriminação causou uma transformação na sociedade. Essas transformações se deram a partir da constituição de organismos estatais, de políticas públicas, pela conquista de novos direitos voltados para a promoção da equidade de gênero que colaboraram para a redução da discriminação dessas desigualdades.

De acordo com o Censo de 2010,[13] a escolarização das mulheres cresceu em todos os níveis de ensino, sendo que, nos anos 2000, passamos a ser a maioria dos matriculados e também dos concluintes tanto no Ensino Fundamental e Médio quanto no Ensino Superior. Essa crescente escolarização das mulheres contribuiu para o aumento constante de sua inserção no trabalho formal e remunerado.

Há importantes avanços no âmbito legislativo e das políticas públicas, que se exacerbam no ano 2000, através de órgãos governamentais propostos a regular políticas para mulheres. Mas ainda precisamos avançar muito mais!

No que diz respeito ao enfrentamento da violência, são inseridos sistemas de notificação da violência contra mulheres, sendo sancionadas a Lei Maria da Penha (2006)[14] e a que tipifica o feminicídio (2015),[15] também foi alterada a tipificação penal de

---

[12] Disponível em: https://documents-dds-ny.un.org/doc/UNDOC/GEN/N94/095/05/PDF/N9409505.pdf?Open Element. Acesso em: 9 jun. 2022.

[13] Disponível em: https://censo2010.ibge.gov.br/noticias-censo?busca=1&id=1&idnoticia=1717&t=sis-2010-mulheres-mais-escolarizadas-sao-maes-tarde-tem-menos-filhos&view=noticia. Acesso em: 9 jun. 2022.

[14] Disponível em: http://www.planalto.gov.br/ccivil_03/_ato2004-2006/2006/lei/l11340.htm. Acesso em: 10 jun. 2019.

[15] Disponível em: https://jus.com.br/artigos/62399/feminicidio-lei-n-13-104-de-9-de-marco-de-2015. Acesso em: 10 jun. 2022.

estupro (2009),[16] admitindo envolver outras práticas tidas como sexuais. No que tange à participação política da mulher, a legislação brasileira indica desde 1997[17] que cada partido ou coligação deve preencher, nas eleições proporcionais, o mínimo de 30% e o máximo de 70% para candidaturas de cada sexo, e a nova Emenda Constitucional nº 117, de 2022, determina que o percentual de registro de candidatura, em razão do gênero, deve ser acompanhado pelo mesmo percentual de destinação de fundo partidário e fundo especial de financiamento de campanha e tempo de propaganda eleitoral gratuita na televisão e na rádio.

A despeito de todos esses avanços e conquistas, ainda prosseguem as discriminações, as desigualdades de gênero e a violência contra as mulheres. No que tange à violência doméstica, de acordo com o 11º Anuário Brasileiro de Segurança Pública, uma mulher foi assassinada a cada duas horas no Brasil em 2016, totalizando 4.657 mortes. Mas apenas 533 casos foram classificados como feminicídio, mesmo após lei de 2015 obrigar tal registro para as mortes de mulheres dentro de suas casas, com violência doméstica e por motivação de gênero.[18]

O 9º Anuário Brasileiro de Segurança Pública indicava que a cada 11 minutos uma pessoa é estuprada no Brasil. O número de estupros cresceu 3,5% no país e chegou a 49.497 ocorrências. Pesquisa do Instituto de Pesquisa Econômica Aplicada (Ipea), divulgada em 2014, apontou que 89% das vítimas de estupro são do sexo feminino e possuem, em geral, baixa escolaridade; o mesmo estudo indica que somente 10% dos casos são denunciados e estimou que cerca de 7% dos casos de violência sexual resultaram em gravidez.[19]

Diante de maior visibilidade e difusão dos feminismos e das mudanças nos acordos acerca do que pode ser considerado violência, a guinada da última década é caracterizada por inquietante reação conservadora. Em uma legislatura registrada como uma das mais conservadoras das últimas décadas, essa que finda no início de 2023, obtêm-se um retrocesso no que consiste ao atendimento das mulheres vítimas de violência sexual em hospitais, pela exigência da apresentação de boletim de ocorrência e exame de corpo de delito para a prevenção ou interrupção da gravidez decorrente de estupro, ou dos vários projetos de lei que visam à proteção da vida desde a concepção em qualquer que é o caso do PL nº 5.069/2013.[20]

Em oposição das evidências que apontam a violência física, psicológica e sexual contra mulheres como algo frequente e fortemente enraizado nas desigualdades de gênero persistentes na sociedade brasileira, o necessário combate a partir de políticas educacionais tem encontrado entraves na retirada sistemática de qualquer menção a "gênero" em planos municipais, estaduais e nacional de políticas para a educação.

---

[16] Disponível em: http://www.criminal.mppr.mp.br/arquivos/File/Estudo_Lei_13718_2018_Mudancas_nos_Crimes_Sexuais_versao_final_2.pdf. Acesso em: 10 jun. 2022.

[17] Disponível em: http://www.tse.jus.br/imprensa/noticias-tse/2019/Marco/cota-de-30-para-mulheres-nas-eleicoes-proporcionais-devera-ser-cumprida-por-cada-partido-em-2020. Acesso em: 10 jun. 2019.

[18] Disponível em: http://www.forumseguranca.org.br/wp-content/uploads/2017/12/ANUARIO_11_2017.pdf. Acesso em: 10 jun. 2022.

[19] Disponível em: http://www.ipea.gov.br/portal/index.php?option=com_content&view=article&id=33411&Itemid=6. Acesso em: 10 jul. 2022.

[20] Disponível em: https://www2.camara.leg.br/camaranoticias/noticias/DIREITO-E-JUSTICA/498538-CCJ-APROVA-MUDANCA-NO-ATENDIMENTO-A-VITIMAS-DE-VIOLENCIA-SEXUAL.html. Acesso em: 10 jul. 2022.

Além disso, a defesa pública de proposições e medidas conservadoras no Executivo e no Legislativo tem encorajado discursos e práticas que reforçam a violência que tem como alvo mulheres e a culpabilização das vítimas.

Nesse contexto, no qual as conquistas não têm sido suficientes para vencer o avanço da violência, da discriminação no mercado de trabalho, das desigualdades salariais e na participação política e das perdas concretas ou ameaças aos direitos das mulheres, é fundamental tomar o marco dos 70 anos da Declaração Universal dos Direitos Humanos como ocasião de reflexão e de construção de ações de proteção a esses direitos.

A unidade nas lutas tanto no plano nacional quanto no plano global pode ser atestada pela palavra de ordem que mobilizou mulheres em distintos países no dia 8.3.2017: "Nem uma a menos". No ano de 2018, no Brasil, na organização de manifestações unitárias, foi agregado a essa consigna: "Nem um direito a menos! É pela vida das mulheres".

Considerações finais

Neste trabalho, pode-se analisar que, a partir da leitura de gênero, procurou-se resgatar o ser igualitário nas relações humanas que abarcam toda a compreensão do ser homem-mulher. A percepção de ações afirmativas e lutas por direitos civis, sociais e políticos foi crescente. Mesmo havendo, de uma maneira ou de outra, dominações masculinas e do patriarcado, isso não impediu a tentativa de visibilidade dessas mulheres. O presente artigo traz a importância da mulher e das suas lutas, que, mesmo diante de todos os cenários historicamente colocados e os caminhos percorridos, mostram que, desde o período colonial até os dias atuais, os direitos das mulheres foram sempre questionados e colocados à prova. Sabe-se que as estruturas criadas entre os gêneros adicionaram uma visão de como superar os embates entre os homens e mulheres, diante das diferenças e condições dos papéis colocados e construídos culturalmente, mediante os tempos.

Nesse sentido, é preciso considerar que a transversalidade ou a disseminação da perspectiva de gênero em todas as áreas de políticas públicas passa pelo diagnóstico e monitoramento do acesso das mulheres às posições de poder e decisão em cada um dos órgãos que compõem o Estado brasileiro. Só assim será possível permitir uma aproximação de uma sociedade mais equitativa. No entanto, esse diagnóstico necessita de esforço para investigar os processos ou as causas que levam à configuração aqui apresentada. Finalmente, é importante lembrar que a ampliação do acesso das mulheres às posições de poder e decisão deve ter como meta não apenas a garantia de paridade, mas a própria transformação dessas arenas, no sentido da construção de uma sociedade mais justa e diversa.

Sabe-se que a mulher está inserida e é protagonista da sua própria história. Apagamentos e invisibilidades precisam ser recolocados e reconstruídos a ponto de não mais calar a figura da mulher como sujeitos que se destacam ante uma sociedade firmada em pensamentos patriarcais. Conclui-se que todos os direitos alcançados foram imprescindíveis para que hoje as mulheres se colocassem à frente de equidades e tivessem representatividade, em espaços antes tidos e colocados para homens. Que a voz não termine e que a luta pela emancipação não tenha fim, até que todas as mulheres se tornem livres e pensem livremente à medida das suas vontades.

Referências

ALGRANTI, Leila Mezan. *Honradas e devotas* – Mulheres da colônia. Rio de Janeiro: EDUNBR, 1993.

CASTELEINS, V. L.; REMPEL, Luciane; REIS, Andreia Mocelin; PELLANDA, Gabriela; SILVA, Graciele Santos da; SILVA, Tassia Taiana da. Mulheres na sociedade colonial, império e dias atuais. *In*: CONGRESSO DE EDUCAÇÃO PUCPR (EDUCERE), IV, 2004. Anais... Curitiba: [s.n.], 2004.

LADISLAO, M. G. *As mulheres na Bíblia*. São Paulo: Paulinas, 1995.

LOPES, M. Gênero e leitura bíblica. *In*: GRMC. *Sonhos e sementes*: reflexões sobre gênero e vida consagrada. Rio de Janeiro: [s.n.], 2001.

LOURO, Guacira Lopes. *Gênero, sexualidade e educação*: das afinidades políticas às tensões teórico-metodológicas. Belo Horizonte. Educação em Revista, 2007.

MATOS, M. Izilda. *Outras histórias*: as mulheres e estudos dos gêneros – Percursos e possibilidades. São Paulo: EDUC, 1997.

NORRIS, P. Recrutamento político. *Revista de Sociologia e Política*, v. 21, n. 46, 2013.

NORRIS, P.; LOVENDUSKI, J. *Political recruitment*: gender, race and class in the British Parliament. Cambridge: Cambridge University Press, 1995.

PEQUIM. Declaração e plataforma de Ação da IV Conferência Mundial sobre a Mulher. Pequim, 1995. *In*: FROSSARD, H. *Instrumentos internacionais de direitos das mulheres*. Brasília: Secretaria Especial de Políticas para Mulheres, 2006.

PHILLIPS, A. *The politics of presence*. Londres: Oxford University Press, 1995.

REZENDE, D. L. *Qual o lugar reservado às mulheres?* Uma análise generificada de comissões legislativas na Argentina, no Brasil e no Uruguai. 2015. 186 f. Tese (Doutorado em Ciência Política) – Faculdade de Filosofia e Ciências Humanas, Universidade Federal de Minas Gerais, 2015.

SCOTT, Joan W. *História das mulheres no Ocidente* – Século XIX. São Paulo: Ebradil, 1991. v. 4.

TEPEDINO, A. M. *As discípulas de Jesus*. Petrópolis: Vozes, 1990.

WALBY, Silvia. *Theorizing patriarchy*. Oxford: Brasil Blackwell, 1990.

Informação bibliográfica deste texto, conforme a NBR 6023:2018 da Associação Brasileira de Normas Técnicas (ABNT):

FREITAS, Juliana Rodrigues; FERNANDES, Elaine Freitas. A importância das mulheres nos espaços de poder: perspectivas e desafios. *In*: MENDES, Denise Pinheiro Santos; MENDES, Giussepp; BACELAR, Jeferson Antonio Fernandes (Coords.). *Magníficas mulheres*: lutando e conquistando direitos. Belo Horizonte: Fórum, 2023. p. 211-221. ISBN 978-65-5518-488-4.

A DIVISÃO SEXUAL DO TRABALHO E A SUB-REPRESENTAÇÃO DAS MULHERES NA POLÍTICA

CAMYLA GALEÃO DE AZEVEDO
LOIANE PRADO VERBICARO

O presente texto traz algumas reflexões que desenvolvemos em parceria para apresentação no foro internacional *Rusia y Iberoamérica en el mundo globalizante: historia y perspectivas*, apresentado na Universidade de São Petersburgo em setembro de 2019. O texto trata sobre a concepção aristotélica de cidadania, a divisão sexual do trabalho e seus reflexos na sub-representação das mulheres na política.

Nossas reflexões partem do conceito de cidadania clássica desenvolvido por Aristóteles (2009), na obra *A política*. Cidadão era aquele que governava e era, ao mesmo tempo, governado. E isso era restrito a apenas uma parcela da sociedade. As mulheres não eram consideradas cidadãs. Para ser cidadão e ter igualdade era imprescindível ser um indivíduo do sexo masculino, de ascendência conhecida, patriarca, guerreiro e dono do trabalho de outrem (escravos). O mesmo ocorria na *res publica* romana (POCOCK, 2013). Os requisitos relacionados a gênero, classe e raça eram condições estruturantes para que um indivíduo pudesse ser cidadão e, ao mesmo tempo, governar e ser governado. Esses requisitos sobreviveram ao longo do tempo, persistindo na cultura ocidental por mais de dois mil anos. Até hoje, não nos livramos totalmente desses requisitos.

Esse conceito clássico de cidadania promove uma rigorosa separação entre o público e o privado, entre a *polis* e a *oikos*. A casa é espaço das mulheres e dos escravos. A política é espaço reservado para os cidadãos. O trabalho das mulheres e dos escravos satisfaz as necessidades básicas do cidadão, concedendo-lhe tempo livre para se dedicar às relações políticas com os outros cidadãos, os seus iguais. À luz dessa compreensão, os homens adultos nascem com o ímpeto político, mas são absolutamente estranhos aos cuidados domésticos. A política clássica implica, portanto, uma fuga da *oikos*. Para exercer a sua liberdade de ser cidadão, o indivíduo deveria se emancipar das suas relações privadas para dedicar-se à política. E aí reside o conceito de liberdade dos antigos tal como proposto por Benjamin Constant. Para os antigos, ser livre é atuar politicamente, deliberando e decidindo sobre a condução da coisa pública, diferentemente da compreensão moderna de liberdade que se refere à não intervenção do Estado. Nesse sentido, ser livre para os antigos consistia em participar da política. Ser livre para os modernos significa não ser submetido senão à lei (CONSTANT, 1819).

Importante pontuar o impacto dos arranjos privados e da divisão sexual do trabalho no âmbito público e político, afinal "o pessoal é político". O *slogan* tem chamado atenção para o fato de que as condições da vida pessoal impactam a vida pública e vice-versa. Sem igualdade nos espaços domésticos, dificilmente haveria igualdade nos espaços públicos. Segundo Carole Pateman (2018), a dicotomia existente entre o espaço público e o espaço privado ocupa um papel central na teoria feminista. Segundo as principais críticas a essa cisão, a separação entre o âmbito público e o privado e, consequentemente, a criação de estereótipos e lugares para cada gênero, acaba por provocar inúmeros impactos e obstáculos à participação das mulheres na política. Mesmo sendo a maioria da população e a maior parte do eleitorado brasileiro e com nível superior, a participação das mulheres na política é significativamente menor que a dos homens. De acordo com dados levantados pelo Instituto Brasileiro de Geografia e Estatística (IBGE), através da pesquisa "Estatísticas de gênero – Indicadores sociais das mulheres no Brasil" (IBGE, 2018), o Brasil é o último país da América do Sul em presença feminina na Câmara dos Deputados. Entre as 190 nações pesquisadas, o Brasil ocupa a 152ª posição no *ranking* mundial de participação das mulheres na política. O primeiro lugar no *ranking* é preenchido por Ruanda (61,3% da política é composta por mulheres), seguido por Cuba (48,9% composta por mulheres), Suécia (43,6%) e Argentina (38,1%). Em apenas 27 de 187 países, as mulheres correspondem a um terço ou mais de vagas de candidatos.

Nas eleições de 2018, de acordo com dados oficiais divulgados pelo Tribunal Superior Eleitoral – TSE, 68,4% dos candidatos eram do sexo masculino, enquanto apenas 31,6% das candidaturas eram formadas por mulheres. Com relação ao cargo de presidente do Brasil, apenas 0,02% das candidaturas eram formadas por mulheres. Para o cargo de governador dos estados, apenas 0,33% das candidaturas eram formadas por mulheres. Entre as candidatas ao cargo de senador, a representação foi de apenas 0,68%. Com relação ao cargo de deputado federal e estadual, a candidatura de mulheres representou 30,06% e 62,41%, respectivamente (TSE, 2019). A despeito desse cenário, nas eleições de 2018, o eleitorado brasileiro se demonstrou predominantemente feminino, representando 52,5% contra 47,4% dos eleitores masculinos. Com relação ao gênero e nível de formação, verificou-se que 60,8% era formado por mulheres com ensino superior completo contra 39,17% do eleitorado composto por homens com ensino superior completo (TSE, 2019).

Há uma constante dualidade entre o público e o privado que produz reflexos para os diversos âmbitos da vida. Compreender como se desenhou essa fronteira no pensamento e nas normas políticas permite expor o seu caráter histórico e revelar suas implicações diferenciadas para mulheres e homens (BIROLI; MIGUEL, 2014). Uma das consequências proveniente da atribuição do âmbito privado para as mulheres personifica-se através da divisão sexual do trabalho, desencadeando a baixa participação das mulheres na política. A posição das mulheres nas relações de trabalho está no cerne das formas de exploração que caracterizam a dominação de gênero e a própria presença do patriarcado. Nesta seara, afirma-se que a distinção entre trabalho remunerado e não remunerado é um ponto central na separação entre espaços de poder.

Ademais disso, com a crescente inserção das mulheres no mercado de trabalho, a estrutura nuclear da família vem se alterando profundamente. Se antes o salário do marido representava o verdadeiro "ganha pão", nas palavras de Carole Pateman (1999), atualmente boa parte das famílias têm por sustento a renda advinda do trabalho da mulher. Entretanto, além de trabalhar de forma remunerada no mercado de trabalho, a mulher ainda tem de arcar com as atividades domésticas do lar, por lhe serem naturalmente impostas. O trabalho remunerado não a exime de realizar as tarefas domésticas do lar. A mulher é a principal responsável pela sua casa, alimentação, limpeza, cuidado com as roupas e, principalmente, com os filhos. Por ser a principal responsável pelo lar e ainda trabalhar de forma remunerada no mercado de trabalho, ela acaba por exercer duplas ou triplas jornadas de trabalho, uma vez que, ao voltar do trabalho, tem de assumir o trabalho doméstico. Pesquisa realizada por Natalie Itaboraí (2017) demonstra que as mulheres gastam muito mais tempo em atividades domésticas que os homens, e o número de horas trabalhadas eleva-se ainda mais se a mulher for casada e tiver filhos.

Vivendo com sobrecarga de trabalho, as mulheres submetem-se a rotinas pesadas, tendo menos tempo para realizar atividades que estejam fora do seu âmbito privado. A mulher que concilia o trabalho remunerado com os afazeres domésticos não possui estrutura e apoio em seu lar que proporcionem o suporte necessário a uma participação política qualificada. A falta de tempo e renda impedem também que a mulher construa suas redes de contato para ingressar na política, pois, para alcançar lugares de poder dentro do sistema político, faz-se necessária a construção de uma significativa rede de contato que ampliaria "as possibilidades de construção de uma carreira política e mesmo de acesso a movimentos e espaços de organização coletiva" (BIROLI, 2018, p. 48).

A partir da atribuição naturalizada de certas tarefas às mulheres, como as atividades relativas à economia do cuidado, elas permanecem mais circunscritas ao espaço privado. Trata-se de um efeito deletério da concepção de cidadania clássica que, a despeito dos avanços e mudanças formais no acesso à igualdade política, ainda não é capaz de implementar uma verdadeira simetria na divisão sexual do trabalho. Persiste a naturalização dos papéis de gêneros. Essa persistente dicotomia acaba por reforçar inúmeras consequências como a desigualdade de renda, as duplas e triplas jornadas de trabalho, bem como a falta de tempo e de condições sociais e financeiras para que a mulher adentre e permaneça no espaço e campo político que, segundo o sociólogo Pierre Bourdieu, apresenta uma série de complexidades e dificuldades de acesso e permanência das mulheres a um espaço ocupado historicamente por homens. Esses fatores acabam por promover inúmeros obstáculos e a diminuição da participação das mulheres na política.

Para a afirmação de um projeto de sociedade democrática e de igualdade entre os gêneros, é necessário abandonar a visão de que a esfera privada e a esfera pública correspondem a "lugares" e "tempos" distintos na vida dos indivíduos. É necessário tratar ambos os espaços como um complexo diferenciado de relações, de práticas e de direitos, que estão permanentemente interligados, uma vez que os efeitos das relações de poder e dos direitos garantidos em uma esfera são sentidos na outra. Definitivamente, não há democracia se não forem desafiadas todas as hierarquias: de classe, de raça, de gênero, incluindo as hierarquias presentes na esfera doméstica, nos locais de trabalho e nos espaços de poder, e todas as estruturas persistentes de dominação de um grupo sobre outro.

Referências

ARISTÓTELES. *A política*. Tradução de Nestor Silveira Chaves. 2. ed. São Paulo: Edipro, 2009.

BIROLI, Flávia. *Gênero e desigualdades*: os limites da democracia no Brasil. São Paulo: Boitempo, 2018.

BORDIEU, Pierre. O campo político. *Revista Brasileira de Ciência Política*, Brasília, n. 5, 2011.

CONSTANT, Benjamin. *Da liberdade dos antigos comparada à dos modernos*. 1819. Disponível em: http://caosmose.net/candido/unisinos/textos/benjamin.pdf.

ITABORAÍ, Nathalie Reis. *Mudanças nas famílias brasileiras (1976-2012)*: uma perspectiva de classe e gênero. Rio de Janeiro: Garamond, 2017.

MIGUEL, Luis Felipe; BIROLI, Flávia. *Feminismo e política*: uma introdução. São Paulo: Boitempo, 2014

PATEMAN, Carole. *El desorden de las mujeres*: democracia, feminismo y teoria política. 1. ed. Ciudad Autónoma de Buenos Aires: Prometeo Libros, 2018.

PATEMAN, Carole. *Participação e teoria democrática*. Rio de Janeiro: Paz e Terra, 1999.

POCOCK, J. G. A. *Cidadania, historiografia e res publica*: contextos do pensamento político. Coimbra: Almedina, 2013.

Informação bibliográfica deste texto, conforme a NBR 6023:2018 da Associação Brasileira de Normas Técnicas (ABNT):

AZEVEDO, Camyla Galeão de; VERBICARO, Loiane Prado. A divisão sexual do trabalho e a sub-representação das mulheres na política. *In*: MENDES, Denise Pinheiro Santos; MENDES, Giussepp; BACELAR, Jeferson Antonio Fernandes (Coords.). *Magníficas mulheres*: lutando e conquistando direitos. Belo Horizonte: Fórum, 2023. p. 223-226. ISBN 978-65-5518-488-4.

AS CRIANÇAS E OS ADOLESCENTES SOBREVIVENTES DO FEMINICÍDIO NA JURISPRUDÊNCIA CRIMINAL DO TRIBUNAL DE JUSTIÇA DO ESTADO DO PARÁ

LUANNA TOMAZ DE SOUZA
EMY HANNAH RIBEIRO MAFRA
DEBORA DIAS DOS SANTOS
JESSICA KATHARINE GOMES MARQUES

1 Introdução

O presente artigo busca analisar um eixo específico dos crimes de feminicídio, que consiste na análise da visibilidade atribuída a sujeitos diretamente afetados por esse crime: as crianças e adolescentes que foram afastados do convívio familiar pelo crime. Investiga-se, na jurisprudência paraense, de qual forma esse público é abordado nas decisões criminais do Tribunal de Justiça do Estado do Pará.

A temática da violência doméstica contra as mulheres, apesar de recorrente em pesquisas acadêmicas, na mídia e no próprio Judiciário, sobretudo por ser um problema socioeconômico e político cotidianamente enfrentado no Brasil, ainda não tem enfrentamento satisfatório por meio de políticas públicas, conforme revelam os dados registrados.

Os dados mais recentes indicam que somente no ano de 2020, durante a pandemia de Covid-19, ainda em abril, a violência contra a mulher cresceu em torno de 28% no país, em comparação com o mesmo período de 2019 (BRASIL, 2020). O Ministério da Mulher, da Família e dos Direitos Humanos divulgou que os canais "Disque 100" e "Ligue 180" registraram 105.821 denúncias de violência contra mulher no ano passado, o que corresponde a aproximadamente 12 denúncias por hora (BRASIL, 2021). Especificamente em relação aos crimes de feminicídio, conforme o Anuário Brasileiro de Segurança Pública (FÓRUM BRASILEIRO DE SEGURANÇA PÚBLICA, 2021), houve registro oficial de 1.350 feminicídios no Brasil no ano de 2020.

Verifica-se a grande repercussão desses números, que revelam a gravidade desse quadro, e a atenção a esses casos parece se iniciar com a morte da mulher e a prisão ou condenação do agressor, como se essa medida colocasse fim ao problema social. No entanto, apesar da relevância da questão do feminicídio em si, este não se resume à morte da mulher, gerando efeitos póstumos àqueles que permanecem.

A violência de gênero[1] se apresenta como uma questão estrutural, que afeta não apenas as mulheres individualmente, mas atrai sérios danos à formação familiar, sobretudo emocional e psicologicamente às crianças e adolescentes diretamente envolvidas no cenário de violência, filhos e filhas do relacionamento conjugal encerrado de forma trágica.

É nesse contexto que surge a necessidade de direcionar o foco para sujeitos que também são vitimados pela perda da mãe, que parecem se tornar invisíveis para o Estado, para a Justiça, para a mídia e para toda a sociedade. Assim, o presente artigo tem como objetivo analisar de que forma a jurisprudência criminal do Tribunal de Justiça do Estado do Pará tem considerado as crianças pelo assassinato de suas mães no contexto do feminicídio. Além do trauma da perda da mãe, não é raro que presenciem o caminho de violência em que a mãe é submetida, inclusive a própria morte. São as vítimas silenciosas dessa relação parental (SOUSA, 2013).

A preocupação com o tema em questão surgiu a partir da pouca atenção que vem sendo dada a esses sujeitos, com déficit de políticas públicas a respeito. Daí a relevância da pesquisa. Trata-se, portanto, de uma realidade que começa a ser objeto de atenção das instituições preocupadas com as necessidades desses sujeitos, como a criação e ampliação das redes de proteção social, com apoio psicossocial a essas crianças e adolescentes, sobretudo àqueles que se encontrem em condições de vulnerabilidade (MOREIRA; SOUSA, 2012).

Nesse sentido, percebe-se a clara ausência de um olhar direcionado para essas crianças e adolescentes, os quais têm o convívio materno roubado de maneira tão brusca. Diante da urgência em analisar que tipo de atenção tem sido destinada aos órfãos do feminicídio, propõe-se a presente pesquisa.

O método eleito foi o indutivo, por meio de pesquisa do tipo exploratória, a fim de realizar uma abordagem qualitativa, no procedimento de levantamento jurisprudencial no sítio eletrônico do Tribunal de Justiça do Estado do Pará (TJPA), filtrando decisões que tenham como objeto os crimes de feminicídio. Para tanto, elegeu-se, como período a ser pesquisado, abril de 2015, com a edição da Lei nº 13.104/2015 (BRASIL, 2015), que inseriu no Código Penal (BRASIL, 1940) a qualificadora do feminicídio, até 31.12.2021.

O levantamento de estudos acadêmicos que envolvam essa temática, em primeiro lugar, demonstra que, apesar de ser inegável o grande volume de pesquisas envolvendo a questão do gênero, ainda não se verificam trabalhos que se debrucem especificamente nos sujeitos que são vítimas indiretas do feminicídio.

2 O feminicídio como violência de gênero

O feminicídio se apresenta não apenas como o assassinato de uma mulher, mas como a extinção de todo o valor social que o sujeito mulher, mãe, representa socialmente:

---

[1] A violência de gênero produz-se e reproduz-se nas relações de poder em que se entrelaçam as categorias de gênero, classe e raça/etnia. Expressa-se por representações que legitimam a desigualdade e dominação internalizadas por homens e mulheres (ARAÚJO, 2008).

> Não são "crimes passionais", como se costumava dizer, nem de desejo, mas sim de fúria em controlar, impor ou reforçar uma estrutura de poder. Inúmeros homicídios na violência doméstica são punições ou tentativas de manter o controle sobre mulheres que anunciam que estão indo, tentam ir ou já foram embora. Matar alguém é matar sua liberdade, sua autonomia, seu poder, sua voz. (SOLNIT, 2017, p. 47)

Desse modo, é imprescindível compreender que estudar o feminicídio não se resume a uma violência individual, exigindo-se ir além das abordagens que se fundam nos diversos mecanismos de proteção às mulheres existentes, como a Lei Maria da Penha e os canais de denúncia. A ordem contida no tipo de homicídio, que é a norma do art. 121 do Código Penal (BRASIL, 1940), "não matar", qualificada pelo fato de não o fazer em razão do gênero, uma vez descumprida, impõe a aplicação de uma sanção que também faz parte do conteúdo da mesma norma.

A própria eficácia da norma, com os crescentes números de feminicídio registrados, resta, a nosso ver, comprometida, exigindo-se uma preocupação não apenas com o fato de assegurar a punição do agressor por meio da sanção penal, exigindo-se ir além das abordagens que analisam o tratamento que o sistema penal confere.

Assim, torna-se imperioso voltar os olhos para a parte da família que sobreviveu a essa tragédia, e um dos caminhos dessa preocupação é analisar de que forma a jurisprudência criminal dos tribunais brasileiros tem se manifestado em relação a esses sujeitos e se e quais providências têm sido determinadas em favor deles.

Adota-se o conceito de violência de gênero como uma relação de poder construída ao longo da história da sociedade, concebido não de forma estática, mas sim dinâmica, resultante do processo de socialização das pessoas, nos termos apresentados por Izumino e Santos (2006, p. 13):

> [...] pensar as relações de gênero como uma das formas de circulação de poder na sociedade significa alterar os termos em que se baseiam as relações entre homens e mulheres nas sociedades; implica em considerar essas relações como dinâmicas de poder e não mais como resultado da dominação de homens sobre mulheres, estática, polarizada.

Saffioti (2015) traz considerações importantes quanto à construção da relação de poder que se manifesta na violência de gênero até hoje:

> Em geral, pensa-se ter havido primazia masculina no passado remoto, o que significa, e isto é verbalizado oralmente e por escrito, que as desigualdades atuais entre homens e mulheres são resquícios de um patriarcado não mais existente ou em seus últimos estertores. De fato, como os demais fenômenos sociais, também o patriarcado está em permanente transformação. Se, na Roma antiga, o patriarca detinha poder de vida e morte sobre sua esposa e seus filhos, hoje tal poder não mais existe, no plano de jure. Entretanto, homens continuam matando suas parceiras, às vezes com requinte de crueldade, esquartejando-as, ateando-lhes fogo, nelas atirando e as deixando tetraplégicas etc. (SAFFIOTI, 2015, p. 48)

Para Scott (1988), entende-se o gênero como uma forma primária de significação das relações de poder. Talvez fosse melhor dizer que gênero é um campo primário no qual ou através do qual o poder é articulado (SCOTT, 1988, p. 42). Nesse sentido, afasta-se da análise da violência de gênero como resultante da dominação patriarcal, e passa-se a assimilar, nos estudos sobre violência de gênero, a dinâmica de poder existente nessas relações.

A posição do sujeito mulher, na relação conjugal, é construída num panorama em que o homem é tido como o ponto referencial e a mulher, como ponto secundário e, mesmo atualmente, ainda se busca atribuir à mulher a culpa pelo seu próprio homicídio. Em outras palavras, é como se houvesse uma assimilação de que é proibido à mulher errar, em qualquer nível de gravidade, pois qualquer conduta reprovável pode ser tida como motivo para justificar o feminicídio sofrido.

A questão da "hierarquia social" é analisada por Sarti (2014, p. 92) no contexto da tortura, legitimada no contexto de um Estado autoritário, mais especificamente no seio da ditadura:

> Pode-se pensar a tortura a partir do lugar social atribuído aos indivíduos, classificados como inferiores na hierarquia social, lugar de desqualificação que se reflete na forma de tratar seu corpo, do qual se pode dispor, legitimamente nesse registro, como coisa, objeto desprovido dos direitos atribuídos aos sujeitos. Isso vale para o corpo do "pobre", do "negro", ou daqueles a quem se condena moralmente, o "bandido", ou, do ponto de vista de gênero, a "prostituta".

Ao se pensar nos números de feminicídio, verifica-se que a mesma lógica de um Estado autoritário, que pode se utilizar da violência física para exercer poder sobre seus cidadãos, pode se ver refletida no seio familiar. É certo que não se devem descartar situações em que é possível haver provocação pela própria vítima, como destaca Gregori (1992).

No entanto, é preciso reconhecer que esse poder, que se manifesta na forma de violência (controle coercitivo) contra os corpos das mulheres, opera no nível da sociedade tal como opera no lar, ou seja, de um nível macro a um nível micro, conforme esclarece Solnit (2017, p. 48): "o tratamento dado às vítimas e a tolerância generalizada diante de uma epidemia de violência ensinam às mulheres que elas têm pouco valor, que erguer a voz pode resultar em maiores punições, que o silêncio pode ser uma estratégia de sobrevivência melhor".

Assim, o poder é exercido na forma de violência de gênero pela concepção enraizada de "corpos torturáveis", "corpos matáveis", em que a vida da mulher pode ser disposta pelo homem. É a mesma lógica pela qual até 1940 o Código Penal mantinha a expressão "mulher honesta" como elemento indispensável para que uma mulher fosse considerada vítima de estupro – é o que relembra Montenegro (2015), ao analisar o direito como instrumento para a dominação masculina.

Esse corpo também é alvo de violência mesmo durante a gestação do próprio filho do agressor, que desde o ventre materno pode ser vítima da violência à qual sua mãe é submetida. Sendo um sujeito por extensão do corpo da mãe, os filhos se tornam alvo direto da violência de gênero. É nesse contexto que Pimentel apresenta entrevista de Barbosa que esclarece a chamada "orfandade anunciada":

> [...] essas crianças vivem no mesmo ambiente, na mesma esfera de violência que a mãe e inclusive a nossa pergunta é se ela já vivia essa violência desde o ventre porque é importante também que a gente saiba se essa mãe sofria violência quando grávida. Essa fase, desde a vida uterina, nós estamos chamando de orfandade anunciada, que precisa ser

identificada o mais rápido possível, os quais já estão na condição de órfão, verificar se aquela condição de órfão foi em decorrência da violência doméstica. (PIMENTEL, 2021)

A extensão da violência de gênero aos filhos está diretamente relacionada ao papel social desempenhado pela mulher, que tem a maternidade naturalizada e indissociável de sua existência. Nesse sentido, ao tratar da imposição desse papel à mulher, Biroli e Miguel (2014, p. 115) esclarecem que tão importante quanto considerar as restrições reservadas ao gênero:

> [...] é a construção da maternidade como valor positivo em um quadro que promove identidades de gênero convencionais, naturalizando a divisão do trabalho dentro e fora de casa e afirmando a uma posição "especial" e mesmo "exclusiva" para as mulheres no cuidado com as crianças e na gestão da vida doméstica.

Especificamente em relação ao tema "órfãos do feminicídio", Campos e Jung (2019) já possuem estudos no sentido de destacar a necessidade de uma rede de apoio adequada às crianças e adolescentes para evitar a naturalização e reprodução da violência vivenciada:

> A violência familiar vivenciada por crianças e adolescentes tende a ser repetida na fase adulta, fenômeno conhecido como Transmissão Intergeracional de Violência (TIV). Pela Teoria da Aprendizagem Social, existe a tendência de que as crianças criadas em uma casa violenta venham a reproduzir futuramente esse tipo de comportamento, em decorrência de um processo de aprendizagem com base na imitação de modelos. Por isso, uma rede de atendimento adequada, com ações que ajudem a quebrar esse ciclo de violência, mostra-se tão necessária. (CAMPOS; JUNG, 2019, p. 89)

A questão de danos psicológicos causados às pessoas vítimas de violência também é relevante nesse contexto, com as contribuições de Saffioti (2015, p. 19), ao chamar atenção para o seguinte fato:

> Feridas no corpo podem ser tratadas com êxito num grande número de casos. Feridas da alma podem, igualmente, ser tratadas. Todavia, as probabilidades de sucesso, em termos de cura, são muito reduzidas e, em grande parte dos casos, não se obtém nenhum êxito.

Assim, o feminicídio se apresenta não apenas como o assassinato de uma mulher, mas como a extinção de todo o valor social que o sujeito mulher, mãe, representa socialmente. Ceifando a vida da mãe e cônjuge, levando à prisão o agressor, os filhos sobreviventes ficam à mercê de familiares ou de instituições estatais, que não suprirão o papel social destinado à mãe.

O desvalor atribuído à vida da mulher repercute diretamente na vida dos filhos, que, ao serem privados da convivência materna, sofrem um grave abalo emocional que pode repercutir seriamente em toda a sua trajetória de vida, de modo que é preciso assegurar que lhes seja proporcionado ao menos os recursos, os encaminhamentos devidos aos meios materiais e acesso à rede de apoio para minimizar os traumas sofridos – e é neste ponto que se pretende analisar que tipo de atenção tem sido dado pelo TJPA, a partir da análise jurisprudencial das decisões criminais.

3 Órfãos do feminicídio como vítimas indiretas da violência

Segundo a Declaração dos Princípios Básicos de Justiça para a Vítima de Delitos e Abuso de Poder, da Organização das Nações Unidas (ONU), a conceituação de vítima atrelar-se-ia ao dano, o qual faria com que indivíduos tivessem seus direitos fundamentais violados. Fruto de um entendimento exclusivo do campo jurídico-penal, o conceito de vítima proposto em tal documento é dotado de um caráter amplo que abarca tanto a vítima quanto as pessoas que, de algum modo, tenham sido atravessadas pela violência que fora destinada à vítima:

> 1 - Entendem-se por "vítimas" as pessoas que, individual ou coletivamente, tenham sofrido um prejuízo, nomeadamente um atentado à sua integridade física ou mental, um sofrimento de ordem moral, uma perda material, ou um grave atentado aos seus direitos fundamentais, como consequência de atos ou de omissões violadores das leis penais em vigor num Estado membro, incluindo as que proíbem o abuso de poder.
> 2 - Uma pessoa pode ser considerada como "vítima", no quadro da presente Declaração, quer o autor seja ou não identificado, preso, processado ou declarado culpado, e quaisquer que sejam os laços de parentesco deste com a vítima. O termo "vítima" inclui também, conforme o caso, a família próxima ou as pessoas a cargo da vítima direta e as pessoas que tenham sofrido um prejuízo ao intervirem para prestar assistência às vítimas em situação de carência ou para impedir a vitimização. (ONU, 1985)

Tanto as vítimas diretas quanto indiretas são indivíduos que estão inseridos em relações violentas dentro de um contexto sócio-histórico. Nesse sentido, a compreensão dessas crianças e adolescentes como vítimas indiretas significa também identificar e analisar os impactos dessa violência no cotidiano desses indivíduos. E, para uma melhor visualização do exposto, cabe-se apresentar alguns dados referentes à realidade vivenciada pelos filhos e filhas dessas mulheres em situação de violência.

De acordo o relatório anual do Ligue 180 – Central de Atendimento à Mulher (LIGUE 180, 2016), estima-se que 78,25% das mulheres em situação de violência possuam filhos(as), dos(as) quais mais de 80% presenciaram ou também foram alvos de violência juntamente às suas mães.

Contudo, há de se pontuar que o sofrimento experienciado por essas crianças não cessa no exposto. A pesquisa da Universidade Federal do Ceará (UFC) em parceria com o Instituto Maria da Penha, em 2016, citada por Campos e Jung (2019), revela que nas capitais nordestinas as mulheres assassinadas deixam em média dois órfãos. E, consoante estudos, no ano de 2021, o feminicídio deixou aproximadamente dois mil e trezentos órfãos no Brasil (FANTÁSTICO, 2022).

Ante isso, percebe-se que estes sujeitos lutam diariamente tanto para viver a vida que possuem, quanto para compreender aquela que lhes fora retirada de maneira tão cruel. Esses filhos e filhas, apesar de serem classificados como vítimas indiretas, são, na verdade, diretamente atravessados por essas violências, uma vez que as marcas dessa exposição reverberam em toda uma vida.

Crianças que são expostas a contextos violentos são mais propensas a desenvolverem uma série de problemas emocionais e comportamentais, como depressão, ansiedade, transtornos de conduta e/ou alimentares, atrasos em seu desenvolvimento cognitivo, bem como correm maior risco de, novamente, estarem inseridas em relações de violência, seja como vítimas de maltrato, seja como futuros agressores (CASIQUE; FUREGATO, 2006).

De acordo com o estudo realizado pela jornalista Renata Moura (2021), a qual ouviu relatos de adultos que foram abalados pela perda de suas respectivas mães de maneira tão violenta quando crianças, o feminicídio tem, "como resultado, danos psicológicos, sociais e emocionais que se arrastam por décadas para meninos e meninas, parte deles testemunhas dos crimes, com o corpo marcado pelo sangue da mãe". Em um dos depoimentos colhidos no curso das entrevistas por ela realizadas, um dos entrevistados, quando questionado sobre quais foram as consequências de tal fato na sua vida, respondeu:

> Depressão, irritabilidade, agressividade, desobediência, hostilidade, a escola que virou um inferno... Mas o efeito mais forte foi a desproteção. A falta de um manto pra me cobrir. Eu tive meus avós, mas, cara, como é miserável a vida sem uma mãe. É muito difícil ser órfão. É muito difícil você ver todos os seus amigos terem uma mãe, terem um pai, e você não ter aquele alguém que lhe acompanha. (MOURA, 2021)

Não se pretende adotar uma posição determinista, mas não seria prudente desconsiderar estudos prévios que apontam nessa direção. Desse modo, cabe admitir que crianças e adolescentes que perderam a mãe para o feminicídio carregam essa marca por toda a sua vida e os danos merecem ser mitigados para que lhes seja garantida uma vida digna.

Um dos principais intuitos do presente trabalho, portanto, é verificar até que ponto os interesses das crianças e adolescentes que se tornam órfãos têm sido considerados na jurisprudência do Tribunal de Justiça do Estado do Pará e em que medida esses sujeitos têm sido alvo de preocupação perante o Estado.

4 Levantamento da jurisprudência do TJPA e o papel atribuído às vítimas indiretas do feminicídio

Iniciou-se o levantamento jurisprudencial com a procura por decisões no *site* do Tribunal de Justiça do Estado do Pará que remetessem às palavras "feminicídio" e "órfão" (1 processo), "feminicídio" e "criança" (17 processos) e "feminicídio" e "filho" (53 processos), encontrando, no total, 105 resultados entre o período de 9.4.2015 a 31.12.2021.

O montante dos resultados alcançados é de 105 ocorrências dos descritores pesquisados, porém, ao realizar uma seleção entre aqueles que metodologicamente mais se alinhavam aos objetivos deste trabalho, a pesquisa restou restrita à análise de 43 processos. Desses 43 processos, categorizou-se a forma que as crianças e adolescentes aparecem nos processos judiciais, do seguinte modo:

Forma que aparecem nos processos	Quantidade
Testemunhas	16
Vítimas indiretas – atingidos fisicamente pelo autor durante o crime	9
Observadores quando presenciam o fato criminoso	27
Apenas pontuados em depoimento de terceiros	08
Fator de elevação da pena	11

A partir dessas categorias, notou-se que esse grupo é citado no processo na qualidade de testemunhas (16 ocorrências), vítimas indiretas do feminicídio, quando atingidos fisicamente pelas ações do autor durante a consumação delitiva (9 ocorrências), observadores, quando presenciam o fato (27 ocorrências) ou somente pontuados durante depoimentos de terceiros (8 ocorrências). Outrossim, a menção às crianças e adolescentes órfãos se torna um fator relevante no âmbito criminal quando há análise das "consequências do crime" na fase de dosimetria da pena (11 ocorrências).

Assim, quanto ao estudo do conteúdo desses resultados, pôde-se inferir que não há nenhuma decisão que envolva ou indique encaminhamento para qualquer medida judicial ou extrajudicial de auxílio aos filhos e filhas pela perda de sua mãe.

No entanto, é preciso deixar claro que a análise se limitou às decisões judiciais obtidas junto ao Tribunal de Justiça do Estado do Pará, visto que uma pesquisa mais aprofundada demanda acesso à íntegra desses processos, o que será feito em uma segunda etapa desta pesquisa. Ainda assim, é relevante tecer algumas considerações a partir dos resultados obtidos, a fim de demonstrar a dimensão de cada um dos papéis atribuídos às vítimas indiretas.

Os mais graves papéis são os que aparecem em maior número na pesquisa jurisprudencial realizada: (i) aqueles em que a criança ou o adolescente são observadores (presenciam o assassinato) e que, em decorrência disso, (ii) também são incluídos formalmente como testemunha no processo penal; (iii) quando os filhos também são atingidos pela violência que ceifa a vida da mãe.

Porém, para efeitos práticos nos processos analisados, o papel que mais tem atenção é o que considera as crianças que presenciaram o crime como circunstância de elevação de pena. Quando são observadores, e são indicados formalmente como testemunhas no processo penal, esses sujeitos são levados a participar efetivamente na ação penal com o papel de relatar o caso, diante de um juiz na fase instrutória, que precede à sentença de pronúncia (a qual determina se o réu irá ou não a júri popular).

Depois, havendo a pronúncia do réu (que em muitos casos é o próprio pai dessa testemunha), esse filho da vítima é ouvido novamente perante o corpo de jurados, se já tiver atingido pelo menos 16 anos, quando se considera relativamente incapaz. Se menor, lhe é garantida a escuta especializada ou depoimento especial,[2] no entanto, isso não impede que o fato traumático seja revivido.

---

[2] De acordo com a Lei nº 13.431, de 4.4.2017, escuta especializada é o procedimento de entrevista sobre situação de violência com criança ou adolescente perante órgão da rede de proteção, limitando o relato estritamente ao necessário para o cumprimento de sua finalidade. Depoimento especial é o procedimento de oitiva de criança ou adolescente vítima ou testemunha de violência perante autoridade policial ou judiciária.

Assim, além da perda da mãe, que é algo presente no seu cotidiano, os filhos que testemunharam o fato precisam reviver o dia e o momento em que sua mãe foi morta, e contar detalhes do acontecido diante de estranhos. No entanto, seu papel se limita à condição de testemunha, sendo mero coadjuvante na relação processual.

No atual cenário de proporções alarmantes quanto às mulheres vítimas não só de violência doméstica, mas de feminicídio, que é o recorte deste trabalho, acreditava-se existirem alguns trabalhos de relevância. No entanto, nos repositórios selecionados para a presente análise, os resultados ficaram aquém da expectativa.

Sobre essa participação como testemunha do crime que ceifou a vida de sua mãe, durante o levantamento bibliográfico da presente pesquisa, chegou-se à dissertação de mestrado de Moura (2021), que "busca respostas sobre os impactos dos feminicídios e revela, como resultado, danos psicológicos, sociais e emocionais que se arrastam por décadas para meninos e meninas, parte deles testemunhas dos crimes", intitulado *A criança suja de sangue*.

Em referida investigação, homens adultos, que conseguem falar abertamente sobre o que vivenciaram, foram entrevistados e contaram suas histórias e os desafios enfrentados durante a vida após presenciar o assassinato da própria mãe em tão tenra idade. Além disso, a autora discorre sobre as falhas do Estado no amparo a esses filhos e filhas que se tornam órfãos.

Há ainda um dado, nos poucos registros de que se tem notícia, obtido por Moura (2021) em sua investigação, indicando que "São Paulo despontou como estado com a maior disponibilidade de registros sobre homicídios e feminicídios, assim como o que ofereceu respostas mais detalhadas via Lei de Acesso à Informação sobre os crimes" (MOURA, 2021). Isso possibilitou um cruzamento de dados que permitiu a conclusão sobre a existência ou não de filhos das vítimas em mais de 600 casos.

> Apesar de não ser o epicentro dos feminicídios no país, apenas em 2018 o número de mulheres assassinadas por parceiros, ex-parceiros ou membros da família no estado foi maior que o total de mulheres assassinadas por homens no Reino Unido inteiro em igual período, de acordo com o Femicide Census, um censo que mostra o panorama dos casos no país europeu. A taxa de feminicídios por 100 mil mulheres em São Paulo foi 58% mais alta que a do Reino Unido no ano analisado. Além disso, o número mínimo de casos estimados neste trabalho em que crianças testemunharam feminicídios no estado, foi, nos últimos cinco anos, 15,71% maior que o total registrado no Reino Unido em uma década – de 2009 a 2018 – quando, segundo a versão mais recente do Censo, publicada em novembro de 2020, "em 70 casos crianças viram o feminicídio, de forma mais frequente, o assassinato da própria mãe". (MOURA, 2021)

Essa indicação chama a atenção para a invisibilidade dos filhos das vítimas, que não têm sido alvo de preocupação pelos estados brasileiros, nem mesmo para fins de registro. Esse é um dos motivos que justificaram a presente pesquisa, de modo que um dos objetivos é justamente ter um panorama desse número no estado do Pará.

Como não há registros oficiais, foi preciso analisar cada acórdão do Tribunal na busca por essa informação. Contudo, nem todos os acórdãos mencionam se a vítima deixa filhos. Assim, além dessa pesquisa inicial, faz-se necessário que cada processo seja analisado individualmente para a checagem quanto à existência ou não de filhos daquela vítima e, assim, chegar o mais próximo de quantos casos assim existem e conhecer a suas histórias.

Por outro lado, chama a atenção que há previsão expressa no Código de Processo Penal (CPP), em seu art. 387, inc. IV,[3] para que seja pleiteada indenização em favor da vítima ou seus dependentes logo no oferecimento da denúncia contra o autor do crime. No entanto, nas decisões analisadas, não há qualquer menção a esse fato, havendo casos em que a única menção aos filhos da vítima é para elevar a pena do condenado.

Sobre a análise da aplicação da pena, pode-se relacionar tal contexto paraense a um paradigma nacional, pois, segundo Alves (2016), em sua maioria, a existência de filhos que se tornam órfãos pelo assassinato da mãe é avaliada em desfavor do réu, aumentando a pena do autor:

> A circunstância de a vítima deixar filhos menores, afigura-se constituir uma das circunstâncias judiciais constantes do artigo 59 do Código Penal (culpabilidade, antecedentes, conduta social e personalidade do sentenciado; motivos, circunstâncias e consequências da infração penal; e ainda mais o comportamento da vítima) para efeito de fixar-se, com fundamento na apreciação das referidas circunstâncias, a pena-base, dentro do sistema trifásico da dosimetria da pena. Em exatidão das consequências, além da própria vítima do feminicídio, outras vítimas são imediatamente identificadas na esfera do crime perpetrado, aqueles seus filhos menores; como circunstância judicial desfavorável, o que deve orientar a análise criteriosa de valoração das circunstâncias do art. 59 CP, em predicado de logicidade e de devida proporcionalidade da pena, com maior reprovabilidade em relação à culpabilidade o réu feminicida. (ALVES, 2016)

Por fim, conclui-se que entre a jurisprudência analisada não há qualquer menção a determinações em prol da orfandade decorrente do feminicídio, a qual perpassa os processos como coadjuvante na análise do homicídio de suas genitoras. Desse modo, o estado do Pará, em seu segundo grau de jurisdição, é omisso quanto à proteção dessas crianças que foram expostas a essa violência e na suavização de seus impactos sociais, psicológicos e econômicos.

É ante tal cenário que urge a necessidade de direcionar o foco para esses sujeitos que também são vitimados pela perda da mãe, que parecem se tornar invisíveis para o Estado em sede judicial, ao apurar a responsabilidade penal dos agressores. Invisibilidade que também se estende para a academia, que vinha se mantendo silente sobre o tema até muito recentemente.

5 Medidas estatais direcionadas às vítimas indiretas do feminicídio

No trabalho de Moura (2021), há severas críticas à atuação estatal, e a autora afirma que "Os filhos das vítimas de feminicídio no Brasil são esquecidos e invisíveis":

> Enquanto países como Argentina, Peru e Itália, que têm taxas de feminicídio menores que a brasileira, aprovaram decretos e leis para assegurar apoio psicológico e financeiro aos filhos das vítimas, no Brasil o que existe são projetos semelhantes encalhados no Congresso. Autora de um deles, a advogada, ex-deputada federal e atualmente vereadora pelo Rio, Laura Carneiro, aponta entre os motivos o fato de o país ter homens como maioria de eleitos. (MOURA, 2021)

---

[3] "Art. 387. O juiz, ao proferir sentença condenatória: [...] IV - fixará valor mínimo para reparação dos danos causados pela infração, considerando os prejuízos sofridos pelo ofendido".

Essa afirmação é significativa, diante da perspectiva de gênero que envolve a violência contra a mulher, e inafastável da presente análise. No entanto, não se pode desconsiderar algumas medidas que vêm sendo tomadas em sede legislativa. Já se encontra em vigor, por exemplo, a Lei nº 13.846, de 18.6.2019, que alterou o Regime Geral da Previdência Social (Lei nº 8.213, de 24.7.1991), e prevê o ingresso de ações regressivas pelo Instituto Nacional do Seguro Social (INSS) contra autores de feminicídio em relação familiar com a vítima, ao incluir o inc. II do art. 120:

> Art. 120. A Previdência Social ajuizará ação regressiva contra os responsáveis nos casos de: [...]
> II - violência doméstica e familiar contra a mulher, nos termos da Lei nº 11.340, de 7 de agosto de 2006.

Com a morte da mãe, os dependentes passam a ter direito à pensão por morte. Quando a vítima sobrevive, em decorrência da tentativa de feminicídio, ela pode receber benefícios previdenciários, como o auxílio-doença e até mesmo aposentadoria por invalidez, a depender do grau de danos físicos causados pela violência. No entanto, a lei em vigor assegura ao INSS o direito à ação regressiva apenas contra os autores que possuam alguma relação familiar com a vítima.

Em razão disso, está em tramitação o projeto de lei (PL nº 6.410/2019), de iniciativa da Senadora Daniella Ribeiro (PSD-PB), que obriga o INSS a entrar com ação judicial contra autores de feminicídio, aprovado no dia 5.6.2022 pela Comissão de Assuntos Econômicos (CAE), o qual estende essa previsão para todos os feminicidas, mesmo aqueles sem relação familiar com as vítimas (AUTORES..., 2022).

Em âmbito judicial, em pesquisa que se encontra em andamento por estas pesquisadoras, também tem sido observado que as denúncias ofertadas na comarca de Ananindeua/PA e Belém/PA (não todas) já vêm se preocupando em incluir o pedido de indenização em favor dos familiares das vítimas, com fundamento no art. 387, inc. IV do CPP e na decisão do Superior Tribunal de Justiça no Recurso Especial nº 1.643.051/MS que fixou o Tema Repetitivo nº 983:

> Nos casos de violência contra a mulher praticados no âmbito doméstico e familiar, é possível a fixação de valor mínimo indenizatório a título de dano moral, desde que haja pedido expresso da acusação ou da parte ofendida, ainda que não especificada a quantia, e independentemente de instrução probatória.

Também há a possibilidade, em âmbito cível, de pleitear tal indenização pelos próprios filhos contra a autor do feminicídio, independentemente do requerimento realizado pelo Ministério Público nas ações penais.

Apesar de não se esgotarem aqui todas as medidas já existentes em favor das vítimas indiretas do feminicídio, são dados relevantes que devem ser objeto de estudo, tanto para não apagar a realidade dessas crianças e adolescentes, como também para visualizar se e que tipo de necessidades desses sujeitos tem sido objeto de análise pelo Judiciário, nas ações penais que apuram os crimes de feminicídio.

6 Considerações finais

O presente trabalho se propôs a analisar como o sistema de justiça criminal atua sobre as crianças e adolescentes que se tornam órfãos do feminicídio e teve como ponto de partida a violência de gênero, que é o pano de fundo de tragédias quase sempre anunciadas, que culminam no assassinato de mulheres e marcam para sempre a vida de seus filhos.

Verifica-se que a postura da Justiça Criminal é limitada no sentido de apurar a responsabilidade criminal do agressor. A menção aos filhos da vítima mais recorrente nos acórdãos analisados – isto é, quando tal menção ocorre – gera efeitos processuais apenas para elevar a pena do acusado.

Assim, as crianças e adolescentes, quando mencionados, aparecem como meros figurantes da tragédia que os tornou vítimas sobreviventes, sendo utilizados apenas para aumento da pena. Não são feitos encaminhamentos de reparação do dano, responsabilidade parental ou outra preocupação com a humanidade dessas vítimas indiretas na condução da ação.

Suas existências como sujeitos de direitos não são consideradas em sua complexidade e suas necessidades são apagadas diante da ação penal contra o autor do feminicídio. Essa é a manchete dos jornais e a principal preocupação estatal: punir o agressor.

Mas a vida de quem ficou e é vítima do feminicídio, ainda que indireta, tem sido negligenciada pelo Estado, e seus direitos, desrespeitados. As crianças e adolescentes são sujeitos de direitos, paradigma trazido pela Convenção sobre os Direitos da Criança (1990) e pelo Estatuto da Criança e do Adolescente, Lei nº 8.069, de 13.7.1990, e não podem ser tratados como meros objetos processuais.

Há algumas iniciativas ainda tímidas, como o ingresso de ações regressivas pelo Instituto Nacional do Seguro Social (INSS) contra autores de feminicídio. No entanto, com as constatações feitas, urge a necessidade que ampará-los em maior velocidade no aspecto não só material, mas também psicológico, diante do trauma sofrido.

Por fim, é preciso reconhecer que a análise de acórdãos é um resultado parcial da pesquisa, pois ainda se faz necessário examinar os autos dos processos em primeiro grau para conhecer a extensão da atuação do Judiciário, visto que há possibilidade de providências cíveis da infância e juventude que podem se comunicar com as ações penais em questão.

Referências

ALVES, Jones Figuêiredo. Os filhos do feminicídio como órfãos do Estado. *Instituto Brasileiro de Direito de Família (IBDFAM)*, 19 dez. 2019. Disponível em: https://ibdfam.org.br/artigos/1181/Os+filhos+do+feminic%C3%ADdio+como+%C3%B3rf%C3%A3os+do+Estado. Acesso em: 22 maio 2022.

ARAUJO, Maria de Fátima. Gênero e violência contra a mulher: o perigoso jogo de poder e dominação. *Psicol. Am. Lat.*, México, n. 14, out. 2008. Disponível em: http://pepsic.bvsalud.org/scielo.php?script=sci_arttext&pid=S1870-350X2008000300012&lng=pt&nrm=iso. Acesso em: 9 jul. 2022.

AUTORES de qualquer tipo de feminicídio podem ser obrigados a pagar despesas do INSS. *Agência Senado*, 5 jul. 2022. Disponível em: https://www12.senado.leg.br/noticias/materias/2022/07/05/autores-de-qualquer-tipo-de-feminicidio-podem-ser-obrigados-a-pagar-despesas-do-inss#:~:text=A%20Comiss%C3%A3o%20de%20Assuntos%20Econ%C3%B4micos,judicial%20contra%20autores%20de%20feminic%C3%ADdio. Acesso em: 6 jul. 2022.

BIROLI, Flávia; MIGUEL, Luis Felipe. *Feminismo e política*. São Paulo: Boitempo, 2014.

BRASIL. [Código de Processo Penal]. *Decreto-lei nº 3.689, de 3 de outubro de 1941*. 1941. Disponível em: http://www.planalto.gov.br/ccivil_03/decreto-lei/del3689compilado.htm. Acesso em: 6 jul. 2022.

BRASIL. [Código Penal Brasileiro]. *Decreto-Lei nº 2848, de 07 de dezembro de 1940*. 1940. Disponível em: http://www.planalto.gov.br/ccivil_03/decreto-lei/del2848compilado.htm. Acesso em: 15 maio 2022.

BRASIL. [Convenção sobre os Direitos da Criança]. *Decreto nº 99.710, de 21 de novembro de 1990*. 1990. Disponível em: http://www.planalto.gov.br/ccivil_03/decreto/1990-1994/d99710.htm. Acesso em: 9 jul. 2022.

BRASIL. [Estatuto da Criança e do Adolescente]. *Lei nº 8.069, de 13 de julho de 1990*. 1990. Disponível em: http://www.planalto.gov.br/ccivil_03/leis/l8069.htm. Acesso em: 15 maio 2022.

BRASIL. [Regime Nacional da Previdência Social]. *Lei nº 8.213, de 24 de julho de 1991*. 1991. Disponível em: http://www.planalto.gov.br/ccivil_03/LEIS/L8213cons.htm#art121.0. Acesso em: 6 jul. 2022.

BRASIL. Governo do Brasil. *Canais registram mais de 105 mil denúncias de violência contra mulher em 2020*. 8 mar. 2021. Disponível em: https://www.gov.br/pt-br/noticias/assistencia-social/2021/03/canais-registram-mais-de-105-mil-denuncias-de-violencia-contra-mulher-em-2020. Acesso em: 9 maio 2021.

BRASIL. *Lei nº 13.104, de 09 de março de 2015*. 2015. Disponível em: http://www.planalto.gov.br/ccivil_03/_Ato2015-2018/2015/Lei/L13104.htm#art1. Acesso em: 10 maio 2022.

BRASIL. *Lei nº 13.431, de 04 de abril de 2017*. 2017. Disponível em: http://www.planalto.gov.br/ccivil_03/_ato2015-2018/2017/lei/l13431.htm. Acesso em: 9 jul. 2022.

BRASIL. *Lei nº 13.846, de 18 de junho de 2019*. 2019. Disponível em: http://www.planalto.gov.br/ccivil_03/_ato2019-2022/2019/lei/L13846.htm. Acesso em: 6 jul. 2022.

BRASIL. Senado Federal. *Paim alerta para aumento da violência contra mulheres durante pandemia*. 27 maio 2020. Disponível em: https://www12.senado.leg.br/noticias/materias/2020/05/27/paim-alerta-para-aumento-da-violencia-contra-mulheres-durante-pandemia. Acesso em: 8 maio 2022.

BRASIL. Senado Federal. *Projeto de Lei nº 6.410, de 11 de dezembro de 2019*. Altera o art. 120 da Lei nº 8.213, de 24 de julho de 1991, para assegurar ao Instituto Nacional do Seguro Social – INSS o direito de ressarcimento de valores relativos a prestações do Plano de Benefícios da Previdência Social, a ser exercido contra o autor do crime, na hipótese de feminicídio que envolva menosprezo ou discriminação à condição de mulher. Brasília: Senado Federal. Disponível em: https://www25.senado.leg.br/web/atividade/materias/-/materia/140157. Acesso em: 6 jul. 2022.

BRASIL. Superior Tribunal de Justiça (3ª Seção). *Recurso Especial nº 1.643.051*. Tema Repetitivo nº 983. Relator Ministro Rogerio Schietti Cruz, 28 de fevereiro de 2018. Disponível em: https://processo.stj.jus.br/repetitivos/temas_repetitivos/pesquisa.jsp?novaConsulta=true&tipo_pesquisa=T&sg_classe=REsp&num_processo_classe=1643051. Acesso em: 7 jul. 2022.

CAMPOS, Carmen Hein de; JUNG, Valdir Florisbal. Órfãos do feminicídio: vítimas indiretas da violência contra a mulher. *Revista de Criminologias e Políticas*, v. 5, n. 1, p. 79-96, jan./jun. 2019. Disponível em: https://www.researchgate.net/publication/338114898_Orfaos_do_feminicidio_vitimas_indiretas_da_violencia_contra_a_mulher/fulltext/5e0019a1299bf10bc3718fa4/Orfaos-do-feminicidio-vitimas-indiretas-da-violencia-contra-a-mulher.pdf. Acesso em: 8 maio 2022.

CASIQUE, Letícia C.; FUREGATO, Antonia R. F. Violência contra mulheres: reflexões teóricas. *Revista Latino-Americana de Enfermagem*, Ribeirão Preto, v. 14, n. 6, p. 950-956, nov./dez. 2006. Disponível em: https://www.scielo.br/j/rlae/a/PKjsM9ngxJXf7VTpHkx4GGs/?lang=pt. Acesso em: 9 dez. 2021.

FANTÁSTICO. Só em 2021, mais de 2.300 pessoas se tornaram órfãs de vítimas de feminicídio no Brasil, aponta estudo. *G1*, 10 abr. 2022. Disponível em: https://g1.globo.com/google/amp/fantastico/noticia/2022/04/10/so-em-2021-mais-de-2300-pessoas-se-tornaram-orfas-de-feminicidio-no-brasil-aponta-estudo.ghtml. Acesso em: 20 maio 2022.

FÓRUM BRASILEIRO DE SEGURANÇA PÚBLICA. *Anuário Brasileiro de Segurança Pública*, ano 15, 2021. Disponível em: https://forumseguranca.org.br/wp-content/uploads/2021/07/anuario-2021-completo-v4-bx.pdf. Acesso em: 30 maio 2022.

GREGORI, Maria Filomena. *Cenas e queixas*: um estudo sobre mulheres, relações violentas e a prática feminista. São Paulo: Paz e Terra, 1992.

IZUMINO, Wania Pasinato; SANTOS, Cecília MacDowell. Violência contra as mulheres e violência de gênero: notas sobre estudos feministas no Brasil. *E.I.A.L. – Estudios Interdisciplinarios de América Latina y El Caribe*, Tel Aviv, 2005.

LIGUE 180. *Balanço Anual*, 2016. Disponível em: https://www.gov.br/mdh/pt-br/centrais-de-conteudo/ligue-180/balanco-ligue-180-2016.pdf. Acesso em: 1 maio 2022.

MONTENEGRO, Marília. *Lei Maria da Penha*: uma análise criminológico-crítica. Rio de Janeiro: Revan, 2015.

MOREIRA, Maria Ignez Costa; SOUSA, Sônia Margarida Gomes. Violência intrafamiliar contra crianças e adolescentes: do espaço privado à cena pública. *O Social em Questão*, ano XV, n. 28, p. 13-26, 2012. Disponível em: http://osocialemquestao.ser.puc-rio.br/media/2artigo.pdf. Acesso em: 10 maio 2022.

MOURA, Renata. A criança suja de sangue. *Tribuna do Norte*, 14 mar. 2021. Disponível em: https://www.acriancasujadesangue.com.br/. Acesso em: 5 jun. 2022.

ORGANIZAÇÃO DAS NAÇÕES UNIDAS. *Declaração dos Princípios Fundamentais de Justiça Relativos às Vítimas da Criminalidade e de Abuso de Poder*. Resolução 40/34. 1985. Disponível em: http://www.direitoshumanos.usp.br/index.php/Direitos-Humanos-na-Administra%C3%A7%C3%A3o-da-Justi%C3%A7a.-Prote%C3%A7%C3%A3o-dos-Prisioneiros-e-Detidos.-Prote%C3%A7%C3%A3o-contra-a-Tortura-Maus-tratos-e-Desaparecimento/declaracao-dos-principios-basicos-de-justica-relativos-as-vitimas-da- criminalidade-e-de-abuso-de-poder.html. Acesso em: 15 maio 2022.

PIMENTEL, Adriana. Órfãos do feminicídio: as dores dos filhos das vítimas. *Econordeste – Agência de Conteúdo*, 8 mar. 2021. Disponível em: https://agenciaeconordeste.com.br/orfaos-do-feminicidio-as-dores-dos-filhos-das-vitimas/. Acesso em: 20 maio 2022.

SAFFIOTI, Heleieth. Gênero, *Patriarcado e violência*. 2. ed. São Paulo: Expressão Popular: Fundação Perseu Abramo, 2015.

SARTI, Cynthia. A construção de figuras da violência: a vítima, a testemunha. *Horizontes Antropológicos*, v. 42, 2014.

SCOTT, Joan Wallach. *Gender and the politics of history*. New York: Columbia University Press, 1988.

SOLNIT, Rebecca. *A mãe de todas as perguntas*: reflexões sobre os novos feminismos. São Paulo: Companhia das Letras, 2017.

SOUSA, Tânia Sofia de. *Os filhos do silêncio*: crianças e jovens expostos à violência conjugal – Um estudo de casos. Dissertação (Mestrado) – Faculdade de Ciências Sociais e Humanas, Universidade Lusófona de Humanidades e Tecnologias, Lisboa, 2013.

Informação bibliográfica deste texto, conforme a NBR 6023:2018 da Associação Brasileira de Normas Técnicas (ABNT):

SOUZA, Luanna Tomaz de; MAFRA, Emy Hannah Ribeiro; SANTOS, Debora Dias dos; MARQUES, Jessica Katharine Gomes. As crianças e os adolescentes sobreviventes do feminicídio na jurisprudência criminal do Tribunal de Justiça do Estado do Pará. In: MENDES, Denise Pinheiro Santos; MENDES, Giussepp; BACELAR, Jeferson Antonio Fernandes (Coords.). *Magníficas mulheres*: lutando e conquistando direitos. Belo Horizonte: Fórum, 2023. p. 227-240. ISBN 978-65-5518-488-4.

QUANDO A VÍTIMA É MULHER

MARIA BERENICE DIAS

Onde estão as mulheres? Alguém consegue responder a esta pergunta? Até porque as mulheres nunca ocuparam espaço nenhum. Sempre foram invisíveis. Jamais fizeram parte da história ou da vida pública.

Não lhes era permitido ter vontade própria. Não tinham sequer o direito de sonhar. Foram adestradas para o casamento. Era somente o que podiam almejar.

A esposa devia obediência ao marido. Sua única responsabilidade era cuidar da casa e criar os filhos. E precisava ser bela, recatada e do lar.

Fizeram a mulher acreditar que sua honra estava em manter as pernas fechadas. A virgindade tinha valor. Tudo isso para o homem ter certeza de ser ele o pai dos filhos da sua mulher. Aliás, a presunção da paternidade ainda está prevista no Código Civil. Pelo jeito, o que a lei pressupõe é a fidelidade da mulher.

O espaço público sempre foi masculino. A mulher restou confinada no limite doméstico. Tal enseja a formação de dois mundos: um de dominação e outro de obediência. A essa distinção estão associados papéis ideais: o homem, de provedor da família e a mulher, do cuidado do lar e dos filhos. A sociedade outorga ao sexo masculino um papel paternalista, exigindo do sexo feminino uma postura de submissão. O poder feminino era restrito ao âmbito doméstico. Ainda hoje a esposa é considerada a rainha do lar! Um reinado sem coroa, sem manto, sem cetro. E quem seria o rei? O homem detinha tinha a autoridade familiar e se arvorava o direito de punir, tanto os filhos como a mulher.

Isso mudou? Quando? E em que medida?

Apesar do significativo aumento de sua participação na sociedade, as mulheres ainda ganham menos e não ocupam as instâncias de poder em número igualitário.

Avanços vêm acontecendo em muitas frentes, menos no âmbito político. Mesmo com reserva de cotas e garantia de acesso às verbas do fundo partidário em percentual de 30%, rarefeita é sua presença entre os eleitos. O que evidencia que são inseridas como candidatas apenas para garantir o acesso de mais homens na eleição.

Aliás, se somos mais da metade da população e mais da metade do eleitorado, nada justifica termos assegurado somente um terço das candidaturas aos parlamentos.

Claro que a motivação – ou a falta dela – diz com a posição da mulher no mundo privado. Ela ainda está submetida à crença de que sua função primordial é ser mãe e a responsável pela administração da casa. Como se libertar destes encargos sem o sentimento de culpa? Até porque de tais deveres são constantemente cobradas, pelo marido, pela família e pela própria sociedade.

Certamente a omissão feminina decorre da ausência de uma cultura de gênero, que precisa ser ensinada nas escolas. Assim, é assustadora a crescente onda que tenta manter este quadro ainda tão machista e conservador, sob a equivocada expressão "ideologia de gênero".

Por tudo isso é indispensável a participação feminina tanto nas eleições majoritárias como nas proporcionais. Como a sociedade é plural, é preciso que o poder político retrate esta realidade.

A presença feminina é fundamental para que ocorra o aprimoramento da legislação. Basta lembrar que o Código Penal data do ano de 1940. Às claras que retratava a sociedade da primeira metade do século passado. Por isso precisa ser sempre atualizado. Principalmente quanto aos crimes que dizem com a dignidade e a liberdade sexual das meninas e das mulheres. Elas sempre foram – e ainda são – as maiores vítimas entre todos os crimes que são cometidos no país. Segundo o Anuário Brasileiro de Segurança Pública, a cada dia, 12 mulheres são mortas e 180 são estupradas. A maioria das vítimas são meninas de até 13 anos de idade. A cada hora são estupradas quatro meninas. E a cada dois minutos uma mulher é vítima de violência doméstica.

Os números são estarrecedores!

Não há dia que a imprensa não noticie o que fazem os homens pelo simples fato de não aceitarem a frase: não te quero mais!

As causas parecem que são muitas, mas, de fato, é uma só.

A ideologia patriarcal ainda subsiste. Uma cultura machista que reina em uma sociedade ainda conservadora, em que o homem acredita ser superior à mulher; que ela lhe deve obediência. O homem se tem como proprietário do corpo e da vontade da mulher. Tem poder sobre ela, o que a transforma em um objeto de sua propriedade. Sendo dono da mulher, não aceita perdê-la. Não admite ser abandonado. Essa errônea concepção de poder é que assegura o suposto direito de o macho fazer uso de sua superioridade corporal e força física sobre a fêmea.

Simples assim.

Claro que a solução está na educação.

Mas o assustador é que, em nome da conservação da família, está se impedindo que nas escolas se discutam as questões de gênero.

Propositadamente políticos baralham sexualidade com incentivo à homossexualidade, com o único propósito de impedir que as mulheres ocupem o lugar pelo qual vêm lutando há décadas.

E, enquanto se tenta convencer a sociedade de que não existe igualdade de gênero, vai continuar esta absurda carnificina.

As mulheres estão virando mártires do preconceito que vem se instalando no poder.

Claro que a criação de novos tipos penais e o aumento das penas não fazem com que os crimes deixem de acontecer. No entanto, dispõem de caráter pedagógico e desestimulam sua prática.

Historicamente, era rara a condenação nos "crimes contra os costumes", assim chamados os crimes sexuais. O desencadeamento da ação penal dependia de representação da vítima, a evidenciar que não existia qualquer interesse do Estado em coibi-los. Por serem crimes que, de um modo geral, acontecem em ambientes privados, a prova era quase impossível. A palavra da mulher sempre foi desacreditada. Na maior parte das vezes, restava ela responsabilizada pelo acontecido. E o réu, absolvido.

Não era só. Havendo um vínculo de conjugalidade entre a vítima e seu assassino, a alegação da infidelidade da mulher levava à absolvição do marido. Quer matasse ele a esposa ou o seu amante, era reconhecido que havia agido em "legítima defesa da honra", excludente da punibilidade que sequer existia na lei.

Foram muitas as iniciativas para coibir a escalada de violência de que as mulheres são vítimas, pelo simples fato de pertencerem ao sexo feminino. Apesar dos muitos avanços, ainda se vive em uma sociedade conservadora, machista, que confere ao homem o direito ao livre exercício da sexualidade. Com quem quiser, a qualquer hora, seja no lugar que for. Tanto antes como durante o casamento. A virilidade masculina é medida pela coragem de impor a sua vontade, sem qualquer preocupação com o querer da mulher ou a conveniência da ocasião.

A revolução industrial, a descoberta de métodos contraceptivos, bem como as lutas emancipatórias acabaram impondo a redefinição do modelo ideal de família. A mulher, ao integrar-se no mercado de trabalho, saiu para fora do lar, cobrando do varão a necessidade de assumir responsabilidades dentro de casa. Essa mudança acabou por provocar o afastamento do parâmetro preestabelecido.

No entanto, no mercado de trabalho – sua liberdade sexual continuou desrespeitada. Passou a ser perseguida pelos chefes e colegas, os quais nutriam, também com relação a elas, igual sentimento de propriedade do seu corpo e do seu desejo.

O significativo avanço das mulheres em várias áreas e setores do mundo público não consegue encobrir a mais cruel sequela da discriminação: a violência doméstica, que tem como justificativa a cobrança de possíveis falhas no cumprimento ideal dos papéis de gênero.

O medo, a dependência econômica, o sentimento de inferioridade, a baixa autoestima, decorrentes da ausência de pontos de realização pessoais, sempre impuseram à mulher a lei do silêncio. Foi neste contexto que surgiu A Lei Maria da Penha (Lei nº 11.340/2006), um grande marco, ao escancarar uma realidade que nunca ninguém quis ver: a prática contumaz de delitos domésticos contra as mulheres.

A violência doméstica não guarda correspondência com qualquer tipo penal. Primeiro são identificadas ações que configuram violência doméstica ou familiar contra a mulher: qualquer ação ou omissão baseada no gênero que lhe cause morte, lesão, sofrimento físico, sexual ou psicológico e dano moral ou patrimonial. Depois são definidos os espaços onde o agir configura violência doméstica: no âmbito da unidade doméstica, da família e em qualquer relação de afeto. Finalmente, de modo didático e bastante minucioso, são descritas as condutas que configuram violência física, psicológica, sexual, patrimonial e moral.

As formas de violência elencadas deixam evidente a ausência de conteúdo exclusivamente criminal no agir do agressor. A simples leitura das hipóteses previstas na lei mostra que nem todas as ações que configuram violência doméstica constituem delitos. Além do mais, as ações descritas, para configurar violência doméstica, precisam ser perpetradas no âmbito da unidade doméstica ou familiar ou em qualquer relação íntima de afeto.

Assim, é possível afirmar que a Lei Maria da Penha considera violência doméstica as ações levadas a efeito no âmbito das relações familiares ou afetivas. Estas condutas, no entanto, mesmo que sejam reconhecidas como violência doméstica, nem por isso tipificam delitos que desencadeiam uma ação penal.

De qualquer modo, mesmo não havendo crime, é necessário garantir proteção à vítima, encaminhá-la a atendimento médico, conduzi-la a local seguro ou acompanhá-la para retirar seus pertences. Além disso, deve proceder ao registro da ocorrência, tomar por termo a representação e, quando a vítima solicitar alguma medida protetiva, remeter a juízo o expediente.

Todas estas providências devem ser tomadas diante da denúncia da prática de violência doméstica, ainda que – cabe repetir – o agir do agressor não constitua infração penal que justifique a instauração do inquérito policial. Dita circunstância, no entanto, não afasta o dever da polícia de tomar as providências determinadas na lei. Isso porque é a violência doméstica que autoriza a adoção de medidas protetivas, e não exclusivamente o cometimento de algum crime.

Este é o verdadeiro alcance da Lei Maria da Penha. Conceitua a violência doméstica divorciada da prática de algum delito, o que não inibe a concessão das medidas protetivas, tanto por parte da autoridade policial como pelo juiz.

Assim, sabedora a mulher da possibilidade de ser imposta a seu cônjuge ou companheiro a obrigação de submeter-se a acompanhamento psicológico ou de participar de programa terapêutico, certamente terá coragem de denunciá-lo. Salutar a previsão de uma forma qualificada do delito de homicídio, com o nome de feminicídio (CP, art. 121, §2º, VI), cuja pena é aumentada se o autor é ascendente, padrasto ou madrasta, tio, irmão, cônjuge, companheiro, tutor, curador, preceptor ou empregador da vítima ou por qualquer outro título tiver autoridade sobre ela (CP, art. 121, §2º-B, II). A previsão do delito de forma destacada escancarou uma realidade ainda chocante. O perigo a que estão expostas as mulheres pelo simples fato de desejarem sair de um relacionamento. Pelo jeito, a jura feita no altar, "até que a morte os separe", é levada à risca pelo homem. Afinal, ele considera que a mulher é uma propriedade sua. Não tem direito de sair do relacionamento.

Não só o homicídio é qualificado quando cometido contra a mulher por razões da condição de sexo feminino (CP, art. 121, §2º, VI). Também a lesão corporal, quando praticada pela mesma razão, se sujeita ao amento da pena (CP, art. 129, §13).

Outros avanços foram significativos, ainda que não suficientes. O assédio sexual foi reconhecido como crime (CP, art. 216-A). Condutas que afrontam a dignidade e a liberdade sexual também. O estupro teve seu conceito alargado, merecendo regulamentação destacada os crimes sexuais contra vulneráveis (CP, arts. 217-A a 218-C). Em todos, o desencadeamento da ação penal deixou de depender da iniciativa da vítima. Como a ação é pública incondicionada, o Ministério Público tem legitimidade para o oferecimento da denúncia (CP, art. 225).

Também são tipificados como crime a importunação sexual (CP, art. 215-A) e o induzimento, instigação, incitação ou apologia a crime contra a dignidade sexual (CP, art. 128-D e parágrafo único). Estão previstos os crimes de estupro coletivo e corretivo, com a pena aumentada (CP, art. 126, IV, "a" e "b"). E resta esclarecido que ocorre estupro de vulnerável, mesmo quando há consentimento da vítima ou tenham ocorrido relações sexuais anteriores (CP, art. 127-A).

Do mesmo modo, mereceu inclusão no Código Penal a divulgação de cena de estupro, de estupro de vulnerável, de sexo ou pornografia (CP, art. 128-C). Existindo relação íntima de afeto, ou quando o crime é praticado com fim de vingança ou humilhação, a pena é aumentada (CP, art. 128-C, §1º). Houve a inclusão do crime de perseguição, em que a pena é aumentada contra mulher em razões da condição de sexo feminino (CP, art. 147-A). Bem como foi tipificado como delito causar dano emocional à mulher que a prejudique e perturbe seu pleno desenvolvimento ou que vise a degradar ou a controlar suas ações, comportamentos, crenças e decisões, mediante ameaça, constrangimento, humilhação, manipulação, isolamento, chantagem, ridicularização, limitação do direito de ir e vir ou qualquer outro meio que cause prejuízo à sua saúde psicológica e autodeterminação (CP, art. 147-B).

Todos estes crimes, quando perpetrados à noite, em lugar ermo ou em local público, aberto ao público, em grandes aglomerações ou em transportes públicos, têm a pena aumentada em um terço (CP, art. 226, I). A pena é elevada à metade quando o agente tem vínculo conjugal, de idade ou parentesco com a vítima, é seu empregador ou tem autoridade sobre ela (CP, art. 226, II).

Bem, o legislador fez sua parte.

As autoridades judiciais e policiais fazem o que podem, assim como o Ministério Público, a Defensoria e os advogados. Os meios de comunicação são grandes aliados nesta verdadeira saga na tentativa de reverter os números horríveis que envergonham o país.

No entanto, como a violência tem origem no âmbito familiar, cabe à escola ensinar que as diferenças da ordem da sexualidade não autorizam posturas de gênero hierarquizadas. O sentimento de superioridade e dominação do homem não pode gerar a crença de que ele é dono da mulher, dispondo de um poder correcional sobre ela.

Esta é a única forma de se promover a indispensável e tão necessária mudança de paradigmas, para se proclamar que se vive em um Estado democrático e de direito, em que homens e mulheres são iguais.

Afinal, é chegada a hora de aprendermos a ter vontade própria!

Informação bibliográfica deste texto, conforme a NBR 6023:2018 da Associação Brasileira de Normas Técnicas (ABNT):

DIAS, Maria Berenice. Quando a vítima é mulher. *In*: MENDES, Denise Pinheiro Santos; MENDES, Giussepp; BACELAR, Jeferson Antonio Fernandes (Coords.). *Magníficas mulheres*: lutando e conquistando direitos. Belo Horizonte: Fórum, 2023. p. 241-245. ISBN 978-65-5518-488-4.

A MULHER NA GESTÃO E OS DESAFIOS DA CULTURA ORGANIZACIONAL: PERSPECTIVAS PARA O SÉCULO DISRUPTIVO[1]

MARIA BETÂNIA DE CARVALHO FIDALGO ARROYO

1 Introdução

Para produzir conhecimento que possa contribuir para a reflexão sobre a mulher na cultura organizacional, principalmente a partir do olhar sobre a forma como a figura feminina influencia e é influenciada na organização, pautou-se tanto sobre o conceito de mulher quanto o de cultura organizacional como uma das categorias centrais do estudo.

Ao adentrar na reflexão sobre a gestão da mulher na cultura organizacional, é imperioso destacar a existência de indicadores sobre desigualdade da mulher em todos os setores da sociedade. Nesse sentido, fez-se necessário elencar fatos construídos historicamente que consistiram em produzir conhecimentos propostos a explicar contextos específicos que assentaram em avanços e desafios no âmbito da discussão sobre gênero e que requerem interpretação e compreensão de forma mais atenta e apurada.

Estatísticas de gênero do IBGE (2018) não podem ou devem ser consideradas fatos brutos, mas dados reveladores de uma dinâmica social, econômica, política e cultural da sociedade brasileira, que exigem análise e compreensão para o desvelamento das razões constitutivas de assimetrias que os dados revelam.

Nessa perspectiva, os dados foram utilizados como forma de aproximação dos valores como atributos sociais que repercutem na individualidade, traduzindo as escolhas ou inclinações pessoais inerentes à gestão organizacional. Tais perspectivas serão abordadas a partir da visão de distintos autores, que retratam valores como um principal componente no processo de tomada de decisão.

---

[1] Artigo elaborado a partir dos dados obtido durante a pesquisa bibliografia e documental utilizada para a construção da tese de doutoramento intitulada *Maria, Maria(s): autoetnografia de uma mulher na gestão e na mudança da cultura organizacional em uma instituição de educação superior privada*, apresentada ao Programa de Pós-Graduação em Administração da Universidade da Amazônia (Unama).

A metáfora da interdisciplinaridade que Cascino (2001) utiliza, referindo-se às tramas que compõem o contexto deste estudo, foi inspiradora para a tecitura da revisão bibliográfica, em que cada fio isolado tem sua potência, mas que fica aquém da força que representa a união de todos os fios. O que constitui o tecido forte é a unicidade de cada fio e a fortaleza dos fios juntos e entrelaçados. Assim foi sendo tecida a presente reflexão, na unicidade que cada item representa e no conjunto do conhecimento produzido que potencializa a temática.

Etimologicamente, tecitura vem do italiano tecer + ura, que no dicionário[2] significa "A reunião dos fios que se atravessam no tear (urdidura)". A urdidura implica a reunião dos fios que se atravessam no tear e é o entrelaçamento de memórias, de histórias e vivências acadêmicas que foi sendo refletido para converter-se numa pesquisa eminente sobre gestão e cultura organizacional.

Portanto, o movimento de tecitura exprime o processo de construção de um estudo, principalmente ao ser considera a perspectiva interdisciplinar da ciência administrativa como matriz epistemológica para a compreensão, que é a discussão sobre mulher na gestão organizacional em um século imensamente complexo e desafiador, que é este século disruptivo.

2 A mulher no contexto dinâmico da sociedade e suas organizações: uma introdução ao debate

No dossiê *História das mulheres no Ocidente*, Perrot (1995) apresenta instigantes registros historiográficos e reflexões. É enfatizada pela autora a concepção de que há uma história sobre as mulheres, não sendo estas reprodutoras, mas agentes históricas e protagonistas de transformações. De acordo com autora, a relação entre os sexos tem uma historicidade, principalmente à luz da história francesa. A autora problematiza o silêncio da historiografia sobre as mulheres, da subalternização à ordem dominante.

Abordar a importância de discutir academicamente a mulher no contexto da cultura organizacional requer uma visão panorâmica sobre a condição da mulher no Ocidente.

Ressalta-se que a luta por igualdade de mulheres no contexto das sociedades ocidentais referida por Braga (2019) apresenta uma linha do tempo categorizada em mulheres na sociedade primitiva, na sociedade barbárie, no estágio civilizatório, na sociedade feudal e na Idade Moderna. É apontado ainda pela autora que o surgimento da antropologia de base evolucionista, desenvolvida principalmente no século XIX, possibilitou o empreendimento de estudos sobre a mulher em sociedades primitivas e cita estudos de referência sobre tal período histórico da humanidade.

Autora de referência no Brasil, Muraro (2000) argumenta que, historicamente, não se pode configurar uma sociedade como matriarcal, mas, sim, sociedades matricêntricas/matrilocais. Afirma a autora:

> Aliás, provavelmente, nunca deve ter existido uma organização social matriarcal, seja ela animal, humana, ou proto-humana. Porque matriarcal, por analogia a patriarcal, a

---

[2] *Dicionário On-line de Língua Portuguesa* (Disponível em: https://www.dicio.com.br/tecitura/).

organização social que veio depois, seria uma sociedade governada por mulheres da mesma maneira que os homens governaram as nossas sociedades atuais, isto é, de maneira autoritária, de cima para baixo, os chefes determinando o comportamento e o modo de pensar dos outros elementos do grupo. Ao contrário, as sociedades matricêntricas e matrilocais como as conhecemos apresentam entre seus membros relações não tão cerradas quanto nas sociedades patriarcais. A relação macho/fêmea é esporádica e casual, e quando existe um "casamento", isto é, uma relação estável, ela tende a não ser exclusiva, ou ao menos escravizadora de uma das partes. A relação pais/filhos ou mãe/filhos é protetora e fluida, a criança é educada não para executar tarefas pré-fabricadas para ela, mas para cedo se tornar independente. (MURARO, 2000, p. 13-14)

Reed (2008) argumenta que a dita sociedade primitiva tinha sua centralidade no clã materno, em que a maternidade não se configurava como algo subjugado ou inferior, mas associada ao dom da natureza e posição de prestígio por sua função procriadora. É considerada um tempo histórico em que não havia dominação entre os sexos. O papel da mulher naquele contexto foi fundamental para o descobrimento da agricultura, dado seu trabalho na garantia de alimentos pela colheita de vegetais, ao lado do homem, que se constituiu caçador (REED, 2008).

O patriarcado, na análise de Muraro (2000), não pode ser considerado natural e/ou biológico, mas derivação de circunstâncias históricas que favoreceram a emergência da dominação masculina na sociedade. Considera a autora que não se pode objetivar um tempo exato de marcação de sociedades patriarcais, posto ter sido um processo gradativo, resultante de um maior controle do homem sobre a natureza e a sexualidade da mulher, contribuindo para uma configuração de superioridade masculina sobre a feminina, mas ao mesmo tempo uma contradição moral e social pelo medo da posição feminina.

A configuração da família monogâmica abordada por Engels (2002), em sua clássica obra *A origem da família, da propriedade privada e do Estado*, é reveladora de como a reorganização econômica e social vai transformar relações entre os sexos em práticas de poder, em que a herança e posse dos bens do pai passa a exigir a monogamia como base da sociedade. Criticada como uma abordagem economicista, esta será importante vetor de compreensão no capitalismo e sociedades sob égide do Estado-Nação.

Reconhecida como berço da civilização ocidental, a mulher é abordada na literatura sobre a Grécia antiga como "um ser absolutamente passivo", vista com inferioridade relativamente ao homem em diversos aspectos: anatômico, fisiológico e psicológico (BRANCO, 2013, p. 82).

Aristóteles, segundo o autor, chegou a definir as mulheres como débeis e irracionais, detentoras de um cérebro menor que o masculino, a imperfeição e a incompletude do homem, refletindo tal debilidade no "corpo úmido, mole e inconsistente". Platão, por outro lado, posicionava-se a favor da igualdade dos sexos – mas, com ressalvas: "desde que respeitado o potencial, talento, aptidão e limitações de cada um" pois, para ele, as mulheres eram inferiores naturalmente, sendo, portanto, "justa" a "igualdade" comandada pelos homens (BRANCO, 2013, p. 82-83).

É nos marcos da civilização ocidental que o patriarcado instaurado por juristas romanos, atendendo a interesses dos ricos, estabeleceu a descendência paterna, portanto, o pai como base do parentesco, e não a mãe (REED, 1980).

Na Idade Média essa condição não foi tão modificada. A dependência feminina a algum homem era tanta que as mulheres chegaram a ser descritas como "[...] um mero apêndice da raça humana", pelo ensaísta Richard Steele (2010), editor do *The Spectator*, periódico de absoluto sucesso no início do século XVIII, que, com um estilo instrutivo e de divertimento, com divulgação de ideias filosóficas, de literatura moderna, entre outras, e por não se vincular a questões políticas da época, agradava a burguesia e a classe média emergente.

No âmago da sociedade feudal, baseada em extensos latifúndios e concentração da posse de terras num único senhor, que teve nos séculos IX e XIII o seu apogeu, de acordo com Bauer (2001), é também um período da História que se estendeu por séculos, inclusive até os primórdios do século XX em alguns países europeus. Na análise do autor, o feudalismo representa um período expansionista e de crescimento econômico, de aumento da população e da produção agrícola, progressivo processo de nuclearização urbana, de produção manufatureira, entre outros elementos marcantes.

O poderio da Igreja católica também foi marcante neste tempo histórico, conforme analisa Bauer (2001), não apenas pela influência clerical na sociedade, mas também pela importância do catolicismo, inclusive na inculcação ideológica, o que vai se reproduzir, por exemplo, no Brasil, com o domínio de jesuítas na educação brasileira até meados do século XVIII.

As contradições de classes são acentuadas neste período histórico, em que, por exemplo, camponeses perdem o direito de uso das florestas, reduzindo, assim, sua autonomia de caça e diminuição de áreas para pastagens. Não apenas contradições de classe são evidentes, como de gênero também. Na argumentação de Bauer (2001), a exploração do trabalho feminino e a precarização de sua condição de existência, subjugada ao homem, reduzem seu papel às ocupações maternas e do lar.

Nos séculos XVII e XVIII, durante a Reforma Protestante, houve avanços quanto à condição feminina, posto que Lutero pregava a alfabetização de todos, possibilitando a leitura das Escrituras, dando início a um processo irreversível de alfabetização da mulher, apesar da valorização do modelo familiar patriarcal em voga, que subjugava as esposas.

Rohden (2001) menciona os ideais libertários e igualitários da Revolução Francesa, no final do século XVIII, e um contraponto: a preocupação de médicos, principalmente, quanto à diferença entre homens e mulheres, já que as ideias iluministas não revolucionaram também as representações médicas relativamente à natureza dos seres humanos. Conforme a autora, houve justamente o contrário, ou seja, "uma reafirmação sem precedentes da sua condição biológica e dos papéis sociais atribuídos a cada sexo", o que pode ser observado na obra de Diderot e D'Alembert (1751-1772), *Encyclopédie*, editada em 35 volumes; eles são fiéis ao determinismo biológico (ROHDEN, 2001, p. 29).

As questões relativas à feminilidade vêm sendo há muito abordadas por diversos autores. Para Novelino (1998, p. 19), por exemplo, Rousseau, um dos teóricos do Iluminismo, em meados do século XVIII, foi "um dos ideólogos de destaque na confecção do perfil moderno de feminilidade", sendo um tema constante em várias obras de sua literatura filosófica.

Em uma de suas clássicas obras – *Emílio ou da Educação* – Rousseau (1995), teórico defensor do contrato social, defende a desigualdade de gênero, que a participação de homens e mulheres na política, na autonomia da vida social de direitos à liberdade não seriam igualitários. Na visão do pensador iluminista, a mulher seria excluída de direitos à cidadania. Os ideários de Rousseau seguirão repercutindo em outros tempos históricos.

A emergência da burguesia como classe social, do capitalismo como modo de produção econômica e do domínio político e cultural vai repercutir no papel da mulher na sociedade nestes últimos séculos, papéis estes que ainda perduram. O aprofundamento das desigualdades de classes sociais no capitalismo também repercutirá na condição da mulher.

Os ideais liberais da Revolução Francesa, as transformações provocadas pela Revolução Industrial na Inglaterra e impactos no mundo do trabalho implicarão mudanças na política, na vida pública e também na esfera privada.

É em meio à Revolução Francesa, as mulheres exercem sua liberdade e apresentam suas reivindicações, cuja Declaração dos Direitos da Mulher e da Cidadã, escrita por Olympe de Gouges, é um marco histórico, como argumentado por Miguel (2014). Reconhecedor do mérito da autora francesa e da declaração, o autor analisa que é com a filósofa Mary Wollstonecraft que se chegará à compreensão das raízes da opressão das mulheres.

O livro *Reivindicação dos direitos das mulheres*, de Wollstonecraft (2015), dividido em 13 capítulos, trata sobre o tema da mulher a partir de diversos prismas, em que, sob influência do ideário libertário da Revolução Francesa, a filósofa defende a emancipação das mulheres e o combate à exclusão da vida pública. A autora contesta a concepção reducionista e submissa defendida por Rousseau e é reconhecida como uma precursora do feminismo.

A retrospectiva histórica que Moreira (2005) empreende em sua dissertação de mestrado pauta importantes resgates sobre a condição feminina na contemporaneidade, tendo como marco o século XVIII e a luta de mulheres, a exemplo de Olympe de Gouges, guilhotinada pela sociedade da época por sua subversão à ordem vigente de domínio masculino, e de Mary Wollstonecraft. A autora aborda fatos históricos marcantes nos séculos recentes, inclusive sobre a realidade brasileira.

O reordenamento econômico advindo com o capitalismo reposiciona o papel da mulher no mundo do trabalho, na sociedade, na política, no Estado, no processo de políticas públicas, na educação. As desigualdades de classes vão perpetrar desigualdades de gênero, no sentido do embate de direitos entre homens e mulheres, mas também da condição feminina em diferentes estratos sociais.

É nas contradições do capitalismo dominante, principalmente nos séculos XIX e XX, que a mulher vai se destacar na luta e defesa de seus direitos. Nas esferas pública e privada, a mulher vai buscando romper com a histórica subalternização a que foi submetida, excetuando nas sociedades primitivas.

A intensificação da industrialização sob a égide do capitalismo vai impor nos séculos XIX e XX extensas jornadas de trabalho fabril a mulheres e crianças. As mulheres eram submetidas entre 12 e 14 horas de trabalho em 6 dias semanais, evidenciando um processo de exploração sem precedentes na história. A precarização das condições de trabalho, salários indignos, repressão a reivindicações por redução da jornada de trabalho, salário digno e eliminação do trabalho infantil era a tônica neste contexto. A cada conquista, novos patamares de reivindicação emergiam (BLAY, 2001).

Chevalier (1984) em seu estudo sobre as transformações radicais que a França viveu no seu processo de industrialização, desenvolvimento do patronato e do proletariado, intensa urbanização e migração do campo, argumenta que operários e operárias passaram a ser considerados as "classes perigosas" por seu potencial organizativo e reivindicatório.

É nesse processo de intensificação do capitalismo e exploração a ele inerente que as manifestações vão se proliferar. A emblemática data de 8 de março, alusiva ao Dia Internacional da Mulher, que marca a luta de mais de uma centena de mulheres queimadas vivas na fábrica ao reivindicarem melhores condições de trabalho nos Estados Unidos, evidencia o vigor do protagonismo feminino na defesa de direitos. Há controvérsias sobre a data, mas há consensos teóricos de que a luta de mulheres no embate com o capitalismo tem sua origem na organização de mulheres socialistas (BLAY, 2001).

Nas últimas décadas do século XIX, a chamada primeira onda feminista se espraia e uma das grandes conquistas é política: o direito ao voto. Lutas das *sufragettes*, como ficaram conhecidas, que até greve de fome fizeram e também estiveram presas, são algumas das marcas dessa onda, que culminara com o direito ao voto no Reino Unido em 1918 (PINTO, 2010).

A primeira onda feminista, historicamente situada nos séculos XIX e primeiras décadas do século XX, tem a marca de lutas políticas, de igualdade de direitos ao voto, mas também de enfrentamento das diferenças de contratos e condições de trabalho.

O século XX foi um século de lutas e conquistas, mas também ainda de perpetração de desigualdades de direitos entre homens e mulheres, principalmente no mundo do trabalho e valorização salarial.

Freud, no século XX, de 1910 a 1930, abordou a feminilidade como sinônimo de "natureza feminina" dentro de uma realidade histórico-social, conceito criticado, em 1949, por Simone de Beauvoir, em função de o "pai" da psicanálise considerar influente, na configuração da feminilidade, a falta de pênis (ROCHA; ROCHA, 2017).

Simone de Beauvoir exerceu forte influência sobre o feminismo no Ocidente. Em sua obra *O segundo sexo*, publicado pela primeira vez em 1949, a escritora, filósofa existencialista e ativista política francesa imprime sua marca no movimento feminista ao argumentar que não se nasce mulher. Nele, Beauvoir estabelece uma das máximas do feminismo: "não se nasce mulher, se torna mulher" (BEAUVOIR, 1980).

Se a luta por direitos políticos marca a primeira onda feminista, a defesa do fim da discriminação e igualdade entre os sexos é a tônica da segunda onda, cuja influência do pensamento da ativista francesa exerce seu poder. A década de 1960 é um marco nesta etapa, posto que faz uma síntese da importância deste tempo histórico para o mundo ocidental, a Guerra do Vietnã com o poderio bélico norte-americano; o surgimento do movimento *hippie* na Califórnia, que combatia a falsa moralidade e o consumismo norte-americano; o maio de 1968, na França, com a rebeldia e a luta estudantil, entre outros.

Na análise de Pinto (2010), o movimento feminista no Ocidente emerge com toda força pautando as relações de poder entre homens e mulheres. Configurado como um movimento libertário, a luta das mulheres estava para além da reivindicação de direitos e espaço na vida pública, no trabalho. Era a defesa de novas formas de relação de gênero, sem subalternização de mulheres (PINTO, 2010).

O mundo registrara importante acontecimento nos anos 70 sob liderança da Organização das Nações Unidas (ONU) – a I Conferência Internacional da Mulher, no México, que declarou os dez anos seguintes como Década da Mulher (PINTO, 2010). Meados da década de 1980 e os anos 90 serão tempos da terceira onda feminista, que busca dar saltos nos movimentos de até então, a partir de um olhar crítico sobre as experiências anteriores.

O feminismo no contexto do capitalismo e as ondas experienciadas é objeto de estudo de Fraser (2009). Para a autora, as ondas também foram atravessadas pela cultura política do capitalismo organizado pelo Estado, que, na compreensão da autora, é marcado pelo economicismo, androcentrismo, estatismo e westfalianismo, tendo a segunda onda se oposto a muitos destes elementos.

As duas últimas décadas do século XX foram marcadas por mudanças complexas e multifacetadas, em que a reestruturação da base produtiva, a flexibilização do mundo do trabalho, a redução do papel do Estado na economia, a intensificação do uso de TICs, entre outros fenômenos que marcam a globalização e o neoliberalismo, a sociedade da informação, do conhecimento e da aprendizagem constituíram-se desafios para a educação no século XXI (COUTINHO; LISBOA, 2011).

Na análise de Castells (2002), um novo paradigma emerge, em que a economia teve suas bases transformadas pelas TICs, assente na microeletrônica, nas interconexões em redes, tendo a informação como sua matéria-prima, havendo uma simbiose entre tecnologia e informação, sem domínio proeminente de uma sobre a outra.

As repercussões da globalização no mundo do trabalho, suas interfaces com a divisão sexual do trabalho e questões de gênero mereceram atenção de diversos autores, entre os quais podem-se citar Beneria *et al.* (2000), Bruschini (2000) e Hirata (2001/2002).

O emprego e a divisão sexual do trabalho tiveram configurações diferentes no contexto da globalização, na análise de Hirata (2001/2002), que argumenta sobre a estagnação do emprego masculino e o aumento do emprego e trabalho remunerado da mulher em nível mundial, excetuando a África Subsaariana, tanto em nível de ocupações formais quanto informais. No entanto, a ampliação da participação da mulher neste processo é marcada principalmente pela precarização e vulnerabilidade dos postos de emprego. Beneria *et al.* (2000), em seus estudos sobre economia feminista, reafirmam a análise de Hirata (2001/2002).

Sintonizada com tais processos de intensas e aceleradas transformações, a Organização das Nações Unidas para a Educação, a Ciência e a Cultura (Unesco), agência da ONU, realizou duas Conferências Mundiais de Educação Superior (CMES) em Paris/França, mobilizando, para tal, os Estados-Nação membros da ONU, tendo uma se realizado em outubro de 1998 e a outra em julho de 2009. Na Declaração Mundial sobre Educação Superior no Século XXI: Visão e Ação 1998 (UNESCO, 1998) é afirmado:

> b) São necessários mais esforços para eliminar da educação superior todos os estereótipos com base no gênero, para tratar a questão do gênero nas distintas disciplinas, para consolidar a participação de mulheres em todas as disciplinas nas quais elas são sub-representadas e, particularmente, para implementar o envolvimento ativo delas no processo decisório.

No exercício de delineamento do estudo, o encontro com o trabalho de Cramer *et al.* (2012) foi um elemento importante, a partir da compreensão de que as concepções de feminilidade ao longo da História – e no mundo ocidental em particular – são produzidas e reproduzidas socialmente, e estão afeitas não apenas às condições biológicas, mas sociais, históricas e culturais, nas quais se constituem os indivíduos.

Santos (2010) considera que não só a feminilidade, mas, também, a masculinidade são construções culturais. Elas não podem ser consideradas fora de contexto, posto que necessitam de condições históricas e culturais para que se constituam pelo indivíduo. Portanto, reitera que tanto a feminilidade quanto a masculinidade encontram-se em transformação permanente, ou seja, não são determinações inflexíveis, ao contrário, já que há múltiplas "formas de ser homem ou mulher em nossa sociedade, multiplicidade esta em que afloram inúmeras tensões, conflitos e cenários" (SANTOS, 2010, p. 842).

3 A mulher na estrutura laboral no Brasil: apontamentos históricos e contextuais na atualidade

Historicamente, o Brasil esteve sob o domínio de Portugal entre os séculos XVI e XIX, desde sua ocupação em 1500 até a propalada Independência em 1822, marcando, com isso, o período colonial. É sabido, no entanto, que o Brasil tem os indígenas como povos nativos, reconhecidos na época como uma população ameríndia com razoável homogeneidade cultural e linguística, dominada por dois blocos principais: os tupis-guaranis e os tapuias.

Fausto (2006) faz uma abordagem histórica sobre o Brasil desde o período que antecede o Brasil colonial até o que ele denomina Nova Ordem Mundial, a partir da década de 1980. Os estudos do autor constituem-se um importante aporte teórico sobre o contexto histórico brasileiro e para a compreensão da questão de gênero em diferentes tempos.

Tempos históricos sintetizados em períodos colonial, imperial e republicano traduzem a ocupação do Brasil pelo modelo de colonização de exploração adotado por Portugal; as lutas de indígenas e negros contra a desfaçatez lusa, expondo, com isso, as contradições do processo de dominação colonial e imperial. Indígenas, negros africanos escravizados, mestiços, homens e mulheres subjugados e vivendo em condições precárias resistiram e lutaram por direitos.

Nestes tempos de dominação colonial e imperial no Brasil, o patriarcado vigente no Ocidente fora reproduzido por portugueses. O poder do homem branco era exercido sobre mulheres e escravos. A mulher, pertencente a diferentes estratos sociais, vivia condições de inferioridade, embora as práticas se distinguissem conforme a posição de classe (BRAGA, 2019).

Na análise de Del Priore (2004), nos primeiros tempos de colonização no Brasil havia uma percepção de que o corpo feminino representava uma obscura disputa entre Deus e o Diabo, sendo a doença concebida como uma advertência divina. A natureza feminina em Portugal buscava ser entendida a partir de estudos de fisiologistas e médicos, que se interrogavam sobre para quais fins Deus teria criado a mulher, e a medicina praticada objetivava definir um padrão de normalidade feminina (DEL PRIORE, 2004, p. 82).

Condições econômicas e sociais distintas entre mulheres indígenas, negras e europeias vão determinar dinâmicas específicas de viver o cotidiano, a feminilidade. Valores e práticas culturais inerentes às suas histórias e origens, bem como a posição econômica de mulheres no Brasil nos tempos coloniais e imperiais vão configurar papéis distintos para as mulheres no país, como abordam Moreira (2005) e Del Priore (2004).

A expansão do capitalismo no mundo também reconfigurou a sociedade brasileira no século XIX, marcada pela ascensão da burguesia e reorganização das vivências familiares e em sociedade, a progressiva urbanização, a ressignificação de mentalidades e que repercutem na condição feminina e papel das mulheres na sociedade, em que a valorização da intimidade e da maternidade se destaca. Na análise de D'Inacio (2004), o ideal de maternidade dedicada é cultivado pela família burguesa e está presente na literatura, em obras de artes e publicações do final do século XIX e primeiras décadas do século XX (D'INACIO, 2004).

A educação da mulher nas últimas décadas do século XIX apresentava-se como uma necessidade associada à modernização da sociedade. Assim, para além do ideal de "boa dona de casa" e "boa mãe" foram agregados processos educativos diversificados, a exemplo de aulas de piano, canto e dança, francês, na perspectiva de que jovens da elite retiradas de processos de escolarização em tenra idade tivessem acesso à formação que possibilitasse um convívio social menos fútil (MOREIRA, 2005).

Considerada uma precursora do feminismo no Brasil, Nísia Floresta (1989), pseudônimo de Dionísia Gonçalves Pinto, nordestina do interior do Rio Grande do Norte, vai exercer importante papel na educação feminina no século XIX no país. Duas obras de Nísia Floresta se destacam neste sentido: *Conselhos à minha filha*, de 1842, e *Opúsculo humanitário* (Ensaio sobre Educação), de 1853. Sua preocupação com a educação de meninas conduziu-a a fundar em 1938 e dirigir por vários anos o Colégio Augusto, no Rio de Janeiro, voltado para meninas. Campoi (2011) faz importante estudo sobre a contribuição de Nísia Floresta ao feminismo, à educação e às lutas e resistências de seu tempo.

O século XX, no Brasil, é considerado por Schumaher e Brazil (2000) muito importante relativamente às conquistas femininas, aos engajamentos em movimentos de afirmação de direitos, de conquista do espaço público. Foi no início da segunda metade do século XX, nos anos de 1960, que ocorreu no Brasil a ascensão econômica feminina, anunciada para todos os cantos do mundo, motivo de orgulho da mulher. Neste contexto, destacam a busca pelo acesso à educação, a luta pela conquista do voto e ideais políticos, o valor da mulher pelas letras e pelas artes (SCHUMAHER; BRASIL, 2000, p. 14).

As brasileiras só tiveram acesso às urnas eleitorais em 24.2.1932, resultando no crescimento da alfabetização feminina (BELTRÃO; ALVES, 2009). Ao se observar a trajetória educacional brasileira é possível notar o surgimento das universidades na década de 1930 e o das políticas regulatórias iniciais, encabeçadas pelos movimentos políticos e sociais da época.

Quanto ao contexto laboral no Brasil, um comparativo estabelecido pelo IBGE, por exemplo, sobre a participação de homens e mulheres no mercado de trabalho brasileiro, desde a década de 1970 até o ano 2000, apresenta um percentual masculino sempre superior em relação ao feminino, em todas as décadas, como pode-se constatar no Gráfico 1.

GRÁFICO 1 – TAXA TOTAL DE PARTICIPAÇÃO DE HOMENS E MULHERES NO MERCADO DE TRABALHO BRASILEIRO

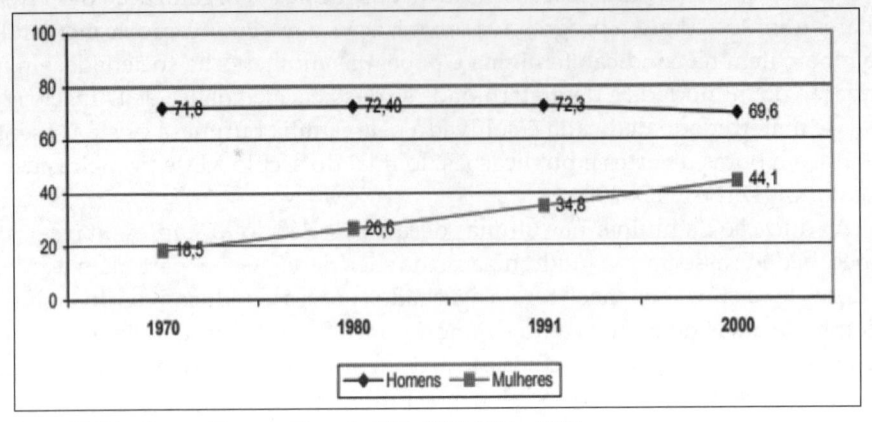

	1970	1980	1991	2000
Homens	71,8	72,40	72,3	69,6
Mulheres	18,5	26,6	34,8	44,1

Fonte: IBGE – Censos Demográficos de 1970, 1980, 1991 e 2000.

Dados mais recentes publicados em março de 2019 pelo IBGE, tomando-se em conta a participação, segundo o sexo nos grupamentos ocupacionais do trabalho principal, conforme o Gráfico 2, revelam que a presença das mulheres é mais marcante em ocupações elementares (55,3%); no ramo de serviços, vendedoras em comércios e mercados (59,0%), entre profissionais das ciências e intelectuais (63,0%) e como trabalhadoras de apoio administrativo (64,5%).

Os homens, como se constata no gráfico referido, são predominantes em setores como forças armadas, policiais, bombeiros (86,8%); operadores de instalações e máquinas e montadores (86,2%); trabalhadores qualificados, operários, artesões (83,8%) e os trabalhadores qualificados da agropecuária, florestais, da caça e da pesca (78,9%) (IBGE, 2019).

GRÁFICO 2 – DISTRIBUIÇÃO PERCENTUAL (%) DA POPULAÇÃO DE 25 A 49 ANOS DE IDADE OCUPADA NA SEMANA DE REFERÊNCIA, POR GRUPAMENTOS OCUPACIONAIS DO TRABALHO PRINCIPAL, SEGUNDO O SEXO – BRASIL – 4º TRIMESTRE – 2018

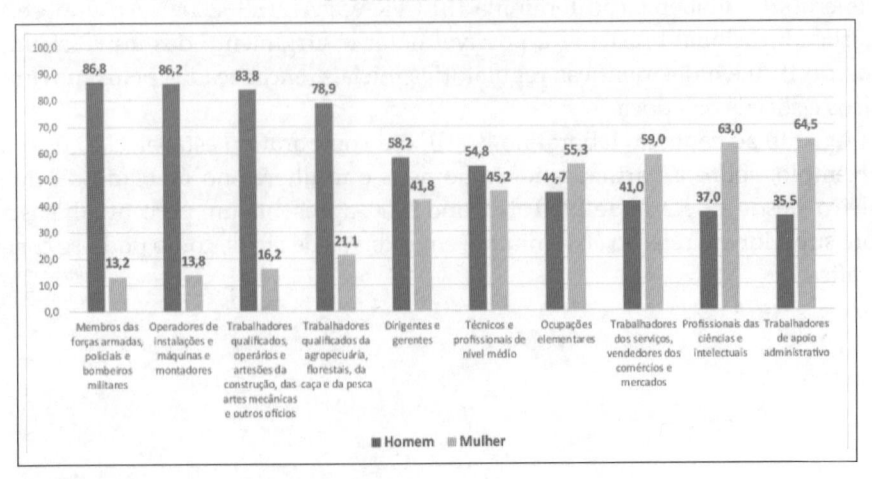

Grupamento	Homem	Mulher
Membros das forças armadas, policiais e bombeiros militares	86,8	13,2
Operadores de instalações e máquinas e montadores	86,2	13,8
Trabalhadores qualificados, operários e artesãos da construção, das artes mecânicas e outros ofícios	83,8	16,2
Trabalhadores qualificados da agropecuária, florestais, da caça e da pesca	78,9	21,1
Dirigentes e gerentes	58,2	41,8
Técnicos e profissionais de nível médio	54,8	45,2
Ocupações elementares	44,7	55,3
Trabalhadores dos serviços, vendedores dos comércios e mercados	41,0	59,0
Profissionais das ciências e intelectuais	37,0	63,0
Trabalhadores de apoio administrativo	35,5	64,5

Fonte: PNAD Contínua 2018 (IBGE, 2019).

Na PNAD Contínua 2018 (IBGE, 2019), aponta-se que a diferença do rendimento do trabalho de mulheres e homens nos grupos ocupacionais, tendo em conta a população ocupada na faixa etária 25 a 49 anos no Brasil, decorre de diversos elementos estruturais do mercado de trabalho, a exemplo da faixa etária, cor ou raça, horas trabalhadas, nível educacional e tipo de ocupação exercida pela pessoa. O Gráfico 3 sintetiza dados desse estrato populacional e evidencia a posição da mulher no mercado de trabalho, os rendimentos e as horas trabalhadas.

GRÁFICO 3 – MULHER NO MERCADO DE TRABALHO, RENDIMENTO E HORAS TRABALHADAS

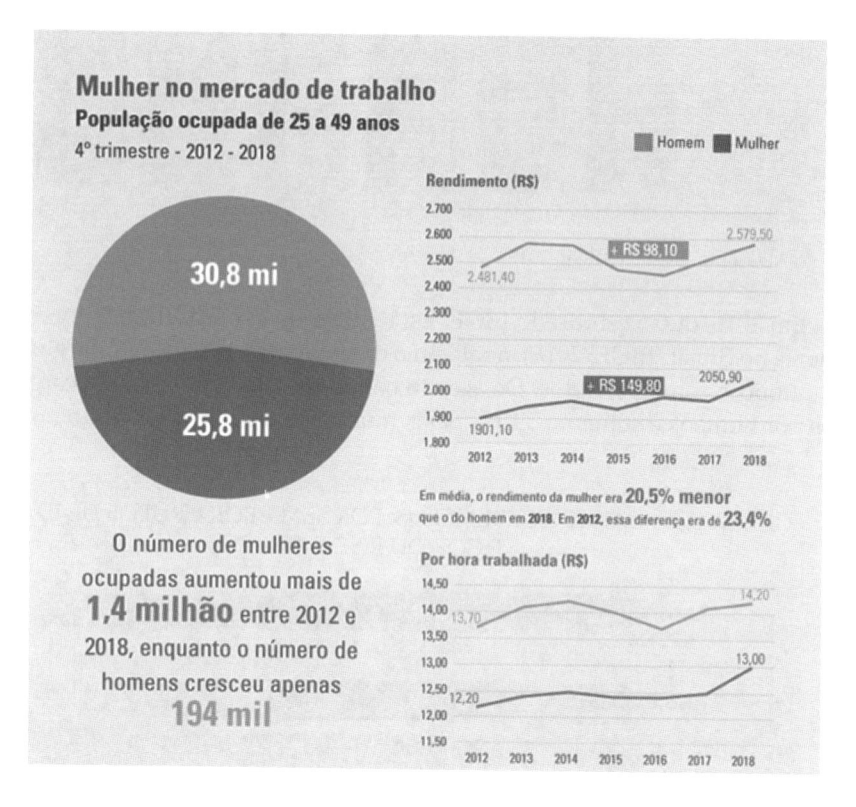

Mulher no mercado de trabalho
População ocupada de 25 a 49 anos
4º trimestre - 2012 - 2018

30,8 mi
25,8 mi

O número de mulheres ocupadas aumentou mais de **1,4 milhão** entre 2012 e 2018, enquanto o número de homens cresceu apenas **194 mil**

Rendimento (R$)
2.481,40 → 2.579,50 (+ R$ 98,10)
1901,10 → 2050,90 (+ R$ 149,80)

Em média, o rendimento da mulher era **20,5% menor** que o do homem em **2018**. Em **2012**, essa diferença era de **23,4%**

Por hora trabalhada (R$)
13,70 → 14,20
12,20 → 13,00

Fonte: PNAD Contínua 2018 (IBGE, 2019).

O rendimento médio real por gênero teve uma melhora em cinco anos, mas as assimetrias ainda são significativas e os homens ainda estão numa posição mais favorável, inclusive acima do crescimento total, considerando-se dados de 2012 a 2017, como se constata no Gráfico 4.

GRÁFICO 4 – RENDIMENTO MÉDIO REAL POR GÊNERO DE 2012 A 2017

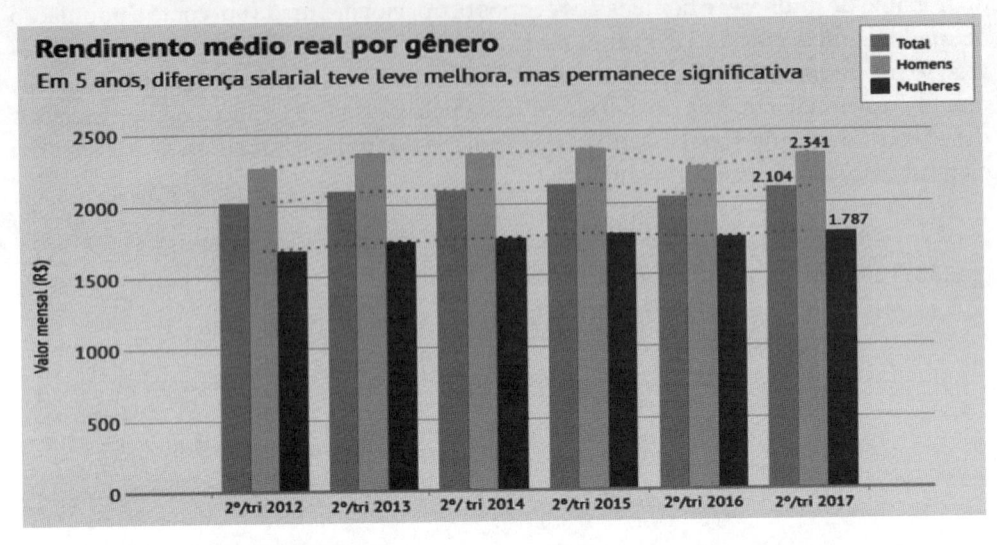

Rendimento médio real por gênero
Em 5 anos, diferença salarial teve leve melhora, mas permanece significativa

- Total
- Homens
- Mulheres

Valores destacados: 2.341; 2.104; 1.787

Fonte: PNAD Contínua 2018 (IBGE, 2019).

Em 2016, outro estudo do IBGE, Estatísticas de gênero – Indicadores sociais das mulheres no Brasil (IBGE, 2016), analisou o contexto da ocupação de cargos gerenciais, tanto públicos como privados. De acordo com o resultado, 60,9% dos cargos são ocupados por homens e somente 39,1% pelas mulheres, como evidenciado no Gráfico 5.

GRÁFICO 5 – CARGOS GERENCIAIS, POR SEXO, POR GRUPOS DE IDADE E COR OU RAÇA (%)

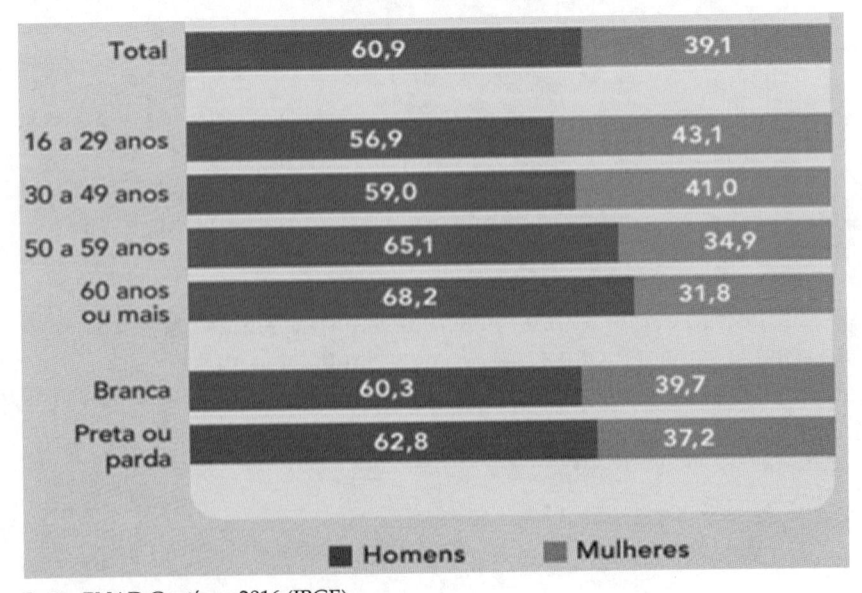

	Homens	Mulheres
Total	60,9	39,1
16 a 29 anos	56,9	43,1
30 a 49 anos	59,0	41,0
50 a 59 anos	65,1	34,9
60 anos ou mais	68,2	31,8
Branca	60,3	39,7
Preta ou parda	62,8	37,2

Fonte: PNAD Contínua 2016 (IBGE).

Apesar de tamanha assimetria, tem sido cada vez maior a presença das mulheres no mundo do trabalho remunerado. Elas têm conquistado emancipação profissional e ocupado cargos antes eminentemente masculinos. Portanto, é relevante também observar questões relacionadas à cultura organizacional, paralelamente à ocupação de cargos gerenciais por mulheres.

Foi neste contexto que emergiram os questionamentos para delinear este estudo: de que maneira a mulher vem se posicionando no mercado de trabalho? Quais os cargos vêm sendo ocupados por elas? Qual é a sua representação social de feminino e quais competências vêm demonstrando na cultura organizacional, à frente de cargos de gestão? As relações de trabalho que envolvem a mulher são relevantes para este estudo e, certamente, também para a sociedade atual.

Ao problematizar se a relação de gênero e trabalho no Brasil significam novas conquistas ou persistência da discriminação, Bruschini (2000) argumenta que a diversificação das funções de mulheres nos setores predominantes de sua inserção laboral – saúde, educação e serviços – reproduz a polarização entre mulheres altamente qualificadas e valorizadas profissional e economicamente e as de menor nível qualificação com baixos salários e desvalorização social, constatada não apenas em países desenvolvidos na Europa, mas também no Brasil.

É válido considerar as propostas de Machado (2002) e Lopes (2010), abordadas por Fernandes (2007), segundo as quais há uma construção hegemônica da masculinidade nas relações sociais, que funciona não só como referência, mas também enquanto critério comparativo na construção do gênero feminino.

Depreende-se do exposto a dominância do universo masculino nas sociedades, como argumenta Fernandes (2007). O autor problematiza a construção de identidades sociais na inflexão de feminilidades e masculinidades, inclusive no contexto escolar. Para o autor, gênero é uma categoria de análise que deve refutar concepções biologizantes e/ou naturalizadoras de desigualdades, subalternizando a mulher.

Mudanças nas dimensões econômicas, sociais, culturais, políticas e tecnológicas repercutem no delineamento de identidades, já argumentara Moita Lopes (2003).

A feminilidade como construção simbólica é abordada por Bourdieu (1999). Para o sociólogo francês, a diferenciação de sexo e gênero se insere num conjunto de oposições, a exemplo de fora e dentro, aberto e fechado, no bojo de estruturas objetivas e cognitivas, no tecido social.

Independentemente disso, a mulher vem conquistando, ao longo do tempo, seu espaço no mercado de trabalho, mesmo que isto ocorra de forma distinta em relação aos homens, com claras diferenças relativamente a salários, por exemplo, muitas vezes menor para as mulheres que desempenham atividades iguais às desenvolvidas por homens, o que é possível perceber desde os tempos da Revolução Industrial.

Oliveira, Brangion e Magalhães (2011, p. 3) lembram que "homens e mulheres formam dois grupos sociais que estão diretamente ligados por uma relação social de gênero, a qual possui uma base material que [...] é o trabalho", e as diferenças relativas aos sexos repercutem justamente sobre as relações de trabalho, mesmo que sexo não seja o mesmo que gênero (OLIVEIRA; BRANGION; MAGALHÃES, 2011). E asseveram, sob a perspectiva de que as relações de gênero embasam a instituição familiar, que promovem, assim, as funções do homem e da mulher a partir de conceitos sociais.

Tais afirmativas se dão em função de que se consideram atividades femininas em associação às funções de reprodução, sendo que, geralmente, também estão agregadas às atividades que se relacionam ao próprio espaço privado destinado à "família e à produção de valores de uso para o consumo familiar. Já as atividades destinadas à produção social e que são desenvolvidas no espaço público são tidas como uma atribuição masculina" (OLIVEIRA; BRANGION; MAGALHÃES, 2011, p. 4).

Dessa forma, encontramo-nos diante de um mosaico cultural ao qual se somam interesses ideológicos e políticos que interferem diretamente na trajetória da mulher, nos âmbitos social, político e profissional. A mulher, então, a partir do século XIX, culta, começa a ocupar seu lugar na sociedade, ultrapassando os limites impostos socialmente que a mantinham da porta de suas casas para o interior delas, especialmente na Europa (SERPA, 2010).

Contudo, Serpa (2010) afirma que, mesmo que ainda se constate a existência de mulheres fora do mercado de trabalho que se dedicam ao cuidado dos filhos e do lar, é possível verificar o crescimento do número "de profissionais do sexo feminino que estão disputando, em condições de igualdade e, muitas vezes, de superioridade, um determinado espaço no campo social, econômico e político". Isto, portanto, leva à consideração de que as mulheres estão adotando uma nova postura, diferente, por ser atuante, não somente por seus próprios ânimos e valores, "mas também pelas exigências do mundo moderno, que obrigou os homens a abrirem mão de sua atitude dominadora e caminharem no sentido de uma parceria necessária e enriquecedora" (SERPA, 2010, p. 10).

A ocupação de cargos nos diversos setores produtivos por mulheres é reconhecida por Kurzawa (2003), que considera isso como produtivo, político e social, contribuindo para o desenvolvimento do país. Isto porque as mulheres estão buscando condições de igualdade com os homens, deixando de submeterem-se a eles, a partir da conquista de alguns direitos, como argumenta Serpa (2010).

Mesmo assim, Serpa (2010, p. 12) ressalta um paralelo entre competências e o mundo masculino ao afirmar que o debate relativo às questões da qualificação e da competência pode ser analisado pelo "ponto de vista que permite pensar essa noção a partir de uma perspectiva feminina". Isto porque, normalmente, ao se cogitar as relações de competência, rapidamente aparecem contextos "e características masculinas: criatividade, responsabilidade, iniciativa, capacidades técnicas e autonomia no trabalho. As mulheres raramente estão presentes em cargos que requerem tais características" (SERPA, 2010, p. 12). E, quando isto ocorre, a remuneração é menor para as mulheres, sendo esse um fenômeno em escala mundial, como analisa Hirata (2004).

Por outro lado, Oliveira, Brangion e Magalhães (2011) consideram a crescente participação feminina no mercado de trabalho, referindo-se à representatividade da remuneração da mulher para o contexto familiar, apesar de as mulheres buscarem o exercício de atividades preferencialmente consideradas femininas, por tradição, indício de manutenção de um padrão de segregação ocupacional.

Essa mudança significativa relativamente à cultura patriarcal e machista vivenciada no Brasil se dá em função do próprio mercado, que reconhece a importância da mulher "em cargos estratégicos e acredita que suas características são relevantes na hora de empreender, enxergando nelas um novo estilo de liderar", conforme compreendem Thimóteo, Zampier e Stefano (2015, p. 53), além de citarem, também, que a forte pressão das mulheres em busca da ocupação de seus espaços no mercado de trabalho contribuiu para a mudança daquela realidade.

As diferenças de gênero no Brasil, apuradas por Calegari (2018), a partir da base de dados do IBGE e publicadas na revista *Exame*, relativamente à taxa de frequência escolar no ensino médio, à proporção de adultos com educação superior completa (incluindo as respectivas raças), ao tempo dedicado aos afazeres domésticos, às diferenças salariais, à representação política na Câmara dos Deputados e a cargos de gerência nas empresas, os números demonstram, ainda, as claras diferenças quando se trata de mercado de trabalho, evidencia os desafios atuais no contexto brasileiro, conforme pode ser apreendido pelo Gráfico 6.

GRÁFICO 6 – DESIGUALDADE DE GÊNERO NO BRASIL EM 2016

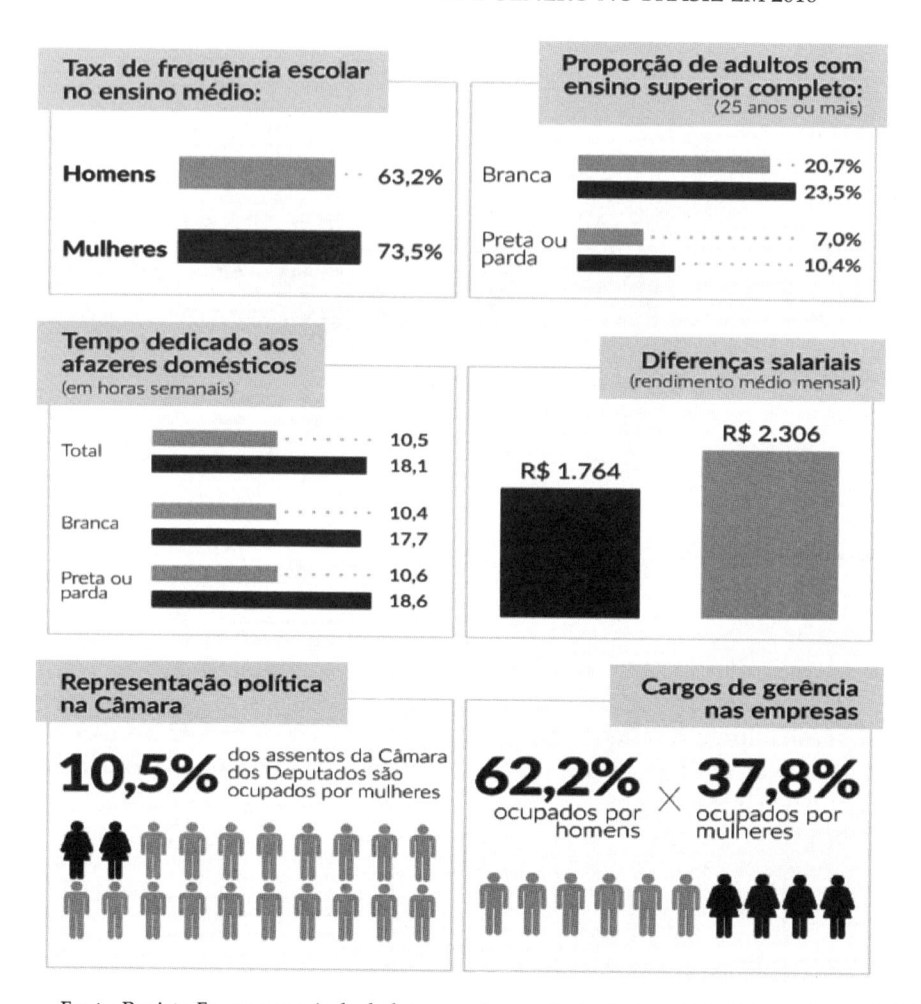

Taxa de frequência escolar no ensino médio:
- Homens: 63,2%
- Mulheres: 73,5%

Proporção de adultos com ensino superior completo: (25 anos ou mais)
- Branca: 20,7% / 23,5%
- Preta ou parda: 7,0% / 10,4%

Tempo dedicado aos afazeres domésticos (em horas semanais)
- Total: 10,5 / 18,1
- Branca: 10,4 / 17,7
- Preta ou parda: 10,6 / 18,6

Diferenças salariais (rendimento médio mensal)
- R$ 1.764
- R$ 2.306

Representação política na Câmara
10,5% dos assentos da Câmara dos Deputados são ocupados por mulheres

Cargos de gerência nas empresas
62,2% ocupados por homens × 37,8% ocupados por mulheres

Fonte: Revista *Exame*, a partir de dados apurados por Luiza Calegari (2018) baseados no IBGE.

Ao se proceder à análise do Gráfico 6, que tem informações baseadas em pesquisas do IBGE, relativas aos anos de 2015 e 2016, fica perceptível que as mulheres possuem maior taxa de escolaridade no ensino médio e na educação superior que os homens;

ou seja, estudam mais que as pessoas do gênero masculino, e trabalham mais em casa do que os homens. Porém, recebem menos que eles no mercado de trabalho formal e possuem menos cargos de gestão, dos quais somente 37,8% são por elas ocupados.

Porém, há alguns estados brasileiros que possuem realidade diferente da média em relação à participação feminina no mercado de trabalho formal. Segundo o Ministério do Trabalho (E-COMMERCEBRASIL, 2018), a apuração mais recente da Relação Anual de Informações Sociais (RAIS) demonstrou que as mulheres ampliaram sua participação no mercado formal, em 10 anos – de 2007 a 2016 –, de 40,85% para 44%, especialmente no Acre, Amapá, Piauí, Roraima e Rio Grande do Sul. No mesmo período também foi possível verificar a redução da diferença salarial de 17% para 15% em relação aos homens, demonstrada no Gráfico 7.

GRÁFICO 7 – ESTADOS COM MAIOR PARTICIPAÇÃO FEMININA

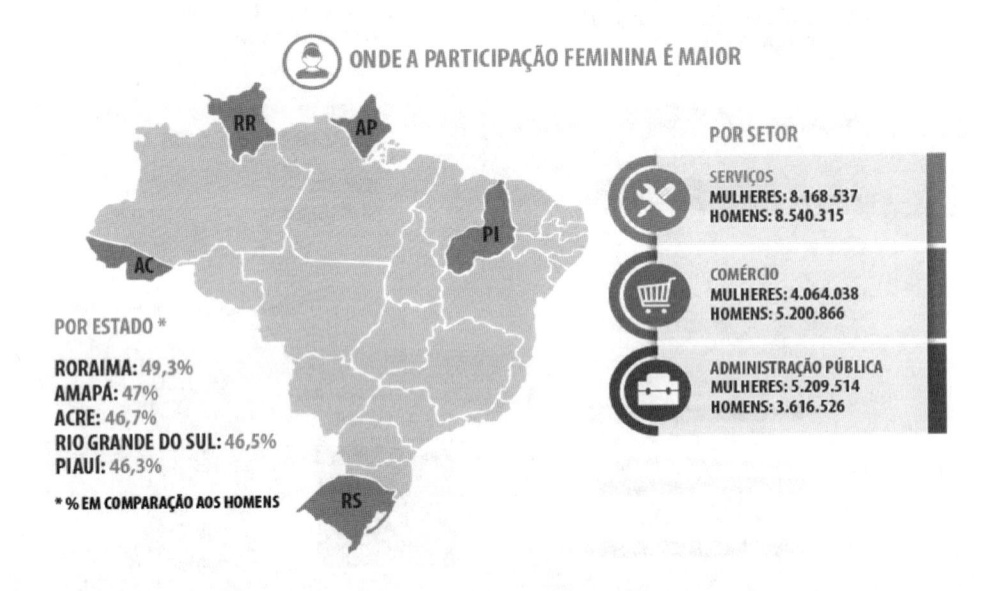

ONDE A PARTICIPAÇÃO FEMININA É MAIOR

POR ESTADO *

RORAIMA: 49,3%
AMAPÁ: 47%
ACRE: 46,7%
RIO GRANDE DO SUL: 46,5%
PIAUÍ: 46,3%

* % EM COMPARAÇÃO AOS HOMENS

POR SETOR

SERVIÇOS
MULHERES: 8.168.537
HOMENS: 8.540.315

COMÉRCIO
MULHERES: 4.064.038
HOMENS: 5.200.866

ADMINISTRAÇÃO PÚBLICA
MULHERES: 5.209.514
HOMENS: 3.616.526

Fonte: E-Commercebrasil (2018).

A mesma fonte revela que em alguns estados as mulheres têm superado a remuneração média em relação aos homens, entre os quais encontra-se o Pará, como é evidenciado no Gráfico 8.

GRÁFICO 8 – ESTADOS ONDE AS MULHERES GANHAM MAIS RELATIVAMENTE
À REMUNERAÇÃO MÉDIA DOS HOMENS

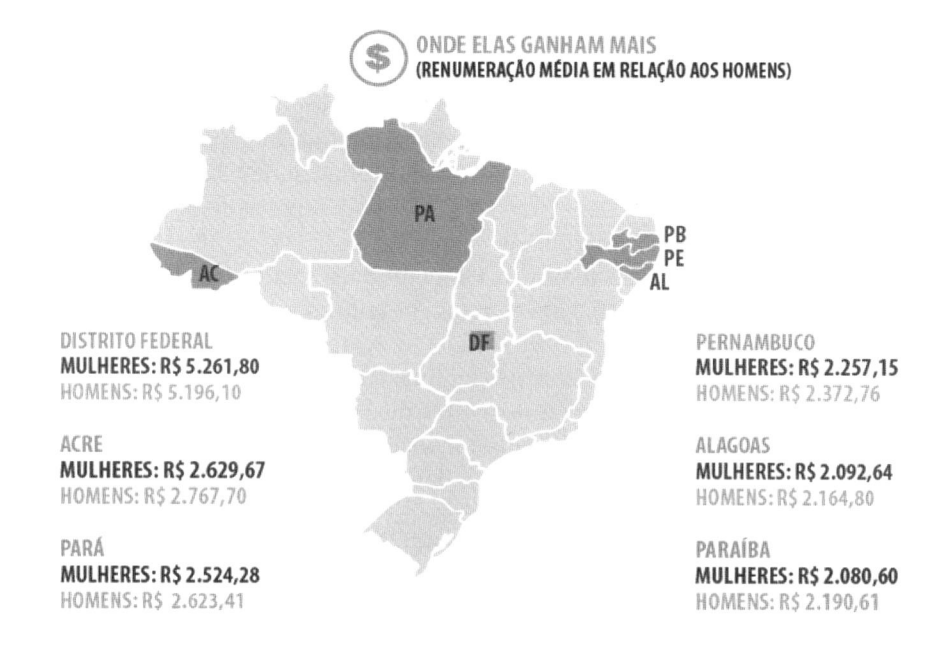

ONDE ELAS GANHAM MAIS
(RENUMERAÇÃO MÉDIA EM RELAÇÃO AOS HOMENS)

DISTRITO FEDERAL
MULHERES: R$ 5.261,80
HOMENS: R$ 5.196,10

ACRE
MULHERES: R$ 2.629,67
HOMENS: R$ 2.767,70

PARÁ
MULHERES: R$ 2.524,28
HOMENS: R$ 2.623,41

PERNAMBUCO
MULHERES: R$ 2.257,15
HOMENS: R$ 2.372,76

ALAGOAS
MULHERES: R$ 2.092,64
HOMENS: R$ 2.164,80

PARAÍBA
MULHERES: R$ 2.080,60
HOMENS: R$ 2.190,61

Fonte: E-Commercebrasil (2018).

Portanto, o que se espera é que tal "tendência" se efetive e leve o mercado de trabalho formal a considerar igualmente os labores desenvolvidos por ambos os gêneros.

4 Mudanças organizacionais globais e novos requisitos para ser gestora

A intensificação de mudanças no mundo, principalmente a partir da década de 1970, tem imposto a necessidade de serem incorporadas mudanças nas bases técnica e social das organizações. Nos anos 90, em tempos de globalização, um consenso tecnocrático se configura, na análise de Boyett (1999), consistindo na busca de um novo padrão organizacional, em que a cooperação, a participação e o empreendedorismo destacam-se como importantes vetores de comportamento organizacional.

Globalização tem sido um tema controverso, mas sua existência é um dado da realidade. Economias mundiais romperam fronteiras; dimensões políticas e culturais das diversas sociedades têm sido impactadas pela reorganização das bases de produção, novas relações de trabalho e reconfiguração do papel do Estado; as tecnologias de informação e comunicação (TICs) instaram o mundo a rever suas interações para ultrapassar limites espaço-temporais. Ianni (2003) argumenta que o processo de globalização não se constitui em algo tão novo quanto os seus defensores propagam, posto ser inerente à dinâmica e estágios de desenvolvimento do capitalismo. O autor considera, no entanto, que o fenômeno da globalização promove "uma ruptura drástica nos modos de ser, sentir, agir, pensar e fabular" (IANNI, 2003, p. 13).

Num cenário em que o mundo do trabalho se complexifica e as relações assumem novos contornos, a inserção da mulher no espaço organizacional vai se reconfigurando, em que a busca de oportunidades e reconhecimento, bem como ocupação de cargos hierarquicamente superiores por mulheres, ganha mais visibilidade também.

Historicamente, a desigualdade entre gêneros tem sido uma realidade na dinâmica das relações sociais como uma totalidade, portanto, incide sobre as organizações. Há ainda valores sociais que codificam a supremacia masculina, evidenciando que entre a proclamada igualdade de gêneros e a efetividade do enunciado há muito por ser feito para a superação de discriminações e preconceitos, como é analisado por Hurley (1999), Mavin e Bryans (1999) e Lima *et al.* (2013).

A incorporação de teorias feministas em enfoques sociológicos do empreendedorismo é o foco de Hurley (1999). Para a autora, as críticas feministas são importantes para teorias organizacionais, levando em conta o contexto de abordagens teóricas sobre o feminismo. A autora formula uma crítica feminista em relação a teorias sociológicas do empreendedorismo, problematizando efeitos de cunho político, incluindo a esfera do Estado, cultura, espacialidade e profissionalização. Os valores subjacentes a tais teorias evidenciam como podem ser consideradas as questões de gênero neste contexto do empreendedorismo.

A crítica de Mavin e Bryans (2004) à invisibilidade ou pretensa neutralidade sobre a questão de gênero nas escolas de administração merecem atenção principalmente no campo da teoria gerencial. Na análise dos autores, inclusive baseado em pesquisas empíricas, a natureza masculina da administração é uma evidência. Os autores conclamam a um repensar sobre a educação gerencial cega de gênero.

O instigante título do texto de Lima *et al.* (2013) – *O teto de vidro das executivas brasileiras* – problematiza que apesar dos avanços em termos de equidade de gênero há desigualdades que ainda perduram. As categorias teóricas da autora – esforço investido no trabalho; disposição para assumir riscos; empatia e agressividade para negociar; racionalidade em relação aos gêneros; expressão de sentimentos; vida pessoal *versus* vida profissional – foram importantes vetores de análise na presente tese de doutorado, contribuindo para a análise autoetnográfica.

No final do século XX, no Brasil, as principais tendências a destacar em relação às mulheres são assim resumidas por Bruschini e Puppin (2004): (1) aumento constante da participação feminina no mercado de trabalho a partir de meados da década de 1970; (2) precarização e informalidade do trabalho feminino; (3) alcance de bons empregos e ocupações, acesso a profissões de nível superior para as mulheres com elevada formação; (4) mudança de perfil de mulheres trabalhadoras a partir dos anos 80, marcado por faixa etária mais elevada, estado civil de casadas, mães com sobrecarga de responsabilidades domésticas e familiares.

No estudo das autoras sobre o trabalho das mulheres executivas no Brasil, no final do século XX, baseado em estatísticas oficiais, aquelas apresentam algumas tendências gerais sobre a inserção laboral neste período, com foco no cenário em que emerge o trabalho de executivas e sua consolidação, bem como uma análise da presença de executivas em cargos de direção em empresas brasileiras no ano 2000, tendo recorrido a entrevistas com 10 executivas de empresas diversas do mercado de trabalho (BRUSCHINI; PUPPIN, 2004).

Tal estudo é revelador do fato de que os cargos de chefia ocupados por mulheres estão concentrados em áreas tradicionalmente hegemonizadas por mulheres, a exemplo das áreas social, cultural e de saúde, evidenciando que, mesmo em níveis mais elevados de carreira, as assimetrias de gênero permanecem, tanto por ocuparem cargos no "gueto" feminino quanto por seus rendimentos serem inferiores aos de seus colegas homens (BRUSCHINI; PUPPIN, 2004).

Na visão das executivas entrevistadas por Bruschini e Puppin (2004), a maioria acredita que: (1) não há preconceitos nas empresas em relação às mulheres no que se refere à seleção ou promoção, posto serem processos regulados pela meritocracia; (2) as diferenças salariais nos mesmos postos são creditadas ao tempo de trabalho distinto na empresa e na mesma função em decorrência de a mulher ter chegado no mercado de trabalho mais tardiamente em relação aos homens; (3) a cultura machista se manifesta, mesmo veladamente, em se tratando de gravidez, licença-maternidade, dificuldades na lida com filhos pequenos ou menor disponibilidade para viagens; (4) a "discriminação positiva" foi rejeitada pelas entrevistadas, por considerarem que a meritocracia deve prevalecer em detrimento de políticas de cota ou protecionistas; (5) é reconhecido que cada vez mais a demanda por qualificação e titulação acadêmica é importante, mas que também há de ser considerado que a cultura corporativa ainda tem peso significativo, pois a mulher executiva tem que (a)firmar seu espaço de competência e liderança; (6) há contradições na percepção em torno de *feeling* feminino e racionalidade masculina, pois nem todas as entrevistadas acreditam em tal polarização, sob o argumento de que não se trata de uma questão de gênero, mas de características pessoais, enquanto outras entendem o recorte de gênero na questão; (7) o sucesso da mulher executiva decorre quando se adere a uma cultura corporativa alinhada com a racionalidade de resultados; (8) uma desvantagem para a mulher relaciona-se com a jornada ampliada em função da vida privada com filhos, afazeres domésticos etc.; (9) a competência ultrapassa essas barreiras e é justamente o padrão competente que constitui a executiva de sucesso. Unanimemente, as entrevistadas consideram que a função de gestão requer perfil profissional com competência para gerar resultados (BRUSCHINI; PUPPIN, 2004).

Muitas mulheres têm galgado postos de gestão, considerados originalmente funções ou cargos masculinos, em níveis mais elevados de hierarquias, em que pese barreiras históricas. Cramer *et al.* (2012) argumentam que gênero tem uma origem contextual/situacional e histórica, o que requer a necessidade e importância de serem compreendidas como práticas discursivas socialmente construídas.

No estudo das autoras sobre representações sociais de empresárias sobre o que significa ser mulher no mundo dos negócios, é analisado que as histórias de vida, desde os aprendizados na infância mais centrados na cooperação e interações sociais, relacionamentos entre as pessoas, exercem influência na gestão de seus negócios e potencializam habilidades para administrar relacionamentos e sentimentos circulantes no ambiente de trabalho; portanto, os processos de sociabilidade de outrora influenciam práticas de gestão.

5 À guisa da conclusão: mulher, gestão e cultura organizacional

A literatura aponta vários fatores como importantes para a construção de competências para gestão, fatores esses que, em princípio, independem do gênero para uma boa gestão. Construir capacidades para saber agir, mobilizar, transferir, tomar decisões, agir de forma estratégica e assumir responsabilidades é o mais predominante na discussão da ciência administrativa.

O contexto mundial e brasileiro em que a trajetória da gestão feminina foi sendo construída fora marcado por múltiplas e aceleradas mudanças, em que o fenômeno da globalização, a intensificação do uso de TICs, transformações na base produtiva e no mundo do trabalho, repercutem de forma significativa na sociedade.

Nesta expansão, não apenas o acesso de mulheres à gestão ganha visibilidade, como a ampliação de espaços da mulher em altos escalões de poder de decisão são conquistados.

Ante o exposto, a reflexão sobre o pensar e o fazer da figura feminina diante da cultura organizacional possibilitou entender a figura feminina no dia a dia das organizações, a partir das tomadas de decisão, de suas interfaces com a cultura organizacional.

Na sociedade da discriminação de gênero, da misoginia, avançar da cultura organizacional, que tem como princípio a tomada de decisão hierárquica, com base num modelo de gestão familiar, para uma cultura baseada no modelo matricial dentro de uma estrutura de mercado competitivo é um dos fatores que dificultam a gestão pela cultura organizacional estabelecida.

Todavia, é um desafio diário a mulher buscar e superar questões institucionais arraigadas de valores e crenças fundamentadas em uma cultura machista, centrada em tomadas de decisões muitas vezes influenciadas por atos provenientes de equipes de trabalho e assessorias formadas, em sua maioria, por homens.

Portanto, os fatores fundamentais para a construção de competências da mulher para gestão, bem como os desafios na gestão no âmbito da cultura organizacional, o pensar e o fazer da mulher na organização são tidos como inovadores, logo, deixa-se este caminho para novas pesquisas dentro do campo de estudo sobre mulher e cultura organizacional.

Referências

BAUER, C. *Breve história da mulher no mundo ocidental*. São Paulo: Pulsar, 2001.

BEAUVOIR, Simone. *O segundo sexo* – Fatos e mitos. Tradução de Sérgio Milliet. 4. ed. São Paulo: Difusão Europeia do Livro, 1980.

BELTRÃO, K. I.; ALVES, J. E. D. A reversão do hiato de gênero na educação brasileira no século XX. *Cadernos de Pesquisa*, v. 39, n. 136, p. 125-156, 2009. Disponível em: http://www.scielo.br/scielo.php?pid=S0100-15742009000100007&script=sci_abstract&tlng=pt. Acesso em: 20 jan. 2019.

BENERIA, Lourdes; FLORO, Maria; GROWN, Caren; MACDONALD, Martha. Globalization and gender – A special issue on globalization. *Feminist Economics*, v. 6, n. 3, p. vii-xviii, nov. 2000.

BERNHEIM, C. T.; CHAUÍ, M. *Desafios da universidade na sociedade do conhecimento*. Brasília: Unesco, 2008.

BLAY, E. Oito de março: conquistas e controvérsias. *Estudos Feministas*, v. 9, n. 2, p. 601-608, 2001.

BOURDIEU, P. *A dominação masculina*. Rio de Janeiro: Bertrand Brasil, 1999.

BOYETT, Joseph H.; BOYETT, Jimmie H. *O guia dos gurus*: os melhores conceitos e práticas de negócios. Rio de Janeiro: Campus, 1999.

BRAGA, G. As mulheres no contexto das sociedades ocidentais: uma luta por igualdade. *Revista Humanidade e Inovação*, Tocantins, 2019.

BRANCO, L. T. C. O feminino e o direito à igualdade: ações afirmativas e a consolidação da igualdade material. *In*: FERRAZ, C. V. et al. (Coord.). *Manual dos direitos da mulher*. São Paulo: Saraiva, 2013. (Série IDP – Direito, Diversidade e Cidadania).

BRUSCHINI, Cristina. Gênero e trabalho no Brasil: novas conquistas ou persistência da discriminação? (Brasil 1985/95). *In*: ROCHA, Maria Isabel Baltar (Org.). *Trabalho e gênero*: mudanças, permanências e desafios. São Paulo: Editora 34, 2000.

BRUSCHINI, Cristina; PUPPIN, Andrea Brandão. Trabalho de mulheres executivas no Brasil no final do século XX. *Cadernos de Pesquisa*, v. 34, n. 121, p. 105-138, abr. 2004.

CALEGARI, L. A desigualdade de gênero no Brasil em um gráfico. *Revista Exame*, 7 mar. 2018. Disponível em: https://exame.abril.com.br/brasil/a-desigualdade-de-genero-no-brasil-em-um-grafico/. Acesso em: 20 abr. 2019.

CAMPOI, Isabela Candeloro. O livro "Direitos das mulheres e injustiça dos homens" de Nísia Floresta: literatura, mulheres e o Brasil do século XIX. *História*, São Paulo, v. 30, n. 2, p. 196-213, ago./dez. 2011.

CASCINO, Fabio. Tecitura. *In*: FAZENDA, Ivani. *Dicionário em construção*: interdisciplinaridade. São Paulo: Cortez, 2001.

CASTELLS, Manuel. *A era da informação*: economia, sociedade e cultura. Lisboa: Fundação Calouste Gulbenkian, 2002. v. 1.

CHEVALIER, Louis. *Classe laborieuses et classes dangereuses à Paris pendant la première moitié du XIXe siècle*. Paris: Hachette, 1984.

COUTINHO, C. P.; LISBOA, E. S. Sociedade da informação, do conhecimento e da aprendizagem: desafios para educação no século XXI. *Revista de Educação*, v. 18, n. 1, p. 5-22, 2011. Disponível em: http://revista.educ.ie.ulisboa.pt/arquivo/vol_XVIII_1/artigo1.pdf. Acesso em: 25 fev. 2020.

CRAMER, L. et al. Representações femininas da ação empreendedora: uma análise da trajetória das mulheres no mundo dos negócios. *Revista de Empreendedorismo e Gestão de Pequenas Empresas*, v. 1, n. 1, 2012. Disponível em: http://www.spell.org.br/documentos/ver/30698/representacoes-femininas-da-acao-empreendedora--uma-analise-da-trajetoria-das-mulheres-no-mundo-dos-negocios/i/pt-br. Acesso em: 12 dez. 2018.

D'INACIO, M. A. Mulher e família burguesa. *In*: DEL PRIORE, M. (Org.). *História das mulheres no Brasil*. São Paulo: Contexto, 2004.

E-COMMERCEBRASIL. Em dez anos, cai diferença entre homens e mulheres no mercado de trabalho. 19 fev. 2018. Disponível em: https://www.ecommercebrasil.com.br/noticias/cai-diferenca-homens-mulheres-mercado-trabalho/. Acesso em: 20 abr. 2019.

ENGELS, Friedrich. *A origem da família, da propriedade privada e do Estado*. Tradução de Ruth M. Klaus. São Paulo: Centauro, 2002.

FAUSTO, Boris. *História concisa do Brasil*. São Paulo: Edusp, 2006.

FERNANDES, L. A. B. Construindo identidades sociais: feminilidade e masculinidade. *In*: ENCONTRO ANUAL DA ANPOCS, 31º. *Anais*... Caxambu, MG: [s.n.]: 22 a 26 out. 2007. Disponível em: https://anpocs.com/index.php/papers-31-encontro/st-7/st18-5/2953-luisfernandes-construindo/file. Acesso em: 20 fev. 2019.

FRASER, N. O feminismo, o capitalismo e a astúcia da história. *Mediações*, Londrina, v. 14, n. 2, p. 11-33, 2009.

HIRATA, Helena. Globalização e divisão sexual do trabalho. *Cadernos Pagu*, v. 17, n. 2, p. 139-156, 2001/2002.

IANNI, O. *A era do globalismo*. 4. ed. Rio de Janeiro: Civilização Brasileira, 2003.

IBGE. Estatísticas de gênero. Indicadores sociais das mulheres no Brasil. *Estudos e Pesquisas. Informação Demográfica e Socioeconômica*, n. 38, 2018. Disponível em: https://biblioteca.ibge.gov.br/visualizacao/livros/liv101551_informativo.pdf. Acesso em: 20 maio 2019.

IBGE. *Histórico dos censos demográficos brasileiros*. Disponível em: https://ww2.ibge.gov.br/home/estatistica/populacao/censohistorico/default_hist.shtm. Acesso em: 20 jan. 2019.

IBGE. *Indicadores sociais das mulheres no Brasil*. Diretoria de Pesquisas, Coordenação de População e Indicadores Sociais. 2019. Disponível em: https://educa.ibge.gov.br/jovens/materias-especiais/materias-especiais/20453-estatisticas-de-genero-indicadores-sociais-das-mulheres-no-brasil.html.

KURZAWA, Luciane Lima Peres. O papel da mulher na gestão pública. *Sefaz*, 2003. Disponível em: http://www.sefaz.ms.gov.br/age/artigostec/artigoluciane.pdf. Acesso em: mar. 2020.

LIMA, G. S. *et al*. O teto de vidro das executivas brasileiras. *Pretexto*, v. 14, n. 4, p. 65-80, 2013.

LIMA, T. C. S.; MIOTO, R. C. T. Procedimentos metodológicos na construção do conhecimento científico: pesquisa bibliográfica. *Rev. Katál.*, Florianópolis, v. 10, n. esp., p. 37-45, 2007.

LOPES, L. P. Moita (Org.). *Discursos de identidades*. Campinas: Mercado de Letras, 2003.

LOPES, M. *et al*. Análise da relação entre aptidões cerebrais e competências gerenciais: o caso de uma empresa têxtil. *Gest. Prod.*, São Carlos, v. 17, n. 1, p. 123-136, 2010.

MACHADO, L. A Institucionalização da lógica das competências no Brasil. *Pró-Posições*, Campinas, v. 13, n. 1, p. 92-110, jan./abr. 2002.

MAVIN, S.; BRYANS, P. Gender on the Agenda in Management Education? *Women in Management Review*, v. 14, n. 3, 1999.

MEIRELES, Cecília. *Poesia completa*. Rio de Janeiro: Nova Fronteira, 2001. v. I.

MIGUEL, L. F. O feminismo e a política. *In*: MIGUEL, Luis Felipe; BIROLI, Flávia. *Feminismo e política*: uma introdução. São Paulo: Boitempo, 2014.

MOREIRA, Maria Cecilia Gonçalves. *A violência entre parceiros íntimos*: o difícil processo da ruptura. Rio de Janeiro: PUC, Departamento de Serviço Social, 2005.

MURARO, Rose Marie. *A mulher no terceiro milênio*: uma história da mulher através dos tempos e suas perspectivas para o futuro. 6. tir. Rio de Janeiro: Record; Rosa dos Tempos, 2000.

NOVELINO, A. Feminilidade: um perfil cultural. *Tópicos Educacionais*, v. 16, n. 1-3, p. 19-31, 1998. Disponível em: https://periodicos.ufpe.br/revistas/topicoseducacionais/article/download/22453/18639. Acesso em: 2 jan. 2019.

OLIVEIRA, D. A.; BRANGION, A. R.; MAGALHÃES, Y. T. Representações sociais de gênero no setor de manutenção de uma empresa mineradora. *In*: ENCONTRO DA ANPAD, XXXV. *Anais*... Rio de Janeiro: [s.n.], 4 a 7 set. 2011. Disponível em: http://www.anpad.org.br/admin/pdf/EOR1654.pdf. Acesso em: 20 jan. 2019.

PERROT, M. Escrever uma história das mulheres: relato de uma experiência. *Cadernos Pagu*, v. 4, p. 9-28, 1995.

PINTO, Céli Regina Jardim. Feminismo, história e poder. *Revista Sociologia Política*, Curitiba, v. 18, n. 36, p. 15-23, jun. 2010.

PRIORE, M. D. (Org.); BASSANEZI, C. (Coord.). *História das mulheres no Brasil*. 8. ed. São Paulo: Contexto, 2004.

REED, Evelyn. *Sexo contra sexo ou classe contra classe*. São Paulo: Editora Instituto José Luís e Rosa Sundermann, 2008.

ROCHA, G. R.; ROCHA, L. F. S. Uma história social do conceito de feminilidade na psicanálise de 1910 a 1930. *Scientiae Studia*, São Paulo, v. 15, n. 1, p. 121-144, 2017. Disponível em: https://www.revistas.usp.br/ss/article/view/133646. Acesso em: 20 jan. 2019.

ROHDEN, F. A questão da diferença entre os sexos: redefinições no século XIX. *In*: ROHDEN, F. *Uma ciência da diferença*: sexo e gênero na medicina da mulher. 2. ed. rev. e ampl. Rio de Janeiro: Editora Fiocruz, 2001. Antropologia & Saúde Collection. ISBN 978-85-7541-399-9. Disponível em: http://books.scielo.org/id/8m665/pdf/rohden-9788575413999-03.pdf. Acesso em: 20 jan. 2019.

ROUSSEAU, Jean-Jacques. *Emílio ou da educação*. São Paulo: R. T. Bertrand Brasil, 1995.

SANTOS, V. C. dos. Indícios de sentidos e significados de feminilidade e de masculinidade em aulas de Educação Física. *Motriz: Revista de Educação Física*, Rio Claro, v. 16, n. 4, out./dez. 2010. DOI: http://dx.doi.org/10.5016/1980-6574.2010v16n4p841. Disponível em: http://www.scielo.br/scielo.php?script=sci_arttext&pid=S1980-65742010000400004. Acesso em: 12 dez. 2018.

SCHUMAHER, S.; BRAZIL, E. V. (Org.). *Dicionário mulheres do Brasil*: de 1500 até a atualidade biográfico e ilustrado. Rio de Janeiro: Jorge Zahar Ed., 2000.

SERPA, N. C. A inserção e a discriminação da mulher no mercado de trabalho: questão de gênero. *Diásporas, Diversidades, Deslocamentos*, 23-26 ago. 2010. Disponível em: http://www.fazendogenero.ufsc.br/9/resources/anais/1265896752_ARQUIVO_ARTIGOREVISAO.pdf. Acesso em: 10 jan. 2019.

THIMÓTEO, P. M.; ZAMPIER, M. A.; STEFANO, S. R. Atuação feminina em cargos de liderança: a realidade de algumas empresas de uma cidade da mesorregião central do Paraná. *Revista da Micro e Pequena Empresa*, Campo Limpo Paulista, v. 9, n. 1, p. 53-75, 2015. Disponível em: https://search.proquest.com/openview/81a8b8f5833f636c7e59dc74e0464229/1?pq-origsite=gscholar&cbl=2043071. Acesso em: 20 jan. 2019.

UNESCO. *Declaração Mundial sobre Educação Superior no Século XXI*: Visão e Ação 1998. Paris: Unesco, 1998.

WOLLSTONECRAFT, Mary. *Reivindicação dos direitos das mulheres*. Tradução e notas de Andreia Reis do Carmo. São Paulo: Edipro/Boitempo, 2015.

WOOD JR., Thomaz; SOUZA, Renato J. Os caminhos da pesquisa científica em administração em busca da relevância perdida. *Revista Organizações & Sociedade*, v. 26, n. 90, p. 535-557, jul./set. 2019.

ZAGO, C. C. Cultura organizacional: formação, conceito e constituição. *Revista Eletrônica Sistemas & Gestão*, v. 8, n. 2, p. 106-117, 2013. DOI: 10.7177/sg.2013. Disponível em: http://www.revistasg.uff.br/index.php/sg/article/view/V8N2A1. Acesso em: 10 mar. 2019.

Informação bibliográfica deste texto, conforme a NBR 6023:2018 da Associação Brasileira de Normas Técnicas (ABNT):

ARROYO, Maria Betânia de Carvalho Fidalgo. A mulher na gestão e os desafios da cultura organizacional: perspectivas para o século disruptivo. *In*: MENDES, Denise Pinheiro Santos; MENDES, Giussepp; BACELAR, Jeferson Antonio Fernandes (Coords.). *Magníficas mulheres*: lutando e conquistando direitos. Belo Horizonte: Fórum, 2023. p. 247-269. ISBN 978-65-5518-488-4.

MULHER – CONQUISTAS NO TEMPO – O CAMINHO QUE SEGUE

MARIA DE NAZARÉ SILVA GOUVEIA DOS SANTOS

> *Eu sou aquela mulher*
> *a quem o tempo*
> *muito ensinou*
> *Ensinou a amar a vida*
> *a não desistir da luta*
> *a recomeçar na derrota* [...]
> *Acreditar nos valores humanos*
> *e ser otimista*
> (Cora Coralina, poema *A mulher*)

1 Introdução

A iniciativa em promover esta homenagem especial às mulheres, como exemplo de conquistas, em especial às cinco gestoras de tribunais em nosso estado, exercendo funções de relevância e alta responsabilidade social, apresenta-se tão feliz quanto oportuna, pois se insere nestes tempos, em que a referência feminina tem deixado de ser restrita às funções domésticas e se eleva a atividades ampliadas num horizonte de infinitas aptidões.

A presença e a competência das mulheres ganham projeção e respeito na mesma proporção em que os avanços sociais e tecnológicos impõem visões e ações operacionais que logo se adaptam tanto a todos os níveis e diversidade pública, comercial e industrial, quanto nas missões de controle e assessoramento, demonstrando talento e dedicação.

Além da preparação cultural, intelectual e técnica evidenciada onde quer que estejam empenhadas, as mulheres ainda emprestam os dotes peculiares e exclusivos dados pelo criador: o milagre da concepção e a delicadeza da feminilidade, substituindo a força física, entretanto, sobrevindo a coragem de ser mulher, encarar e vencer os desafios inúmeras vezes pela doçura, segurança e vigor da palavra.

"Ai palavras, ai, palavras, que estranha potência a vossa", como afirma Cecília Meireles, assegurando-nos o poder da vitória.

Por tudo isso e quanto mais se pode efetivar, na promoção e valorização do ser mulher, sou profundamente agradecida por esta oportunidade de me integrar à realização desta obra, com o espírito e a alma que espero estarem contidos no texto a seguir.

Felicito os editores deste livro, enquanto homenageio as cinco mulheres heroínas destes novos tempos que vivemos em nosso estado.

Uma pequena e rápida abordagem é o que faremos a seguir, cumprindo, inclusive, o que nos foi solicitado.

2 O tempo e a mulher – O caminho que segue

Escrever sobre a ascensão da mulher, em suas multifacetadas atividades públicas e privadas, implica que se faça uma incursão por episódios milenares, responsáveis pelo desbravamento dos caminhos que permitiram chegar até os dias de hoje nessa trajetória infinda.

Também se impõe que se incursione pelas influências do simbolismo das figurações do paraíso, onde Adão e Eva contracenavam e o poder divino conferia à mulher a suprema e exclusiva graça da concepção e geração da espécie humana a povoar a Terra, faculdade estendida aos demais seres das diversas espécies.

Ao longo dos séculos, a existência e a importância da mulher têm sido uma constante na história dos povos, marcando épocas em que imperou e influenciou nas decisões e conquistas de reis e imperadores.

Sofreram, em outros tempos e culturas reinantes, a submissão aos homens poderosos, culminando com regimes escravagistas, infelizmente ainda praticados em alguns países e nas comunidades dominadas por práticas religiosas e costumeiras, tidas como primitivas. Todavia, em todos os tempos e situações, as mulheres sempre se mobilizaram pela liberdade e independência física e civil, expondo-se aos riscos e pagando com a vida o custo para superar obstáculos e atingir objetivos.

Na Constituição de 1824, somente o homem era considerado "cidadão". A mulher poderia trabalhar em empresa privada, desde que com autorização paterna ou conjugal, mas não poderia ser funcionária pública.

Maior efetividade nas conquistas femininas tem decorrido dos movimentos coletivos contra a submissão e as condições desumanas, em certos casos análogas à escravidão.

Celebrações pelo avanço feminino em todo o mundo são concentradas no Brasil, com o Dia Internacional da Mulher, no dia 8 de março. A data é relacionada ao incêndio ocorrido em uma fábrica em Nova York em 25.3.1911, quando morreram 125 mulheres.

Registros anteriores trazem referências à reivindicação de mulheres dentro do movimento de trabalhadores, para que houvesse um momento dedicado às suas causas. Movimentos assim já ocorriam durante a Primeira Guerra Mundial, inclusive considerado precursor da Revolução Russa em 1917.

Para contextualizar os avanços das mulheres no Brasil na atualidade, há que se buscar no tempo os direitos políticos conquistados, como seu direito ao voto, a partir do Código Eleitoral de 1932, decretado durante o governo de Getúlio Vargas. Assim coroou uma luta iniciada no século XIX e continuada no início do século XX, superando a grande resistência à concessão desse direito às mulheres. O crescimento da causa do voto feminino no país resultou no surgimento de associações, instituições e até partidos em defesa dessa pauta, exemplificado pelo surgimento do então Partido Republicano Feminino em 1910, replicado nos dias atuais.

A Constituição de 1934 consagrou, pela primeira vez, o princípio da igualdade entre os sexos, proibiu o trabalho de mulheres em indústrias insalubres, assim também a diferença de salários em razão do sexo e, acertadamente, garantiu a assistência médica e sanitária à gestante e descanso antes e depois do parto, pela Previdência Social.

A Carta Constitucional de 1937 manteve as conquistas das Constituições anteriores e consolidou o direito ao voto para as mulheres.

Movimentos tidos como precursores passaram a estimular o protagonismo político e civil, que as mulheres vêm assumindo em todo o mundo.

Muitos e fundamentais são os momentos históricos que mais têm influído na busca dos espaços que a mulher entende serem seus por direito e merecimento, busca inspiradora de inúmeras consagrações em todas as línguas e disseminadas em todos os meios de comunicação.

Há muitas suposições sobre como, onde e quem gestou a frase "lugar de mulher é onde ela quiser", todavia, não é importante a autoria, o que importa é a profundidade de seu significado em todo tempo e lugar, sobrelevando a liberdade de escolha, a libertação dos grilhões que as prendiam, dando asas ao direito de querer, pensar e fazer o que lhe convier. É o querer liberto, é a força da palavra e a consecução do que representa.

Ultrapassa, ainda, a simples celebração da liberdade feminina, amplificando a abrangência do significado e profundidade que lhe confere toda uma história secular de lutas, sofrimentos e conquistas de espaços de relevo na sociedade e nas posições de expressão pública e privada que têm assumido.

Conquistas de lutas e sacrifícios vieram, estão e continuam acontecendo nos novos e bons tempos da mulher no Brasil e no mundo.

Muitas mulheres exercem cargos e funções públicas relevantes. Ao mesmo tempo, cresce o número de executivas, as cognominadas "mulheres empoderadas" nas empresas privadas e na prática denominada "empreendedorismo". Um olhar nos quadros de formaturas, nas diversas especialidades dos diferentes níveis, mostra-nos o número cada vez maior de mulheres preparadas para ocupar os espaços abertos pelas heroínas de tantas lutas. Em todos os tempos, lutamos não apenas pelos espaços antes só de homens, mas também pela igualdade de salários.

Em nosso país, a mídia traz continuadamente matérias e entrevistas em que mulheres se revelam competentes e aplicadas em atividades antes desempenhadas exclusivamente pelos homens, tanto no serviço público como nos negócios privados, inclusive na liderança de grandes conglomerados e consultorias profissionais nos setores financeiros e comerciais. A presença feminina também ganhou destaque na área dos diversos esportes, antes em modalidades disputadas em quadras e, nos anos recentes, em esportes que exigem força física, nos quais, inclusive, mulheres do Brasil vêm colecionando campeonatos e medalhas olímpicas.

Sempre haverá um longo caminho a percorrer, inspirado nas bravas e corajosas ações empreendidas pelas pioneiras. Ainda são consideráveis e constituem enormes desafios à superação dos preconceitos e suas repercussões nos problemas de relacionamento e convivência no cotidiano de cada uma. A Lei Maria da Penha é um exemplo no Brasil de lei específica contra a violência doméstica e familiar, e muito contribuiu para minorar toda essa problemática. Foi promulgada em 7.8.2006, advinda da luta de uma mulher que foi vítima desde 1983. A lei traz seu próprio nome.

Infelizmente esse preconceito ocorre no dia a dia e às vezes pela própria mulher, nas desconfianças de passageiros de aeronaves ao saberem que no comando está uma mulher, ocasiões que ocorrem no trânsito, quando dizem: "é barbeiragem, também pudera, é uma mulher".

Não obstante nada disso importa, pois a cada dia a liderança tem passado a ser feminina, que consegue afastar os obstáculos e segue em frente.

Assim, as mulheres terão que administrar as reações de homens dirigidos por elas no trabalho, como nos quartéis, em que vozes de comando são sinônimos da disciplina a ser observada.

Ganham relevância especial nesse contexto, pela maior exposição à sociedade, órgãos públicos como exemplos significativos dessa ascensão feminina em que predominava a presença masculina. No Tribunal de Justiça do Estado do Pará (TJPA), tivemos a primeira presidente do Judiciário brasileiro, a Desembargadora Lydia Dias Fernandes, entre os anos 1979 e 1981. Quando escrevo este texto, em agosto de 2022, preside o TJPA a Desembargadora Célia Regina de Lima Pinheiro, antecedida por outras sete mulheres. Outras virão, considerando que o número de mulheres é a maioria na Corte. O que certamente aumentará com o ingresso de mais juízas concursadas em cada certame.

Situação semelhante ocorre nos demais tribunais paraenses, em todos fortalecendo a presença feminina em funções expressivas e essenciais à vida das comunidades como um todo.

Preside o Tribunal Regional Eleitoral (TRE) a Desembargadora Luzia Nadja do Nascimento, que já esteve à frente do TJPA, com outras mulheres a antecedê-la; o mesmo acontecendo com a Desembargadora Graziela Colares, na Presidência do Tribunal Regional do Trabalho (TRT). O Tribunal de Contas do Estado (TCE) é presidido pela Conselheira Lourdes Lima e o Tribunal de Contas dos Municípios (TCM) tem na Presidência a Conselheira Mara Lúcia Barbalho da Cruz.

Presidentes mulheres de antes, de hoje e de sempre exemplificam e dignificam a pujança profissional em poderes de nosso estado, e hoje são homenageadas pelo competente e dedicado exercício das funções que se propuseram a desempenhar. Também deve ser reverenciada a memória das mulheres que lutaram e continuam lutando em favor das justas causas femininas. Muitas com o sacrifício de interesses pessoais e das carreiras profissionais, proporcionando as condições para que celebremos essas conquistas na prática. Além da frase de que "lugar da mulher é onde ela quiser", vale ser acrescentado, "por direito e merecimento".

A mulher e o tempo, as conquistas, seu lugar no espaço e não abdicar da maternidade é o caminho que segue.

3 Conclusão

Quando me referi às heroínas que, com sangue, suor e lágrimas, abriram os caminhos e descortinaram os horizontes que as mulheres do mundo têm percorrido, conquistado e ampliado, elevei meus pensamentos em reverência e louvor a elas. Ao mesmo tempo, roguei aos céus pelas heroínas que as antecederam e as que as sucederão, superando regimes opressores, nas jornadas de trabalho desumanas e nas remunerações indignas, alcançando patamares correspondentes aos merecimentos.

Os acontecimentos e as experiências têm servido para a edição de estatutos legais, com finalidades específicas e com objetivos gerais, fortalecendo e ampliando o arcabouço legal responsável pela promoção e apoio necessários à dignidade das mulheres.

A publicação de livros como este, certamente, cumprirá o papel acessório de mostrar, particularmente às mulheres, o quanto temos avançado e podemos continuar avançando em nossas causas.

Celebremos, sobretudo, a nova mentalidade que se estabeleceu e vem sendo fortalecida na consciência da sociedade. Graças a essa concepção, passamos a festejar a mulher, atuando em todas as atividades humanas existentes ou por existirem, também praticando todos os esportes, gerenciando empresas, empreendendo negócios, atuando na política, fiscalizando contas públicas e judicando sobre os direitos e deveres dos cidadãos, especialmente nossas cinco homenageadas.

Enfim, estar onde ela quiser. E, principalmente, o que nos legou Cecília Meireles:

Não venci todas as vezes que lutei,
mas perdi todas as vezes que deixei de lutar.

O caminho segue.

Referências

AS MULHERES e as leis brasileiras através da história. *Dia a Dia Educação*. Disponível em: http://www.educadores.diaadia.pr.gov.br/modules/conteudo/conteudo.php?conteudo=841.

AUSTEN, Jane. *Razão e sensibilidade*. [s.l.]: [s.n.], [s.d.].

BEAUVOIR, Simone de. *O segredo do sexo*. [s.l.]: [s.n.], [s.d.].

BRASIL. *Constituição Federal de 1934*. Disponível em: www.planalto.gov.br.

BRASIL. *Constituição Federal de 1937*. Disponível em: www.planalto.gov.br.

BRASIL. *Constituição Imperial de 1824*. Disponível em: www.planalto.gov.br.

BRASIL. *Lei Maria da Penha* – Lei nº 11.340/2006. Disponível em: www.planalto.gov.br.

DAVIS, Ângela. *Mulheres, raça e classe*. [s.l.]: [s.n.], [s.d.].

FRANK, Anne *et al*. *O diário de Anne Frank* – Diário gráfico. [s.l.]: [s.n.], [s.d.].

GUIMARÃES, Maria de Nazaré Saavedra. *Direitos humanos no cotidiano jurídico*: a violência contra a mulher – Um estudo comparativo entre as legislações do Brasil e da Argentina. Rio de Janeiro: Lumen Juris, 2021.

JESUS, Carolina Maria de. *Diário de uma favelada*. [s.l.]: [s.n.], [s.d.].

REIS, Maria Firmina dos. Úrsula. [s.l.]: [s.n.], [s.d.].

WOOLF, Virgínia. *Diário* – 1927-1941. [s.l.]: [s.n.], [s.d.].

Informação bibliográfica deste texto, conforme a NBR 6023:2018 da Associação Brasileira de Normas Técnicas (ABNT):

SANTOS, Maria de Nazaré Silva Gouveia dos. Mulher – Conquistas no tempo – O caminho que segue. *In*: MENDES, Denise Pinheiro Santos; MENDES, Giussepp; BACELAR, Jeferson Antonio Fernandes (Coords.). *Magníficas mulheres*: lutando e conquistando direitos. Belo Horizonte: Fórum, 2023. p. 271-276. ISBN 978-65-5518-488-4.

FEMINICÍDIO NA PANDEMIA DE COVID-19: O FINAL FATAL DO CICLO DA VIOLÊNCIA CONTRA A MULHER COM PERSPECTIVA DE GÊNERO

MARIA DE NAZARÉ SAAVEDRA GUIMARÃES

Introdução

Visando a contribuir para celebrar a representatividade de mulheres nas carreiras jurídicas do estado do Pará, este artigo tem como base uma pesquisa preliminar sobre o feminicídio com perspectiva de gênero durante a pandemia de Covid-19, tendo utilizado excertos dos dados analisados neste contexto.

Nos anos de 2011 a 2015, coube-me a honra de coordenar o Grupo Interinstitucional de Trabalho e Prevenção à Violência Doméstica e Familiar contra a Mulher, posteriormente denominado Coordenadoria das Mulheres em Situação de Violência Doméstica e Familiar, no âmbito do Tribunal de Justiça do Estado do Pará junto a outras instituições parceiras. Essas parcerias – que ainda decorrem – são de vital importância no diálogo interinstitucional sobre o feminicídio na perspectiva de igualdade de gênero.

E, a partir dessa experiência centrada em eventos, políticas, observações participantes e pesquisas realizados,[1] foi-me permitido reexaminar as realidades de mulheres vítimas de violência em sua fase mais letal – o feminicídio, durante a pandemia de Covid-19, e o artigo, portanto, propõe-se a resgatar alguns marcos que contextualizam esse despertar para a desigualdade institucional de gênero e refletir sobre a novel Lei do Feminicídio, que, vista com outro olhar, pode ser propulsora de uma mudança comportamental sobre a questão de gênero no meio jurídico.

A época que estamos vivendo é oportuna para verbalizar inúmeras questões provocadas em nossas vidas pela situação em tempos de pandemia de Covid-19. Vivemos uma experiência singular que, sob vários aspectos, tomou-nos de assalto com mudanças indesejadas. Mesmo antes do dia 12.3.2020, quando ocorreu o registro oficial da primeira

---

[1] Na obra *Direitos humanos no cotidiano jurídico: a violência contra a mulher – Um estudo comparativo entre as legislações do Brasil e da Argentina* (GUIMARÃES, 2020), a autora enfatiza essas experiências acadêmicas.

morte por Covid-19 no Brasil, as notícias da Europa, especialmente da Itália, França e Espanha, fizeram com que soasse mais alto o alarme em nossos ouvidos, revelando a tragicidade da pandemia aos olhos da maioria, em nosso país.

A cada dia, esse quadro trágico se ampliou com efeitos danosos sobre uma vasta diversidade de categorias sociais. Fomos forçados a reconfigurar nossos contextos de vida e de trabalho e, ao mesmo tempo, produzir novas formas de relações com os outros. Além das subjetividades, a situação sanitária de forma drástica e o isolamento social imposto pela crise pandêmica iluminaram o arco das desigualdades de classes, gênero e raça em países como o Brasil. Se em 2020 e 2021, a evocação do *mememto mori*[2] provocou pânico geral ou individual no mundo, a realidade cotidiana no presente com a diminuição da mortandade provoca o desejo de verbalizar que "o pior já passou".

Nesse sentido, chama a atenção a predominância de uma modalidade, o chamado "normal" ser alterado e batizado pela mídia como o "novo normal" que, entretanto, ao contrário do que é usualmente imaginado, não reflete a realidade de centenas de milhares de mulheres que se tornaram mais expostas e próximas à morte, não apenas causada pela pandemia, como também pela violência ocasionada pelo isolamento sanitário, indicando que práticas de violência contra a mulher não são momentâneas, pois não há ruptura profunda com as estruturas que estão na base do ciclo dessa violência.

O que é feminicídio

Fundamentado em razão do gênero, o termo *feminicídio* significa o assassinato cometido quando a vítima é morta por ser mulher, tendo em sua maioria, como autor do crime, alguém que com ela possui vínculo afetivo, como marido, ex-marido, namorado, ex-namorado etc. Quase sempre, é antecedido por longos períodos em um histórico de violência com grande frequência sofrida pela vítima no interior de seu lar, que não é relatado nem para membros mais íntimos de sua família e, que, por assim agir, não consegue sair do ciclo da violência, expressando, portanto, a perversa face de uma sociedade concebida a partir de um modelo da família patriarcal, hierarquizado e fortemente baseado na submissão feminina e dominação masculina.

Em 1976, no Primeiro Tribunal Internacional de Crimes contra as Mulheres, em Bruxelas, na Bélgica, foi pela primeira vez usado, como neologismo, o termo *feminicídio*. Em uma sessão do referido Tribunal, a ativista feminista Diana Russel testemunhou e defendeu que a ocorrência de mortes de mulheres nos Estados Unidos e no Líbano seria consequência de ações misóginas e, como tais, deveriam ser apresentadas e julgadas como feminicídios (ROMIO, 2017), uma nova maneira de nomear homicídios femininos devido à condição social da mulher e de se opor à neutralidade que designava as mortes por assassinato sem a observância de diferenças de sexo e gênero.

Dessa forma, o conceito exposto naquele Tribunal iniciou a epistemologia dos direitos humanos, englobando uma diversidade de tipos de violências contra as mulheres que resultam em morte, desde a execução de mulheres nas fogueiras que no passado foram consideradas bruxas aos infanticídios de meninas, ou os assassinatos justificados por motivos de honra. O objetivo foi demonstrar que esse tipo de crime tem sido praticado ao longo do tempo e por diferentes justificativas (RUSSEL, 2011).

---

[2] Expressão latina que significa algo como "lembre-se de que você é mortal".

Na coletânea *Femicide*, Caputi e Russel (1992) assim definem feminicídio:

> Assim como o estupro, muitos assassinatos de mulheres por maridos, amantes, pais, conhecidos e estranhos, não são produtos de algum desvio inexplicável, eles são feminicídios (femicides), a forma mais extrema do terrorismo sexista, motivado pelo ódio, desprezo, prazer, ou um senso de propriedade sobre a mulher. Feminicídio inclui mortes por mutilação, estupro, espancamentos que terminam em morte, imolação como no caso das mulheres consideradas bruxas na Europa ou de viúvas na Ásia, crimes de honra [...] nomeando-os como feminicídio remove-se o véu não engendrado de termos como homicídio e assassinato. (CAPUTI; RUSSEL, 1992, p. 15) (Tradução nossa)

As autoras enumeram o *continuum* da violência que estabelece a trilha percorrida até o feminicídio:

> [...] O feminicídio fala sobre o extremo fim do *continuum* de terror anti-mulher que inclui uma variedade de formas de violências e abusos físicos e verbais, como o estupro, a tortura, escravidão sexual (particularmente na prostituição), incestos e extrafamiliar abuso sexual de crianças, violência física e emocional, assédio sexual (por telefone, nas ruas, no trabalho, e na escola), mutilação genital (clitoridetomia, excisão, infibulação), operações ginecológicas desnecessárias (histerectomias gratuitas), heterossexualidade forçada, esterilização forçada, maternidade forçada (pela criminalização da contracepção e do aborto), psicocirurgia, negação de alimentos para mulheres em algumas culturas, cirurgias estéticas e outras mutilações em nome da beleza. Sempre que estas formas de terrorismo resultam em morte, eles se tornam feminicídios. (CAPUTI; RUSSEL, 1992, p. 15) (Tradução nossa)

Ao analisar assassinatos de mulheres para a realidade da Costa Rica, e adotando como marco teórico conceitos como socialização de gênero[3] e violência,[4] o conceito de feminicídio para Sagot e Cercedo (2006, p. 413) "ajuda a desarticular os argumentos de que a violência baseada na iniquidade de gênero é um assunto pessoal ou privado e mostra seu caráter profundamente social e político, resultado das relações de poder entre homens e mulheres na sociedade". Concordando com Caputi e Russel (1992), as autoras entendem o feminicídio como:

> O assassinato de mulheres por razões associadas com seu gênero. É a forma mis extrema da violência baseada na iniquidade de gênero, entendida esta como a violência exercida pelos homens contra as mulheres em seu desejo de obter poder, dominação ou controle. (SAGOT; CARCEDO, 2006, p. 414)

A partir dessa definição inicial, desenvolvem a tipologia: feminicídio íntimo, não íntimo e por conexão. Nesse contexto, o feminicídio íntimo refere-se aos assassinatos de mulheres cometidos por homens com quem as vítimas tinham alguma relação

---

[3] Todas as sociedades estabelecem mecanismos precisos para que os seres humanos aprendam os comportamentos e atitudes considerados adequados para cada expectativa de gênero, processo chamado de socialização de gênero. Processo que não é neutro e seu principal objetivo é forçar as pessoas a adaptarem-se às normas de uma sociedade estruturada com base na desigualdade e opressão de gênero. Controle social. Referência conceitual de Andersen (1988) (SAGOT; CARCEDO, 2006, p. 410).

[4] Para as autoras, a violência contra mulheres é também um componente estrutural do sistema de opressão de gênero (SAGOT; CARCEDO, 2006).

íntima, familiar, de convivência ou de afinidade; o feminicídio não íntimo é atribuído aos assassinatos cometidos por homens com quem as vítimas não tinham relações íntimas, familiares, de convivência ou afinidades, geralmente envolve a agressão sexual; o feminicídio por conexão é aquele referente ao assassinato de mulheres por estarem "na linha do fogo", no momento em que um homem tenta matar outra mulher. No último caso, aparecem as vítimas em contexto familiar, crianças ou mulheres que tentaram intervir ou que simplesmente foram pegas na ação do feminicida (SAGOT; CERCEDO, 2006, p. 414).

No Brasil, Sueli Almeida desenvolveu, pela primeira vez no país, uma pesquisa sobre feminicídio, em 1998. Tendo como referência os estudos propostos por Russel e Radfort (1992), a pesquisadora argumenta sobre a categoria "feminicídio íntimo" para explicar o caráter sexista dos crimes conjugais, "desmascarando a aparente neutralidade dos termos homicídio e assassinato", além de descortinar o fenômeno que integra a política sexual de apropriação das mulheres. Para a autora, homicídios ou tentativas contra as mulheres "não são casuais, nem fenômenos isolados, eles resultam do caráter intensivo e extensivo da violência de gênero, e, em particular, de sua versão doméstica", sendo, portanto, o feminicídio um termo que evidencia o caráter sexista dos homicídios no contexto conjugal (ALMEIDA, 1998, p. 43).

O conceito do feminicídio ganhou grande visibilidade em trabalho publicado por Maria Dolores de Brito Mota e Maria da Penha Maia, que analisam um caso emblemático com grande repercussão nacional e internacional, ocorrido em 2008, na região do ABC, na Grande São Paulo. Durante 4 dias, a adolescente Eloá Cristina Pimentel foi mantida em cativeiro e depois assassinada pelo ex-namorado, que agiu motivado pela "recusa em aceitar o fim do relacionamento". O agressor "(Lindemberg) bateu na vítima, acusou, expôs, coagiu e por fim martirizou o seu corpo com um tiro na virilha, local de representação da identidade sexual, e, na cabeça, local de representação da identidade individual" (FERNANDES; MOTA, 2008).

Entendem as autoras que o assassinato da jovem foi claramente um feminicídio, já que foi "um crime de ódio, realizado sempre com crueldade, como o extremo de um *continuum* de terror, incluindo várias formas de violência até alcançar o nível da morte" (FERNANDES; MOTA, 2008), e, nesse sentido, é um crime de poder, é um crime político e, "juridicamente é um crime hediondo, triplamente qualificado: motivo fútil, sem condições de defesa da vítima, premeditado" (FERNANDES; MOTA, 2008).

No Brasil, a tipificação do feminicídio é recente – foi sancionada em 2015 a Lei nº 13.104/2015 – Lei do Feminicídio. Cabe lembrar que em termos históricos as razões do feminicídio já estavam enraizadas na cultura e legitimadas no passado por outro ordenamento jurídico: o Código Filipino[5] (1603), que assegurava o poder soberano do marido sobre a vida de sua esposa que, no art. 25, assim proclama: "[...] toda mulher que fizer adultério a seu marido, morra por isso [...]".

O feminicídio é previsto como crime no Código Penal brasileiro, incluído na legislação através da Lei nº 13.104/2015, inc. VI, §2º, do art. 121, quando cometido "contra

---

[5] É uma compilação jurídica que resultou da reforma do Código Manuelino, por Filipe II de Espanha (Felipe I de Portugal), durante o domínio castelhano. No Brasil, país que havia se separado de Portugal em 1822, vigeu em matéria civil até 1916, quando foi revogado pelo Código Civil brasileiro de 1916, assim as Ordenações Filipinas tiveram uma sobrevida de quase cinco décadas no Brasil, mesmo após terem sido revogadas em Portugal.

a mulher por razões da condição de sexo feminino". O §2º-A, do art. 121, do referido código, complementa o inciso já citado ao estabelecer que há razões de condição de sexo feminino quando o crime envolver: "I - violência doméstica e familiar" (o art. 5º da Lei nº 11.340/06 enumera o que é considerado pela lei violência doméstica); "II - menosprezo ou discriminação à condição de mulher" (BRASIL, 2015).

Embora durante o ápice da pandemia de Covid-19, a quarentena e/ou isolamento social tenham sido as medidas mais seguras para minimizar os efeitos diretos da patologia, o isolamento impôs uma série de consequências para a vida de mulheres que já viviam em situação de violência doméstica. Sendo obrigadas a permanecer sem lugar seguro, junto a seu agressor, na maioria das vezes, em habitações precárias, com os filhos e com a renda familiar diminuída, esta situação teve, como consequência direta, não apenas o aumento dos casos de violência, mas a diminuição das denúncias, uma vez que em função do isolamento muitas mulheres não conseguiram sair de casa ou tiveram medo de realizá-las pela aproximação do parceiro agressivo, impedindo-as de pedir apoio, encontrar familiares, amigos ou mesmo buscar ajuda em situações necessárias.

Violência letal: o que revelam os dados de feminicídios durante o ápice da pandemia

O ciclo de uma série de violências contra a mulher tem como resultado final e extremo a violência letal – o feminicídio. Durante o período de isolamento social necessário à pandemia de Covid-19, as evidências apontam para um cenário com redução de acesso aos canais de denúncias e serviços de proteção e a consequente diminuição de registros de crimes que tratam da violência. Discutindo essa situação, o relatório do Fórum de Segurança Pública (BUENO et al., 2021, p. 8), assim afirma:

> [...] embora a violência letal estivesse crescendo no período, as mulheres estavam encontrando mais dificuldades para realizar denúncias do que em períodos anteriores, provavelmente por dois motivos: em função do maior convívio junto ao agressor e da consequente ampliação da manipulação física e psicológica sobre a vítima; e das dificuldades de deslocamento e acesso a instituições e redes de proteção, que no período passavam por instabilidades, como diminuição do número de servidores, horários de atendimento reduzidos e aumento das demandas, bem como pelas restrições de mobilidade.

Os casos de feminicídios são apresentados através dos dados do Fórum de Segurança Pública, em 2022, que tem como fonte os boletins de ocorrências das Polícias Civis das 27 unidades da Federação. A pesquisa constitui apenas uma parte dos casos de mulheres vítimas de feminicídios, não estando contabilizado tantos outros sem registros e muito menos conhecidos. Temos assim que, no Brasil, entre 2020 e 2021, houve uma queda de 3,8% na taxa, por 100 mil mulheres, dos homicídios femininos.

Em 2021, ocorreram um total de 1.319 feminicídios no país, recuo de 2,4% no número de vítimas registradas em relação ao ano anterior. No total, foram 32 vítimas de feminicídio a menos do que em 2020, quando 1.351 mulheres foram mortas. Em 2021, em média, uma mulher foi vítima de feminicídio a cada 7 horas.

A taxa de mortalidade por feminicídio foi de 1,22 mortes a cada 100 mil mulheres, recuo de 3% em relação ao ano anterior, quando a taxa ficou em 1,26 mortes por 100 mil habitantes do sexo feminino.

No caso dos feminicídios, tipificação incluída pela Lei nº 13.104/2015 enquanto qualificadora do crime de homicídio,[6] a queda foi de 1,7% na taxa entre os dois anos. Mesmo com a variação, os números ainda assustam: nos últimos dois anos, 2.695 mulheres foram mortas pela condição de serem mulheres – 1.354 em 2020 e 1.341 em 2021.

TABELA 1 – FEMINICÍDIOS, BRASIL E UNIDADES DA FEDERAÇÃO – 2019-2021

(continua)

Brasil e unidades da Federação	Feminicídios									
	Números absolutos			Variação nºs absolutos (%)		Taxas*			Variação taxa (%)	
	2019	2020	2021	2019/2020	2020/2021	2019	2020	2021	2019/2020	2020/2021
Brasil	1.328	1.352	1.219	1,7	-2,4	1,24	1,26	1,22	1	-3
Acre	11	11	12	0	9,1	2,6	2,6	2,3	1,4	7,6
Alagoas	44	35	25	-20,5	-28,6	2,5	2	1,4	-20,9	-28,9
Amapá	7	9	4	28,6	-55,6	17	2,2	0,9	26,3	-56,3
Amazonas	12	16	18	33,3	12,5	0,6	0,8	0,8	31,5	11
Bahia	101	114	88	12,9	-22,8	1,3	1,4	1,1	12,3	-23,2
Ceará	34	27	31	-20,6	14,8	0,7	0,6	0,7	-21,1	14,1
Distrito Federal	32	17	25	-46,9	47,1	1,9	1	1,4	-47,9	44,3
Espirito Santo	39	26	35	-25,7	34,6	1,7	1,3	1,7	-26,4	33,3
Goiás	41	43	53	4,9	23,3	12	1,2	1,5	3,7	21,9
Maranhão	51	65	56	27,5	-13,8	1,4	1,8	1,5	26,7	-14,3
Mato Grosso	38	62	43	63,2	-30,6	2,3	3,7	2,8	61,3	-31,4
Mato Grosso do Sul	30	43	37	43,3	-14	2,2	3,1	2,6	41,8	-14,8
Minas Gerais	146	151	152	3,4	0,7	1,4	1,4	1,4	2,9	0,2
Pará	47	66	65	40,4	-1,5	1,1	1,5	1,5	39	-2,5
Paraíba	36	35	30	-2,8	-14,3	1,7	1,7	1,4	-3,4	-14,8
Paraná	89	73	75	-18	2,7	1,5	1,2	1,3	-18,5	2,1
Pernambuco	57	75	89	31,6	13,3	1,2	1,9	1,7	30,8	12,7
Piauí	29	31	36	6,9	16,1	1,7	1,9	2,2	6,6	15,9
Rio de Janeiro	85	78	80	8,2	2,6	1	0,9	0,9	-8,6	2,2
Rio Grande do Norte	21	13	20	-38,1	53,8	1,2	0,7	1,1	-38,6	52,6
Rio Grande do Sul	97	80	96	-7,5	20	1,7	1,4	1,6	-17,8	19,7
Rondônia	6	13	17	116,7	30,8	0,7	1,4	1,8	114,6	29,6
Roraima	6	9	4	50	-55,6	2,3	3,4	1,3	47,8	-56,2

---

[6] A lei qualifica o crime de feminicídio quando ele é cometido contra a mulher por razões da condição de sexo feminino. Considera-se que há razões de condição de sexo feminino quando o crime envolve violência doméstica e familiar e menosprezo ou discriminação à condição de mulher.

(conclusão)

Brasil e unidades da Federação	Feminicídios									
	Números absolutos			Variação nºs absolutos (%)		Taxas*			Variação taxa (%)	
	2019	2020	2021	2019/2020	2020/2021	2019	2020	2021	2019/2020	2020/2021
Santa Catarina	58	57	55	-1,7	-3,5	1,6	1,6	1,5	-2,9	-4,6
São Paulo	184	179	136	-2,7	-24	0,8	0,8	0,6	-3,4	-24,5
Sergipe	21	14	19	-33,3	26,7	1,8	1,2	1,6	-34	34,4
Tocantins	10	9	22	-16	144,4	1,3	1,1	2,7	-11	141,9

Fonte: Secretarias Estaduais de Segurança Pública e/ou Defesa Social; Instituto Brasileiro de Geografia e Estatística (IBGE); Fórum Brasileiro de Segurança Pública. Disponível em: https://forumseguranca.org.br/wp-content/uploads/2022/07/10-anuario-2022. Acesso em: 13 jul. 2022.

(*) Taxa por 100 mil mulheres.

Fatores que ampliaram a vulnerabilidade de mulheres, a manutenção e o agravamento das situações de violência já instaladas, durante a pandemia

Na visão comunitária

- Diminuição da coesão social e acesso aos serviços públicos e instituições que compõem a rede social dos indivíduos.
- Diminuição devido à interrupção ou diminuição das atividades em igrejas, creches, escolas e serviços de proteção social.
- Deslocamento das prioridades dos serviços de saúde para as ações voltadas à assistência aos pacientes com sintomas respiratórios e casos suspeitos e confirmados de Covid-19.

No âmbito relacional

- Maior tempo de convivência com o agressor.
- Redução do contato social da vítima com amigos e familiares, diminuindo as possibilidades de a mulher criar e/ou fortalecer uma rede social de apoio, buscar ajuda e sair da situação de violência.
- A convivência ao longo de todo o dia, especialmente entre famílias de baixa renda, vivendo em domicílios de poucos cômodos e grande aglomeração, reduziu a possibilidade de denúncia com segurança, e desencorajou a mulher a tomar esta decisão.

Na dimensão individual (podem ser estopins para o agravamento da violência)

- O aumento do nível de estresse do agressor gerado pelo medo de adoecer.
- A incerteza sobre o futuro.
- A impossibilidade de convívio social.

- A iminência de redução de renda – especialmente nas classes menos favorecidas, em que há grande parcela que sobrevive às custas do trabalho informal.
- O consumo de bebidas alcoólicas ou outras substâncias psicoativas.
- A sobrecarga feminina com o trabalho doméstico e o cuidado com os filhos, idosos e doentes também reduziu sua capacidade de evitar o conflito com o agressor, além de tornar a mulher mais vulnerável à violência psicológica e à coerção sexual.
- O medo de a violência também atingir seus filhos, restritos ao domicílio, é mais um fator paralisante que dificultou a busca de ajuda.
- Por fim, a dependência financeira em relação ao companheiro em função da estagnação econômica e do período de quarentena é outro aspecto que reduziu a possibilidade de rompimento da situação.

A Lei nº 13.104/2015 – Lei do Feminicídio e suas controvérsias sobre a questão de gênero

Com os compromissos acordados internacionalmente, sobretudo a Convenção Interamericana para Prevenir, Punir e Erradicar a Violência contra a Mulher, o Brasil criou um contínuo de legislações no ordenamento jurídico para combater esse tipo de violência. Iniciou-se com a Lei Maria da Penha, em 2006, que resultou na inclusão da qualificadora do crime de homicídio com a publicação da Lei do Feminicídio em 9.3.2015, criada a partir de uma recomendação da Comissão Parlamentar Mista de Inquérito sobre Violência contra a Mulher (CPMI-VCM), que investigou a violência contra mulheres nos estados brasileiros entre março de 2012 e julho de 2013.

A Lei dos Crimes Hediondos também foi alterada com a inclusão do termo *feminicídio*, ou seja, ao incluir o feminicídio como circunstância qualificadora do homicídio, o crime foi adicionado ao rol dos crimes hediondos (Lei nº 8.072/1990), tal qual o estupro, o genocídio e o latrocínio, entre outros.

O feminicídio ocorre quando o homicídio é praticado "contra a mulher por razões da condição de sexo feminino. O parágrafo segundo do art. 121, inc. VI, do Código Penal complementa essa afirmativa ao preceituar "as razoes de condição de sexo feminino".

O texto da lei que modifica o Código Penal é assim descrito:

Art. 1º O art. 121 do decreto-Lei nº 2.848, de 7 de dezembro de 1840 – Código Penal, passa a vigorar com a seguinte redação:
"*Homicídio simples*
Art. 121. ....
....
Homicídio qualificado
§2º ....
....
Feminicídio
VI - Contra a mulher por razões da condição do sexo feminino
....
§2º-A Considera-se que há razões de condição de sexo feminino quando o crime envolve:

I - Violência doméstica e familiar [o art. 5º da Lei nº 11.340/06 enumera o que é considerado pela lei violência doméstica];
II - Menosprezo ou discriminação à condição de mulher.
Aumento da pena:
§7º A pena do feminicídio é aumentada de 1/3 (um terço) até a metade se o crime for praticado:
I - Durante a gestação ou nos 3 (três) meses posteriores ao parto;
II - Contra pessoa menor de 14 (catorze) anos, maior de 60 (sessenta) anos ou com deficiência;
III - Na presença de descendente ou de ascendente da vítima".

O trecho que modifica a Lei de Crimes Hediondos:

Art. 2º O art. 1º da Lei 8.072, de 25 de julho de 1990, passa a vigorar com a seguinte alteração:
"Art. 1º ....
I - Homicídio (art. 121), quando praticado em atividade típica de grupo de extermínio, ainda que cometido por um só agente, é homicídio qualificado (art. 121, §2º, I, II, III, IV, V e VI);
....".

O terceiro e último artigo afirma que a lei entra em vigor na data da sua publicação.

Estudiosos apontam controvérsias na redação da lei, já que inicialmente apresentaria o homicídio por "razões de gênero", substituído por "condição de sexo feminino" através de um substitutivo apresentado na Comissão de Constituição e Justiça, após pressões de grupos religiosos e conservadores. Dessa forma, há controvérsias sobre se a qualificadora do feminicídio se aplica a transexuais. São três os critérios avaliativos:
- o *psicológico*, que argumenta que deve ser desconsiderado o critério biológico para definir alguém como mulher, sendo que a morte de uma pessoa que se identifica como mulher ou que fez cirurgia de redesignação de gênero, pode ser considerada feminicídio;
- o *jurídico-civil*, no qual deve ser considerado o que consta no registro civil, ou seja, se houver decisão judicial para alteração do registro de nascimento que altere o sexo para feminino e esta pessoa for morta nas condições previstas em lei, será considerado feminicídio, sendo este critério puramente jurídico, e;
- o *biológico*, que identifica a pessoa como mulher apenas em sua concepção genética ou cromossômica, ou seja, mesmo com cirurgia de redesignação de gênero, mesmo com morte prevista nas condições pela lei, não se tem como feminicídio, já que se considera apenas sua condição biológica.

A partir desses critérios, surge a questão: quem pode ser vítima desse crime? Obviamente, uma mulher, ou seja, uma pessoa do sexo feminino, desde que o crime tenha ocorrido por razões de sua condição de gênero. Via de regra, além de esposas, companheiras, namoradas, amantes, também podem ser consideradas vítimas desse crime filhas, netas, mãe, sogra, avó ou qualquer outra parente que mantenha vínculo familiar com o agressor. Importante observar que o substantivo *mulher* abrange lésbicas, transexuais e travestis que se identifiquem como do sexo feminino e, portanto, a morte violenta, neste caso, pode ser considerada feminicídio.

Extremamente válida e não menos importante, uma questão relevante na atualidade mostra-se fundamental e precisa ser respondida. Cesar Bitencourt (2017) questiona:

> Quem pode ser considerada mulher para efeitos da tipificação da presente qualificadora? Seria somente aquela nascida com a anatomia de mulher, ou também quem foi transformado cirurgicamente em mulher, ou algo similar? E aqueles que, por opção sexual, acabam exercendo na relação homoafetiva masculina a "função de mulher"?

Certamente alguns critérios são essenciais para melhor definir quem é ou pode ser considerada mulher para efeitos desta qualificadora. Assim, por exemplo, pelo critério de natureza psicológica que nega o biológico, alguém do sexo masculino acredita pertencer ao sexo feminino, ou seja, mesmo tendo biologicamente nascido como homem, acredita ser, psicologicamente, uma mulher como sabidamente acontece com os denominados transexuais que não se aceitam, enquanto não conseguem cirurgicamente a transformação sexual, ou seja, sua transformação em mulher, como na arguição de Genival Velosa de França (2018, p. 143): "As características do transexualismo se reforçam com a evidência de uma convicção de pertencer ao sexo oposto, o que lhe faz contestar e valer essa determinação de forma violenta e desesperada".

É possível admitir o transexual, desde que cirurgicamente transformado em mulher, como vítima da qualificadora de feminicídio, entretanto o homossexual masculino, mesmo que assuma o "papel ou a função de mulher" em uma relação homoafetiva, não se configura como vítima dessa qualificadora, a despeito de entendimentos adversos. O texto do inc. VI do §2º do art. 121 é taxativo quando impõe: "se o homicídio é cometido contra a mulher por razões de gênero", assim, como o §2º-A – acrescido pela Lei nº 13.104/2015 – reforça esse aspecto quando esclarece que "considera-se que há razões de condição do sexo feminino quando o crime envolve: I – [...] II - menosprezo ou discriminação à condição de mulher". Aqui, o legislador claramente pretendeu destacar e proteger a mulher, ou seja, é necessário que a conduta do agente seja motivada pela violência doméstica ou familiar, e/ou pelo menosprezo ou discriminação à condição de mulher, que o homossexual masculino não apresenta, o que resulta no não reconhecimento da orientação sexual desses sujeitos frequentemente alvos de violências normativas,[7] sendo, talvez por isso, categorias de análises indispensáveis para compreender a ocorrência de mortes em tempos de pandemia.[8]

Luiz Flavio Gomes (2015) ressalta que mulher se traduz num dado objetivo da natureza. Sua comprovação é empírica e sensorial. De acordo com o art. 5º, parágrafo único da Lei nº 11.340/2006, esta lei deve ser aplicada, independentemente da orientação sexual. Assim, na relação entre mulheres hétero ou transexuais (sexo biológico não correspondente à identidade de gênero; sexo masculino e identidade de sexo feminino), caso haja crime baseado no gênero, pode caracterizar o feminicídio, portanto,

---

[7] Conceito apresentado por Judith Butler (2002) no prefácio à edição de 2002 da obra *Problemas de gênero*, em que descreve uma forma de violência orientada para o enquadramento normativo dos sujeitos.

[8] De acordo com Bahia e Ramos (2020), "Um dado que ainda não foi suficientemente repetido sobre o Brasil é o que desde a criação do Projeto *Trans Murder Monitoring* (Monitoramento de Assassinatos Trans) em 2008 pela ONG *Trangender Europe* (TGEU), o país tem sido apontado como o que mais mata travestis e transsexuais no mundo. Entre outubro de 2018 e setembro de 2019, o Brasil foi responsável por 39% desses assassinatos, onde 130 das 331 pessoas trans mortas em todo o globo nesse período".

no caso de relações homoafetivas masculinas, o autor aponta que, por analogia, não se pode aplicar a qualificadora contra o agressor, e, nesse sentido, não podemos admitir o feminicídio quando a vítima é um homem (ainda que de orientação sexual distinta da sua qualidade masculina).

As inovações legislativas ao enfrentamento da violência contra a mulher em 2021 no Brasil

Como já citado, o isolamento social imposto no ápice da pandemia de Covid-19, em 2020 e 2021, expôs situações de violências contra a mulher no ambiente familiar, muitas vezes, culminando em sua morte. Na realidade, o confinamento transformou o lar no local mais perigoso para muitas pessoas, em especial as que estiveram em situação de vulnerabilidade como mulheres, crianças e idosos, convivendo em tempo integral com os agressores, em situação de estresse e dificuldades financeiras, fatores que sempre potencializam o risco pertinente à violência contra vítimas vulneráveis.

Entretanto, 2021 foi um ano inovador no que tange ao enfrentamento da violência contra as mulheres com o surgimento de mudanças em normas processuais. Tivemos, como inovações legislativas, a criação de três crimes:
- perseguição;
- violência psicológica;
- violência política.

Com as inovações legislativas, modificou-se a modalidade da pena da lesão corporal simples cometida contra a mulher por razões de condição do gênero feminino; estabeleceu-se causa do aumento de pena no crime de coação no curso do processo; instituiu-se o Programa Sinal Vermelho; operaram-se mudanças em normas processuais com vistas a coibir a prática de atos atentatórios à dignidade da vítima e de testemunhas (Lei Mariana Ferrer).

Sabemos que a Lei Maria da Penha, criada em 2006, de forma exemplificativa, prevê cinco tipos de violências a que uma mulher pode ser submetida, contudo, uma das violências citadas, a psicológica, não encontrava, no ordenamento jurídico, crimes que lhe pudessem ser associados e, assim, em 2021, com a criação de dois tipos penais, esse déficit normativo foi sanado:
- o art. 147-A prevê o crime de *perseguição* – Lei nº 14.132 (de 31.3.2021);
- o art. 147-B prevê o crime de *violência psicológica* – Lei nº 14.188 (de 28.7.2021).

O art. 147-A (crime de perseguição) sujeita à pena de reclusão de seis meses a dois anos e multa a conduta de perseguir alguém reiteradamente e por qualquer meio, ameaçando-lhe a integridade física ou psicológica, restringindo-lhe a capacidade de locomoção ou, de qualquer forma, invadindo ou perturbando sua esfera de liberdade ou privacidade. Foi instituída uma causa de aumento de pena para a hipótese de o crime ser cometido contra mulher por razões de condição de gênero feminino, demonstrando que esse não é um crime que necessariamente tem como vítima a mulher.

O art. 147-B (crime de violência psicológica contra a mulher), como o próprio *nomen juris* já indica, é um crime que tem como sujeito passivo exclusivo a mulher. Está sujeita à pena de reclusão de seis meses a dois anos e multa (se não configurar crime mais grave) a conduta de quem causa dano emocional à mulher, que a prejudique e perturbe seu pleno direito ao desenvolvimento ou que vise a degradar ou a controlar suas ações, comportamentos, crenças e decisões, mediante ameaça, constrangimento, humilhação, manipulação, isolamento, chantagem, ridicularização, limitação do direito de ir e vir ou qualquer outro meio que cause prejuízo à sua saúde psicológica e autodeterminação.

Vale pontuar que os dois dispositivos foram inseridos no Capítulo VI do Código Penal, em sua primeira seção, que dispõe sobre os crimes contra a liberdade pessoal. Assim, tutela-se a liberdade psíquica, a integridade psicológica e reconhece-se a importância da atenção à integridade da pessoa como um todo, tal como preceitua o conceito de saúde previsto pela Organização Mundial de Saúde. Ressalte-se que a violência psicológica passou a constar explicitamente entre as causas possíveis de concessão das medidas protetivas de urgência previstas na Lei Maria da Penha (em seu art. 12-C, decorrência da Lei nº 14.188/2021).

O terceiro tipo penal criado em 2021 foi através da Lei nº 14.192 (de 4.8.2021), que estabelece normas para prevenir, reprimir e combater a *violência política* contra a mulher. Assim, inseriu-se no Código Eleitoral o art. 326-B, que assevera ser crime apenado com reclusão de um a quatro anos e multa assediar, constranger, humilhar, perseguir ou ameaçar, por qualquer meio, a candidata a cargo eletivo ou detentora de mandato eletivo, utilizando-se de menosprezo ou discriminação à condição de mulher ou à sua cor, raça ou etnia, com a finalidade de impedir ou de dificultar a sua campanha eleitoral ou o desempenho de seu mandato eletivo.

Importante ressaltar que o art. 327 do Código Eleitoral criou duas novas hipóteses de aumento de pena para alguns crimes que, quando cometidos com menosprezo ou discriminação à condição de mulher ou à sua cor, raça ou etnia, seja por meio da internet, redes sociais ou com transmissão em tempo real, poderão ser punidos com pena aumentada de um terço até a metade (arts. 324, 325 e 326 do Código Eleitoral). Temos assim a robustez da possibilidade de que, na medida em que a nossa democracia é representativa, a violência política de gênero, além de delinear uma agressão à pessoa, possibilita a intervenção negativa em pautas relacionadas aos direitos femininos discutidas no ambiente político e, certamente, fragilizando progressos extremamente necessários.

A já mencionada Lei nº 14.188/2021 também inovou ao modificar a pena de lesão corporal simples, quando cometida por razões de condição de gênero, criando o §13 do art. 129 do Código Penal. Anteriormente, a hipótese era inserida no §9º do artigo, com pena de detenção de três meses a três anos. Com a alteração, a pena passa a ser de reclusão, de um a quatro anos, quando a lesão for cometida contra a mulher por razões da condição do gênero feminino. Percebe-se, assim, que, no aumento da pena e na mudança da modalidade, buscou-se apená-la de forma mais gravosa.

Ainda em 2021, a *Lei nº 14.245 – Lei Mariana Ferrer* inseriu uma causa de aumento de pena para crime previsto no art. 344 do Código Penal, se a conduta de usar violência ou grave ameaça, com o fim de favorecer interesse próprio ou alheio, contra autoridade, parte, ou qualquer pessoa que funciona ou é chamada a intervir em processo judicial, policial ou administrativo, ou em juízo arbitral (crime contra a administração da justiça), se der no curso da persecução penal de crimes contra a dignidade sexual, a pena será aumentada de um terço até a metade. Ressaltamos aqui que, embora os crimes sexuais possam ter como vítimas pessoas do gênero feminino e masculino, a maioria dos casos envolve mulheres e meninas e, assim, o dispositivo está relacionado intimamente com o enfrentamento da violência de gênero feminino.

Em 2021, em razão da pandemia, muitas mulheres ficaram em isolamento social, sofrendo violências, junto a seus agressores e sem condições de registrar um boletim de ocorrência, tamanha a opressão a que foram submetidas. Esta não foi a única razão, mas certamente influenciou a ideia de facilitação da comunicação de violências contra as mulheres, que contou com a cooperação da iniciativa privada, com o Poder Executivo, o Poder Judiciário, o Ministério Público, a Defensoria Pública e os órgãos de segurança pública, que definiu, na Lei nº 14.188, o *Programa de Cooperação Sinal Vermelho contra a Violência Doméstica*. Foi a possibilidade de o pedido de socorro ser feito sem palavras, o sinal em formato de X, preferencialmente feito na mão e na cor vermelha, foi amplamente divulgado como um código que ensejava a tomada de conhecimento da violência sofrida por mulheres.

Conclusão

No tema proposto neste artigo, é importante destacar que no ápice da pandemia de Covid-19, em que houve a necessidade de isolamento social e um maior convívio familiar, evidenciaram-se conflitos conjugais de forma mais constante e crescente, causando situações de ameaça à vida para as mulheres vítimas de violência, não apenas através do contágio do vírus, mas, principalmente, pelo maior tempo de convivência com seus agressores, tendo em vista as limitações na mobilidade física durante o isolamento para denunciá-lo, tornando a vulnerabilidade feminina maior.

É importante destacar que, mesmo na pré-pandemia, muitas mulheres, mesmo depois de sofrerem vários episódios de violência, não denunciavam seus agressores por medo de exposição ou retaliação, evidenciando a desigualdade dos papéis sociais entre homens e mulheres, de modo que a mulher é sempre colocada em posição de submissão, inferioridade e fragilidade em relação ao homem, podendo vir a resultar não só em violências mais severas, como a morte da vítima, que, na maioria das vezes, é assassinada simplesmente pelo fato de ser mulher.

Entende-se que a Lei Maria da Penha (Lei nº 11.340/2006) como marco legal imprescindível para o enfrentamento da violência contra a mulher, por si só, não conseguiu reverter tal situação. A criação da Lei do Feminicídio (Lei nº 13.104/2015) pode ser considerada um grande avanço no direito penal, contudo, percebe-se que essa criação e as inovações legislativas ao longo de 2021 não foram suficientes para a redução da violência que resultam em feminicídios, pois são imprescindíveis mudanças no entendimento social ante o gênero feminino, não podendo ser aceito nada que possa representar um retrocesso.

Certamente, por compreender os limites deste artigo, a temática abordada não se esgota neste trabalho e, nesse sentido, há a necessidade do desenvolvimento de novos estudos e análises na área jurídica sobre o crime de feminicídio que, com ou sem pandemia, são praticados e vistos com aumento de incidência a cada ano que passa, uma realidade a ser superada.

Referências

ALMEIDA, S. *Femicídio*: algemas (in)visíveis do público privado. Rio de Janeiro: Revinter, 1998.

BAHIA, A. G. M. F. M.; RAMOS, E. E. A. Vítimas invisíveis: pessoas LGBT+ na pandemia do Covid-19. *Le Monde Diplomatique Brasil*, 9 jul. 2020. Disponível em: https://diplomatique.org.br/vitimas-invisiveis-pessoas-lgbt-na-pandemia-de-covid-19/. Acesso em: 19 jul. 2022.

BITENCOURT. C. R. Qualificadora do feminicídio pode ser aplicada a transexual. *Conjur*, 15 nov. 2017. Disponível em: https://www.conjur.com.br/2017-nov-15/cezar-bitencourt-feminicidio-aplicado-transexual. Acesso em: 18 jul. 2022

BRASIL. *Lei nº 11.340, de 7 de agosto de 2006*. Cria mecanismos para coibir a violência doméstica e familiar contra a mulher, nos termos do §8º do art. 226 da Constituição Federal, da Convenção sobre a Eliminação de Todas as Formas de Discriminação contra as Mulheres e da Convenção Interamericana para Prevenir, Punir e Erradicar a Violência contra a Mulher; dispõe sobre a criação dos Juizados de Violência Doméstica e Familiar contra a Mulher; altera o Código de Processo Penal, o Código Penal e a Lei de Execução Penal; e dá outras providências. Disponível em: http://www.planalto.gov.br/ccivil_03/_ato2004-2006/2006/lei/l11340.htm. Acesso em: 10 jul. 2022.

BRASIL. *Lei nº 13.104, de 9 de março de 2015*. Altera o art. 121 do Decreto-Lei nº 2.848, de 7 de dezembro de 1940 – Código Penal, para prever o feminicídio como circunstância qualificadora do crime de homicídio, e o art. 1º da Lei nº 8.072, de 25 de julho de 1990, para incluir o feminicídio no rol dos crimes hediondos. Disponível em: http://www.planalto.gov.br/ccivil_03/_Ato2015-2018/2015/Lei/L13104.htm. Acesso em: 10 jul. 2022

BUENO, Samira *et al. Visível e invisível*: a vitimização de mulheres no Brasil. 3. ed. [s.l.]: Fórum Brasileiro de Segurança Pública; Datafolha; Uber, 2021. Disponível em: https://forumseguranca.org.br/wp-content/uploads/2021/06/relatorio-visivel-e-invisivel-3ed-2021-v3.pdf. Acesso em: 20 jul. 2022.

BUTLER, J. *Gendre trouble*: feminism and the subversion of identity. London: Routledge, 2002

CAPUTI, J.; RUSSELL, D. Femicide: sexism against women. *In*: RADFORD, J.; RUSSELL, D. *Femicide*: the politics of woman killing. Great Britain: Open University Press, 1992. p. 13-24.

FERNANDES, M. da P. M.; MOTA, M. D. de B. Feminicídio ao vivo: o que nos clama Eloá. *Fundação Perseu Abramo*, 2008. Disponível em: https://fpabramo.org.br/2008/10/23/feminicidio-ao-vivo-o-que-nos-clama-eloa/. Acesso em: 12 jul. 2022.

GOMES, L. F. Feminicídio: entenda as questões controvertidas da Lei 13.104/2015. *Jusbrasil*, 2015. Disponível em: http://professorlfg.jusbrasil.com.br/artigos/173139525/feminicidio-entenda-as-questoes-controvertidas-dalei-13104-2015. Acesso em: 19 jul. 2022.

GUIMARÃES, M. N. S. *Direitos humanos no cotidiano jurídico*: a violência contra a mulher: um estudo comparativo entre as legislações do Brasil e da Argentina. Rio de Janeiro: Lumen Juris, 2020.

ROMIO, J. A. F. *Feminicídios no Brasil*: uma proposta de análise com dados do setor de saúde. 2017. Tese (Doutorado) – Universidade Estadual de Campinas, São Paulo, 2017.

RUSSELL, D. *Fala sobre as origens dos feminicídios*. 2011. Disponível em: http://www.dianarussell.com/origin_of_femicide.html. Acesso em: 12 jul. 2022.

SAGOT, M.; CARCEDO, A. Cuando la violencia contra las mujeres mata: femicidio en Costa Rica, 1990-1999. *In*: CORRÊA, M.; SOUZA, É. R. de (Org.). *Vida em família*: uma perspectiva comparativa sobre "crimes de honra". Campinas: Núcleo de Estudos de Gênero-Pagu/Unicamp, 2006. p. 405-438.

Informação bibliográfica deste texto, conforme a NBR 6023:2018 da Associação Brasileira de Normas Técnicas (ABNT):

GUIMARÃES, Maria de Nazaré Saavedra. Feminicídio na pandemia de Covid-19: o final fatal do ciclo da violência contra a mulher com perspectiva de gênero. *In*: MENDES, Denise Pinheiro Santos; MENDES, Giussepp; BACELAR, Jeferson Antonio Fernandes (Coords.). *Magníficas mulheres*: lutando e conquistando direitos. Belo Horizonte: Fórum, 2023. p. 277-290. ISBN 978-65-5518-488-4.

ENQUANTO MULHER

MARIA FERNANDA PINHEIRO

Tive a felicidade de nascer numa família em que as figuras materna e paterna partilhavam as mesmas responsabilidades dentro e fora da família. Uma família que educou as suas filhas privilegiando, acima de tudo, a sua realização pessoal e profissional e mostrando a importância de serem independentes economicamente. Para isso, incutiu valores de respeito por nós próprias e pelos outros, deu-nos ferramentas para que pudéssemos escolher o nosso futuro pessoal e profissional sem pressões. Uma família que funcionava de forma diferente de muitas outras da época, em que as mulheres, sem rendimento económico, dependiam da boa vontade dos maridos para fazer muita coisa, sendo certo que a legislação da época assim o permitia. A título de exemplo, até há bem pouco tempo uma mulher em Portugal não podia viajar sem a permissão do marido.

Uma família perfeita ou no caminho de o ser, mas que queria muito um menino. Uma situação que acontece com muitas famílias que gostam sempre de ter filhos de sexos diferentes. No caso dos filhos mais novos, como eu, acho que é a primeira batalha que temos que vencer: convencer os nossos pais que somos meninas, mas que somos os seres humanos que trarão muita felicidade para eles, tanto quanto os meninos. Conta a história da minha família que durou umas horas a surpresa de eu ser uma menina, quando todos estavam convencidos de que seria um menino. Quando soube da minha história, que me contaram por brincadeira, comecei a prestar mais atenção a tudo o que o meu pai fazia e dizia relativamente a mim e conclui que eu "sou" a sua menina e que ele não me trocaria por menino nenhum. Mas creio que esta foi a minha primeira batalha. Quanto à minha mãe, que também esperava um menino para ser diferente da primeira, quando me teve nos seus braços não teve tempo de pensar no sexo, mas sim no nome de menina que ainda não tinha sido escolhido.

Ao mesmo tempo que crescia, o mundo também mudava e, com ele, a legislação. O direito começou a olhar as mulheres casadas como capazes de decidir por elas próprias. Eu ia-me dando conta da sorte de ter nascido naquela família que considerava as meninas e mulheres capazes de tudo o que os meninos e homens podiam conseguir, que me mostrou que poderia ser o que eu quisesse e que teria que ser responsável por todos os meus atos e pelo que eu queria fazer da minha liberdade como ser humano.

Foi assim, com surpresa, que ao mesmo tempo que crescia ia descobrindo que afinal as mulheres casadas, da geração da minha mãe e das anteriores, dependiam muito da sorte de ter um marido que as respeitasse como mulheres com direitos e não somente com obrigações.

Uma época do meu crescimento que coincidiu em Portugal e no mundo com revoluções e com a consciência, por parte de homens e mulheres, de que ambos são seres humanos diferentes, mas com direito a oportunidades iguais de se realizarem pessoal e profissionalmente. Uma época em que uma geração de homens e mulheres, a minha geração, sonhou e com esforço foi concretizando o que queria para o seu futuro.

Não me lembro de ter que travar alguma batalha na universidade. Era de uma geração que usufruía do conquistado por muitas mulheres e homens que nos antecederam e que deram muito para que conseguíssemos, não ser iguais aos homens ou a quem quer que fosse, mas sim ter oportunidades iguais de nos realizarmos como seres humanos. Na universidade, a maioria dos estudantes começava a ser mulheres jovens bem conscientes do seu papel.

Entre grupos de amigos pessoais e de família, o respeito sempre foi grande e nunca senti qualquer tipo de discriminação por ser mulher, nem mesmo pelo facto de nunca ter casado e ter filhos. Outra batalha que muitas mulheres, por esse mundo fora, têm que enfrentar. Fui questionada várias vezes, mas sei que o faziam porque queriam o meu bem, mas respondia com humor refinado e entendiam que eu sou feliz usufruindo de tudo o que a vida me proporciona.

No nível profissional, apesar de nunca ter sentido diretamente a discriminação, as dificuldades foram aumentando e sempre tinha que mostrar que fazia e conseguia fazer o que fosse necessário. De referir que em Portugal as profissões jurídicas já são exercidas maioritariamente por mulheres. Assim, a dificuldade é sempre menor, pois do outro lado temos mulheres que, como nós, percorrem o mesmo caminho e sabem onde estão as dificuldades. De uma forma ou outra sempre conseguimo-nos ajudar a fazer um bom trabalho por nós e pelas gerações futuras.

As maiores dificuldades que encontrei profissionalmente foram sentidas fora de Portugal, nos países onde trabalhei: muitos destes países, por onde passei, têm culturas, tradições e legislações diferentes. Assim, sempre com o maior respeito por tudo o que é diferente, o meu comportamento sempre demonstrou que era mulher, e que exigia o mesmo respeito que era dado aos meus colegas homens. Aqui, mais do que discriminação, falamos de culturas diferentes que há que respeitar, mas não podemos permitir que as mulheres sejam subalternizadas e lhes sejam negados os seus direitos como seres humanos. Lembro-me de entrar em sítios onde havia lugar para mulheres e homens e sempre me sentei nos lugares dos homens, não para ofender, mas para mostrar que o meu lugar também é ali. Ou quando falava para um homem e ele não me respondia por ser mulher, insistia até ter resposta. Certo que aqui temos que ter sempre o apoio dos nossos colegas homens que trabalham connosco.

Mas aqui as batalhas (muitas vezes mortais) são realmente sentidas pelas mulheres desses países, onde o seu caminho ainda é longo e onde diariamente as mulheres e as meninas sofrem limitações nos seus direitos mais elementares. Mas compete a nós fazer não somente a nossa parte, mas sim tudo o que estiver ao nosso alcance para que todas possam avançar na realização dos seus direitos. Nestas situações, o nosso trabalho é dificultado, mas as mulheres e meninas destes países sofrem muito mais. Aqui relembro uma menina, hoje uma mulher, que teve a sorte de ter uma família que lhe deu asas que outros tentaram cortar, mas que voou e voou com o que lhe deram e com o que lhe deixaram para voar: Malala Yousafzai.

Assim, mais que tudo, em tudo o que faço tenho presente esse caminho que ainda temos para realizar e sempre presente tudo o que mulheres e homens fizeram, tiveram que suportar e sofrer para que a minha vida fosse mais fácil do que foi a da minha mãe e avó.

Mais, tenho sempre presente também que os meus direitos estão assegurados por lei, mas não é seguro que sejam sempre respeitados, assim a batalha, às vezes com sangue de mulheres indefesas, é diária e não podemos baixar a guarda. Aqui lembro a Lei Maria da Penha: uma lei que ainda não é suficiente para evitar que muitas mulheres deixem de ser maltratadas e mortas diariamente.

Não queremos ser iguais a ninguém porque somos únicas, mas queremos ter a vida que escolhemos com a responsabilidade total pelas nossas ações.

Informação bibliográfica deste texto, conforme a NBR 6023:2018 da Associação Brasileira de Normas Técnicas (ABNT):

PINHEIRO, Maria Fernanda. Enquanto mulher. *In*: MENDES, Denise Pinheiro Santos; MENDES, Giussepp; BACELAR, Jeferson Antonio Fernandes (Coords.). *Magníficas mulheres*: lutando e conquistando direitos. Belo Horizonte: Fórum, 2023. p. 291-293. ISBN 978-65-5518-488-4.

UMA REFLEXÃO SOBRE OS DESAFIOS PARA A PROMOÇÃO DA IGUALDADE DE GÊNERO A PARTIR DA ANÁLISE DO PATRIARCADO NA CONSTRUÇÃO DA PRÓPRIA MULHER

MILENE DIAS DA CUNHA

1 Introdução

A jovem primeira-ministra da Finlândia, Sanna Marin, foi filmada dançando em uma festa e o vídeo viralizou nas redes sociais. Por conta disso, ela fez um teste toxicológico a pedido da oposição, mesmo afirmando nunca ter feito uso de drogas entorpecentes. O governo da Finlândia divulgou o resultado do teste antidrogas feito por ela, que não apontou qualquer traço de entorpecentes em seu organismo. Depois de muita pressão do governo e da mídia, a premiê foi a público pedir desculpas e se justificar falando que nunca faltou ao trabalho, que é um ser humano e como qualquer pessoa também se diverte. Uma mulher, quando em cargo de poder, precisa provar o tempo todo que é séria. Muitas vezes, essa seriedade só é reconhecida quando incorpora elementos próprios do comportamento masculino.

O que está por trás disso?

O machismo, traço da estrutura do patriarcado que julga e subjuga mulheres, faz parte de um discurso de legitimação da desigualdade de gênero. Data de milhares de anos e encontramos eco desde a mitologia. Na Grécia, os mitos diziam que, devido à curiosidade própria de seu sexo, Pandora tinha aberto a caixa de todos os males do mundo e, em consequência, as mulheres eram responsáveis por haver desencadeado todo tipo de desgraça. A religião é outro dos discursos de legitimação mais importantes. As grandes religiões têm justificado ao longo dos tempos os âmbitos e condutas próprios de cada sexo. Na tradição judaico-cristã, o relato da expulsão do Paraíso tem essa função. Eva é a Pandora judaico-cristã porque, por sua culpa, fomos desterrados do Paraíso (MADRID, 1999).

Mas não somente o mito e a religião são discursos de legitimação, também as ciências têm funcionado como discursos de legitimação da desigualdade na sociedade e seguem frequentemente, em maior ou menor medida, cumprindo essa tarefa (PEREZ

SEDEÑO; ALCALA CORTIJO, 2001). A exclusão das mulheres da cidadania no momento da instauração das democracias modernas: célebres médicos-filósofos como Cabanis fundamentaram o não reconhecimento dos direitos políticos como o voto, com sua teoria da debilidade cerebral da mulher e com os preceitos da higiene, que recomendavam sua dedicação integral à maternidade (FRAISSE, 1989).

Foi devido à influência do feminismo, nos anos 70 do século XX, que houve um olhar crítico em relação ao discurso filosófico, por meio da recopilação de pérolas da misoginia. Era uma tarefa realizada geralmente por mulheres que se dedicaram a examinar os textos do *corpus* filosófico e a mostrar que os filósofos que tanto admirávamos – Kant, Hegel etc. – tinham afirmado coisas incrivelmente pejorativas sobre as mulheres.

Atualmente, a igualdade de gênero é um dos Objetivos de Desenvolvimento Sustentável (ODS), mais especificamente o ODS 5, constante da Agenda 2030 para o Desenvolvimento Sustentável, promovida pela ONU e ratificada por 193 Estados-Membros em 2015, em que é objetivado alcançar tanto a igualdade de gênero propriamente dita, quanto empoderar todas as mulheres e meninas.

Os idealizadores da Agenda 2030 compreendem o ODS 5 como objetivo basilar para efetiva concretização de todos os demais pontos do plano, haja vista que mulheres empoderadas possuem uma atuação enfática na promoção do desenvolvimento sustentável, a partir do espaço ocupado na política, na economia, nos centros de pesquisa e em diversas outras áreas voltadas à tomada de decisão. Por certo, é pressuposto do desenvolvimento sustentável que sejam eliminadas quaisquer barreiras às capacidades e potencialidades daquelas que representam metade (ou mais) da população mundial.

Esse não é um tema novo. A igualdade de gênero já era questão incorporada desde o ano 2000, nos Objetivos de Desenvolvimento do Milênio (ODM), usualmente reconhecidos como "Metas do Milênio", também da ONU, os quais foram estruturados da seguinte maneira: promover a igualdade entre os sexos e a autonomia da mulher.

O ODS 5 mostra-se mais abrangente se comparado ao ODM 3, pois trata da questão do gênero como papel social atribuído à mulher e ao homem, diferentemente da conceituação de sexo, que é mais limitada ao ponto de vista biológico da dicotomia feminino/masculino. Por consequência, mostra-se mais adequada a terminologia "igualdade de gênero" aos debates hoje suscitados.

Nesse sentido, é importante refletir sobre os desafios a serem enfrentados para a promoção material (e não apenas formal) da igualdade de gênero, a partir da compreensão da cultura patriarcal irradiada na sociedade.

2 Reflexo do patriarcado na construção da própria mulher

Diversas formas de se relacionar e de formar famílias foram produzidas pela humanidade. No início da história, os primeiros núcleos eram coletivistas, com papéis sexuais pouco rígidos e relações não monogâmicas. Contudo, ao compreender o papel do homem na reprodução e, com o tempo, estabelecida a propriedade privada, a monogamia se torna norma social a fim de garantir a herança aos filhos legítimos. Essa mudança de paradigma foi especialmente onerosa para o corpo feminino, que passou a ter sua sexualidade controlada, sendo possível observar uma divisão sexual e social do trabalho entre homens e mulheres. Isso é o que chamamos de patriarcado (NARVAZ; KOLLER, 2006).

O patriarcado é oriundo da forma familiar da Roma antiga, centrada no homem, com as mulheres orbitando ao seu redor. Consoante Narvaz e Koller (2006, p. 50), o patriarcado pode ser entendido como "o poder dos homens, ou do masculino, enquanto categoria social". Nesse modelo, as mulheres são hierarquicamente inferiores aos homens, não possuindo autonomia social ou sexual, ou seja, a sua função na sociedade seria meramente reprodutiva e doméstica.

É importante observar que o trabalho doméstico não é só imposto às mulheres, mas também foi transformado em um atributo natural da psique e personalidade femininas (FEDERICI, 2019). Ele é tratado como um atributo natural, e não como trabalho, com a intenção de nunca ser remunerado, o chamado trabalho reprodutivo (ou *care*) foi transformado em um ato de amor.

A desvalorização do gênero feminino e da sua condição de ser produtivo causou danos indeléveis a sua psique e ao seu senso de possibilidade. Por séculos, as mulheres foram infantilizadas, consideradas moral e intelectualmente inferiores ao homem.

Federici (2019) analisa os diversos processos, principalmente entre os séculos XVI e XVII, que fizeram as mulheres perderem direitos em vários aspectos. Nesse sentido, um dos direitos mais importantes que foram negados às mulheres foi o de realizar atividades econômicas por conta própria, na condição de *femmes soles*. Na França, não tinham o direito de fazer contratos ou de representar a si mesmas nos tribunais, tendo sido declaradas legalmente como "imbecis". Na Itália, notou-se uma frequência mitigada nos tribunais para denunciar abusos cometidos contra as mulheres. Na Alemanha, quando uma mulher se tornava viúva, especialmente as de classe média, tinha-se por hábito a designação de um tutor para gerir seus negócios. Também lá, as mulheres foram proibidas de viver sozinhas ou com outras mulheres. Em resumo, além da desvalorização econômica e social, verifica-se que as mulheres experimentaram um processo de infantilização legal (FEDERICI, 2019).

No Brasil, podemos observar que instrumentos legais limitantes perduraram até recentemente. O Código Civil de 1916 considerava as mulheres relativamente incapazes, necessitando da presença do pai ou marido para praticar diversos atos da vida pública. Isso só mudou em 1962, com o advento do Estatuto da Mulher Casada, que alterou a definição de família, incluindo a mulher nas decisões; desse jeito, ela passa a ter voz, inclusive no até então denominado pátrio poder.

Em 1977, conquistou-se avanço com a Lei do Divórcio, permitindo a dissolução da sociedade conjugal e a possibilidade na mudança de nome, importante para a manutenção da identidade feminina. A Constituição Federal de 1988, em seu art. 5º, passou a não distinguir mais homens e mulheres.

Dentro de dispositivos internacionais, o relatório da IV Conferência Mundial da Mulher, da ONU, na China, afirma: "a violência contra a mulher constitui obstáculo a que se alcance os objetivos de igualdade, desenvolvimento e paz; que viola e prejudica ou anula o desfrute por parte dela dos direitos humanos e das liberdades fundamentais".

Apesar dos avanços e das conquistas alcançados ao longo das últimas décadas, a sociedade moderna ainda mantém a lógica construída minuciosamente ao longo de milênios. Os postos de trabalho e os papéis de poder ainda são atribuídos majoritariamente à figura masculina, o homem é visto como o ser intelectual e a mulher, o ser emotivo. Apesar de isso não ser dito expressamente, é fácil de observar as principais lideranças com os homens, desde o presidente até aos ministros dos tribunais superiores; dentro de jornais, hospitais e escolas, o masculino ainda é imperativo, em sua esmagadora maioria.

As instituições da sociedade contemporânea operam pela lógica machista. Por essa razão, pode ser muito mais fácil para um homem conseguir um emprego ou ser mais valorizado que a mulher. Isso não significa que ele não possa ser alvo de outros preconceitos, pois não podemos ignorar outros estigmas, como os raciais. Mas no âmbito do preconceito de gênero, a mulher ainda é inferiorizada.

Silva Junior, Melo e Diane (2021), ao analisarem de que forma a sociedade patriarcal condicionou a mulher do século XIX, tomando por base a obra *O primo Basílio*, de Eça de Queirós, publicada em 1878, destacam que o patriarcalismo é uma espécie de dominação ou influência do homem sobre a mulher, que limita o trânsito da figura feminina na sociedade por meio de instituições sociais, em função do predomínio dos valores masculinos, fundamentados em relações de poder. Nas relações sociais, entre homens e mulheres, "o poder se exerce por meio de complexos mecanismos de controle social que oprimem e marginalizam as mulheres" (SABADELL, 2017, p. 231 *apud* RIBEIRO, 2021, p. 14).

Para as autoras, na esfera da terceira onda feminista, o termo "patriarcado" é geralmente usado para indicar o *status* subalterno imposto à mulher e a dominação exercida pela figura masculina, buscando engendrar reflexões acerca do comportamento humano da época, que ainda opera nas sociedades atuais. Essa dominação pode ser realizada também por meio de algumas instituições, como a família, a religião, as escolas e as leis que impõem uma concepção de que a mulher é naturalmente inferior.

Saffioti (2001) destaca que, no exercício da função patriarcal, os homens detêm o poder de determinar a conduta de mulheres, crianças e adolescentes de ambos os sexos, recebendo autorização ou, pelo menos, tolerância da sociedade para punir o que se lhes apresenta como desvio; enquanto que as mulheres, como categoria social, não têm um projeto de dominação-exploração dos homens. Com relação a crianças e adolescentes, também as mulheres podem desempenhar, por delegação, a função patriarcal.

Delphy e Kergoat, ao discorrer sobre a situação atual do trabalho das mulheres no quadro de um capitalismo patriarcal, entende por patriarcado "uma formação social em que os homens detêm o poder, ou ainda mais simplesmente o poder é dos homens", sendo ele quase um sinônimo de "dominação masculina" ou de "opressão das mulheres" (DELPHY, 2009, p. 172 *apud* HIRATA, 2018).

Eisenstein (1979, p. 16 *apud* BRIGHENT, 2020) destaca que, para entender a opressão que as mulheres sofrem, além de entender a exploração econômica, também é crucial compreender a relação entre "família e sociedade, produção e reprodução". A análise deve ir além das relações econômicas e incorporar análises da divisão sexual do trabalho e da opressão sexual. Eisenstein (1979 *apud* BRIGHENT, 2020) argumentou que a opressão, ao contrário da exploração que está relacionada às relações das classes econômicas capitalistas, se aplica às mulheres e minorias definidas nas relações patriarcais, racistas e capitalistas. Exploração é o que acontece com homens e mulheres trabalhadoras na força de trabalho; a opressão da mulher ocorre a partir de sua exploração como trabalhadora assalariada, mas também ocorre a partir das relações que definem sua existência na hierarquia sexual patriarcal – como mãe, trabalhadora doméstica e consumidora. A opressão racial a localiza dentro da divisão racista da sociedade ao lado de sua exploração e opressão sexual (EISENSTEIN, 1979 *apud* BRIGHENT, 2020).

Nesse contexto, o IBGE (AGÊNCIA IBGE, 2021), ao publicar as Estatísticas de Gênero (Indicadores Sociais das Mulheres no Brasil), trouxe informações sobre as condições de vida das brasileiras a partir de um conjunto de indicadores propostos pelas Nações Unidas, apresentando os seguintes resultados:

a) Em relação a cuidados de pessoas ou afazeres domésticos, as mulheres dedicaram quase o dobro de tempo que os homens: 21,4 horas contra 11 horas semanais. A proporção em trabalho parcial (até 30 horas semanais) também é maior: 29,6% entre as mulheres e 15,6% entre os homens.

b) Na população com 25 anos ou mais, 15,1% dos homens e 19,4% das mulheres tinham nível superior completo em 2019. No entanto, as mulheres representavam menos da metade (46,8%) dos professores de instituições de ensino superior no país. Em cursos de graduação, elas são minoria entre os alunos nas áreas ligadas às ciências exatas e à esfera da produção: apenas 13,3% dos alunos de Computação e Tecnologia da Informação e Comunicação (TIC) são mulheres, enquanto elas ocupam 88,3% das matrículas na área de Bem-Estar, que contempla cursos como Serviço Social.

c) Apesar de mais instruídas, as mulheres ocupavam 37,4% dos cargos gerenciais e recebiam 77,7% do rendimento dos homens.

d) Em 2020, as mulheres eram 14,8% dos deputados federais, a menor proporção da América do Sul e a 142ª posição de um ranking com dados para 190 países. No processo eleitoral de 2018, 32,2% das candidaturas para o cargo de deputado federal foram de mulheres. Entre as candidaturas que contaram com receita superior a R$ um milhão, apenas 18,0% foram femininas.

e) Em 2020, entre os vereadores eleitos, 16% eram mulheres. As mulheres eram apenas duas entre os 22 ministros. Na esfera estadual e distrital, 27,6% dos policiais civis e 11% dos policiais militares eram mulheres, em 2018.

f) Utilizada para a análise do fenômeno do feminicídio (definido na Lei n. 13.104/2015), a informação sobre local de ocorrência da violência mostra que em 2018, enquanto 30,4 % dos homicídios de mulheres ocorreram no domicílio, para os homens essa proporção foi de 11,2%. Em 2019, apenas 7,5% dos municípios tinham delegacias especializadas para atender mulheres.

Ao analisar a história, verificamos que o patriarcado refletiu na construção da mulher como ser social, vista como o sexo frágil, emotivo, com capacidades limitadas para tomar decisões analíticas e racionais, não raro dependendo da validação de um homem para ser levada a sério.

As evoluções trazidas com os movimentos feministas das últimas décadas são determinantes para trazer a temática para o centro dos debates e derrubar alguns paradigmas, mas o caminho a percorrer ainda é longo e requer uma atuação mais sistemática em todas as direções, desde a maior ocupação política e de espaços de poder pela mulher, passando pela implementação de políticas públicas direcionadas ao fortalecimento ao gênero feminino até a educação familiar, em que as próprias mulheres precisam ser educadas para não reproduzirem discursos patriarcais e machistas.

As estruturas patriarcais e o machismo, reproduzidos ao longo de milênios e passados geração após geração, geraram um padrão mental difícil de transpor e que reproduz, ainda que veladamente e sob argumentos mais dissimulados, a discriminação de gênero. Quebrar esse padrão mental é essencial para uma efetiva igualdade de gênero nas práticas e discursos sociais, e essa mudança se inicia em um processo de revisão da consciência e na educação, desde a mais tenra idade de meninos e meninas, de que a característica biológica feminino e masculino não é e jamais pode ser um limitador ou estabelecer uma hierarquia do potencial humano na sociedade.

3 A expressão do machismo não é só reproduzida pelos homens

Autoras como Pateman (1993) discorrem que os papéis definidos pela sociedade ao gênero não podem ser compreendidos na ausência da construção patriarcal dos "homens" e das "mulheres". Essa construção é psicológica, mas também não pode ser compreendida sem a violência de gênero. Os homens, no exercício da função patriarcal, detêm o poder de determinar a conduta das categorias sociais nomeadas, recebendo autorização ou tolerância da sociedade para punir o que se apresenta como desvio.

A violência de gênero prescinde do patriarca para ser exercida, podendo ser delegada por ele a subordinados ou à própria mulher quando se trata de seus filhos. Assim leciona Saffioti (2001, p. 117):

> Nada impede também que uma mulher perpetre este tipo de violência contra um homem ou contra outra mulher. A ordem das bicadas na sociedade humana é muito complexa, uma vez que resulta de três hierarquias/ contradições – de gênero, de etnia e de classe. O importante a reter consiste no fato de o patriarca, exatamente por ser todo poderoso, contar com numerosos asseclas para a implementação e a defesa diuturna da ordem de gênero garantidora de seus privilégios.

Essa relação de dominação/exploração em que opera a violência de gênero admite diversas formas de controle. Aliás, a própria dominação pode ser considerada uma violência, que, no caso, é simbólica. Isso ocorre à medida que o dominado possui pouca, se não nenhuma margem de autonomia em relação ao dominador. As mulheres não possuem um projeto de dominação/exploração, mas também contribuem para ele ao reproduzir a violência simbólica (SAFFIOTI, 2001).

O poder que disciplina o corpo feminino não está restrito às mãos masculinas, podendo também ser exercido por mulheres contra mulheres. Isso não significa que mulheres são machistas, mas que reproduzem o sexismo como forma de autoafirmação e de controle social. O resultado pode ser observado pela exclusão de mulheres com características divergentes do considerado feminino de grupos sociais na escola, na universidade ou no ambiente laboral.

Silva, Wright e Tavares (2022) pontuam o reflexo, bastante comum, de as mulheres estarem expostas a todas as formas de assédio, pois as assimetrias de gênero, que a sociedade tanto legitima, fazem com que até mesmo pessoas que estejam posicionadas em funções hierarquicamente inferiores na organização do trabalho não respeitem nem mesmo as colegas que ocupam cargo de chefia ou de destaque na estrutura social e organizacional, como promotoras, juízas, delegadas, advogadas e servidoras ocupantes de funções de comando. Afinal, as normas de gênero em nossa sociedade ainda são de cunho patriarcal e, portanto, conferem aos homens de modo geral um lugar – e um sentimento – de superioridade sobre todas as mulheres, mas, principalmente, sobre aquelas oriundas de grupos sociais em face dos quais já se sentem superiores antes mesmo de ocuparem funções, cargos e posições laborais. Tudo isto resulta da socialização pautada em estereótipos de gênero, raça, classe, etnia, entre outros.

Deve-se compreender a questão do patriarcado como um problema estrutural. Isso significa que o sexismo não é apenas individual ou institucional, mas o "normal" de a sociedade funcionar. Podemos compreender o machismo individual como a ofensa reproduzida por uma pessoa ou um grupo de pessoas, seria uma ação localizada que pode ser repreendida com a punição e educação dos envolvidos.

Enquanto os homens podem fazer parte de uma sociedade desigual por diferenças econômicas e de hierarquia social, a diferença entre o homem e a mulher parte da vida e do funcionamento do mundo, mundo esse que é patriarcal, pois estabelece dominações/opressões que ultrapassam os diversos aspectos da vida pública e privada (PATEMAN, 1993).

Entender o patriarcado como um sistema permite vinculá-lo ao Estado e compreender a dimensão que o sexismo ocupa no mundo moderno. Saffioti (2004, p. 57-58) vai além e sistematiza diversos argumentos justificando o fato de podermos nos considerar em uma sociedade patriarcal:

(1) não se trata de uma relação privada, mas civil;
(2) dá direitos sexuais aos homens sobre as mulheres, praticamente sem restrição. Haja vista o débito conjugal explícito nos códigos civis inspirados no Código Napoleônico e a ausência sistemática do tipo penal estupro no interior do casamento nos códigos penais. Há apenas uma década, e depois de muita luta, as francesas conseguiram capitular este crime no Código Penal, não se tendo conhecimento de se, efetivamente, há denúncias contra maridos que violentam suas esposas. No Brasil, felizmente, não há especificação do estuprador. Neste caso, pode ser qualquer homem, até mesmo o marido, pois o que importa é contrariar a vontade da mulher, mediante o uso de violência ou grave ameaça;
(3) configura um tipo hierárquico de relação, que invade todos os espaços da sociedade;
(4) tem uma base material;
(5) corporifica-se;
(6) representa uma estrutura de poder baseada tanto na ideologia quanto na violência.

A consequência lógica dessa estrutura patriarcal são as divisões sexuais da vida doméstica, social e econômica. Isso significa que séculos de exploração e inferiorização deixaram marcas na psique feminina, além de servir como base para manter os privilégios de gênero masculino.

A valorização da mulher como ser produtivo e pensante não seria o suficiente, apesar de se apresentar como um bom ponto de partida. A política de cotas aprovada em 2021, que determina uma porcentagem mínima de cadeiras na Câmara dos Deputados, nas assembleias legislativas dos estados, na Câmara Legislativa do Distrito Federal e nas câmaras de vereadores a ser preenchida por mulheres, e a Emenda Constitucional nº 117/2022, que obriga os partidos políticos a destinarem no mínimo 30% dos recursos públicos para campanha eleitoral às candidaturas femininas, são um ótimo indício de mudança na política nacional, apesar de muitas vezes não ser fidedigna e também de não representar a realidade da iniciativa privada.

4 O papel das instituições na igualdade de gênero

Mirian Béccheri Cortez, psicóloga do Tribunal de Justiça de São Paulo, em entrevista concedida à Fiocruz, ao discorrer sobre o empoderamento feminino, destacou que ascensão da mulher a espaços públicos de trabalho é compreendida por muitos como uma ameaça ao domínio masculino nos espaços de poder. Na visão da psicóloga, as conquistas e os questionamentos trazidos pelo movimento feminista e a inserção das mulheres em espaços públicos, de liderança e de poder abalam a lógica binária de organização dos sexos e gêneros, uma vez que a subvertem. Ela expõe que a inserção da mulher no mercado de trabalho, sua autonomia reprodutiva e sexual e seu posicionamento em termos políticos ameaçam a polaridade imaginária e relativamente "segura" que separaria as práticas masculinas daquelas consideradas femininas. No contexto laboral, ainda que não necessariamente como regra, situações de intolerância, assédio e desrespeito configuram-se como violências de gênero que objetificam a mulher e menosprezam sua competência como trabalhadora (STEVANIM, 2019).

A distribuição igualitária de oportunidades dentro do mercado de trabalho apresenta-se extremamente positiva na funcionalidade de alterar a percepção social acerca das possibilidades femininas. É importante incentivar outras mulheres a perseguirem carreiras predominantemente masculinas ou minar a falta de confiança que o patriarcado impõe sobre o seu gênero.

Mas a presença das mulheres em postos-chave seria apenas o início de uma reformulação mais profunda, pois é necessária uma mudança de mentalidade e até mesmo de modelo de funcionamento da sociedade. Isso pode ser percebido pela masculinidade que ainda é vinculada a posições de poder. Não raro, até mesmo mulheres acabam por replicar esses padrões, agindo de forma grosseira, preconceituosa e bruta.

Isso ocorre, pois, como dito anteriormente, o problema do sexismo é estrutural e todos os membros dessa estrutura acabam reproduzindo os preconceitos. Desse jeito, deve-se atacar a estrutura como um todo, compreendendo a universalidade da sociedade e como cada relação pode contribuir para as desigualdades. De acordo com Saffioti (2001, p. 136):

> Todas elas obedecem às normas que estruturam a sociedade por inteiro. Conceber relações interpessoais separadamente da estrutura de classes representa visão dualista, que não contribui para esclarecer porque a sociedade comporta violência intrafamiliar, doméstica, contra mulheres e de gênero. Perceber as diferenciações internas da sociedade significa enorme contribuição. Sob pena de se perder a visão da sociedade como totalidade, não se podem separar relações interpessoais e estruturais. Certamente, a maior contribuição de interpelações de certas correntes do feminismo ou a maior contribuição de corrente expressiva do feminismo tem sido o ataque às análises dualistas, tão marcantes na ciência dos homens. Mais do que isto, esta contribuição epistemológica tem provocado fissuras neste edifício tão antigo, ou seja, a ciência oficial, abrindo caminho para um novo tipo de conhecimento, cujo objeto é a sociedade em sua inteireza, com tudo que ela contém: contradições, desigualdades, iniquidades.

Compreender o machismo como estrutural permite entender a razão de mulheres ainda serem julgadas por suas vestimentas, hábitos e corpo, em detrimento de sua intelectualidade, resolução de problemas e capacidade individual.

Também podemos observar que as mulheres sofrem muito mais violência no trabalho. Uma pesquisa recente do Mindsight, divulgada pela CNN Brasil, demonstrou que elas sofrem três vezes mais assédio sexual nas empresas do que os homens (BARRETO, 2021). De acordo com outra pesquisa, dessa vez do LinkedIn e da consultoria de inovação social Think Eva, quase metade das mulheres já sofreu assédio sexual no trabalho (OLIVEIRA, 2020). Ambas pesquisas denotam uma informação importante sobre o sexismo estrutural: as mulheres não são apenas vistas como inferiores em relação aos homens, mas o seu corpo é enxergado como uma propriedade pública.

O ambiente de trabalho é inevitavelmente construído para o masculino, como visto anteriormente. A mulher foi relegada a uma posição doméstica, de cuidado da casa e da família. Entretanto, com o advento de eventos históricos (em especial as 1ª e 2ª guerras mundiais), a mulher ocupou postos que antes eram designados ao homem, que agora estavam lutando na frente de batalha. Isso implicou a presença cada vez maior da mulher nas atividades laborais, inclusive por uma necessidade do sistema capitalista.

Hassard, Hollyday e Willmot (2000 *apud* ECCEL; GRISCI, 2011) descrevem que o ambiente de trabalho sempre representou uma dificuldade a mais para mulheres e homens que divergem dos padrões masculinos vigentes. Entretanto, certos postos de trabalho condizem com um imaginário da posição feminina tradicional, é o caso da enfermagem, por exemplo.

A mulher, mesmo ocupando uma posição no mercado de trabalho, ainda continua sendo vista como o "sexo frágil", inapta para ocupar postos que necessitam de força física ou intelectual. Com isso, aquelas que tentam, por exemplo, se inserir no setor mecânico terão que conviver com constantes comparações com o estereótipo masculino (CAPELETTO; SILVA; SILVA, 2021).

Uma consequência dessa discriminação, descrita por Bourdieu (2015) como uma violência simbólica, é a reprodução de atitudes vistas pelo imaginário social como masculinas e necessárias para a ocupação de determinados postos de trabalho. Com isso, a mulher pode ser grossa, violenta e insensível ao ocupar postos de chefia, não por uma característica subjetiva, mas por tentar simular padrões masculinos.

A educação básica e familiar seria o caminho para evitar a reprodução de práticas sexistas. Contudo, como já se discorreu anteriormente, existem diferenças institucionais. A diferença sexual no trabalho é uma manifestação do machismo institucional. Desse jeito, quando observamos uma empresa com poucas mulheres ou nenhuma mulher em postos de poder, podemos considerar esse um preconceito institucional.

As instituições são responsáveis por criar normas e padrões, que fazem parte da sociedade e carregam os seus conflitos da mesma forma. Afirmar que o sexismo também pode ser institucional significa entender que ele ultrapassa uma questão pessoal ou de mentalidade. Existem ferramentas responsáveis por favorecer determinado gênero em detrimento do outro. Isso comunica a dificuldade de combater esse preconceito, pois a mera punição dos envolvidos não seria o suficiente para evitar novas práticas sexistas; na verdade, faz-se necessário atacar a própria instituição, reformulando-a

O desempenho brasileiro de mulheres no parlamento é alarmante: o Brasil ocupa o 152º lugar no *ranking* de representatividade feminina na Câmara dos Deputados, figurando depois de vários países árabes e da África subsaariana. Está muito aquém do que poderia se considerar um parlamento igualitário. A mesma dificuldade repete-se em outros espaços públicos, como nos tribunais e no Poder Executivo, pois o Brasil ocupa a 161ª posição de um *ranking* de 186 países sobre a presença feminina no Poder Executivo e, em 2017, teve a sua representação mais baixa: entre 2005 e 2016 as mulheres ocuparam 27% dos cargos de ministras, *versus* 3,5% em 2017, mostrando que o subitem

5.5 do ODS 5, relacionado à liderança das mulheres na vida política, também caminha a passos lentos.

Como colocado anteriormente, as instituições refletem a própria sociedade, então podemos considerar que elas apenas são sexistas por refletirem uma sociedade sexista. Com isso, a presença de um gênero oprimido em posições de poder, apesar de importante, não seria suficiente para combater o machismo, sendo necessária uma mudança mais profunda, ou seja, estrutural. O caso da premiê finlandesa é exemplar para demonstrar isso.

5 Considerações finais

Para que as normas e padrões criados pelas instituições não reproduzam o patriarcado, é fundamental que haja uma mudança estrutural, com políticas públicas sistêmicas que promovam a educação e a inclusão de ferramentas institucionais que assegurem a igualdade de gênero, a exemplo da distribuição do poder, da ampliação da ocupação feminina no espaço político, da efetividade dos canais de denúncia contra o sexismo e da instituição dos mecanismos de prevenção e correção de todo e qualquer meio de opressão à mulher, somados a um processo de educação que derrube as crenças limitantes e promova a confiança das mulheres no seu potencial e possibilidades.

Não é utópico. É um processo. Lento. Mas que começa com o compromisso do Estado e de cada um de nós como indivíduo da sociedade.

O Brasil, no ano de 2015, se comprometeu com o pacto consubstanciado na Agenda 2030. Entretanto, no ano seguinte, extinguiu a Secretaria de Políticas para Mulheres, restringindo de maneira considerável os investimentos orçamentários das secretarias voltadas às temáticas de gênero.

Apesar de haver um texto constitucional e vários dispositivos normativos que proíbem discriminação de gênero e resguardam as mulheres, fato é que as mulheres continuam ganhando quase 24% a menos do que os homens, embora trabalhem mais e tenham um nível educacional maior, bem como ocupam poucos espaços dentro do cenário político-representativo. Nota-se também crescente estagnação em programas como o Plano Nacional de Políticas para as Mulheres (PNPM), cuja última edição foi no biênio 2013-2015. Do mesmo modo, políticas como o Brasil Mulher, criado em 2017 pelo Governo Federal, que objetiva conectar governos, setor empresarial, sociedade civil e organismos internacionais para o cumprimento da Agenda 2030, em especial do ODS 5, apesar de fundamentais, ainda não saíram do plano das ideias.

A realidade não é muito animadora, mas os debates em torno da igualdade de gênero têm amplificado e inserido cada vez mais a questão na pauta política do Brasil. Nas últimas eleições para o Parlamento, em 2018, o número de candidatas às eleições proporcionais não variou de forma significativa (permanecendo no percentual de 30% exigido pela legislação eleitoral), mas se verificou que o número de eleitas foi consideravelmente maior, como consequência da previsão legal que garante um maior acesso das mulheres aos recursos provenientes de fontes públicas do Fundo Especial de Financiamento das Campanhas Eleitorais. Assim, elas se tornam bem menos prejudicadas no cálculo comparativo com os recursos privados, os quais continuam sendo, majoritariamente, direcionados às candidaturas masculinas.

Também podemos citar políticas em vigor que vão na linha do que dispõe o ODS 5, a exemplo do implemento de Delegacias Especializadas de Atendimento à Mulher (DEMs), da criação de juizados especializados de violência doméstica e familiar contra a mulher e da elaboração do Plano Nacional de Ação sobre Mulheres, Paz e Segurança, lançado em 2017, e prorrogado por mais quatro anos em 2019, com o intuito de reforçar o compromisso do Brasil com a promoção da paz, da segurança internacional e da igualdade de gênero, fruto do trabalho integrado dos Ministérios da Defesa, da Justiça e Segurança Pública e dos Direitos Humanos em prol da causa da igualdade entre gêneros.

Dessa forma, mesmo que haja um compromisso do Governo e das instituições brasileiras no combate à discriminação de gênero, os desafios são muitos e partem da necessidade de empoderamento e ocupação de espaços pelas mulheres nos mais variados setores públicos, bem como e, principalmente, da implementação de políticas públicas transversais e coordenadas que envolvam a reeducação de homens e mulheres a fim de romper com a cultura patriarcal que se irradia nas relações cotidianas, oprime e tem nefasto impacto sobre a psique feminina.

Referências

AGÊNCIA IBGE. Estatísticas de Gênero: ocupação das mulheres é menor em lares com crianças de até três anos. *Agência de Notícias IBGE*, Rio de Janeiro, 2021. Disponível em: https://agenciadenoticias.ibge.gov.br/agencia-sala-de-imprensa/2013-agencia-de-noticias/releases/30172-estatisticas-de-genero-ocupacao-das-mulheres-e-menor-em-lares-com-criancas-de-ate-tres-anos. Acesso em: 17 ago. 2022.

BARRETO, Elis. Mulheres sofrem três vezes mais assédio sexual nas empresas do que os homens. *CNN Brasil*, Rio de Janeiro, 2021. Disponível em: https://www.cnnbrasil.com.br/nacional/mulheres-sofrem-tres-vezes-mais-assedio-sexual-nas-empresas-do-que-os-homens/. Acesso em: 30 ago. 2022.

BOURDIEU, P. *A dominação masculina*. Tradução de Maria Helena Kühner. 13. ed. Rio de Janeiro: Bertrand Brasil, 2015.

BRIGHENT, Miriam Furlan. Feminismo socialista e pedagogia das mulheres oprimidas: um caminho libertado em tempos de neoliberalismo. *Olhar de Professor*, Ponta Grossa, v. 23, p. 1-15, 2020. Disponível em: https://revistas.uepg.br/index.php/olhardeprofessor/. Acesso em: 15 ago. 2022.

CAPELETTO, Cátia Fabiula; SILVA, Ivone Maria Mendes; SILVA, Luís Fernando Santos Corrêa da. Gênero e mercado de trabalho: a inserção da mulher em cargos de chefia na indústria metal mecânica de Erechim-RS. *Gênero*, Niterói, v. 21, n. 2, p. 159-181. 1º sem. 2021.

ECCEL, Claudia Sirangelo; GRISCI, Carmem Lígia Iochins. Trabalho e gênero: a produção de masculinidades na perspectiva de homens e mulheres. *Caderno EBAPE.BR*, v. 9, n. 1, p. 57-78, mar. 2011. Disponível em: https://doi.org/10.1590/S1679-39512011000100005. Acesso: 15 ago. 2022.

FEDERICI, Silvia. *Calibã e a bruxa*: mulheres, corpos e acumulação primitiva. São Paulo: Elefante, 2019.

FRAISSE, Geneviève. *Musa de la razón:* la democracia excluyente y la diferencia de los sexos. Tradução de Alicia H. Puleo. Madri: Cátedra, 1989.

HIRATA, Helena. Gênero, patriarcado, trabalho e classe. Trabalho encomendado pelo GT Trabalho e Educação. *In*: REUNIÃO NACIONAL DA ANPED, 38., 2017, São Luís. Anais... São Luís: ANPED, 2018.

MADRID, Mercedes. *La misoginia en Grecia*. Madri: Cátedra, 1999.

NARVAZ, Martha Giudice; KOLLER, Sílvia Helena. Famílias e patriarcado: da prescrição normativa à subversão criativa. *Psicologia & Sociedade*, Porto Alegre, v. 18, n. 1, p. 49-55, jan./abr. 2006. Disponível em: https://www.scielo.br/j/psoc/a/VwnvSnb886frZVkPBDpL4Xn/?lang=pt&format=pdf. Acesso em: 18 ago. 2022.

OLIVEIRA, Semayat. O ciclo do assédio sexual no ambiente de trabalho: uma parceria Think Eva e LinkedIn. *Think Eva*, 2020. Disponível em: https://thinkeva.com.br/pesquisas/assedio-no-contexto-do-mundo-corporativo/. Acesso em: 20 ago. 2022.

PATEMAN, Carole. *O contrato sexual*. Tradução de Marta Avancini. Rio de Janeiro: Paz e Terra, 1993.

PEREZ SEDEÑO, Eulalia; ALCALA CORTIJO, Paloma (Coord.). *Ciencia y género*. Madrid: Universidad Complutense de Madrid, 2001.

RIBEIRO, Raisa D. *Feminismo*: o que as feministas querem. Rio de Janeiro: Feminismo Literário, 2021.

SAFFIOTI, Heleieth I. B. Contribuições feministas para o estudo da violência de gênero. *Cadernos Pagu*, Campinas, n. 16, p. 115-136, 2001.

SAFFIOTI, Heleieth I. B. *Gênero, patriarcado, violência*. Salvador: Ministério Público do Estado da Bahia, 2004.

SILVA JUNIOR, Ana Caroline da; MELO, Carolle Romana Almeida de; DIANE, Viviana dos Anjos Portela. A sociedade patriarcal e a opressão da mulher: uma mirada sobre as personagens feministas em O primo Basílio. *Revista Água Viva*, Brasília, DF, v. 6. n. 3, set./dez. 2021.

SILVA, Salete Maria; WRIGHT, Sonia Jay; TAVARES, Rosalina Semedo de Andrade; COELHO, Virginia Cavalcante. Assédio sexual e moral contra mulheres no mundo jurídico. *In*: TAVARES, Márcia Santana; SOUZA, Ângela Maria Freire de Lima e (Org.). *Diálogos interdisciplinares sobre mulheres, gênero e feminismo*. Salvador: Editora da Universidade Federal da Bahia, 2022. p. 55-85. Disponível em: https://repositorio.ufba.br/bitstream/ri/35462/1/dialogos-interdisciplinares-sobre-mulheres-genero-e-feminismo_RI.pdf. Acesso em: 8 ago. 2022.

STEVANIM, Luiz Felipe. O machismo fragiliza todo mundo: entrevista com Mirian Béccheri Cortez. *Radis*, Rio de Janeiro, 1º nov. 2019. Disponível em: https://radis.ensp.fiocruz.br/index.php/home/entrevista/o-machismo-fragiliza-todo-mundo. Acesso em: 16 ago. 2022.

Informação bibliográfica deste texto, conforme a NBR 6023:2018 da Associação Brasileira de Normas Técnicas (ABNT):

CUNHA, Milene Dias da. Uma reflexão sobre os desafios para a promoção da igualdade de gênero a partir da análise do patriarcado na construção da própria mulher. *In*: MENDES, Denise Pinheiro Santos; MENDES, Giussepp; BACELAR, Jeferson Antonio Fernandes (Coords.). *Magníficas mulheres*: lutando e conquistando direitos. Belo Horizonte: Fórum, 2023. p. 295-306. ISBN 978-65-5518-488-4.

DESAFIOS PARA PROTEÇÃO E EFETIVAÇÃO DO DIREITO DAS MULHERES NO BRASIL: O IMPORTANTE PAPEL DESEMPENHADO PELAS SERVENTIAS EXTRAJUDICIAIS

MOEMA BELLUZO

Introdução

As mulheres do século XXI representam a vitória de muitas lutas antecedentes. Nesse contexto, é possível perceber que houve avanços significativos, apesar de se compreender que ainda há muito a ser conquistado. A presença feminina é crescente em todos os cenários e o papel das mulheres na sociedade tem passado por muitas mudanças, seja na família, no mercado de trabalho, na política, na religião.

Alguns dados são emblemáticos, de acordo com o IBGE (AGÊNCIA IBGE NOTÍCIAS, 2021): a quantidade de casamentos com mulheres de até 17 anos vem diminuindo; em 2011, 48.637 casamentos foram registrados com mulheres de até 17 anos, contra 21.769 no ano de 2019. Entretanto, ainda há muito a se buscar; no que diz respeito às atividades que envolvem afazeres domésticos, as mulheres dedicam quase o dobro de tempo que os homens: 21,4 horas contra 11 horas semanais. Na população com 25 anos ou mais, 15,1% dos homens e 19,4% das mulheres tinham nível superior completo em 2019, contudo elas representavam menos da metade (46,8%) dos professores de instituições de ensino superior no país. Em cursos de graduação, elas são minoria entre os alunos nas áreas ligadas às ciências exatas e à esfera da produção: apenas 13,3% dos alunos de Computação e Tecnologia da Informação e Comunicação (TIC) são mulheres. Apesar de mais instruídas, as mulheres ocupavam 37,4% dos cargos gerenciais, recebendo 77,7% do rendimento dos homens. Em que pese ter diminuído, o casamento de meninas abaixo de 18 anos permanece alto, e as mulheres também são a maioria quando o assunto é desemprego no país.[1] Diante dos exemplos citados, é

---

[1] Pesquisa Nacional por Amostra de Domicílios Contínua (PNAD) do Instituto Brasileiro de Geografia e Estatística (IBGE, 2022).

evidente que o caminho a ser percorrido, para uma maior igualdade de gênero, é longo. Nesse sentido, o ODS 5 da Agenda 2030 da ONU trouxe a igualdade de gênero como um dos pilares e objetivos a serem alcançados.

Nesse cenário, as serventias extrajudiciais vêm desenvolvendo um importante trabalho que reflete na sociedade e irradia efeitos positivos, auxiliando o Poder Público na execução de suas atribuições, a exemplo do apoio ao combate à violência doméstica contra as mulheres, além da atuação na efetivação dos direitos das mulheres transgêneros, na concretização do princípio da igualdade, promovendo o bem de todos sem preconceitos, conforme um dos objetivos fundamentais da República Federativa do Brasil previsto no art. 3º, IV, da Constituição Federal. As mencionadas iniciativas são realizadas pelos notários e registradores, no âmbito dos serviços prestados, com as diretrizes traçadas pelo CNJ, em atenção à legislação pertinente, bem como àquelas afetas à dignidade da pessoa humana, na qual os fundamentos estão contidos na Constituição Federal e pulverizados em todo o ordenamento jurídico por meio da legislação infraconstitucional e dos tratados internacionais sobre direitos humanos, dos quais o Brasil é signatário.

Dentro da temática da evolução na sedimentação dos direitos das mulheres, ressalta-se a Lei nº 11.340/2006, conhecida como Lei Maria da Penha, que define os atos de violência doméstica e familiar contra a mulher como "qualquer ação ou omissão baseada no gênero que lhe cause morte, lesão, sofrimento físico, sexual ou psicológico e dano moral ou patrimonial".[2] A violência doméstica e familiar contra a mulher traduz um problema social crônico, constituindo um dos fatores que mais contribuem para o desequilíbrio de uma sociedade, persistindo, ao longo dos anos, em crescer, apesar do endurecimento da legislação. A partir dela, decorrem cenários que desestabilizam as instituições e que preocupam as autoridades, pois implicam ofensa direta aos direitos humanos e, por consequência, à dignidade da pessoa humana.

No que tange à atuação visando à efetivação dos direitos das mulheres, pertencentes ou não ao movimento LGBTQIA+, extrai-se a importância do procedimento de alteração de prenome e gênero, de acordo com o Provimento nº 73/2018 do CNJ, que permitiu a realização de procedimento extrajudicial para alteração do prenome e do gênero nos assentos de nascimento e casamento de pessoa transgênero, a ser efetuado pelos oficiais de registro civil das pessoas naturais.

O regramento supracitado, além do suporte expresso no texto constitucional, encontra fundamento jurídico no Pacto de San José da Costa Rica, cuja diretriz impõe o respeito ao direito ao nome, ao reconhecimento da personalidade jurídica, à liberdade pessoal, à honra e à dignidade humana. Assim, os registradores civis têm atuado na promoção da cidadania e na proteção do direito das mulheres transgêneros, que por anos se encontraram em uma situação de não identificação pessoal com o próprio prenome e gênero e na falta de reconhecimento e proteção, pelo Estado, de sua condição.

Na consecução deste artigo, três elementos principais para garantia dos direitos das mulheres serão abordados: o ODS 5 da Agenda 2030 da ONU, como pilar para concretização de todas as outras medidas em prol das mulheres; o apoio às mulheres que sofrem violência doméstica; e a alteração, mediante o preenchimento de determina-

---

[2] Art. 5º da Lei nº 11.340/2006.

dos requisitos, do prenome e gênero daquelas que desejam adequar seus documentos pessoais à identidade autopercebida.

1 Os obstáculos enfrentados pelo ODS 5 como meta global em busca da igualdade de gênero

Analisando os desafios existentes para a efetivação de direitos básicos ligados à dignidade da pessoa humana, em setembro de 2015, a Cúpula das Nações Unidas sobre o Desenvolvimento Sustentável lançou a Agenda 2030, uma ação global composta de 17 ODS que visam mudar a realidade mundial por meio da erradicação da pobreza, proteção do meio ambiente e do clima, promoção da educação, saúde, bem-estar, paz e prosperidade para todos, obrigando todos os Estados-Membros, inclusive o Brasil, à consecução das referidas finalidades.

Entre esses alvos estabelecidos pela ONU está o ODS 5, que estipula a incumbência por parte dos Estados-Membros de alcançar e efetivar a igualdade de gênero entre as pessoas.

Nesse contexto de igualdade material, a erradicação de todas as formas de violência contra a mulher é uma das metas especificadas no mencionado ODS. Tal tema possui uma discussão de origem histórica e está arraigado na cultura da maioria das civilizações. A submissão do corpo feminino, tratado como objeto ou mercadoria, pode ser identificada ao longo dos anos e observada com a diminuição ou anulação dos direitos da mulher. Todas essas informações estão dispostas na consagração da tradicional unidade familiar, na qual, patriarcalmente, cada um de seus membros possui seu papel, mas nenhum deles tem mais "poder" do que aquele que é considerado o chefe da família, que mesmo nos tempos atuais muitas vezes ainda é concebido na figura masculina.

Algumas iniciativas foram promovidas para tentar mudar a realidade da violência contra a mulher no Brasil, partindo-se, principalmente, das diretrizes consolidadas na regulamentação da matéria, por meio da Lei Maria da Penha, das delegacias especializadas no atendimento às mulheres vítimas de violência, redes de enfrentamento à violência contra a mulher e propostas regionalizadas.

As desigualdades de gênero ainda se fazem presentes em muitos campos para além da violência e exploração sexual. Como outra finalidade específica do ODS 5, há a previsão para se efetivar a participação plena das mulheres em cargos de liderança, em todos os níveis de tomada de decisão. No cenário político, permanecem enormes barreiras à igualdade de gênero: o relatório Desigualdade de Gênero e Raça na Política Brasileira, produzido pela Oxfam Brasil e o Instituto Alziras,[3] aponta que, em 2016 e 2020, para cada candidata mulher havia nove candidatos homens na prefeitura. Observam-se, ainda, as desigualdades na remuneração no mercado de trabalho e na presença feminina em cargos de liderança e chefias.

No segmento notarial e registral, das 27 unidades da Federação, apenas sete estados possuem a direção feminina. Entretanto, a distribuição de notários e registradores à frente de cartórios no Brasil está equilibrada: há 13.440 cartórios no total, dos quais

---

[3] Disponível em: https://www.oxfam.org.br/justica-racial-e-de-genero/raca-e-genero/desigualdade-de-raca-e-genero-na-politica-brasileira/.

6.368 possuem titulares mulheres à frente, contra 6.613 titulares homens (ANOREG/BR, 2021a).

No Poder Judiciário, o cenário não é diferente: apenas cinco Tribunais de Justiça estaduais possuem mulheres na presidência. No Executivo Federal, a estatística é ainda mais surpreendente: desde Deodoro da Fonseca, em 1889, o Brasil contou com 38 governantes e, entre estes, apenas uma única vez uma mulher presidiu o país. Todos os demais foram homens.[4]

Alguns fatores ainda limitam a participação das mulheres no mercado de trabalho, a exemplo da maternidade que, muitas vezes, é vista como uma restrição na atuação laboral feminina, além da crença limitante de parte da sociedade que ainda enxerga no homem a figura mais apta para determinados cargos e funções.

Contribuir para que esse cenário mude, erradicando as desigualdades e todas e quaisquer formas de discriminações e preconceito contra mulheres e meninas é um objetivo global e um direito humano a ser respeitado. Não só a busca pela eliminação das desigualdades, mas também o estímulo e o incentivo ao público feminino para que ocupe cargos políticos e de liderança são fundamentais para que as políticas públicas e a legislação contemplem efetivamente mais igualdade de gênero. A presença feminina nesses cargos é ferramenta indispensável para que a sociedade evolua, alcançando os resultados almejados mais brevemente.

2 Evolução legislativa da proteção à mulher no ambiente doméstico e familiar

Por muito tempo, as mulheres reivindicavam maior amparo para a efetiva realização de seus direitos. Entretanto, apenas recentemente, o Poder Público direcionou políticas públicas concretas nesse sentido, com destaque para as políticas voltadas ao combate de todas as formas de violência contra as mulheres e meninas nas esferas públicas e privadas, consoante o ODS 5 – Igualdade de Gênero. Isso decorre de movimentos como a Convenção para a Eliminação de Todas as Formas de Discriminação contra a Mulher, de 1979, e a Convenção Interamericana para Prevenir, Punir e Erradicar a Violência contra a Mulher, ocorrida em Belém do Pará, em 1994, que estabelecem o compromisso dos estados em garantir às mulheres uma vida sem violência (ONU MULHERES BRASIL, 2022).

Especificamente quanto às discussões legislativas acerca da punibilidade dos agressores de mulheres no âmbito doméstico, elas tiveram início com a revelação da história de Maria da Penha Maia Fernandes, vítima perene da violência sofrida por seu esposo. A história inspiradora dessa sobrevivente brasileira, farmacêutica, casada com um professor universitário, e com quem teve três filhas, teve como pano de fundo incontáveis episódios de violência, em dois dos quais o marido tentou matá-la.

Nesse contexto, para registrar as marcas deixadas pela violência que sofreu, Maria da Penha Fernandes lançou, em 1994, o livro *Sobrevivi... posso contar*. A referida obra chegou ao conhecimento do Centro pela Justiça e o Direito Internacional (Cejil) e do

---

[4] Disponível em: https://www.camara.leg.br/internet/agencia/infograficos-html5/presidentes2019/index.html. Acesso em: 21 ago. 2022.

Comitê Latino-Americano e do Caribe para a Defesa dos Direitos da Mulher (Cladem). Essas organizações incentivaram a autora a formalizar uma denúncia contra o Brasil na Organização dos Estados Americanos (OEA), em virtude da morosidade processual e da falta de mecanismos eficientes de combate à violência doméstica contra a mulher. A Comissão Interamericana de Direitos Humanos da OEA aceitou a denúncia e condenou o Brasil, em 2001, por falta de legislação protetiva no combate à violência contra a mulher. Além disso, realizou recomendações ao Governo brasileiro a fim de que fossem criados e implementados mecanismos eficazes na luta contra esse tipo de agressão, fatos que contribuíram muito para a criação da Lei nº 11.340/2006.

Assim, até 2006, o Brasil não possuía uma legislação específica para violência doméstica. Apenas em agosto do ano de 2006 que a Lei nº 11.340, conhecida como Lei Maria da Penha, foi publicada, promovendo o Brasil ao grupo de países com legislação protetiva das mulheres em situação de risco doméstico e familiar.

Entre os principais avanços que a mencionada normativa trouxe em seu texto original e nas modificações posteriores, podem-se destacar a tipificação e o conceito da violência doméstica e familiar contra a mulher de forma ampla, não se restringindo apenas ao ato de natureza física, mas abrangendo também os atos de cunho psicológico, sexual, moral e patrimonial, além de fundamentar-se no caráter sociológico de gênero, e não no critério meramente biológico do sexo.

Além disso, a lei em comento veda a aplicação de penas de cesta básica ou de prestação pecuniária, bem como sua substituição que implique aplicação isolada de multa, amplia as penas de prisão, cria uma rede de apoio e proteção às vítimas, determina que o atendimento dessas mulheres seja realizado, preferencialmente, por profissionais do sexo feminino e proíbe a aplicação da Lei nº 9.099/1995 no âmbito da violência doméstica e familiar contra a mulher.

Das importantes inovações legislativas envolvendo a temática da defesa das mulheres, ressalta-se a recente Lei Federal nº 14.188, de 28.7.2021, conhecida como Lei do Sinal Vermelho.

O mencionado aperfeiçoamento legal é considerado um passo relevante dado pelas mulheres que sofrem da síndrome da mulher agredida, na qual a vítima não se sente capaz de escapar da situação em que se encontra, pois, muitas vezes, o agressor logo em seguida ou em momento próximo apresenta pequenos atos de bondade ou pedidos de desculpas, gerando na vítima a esperança de que o arrependimento seja real e de que a violência irá cessar. Como pondera Dias (2019, p. 33), "a conclusão é uma só: as mulheres nunca param de apanhar, sendo a sua casa o lugar mais perigoso para elas e para os filhos".

Diante da persistência no aumento dos índices de violência, inicialmente observou-se que muitas mulheres se sentiam intimidadas de procurar delegacias para realização de denúncias. Assim, vislumbrou-se a necessidade de novos mecanismos, que agregassem a possibilidade de denúncia em locais públicos, mas que fossem mais discretos, aos quais as vítimas pudessem se dirigir sem constrangimento.

Assim, houve a alteração da Lei Maria da Penha e do Código Penal brasileiro pela Lei nº 14.188/2021, regramento que incluiu temas considerados indispensáveis para o ordenamento jurídico brasileiro, com o objetivo de alargar a proteção do Estado às vítimas de violência doméstica contra a mulher.

Por meio dessa normativa, todos os poderes, autoridades públicas e entidades privadas ficam autorizados a unir esforços na promoção e realização cooperativa do programa Sinal Vermelho, a fim de estabelecer um canal de comunicação com todas as pessoas que necessitarem de ajuda, por meio de denúncias gestuais, que têm a possibilidade de obter maior eficácia quando a vítima não possui forças para se expressar, às vezes por medo, outras pela vergonha da situação em que se encontra e a que está submetida.

Originado de situações ocorridas em diversas partes do mundo, o modelo adotado na Espanha foi o escolhido como paradigma para ser implementado no Brasil, que, em termos gerais, considerou questões da desigualdade social e da exclusão digital. Desse modo, concluiu-se que "o sistema criado na Espanha com participação das farmácias pareceu o ideal para ser priorizado no Brasil, porque era o que se apresentava como possibilidade de aplicação mais imediata e abrangente" (PRADO; FIGUEIREDO, 2022, p. 28).

Em outubro de 2021, diversos cartórios brasileiros, representados pela Associação dos Notários e Registradores do Brasil (ANOREG/BR), passaram a integrar a campanha Sinal Vermelho contra a Violência Doméstica, em cooperação com a Associação dos Magistrados Brasileiros (AMB) e o CNJ, com o objetivo de promover ações práticas e institucionais no combate a um crime cada vez mais constante no país (ANOREG/BR, 2021b). O auxílio às vítimas é feito mediante três iniciativas:

> *Passo 1* – O "X" vermelho na palma da mão é um pedido de ajuda. Mantenha a calma e acolha a vítima; *Passo 2* – Acione o 190, da Polícia Militar, e peça ajuda. Em seguida, se possível, conduza a vítima a um espaço reservado até a chegada da polícia. Para a segurança de todos, sigilo e discrição são muito importantes; *Passo 3* – Caso a vítima não possa esperar a chegada da polícia, pegue o nome, documento de identidade, CPF, endereço e telefone, para que todas as informações sejam repassadas à PM e, com isso, ela possa agir e ajudar rapidamente essa mulher. (ANOREG/BR, 2021b, p. 1) (Grifos no original)

Nesse cenário, os cartórios se apresentam como ambiente adequado e acolhedor para a consecução dos objetivos previstos na citada lei. Notários e registradores capacitam seus colaboradores e prepostos para recepcionar vítimas da violência doméstica. Basta que a vítima sinalize um sinal vermelho em uma das mãos e mostre para quaisquer colaboradores da serventia para que, imediata e discretamente, sejam tomadas as providências para o devido socorro.

Qualquer indício de abuso ou violência patrimonial contra as mulheres, detectado por parte dos notários e dos registradores, norteia sua atuação nos procedimentos extrajudiciais envolvendo antecipação de herança, venda de imóveis, movimentação bancária e de benefícios e qualquer outro caso relacionado a bens e recursos. A violência patrimonial contra grupos de risco, entre eles mulheres e idosos, é uma realidade crescente, em que a atuação notarial e registral tem sido eficaz, contribuindo para proteger e combater atos de dilapidação financeira dessas vítimas.

Esses são importantes passos dados no sentido de efetivação de direitos e proteção à violência contra a mulher, com a participação efetiva dos tabeliães e oficiais registradores de todo o Brasil, realizados com o apoio e recomendação do CNJ à adesão, aposta na Recomendação nº 49/2022, que entrou em vigor de imediato. Existe, portanto, um esforço conjunto, cuja cooperação espera gerar frutos no sentido de diminuir os índices de reincidência de agressões e até mesmo coibi-las, encorajando as mulheres a buscar esse tipo de ajuda, em um ambiente menos ostensivo e mais acolhedor do que uma delegacia de polícia, por exemplo.

3 O Provimento nº 73/2018 do CNJ e seu papel na efetivação de direitos das mulheres transgêneros

O movimento das mulheres ao longo da história dá conta de que a sociedade, por muito tempo, renegou esse grupo social, imputando ao papel desempenhado pelos homens uma maior relevância e protagonismo. As mulheres não tinham acesso às escolas, às faculdades, não podiam votar e ser votadas, e o divórcio tornou-se uma opção, no Brasil, apenas em 1977, por meio da Lei nº 6.515/1977, promulgada em 26.12.1977.

Os fatos e dados demonstram que a discriminação e o preconceito existiram e ainda existem. Por seu turno, os desafios enfrentados pelas mulheres transgêneros também são enormes. E, diante dessas demandas históricas de luta por reconhecimento de direitos básicos, os órgãos normativos e decisórios têm lançado um olhar sensível à proteção das mulheres como gênero, a fim de proporcionar dignidade àquelas que clamam por maior efetividade na concretização dos direitos da personalidade. Assim, nessa direção, o CNJ, pelo Provimento nº 73/2018, traçou diretrizes para que os cartórios extrajudiciais de todo o país procedam à regularização registral do prenome e gênero das pessoas que desejarem readequação desses elementos com sua identidade autopercebida.

O mencionado Provimento nº 73/2018 apresenta as diretrizes gerais às serventias extrajudiciais, permitindo que toda pessoa maior de 18 anos completos, habilitada aos atos da vida civil, requeira, perante o oficial de registro civil, a alteração do prenome e do gênero nos assentos de nascimento e casamento, de acordo com sua identidade autopercebida, independentemente de cirurgia de redesignação ou da realização de tratamentos hormonais ou patologizantes. Trata-se de conquista social sem precedentes na história brasileira, em que o Poder Público reconhece a necessidade de dar dignidade a essas pessoas que não se identificam pessoal nem fisicamente com o nome que receberam por ocasião de seu primeiro registro, geralmente logo após o nascimento (BRASIL, 2018).

Portanto, é inquestionável que, no que tange à efetivação dos direitos das mulheres transgênero, o desafio se mostra ainda mais peculiar, tendo em vista que congrega pessoas que não se identificam com os nomes de batismo ou de primeiro registro e se sentem deslocadas socialmente por conta disso, por anos e anos. A possibilidade de que a sociedade possa acolher essas pessoas, passando a tratá-las com a dignidade merecida, afeta a todos e constitui o predicado necessário para a realização do trabalho desenvolvido pelos oficiais de registro, nos cartórios de Registro Civil de Pessoas Naturais.

Com efeito, a Associação Nacional dos Registradores de Pessoas Naturais (ARPEN-Brasil), instituto-membro da ANOREG/BR, elaborou uma cartilha "com a finalidade de ser um material informativo e de fácil consulta para a população LGBTQIA+ sobre os procedimentos de mudança de nome e de gênero em Cartório de Registro Civil das Pessoas Naturais" (ARPEN, 2022, p. 2). Constam, na cartilha, as etapas para retificação do registro de nascimento e de casamento nos cartórios de todos os municípios do Brasil.

Dessarte, busca-se romper com preconceitos arraigados na sociedade, oportunizando a essas mulheres que assim se identificam quebrar paradigmas impostos até mesmo no seio familiar, cujas resistências contribuem somente para que elas não consigam ter uma vida justa e digna. A regularização da mudança do nome e sexo constantes do registro civil viabiliza a realização dos principais atos da vida civil de uma pessoa: o registro de nascimento, o casamento e o óbito, com os principais temas sociais e direitos da população brasileira (ARPEN, 2022).

Nessa esteira, as serventias extrajudiciais cumprem papel importante, oportunizando a essas pessoas, cuja identidade de gênero difere em diversos graus do sexo biológico, por meio de um procedimento célere e seguro, efetuar a adequação de seus prenomes e gênero no registro civil, a fim de atingir adequado tratamento social.

As regras contidas no Provimento nº 73/2018 contribuem para que a sociedade possa avançar em um processo de aceitação menos dificultoso, tanto para beneficiados quanto para aqueles que com ele vão conviver, ratificando, assim, as diretrizes da legislação internacional de direitos humanos, em especial, a Convenção Interamericana sobre Direitos Humanos (Pacto de San José da Costa Rica), da qual o Brasil é signatário, que impõe o respeito ao direito ao nome, ao reconhecimento da personalidade jurídica, à liberdade pessoal, à honra e à dignidade da pessoa humana.

Segundo o art. 18 do Pacto, "toda pessoa tem direito a um prenome e aos nomes de seus pais ou ao de um destes. A lei deve regular a forma de assegurar a todos esse direito, mediante nomes fictícios, se for necessário". Ao lado do art. 11, que trata da dignidade humana, referido preceito garante a proteção à honra e dignidade, prevendo que "ninguém pode ser objeto de ingerências arbitrárias ou abusivas em sua vida privada, na de sua família, em seu domicílio ou em sua correspondência, nem de ofensas ilegais à sua honra ou reputação".

Desse modo, a tradição de cumprimento da função social das serventias extrajudiciais é fundamental e necessária à efetivação dos direitos do cidadão, em que os princípios da segurança jurídica, da legalidade e da fé pública estão presentes. Postos esses pilares, por meio do Provimento nº 73/2018, o Estado brasileiro, mais uma vez, reafirma sua confiança no trabalho desenvolvido pelos cartórios, nesse caso, por meio dos oficiais registradores civis, que em sua atuação registral averiguam e fiscalizam o cumprimento dos requisitos legais e preservam a segurança jurídica relativamente aos atos que praticam, com grande celeridade.

Nesses termos, compreende-se que o Provimento nº 73/2018 foi importante iniciativa à qual o CNJ aportou esforços para garantir o respeito à liberdade individual e a consagração e proteção da dignidade da pessoa humana, em que os oficiais registradores se apresentam como responsáveis pela análise, instrução e finalização do procedimento extrajudicial de alteração de prenome e gênero, garantindo dignidade a milhares de mulheres por muito tempo ignoradas. O procedimento extrajudicial é, sobretudo, seguro e célere, auxiliando de modo eficaz o avanço do processo de aceitação das mulheres transgênero na sociedade, superando as eventuais diferenças que as colocam à margem da dignidade humana.

Conclusão

Dessarte, conclui-se que, apesar das conquistas e progressos, ainda há um longo caminho a ser percorrido para que se atinja o pleno e efetivo respeito aos direitos fundamentais das mulheres. Relativamente à violência doméstica contra a mulher, dados do Anuário Brasileiro de Segurança Pública 2022 indicam que, nos últimos dois anos, 2.695 mulheres foram assassinadas. A morte é a consequência final de reiteradas ameaças e atos de abuso e violência antecedentes contra essas mulheres, o que demonstra a necessidade de que toda a rede de apoio e auxílio a essas vítimas, incluindo as serventias extrajudiciais, esteja em constante especialização e capacitação dos colaboradores que atenderão esse grupo de risco.

No que concerne à possibilidade de alteração do prenome e do gênero para a adequação à identidade autopercebida das mulheres transgênero, através de procedimento extrajudicial perante os oficiais de registro civil, esse reconhecimento simboliza um marco no progresso da igualdade de gênero no Brasil, todavia, a sociedade e os poderes constituídos ainda necessitam de uma transformação na mentalidade para que se chegue ao concreto e real respeito e à quebra de preconceitos enraizados na intelecção de toda coletividade.

Nesse cenário, os países signatários de tratados internacionais precisam entender a importância de suas assinaturas, uma vez que, a partir desses instrumentos, desenvolvem-se diversos tipos de responsabilidades que, por muitas vezes, permanecem esquecidas ou são de pouca efetividade.

No Brasil, por muito tempo, a proteção e a efetivação dos direitos das mulheres deixaram de ser consideradas pelo Poder Público e somente após expressiva pressão exercida por organismos internacionais, de maneira subsidiária, foi possível que, paulatinamente, alguns direitos fossem inseridos no ordenamento jurídico brasileiro.

O que se via, até então, era um contexto de patriarcado, difícil de ser rompido, mas que sofreu duros ataques mediante as reivindicações e lutas das mulheres, impelidas pela indignação e pelo empoderamento feminino na busca constante do reconhecimento e proteção de seus direitos. Com o tempo, foram adquiridos legalmente alguns direitos, a exemplo do direito ao voto, a regulamentação dos crimes que atentem contra esses direitos, a garantia de renda compatível com a dos homens (luta que segue), feitos que são forças motrizes no contínuo processo de combate a quaisquer discriminação e preconceito.

Dados e fatos sobre a história das mulheres revelam que a sociedade desprezou esse grupo social por muito tempo. Certamente, ainda existem muitas situações para serem superadas a fim de que se alcancem verdadeira igualdade de gênero e ampla proteção aos direitos das mulheres. A mudança de mentalidade e o reconhecimento de um passado e de um presente e o domínio dos objetivos que existem para o futuro são fundamentais à sociedade civil organizada e aos agentes que compõem os poderes Legislativo, Executivo e Judiciário.

A participação cada vez maior de mulheres na construção de políticas públicas, de criação de leis e nos atos decisórios também são elementos imprescindíveis para a diminuição das desigualdades de gênero existentes.

Referências

AGÊNCIA IBGE NOTÍCIAS. *Estatísticas de gênero*: ocupação das mulheres é menor em lares com crianças de até três anos. 4 mar. 2021. Disponível em: https://agenciadenoticias.ibge.gov.br/agencia-sala-de-imprensa/2013-agencia-de-noticias/releases/30172-estatisticas-de-genero-ocupacao-das-mulheres-e-menor-em-lares-com-criancas-de-ate-tres-anos#:~:text=No%20Brasil%2C%2062%2C6%25%2C3%25%20para%20as%20mulheres. Acesso em: 16 ago. 2022.

ANOREG/BR – ASSOCIAÇÃO DOS NOTÁRIOS E REGISTRADORES DO BRASIL. *Revista Cartório em Números*, São Paulo, 3. ed., 2021a.

ANOREG/BR – ASSOCIAÇÃO DOS NOTÁRIOS E REGISTRADORES DO BRASIL. *Sinal vermelho*: cartórios contra a violência doméstica. 2021b. Disponível em: https://www.anoreg.org.br/site/sinal-vermelho-cartorios-contra-a-violencia-domestica/. Acesso em: 17 ago. 2022.

ARPEN/BR – ASSOCIAÇÃO DOS REGISTRADORES DE PESSOAS NATURAIS DO BRASIL. *Mudança de nome e gênero no Cartório de Registro Civil*. 2022. Disponível em: https://arpenbrasil.org.br/wp-content/uploads/2022/06/Transgeneros-2.pdf. Acesso em: 17 ago. 2022.

BATISTA, Nilo. *Comentários à lei de violência doméstica e familiar contra a mulher*. 2016. Disponível em: http://www.crprj.org.br/site/wp-content/uploads/2016/05/jornal17-nilobatista.pdf. Acesso em: 17 ago. 2022.

BRASIL. Conselho Nacional de Justiça. *Provimento 73, de 28 de junho de 2018*. Disponível em: https://atos.cnj.jus.br/atos/detalhar/2623. Acesso em: 16 ago. 2022.

BRASIL. *Lei 11.340, de 7 de agosto de 2006*. Disponível em: http://www.planalto.gov.br/ccivil_03/_ato2004-2006/2006/lei/l11340.htm. Acesso em: 16 ago. 2022.

DIAS, Maria Berenice. *A Lei Maria da Penha na justiça*. Salvador: JusPodivm, 2019.

FÓRUM BRASILEIRO DE SEGURANÇA PÚBLICA. Feminicídios caem, mas outras formas de violência contra meninas e mulheres crescem em 2021. *Anuário Brasileiro de Segurança Pública*, 2022. Disponível em: https://forumseguranca.org.br/wp-content/uploads/2022/07/10-anuario-2022-feminicidios-caem-mas-outras-formas-de-violencia-contra-meninas-e-mulheres-crescem-em-2021.pdf. Acesso em: 17 ago. 2022.

IBGE – INSTITUTO BRASILEIRO DE GEOGRAFIA E ESTATÍSTICA. *PNAD Contínua* – Pesquisa Nacional por Amostra de Domicílios Contínua. 2022. Disponível em: https://www.ibge.gov.br/estatisticas/sociais/trabalho/9173-pesquisa-nacional-por-amostra-de-domicilios-continua-trimestral.html?=&t=destaques. Acesso em: 19 ago. 2022.

INSTITUTO AURORA. *ODS 5*: por que a igualdade de gênero é essencial para o cumprimento de toda a Agenda 2030. 2022. Disponível em: https://institutoaurora.org/ods-5-igualdade-de-genero/. Acesso em: 19 ago. 2022.

JESUS, Damásio de. *Violência contra a mulher*: aspectos criminais da Lei n. 11.340/2006. São Paulo: Saraiva, 2015.

ONU – ORGANIZAÇÃO DAS NAÇÕES UNIDAS. *Objetivo de Desenvolvimento Sustentável 5*. Igualdade de gênero. 2022. Disponível em: https://brasil.un.org/pt-br/sdgs/5. Acesso em: 20 ago. 2022.

ONU MULHERES BRASIL. *Fim da violência contra as mulheres*. 2022. Disponível em: http://www.onumulheres.org.br/areas-tematicas/fim-da-violencia-contra-as-mulheres/. Acesso em: 20 ago. 2022.

PRADO, Eunice Maria Batista; FIGUEIREDO, Luiza Vieira Sá de. Sinal vermelho contra a violência doméstica: planejamento, execução e análise crítica da campanha humanitária que se tornou lei federal. *Revista Eletrônica do CNJ*, v. 6, n. 1, p. 25-43, jan./jun. 2022. Disponível em: https://www.cnj.jus.br/ojs/index.php/revista-cnj/issue/view/9. Acesso em: 17 ago. 2022.

RODRIGUES, Francisco Luciano Silva. A alteração extrajudicial de prenome e gênero de pessoa transgênero à luz da dignidade humana. *Pensar – Revista de Ciências Jurídicas*, Fortaleza, v. 25, n. 4, p. 1-13, out./dez. 2020. Disponível em: https://periodicos.unifor.br/rpen/issue/view/522. Acesso em: 16 ago. 2022.

VARELLA, Marcelo D.; MACHADO, Natália Paes Leme. A dignidade da mulher no direito internacional: o Brasil face à Comissão Interamericana de Direitos Humanos. *Revista IIDH*, Costa Rica, v. 49, n. 1, p. 467-500, jan./jun. 2009. Disponível em: https://biblioteca.corteidh.or.cr/documento/59472. Acesso em: 17 ago. 2022.

Informação bibliográfica deste texto, conforme a NBR 6023:2018 da Associação Brasileira de Normas Técnicas (ABNT):

BELLUZO, Moema. Desafios para proteção e efetivação do direito das mulheres no Brasil: o importante papel desempenhado pelas serventias extrajudiciais. *In*: MENDES, Denise Pinheiro Santos; MENDES, Giussepp; BACELAR, Jeferson Antonio Fernandes (Coords.). *Magníficas mulheres*: lutando e conquistando direitos. Belo Horizonte: Fórum, 2023. p. 307-316. ISBN 978-65-5518-488-4.

A DEFENSORIA PÚBLICA DO ESTADO DO PARÁ E A DEFESA DAS MULHERES: ENFRENTAMENTO À VIOLÊNCIA DE GÊNERO

MÔNICA PALHETA FURTADO BELÉM

1 Introdução

O presente artigo tem por finalidade enfocar o trabalho da Defensoria Pública do Estado do Pará voltado às pessoas em situação de vulnerabilidade em razão do gênero, visando a sua defesa por meio de ações institucionais e a prestação da assistência jurídica integral e gratuita aos que necessitam desta intervenção, um direito fundamental do ser humano.

Inicialmente, será feita uma breve incursão pelas origens da Defensoria Pública com foco na promoção e defesa dos direitos humanos, igualdade de direitos do homem e da mulher, com destaque em especial da atuação defensorial nas questões da vulnerabilidade de gênero.

Posteriormente, serão realizadas considerações acerca da evolução dos direitos conquistados pelas mulheres, os avanços legislativos de proteção e garantia à mulher, consubstanciados na Lei Maria da Penha, que é a violência de gênero como forma de violação aos direitos humanos, bem como ao princípio da igualdade.

Adiante, serão abordadas análises sobre a execução de projetos e programas voltados à especial atenção da mulher, vítima de violência no ambiente doméstico, familiar ou em uma relação íntima de afeto, sob a perspectiva de gênero, como também na busca por alternativas penais que construam masculinidades saudáveis, e possam terapeuticamente através da rede de atendimento multidisciplinar acolher tanto as vítimas, como os acusados da prática de agressão, e familiares que se encontram no ciclo de violência, e assim proporcionar a efetivação de políticas públicas que buscam a inclusão social e garantem a assimetria no acesso à justiça de forma igualitária, democrática e plural.

Finalmente, serão apresentadas ações afirmativas destinadas ao tratamento igualitário entre o homem e a mulher, visando ao empoderamento feminino e à diminuição das desigualdades sociais, através das ações da Defensoria Pública do Pará por meio do Núcleo de Prevenção e Enfrentamento à Violência de Gênero (Nugen), que garante atendimento jurídico e orientação psicossocial para as mulheres em situação de violência, com a execução de projetos institucionais, como: Defensoria Para Elas, Defenda-me, Centro Educativo Eles por Elas, Reincidência Zero, Disque não esquenta a cabeça e Arara das Manas, que visam promover e efetivar a defesa da mulher no enfrentamento à violência de gênero.

2 A Defensoria Pública e a evolução dos direitos conquistados pelas mulheres

A Defensoria Pública, nos termos da Constituição Federal de 1988,[1] é instituição permanente, essencial à função jurisdicional do Estado, incumbindo-lhe, entre outras atribuições, a promoção dos direitos humanos e a defesa, em todos os graus, judicial e extrajudicial, dos direitos individuais e coletivos, de forma integral e gratuita aos necessitados.

A Defensoria faz parte das instituições consideradas essenciais à função jurisdicional, possuindo autonomia funcional e administrativa, com iniciativa de lei, autonomia financeira e percentual orçamentário próprio previsto na legislação de planejamento do Estado.

Na Constituição do Estado do Pará, ela está prevista no art. 190 (ALEPA, 1989),[2] que foi regulamentado pela Lei Complementar Estadual nº 54/2006, que dispõe sobre a reorganização da Defensoria Pública do Estado do Pará e da carreira, sendo que em 2008 conquistou a autonomia orçamentária e financeira, com percentual próprio na legislação de planejamento orçamentário do Estado (BRASIL, 2006a).

Entre os objetivos da Defensoria Pública estabelecidos no art. 3º da Lei Complementar nº 80 de 1994 estão: a primazia da dignidade da pessoa humana e a redução das desigualdades sociais (I); a afirmação do Estado democrático de direito (II); a prevalência e efetividade dos direitos humanos (III); a garantia dos princípios constitucionais da ampla defesa e do contraditório (IV) (BRASIL, 1994).

Observa-se que a Defensoria Pública possui um leque imenso de atribuições e importância na função jurisdicional do Estado, principalmente no modelo público de assistência jurídica integral e gratuita, vocacionada na defesa dos direitos humanos, dos necessitados e vulneráveis, constituindo cláusula pétrea da cidadania (BRASIL, 1988).[3]

A evolução conceitual e a aplicabilidade do que são os direitos humanos foram graduais; tem-se que a história dos direitos humanos mostra que para a sua implementação como modelo de um Estado de direito foram necessários mobilização, organização, controle e muita participação popular para se galgar a proteção do ser humano.

---

[1] "Art. 134. A Defensoria Pública é instituição permanente, essencial à função jurisdicional do Estado, incumbindo-lhe, como expressão e instrumento do regime democrático, fundamentalmente, a orientação jurídica, a promoção dos direitos humanos e a defesa, em todos os graus, judicial e extrajudicial, dos direitos individuais e coletivos, de forma integral e gratuita, aos necessitados, na forma do inciso LXXIV do art. 5º desta Constituição Federal. (Redação dada pela Emenda Constitucional nº 80, de 2014)".

[2] "Art. 190. A Defensoria Pública é a instituição através da qual o Estado presta assistência jurídica integral e gratuita aos que comprovarem insuficiência de recursos, sendo essencial à função jurisdicional do Estado, incumbindo-lhe a orientação jurídica e a defesa, em todos os graus, dos necessitados".

[3] "Art. 60. A Constituição poderá ser emendada mediante proposta: [...] §4º Não será objeto de deliberação a proposta de emenda tendente a abolir: [...] IV - os direitos e garantias individuais".

A Declaração Universal dos Direitos Humanos foi o divisor para os direitos humanos, sendo que ocorreu após a Segunda Guerra Mundial, que revelou atrocidades cometidas contra a humanidade, com ideologias que prezavam nacionalismo extremo, totalitarismo político, com propaganda que incitava o ódio aos considerados inimigos, sendo utilizadas para justificar o extermínio de pessoas.

A Declaração Universal dos Direitos Humanos foi uma resposta contra as atrocidades cometidas contra os seres humanos na 2ª Guerra Mundial, visando instalar normas legais de conduta para organizar e estimular segurança e dignidade à pessoa humana, com aspectos que valorizam a cidadania, sem restrição de nacionalidade, cor, credo, posição social e principalmente de gênero.

Neste diapasão, a luta pelos direitos das mulheres também foi bastante gradual, com maiores dificuldades de mudança diante de uma cultura patriarcal, em que a mulher tinha a submissão como modelo a ser seguido diante de seu marido, pai e irmãos, com papel de cuidar do lar, procriar, cuidar da educação dos filhos e outras atividades de cunho doméstico, em que corriqueiramente se denominava "mulher prendada", pronta para administrar o lar.

Todavia, com o período da Revolução Industrial, por necessidade do sistema capitalista, a mulher começa a sair da vida exclusivamente doméstica, muito embora se sujeitando aos salários desiguais, cargos subalternos e jornadas desproporcionais entre homens e mulheres.

Ao ocuparem paulatinamente o seu espaço, as mulheres passam a reivindicar seus direitos na igualdade nas condições de trabalho, insalubridade e maternidade. Todas as questões até biológicas da mulher foram inseridas em uma pauta reivindicatória.

Assim, na década de 1970, surge o movimento feminista, que passa a demandar não somente a igualdade de direitos entre homens e mulheres, a partir de uma ideia de não discriminação entre sexos biológicos, mas também a partir de uma teoria de gênero, entendida como um conceito cultural vinculado à forma como a sociedade constrói as diferenças sexuais, atribuindo *status* diferente a homens e mulheres, de modo a considerar a dimensão social da sexualidade humana (SCOTT, 1990).

Incontáveis estudiosos da temática de gênero comumente elencam que a evolução reivindicatória perpassa os seguintes instrumentos internacionais, inspiradores e orientadores para os movimentos de mulheres: a Convenção sobre a Eliminação da Discriminação contra a mulher, de 1979, a Declaração e o Programa de Ação da Conferência Mundial de Direitos Humanos de Viena, de 1993, o Plano de Ação da Conferência Mundial sobre População e Desenvolvimento do Cairo, de 1994, a Convenção Interamericana para Prevenir, Punir e Erradicar a Violência contra a Mulher, de 1994, e a Declaração e a Plataforma de Ação da Conferência Mundial sobre a Mulher de Pequim, de 1995.

No Brasil, após o direito ao voto conquistado no Governo do Presidente Getúlio Vargas (1932), as novas conquistas das mulheres, em termos legais, se deram com a Constituição de 1988, que trouxe avanços significativos na questão da proteção da mulher, conforme a autora Piovesan (2008), claramente evidenciados pelos dispositivos constitucionais:

> [...] a) a igualdade entre homens e mulheres em geral (art. 5º, I) e especificamente no âmbito da família (art. 226, §5º) e na zona rural para obtenção de título de domínio ou de

concessão de uso de terra para fins da reforma agrária (art. 189 §único); b) o reconhecimento da união estável como entidade familiar (art. 226, §3º, regulamentado pelas Leis nº 8.971, de 29 de dezembro de 1994 e nº 9.278, de 10 de maio de 1996); c) a proibição da discriminação no mercado de trabalho, por motivo de sexo ou estado civil (art. 7º, XXX, regulamentado pela Lei nº 9.029, de 13 de abril de 1995, que proíbe a exigência de atestados de gravidez e esterilização e outras práticas discriminatórias para efeitos admissionais ou de permanência da relação jurídica de trabalho); d) a proteção especial da mulher no mercado de trabalho, mediante incentivos específicos (art. 7º, XX, regulamentado pela Lei nº 9.799, de 26 de maio de 1999, que insere na Consolidação das Leis do Trabalho regras sobre o acesso da mulher ao mercado de trabalho); e) o planejamento familiar como uma livre decisão do casal, devendo o Estado propiciar recursos educacionais e científicos para o exercício desse direito (art. 226, §7º, regulamentado pela Lei nº 9.263, de 12 de janeiro de 1996, que trata do planejamento familiar, no âmbito do atendimento global e integral à saúde); e f) o dever do Estado de coibir a violência no âmbito das relações familiares (art. 226, §8º, tendo sido prevista a notificação compulsória, em território nacional, de casos de violência contra a mulher que for atendida em serviços de saúde públicos ou privados, nos termos da Lei nº 10.778, de 24 de novembro de 2003, bem como adotada a Lei "Maria da Penha" – Lei nº 11.340, de 7 agosto de 2006, para a prevenção e o combate da violência contra a mulher). Além desses avanços, merece ainda destaque a Lei nº 9.504, de 30 de setembro de 1997, que estabelece normas para as eleições, dispondo que cada partido ou coligação deverá reservar o mínimo de 30% e o máximo de 70% para candidaturas de cada sexo. Adicione-se, também, a Lei nº 10.224, de 15 de maio de 2001, que ineditamente dispõe sobre o crime de assédio sexual. (PIOVESAN, 2008, p. 3)

No âmbito jurídico-normativo, observa-se que o período Pós-Constituição de 1988 é marcado pela adoção de uma ampla normatividade nacional voltada à proteção dos direitos das mulheres, regulamentando o que foi estabelecido pela Constituição, ao que se conjuga um crescente e acelerado arcabouço legal na proteção dos direitos da mulher.

Flávia Piovesan (2008), em seu artigo aqui já mencionado, em citação de rodapé, com base nas obras de Leila Linhares Barsted (A legislação civil sobre família no Brasil. In: As Mulheres e os Direitos Civis. Coletânea Traduzindo a legislação com a perspectiva de gênero. Rio de Janeiro: Cepia, 1999), ilustra a evolução das conquistas legislativa da mulher:

> [...] esse quadro legislativo favorável foi fruto de um longo processo de luta das mulheres pela ampliação de sua cidadania, compreendida de forma restrita pela República brasileira inaugurada em 1889. As restrições aos direitos políticos das mulheres somente foram retiradas completamente na Constituição Federal de 1934; no plano dos direitos civis, até 1962, a mulher casada era considerada relativamente incapaz, necessitando da autorização do marido para exercer os mais elementares direitos, como, por exemplo, o direito ao trabalho. Até 1988, as mulheres casadas ainda eram consideradas colaboradoras do marido, competindo a estes a direção da sociedade conjugal. No que se refere aos direitos trabalhistas, até fins da década de 70, a lei, sob a rubrica de "proteção", impedia a entrada da mulher em amplos setores do mercado de trabalho. (BARSTED, 2001, p. 34-35 *apud* PIOVESAN, 2008, p. 3)

Hoje, fruto desta evolução dos direitos da mulher, tem-se a Convenção sobre a Eliminação de Todas as formas de Discriminação Contra a Mulher, que se encontra incorporada ao ordenamento jurídico nacional através do Decreto nº 4.377/2002, embora o Brasil tenha ratificado o documento pela primeira vez em 1984, através do Decreto nº 89.460, com reservas aos arts. 15, §4º, e 16, §1º, alíneas "a", "c", "g" e "h". Todavia, em 22.6.1994, foi ratificado, sem reservas, o texto publicado no *Diário do Congresso Nacional* em 23.6.1994.

Outro importante tratado internacional incorporado no ordenamento jurídico brasileiro no âmbito de proteção do direito das mulheres é a Convenção Interamericana para Prevenir, Punir e Erradicar a Violência Contra a Mulher (Convenção de Belém do Pará) (OEA, 1994), promulgada através do Decreto nº 1973, de 1º.8.1996 (COMISSÃO INTERAMERICANA DE DIREITOS HUMANOS – CIDH, 1994).

A Convenção de Belém do Pará impôs aos Estados-Partes o dever de condenar todas as formas de violência contra a mulher (física, sexual, psicológica etc.), tanto na esfera pública como na privada, e adotar políticas orientadas a prevenir, punir e erradicar violências dessa natureza (art. 7º) (BELÉM, 1994). Com efeito, a violência contra a mulher pressupõe não apenas a diferença de gênero, mas também condutas que geram o menosprezo em relação à mulher ou a submetam ao domínio do agressor.

Referida convenção estabeleceu várias premissas importantes, como: a) a violência contra a mulher constitui violação dos direitos humanos e limita total ou parcialmente a observância, gozo e exercício de tais direitos e liberdades; b) a violência contra a mulher constitui ofensa contra a dignidade humana e é manifestação das relações de poder historicamente desiguais entre mulheres e homens; c) a violência contra a mulher permeia todos os setores da sociedade, independentemente de classe, raça ou grupo étnico, renda, cultura, idade ou religião, e afeta negativamente suas próprias bases; e d) a eliminação da violência contra a mulher é condição indispensável para seu desenvolvimento individual e social e sua plena e igualitária participação em todas as esferas devida.

2.1 Lei Maria da Penha (Lei nº 11.340/2006)

A Lei nº 11.340/2006 (Lei Maria da Penha) foi fruto da atuação dos mecanismos internacionais de proteção aos direitos humanos, uma vez que a iniciativa que culminou na promulgação da referida lei decorreu de recomendações feitas pela Comissão Interamericana de Direitos Humanos (CIDH) no Relatório nº 54/01 (OEA, 2001) (BRASIL, 2006b). Nessa ocasião, a CIDH concluiu que o Estado brasileiro violou a Convenção de Belém do Pará no caso que envolveu Maria da Penha Maia Fernandes ao não adotar, por mais de 15 (quinze) anos, medidas efetivas para processar e punir o agressor.

Dessa maneira, a Lei Maria da Penha surgiu como um instrumento de efetivação de compromissos de proteção aos direitos humanos das mulheres assumidos pelo Estado brasileiro no plano internacional, vindo a dar cumprimento, ainda, ao disposto no §8º do art. 226 da CF/88.[4] A Lei Maria da Penha, que objetiva coibir e prevenir a violência doméstica e familiar contra a mulher, teve seu caráter afirmativo reconhecido pelo Supremo Tribunal Federal nos julgamentos da ADI nº 4.424 e ADC nº 19.

Nessas ocasiões, ficou expressamente consignado que o Brasil tem o dever de adotar leis e implementar políticas públicas destinadas a prevenir, punir e erradicar

---

[4] "Art. 226. A família, base da sociedade, tem especial proteção do Estado: [...] §8º O Estado assegurará a assistência à família na pessoa de cada um dos que a integram, criando mecanismos para coibir a violência no âmbito de suas relações; [...]".

a violência contra a mulher em decorrência dos compromissos assumidos no plano internacional.

Relevante destacar trechos do voto do relator, Min. Marco Aurélio, em 9.2.2012, no referido julgamento do ADC nº 19/DF:

> O dever do Estado de coibir e prevenir a violência no âmbito das relações familiares se concretiza na definição e implementação das políticas públicas, voltadas a esse fim, cujas feições são dependentes das opções feitas pelo legislador. Não obstante, o espectro de escolhas legislativas disponíveis, do ponto de vista constitucional, somente inclui aquelas que fornecem proteção suficiente ao bem jurídico tutelado, aquelas que sejam, por assim dizer, eficazes, sob pena de ser negada a força normativa da Constituição. A insuficiência na prestação estatal protetiva configura, em si mesma, uma afronta à garantia inscrita no texto constitucional. Nessa ordem de ideias, impende ter em mente o amplo reconhecimento do fato de que, uma vez marcadas, em uma sociedade machista e patriarcal como a nossa, as relações de gênero, pelo desequilíbrio de poder, a concretização do princípio isonômico (art. 5º, I, da Lei Maior), nessa esfera – relações de gênero – reclama a adoção de ações e instrumentos afirmativos voltados, exatamente, à neutralização da situação de desequilíbrio. (BRASIL, 2012, p. 11)

Desde sua edição, a Lei Maria da Penha passou por muitas alterações que fortaleceram o aparato legal de enfrentamento à violência de gênero. Contudo, especialmente nos últimos três anos, estas mudanças passaram a instar o Sistema Segurança Pública e de Justiça, os órgãos constitucionais autônomos, como a Defensoria Pública e o Ministério Público, e a rede de enfrentamento, mormente as instituições e serviços governamentais estaduais e municipais, a necessariamente ampliar e fortalecer suas estruturas, sobretudo de pessoal e de instrumental tecnológico, para fazer frente às demandas e respostas esperadas pelos legisladores e a sociedade que representam.

Entre essas muitas modificações, oportuno citar:

a) A Lei nº 13.827/19, que permitiu a aplicação de medida protetiva de urgência, pela autoridade judicial ou policial, à mulher em situação de violência doméstica e familiar ou a seus dependentes. O dispositivo também determinou ao Judiciário que o registro da medida protetiva de urgência seja feito em banco de dados mantido pelo Conselho Nacional de Justiça (CNJ).

b) A Lei nº 13.882/19, que preconiza a garantia de matrícula dos dependentes da mulher vítima de violência doméstica e familiar em instituição de educação básica mais próxima de seu domicílio.

c) A Lei nº 13.894/19, que determinou a competência dos Juizados de Violência Doméstica e Familiar contra a Mulher para a ação de divórcio, separação, anulação de casamento ou dissolução de união estável. E, também, estabeleceu a prioridade de tramitação dos procedimentos judiciais em que figure como parte vítima de violência doméstica e familiar.

d) A Lei nº 13.984/20, que previu a possibilidade de, como medida protetiva, o Juízo obrigar o agressor a frequentar centros de recuperação e reeducação e se submeter a acompanhamento psicossocial por meio de atendimento individual e/ou em grupo de apoio.

e) A Lei nº 14.188/21, que autorizou a integração entre o Poder Executivo, o Poder Judiciário, o Ministério Público, a Defensoria Pública, os órgãos de segurança pública e as entidades privadas, para a promoção e a realização do programa

Sinal Vermelho Contra a Violência Doméstica, obrigando todos esses órgãos a estabelecer um canal de comunicação imediata com as entidades privadas de todo o país participantes do programa, a fim de viabilizar assistência e segurança à vítima, a partir do momento em que houver sido efetuada a denúncia por meio do código "sinal em formato de X".

f) A mesma Lei nº 14.188/21 modificou a modalidade da pena da lesão corporal leve para uma forma qualificada, quando cometida contra a mulher por razões da condição do sexo feminino; e, também, criou o tipo penal de violência psicológica contra a mulher.

g) E a Lei nº 14.310/22, que determinou o registro imediato, pela autoridade judicial, das medidas protetivas de urgência em favor da mulher em situação de violência doméstica e familiar ou de seus dependentes, sendo garantido "o acesso instantâneo do Ministério Público, da Defensoria Pública e dos órgãos de segurança pública e de assistência social, com vistas à fiscalização e à efetividade das medidas protetivas".

Todas essas medidas se mostram desafiadoras para as instituições incumbidas de as promover e/ou as cumprir, tanto em relação às infraestruturas e aos recursos disponíveis, quanto ao público a ser afetado.

A violência doméstica e familiar está baseada na concepção de gênero, que envolve uma determinação social dos papéis masculino e feminino, que são acompanhados de códigos de conduta que demonstram as diferenças sexuais, atribuindo *status* diferente a homens e mulheres. Todavia, a violência de gênero constitui-se em uma relação de poder e submissão, na qual o homem é visto com superioridade ante a mulher.

Os efeitos da violência não se restringem às mulheres. A tragédia de uma vida em situação de violência recai no seio da família, afetando negativamente os filhos, que passam a desenvolver-se em um ambiente agressivo, hostil e ameaçador, podendo manifestar sintomas como agressividade, depressão, medo constante, entre outros. Além de haver possibilidade, em situações futuras de relacionamentos interpessoais, daqueles virem a reproduzir padrões comportamentais semelhantes aos vivenciados.

O fenômeno da violência de gênero vem tomando proporções cada vez maiores e se torna imperativa a implementação de políticas públicas por parte do Estado, em especial nesta porção mais equatorial do país.

O crescimento da violência letal na Região Norte, inclusive, é destaque do Anuário Brasileiro de Segurança Pública, recentemente publicado no sítio eletrônico do Fórum Brasileiro de Segurança Pública. Segundo os dados apresentados, a variação da taxa de Mortes Violentas Intencionais (MVI), entre 2020 e 2021, aumentou 7,9% no Norte, enquanto as demais regiões apresentaram decréscimo de 6,5% a 13,5%, no mesmo período. O levantamento mostra, ainda, que 1/3 (um terço) das cidades mais violentas do país estão na Amazônia Legal.

De acordo com os dados do levantamento, no período mais agudo da pandemia mundial de Covid-19 (2020-2021), a taxa de feminicídio, por número de vítimas, triplicou em Belém do Pará. Foi registrado um aumento de 198,3%, a maior variação em termos proporcionais entre todas as capitais e o Distrito Federal.

Dados do Processo Judicial eletrônico (PJe), sistema do CNJ utilizado pelo Tribunal de Justiça do Estado do Pará (TJE-PA), demonstram que, entre janeiro e abril de 2022, as 3 (três) varas de violência doméstica e familiar existentes na capital do Estado do Pará receberam alarmantes 54% (cinquenta e quatro por cento) de todos os processos distribuídos entre as 23 (vinte e três) varas com competências criminais existentes. Ou seja, as demandas carreadas para as únicas três varas que tratam das questões de gênero que afligem as mulheres residentes nesta capital representam mais da metade de todos os feitos distribuídos entre todos os juízos criminais de Belém.

Estes fatos e números demonstram que são necessárias políticas públicas que fortaleçam as instituições destinadas ao enfrentamento da questão, em especial nesta porção norte do país, para o cumprimento das medidas pretendidas pelo parlamento, como as elencadas modificações promovidas na Lei Maria da Penha e ansiosamente aguardadas pelos movimentos de mulheres.

A adoção de estratégias inovadoras, a correção de distorções na distribuição e trato das demandas levadas ao sistema de justiça, o investimento nas instituições com potencial de atuação direta com o público alvo envolvido – vítimas e pessoas acusadas da prática de violência de gênero – podem ser ações eficazes para a mudança desse cenário.

Em seu art. 28, a Lei Maria da Penha dispõe que é garantido à mulher em situação de violência doméstica e familiar "[...] o acesso aos serviços de Defensoria Pública ou de Assistência Judiciária Gratuita, nos termos da lei, em sede policial e judicial, mediante atendimento específico e humanizado" (BRASIL, 2006b).

Diante deste dispositivo legal, a Defensoria Pública do Estado do Pará, comprometida com o enfrentamento da violência doméstica e familiar contra a mulher, vem promovendo ações no sentido de exercer a sua atribuição na defesa da mulher, sob a perspectiva de gênero.

Esse quadro comparativo demonstra que a violência é sem dúvidas um dos obstáculos ao empoderamento feminino e ao respeito à dignidade da pessoa humana, sendo de suma importância que a Defensoria Pública, como instituição essencial à democracia e à justiça, assuma papel de protagonismo no enfrentamento à violência de gênero e, valendo-se de mecanismos próprios, através desses projetos institucionais, possa efetivar políticas públicas de proteção às mulheres em situação de violência e vulnerabilidade social.

3 Defensoria Pública do Pará e as ações em defesa da mulher

Assim, com fundamento no complexo normativo constitucional, internacional e legal, a Defensoria Pública do Pará, a fim de emprestar maior concretude e efetividade aos direitos de igualdade material e formal, além da garantia da prevenção e combate à violência contra a mulher, criou políticas públicas institucionais e permanentes, por intermédio de estruturas, programas e projetos específicos para este fim.

Não se pode olvidar que essas políticas institucionalizadas de proteção da mulher, como ações afirmativas, são reflexos importantes do empoderamento feminino nas instâncias de poder e de decisão, no Judiciário, no Legislativo, no Executivo e nos órgãos constitucionais autônomos, em que se inclui a Defensoria Pública do Estado do Pará, que direcionam um olhar mais sensível para corrigir vulnerabilidades e discriminações em relação a mulher.

3.1 Núcleo de Atendimento Especializado a Mulheres em Situação de Violência Doméstica e Familiar – Naem

Por meio do:

> [...] convênio nº 010/2008 celebrado com a União (Ministério da Justiça/Reforma do Judiciário, foi criado no âmbito da Defensoria Pública o Núcleo de Atendimento Especializado à Mulher, sob a nomenclatura NAEM – Núcleo de Atendimento Especializado a Mulheres em Situação de Violência Doméstica e Familiar – visando garantir a toda mulher em situação de violência doméstica e familiar o atendimento jurídico específico, humanizado e gratuito, nos termos estabelecidos na Lei nº 11.340/2006, artigo 35, inciso III, que prevê tal possibilidade. (GUIMARÃES et al., 2011, p. 27)[5]

Assim, diante dessa realidade, a Defensoria Pública do Estado do Pará, no exercício de suas atribuições, implantou

> [...] o NAEM no ano de 2008, contando com uma equipe multidisciplinar composta por Defensores Públicos, Assistente Social, Pedagoga e Psicóloga, além de servidores de apoio (Motorista e Assistentes Administrativos), auxiliar de limpeza e estagiários (Direito, Psicologia e Serviço Social). (GUIMARÃES et al., 2011, p. 29)

Didaticamente, pode-se dizer que o Naem funciona a partir do encaminhamento da mulher pelas

> Delegacias Especializadas no Atendimento à Mulher - DEAMS, Varas de Juizado de Violência Doméstica e Familiar, Casas-Abrigo, Centros de Referência, entre outros serviços, ou por demanda espontânea oriunda de palestras e materiais informativos distribuídos nas instituições públicas, escolas, praças, sindicatos etc. Ao chegar no NAEM, é inicialmente recebida pelo serviço de triagem realizado pelos Assistentes Administrativos que verificam se a demanda trazida pela assistida pode ser atendida pelo Núcleo e quando não, fazem os encaminhamentos necessários. Cabe também à triagem informar sobre os documentos imprescindíveis para o ajuizamento das ações (ex. Boletim de Ocorrência Policial, RG, CPF e Certidão de Casamento dos filhos) e posteriormente a condução da mulher ao setor psicossociopedagógico para a realização do acolhimento. (GUIMARÃES et al., 2011, p. 30)

O acolhimento é inicialmente realizado por um dos profissionais da equipe psicossociopedagógica, quando a mulher apresenta a sua história de vida, expõe suas emoções, inseguranças e medos. Nessa etapa, o técnico auxilia a assistida a analisar essa história, ao avaliar o contexto em que as agressões ocorreram, as consequências que provocam, o profissional passa a pensar em estratégias de enfrentamento. Por ser um procedimento complexo, pode ser realizado em uma ou mais sessões, dependendo da necessidade da assistida.

---

[5] "Art. 35. A União, o Distrito Federal, os Estados e os Municípios poderão criar e promover, no limite das respectivas competências: [...] III - delegacias, núcleos de defensoria pública, serviços de saúde e centros de perícia médico-legal especializados no atendimento à mulher em situação de violência doméstica e familiar; [...]".

Durante esse atendimento, ao ser identificada a necessidade de atendimento especializado, para Guimarães (2011), é feito o "contato e o encaminhamento da assistida à rede de serviços local. O levantamento desses serviços" e o contato "com seus responsáveis objetivando a execução de um trabalho integrado são frequentemente realizados pela equipe" do Naem que atua no núcleo (GUIMARÃES, 2011, p. 32).

Ainda nas sessões de acolhimento, ocorre a aplicação de um questionário para o levantamento de dados sobre o perfil das mulheres atendidas. Posteriormente, as informações obtidas são expostas em palestras realizadas pela equipe, como, também, são disponibilizadas à realização de estudos e pesquisas (GUIMARÃES, 2011, p. 32).

Após este procedimento:

> [...] a assistida é acolhida por uma Defensora Pública do Núcleo para os procedimentos jurídicos cabíveis. Para receber o acompanhamento jurídico que almeja é necessário que tenha registrado Boletim de Ocorrência Policial (B.O.P.) referente à violência sofrida, pois só assim as ações poderão ser ajuizadas nas Varas de Juizados de Violência Doméstica e Familiar contra a Mulher. No entanto, mesmo sem o B.O.P., a assistida poderá ser acolhida e orientada por qualquer profissional do NAEM, conforme a demanda apresentada. Cabem às Defensoras Públicas, a partir da escuta, decidirem com a mulher por uma conciliação entre as partes nas demandas cíveis ou o ajuizamento da ação perante uma das Varas de Família ou Civil, uma vez que as Juízas das Varas de Juizados de Violência Doméstica e Familiar contra a Mulher declinaram da competência para apreciarem causas cíveis decorrentes da violência doméstica. Após a distribuição das ações, consensuais ou litigiosas, é feita a defesa da mulher com vistas a obter uma prestação jurisdicional mais efetiva. A assistência jurídica é realizada até a sentença e estende-se à fase executiva podendo ser prolongado até a fase recursal. Se houver necessidade, as Defensoras podem solicitar à equipe psicossociopedagógica a produção de documentos técnicos para fundamentar a defesa das assistidas, tais como: Relatórios Psicológicos/Laudos, Estudos Sociais, Avaliação Pedagógica e outros. (GUIMARÃES et al., 2011, p. 30)

O Naem da Defensoria Pública do Pará, como se depreende acima, desenvolveu um trabalho interdisciplinar que possibilitou à vítima de violência doméstica exercer o direito à defesa com cuidado e atenção institucional na especialização de seus membros através de um olhar mais sensível e humanizado.

3.2 Núcleo de Prevenção e Enfrentamento à Violência de Gênero – Nugen

A Defensoria Pública do Pará entendeu seu importante papel no enfrentamento à violência contra a mulher realizado por meio do Núcleo de Atendimento Especializado à Mulher Vítima de Violência Doméstica – Naem e, através da Resolução nº 243/2019 do CSDP, buscou ampliar e fortalecer as políticas institucionais para prevenir, punir e erradicar a violência contra a mulher, passando, a partir de então, a denominá-lo Núcleo de Prevenção e Enfrentamento à Violência de Gênero (Nugen), dispondo sobre seu funcionamento, competência dos órgãos de atuação, matérias afetas, estrutura e descrição do público-alvo, com a previsão de Defensorias Públicas em defesa da mulher em situação de violência de gênero, bem como de Defensorias Públicas de Defesa da Pessoa Acusada de Violência de Gênero (ESTADO DO PARÁ, 2019, p. 6).

Através desse formato pioneiro no Brasil, que busca inserir a pessoa acusada de violência como parte integrante do enfrentamento à violência de gênero, com uma perspectiva feminista, buscou, igualmente, a normatização dessa atuação especializada para estabelecer que o público-alvo das Defensorias Públicas de Defesa da Mulher em situação de Violência de Gênero será a mulher *cis* ou *trans*, independentemente de orientação sexual, bem como o destinatário das Defensorias Públicas de Defesa da Pessoa Acusada de Violência de Gênero será o homem cisgênero ou transexual, independentemente da orientação sexual, e a mulher quando acusada da prática de violência de gênero.

O Núcleo possui 2 (dois) grupos reflexivos, sendo um voltado às mulheres em situação de violência de gênero e o outro voltado às pessoas acusadas da prática dessa violência.

O grupo reflexivo de mulheres tem como objetivo promover a conscientização e o empoderamento das participantes em relação aos direitos da mulher, proporcionar a reflexão e a superação das dificuldades vivenciadas pelas participantes através de orientações, trocar experiências e informações sobre estratégias comportamentais para combater a violência, bem como construir novos projetos de vida, no autoconhecimento e autocuidado.

No que tange ao grupo reflexivo das pessoas acusadas da prática de violência de gênero, este tem como objetivo promover a mudança cognitivo-comportamental dessas pessoas e a reflexão delas sobre os seus atos para que elas assumam a responsabilidade perante a agressão praticada para que atos de violência contra a mulher não sejam praticados.

O Núcleo trabalha várias temáticas e desenvolve projetos na igualdade de gênero, respeito e valorização à mulher, educação em direitos com temas como a Lei Maria da Penha, história de vida, autoestima, família e desafios da paternidade atual, habilidades sociais, emoções e sentimentos (raiva), drogas e seus efeitos sobre a vida e relacionamentos, amor saudável, ciúmes, entre outros temas que podem ser sugeridos pelos interessados que compõem os grupos reflexivos.

Além do atendimento jurídico, a Defensoria Pública do Estado do Pará oferece, em Belém e Ananindeua, o atendimento psicossocial individual e em grupo às pessoas envolvidas em situação de violência de gênero. Recentemente a Defensoria Pública realocou o Nugen, dotando-o de espaços físicos amplos e adequados para sua atuação, criando-se a possibilidade de ampliação do atendimento, sobretudo com atuação extrajudicial, que busca a celeridade na resolução das demandas de família.

Desta forma, o Nugen executa programas e projetos que visam à educação em direitos e práticas pautados na igualdade de gênero, respeito e valorização das mulheres como instrumento de pacificação social na promoção de uma cultura da paz. E é através do atendimento interdisciplinar que o Núcleo dialoga com diversas áreas do saber para solucionar demandas e garantir o acesso à justiça, direito fundamental e uma das funções institucionais da Defensoria Pública do Pará.

3.2.1 Projeto Defensoria Para Elas – Educação em direitos e acesso à justiça para as mulheres em situação de violência de gênero

O projeto tem por objetivo construir e consolidar uma política de gênero no âmbito da Defensoria Pública do Pará, mediante o reconhecimento, prevenção e enfrentamento da violência de gênero e a promoção do efetivo acesso da mulher à justiça, por meio de acolhimento institucional de forma digna e humanizada que atenda às suas necessidades. De forma específica, visa capacitar os membros, servidores e estagiários com a finalidade de trabalhar as questões relativas à defesa da mulher, promover atendimentos itinerantes na região metropolitana e interior do Pará, traçar o perfil socioeconômico do público atendido no Nugen, entre outras ações humanizadoras para o atendimento de pessoas em situação de violência.

Construído por uma equipe multidisciplinar[6] formada por defensoras e servidoras da instituição, o projeto decorre de estudos e pesquisas que enfatizam ser a violência doméstica e familiar contra a mulher um fenômeno mundial que tem apresentado índices alarmantes, em especial no curso da pandemia de Covid-19.

Acrescenta que, diante do estudo global de crimes das Nações Unidas, foi constatado que aproximadamente 43.600 mulheres são assassinadas todos os anos em consequência de violência doméstica, o que corresponde a cinco mulheres por hora ou uma mulher a cada 12 minutos.

Conforme estimativa da Organização Não Governamental ActionAid, "pelo menos 500 mil mulheres serão mortas por seus parceiros ou familiares até 2030" (CRISTALDO, 2016). O Brasil atualmente ocupa o 5º lugar no mundo no *ranking* da violência contra a mulher; 38,72% das mulheres brasileiras, em situação de violência, sofrem agressões diariamente, e, em 33,86%, essas agressões são semanais (WAISELFISZ, 2015).

Tem-se, pelo "Mapa da Violência 2015. Homicídio de mulheres no Brasil", citado pelo autor Waiselfisz (2015), que registra os atendimentos do Sistema Único de Saúde (SUS), no campo da violência, em 2014, no Brasil, identificou-se que foram atendidas 223.796 vítimas de diversos tipos de violência. Duas em cada três dessas vítimas (147.691) foram mulheres que precisaram de atenção médica em razão da violência doméstica, sexual e/ou outras. O Sinan também permitiu identificar que nos atendimentos por violência a jovens e adultas, de 18 a 59 anos de idade, o agressor principal é o parceiro ou ex-parceiro, o que comprova a predominância da violência doméstica e familiar (WAISELFISZ, 2015, p. 42).

No Brasil vigem as leis nº 11.340/2006 (Lei Maria da Penha) e nº 13.104/2015 (Feminicídio), criando mecanismo de combate à toda forma de "agressão envolve que violência doméstica e familiar, ou quando evidencia menosprezo ou discriminação à condição de mulher" (WAISELFISZ, 2015, p. 7).

Dessa forma, considerando todas as possibilidades de intervenções institucionais acima expostas é que o projeto Defensoria Para Elas traz ações voltadas à construção e consolidação de uma política institucional de gênero no âmbito da Defensoria Pública do Estado do Pará, pautada no fortalecimento do acesso à justiça às mulheres paraenses, bem como a ampliação dos serviços prestados pela instituição (DPE, 2021).

3.2.2 Programa Reincidência Zero

O trabalho psicoeducativo com os homens é executado por intermédio do Programa Reincidência Zero, que busca dar cumprimento adequado ao ideal

---

[6] Daiane Lima dos Santos e Larissa Beltrão Rosas, defensoras públicas (Nugen/Belém), Mislene Lima Silva e Rosana Maria Freitas de Lemos Faraon, analistas de defensoria psicólogas (Nugen/Belém).

preconizado na Lei Maria da Penha de modificar a mentalidade da sociedade para que atos de violência contra a mulher não sejam praticados. Assim, a manutenção de tal programa também atua como um instrumento de proteção da integridade física e psicológica das mulheres.

O programa trabalha temáticas voltadas à construção de uma masculinidade saudável, pautada na igualdade de gênero e no respeito e valorização à mulher, com a realização de entrevistas individuais, círculos de construção de paz, rodas de conversas, debates sobre filmes e documentários, assim como a realização de palestras educativas.

Durante os 10 anos de atuação do programa, referente aos atendimentos aos homens acusados de violência doméstica feitos pelo núcleo de 2011 a 2021, 459 homens foram acompanhados nos grupos de reflexão realizados pela área de atendimento à pessoa acusada, do Nugen. Desse total, apenas dois assistidos tiveram reincidência, o que equivale a 0,44% dos casos, garantindo, assim, eficiência nas ações realizadas pelo Núcleo, ou seja, 99,56% não reincidiram.[7]

O programa foi idealizado pela psicóloga e analista da Defensoria Pública do Pará juntamente com uma defensora pública[8] e objetiva criar um espaço onde os homens autores de violência doméstica possam refletir sobre seus comportamentos, sentimentos e emoções geradores de violência de gênero peculiar à cultura patriarcal, de forma a melhorar as relações com outras pessoas. Esses homens são recebidos de forma voluntária ou após decisão judicial, sendo essa uma medida alternativa em que a pessoa responde em liberdade sendo condicionada a participar do programa.[9]

3.2.3 Centro Educativo Eles Por Elas

A Defensoria Pública do Pará instalou, em agosto de 2021, o Centro Educativo Eles Por Elas, que é o primeiro centro da Região Norte voltado ao acolhimento de homens envolvidos em situação de violência de gênero, com a finalidade de construir uma masculinidade saudável e positiva.

O projeto é o primeiro, também, em conformidade com a Lei Maria da Penha, que prevê a criação de centros educativos voltados ao atendimento de homens em situação de violência de gênero ou que solicitaram a participação voluntária, com o intuito de modificar comportamentos geradores de violência.

Destaca-se que o Centro tem estrutura própria, composta com salas de atendimento psicossocial e audiovisual. Sendo que qualquer homem que sentir a necessidade deste acolhimento pode ir até o centro para atendimento.

O projeto foi idealizado, de igual forma, por uma psicóloga e analista da Defensoria Pública do Pará e por uma defensora pública, e visa reforçar a importância da saúde masculina, livres de repressão emocional ou de exigências sociais, marcada pelo patriarcado e machismo. Destacando que a eficiência na prevenção e enfrentamento

---

[7] Centro Eles por Elas/Nugen da Defensoria Pública do Pará em Belém – Pará – Brasil, no período de 2011 a 2021. Fonte: Sistema Libra TJ/PA e PJE. 99,56% sem reincidência penal específica e 0,44% reincidência penal específica.
[8] Larissa Machado Silva Nogueira, defensora pública (Nugen/Belém) e Rosana Maria Freitas de Lemos Faraon, analista de defensoria psicóloga (Nugen/Belém).
[9] Larissa Machado Silva Nogueira, defensora pública (Nugen/Belém) e Rosana Maria Freitas de Lemos Faraon, analista de defensoria psicóloga (Nugen/Belém).

à violência de gênero só se torna possível mediante a criação de condições favoráveis à promoção da mudança comportamental do homem contemporâneo.[10]

3.2.4 Projeto Defenda-me

Lançado pela Defensoria Pública do Pará, através do Nugen, de autoria de uma membra e de uma psicóloga da instituição, este projeto é voltado à capacitação e criação de procuradorias municipais da mulher em todo o estado do Pará.[11]

O projeto é direcionado às deputadas, prefeitas e vereadoras do Pará, visando orientar as parlamentares por meio de um programa de capacitação e fortalecimento para a instalação das procuradorias municipais da mulher, além de promover a efetivação da Lei Maria da Penha.

O Defenda-me visa dar maior alcance de acolhimento integral e atendimento da mulher que, muitas vezes, não consegue receber ou ir em busca de qualquer forma de socorro, atendimento, orientação, encaminhamento e acompanhamento da rede de apoio.

Desta forma, através da capacitação das parlamentares e a instalação de procuradorias municipais, haverá maior envolvimento da rede de apoio e dos profissionais pertencentes aos poderes constituídos, das instituições autônomas, dos órgãos de segurança pública, da equipe multidisciplinar que atua na saúde, educação, trabalho, habitação, entre outros, para adoção de políticas públicas efetivas de prevenção e repressão a qualquer forma de violência doméstica e familiar contra a mulher, com resultados cada vez mais satisfatórios no fortalecimento do sistema de proteção com a diminuição dos índices de violência de gênero em todo o estado do Pará.

3.2.5 Cartilhas educativas

Em 2021, a Defensoria Pública, trabalhando na educação em direitos, lançou várias cartilhas que têm por finalidade trabalhar a informação da atuação defensorial, dos serviços prestados em prol das pessoas vulneráveis e, especialmente, a defesa dos direitos inerentes à mulher nas demandas de família, atendimento criminal, Lei Maria da Penha, violência psicológica, sinal vermelho e a defesa da pessoa acusada na prática de violência de gênero. As cartilhas foram fruto de criação de uma equipe multidisciplinar que não mediu esforços para alcançar o maior número de pessoas, levando conhecimentos e informação para prevenir, combater, enfrentar, proceder e buscar ajuda, identificando as formas de violência doméstica e familiar.

As cartilhas na modalidade digital estão no sítio da Defensoria Pública do Pará e já sob a modalidade QRcode, e são de autoria de membras e psicólogas da Defensoria Pública (DPE, 2021a).[12]

---

[10] Larissa Machado Silva Nogueira, defensora pública (Nugen/Belém) e Rosana Maria Freitas de Lemos Faraon, analista de defensoria psicóloga (Nugen/Belém).

[11] Larissa Machado Silva Nogueira, defensora pública (Nugen/Belém) e Rosana Maria Freitas de Lemos Faraon, analista de defensoria psicóloga (Nugen/Belém).

[12] Cartilhas Nugen, defensora pública Larissa Beltrão Rosas em parceira com a defensora pública Daiane Lima do Santos; cartilha de violência psicológica, defensora pública Larissa Beltrão Rosa e servidoras públicas Rosana Maria Freitas de Lemos Faraon (psicóloga e analista) e Mislene Lima Silva (psicóloga e analista).

3.2.6 Projeto Arara das Manas

Idealizado pela equipe psicossocial Nugen/Belém e Ananindeua da instituição,[13] o projeto visa arrecadar roupas e calçados em bom estado de conservação para mulheres vítimas de violência patrimonial, bem como para seus filhos, por se encontrarem em condições de vulnerabilidade socioeconômica, pois em muitos casos o agressor destrói os bens, as vestimentas e pertences pessoais da mulher, que sai de seu lar somente com as roupas do corpo, em situação de extrema fragilidade e dificuldade financeira.

Desta forma, o projeto busca resgatar a dignidade e autoestima da vítima de violência doméstica, atendida pelo Nugen, através da disponibilização material e doação de roupas, calçados e outros acessórios que empoderam a mulher.

4 Considerações finais

O presente artigo mostra a importância da Constituição Federal de 1988, ao inserir a Defensoria Pública dentro da ordem constitucional federal e estadual como instrumento de pacificação social e de promoção dos direitos humanos, que tem o condão de efetivar políticas públicas para efetividade de direitos fundamentais, sobretudo no que diz respeito a estabelecer a igualdade material entre homens e mulheres, possibilitando uma maior participação da mulher nos espaços decisórios de poder.

Este empoderamento feminino contribui positivamente para o fomento de políticas públicas e avanços legislativos para proteção da mulher, como é exemplo a Lei Maria da Penha e diversos programas, projetos e ações desenvolvidos pela Defensoria Pública do Estado do Pará.

A Defensoria Pública do Pará, através da adoção de um núcleo especializado, desenvolve educação em direitos, ações judiciais e extrajudiciais de prevenção, proteção e assistência às mulheres em situação de violência, bem como ações voltadas aos homens autores de violências doméstica e familiar para a construção de masculinidades saudáveis e pacíficas, para a construção de uma sociedade que possa tratar igualitariamente homens e mulheres, sem discriminação e preconceito, para que todos possam viver com dignidade e liberdade, num Estado democrático de direito, livre de desigualdades, discriminação, ódio, intolerância e injustiça social.

Por fim, pode-se dizer que a ordem constitucional e legal vigente no país, que garante uma maior participação da mulher nos centros de decisão política, judicial e administrativa, contribui decisivamente para que se tenham concorrentes avanços na proteção dos direitos fundamentais da mulher, sob a perspectiva de gênero, em especial àquelas vítimas de violência doméstica e familiar.

---

[13] Equipe psicossocial Nugen/Belém e Ananindeua: Helena de Cássia Neves, analista de defensoria serviço social (Nugen/Belém); Laurinda da Silva Henschel, analista de defensoria – serviço social (Nugen/Belém); Mislene Lima Silva, analista de defensoria psicóloga (Nugen/Belém); Maria do Socorro Rocha Silva, analista de defensoria (Nugen/Ananindeua) e Natasha Silva Carneiro de Sousa, analista de defensoria psicóloga (Ananindeua).

Referências

ASSEMBLEIA LEGISLATIVA DO ESTADO DO PARÁ – ALEPA. *Preâmbulo*, 1989. Disponível em: https://www.alepa.pa.gov.br/midias/midias/894_constituicao_do_para_-_atualizada_ate_marco_de_2021.pdf. Acesso em: 15 ago. 2022.

BRASIL. Constituição da República Federativa do Brasil de 1988. *DOU*, p. 1, 5 out. 1988. Disponível em: http://www.planalto.gov.br/ccivil_03/constituicao/constituicao.htm. Acesso em: 22 ago. 2022.

BRASIL. *Lei Complementar nº 54, de 7 de fevereiro de 2006a*. Dispõe sobre a reorganização da Defensoria Pública do Estado do Pará e da Carreira de seus Membros e dá outras providências. Disponível em: http://www.defensoria.pa.def.br/portal/anexos/File/resolucoesCSDP/2014/Lei%20Complementar%20n%C2%BA%2054,%20de%2007%20de%20fevereiro%20de%202006%20(consolidada)%20-%20Organiza%20a%20Defensoria%20P%C3%BAblica%20do%20Estado%20do%20Par%C3%A1..pdf. Acesso em: 22 ago. 2022.

BRASIL. Lei Complementar nº 80, de 12 de janeiro de 1994. Organiza a Defensoria Pública da União... *DOU*, p. 663, 13 jan. 1994. Disponível em: http://www.planalto.gov.br/ccivil_03/Leis/LCP/Lcp80.htm. Acesso em: 22 ago. 2022.

BRASIL. Lei nº 11.340, de 7 de agosto de 2006. Cria mecanismos para coibir a violência doméstica e familiar contra a mulher... *DOU*, p. 1, 8 ago. 2006b. Disponível em: http://www.planalto.gov.br/ccivil_03/_ato2004-2006/2006/lei/l11340.htm. Acesso em: 22 ago. 2022.

BRASIL. Lei nº 13.104, de 9 de março de 2015. Altera o art. 121 do Decreto-Lei nº 2.848, de 7 de dezembro de 1940 - Código Penal, para prever o feminicídio como circunstância qualificadora do crime de homicídio, e o art. 1º da Lei nº 8.072, de 25 de julho de 1990, para incluir o feminicídio no rol dos crimes hediondos. *DOU*, p. 1, 10 mar. 2015. Disponível em: http://www.planalto.gov.br/ccivil_03/_ato2015-2018/2015/lei/l13104.htm. Acesso em: 16 ago. 2022.

BRASIL. Lei nº 13.827, de 13 de maio de 2019. Altera a Lei nº 11.340, de 7 de agosto de 2006 (Lei Maria da Penha), para autorizar, nas hipóteses que especifica, a aplicação de medida protetiva de urgência, pela autoridade judicial ou policial, à mulher em situação de violência doméstica e familiar, ou a seus dependentes, e para determinar o registro da medida protetiva de urgência em banco de dados mantido pelo Conselho Nacional de Justiça. *DOU*, 14 maio 2019. Disponível em: http://www.planalto.gov.br/ccivil_03/_ato2019-2022/2019/lei/L13827.htm. Acesso em: 22 ago. 2022.

BRASIL. Lei nº 13.882, de 08 de outubro de 2019. Altera a Lei nº 11.340, de 7 de agosto de 2006 (Lei Maria da Penha), para garantir a matrícula dos dependentes da mulher vítima de violência doméstica e familiar em instituição de educação básica mais próxima de seu domicílio. *DOU*, 9 out. 2019. Disponível em: http://www.planalto.gov.br/ccivil_03/_ato2019-2022/2019/lei/L13882.htm. Acesso em: 22 ago. 2022.

BRASIL. Lei nº 13.894, de 29 de outubro de 2019. Altera a Lei nº 11.340, de 7 de agosto de 2006 (Lei Maria da Penha), para prever a competência dos Juizados de Violência Doméstica e Familiar contra a Mulher para a ação de divórcio, separação, anulação de casamento ou dissolução de união estável nos casos de violência e para tornar obrigatória a informação às vítimas acerca da possibilidade de os serviços de assistência judiciária ajuizarem as ações mencionadas. *DOU*, 30 out. 2019. Disponível em: http://www.planalto.gov.br/ccivil_03/_ato2019-2022/2019/lei/L13894.htm. Acesso em: 22 ago. 2022.

BRASIL. Lei nº 13.984, de 03 de abril de 2020. Altera o art. 22 da Lei nº 11.340, de 7 de agosto de 2006 (Lei Maria da Penha), para estabelecer como medidas protetivas de urgência frequência do agressor a centro de educação e de reabilitação e acompanhamento psicossocial. *DOU*, 3 abr. 2020. Edição extra-B. Disponível em: http://www.planalto.gov.br/ccivil_03/_ato2019-2022/2020/lei/L13984.htm. Acesso em: 22 ago. 2022.

BRASIL. Lei nº 14.188, de 28 de julho de 2021. Define o programa de cooperação Sinal Vermelho contra a Violência Doméstica como uma das medidas de enfrentamento da violência doméstica e familiar contra a mulher previstas na Lei nº 11.340, de 7 de agosto de 2006 (Lei Maria da Penha), e no Decreto-Lei nº 2.848, de 7 de dezembro de 1940 (Código Penal), em todo o território nacional; e altera o Decreto-Lei nº 2.848, de 7 de dezembro de 1940 (Código Penal), para modificar a modalidade da pena da lesão corporal simples cometida contra a mulher por razões da condição do sexo feminino e para criar o tipo penal de violência psicológica contra a mulher. *DOU*, p. 1, 29 jul. 2021. Disponível em: https://www.in.gov.br/en/web/dou/-/lei-n-14.188-de-28-de-julho-de-2021-334902612. Acesso em: 13 set. 2022.

BRASIL. Lei nº 14.310, de 08 de março de 2022. Altera a Lei nº 11.340, de 7 de agosto de 2006 (Lei Maria da Penha), para determinar o registro imediato, pela autoridade judicial, das medidas protetivas de urgência deferidas em favor da mulher em situação de violência doméstica e familiar, ou de seus dependentes. *DOU*, 9 mar. 2022. Disponível em: http://www.planalto.gov.br/ccivil_03/_ato2019-2022/2022/lei/L14310.htm. Acesso em: 13 set. 2022.

BRASIL. Supremo Tribunal Federal. *Ação Declaratória de Constitucionalidade 19/Distrito Federal*. Violência Doméstica – Lei nº 11.340/06 – Gêneros Masculino e Feminino – Tratamento Diferenciado. Relator: Min. Marco Aurélio. Plenário 09/02/2012. p. 1-72. Disponível em: https://redir.stf.jus.br/paginadorpub/paginador.jsp?docTP=TP&docID=5719497. Acesso em: 16 ago. 2022.

COMISSÃO INTERAMERICANA DE DIREITOS HUMANOS – CIDH. *Convenção Interamericana para prevenir, punir e erradicar a violência contra a mulher, "Convenção de Belém do Pará"*. Adotada em Belém do Pará, Brasil, em 9 de junho de 1994, no Vigésimo Quarto Período Ordinário de Sessões da Assembléia Geral. 1994. Disponível em: http://www.cidh.org/Basicos/Portugues/m.Belem.do.Para.htm Acesso em: 16 ago. 2022.

CRISTALDO, Heloisa. Violência doméstica mata cinco mulheres por hora diariamente em todo o mundo. *Agência Brasil*, 8 mar. 2016. Disponível em: https://agenciabrasil.ebc.com.br/direitos-humanos/noticia/2016-03/violencia-domestica-mata-cinco-mulheres-por-hora-diariamente-em. Acesso em: 22 ago. 2022.

DEFENSORIA PÚBLICA DO ESTADO DO PARÁ – DPE. *Cartilhas*. 9 fev. 2021a. Disponível em: http://defensoria.pa.def.br/portal/noticia.aspx?NOT_ID=4544. Acesso em: 16 de ago. 2022.

DEFENSORIA PÚBLICA DO ESTADO DO PARÁ – DPE. *Combate à violência a mulher é tema de reunião na DPE*. 9 fev. 2021b. Disponível em: http://defensoria.pa.def.br/portal/noticia.aspx?NOT_ID=4544. Acesso em: 16 de ago. 2022

ESTADO DO PARÁ. Defensoria Pública. Conselho Superior. *Resolução CSDP nº 243, de 16 de dezembro de 2019*. p. 1-11. Disponível em: http://www.defensoria.pa.def.br/portal/anexos/File/resolucoesCSDP/2020/RESOLUC%C3%83O%20CSDP%20N%C2%BA%20243%20-%20Regulamenta%20o%20NUGEN.docx. Acesso em: 16 de ago. 2022.

FÓRUM BRASILEIRO DE SEGURANÇA PÚBLICA. Violência contra mulheres em 2021. *Anuário Brasileiro de Segurança Pública*, 2022. p. 1-14. Disponível em: https://forumseguranca.org.br/wp-content/uploads/2022/03/violencia-contra-mulher-2021-v5.pdf. Acesso em: 16 ago. 2022.

FÓRUM BRASILEIRO DE SEGURANÇA PÚBLICA. Violência doméstica e sexual. *Anuário Brasileiro de Segurança Pública*, 2022. p. 147-182. Disponível em: https://forumseguranca.org.br/wp-content/uploads/2022/06/anuario-2022.pdf?v=5. Acesso em: 8 set. 2022.

GUIMARÃES, Arleth Rose da Costa *et al*. Serviço de atendimento especializado a mulheres em situação de violência no Pará. *Rev. NUFEN*, São Paulo, v. 3, n. 2, p. 25-38, dez. 2011. Disponível em: http://pepsic.bvsalud.org/scielo.php?script=sci_arttext&pid=S2175-25912011000200003&lng=pt&nrm=iso. Acesso em: 16 de ago. 2022.

MATO GROSSO DO SUL. Mudanças na Lei Maria da Penha: 2006 a 2021. *Não se cale*. Disponível em: https://www.naosecale.ms.gov.br/mudancas-na-lei-maria-da-penha-2006-a-2021/. Acesso em: 16 ago. 2022.

PIOVESAN, Flávia. [Princípios e Direitos Fundamentais] Igualdade de Gênero na Constituição Federal: os direitos civis e políticos das mulheres do Brasil. *Curadoria Enap*, Brasília, 2008.

SCOTT, J. Gênero: uma categoria útil de análise histórica. *Educação & Realidade*, v. 16, n. 2, 1990. Disponível em: https://seer.ufrgs.br/index.php/educacaoerealidade/article/view/71721. Acesso em: 19 ago. 2022.

WAISELFISZ, Julio Jacobo. *Mapa da violência 2015*. Homicídio de mulheres no Brasil. 1. ed. Brasília: FLACSO, 2015.

Informação bibliográfica deste texto, conforme a NBR 6023:2018 da Associação Brasileira de Normas Técnicas (ABNT):

BELÉM, Mônica Palheta Furtado. A Defensoria Pública do Estado do Pará e a defesa das mulheres: enfrentamento à violência de gênero. *In*: MENDES, Denise Pinheiro Santos; MENDES, Giussepp; BACELAR, Jeferson Antonio Fernandes (Coords.). *Magníficas mulheres*: lutando e conquistando direitos. Belo Horizonte: Fórum, 2023. p. 317-333. ISBN 978-65-5518-488-4.

A DISSEMINAÇÃO DE *FAKE NEWS* NO ESPAÇO POLÍTICO BRASILEIRO: UMA ANÁLISE CRÍTICA DA PROMOÇÃO DE VIOLÊNCIA DE GÊNERO CONTRA MULHERES NO AMBIENTE ELEITORAL

PAULA CRISTINA RODRIGUES GOMES

1 Introdução

O presente trabalho tem como objetivo analisar a necessidade de possíveis limitações ao exercício de direitos fundamentais, em especial à liberdade de expressão e a livre manifestação do pensamento no âmbito virtual. Percebe-se, atualmente, a deturpação dessas liberdades como justificativa à disseminação de notícias falsas, as quais apresentam ainda direcionamento a minorias políticas. O objeto da presente análise são os reflexos da disseminação de *fake news* praticada contra mulheres, de modo a incitar o discurso de ódio contra a representatividade feminina no meio político, bem como validar a violência política de gênero.

O atual cenário da representação política feminina brasileira é alarmante. O Brasil ocupa a 132ª posição, entre os 193 países existentes, contando com apenas 15% de mulheres na esfera política. É de se considerar que a média mundial de participação feminina está por volta de 24,1%, enquanto que a americana chega a 30,3%, conforme dados de dezembro de 2018 (MATOS, 2020). Depreende-se, pois, que a política brasileira tem uma das piores taxas de representação feminina regional e globalmente, empatando com países como Bahrein e Paraguai; e, no contexto das Américas, o Brasil está à frente apenas da Guatemala, Belize e Haiti.

Nesse sentido, faz-se imperioso investigar os possíveis reflexos da disseminação de *fake news* praticada contra as mulheres, como estratégia política, que tem crescido violentamente e gerando grande risco ao sistema democrático, principalmente quando utilizadas como meio para violar outros direitos fundamentais. A desinformação pode ser considerada resultado de estratégias de campanha política, articuladas para fomentar discurso de ódio contra minorias que possam significativamente modificar o cenário político.

Dessa forma, faz-se necessário conceituar as garantias constitucionais de acordo com a legislação e doutrina, trazendo à baila suas possíveis limitações de liberdades de discurso de modo a coibir eventuais abusos. A problemática remete ao questionamento a respeito do exercício dos direitos fundamentais de expressão e a possível limitação quando são claramente utilizados como manto para promoção de instabilidade política e democrática. É primordial a análise de como as *fake news* tem sido um fenômeno para manipular informações e para assombrar a democracia no mundo inteiro, servindo como um grande instituto de desinformação ao afastar eleitores da verdade e beneficiando injustamente aqueles que as promovem.

Por meio da metodologia de estudo empírico jurisprudencial da Justiça Eleitoral brasileira, analisou-se a veiculação de *fake news* como afronta ao processo democrático e sua utilização como meio de promover violência política de gênero, contra mulheres no meio político, examinadas por meio da revisão narrativa e do levantamento bibliográfico, pesquisando criticamente e meticulosamente, em obras doutrinárias, periódicos, legislação, reportagens e documentos eletrônicos, o que já foi produzido acerca da divulgação de *fake news* e o alcance do exercício da liberdade de expressão.

2 A garantia da liberdade de expressão, livre manifestação do pensamento e a disseminação de *fake news*

A Constituição Federal de 1988, também conhecida como Constituição Cidadã, organizou o país em um Estado democrático de direito. Muito embora pareça ser um simples Estado de direito entoado por governos democráticos, para que seja efetivamente democrático e de direito é essencial que sejam observadas garantias como: a soberania popular, a separação dos poderes e os direitos fundamentais, entre os quais se destacam a livre manifestação do pensamento e a liberdade de expressão. A livre manifestação do pensamento encontra-se consagrada no art. 5º, IV, da Constituição Federal, assegura o direito da exteriorização do pensamento, fruto da consciência humana, seja ela de forma verbal, escrita ou simbólica. Trata-se de pedra basilar para funcionamento e preservação do sistema democrático, fomentando o pluralismo de opiniões. Para Paulo Gustavo Gonet Branco (2015), a liberdade de expressão é vital para a formação da vontade livre, de modo que é assegurada a todos.

Através da constância da expressão do pensamento que se alcança o pleno desenvolvimento da consciência humana e do aprimoramento da convivência em sociedade, indispensável para a ordem jurídica. O debate, instrumento da democracia, cinge a liberdade de expressão com o exercício de discussão de assuntos de toda sorte, inclusive, de modelos proibicionistas, como na Arguição de Descumprimento de Preceito Fundamental (ADPF) nº 187, de relatoria do Ministro Celso de Mello, que tratou da chamada "Marcha da Maconha". No julgado, discutiu-se sobre a possiblidade de reunião de manifestantes favoráveis à descriminalização da droga, e o Supremo Tribunal Federal (STF) por unanimidade liberou a realização do evento.

Apesar de sua grande amplitude, não se trata de um direito absoluto, vedando-se o anonimato. O indivíduo que exerce direito subjetivo de se expressar tem o dever de se identificar, bem como, que a sua forma seja descoberta de violência. Nesse sentido, em caso de abuso no exercício do direito individual, inclusive coletivo, a violação da normativa sujeita o transgressor à responsabilização civil, administrativa e criminal.

Portanto, aquele que viola os limites de um direito estará sujeito às sanções legais, afim de garantir a segurança jurídica das relações sociais.

Tais limites impõem aos indivíduos o dever de se comportar com civilidade e respeito ao próximo, independentemente das questões de gênero, de modo que essas regras de conduta visam resguardar outras tutelas constitucionais, ao que se dá destaque o direito transindividual da dignidade da pessoa humana, fundamento do Estado democrático de direito. É importante não confundir limites do exercício do direito de se manifestar com censura, conforme postulado no art. 220, da Carta Política, que prevê da seguinte forma: "A *manifestação do pensamento*, a criação, a expressão e a informação, sob qualquer forma, processo ou veículo *não sofrerão qualquer restrição*, observado o disposto nesta Constituição" (BRASIL, 1988) (grifos nossos).

Não cabe ao Estado estabelecer quais opiniões merecem ser acolhidas e/ou aceitas, pois a liberdade de expressão é um direito revestido de abstenção estatal, caso contrário, a verdade deixaria de ser o maior e mais legítimo limite de expressão do pensamento.

Entretanto, no contexto contemporâneo, nota-se o agravamento de um fenômeno social de divulgação de notícias falsas, seja por interlocutores identificados, seja por anônimos que violam direitos alheios. Há verdadeiro abuso e deturpação de garantias constitucionais para atingirem-se finalidades escusas e violadoras de outros direitos também assegurados na constituição pátria. São as chamadas *fake news*.

A melhor definição de *fake news* é a de sinais distorcidos e desconectados da verdade, que dificultam a visão da verdade ou do estado verdadeiro do mundo (ALLCOTT; GENTZKOW *apud* BRISOLA; BEZERRA, 2018). Embora o conceito seja genérico, visto a ausência de elementos jurídicos, é possível perceber que o âmago de discussão é sobre a mentira transvestida de verdade.

Todavia, uma sociedade não pode se fundar na obscuridade do que é falso e enganoso, pela própria natureza de convivência humana, uma vez que tal comportamento é contrário aos padrões morais estabelecidos e aceitos pelo grupo social. Não é possível a coexistência de sociedade e "mentira", pois a divergência de versões gera conflitos e dissenso entre os pares, prevalecendo a insegurança e incerteza nas relações *interna corporis*.

A linguagem na sociedade, desde os seus primórdios, é utilizada como meio para a manifestação da vontade e padrões de comportamentos, de modo que para atingir sua finalidade é necessário que seja clara, objetiva, certa e despedida de ruídos que a tornem imprecisa.

As *fake news* comprometem a lisura de dados e informações que circulam pela internet, desencadeando efeitos negativos aos seus destinatários, seja o descrédito antecipado da informação ou a formação de pensamento errôneo de um fato ou dado. No Brasil, percebe-se o combate a *fake news* em sua fase embrionária, carente de legislação específica e medidas preventivas e repressivas de enfrentamento eficaz dessa prática. Contudo, notam-se, em legislações esparsas, traços – sinais – de positivação proibitiva dessa conduta.

Em virtude da legislação incipiente, cabe aos tribunais dirimir os conflitos existentes entre a liberdade de expressão e os seus excessos que ocasionam danos. Acerca da tipificação da conduta, segundo a doutrina e a jurisprudência, *fake news* vem sendo apurada como uma grave proliferação de notícia falsa e conduta tipificada em leis esparsas, mas que utilizam as mesmas ideologias dos crimes contra honra.

Assim, merece destaque o caso emblemático do STF, de relatoria do Ministro Alexandre de Morais, que resultou na decisão que aplicou sanções e determinou a prisão preventiva do jornalista Allan Lopes dos Santos, pela prática de divulgação de *fake news*. A partir da instauração do IPL, concluiu-se que se tratava de conduta política monetizada, entre outras características.

Outro precedente ocorreu na vara criminal da comarca de Tucuruí-PA, que tramita em sigilo. Em síntese, através de pesquisas, verificamos que no caso foi apurada a conduta de prática de divulgação de *fake news* de maneira organizada e financiada por pessoas com interesses políticos. A investigação resultou na imputação das práticas delituosas previstas nos arts. 288, 138, 139 e 140, c/c art. 69, todos do Código Penal.

Ambos os precedentes foram extremamente relevantes para demonstrar a imperiosa necessidade de averiguar a verdadeira motivação daqueles que divulgam *fake news*, seja de forma profissional, seja sob o manto da liberdade de expressão, pois a realidade que se monta é que a habitualidade da conduta, principalmente nas eleições, oferece grande risco à licitude do processo democrático.

Ademais, recentemente o Superior Tribunal de Justiça (STJ) julgou sobre liberdade de imprensa, excessos nas informações publicadas e dever de indenizar. Ao analisar a jurisprudência e as mais recentes decisões do Tribunal, verificou-se:

> "A liberdade de expressão, compreendendo a informação, a opinião e a crítica jornalística, por não ser absoluta, encontra algumas limitações ao seu exercício, compatíveis com o regime democrático, quais sejam: (I) o compromisso ético com a informação verossímil; (II) a preservação dos chamados direitos da personalidade, entre os quais incluem-se os direitos à honra, à imagem, à privacidade e à intimidade; e (III) a vedação de veiculação de crítica jornalística com intuito de difamar, injuriar ou caluniar a pessoa (*animus injuriandi vel diffamandi*)"
>
> Com os entendimentos pacificados na corte, depende-se que reportagens veiculadas pelos meios de comunicação, que extrapolam o direito de informar, configuram abuso do direito de informação e ensejam dever de reparação por danos morais, causados ao ofendido.[1]

Nota-se que o posicionamento do Tribunal afirma o entendimento de que os direitos fundamentais de liberdade de expressão não podem ser utilizados como liberdade de agressão e manto para permitir a violação de outros direitos fundamentais inerentes a pessoa que está sendo agredida.

Principalmente ao considerar o relevante destaque na forma de circulação de conteúdos nas mídias digitais que contribuem para potencializar a disseminação de informações falsas, devendo o usuário sempre observar a maneira que transmitirá as informações, a fim de preservar o sistema democrático a que todos estão sujeitos. Pois a democracia depende do grito da verdade, que deve ecoar por toda sociedade, pois não há que se falar em justiça em uma cultura de mentiras.

Para enxergarmos de melhor forma tal ameaça, basta analisarmos algumas eleições. Temos as eleições dos Estados Unidos em 2016, nas quais em alguns momentos as próprias redes sociais do Ex-Presidente Donald Trump foram suspensas pela plataforma

---

[1] Cf. Superior Tribunal de Justiça (STJ): REsp nº 1.890.733/PR. Rel. Min. Raul Araújo, Quarta Turma, j. 3.5.2022. *DJe*, 1º.8.2022; AgInt nos EDcl no AREsp nº 1.671.733/SP. Rel. Min. Raul Araújo, Quarta Turma, j. 22.8.2022. *DJe*, 26 ago. 2022.

social, tendo também as publicações ganhado selos como "informação duvidosa", não podendo esquecer o conteúdo agressivo utilizado em sua campanha para enfraquecer sua oponente Hillary Clinton.

Vimos tal ameaça crescer também no Brasil, quando, nas eleições de 2018, os perfis sociais de Jair Bolsonaro compartilhavam diversas informações sem um mínimo comprometimento com a veracidade das informações. Isto ocorre até os dias de hoje, quando notícias inverídicas circulam nas redes sociais compartilhando falsos tratamentos contra o coronavírus.

A partir deste contexto, tratamos a disseminação de *fake news* como uma crescente problemática, que ameaça nosso sistema democrático de direito, pois tem a plena capacidade de viciar a opinião pública de uma forma imensurável, principalmente quando utilizada como promoção de discurso de ódio contra as mulheres atuantes no meio político. Considerando os reflexos dos abusos da liberdade de expressão, por meio da disseminação de *fake news*, bem como seus impactos no regime democrático, mostra-se pertinente um estudo mais aprofundado acerca da normativa eleitoral sobre o tema em discussão.

3 Normativa eleitoral de combate à prática de *fake news*

O processo eleitoral que corresponde ao exercício da democracia deve se consolidar pela participação popular, respeitando a pluralidade política e a autonomia da vontade do eleitor, isto é, livre de influências ilícitas. Nas palavras do professor Bulos (2018, p. 877) sufrágio é "o direito público subjetivo democrático de votar (eleger) e de ser votado (eleito)". O sufrágio se materializa por meio do processo eleitoral, pelo qual há o exercício de pluralidade de ideias, através das propagandas das propostas de políticas e de governo que motivam a escolha livre e consciente do eleitor.

Por sua vez, a campanha eleitoral é orientada à conquista de votos e rege-se por normas previstas no Código Eleitoral, Lei das Eleições, resoluções expedidas pelo Tribunal Superior Eleitoral e por princípios insertos na Constituição Federal, de forma a garantir a legitimidade dos mandatos conquistados pela igualdade de condições conferidas a todos os contendores no certame eleitoral.

A propaganda eleitoral tem como objetivo a divulgação de ideias e propostas de governo, com fim de convencer o eleitorado no sentido de obter-lhe o voto. Entretanto, nos últimos anos, observou-se o desvirtuamento desse meio de informação, que passou a ter a finalidade de veiculação de propaganda ofensiva, degradante ou com intenção de expor o candidato adversário ao ridículo.

Nesse ínterim, desponta a prática de criar e disseminar notícias falsas a respeito de candidato, a fim de obter proveito político, interferindo indiretamente na lisura das eleições. No caso específico de mulheres candidatas, a deturpação de fatos dá-se com a finalidade de desqualificar a mulher, que já enfrenta luta hercúlea para conquistar o seu lugar nos espaços públicos de deliberação. Os impactos causados pela disseminação de notícias falsa são agravados considerando que historicamente a atuação feminina sempre foi menosprezada.

Os percentuais da representatividade feminina ainda são muito inferiores ao masculino. Ademais, as candidatas têm seus direitos políticos violados ao serem usadas em candidaturas laranjas, ou até mesmo ao não receberem repasse equivalente para campanhas de candidatos. Descriminação que se inicia dentro dos partidos e acaba por atingir o eleitorado, razão pela qual até hoje se faz necessária a previsão legal para incentivar a participação feminina na política, mesmo que os resultados ainda se mostrem insatisfatórios para o objetivo desejado.

Ao pensarmos como reparação histórica e necessidade de incentivo à verdadeira participação, deveria se pensar também na prevenção da discriminação política. É necessário combater até mesmo outras problemáticas que há entorno da questão de gênero no âmbito eleitoral, pois não há como se negar que a prática de veicular *fake news* não seja capaz de fraudar o processo eleitoral, ofendendo a legitimidade e autonomia do sufrágio.

Nesse sentido, destaca-se o papel primordial da Justiça Eleitoral que, por meio de sua função atípica, vem buscando normatizar e coibir a prática de disseminação de *fake news*. Com efeito, destaca-se a Resolução TSE nº 23.610/2019, aplicada a partir das eleições de 2020. A norma estabelece, no seu art. 27, §1º, a possibilidade de coibir abusos à liberdade de expressão, diante de ofensas à honra ou à imagem de candidatos, partidos ou coligações, ou divulgar fatos sabidamente inverídicos.

Desse modo, não há que se confundir a disseminação de notícias falsas com liberdade de expressão. Segundo Mendes (2015, p. 268) "é intuitivo associar uma controvérsia suscitada pelo uso da palavra num discurso ao tema liberdade de expressão".

Nesse sentido, segundo o jurista Gomes (2016), ainda que a liberdade de expressão seja respeitada, a internet não é um meio desprovido de leis e responsabilizações que impõe uma ordem a fim de proteger os usuários da barbárie. Ainda nesse viés, ele destaca o conceito imputável de calúnia da seguinte maneira: "Caluniar é imputar falsamente a alguém fato definido como crime na propaganda eleitoral ou visando fins de propaganda. Também é típica a conduta de propalar ou divulgar a falsa imputação" (GOMES, 2016, p. 118).

Desse modo, o Código Eleitoral (Lei nº 4.737/65) estabelece, em seus arts. 324, 325 e 326, respectivamente, os crimes contra a honra eleitoral, denominados de calúnia eleitoral, difamação eleitoral e injúria eleitoral.

O crime de calúnia eleitoral consiste na propaganda eleitoral, ou visando fins de propaganda, imputando falsamente a alguém fato definido como crime, bem como, sabendo falsa a imputação, a propala ou divulga.

Enquanto o crime de difamação eleitoral consiste, de igual modo, na promoção de propaganda eleitoral, ou visando a fins de propaganda, imputar a alguém fato ofensivo à sua reputação, admitindo a exceção da verdade, se o ofendido é funcionário público e se a ofensa é relativa ao exercício de suas funções.

Por sua vez, o crime de injúria eleitoral, semelhante aos tipos penais retrocitados, consiste na propaganda eleitoral, ou visando a fins de propaganda, que ofenda a dignidade ou o decoro de alguém, salvo se o ofendido, de forma reprovável, provocou diretamente a injúria ou no caso de retorsão imediata, que consista em outra injúria.

Vale destacar a Lei nº 13.834/2019, que acrescentou o art. 326-A da norma de regência, tipificando a denunciação caluniosa com finalidade eleitoral, que penalize aquele que dá causa à instauração de investigação policial, de processo judicial, de investigação administrativa, de inquérito civil ou ação de improbidade administrativa, atribuindo a alguém a prática de crime ou ato infracional de que o sabe inocente, com finalidade eleitoral. Assim como previu a ocorrência de crime de violência política de gênero, previsto no art. 326-B, do Código Eleitoral, que se caracteriza por assédio, constrangimento, humilhação, perseguição ou ameaça, fora ou dentro do meio virtual, contra candidatas ou detentoras de mandatos eletivos, com menosprezo ou discriminação em relação a seu gênero, cor, raça ou etnia, com a finalidade de impedir ou dificultar sua campanha eleitoral ou seu mandato.

No entanto, merece menção que no direito eleitoral ainda vige o princípio da intervenção mínima no debate democrático. A própria atuação da Justiça Eleitoral possui limitações em sua própria legislação. Acerca do tema, cito trecho de julgado do TSE:

> [...] a atuação da Justiça Eleitoral em relação a conteúdos divulgados na internet deve ser realizada com a menor interferência possível no debate democrático, a fim de assegurar a liberdade de expressão e impedir a censura, limitando-se às hipóteses em que, mediante decisão fundamentada, sejam constatadas violações às regras eleitorais ou ofensas a direitos de pessoas que participam do processo eleitoral. (TSE. Representação nº 060176521, Acórdão. Rel. Min. Admar Gonzaga. *DJe*, t. 207, p. 39-40, 24 out. 2019)

Ocorre que este posicionamento vem abrindo margem para que candidatos, partidos e coligações possam se esquivar da responsabilidade da reprodução de propaganda inverídicas, caluniosas e difamatórias.

Dessa forma, faz-se necessária regulamentação do assunto a fim de trazer mais segurança jurídica ao tema. Dessa forma, o magistrado possuirá parâmetros legais para solucionar conflitos que lhe forem apresentados, garantindo da melhor forma o equilíbrio entre a liberdade de expressão e os direitos da personalidade.

Assim, é de grande importância os projetos que tramitam na Câmara dos Deputados e no Senado Federal visando à tipificação específica da divulgação de *fake news*, incluindo esse comportamento no direito penal brasileiro.

Como exemplo, podemos citar o Projeto de Lei nº 6.812/2017, de autoria do Deputado Federal Luiz Carlos Hauli (PSDB-PR), que pretende decretar como infração penal a ação de quem "divulgar ou compartilhar, de qualquer forma, na rede mundial de computadores, informação falsa ou nocivamente incompleta em prejuízo de pessoa física ou jurídica", bem como o Projeto de Lei nº 473/2017, de autoria do Senador Ciro Nogueira (PP-PI), que pretende agregar ao Código Penal uma nova classificação de divulgação falsa, que consiste em "divulgar notícias que você sabe serem falsas e que possam distorcer, alterar ou corromper a verdade sobre informações relacionadas à saúde, segurança pública, economia nacional, eleições processo, ou que afete o interesse público" (LIMA, 2018).

Os projetos de lei em tramitação no Congresso Nacional visam especificamente criminalizar o comportamento de *fake news*, como demonstrado acima, de modo a garantir a responsabilização por danos causados. A medidas não se confundem com a censura, ou limitação do núcleo duro da liberdade de expressão, o que seria inaceitável em um país democrático, como o Brasil. Deve-se ressaltar que *fake news* nada tem a ver com liberdade de expressão, até porque visa-se, na verdade, trazer consequências jurídicas para o autor responsável. Nesse sentido, têm se posicionado os tribunais superiores brasileiros.[2]

---

[2] TRE-PE: RP nº 060037894/Recife – PE; RP nº 060290094/Recife – PE.

Todavia, faz-se mister maior atuação estatal no sentido de coibir a proliferação das notícias falsas. Mecanismos precisam ser criados para filtrar as propagandas nas redes sociais ou até formulação de normas mais severas para averiguar a conduta daqueles que a pratiquem.

Tudo isso para evitar uma catastrófica eleição, sendo decidida com base na proliferação de propagandas inverídicas, com uma vontade popular viciada. Outra forma de solução seria uma postura que já vem sendo adotada pela Justiça Eleitoral, através da educação. Durante as eleições foram promovidas campanhas nas redes de comunicação contra as informações enganosas.

Este é um posicionamento que precisa ser sempre intensificado e pensado até mesmo em longa escala, pois as campanhas poderiam ser intensificadas nas escolas e até mesmo nos meios de comunicação fora do período eleitoral. O que não se pode fazer é apenas aguardar até que a conduta se intensifique e tenhamos um resultado de eleições completamente baseado em informações falsas.

De qualquer forma, urge enfatizar que, se as implicações criminais atingem apenas aqueles que deliberadamente espalham falsidades na internet, os efeitos jurídicos civis podem ser mais abrangentes, atingindo até mesmo aqueles que compartilham informações falsas de forma imprudente.

Isso porque, de acordo com o Código Civil, aquele que causar dano (material ou moral) a outrem, mesmo que por descuido ou imprudência, comete ato ilícito e está sujeito à responsabilidade (pagamento de indenização, multa em caso de descumprimento, retirada etc.) (NOVO, 2018). De fato, os métodos de disseminação de notícias falsas estão se tornando mais sofisticados e é preciso ir à batalha. Empresas como Google, Facebook e Twitter têm "responsabilidades éticas e sociais que vão além das forças de mercado" e devem contribuir com pesquisas científicas sobre notícias falsas (NOVO, 2018).

Portanto, o responsável pela publicação de *fake news* será responsabilizado criminalmente – infrações penais de calúnia e/ou calúnia – e, aliás, civilmente – com indenização – pela prática de ato ilícito, devendo também retratar as *fake news* publicadas.

4 A responsabilização da violência política de gênero gerada pelas *fake news* no Brasil

A luta pelos direitos das mulheres está em constante evolução histórica. As discussões parlamentares em torno da busca de espaço no cenário político tiveram como marco inicial o movimento sufragista no século XIX e a organização de movimentos feministas a partir do século XX, que tiveram como pauta o alcance dos direitos das mulheres de votar e de serem eleitas.

No Brasil, a conquista do direito ao voto das mulheres veio junto com o decreto que criou a Justiça Eleitoral, o qual em seu art. 2º prevê o seguinte: "É eleitor o cidadão maior de 21 anos, sem distinção de sexo, alistado na forma deste Código", tendo sido aprovado por meio do Decreto nº 21.706, durante o governo de Getúlio Vargas.

No mundo inteiro, há um movimento para incentivar a participação das mulheres nas políticas públicas e, apesar de corresponderem a mais de 50% do eleitorado brasileiro, ainda existe muita dificuldade no ingresso das mulheres na política.

No Brasil, como incentivo da participação das mulheres na política, tem-se a garantia legal assegurando a porcentagem mínima de 30% e máxima de 70% da participação feminina no processo eleitoral, garantia que nos últimos anos demonstrou ser mecanismo pouco efetivo, considerando que a participação feminina continua com os mesmos índices desde 1940.

Outro ponto negativo foram as formações das candidaturas laranjas, candidaturas criadas pelos partidos somente para preencher o coeficiente eleitoral, que acabaram ressaltando outras problemáticas internas, como a falta de repasse de verbas de campanha para candidaturas das mulheres, fato que se sobressaltou com o aumento de violência de gênero intrapartidária.

Ademais, recentemente se estabeleceu acordo entre o Tribunal Superior Eleitoral e a Procuradoria-Geral Eleitoral para atuação conjunta no combate à violência política de gênero, tendo como base a Lei nº 14.192/2021, que tem como objetivo prevenir, reprimir e combater a violência política contra a mulher, dispondo sobre os crimes de divulgação de fato ou vídeo com conteúdo inverídico no período de campanha eleitoral, para criminalizar a violência política contra a mulher e para assegurar a participação de mulheres em debates eleitorais proporcionalmente ao número de candidatas às eleições proporcionais.

A conduta foi tipificada no art. 323, §2º, inc. II c/c art. 326-B do Código Eleitoral, *in verbis*:

> Art. 323. Divulgar, na propaganda eleitoral ou durante período de campanha eleitoral, fatos que sabe inverídicos em relação a partidos ou a candidatos e capazes de exercer influência perante o eleitorado:
> Parágrafo único. Revogado.
> §1º Nas mesmas penas incorre quem produz, oferece ou vende vídeo com conteúdo inverídico acerca de partidos ou candidatos.
> §2º Aumenta-se a pena de 1/3 (um terço) até metade se o crime:
> I - é cometido por meio da imprensa, rádio ou televisão, ou por meio da internet ou de rede social, ou é transmitido em tempo real;
> II - envolve menosprezo ou discriminação à condição de mulher ou à sua cor, raça ou etnia.
> Art. 326-B. *Assediar, constranger, humilhar, perseguir ou ameaçar, por qualquer meio, candidata a cargo eletivo ou detentora de mandato eletivo, utilizando-se de menosprezo ou discriminação à condição de mulher ou à sua cor, raça ou etnia, com a finalidade de impedir ou de dificultar a sua campanha eleitoral ou o desempenho de seu mandato eletivo.*
> Pena - reclusão, de 1 (um) a 4 (quatro) anos, e multa.
> Art. 327. As penas cominadas nos arts. 324, 325 e 326 aumentam-se de 1/3 (um terço) até metade, se qualquer dos crimes é cometido:
> IV - com menosprezo ou discriminação à condição de mulher ou à sua cor, raça ou etnia;
> V - por meio da internet ou de rede social ou com transmissão em tempo real. (Grifos nossos)

Nota-se que o dispositivo legal coíbe a prática de disseminação de *fake news*, reprimindo a veiculação de conteúdo com menosprezo e discriminação contra mulheres.

A necessidade da criação do dispositivo legal se deu a partir do aumento do discurso de ódio utilizado durante o período de eleições, como exemplo, a partir do julgamento das relações que mantinham, sendo aquelas que não se encaixavam nos padrões ditados pela ideologia heteropatriarcal colocadas no grupo das indesejadas. O que se via é que os candidatos se utilizavam dessa ideologia para promover discursos como se uma mulher casada, recatada, submissa e com outras características intituladas de "femininas" teria menos chances de não ser agredida no meio político ou praticavam ataques infundados e extrema ofensa para fragilizar a figura da mulher e passar a mensagem aos eleitores de que esta seria incapaz de gerir uma família, filhos, marido e ao mesmo tempo ser ativa nas demandas populares.

Assim, a caracterização do crime eleitoral da violência política de gênero pode ser considerada um marco importantíssimo para o avanço genuíno e a ruptura da discriminação das mulheres no cenário político, apenas com o decorrer do tempo irão se avaliar os possíveis resultados. Mas, de antemão, já se pode afirmar que a criação do ilícito eleitoral, no mínimo, já permite uma responsabilização mais específica da conduta.

A responsabilização ocorre por dois meios. Primeiramente, pela responsabilidade da rede social, na qual se encontra inserida a propaganda ilícita. Em seguida, pela responsabilização de candidatos, partidos ou coligações que fomentam a divulgação de propaganda eleitoral ilícita.

A respeito da responsabilidade das redes sociais, o entendimento firmado é que a rede social só poderá ser responsabilizada quando não cumprir a determinação da Justiça Eleitoral, ou seja, quando intimada para retirar do ar os *links* indicados e não o fizer.

A Lei nº 12.965, de 2014, chamada de Marco Civil da Internet, tratou no seu art. 19 que a responsabilidade do provedor de aplicações por conteúdo gerado por terceiros seria apurada apenas se, após ordem judicial específica, não tomar as devidas providências. Esse conteúdo foi reproduzido e confirmado com a Resolução TSE nº 23.610/2019, bem como confirmado nos tribunais superiores.[3]

Atualmente, o que prevalece é que os provedores das redes sociais em que se encontram inseridas as *fake news* devem configurar o polo passivo das demandas para que sejam intimados da decisão e, a partir do momento que tomam conhecimento inequívoco dela, devem tornar indisponível o material apontado, sob pena de serem responsabilizados solidariamente pela propaganda caluniosa.

Os provedores têm também papel importante na identificação dos sujeitos propagadores de *fake news*, que muitas vezes se escondem no anonimato. As informações de ID e IP do usuário da conta são essenciais para identificar os provedores de acesso à internet, podendo o interessado requerer a expedição de ofício aos provedores com as informações obtidas, a fim de obter todos os dados pessoais acerca do usuário responsável pela criação do conteúdo questionado.[4]

Ou seja, o fornecimento das informações obtidas pelas plataformas, em conjunto com o provedor de conexão, possibilita que sejam encontradas outras informações passíveis de identificar o usuário.

Imperioso para o segundo meio de responsabilização: o autor da *fake news*. No caso em comento, busca-se a reparação dos danos causados por candidatos, partidos ou coligações que dão origem e abrem margens às *fake news*. De acordo com art. 40-B, parágrafo único, da Lei nº 9.504/97, a responsabilização pelas propagandas ilícitas poderá ocorrer por meio do prévio conhecimento do representado. Vejamos:

---

[3] Cf. Representação Eleitoral nº 0601633-61.2018.6.00.0000. Rel. Min. Luís Roberto Barroso, public. 10.6.2019.
[4] Sobre o tema merece leitura o julgado TJSP. ED nº 2100819-3.2014.8.26.0000/50000. Rel. Des. Elcio Trujillo, 10ª Câmara de Direito Privado, j. 24.11.2015.

Art. 40-B. A representação relativa à propaganda irregular deve ser instruída com prova da autoria ou do prévio conhecimento do beneficiário, caso este não seja por ela responsável. Parágrafo único. A responsabilidade do candidato estará demonstrada se este, intimado da existência da propaganda irregular, não providenciar, no prazo de quarenta e oito horas, sua retirada ou regularização e, ainda, se as circunstâncias e as peculiaridades do caso específico revelarem a impossibilidade de o beneficiário não ter tido conhecimento da propaganda.

Em resumo, pode-se afirmar que, uma vez comprovada a autoria ou prévio conhecimento do beneficiário, o representado seria devidamente responsabilizado pela propaganda ilícita, porém, isto só ocorrerá se o representado não retirar ou regularizar as publicações quando for intimado ou se puder comprovar a impossibilidade de não ter tido conhecimento da propaganda.

Temos ainda no art. 9º da Resolução TSE nº 23.610 de 2019, que trata da propaganda eleitoral. No título Desinformação na Propaganda Eleitoral, prevê o seguinte:

Art. 9º A utilização, na propaganda eleitoral, de qualquer modalidade de conteúdo, inclusive veiculado por terceiros, pressupõe que o candidato, o partido ou a coligação tenha verificado a presença de elementos que permitam concluir, com razoável segurança, pela fidedignidade da informação, sujeitando-se os responsáveis ao disposto no art. 58 da Lei nº 9.504/1997, sem prejuízo de eventual responsabilidade penal.

Em relação à apuração da responsabilidade dos autores do conteúdo ilícito nas redes sociais, com uma simples pesquisa jurisprudencial em alguns TREs, chamou-nos atenção a falta de conhecimento da legislação eleitoral dos próprios participantes do pleito. Foi possível identificar que a falta de conhecimento legal pode ser drasticamente prejudicial para alguns, visto que o ordenamento jurídico eleitoral é composto por diversas leis esparsas, o que claramente dificulta o entendimento da matéria e acarreta uma insegurança jurídica. Isto pode ser visto a partir das diferentes decisões que foram proferidas sobre a mesma temática nas zonas eleitorais durante eleições municipais de 2020 em Belém do Pará.

Identificamos decisões na mesma jurisdição com entendimentos completamente diferentes sobre o mesmo objeto. Em umas o juízo entendeu que o candidato representado sequer deveria configurar o polo passivo da demanda, pois se tratava da fala agressiva a respeito de uma candidata mulher que havia sido produzida por ele e estava "apenas" sendo replicada por seus seguidores nas suas respectivas redes sociais. E identificamos que em outras zonas havia a discursão sobre a ausência de provas robustas, sobre a problemática da utilização do *print* de tela como insuficiente para configurar o dolo e a autoria, extinguindo as ações sem resolução do mérito. Por outro lado, houve aqueles que entenderam que os candidatos estavam se valendo, com má-fé, das "brechas legais" para propagar notícias falsas, difamatórias, caluniosas, sendo condenados a retirar as publicações e cederem espaço para direito de resposta. Nota-se uma imperiosa instabilidade jurídica. Ainda que os casos concretos sejam idênticos, veem-se zonas eleitorais da mesma jurisdição proferindo diferentes decisões.

Sabe-se que a coleta de provas robustas na seara eleitoral é complexa, isto foi inclusive observado nas representações selecionadas, em que algumas foram arquivadas por inexistência de provas e outras até por perda do objeto em razão do fim das eleições. Todavia, o que não é possível fazer é ignorar a crescente utilização das *fake news* durante as eleições, que em cada processo democrático só aumentam, ganhando dimensões alarmantes e trazendo um risco real a um processo democrático justo.

5 Considerações finais

Como já visto, o direito eleitoral tem confluência e origem na ordem constitucional, tendo na Carta Política de 1988 sua fonte imediata e natural de seus principais preceitos. É o ramo do direito público, que nas palavras do Professor Chalita (2014) visa tutelar e regular o direito ao sufrágio e o exercício da soberania popular, bem como organizar e disciplinar o processo eleitoral. Destarte, na Constituição Federal, o direito eleitoral é uma forma de expressão dos princípios fundamentais do regime democrático de direito, estampado pelo art. 1º da CF/88.

Nesse diapasão, os direitos políticos formam a base do regime democrático, que se materializa no efetivo direito de participação no processo político, pelo qual assegura o direito ao sufrágio universal e ao voto periódico, livre, direto, secreto e igual, assim como garante a autonomia de organização do sistema partidário e a igualdade de oportunidade dos partidos (MENDES, 2015, p. 75). O processo eleitoral corresponde ao exercício da democracia, deve-se consolidar pela participação popular, respeitando a pluralidade política e a autonomia da vontade do eleitor, isto é, livre de influências ilícitas.

A disseminação de *fake news* tem se demonstrado alarmantemente crescente, não só no âmbito nacional, como no mundo inteiro, e sua utilização como estratégia política se revela extremamente danosa, principalmente quando utilizada para atingir grupos específicos, historicamente fragilizados, como a representatividade feminina nas políticas públicas.

Assim, ficou demonstrado que a prática de veiculação de notícias falsas já se mostra altamente lesiva ao exercício da democracia, uma vez que as notícias, por terem fundos falsos, acabam por proporcionar aos eleitores convicção errônea a respeito de um ou mais candidatos. Na pesquisa ficaram bem expressivos os impactos da conduta quando utilizada para afrontar outros direitos fundamentais.

Por essa razão é que se faz necessária constante análise da atuação da Justiça Eleitoral no combate dessa prática ilícita, sendo fundamental a fiscalização da aplicabilidade das medidas que visam coibir a prática de violência política de gênero. Isso porque, como amplamente analisado no presente artigo, compete à Justiça Eleitoral o dever de zelar pela lisura dos pleitos eleitorais e, por consequência, o combate às *fake news* eleitorais.

E, muito embora a legislação proíba a prática comum dos ilícitos criminais de discriminação das mulheres e condutas correlacionadas, como calúnias eleitorais ou propaganda negativa que envolvam violência de gênero, ainda há muito a ser debatido e definido acerca das *fake news* no âmbito do exercício da democracia. Isso em razão da fragilidade das medidas sancionatórias previstas na atual legislação brasileira àqueles que se utilizam de tais práticas, bem como da ausência de educação básica sobre os direitos e deveres fundamentais relativos ao exercício do poder de voto.

Conclui-se que se faz necessária a definição de sanções mais efetivas e órgão de controle que fiscalize a aplicabilidade da lei nos casos concretos, principalmente relacionados aos discursos promovidos por candidatos a qualquer tempo, seja durante as eleições, seja no exercício dos seus mandados, com vistas a combater a prática do ilícito como meio de praticar violência política de gênero, podendo ser também discutida a possível proporção de medidas educativas que abordem o exercício dos direitos fundamentais, bem como a gravidade da prática de produção de *fake news* e suas repercussões jurídicas.

Referências

BRASIL. *Decreto-lei n. 2.848, de 7 de dezembro de 1940*. Código penal. Brasília, 1940.

BRASIL. Decreto-lei nº 2.848 de 1940. Código Penal brasileiro. *Legislação: Coletânea de leis e decretos*, São Paulo, v. 27, n. 4, p. 42, abr. 1991.

BRASIL. *Lei n. 12.965, de 23 de abril de 2014*. Estabelece princípios, garantias, direitos e deveres para o uso da Internet no Brasil. Brasília, 2014.

BRASIL. *Lei nº 13.834, de 4 de junho de 2019*. Altera a Lei nº 4.737, de 15 de julho de 1965 – Código Eleitoral, para tipificar o crime de denunciação caluniosa com finalidade eleitoral. Brasília, 2019.

BRASIL. *Lei nº 9.504 de 30 de setembro de 1997*. Estabelece normas para as eleições. Brasília, 1997.

BRASIL. *Resolução nº 23.608, de 18 de dezembro de 2019*. Dispõe sobre representações, reclamações e pedidos de direito de resposta previstos na Lei nº 9.504/1997 para as eleições. Brasília, 2019.

BRASIL. *Resolução nº 23.610, de 18 de dezembro de 2019*. Dispõe sobre propaganda eleitoral, utilização e geração do horário gratuito e condutas ilícitas em campanha eleitoral. Brasília, 2019.

BRASIL. Senado Federal. Comissão Parlamentar Mista de Inquérito. *Fake news*. 2019.

BRASIL. Supremo Tribunal Federal. *Arguição de Descumprimento de Preceito Fundamental 187*. Brasília, 11 jun. 2011.

BRISOLA, Anna; BEZERRA, Arthur Coelho. Desinformação e circulação de "fake news": distinções, diagnóstico e reação. *Encontro Nacional de Pesquisa em Ciência da Informação*, XIX, v. 24, n. 2, 2018.

BULOS, Uadi Lammêgo. *Curso de direito constitucional*. 11. ed. São Paulo: Saraiva, 2018.

CALDAS, Camilo O. L.; CALDAS, Pedro N. L. State, democracy and technology: political conflicts and vulnerability in the context of big-date, fake news and shitstorms. *Perspectivas em Ciência da Informação*, Belo Horizonte, v. 24, n. 2, p. 196-220, jun. 2019.

CASTELLS, Manuel. *Communication power*. Oxford: Oxford University Press, 2013.

CHALITA, Savio. *Manual completo de direito eleitoral*. Indaiatuba: Foco, 2015.

COOKE, Nicole A. Posttruth, truthiness, and alternative facts: information behavior and critical information consumption for a new age. *The Library Quarterly*, v. 87, n. 3, p. 211-221, jul. 2017.

FALLIS, Don. A conceptual analysis of disinformation. *In*: ICONFERENCE, 4., 2009, Chapel Hill. *Proceedings...* Illinois: Ideals, 2010.

FALLIS, Don. What is disinformation? *Library Trends*, v. 63, n. 3, p. 401-426, 2015.

FAUSTINO, André. *Fake news*. São Paulo: Lura, 2019.

FAUSTINO, André. *Fake news*: a liberdade de expressão nas redes sociais na sociedade da informação. São Paulo: Lura, 2020.

FLORIDI, Luciano. *Information*: a very short introduction. Oxford: Oxford University Press, 2010.

FLORIDI, Luciano. *The philosophy of information*. Oxford: Oxford University Press, 2011.

GARCIA, Gustavo. WhatsApp diz ter banido mais de 400 mil contas durante a campanha eleitoral de 2018. *G1*, 18 nov. 2019.

GOMES, José Jairo. *Crimes eleitorais e processo penal eleitoral*. 2. ed. rev., atual. e ampl. São Paulo: Atlas, 2015.

KLEIN, David O.; WUELLER, Joshua R. Fake news: a legal perspective. *Journal of Internet Law*, v. 20, n. 10, p. 5-13, abr. 2017.

LAZER, David M. J. *et al*. The science of fake news: addressing fake news requires a multidisciplinary effort. *Science*, v. 359, n. 6380, p. 1094-1096, 9 mar. 2018.

LIMA, Cintia Rosa Pereira de; SOUSA, Maria Eduarda Sampaio de. LGPD e combate às fake News. *Migalhas*, 4 jun. 2020. Disponível em: https://www.migalhas.com.br/coluna/migalhas-de-protecao-de-dados/332907/lgpd-e-combate-as-fake-news.

MATOS, Marlise. Mulheres e a violência política sexista: desafios à consolidação da democracia. *In*: BIROLI, Flávia *et al*. (Org.). *Mulheres, poder e ciência política*: debates e trajetórias. Campinas: Editora da Unicamp, 2020.

MENDES, Gilmar Ferreira; BRANCO, Paulo Gustavo Gonet. *Curso de direito constitucional*. 10. ed. São Paulo: Saraiva, 2015.

SARLET, Ingo Wolfgang; SIQUEIRA, Andressa de Bittencourt. Liberdade de expressão e seus limites numa democracia: o caso das assim chamadas "fake news" nas redes sociais em período eleitoral no Brasil. *REI – Revista Estudos Institucionais*, v. 6, n. 2, p. 534-578, 2020.

SILVA, Sandra Helena. *Fake news*: uma análise sobre a liberdade de expressão e a democracia. Trabalho de Conclusão de Curso (Bacharelado em Direito) – Centro Universitário – UNIFG, Guanambi, 2022.

SIQUEIRA, Oniye Nashara; SIMÃO FILHO, Adalberto. Cibercidadania e ciberdemocacia: as comunidades virtuais e a influência das massas pelas TIC's. *In*: CONGRESSO BRASILEIRO DE PROCESSO COLETIVO E CIDADANIA. *Anais*... [s.l.]: [s.n.], 2018.

TRE-PE. *RP nº 060290094 Recife – PE*. Rel. Stenio Jose de Sousa Neiva Coelho, j. 10.4.2018, PSESS – Publicado na sessão, data 10.4.2020.

TRIVINHO, Eugênio. *Glocal*: visibilidade mediática, imaginário bunker e existência em tempo real. São Paulo: Annablume, 2012.

VASCONCELOS, Clever. Liberdade de expressão: a livre manifestação do pensamento e sua responsabilidade. *Conjur*, 5 fev. 2015. Disponível em: http://www.conjur.com.br/2015-fev-05/clever-vasconcelos-livre-manifestacao-responsabilidade. Acesso em: 19 jul. 2016.

VIRILIO, Paul. *Velocidade e política*. São Paulo: Estação Liberdade, 1996.

Informação bibliográfica deste texto, conforme a NBR 6023:2018 da Associação Brasileira de Normas Técnicas (ABNT):

GOMES, Paula Cristina Rodrigues A disseminação de fake news no espaço político brasileiro: uma análise crítica da promoção de violência de gênero contra mulheres no ambiente eleitoral. *In*: MENDES, Denise Pinheiro Santos; MENDES, Giussepp; BACELAR, Jeferson Antonio Fernandes (Coords.). *Magníficas mulheres*: lutando e conquistando direitos. Belo Horizonte: Fórum, 2023. p. 335-348. ISBN 978-65-5518-488-4.

MULHERES: DIREITOS E ACESSO AOS ESPAÇOS DE PODER – UMA CORRIDA DE OBSTÁCULOS

REIJJANE DE OLIVEIRA

Recusar à mulher a igualdade de direitos em virtude do sexo é negar a justiça à metade da população.

(Bertha Lutz)

A história das mulheres é marcada por exclusão, silêncios e apagamentos. Contudo, rupturas com esse silenciamento vêm mudando o curso da história, como cantou o poeta Gilberto Gil, por causa da mulher.[1] O que até bem pouco era uma história limitada aos corpos submissos, aos papéis determinados pelo patriarcado, à reprodução sexual e à força de trabalho restrita ao espaço privado, hoje as mulheres ocupam o espaço público, embora permaneçam ocupando as funções do cuidado doméstico e familiar. Atualmente as mulheres representam o maior número das vagas nas universidades e estão em todas as profissões, ainda que em minoria, exercem cargos e funções em todos os espaços de poder (IBGE, 2018).

Até o século XIX, a educação para as mulheres era muito limitada. A educação visava basicamente preparar as meninas para o papel que lhes era determinado socialmente, e o casamento era o principal objetivo das mulheres. A finalidade era que a mulher fosse instruída para bem cumprir sua função social de mãe responsável pela criação dos filhos, ou seja, pelo futuro do homem e da nação (FLORESTA, 1853).

A despeito de citar Nísia Floresta (1835), considerada precursora do movimento feminista no Brasil, eis um bom exemplo do quanto a história das mulheres é marcada por exclusão e silenciamentos. Dionísia Pinto Lisboa ou Nísia Floresta Brasileira Augusta, uma potiguar, que foi pioneira na luta pela educação igualitária das mulheres no Brasil e tendo escrito obras importantes, inspirada em Mary Wollstonecraft (*Reivindicação dos*

---

[1] *Super-homem – A canção*, 1979.

direitos das mulheres – Inglaterra, 1790), publica, em 1832, *Direitos das mulheres injustiças dos homens*, segundo ela, uma tradução livre da obra de Wollstonecraft, cujas ideias ela passa a difundir no Brasil. Nísia Floresta provoca uma reflexão acerca do papel das mulheres no contexto de uma sociedade pós-colonial, patriarcal, escravocrata e predominantemente rural. Ela defende que a emancipação da mulher só se dará pela educação e essa é a sua grande bandeira de luta, o que bem pode-se ver na sua obra *Opúsculo humanitário* (1853), além de outras obras, que colocaram as mulheres brasileiras no debate que se fazia no mundo no século XIX. Reivindicando direitos para as mulheres, ela teve um papel fundamental na história da educação feminina ao fundar, em 1838, no Rio de Janeiro, o Colégio Augusto, uma escola na qual as mulheres pudessem estudar todas as disciplinas que eram reservadas aos homens, isso numa época em que as mulheres eram majoritariamente analfabetas e até impedidas de frequentar a escola. A educação para as mulheres no Brasil somente começou a ser permitida em meados do século XIX e, como já dito, a instrução das mulheres era restrita ao que estivesse relacionado ao universo doméstico e aos cuidados com a família, como costura, bordados, culinária etc. A educadora Nísia Floresta defendia e lutava para que as mulheres tivessem acesso ao estudo da ciência e das artes, entre outras disciplinas que somente eram ministradas em escolas para homens.

Apesar do pioneirismo, da importância e da história de lutas pelos direitos das mulheres, a obra de Nísia Floresta ficou invisibilizada, apagada, silenciada, como aconteceu com tantas outras mulheres que tiveram suas histórias apagadas e excluídas da história.

Nessa corrida de obstáculos para ocupar os espaços de poder, a mulher superou muitas dificuldades para acessar uma educação que lhe possibilitasse o exercício de uma profissão e assim alcançar sua independência econômica, fundamental para sua liberdade – "É pelo trabalho que a mulher vem diminuindo a distância que a separa do homem, somente o trabalho poderá garantir-lhe uma independência concreta" (BEAUVOIR, 1967).

É importante frisar que, se foi demorado o processo para que as mulheres tivessem direito à educação, não foi diferente para que pudessem ingressar no mercado de trabalho. Até o início do século XX, a maioria das mulheres somente podia exercer o magistério primário. E, até a metade do século XX, a mulher casada só podia exercer atividade remunerada com a autorização do marido. Apenas com o advento do Estatuto da Mulher Casada, em 1962 (Lei nº 6.121/1962), teve fim essa exigência limitadora da liberdade e da autonomia da mulher casada. Até essa data, era relativamente incapaz para os atos da vida civil, como previa o Código Civil de 1916, o qual previa que o homem era o chefe da sociedade conjugal e detentor do pátrio poder. A mulher adquiria automaticamente os apelidos de família do marido e o casamento era indissolúvel. Em dezembro de 1977, um importante avanço foi a aprovação da Lei nº 6.515 – Lei do Divórcio, e com ela o casamento deixou de ser indissolúvel.

O Código Civil de 1916 teve vigência até 2002, quando entrou em vigor o novo Código Civil, adequando-se vários institutos do direito de família à Constituição de 1988, que preconizou a igualdade de direitos entre homens e mulheres, assim, o pátrio poder foi substituído pelo poder familiar e as terminologias discriminatórias às mulheres e aos filhos foram abolidas.

Atualmente as mulheres no Brasil são maioria nos cursos de nível superior, mas no mercado de trabalho os homens têm mais possibilidades do que as mulheres, além de ainda haver uma forte desigualdade salarial (IBGE, 2018). O relatório *Education at Glance 2020*, pesquisa da OCDE – Organização para a Cooperação e Desenvolvimento Econômico, mostra que a taxa de empregabilidade dos homens com nível superior é maior do que a das mulheres com o mesmo nível de escolaridade (OCDE, 2020). O mesmo relatório aponta para uma importante questão de desigualdade de gênero, porquanto há uma preponderância das mulheres nas áreas de educação e ciências sociais, enquanto os homens estão nas áreas de engenharia, produção e construção.

Isso nos leva a refletir acerca desse lugar do cuidado que o patriarcado atribuiu às mulheres e que ainda permanece, pois as mulheres conseguiram elevar seu nível de escolarização e ocupar o mercado de trabalho, mas ainda têm que acumular as tarefas domésticas, porque o lugar do cuidado, da casa e dos familiares continua sendo predominantemente ocupado pelas mulheres, impactando inclusive na escolha das profissões, que também estão relacionadas a esse lugar do cuidado.

O tempo gasto pelas mulheres no trabalho doméstico não remunerado continua a ser um fator determinante para a desigualdade de gênero, tanto na empregabilidade quanto na diferença salarial. De acordo com o *Relatório Mundial sobre a Desigualdade de Gênero 2020*, não ocorrendo mudanças significativas nessas ocupações, vai demorar 200 anos para que haja um nivelamento entre a participação dos homens e mulheres nas atividades domésticas (OCDE, 2020).

Sabe-se que a escolarização é fundamental para o acesso às melhores condições de trabalho, no entanto, esse direito foi por muito tempo negado às mulheres.

Com a chegada da Família Real ao Brasil, teve início a oferta do ensino superior, sendo fundadas as duas primeiras escolas de medicina; a primeira, em Salvador, em 18.2.1808, e outra no Rio de Janeiro, no final do mesmo ano. Em 1827, foram fundados os cursos jurídicos em Olinda e em São Paulo, mas as mulheres demoraram a serem aceitas no ensino superior. Como o magistério primário era a profissão para as mulheres, o máximo que acessavam era a escola normal e se formavam professoras, assim mesmo, com muitas restrições, em especial para as mulheres casadas (LOURO *apud* DEL PRIORI, 2012), de modo que as mulheres estavam excluídas de outras profissões e as portas das escolas de ensino superior eram fechadas para elas.

Todavia, algumas mulheres, que ousavam enfrentar o sistema que as oprimia e romper obstáculos de discriminação e preconceitos, foram abrindo caminhos para que hoje as mulheres sejam maioria nas universidades e exerçam todas as profissões que quiserem. Foi o caso de Maria Augusta Generoso Estrella, que, impossibilitada de estudar Medicina no seu país, conseguiu ser admitida numa escola de Medicina nos Estados Unidos da América, tornando-se a primeira mulher brasileira a ter um diploma de Medicina e, tendo contado com uma bolsa de estudos concedida pelo imperador D. Pedro II, no ano de 1879, pode concluir seu curso. Sua história teve grande repercussão e inspirou outras brasileiras a lutarem pelo ideal de ser médica e, assim, a pernambucana Josefa Águeda, em 1878, solicitou uma subvenção imperial, para também ir fazer seus estudos de Medicina nos Estados Unidos da América. Esse pleito provocou intensos debates na Assembleia Provincial de Pernambuco e, com a repercussão, Maria Amélia Florentino Cavalcanti fez o mesmo pedido. Os pleitos foram aceitos, as bolsas de estudo concedidas, e a repercussão em torno desses casos gerou a alteração dos critérios de ingresso nos cursos superiores em 1880. Com tal alteração, no ano de 1885, a gaúcha Rita Lobato Velho Lopes pleiteou seu ingresso na Faculdade de Medicina da Bahia, tornando-se a primeira brasileira a graduar-se em Medicina no Brasil (MELO, 2018).

Nas carreiras jurídicas, demorou 71 anos desde a criação dos cursos de Olinda e de São Paulo para que uma mulher se formasse em Direito. A carioca Myrthes Gomes de Campos tornou-se a primeira mulher advogada no ano de 1899, tendo se formado em Direito em 1898, na Faculdade Livre de Ciências Jurídicas e Sociais do Rio de Janeiro, todavia, é importante registrar que Esperança Garcia é considerada a primeira mulher advogada. Esperança era piauiense, negra, escravizada e, no ano de 1770, escreveu uma carta ao governador da capitania do Piauí denunciando as situações de violência que ela, as companheiras e seus filhos sofriam na fazenda de Algodões, a 300km de onde atualmente está localizada a capital Teresina. A carta escrita por Esperança Garcia, datada de 6.9.1770, é um importante documento histórico e de grande simbolismo para a resistência do povo negro. A data foi oficializada como o Dia Estadual da Consciência Negra no estado do Piauí, e em 2017 a seccional da OAB/PI reconheceu Esperança Garcia como a primeira advogada piauiense. Acredita-se que Esperança aprendeu a ler com os padres jesuítas catequizadores.

O século XX foi de muitas lutas e conquistas importantes para as mulheres. Uma delas foi o reconhecimento de sua cidadania, com o direito ao voto em 1932, através do Decreto nº 21.076 de 24.2.1932, o qual instituiu o Código Eleitoral e estabeleceu que era eleitor o cidadão maior de 21 anos, sem distinção de sexos. O voto era facultativo para as mulheres e havia uma condição que limitava bastante o alistamento das mulheres, pois na década de 30 (século XX) ainda era muito grande o contingente de pessoas analfabetas no Brasil e em especial de mulheres, e o Código vedava o alistamento de pessoas analfabetas, portanto, isso reduzia bastante o número de mulheres eleitoras.

Com o Decreto nº 7.589/1945, o voto deixou de ser facultativo para as mulheres, mas permaneceu a vedação às pessoas analfabetas, o que se repetiu na Constituição de 1946, mantendo-se a proibição até 1985, quando a Emenda Constitucional nº 25 assegurou às pessoas analfabetas o direito de votar facultativamente e assim ficou na Constituição de 1988.

Desde o período colonial, sempre existiram eleições no Brasil para determinados cargos, com a exclusão de vários grupos de pessoas, entre as quais as mulheres, que somente vieram a ter esse direito na terceira década do século XX, após muitos anos de lutas de mulheres, como Leolinda de Figueiredo Daltro, a advogada Myrthes Campos, a bióloga Bertha Lutz, Julita Monteiro Soares. Inclusive essas mulheres fundaram partidos políticos, como o Partido Republicano Feminino e o Partido Liberal Feminino. Bertha Lutz criou a Fundação Brasileira pelo Progresso das Mulheres (MELO, 2018). Muitas feministas defendiam os ideais do movimento sufragista brasileiro escrevendo artigos em jornais e revistas. O reconhecimento da mulher como cidadã, que veio no Código Eleitoral de 1932, foi uma conquista da luta de muitas brasileiras que, na maioria, não têm seu nome nos registros da história.

Tão logo as mulheres conquistaram o direito ao voto, começaram a concorrer a cargos eletivos e, em 1934, o Brasil teve a primeira mulher eleita deputada federal, a médica e escritora paulista Carlota Pereira de Queiroz. E, em 1936, Bertha Lutz, que havia sido eleita suplente de deputada federal, com a morte do titular do mandato, assumiu o mandato e apresentou projetos importantes para uma política pública para as mulheres. Se a mulher só pôde chegar à Câmara dos Deputados em 1934, no Senado demorou ainda mais. Somente em 1979 a professora Eunice Michiles, que já tinha sido deputada no estado do Amazonas, tomou posse como a primeira senadora do Brasil.

Durante 119 anos de República, desde a proclamação em 1891, o Brasil elegeu apenas uma mulher à Presidência da República, o que já ocorreu no século XXI, com a eleição da Presidenta Dilma Rousseff, no ano de 2010.

No ano de 2022, a conquista do voto feminino completou 90 anos, e as mulheres representam 52,65% do eleitorado brasileiro para as eleições de 2022, conforme dados do Tribunal Superior Eleitoral. Essa maioria, no entanto, não corresponde à representatividade nos cargos eletivos, seja no Executivo, seja no Legislativo. Na eleição de 2018, apenas um Estado elegeu uma mulher para o cargo de governadora, o Rio Grande do Norte (RN). No Senado, foram eleitas somente 7 (sete) mulheres, das 62 (sessenta e duas) candidaturas femininas ao Senado, e a representação feminina nessa Casa legislativa é de 16%. Na Câmara Federal, foram eleitas 77 mulheres, o que corresponde a 15% do total de parlamentares (SENADO NOTÍCIAS, 2018).

Nas eleições municipais de 2020, de um total de 5.570 municípios, apenas 658 mulheres foram eleitas prefeitas, o que representa 11,8% das prefeituras do país (GUEDES, 2020).

Na busca por diminuir a desigualdade de gênero na política, algumas ações afirmativas têm sido adotadas por meio de medidas legislativas desde 1995, quando a Lei nº 9.100, que regulamentou as eleições municipais de 1996, estabeleceu que 20% (vinte por cento) das vagas, para o cargo de vereador/a de cada partido ou coligação daquela eleição, deveriam ser preenchidas por candidatura de mulheres. Essa foi a primeira vez que a Lei Eleitoral fixou cotas de gênero.

Esse sistema de cotas foi alterado pela Lei nº 9.504/1997, que estabeleceu a reserva de vagas, mas não necessariamente seu preenchimento, fixando a reserva de 30% (trinta por cento) das candidaturas dos partidos ou coligações para cada sexo em eleições proporcionais, sendo o percentual de 25% (vinte e cinco por cento) apenas para a eleição de 1998.

A luta das mulheres por igualdade de gênero na política tem alcançado algumas conquistas no campo legislativo, mas ainda há muito o que ser conquistado para que haja efetividade das ações afirmativas estabelecidas por leis, para que se possa alcançar a igualdade real na participação política das mulheres.

Em 2009, houve um grande movimento para alterar as regras do sistema de cotas para as eleições de 2010. Foi então que a reforma eleitoral ocorrida em 2009 alterou a redação do dispositivo que previa a reserva de percentual para candidaturas e a lei passou a exigir o preenchimento de, no mínimo, 30% (trinta por cento) e o máximo de 70% (setenta por cento) para as candidaturas de cada sexo. Apesar dessas mudanças na legislação, os resultados eleitorais não se mostraram favoráveis às mulheres, ficando evidenciado que seriam necessárias medidas para além das cotas de vagas para candidaturas femininas. Foi então que, em 2018, no julgamento da Ação Direta de Inconstitucionalidade (ADI) nº 5.617, o STF decidiu que a distribuição de recursos do Fundo Partidário, destinado ao financiamento das campanhas eleitorais direcionadas às candidaturas de mulheres, deve ser feita na exata proporção das candidaturas de ambos os sexos, respeitado o patamar mínimo de 30% (trinta por cento) de candidatas mulheres previsto na Lei Eleitoral nº 9.504/1997. Nesse mesmo ano, o TSE respondeu à consulta formulada por parlamentares mulheres, no sentido de assegurar às mulheres pelo menos 30% (trinta por cento) dos recursos do fundo especial de financiamento de campanha e do tempo de propaganda eleitoral gratuita no rádio e na TV. Com tais decisões, as cortes judiciais deram interpretação no sentido de que a Lei de Cotas tem que estar associada a outros fatores que possibilitem a sua efetividade, pois não basta que o partido garanta uma vaga para que uma mulher seja candidata, é preciso que essa candidatura seja viabilizada em condições de igualdade de competividade das candidaturas do gênero masculino. Como ressaltou em seu voto a Ministra Rosa Weber, relatora da Consulta nº 0600252-18.2018.6.00.0000, "a mudança no cenário de sub-representação feminina na política perpassa não apenas pela observância dos percentuais mínimos de candidatura por gênero, legalmente previstos, mas, sobretudos, pela imposição de mecanismos que garantam a efetividade da norma" (TSE, 2018).

No dia 6.4.2022, o Congresso Nacional promulgou a Emenda Constitucional nº 117, que altera o art. 17 da Constituição Federal para impor aos partidos políticos a aplicação de recursos do fundo partidário na promoção e difusão da participação política das mulheres, bem como a aplicação de recursos desse fundo e do Fundo Especial de Financiamento de Campanha e a divisão do tempo de propaganda gratuita no rádio e na televisão no percentual mínimo de 30% (trinta por cento) para candidaturas femininas. Essa emenda constitucional é muito importante porque dá segurança jurídica para essa importante ação afirmativa. A questão é saber se as normas legais serão suficientes para garantir às mulheres uma participação na política com as mesmas condições de competitividade que os homens, enquanto elas não ocuparem de forma paritária as instâncias decisórias dos seus partidos políticos.

Em recente pesquisa do Instituto Millenium, baseada em dados do Tribunal Superior Eleitoral sobre a distribuição dos recursos do fundo partidário para as eleições de 2022, restou evidenciado que essas ações afirmativas agora, inclusive como força constitucional, não representam incentivo efetivo à participação feminina na política. Segundo o Instituto, de todo o valor distribuído, desse fundo, apenas 27,9% foram destinados a mulheres, que representam 33,7% de candidaturas. Sem dúvida essa é uma forma de obstaculizar as candidaturas de mulheres e desestimular o interesse das mulheres em concorrer aos cargos eletivos, fazendo com que permaneçam excluídas dos espaços de poder (MAIA; CHAMMAS, 2022).

Além de todos esses obstáculos impostos pelos controladores da burocracia partidária, as mulheres são vítimas de violência política nas mais diversas formas, e conseguiram que o Congresso aprovasse a Lei nº 14.192/2021, que estabelece normas para prevenir, reprimir e combater a violência política contra a mulher durante as eleições e no exercício de direitos políticos e de funções públicas. Essa lei define como violência política de gênero toda ação, conduta ou omissão com a finalidade de impedir, obstaculizar ou restringir os direitos políticos das mulheres, além de proibir propaganda eleitoral que deprecie a condição de mulher ou estimule sua discriminação em razão do sexo feminino, ou em relação à sua cor, raça ou etnia. Essa lei alterou o Código Eleitoral e criminalizou a violência política, inserindo o art. 326-B no Código Eleitoral, cuja conduta consiste em:

> Assediar, constranger, humilhar, perseguir ou ameaçar, por qualquer meio, candidata a cargo eletivo ou detentora de mandato eletivo, utilizando-se de menosprezo ou

discriminação à condição de mulher ou à sua cor, raça ou etnia, com a finalidade de impedir ou de dificultar a sua campanha eleitoral ou o desempenho de seu mandato eletivo. (Código Eleitoral, 1965)

A luta do movimento de mulheres no processo de redemocratização do país teve seu marco com a apresentação da Carta das Mulheres Brasileiras aos Constituintes (1988), indicando as demandas dos movimentos de mulheres. O grupo de mulheres que ficou conhecido como "*Lobby* do batom" teve uma participação fundamental na articulação com as 26 mulheres constituintes, que formaram uma bancada feminina no processo constituinte e assim puderam ter muitas das propostas constantes da Carta das Mulheres incluídas com texto da Constituição, entre as quais se destacam: licença-maternidade de 120 dias, ações para combater a violência doméstica, igualdade salarial entre homem e mulher, o direito à posse da terra igual ao homem e à mulher, bem como diretos universais, como a proteção do meio ambiente e a criação do Sistema Único de Saúde.

Embora desde 1988 o Brasil tenha uma Constituição que assegura a igualdade de direitos a homens e mulheres, a igualdade material ou substancial ainda é um grande desafio.

A histórica exclusão das mulheres na vida pública evidencia a desigualdade de gênero, com o déficit de representatividade feminina em todos os espaços de poder.

Essa sub-representatividade também é patente no Judiciário, não sendo diferente dos poderes Legislativo e Executivo. No Supremo Tribunal Federal (STF), em mais de 130 anos de sua existência, apenas três mulheres foram nomeadas para o mais elevado cargo da magistratura da República, e, somente no ano 2000, o STF teve a primeira mulher integrando a Corte, com a nomeação da Ministra Ellen Gracie Northfleet, sendo também a primeira mulher a presidir a Suprema Corte no biênio 2006-2008. A Corte já foi presidida pela Ministra Cármen Lúcia (2016-2018), e pela terceira vez passa a ser presidida por uma mulher, com a posse no dia 12.9.2022 da Ministra Rosa Weber, ela que é a primeira magistrada integrante da carreira, oriunda da Justiça do Trabalho, a ser nomeada para o Supremo Tribunal Federal.

Atualmente apenas duas ministras integram o STF, o que representa 18% dos 11 (onze) cargos. No Superior Tribunal de Justiça (STJ), o número de mulheres também é de 18%, o que equivale a seis mulheres num total de 33 (trinta e três) cargos.

O Conselho Nacional de Justiça (CNJ), no cumprimento de sua missão institucional, publicou, em 4.9.2018, a Resolução CNJ nº 255, que instituiu a Política Nacional de Incentivo à Participação Institucional Feminina no Poder Judiciário. Nessa resolução, o CNJ afirma que seus dados revelam que ainda existe uma assimetria de gênero na ocupação dos cargos no Poder Judiciário que precisa ser corrigida.

Essa sub-representatividade das mulheres nos espaços de poder reforça a discriminação contra as mulheres e dificulta os avanços para diminuir a desigualdade de gênero e alcançar-se o Objetivo de Desenvolvimento Sustentável da Agenda 2030 da ONU, no ODS 5, que visa exatamente alcançar a igualdade de gênero e o empoderamento de todas as mulheres e meninas.

Segundo o *Relatório Mundial sobre a Desigualdade de Gênero 2020*, do Fórum Mundial Econômico, os países da América Latina levarão aproximadamente 59 anos para alcançar a igualdade de gênero, todavia, o Brasil deverá levar mais tempo, conforme afirma o principal economista do relatório, Roberto Crotti: "É muito plausível, visto o desempenho do Brasil, que o país necessite mais do que os 59 anos para eliminar a diferença de gênero". O Brasil ocupa o 22º lugar entre 25 países da América Latina, no *ranking* da igualdade. O país alcançou a igualdade entre homens e mulheres, nas áreas de educação e saúde, mas nas áreas econômica e política a desigualdade ainda é muito elevada (FÓRUM MUNDIAL ECONÔMICO, 2021).

Para determinar o índice de igualdade de gênero de um país, levam-se em conta fatores como inserção da mulher no mercado de trabalho, remuneração, saúde, educação, assédio sexual, participação das mulheres na política, entre outros.

A dificuldade das mulheres em ocupar espaços de poder não ocorre somente nas instituições públicas, nas empresas privadas o número de mulheres nos cargos de direção e gerência é muito inferior ao dos homens. Nas grandes corporações, pouquíssimas mulheres conseguem alcançar o topo das carreiras e ocupar cargos de direção. A agência de *rating* de governança corporativa do Brasil, em pesquisa realizada com mais de 400 empresas, aponta que somente 3,5% das corporações têm mulheres como CEOs, e mostra ainda que 84% dos cargos de diretoria são ocupados por homens, enquanto apenas 16% são ocupados por mulheres. Das companhias que participaram da pesquisa, 42% têm somente homens em cargos executivos, 56% contam com homens e mulheres, e apenas 2% têm somente mulheres (MERCADO E CONSUMO, 2021).

Como se vê, a desigualdade entre homens e mulheres no mercado de trabalho e nas atividades domésticas não remuneradas ainda está em patamares muito altos e sem perspectiva de redução significativa em curto prazo.

Nessa longa e difícil caminhada por reconhecimento de seus direitos, os obstáculos foram e continuam sendo muitos, mas é inegável o avanço alcançado no século XX, especialmente no aspecto da legislação. Como se pode ver, no Brasil, na década de 1930, conquistou-se o direito ao voto. Em 1962, o Estatuto da Mulher Casada retirou a mulher da condição de pessoa relativamente incapaz. Em 1977 foi aprovada a Lei do Divórcio e, onze anos depois, a conquista mais importante: o reconhecimento da igualdade de direitos com os homens na Carta Constitucional de 1988. A partir de 2006, as mulheres brasileiras passaram a contar com um potente instrumento legislativo para sua proteção, que é a Lei nº 11.340, que leva o nome de Maria da Penha e é a primeira lei que trata expressamente de violência baseada no gênero e explicita as formas de violência doméstica e familiar contra a mulher, retirando da invisibilidade as graves violações aos direitos humanos das mulheres e reconhecendo que o Estado tem o dever de proteger a integridade física e psicológica das mulheres, por meio de políticas públicas para fazer o enfrentamento à violência doméstica e familiar contra a mulher.

No âmbito da legislação internacional, um marco histórico é a Convenção sobre a Eliminação de Todas as Formas de Discriminação Contra a Mulher – CEDAW, adotada pela Resolução nº 34/180 da ONU, em 1979. No Brasil, foi aprovada em 1994 pelo Decreto Legislativo nº 26.

Promulgada em 2002 pelo Decreto nº 4.377, a CEDAW é considerada a Carta Internacional das Mulheres e o primeiro documento internacional que tratou das demandas das mulheres em nível mundial, com origem nos debates realizados na I Conferência Mundial das Mulheres, ocorrida no México em 1975, Ano Internacional da Mulher. Através dos comitês da CEDAW, é possível o monitorar as ações dos Estados-Partes e editar recomendações para que sejam adotadas medidas que eliminem as formas de violência que geram obstáculos ao exercício e à ampliação da cidadania e do empoderamento feminino.

Em seu texto, a CEDAW (1979) reconhece expressamente:

> a discriminação contra a mulher viola os princípios da igualdade de direitos e do respeito da dignidade humana, dificulta a participação da mulher, nas mesmas condições que o homem, na vida política, social, econômica e cultural de seu país, constitui um obstáculo ao aumento do bem-estar da sociedade e da família e dificulta o pleno desenvolvimento das potencialidades da mulher para prestar serviço a seu país e à humanidade.

Além disso, a CEDAW (1979) define discriminação contra a mulher como:

> toda distinção, exclusão ou restrição baseada no sexo que tenha por objeto ou resultado prejudicar ou anular o reconhecimento, gozo ou exercício pela mulher, independentemente de seu estado civil, com base na igualdade do homem e da mulher, dos direitos humanos e liberdades fundamentais nos campos político, econômico, social, cultural e civil ou em qualquer outro campo.

Os Estados-Partes se obrigaram a adotar políticas destinadas a eliminar a discriminação contra a mulher e medidas que possibilitem o pleno desenvolvimento e o progresso da mulher a fim de garantir-lhe o pleno gozo dos direitos humanos e liberdades fundamentais em igualdade de condições com o homem.

Embora a Declaração Universal dos Direitos Humanos, adotada pela ONU em 1948, proclame em seu art. 1º que "Todos os seres humanos nascem livres e iguais em dignidade e em direitos", somente em 1993 os direitos das mulheres foram expressamente reconhecidos como direitos humanos, o que ocorreu na Conferência Mundial de Direitos Humanos de Viena (1993), ao proclamar que:

> os direitos do homem, das mulheres e das crianças do sexo feminino constituem uma parte inalienável, integral e indivisível dos direitos humanos universais. A participação plena e igual das mulheres na vida política, civil, econômica, social e cultural, a nível nacional, regional e internacional, e a erradicação de todas as formas de discriminação com base no sexo constituem objetivos prioritários da comunidade internacional.

Em 1994, outra importante vitória das mulheres foi a Convenção Interamericana para Prevenir, Punir e Erradicar a Violência contra a Mulher, que foi concluída em Belém do Pará, em 9.6.1994 – Convenção de Belém do Pará, adotada pelo Brasil pelo Decreto nº 1.973, de 1º.8.1996, que a promulgou. Essa convenção definiu a violência contra a mulher como "qualquer ato ou conduta baseada no gênero, que cause morte, dano, ou sofrimento físico, sexual ou psicológico à mulher, tanto na esfera pública como na esfera privada esfera privada" (CONVENÇÃO DE BELÉM DO PARÁ, 1994).

A Convenção de Belém do Pará (1994) elenca como direitos protegidos, entre outros, o direito de toda mulher ser livre de violência, tanto na esfera pública quanto privada, o direito de ser livre de toda forma de discriminação e o direito de ser valorizada e educada livre de padrões estereotipados de comportamento e práticas sociais e culturais baseados em conceitos de inferioridade ou subordinação.

Como se vê, tanto a Lei Maria da Penha quanto a Lei nº 14.192/2021, que trata de crime de violência política, são medidas que visam cumprir a Convenção de Belém do Pará.

Vê-se, assim, que no âmbito legislativo as mulheres têm alcançado muitas conquistas importantes para a proteção de seus direitos, no entanto, os estereótipos, a discriminação e os preconceitos de gênero, que causam muitas formas de violências, inclusive a violência política, ainda estão em números elevados, e isso gera obstáculos ao pleno exercício da cidadania e de empoderamento.

Noutro giro, o Judiciário do Pará tem se destacado dos demais Tribunais de Justiça no aspecto da participação feminina. Numa época em que na maioria dos estados brasileiros as mulheres nem ingressavam na magistratura, o Tribunal de Justiça do Pará já era presidido por uma mulher. Era o ano de 1978, quando a Desembargadora Lydia Dias Fernandes foi eleita para presidir a Corte de Justiça paraense, sendo a primeira mulher a presidir um Tribunal de Justiça no Brasil. A Desembargadora Lydia Fernandes ingressou na magistratura paraense como Pretora na Comarca de Chaves, no arquipélago do Marajó, no ano de 1949, e em 1954 foi nomeada Juíza de Direito da Comarca de Muaná, chegando ao Desembargo no ano de 1967, época em que havia poucas mulheres na magistratura brasileira. O pioneirismo da Desembargadora Lydia Fernandes é digno de registro, e nos permite pensar que, tendo ela ascendido ao Desembargo ainda na década de 1960 e presidido o Tribunal no ano de 1978, tenha consolidado no Tribunal de Justiça do Estado uma cultura de boa aceitação das mulheres no Desembargo e nos cargos da administração, sem obstáculos para a progressão das juízas na carreira. Sendo há algum tempo o Tribunal de Justiça com maior número de desembargadoras, atualmente, dos 30 (trinta) cargos, 16 são ocupados por mulheres, além de ser presidido por uma mulher e ter uma corregedora, na atual gestão.

A Desembargadora Célia Regina Pinheiro, eleita para presidir o Tribunal de Justiça no biênio 2021-2022, é a oitava mulher a assumir a presidência dessa corte estadual. Outras desembargadoras já assumiram a Vice-Presidência e a Corregedoria.

O Tribunal de Justiça do Pará também se destaca pelo alto número de mulheres em cargos de gestão. Segundo o *Diagnóstico da Participação Feminina no Poder Judiciário do Pará Ano 2021*, do Comitê Deliberativo de Participação Feminina, 50,40% da força de trabalho total do TJPA é composta por mulheres. De um total de 5.48 servidores(as) e magistrados(as), 2.771 são do sexo feminino, enquanto que 2.727 são do sexo masculino (TJPA, 2021).

Outro fato que merece nota é o de que, neste biênio de 2021-2022, todos os tribunais do estado do Pará estão sendo presididos por mulheres, sem dúvida momento marcante na história das mulheres do Pará, quando cinco mulheres presidem concomitantemente as cortes judiciais e de controle do estado.

Desembargadora Célia Regina de Lima Pinheiro – Tribunal de Justiça; Desembargadora Luzia Nadja Guimarães Nascimento – Tribunal Regional Eleitoral; Desembargadora Graziela Leite Colares – Tribunal Regional do Trabalho da 8ª Região; Conselheira Maria de Lourdes Lima de Oliveira – Tribunal de Contas do Estado e Conselheira Maria Lúcia Barbalho da Cruz – Tribunal de Contas dos Municípios do Estado do Pará, felicito as senhoras com a esperança de que mulheres no exercício de cargos de poder sejam em breve tempo uma consequência natural da maior participação das mulheres em todos os lugares em que elas queiram estar, seja na política, na magistratura, na educação, no esporte, no sistema de saúde, em todas as áreas do conhecimento humano.

Que a gestão de Vossas Excelências deixe um legado de esperança pelo fim da discriminação e da desigualdade de gênero, e que possa inspirar outras mulheres a buscarem ocupar espaços decisórios com as lentes de gênero contribuindo efetivamente para a eliminação de todas as formas de discriminação que limitem a ação das mulheres e criem possibilidades emancipatórias para o efetivo empoderamento de todas as mulheres.

Parabéns, Senhoras Presidentas!

Referências

BEAUVOIR, S. *O segundo sexo*: a experiência vivida. [s.l.]: Difusão Européia do Livro, 1967. v. 2.

CEDAW. *Convenção para a Eliminação de todas as Formas de Discriminação contra a Mulher*. 1994. Disponível em: https://www.gov.br/mdh/pt-br/navegue-por-temas/politicas-para-mulheres/arquivo/assuntos/acoes-internacionais/Articulacao/articulacao-internacional/onu-1/o%20que%20e%20CEDAW.pdf. Acesso em: 15 ago. 2022.

COM sete senadoras eleitas, bancada feminina no Senado não cresce. *Senado Notícias*, 2018. Disponível em: https://www12.senado.leg.br/noticias/materias/2018/10/08/com-sete-senadoras-eleitas-bancada-feminina-no-senado-nao-cresce. Acesso em: 10 ago. 2022.

FÓRUM MUNDIAL ECONÔMICO. *Global Gender Gap Report*, 2021. Disponível em: https://movimentomulher360.com.br/wp-content/uploads/2021/04/WEF_GGGR_2021.pdf.

GUEDES, Aline. Em 2021, mulheres comandarão 658 prefeituras, em apenas 11,8% das cidades. *Senado Notícias*, 2020. Disponível em: https://www12.senado.leg.br/noticias/materias/2020/11/30/em-2021-mulheres-comandarao-658-prefeituras-em-apenas-11-8-das-cidades. Acesso em: 10 set. 2022.

IBGE. Coordenação de População e Indicadores Sociais.*Estatísticas de gênero*: indicadores sociais das mulheres no Brasil. Rio de Janeiro, 2018. Disponível em: https://biblioteca.ibge.gov.br/index.php/biblioteca-catalogo?view=detalhes&id=2101551.

LOURO, Guaracira Lopes. Mulheres na sala de aula. *In*: PRIORI, Mary del (Org.). *História das mulheres no Brasil*. São Paulo: Contexto, 2012.

MAIA, Milla; CHAMMAS, Priscila. Fundo eleitoral: o preço da democracia ou um instrumento de perpetuação política? *Millenium Papers*, 14. ed., 2022. Disponível em: https://milleniumpapers.institutomillenium.org.br/. Acesso em: 18 set. 2022.

MELO, Hiledte Pereira de; THOMÉ, Débora. *Mulheres e poder*: histórias, ideias e indicadores. Rio de Janeiro: FGV Editora, 2018.

OECD. *Education at a Glance 2020*: OECD Indicators. Paris: OECD Publishing, 2020. DOI: https://doi.org/10.1787/69096873-en. Disponível em: https://observatoriodeeducacao.institutounibanco.org.br/cedoc/detalhe/education-at-a-glance-2020-oecd-indicators,e2b8ab18-3f55-45de-814a-58d7771af7bf. Acesso em: 18 set. 2022.

OIT. *Panorama Laboral 2020*. Lima: OIT; Oficina Regional para América Latina y el Caribe, 2020. 204 p. Disponível em: https://www.ilo.org/wcmsp5/groups/public/---americas/---ro-lima/documents/publication/wcms_764630.pdf. Acesso em: 10 de set. 2022.

PESQUISA mostra que só 3,5% das empresas têm mulheres como CEOs. *Mercado e Consumo*, 2021. Disponível em: https://mercadoeconsumo.com.br/04/08/2021/noticias/pesquisa-mostra-que-so-35-das-empresas-tem-mulheres-como-ceos/. Acesso em: 18 set. 2022.

TJPA – TRIBUNAL DE JUSTIÇA DO PARÁ. *Diagnóstico da participação feminina no Poder Judiciário do Pará*. 2021. Disponível em: https://www.tjpa.jus.br//CMSPortal/VisualizarArquivo?idArquivo=1043330. Acesso em: 19 set. 2022.

TSE – TRIBUNAL SUPERIOR ELEITORAL. *Fundo Eleitoral e tempo de rádio e TV devem reservar o mínimo de 30% para candidaturas femininas, afirma TSE*. 2018. Disponível em: https://www.tse.jus.br/comunicacao/noticias/2018/Maio/fundo-eleitoral-e-tempo-de-radio-e-tv-devem-reservar-o-minimo-de-30-para-candidaturas-femininas-afirma-tse. Acesso em: 20 ago. 2022.

Informação bibliográfica deste texto, conforme a NBR 6023:2018 da Associação Brasileira de Normas Técnicas (ABNT):

OLIVEIRA, Reijjane de. Mulheres: direitos e acesso aos espaços de poder – Uma corrida de obstáculos. *In*: MENDES, Denise Pinheiro Santos; MENDES, Giussepp; BACELAR, Jeferson Antonio Fernandes (Coords.). *Magníficas mulheres*: lutando e conquistando direitos. Belo Horizonte: Fórum, 2023. p.349-360. ISBN 978-65-5518-488-4.

MULHERES – CONHECENDO E CONSTRUINDO DIREITOS

ROBERTA COELHO DE SOUZA

O nascimento de uma mulher traz consigo, invariavelmente, o questionamento de quais os termos e condutas inerentes a essa condição. Instintivamente, com maior ou menor grau de aprofundamento, a reflexão perpassa a observação da estrutura social, o repertório de experiências de vida e o princípio da igualdade, que passou por três momentos distintos.

No primeiro, abrangendo as eras Antiga e Média, a sociedade antiga legitimava a diferenciação e a desigualdade, sendo impensável a igualdade entre homens e mulheres, considerando os atributos da força física como imperativos. Nada se fazia nos povos antigos visando a iniciar um processo de equilíbrio entre as pessoas. Já na Idade Média, a desigualdade atinge o seu ápice com o feudalismo, que era, como se sabe, uma forma de organização social que reforçava as diferenças, os privilégios eram aceitos e a existência da escravidão de pessoas era permitida pela sociedade.

Em seguida, houve o início do reconhecimento da igualdade entre os humanos, desdobramento do pensamento aristotélico que levou ao declínio do sistema feudal, dando espaço ao nascimento da burguesia. A movimentação Pós-Revolução Francesa, ainda distante do ideal aristotélico, interessava mais à liberdade do que aos demais ideais (igualdade e fraternidade). Nesse momento a ideia de Estado liberal não permitia intervenção para a proteção de desigualdades.

No terceiro momento, o atual, o sentido de igualdade foi refinado ao ponto de se destacar a necessidade do equilíbrio entre homem e mulher em sentido amplo, a igualdade passou a ter o conceito atrelado à ideia de justiça, de tal forma, que pode ser objeto de intervenções estatais visando a diminuir as desigualdades sociais.

A articulação pelos direitos das mulheres foi iniciada ainda no século XIX, no movimento sufragista, que reivindicava o direito das mulheres ao voto. Tal abordagem considerou que o exercício da capacidade política levaria às escolhas dos representantes que *pari passu* descortinariam a temática dos direitos relativos à mulher.

De fato, foi uma estratégia de impacto, não imediato, mas que, aliada à sensibilidade em relação à violação dos direitos, oriunda dos pós-guerras, presente na época histórica da criação da ONU, em 1945, resultou na Declaração Universal dos Direitos

Humanos, em 1948, com a internacionalização dos direitos humanos, incluindo os das mulheres, procurando limitar o arbítrio das soberanias no trato com a população.

A "nova ordem mundial", marcada pela Declaração Universal dos Direitos Humanos, possibilitou um surpreendente consenso sobre a relevância dos direitos das mulheres, considerando a diversidade dos regimes políticos, dos sistemas filosóficos e religiosos e das tradições culturais dos Estados-Membros da ONU e, como dito pelo delegado brasileiro Austregésilo de Athayde, "foi fruto de uma cooperação intelectual e moral das nações".

A Declaração dos Direitos Humanos, indubitavelmente, representa um marco histórico de nossa existência. A abordagem formal do conceito de igualdade atribui um caráter inovador em benefício das mulheres, contudo, o grande contributo para a vivência delas foi o protagonismo de Eleanor Roosevelt, viúva do Presidente americano Franklin Roosevelt, que, por competência e engajamento, foi nomeada delegada das Nações Unidas, pelo Presidente americano Truman, e tornou-se líder da Comissão dos Direitos Humanos. Ela foi decisiva na formulação da Declaração Universal dos Direitos Humanos que apresentou à Assembleia-Geral das Nações Unidas, tanto assim o é que a sua foto, segurando a publicação do texto, figura como imagem oficial de tão emblemática e histórica declaração.

A percepção de Mary Ann Glendon, professora da Faculdade de Direito de Harvard, sobre o momento, é assertiva quanto à relevância de Eleanor e ao exemplo dado por ela a todas as mulheres:

> A grande contribuição de Eleanor Roosevelt não se deu propriamente na redação do texto da Declaração, mas sim na liderança que exerceu na presidência da Comissão.
> Foi ela que manteve o projeto da Declaração vivo e em andamento em momentos difíceis da negociação e exerceu a sua influência política para assegurar a continuidade do apoio do Departamento de Estado e do governo norte-americanos. No desempenho da presidência, teve o tato e as atenções que fizeram com que todos os membros da Comissão se sentissem respeitados, e soube lidar com as divergências ideológicas articuladas pelo representante da URSS, sobretudo em matéria de direitos civis e políticos, de maneira firme, mas com espírito conciliador.

Como resultado de sua condução, teve-se materializada na Declaração Universal dos Direitos Humanos a igualdade, assim referenciada: "Considerando que o reconhecimento da dignidade inerente a todos os membros da família humana e dos seus direitos iguais e inalienáveis, constitui o fundamento da liberdade, da justiça e da paz no mundo" (preâmbulo).

A paz, a justiça, a dignidade, a fraternidade e a liberdade também fizeram parte do texto, já nos primeiros artigos, construindo um arcabouço de frases as quais hoje se refere com habitualidade, pois orientaram o desenvolvimento das ideias que se seguiram, mas que, à época, representaram um corajoso avanço. Vejam-se os arts. 1º e 2º da Declaração de Direitos Humanos:

> Artigo 1º Todos os seres humanos nascem livres e iguais em dignidade e em direitos. Dotados de razão e de consciência, devem agir uns para com os outros em espírito de fraternidade.

Artigo 2º Todos os seres humanos podem invocar os direitos e as liberdades proclamados na presente Declaração, sem distinção alguma, nomeadamente de raça, de cor, de sexo, de língua, de religião, de opinião política ou outra, de origem nacional ou social, de fortuna, de nascimento ou de qualquer outra situação. Além disso, não será feita nenhuma distinção fundada no estatuto político, jurídico ou internacional do país ou do território da naturalidade da pessoa, seja esse país ou território independente, sob tutela, autônomo ou sujeito a alguma limitação de soberania.

Na história da humanidade, os direitos humanos são recentes, para as mulheres, recentíssimos, considerando pela ótica da essencialidade destes direitos. É impactante pensar que os direitos das mulheres poderiam ser personificados em uma jovem senhora de 74 anos, ou seja, em um único ciclo de vida, seguindo a estimativa de vida de 76 anos.

Em 1975, foi realizada pela ONU a Conferência Mundial sobre a Mulher no México, ocasião na qual foi estabelecido o "Ano Internacional da Mulher" pelas Nações Unidas e a Declaração da Década da Mulher, entre o período de 1976 a 1985. No Brasil, em decorrência da dinâmica internacional, o Congresso Nacional instalou a CPI – Comissão Parlamentar de Inquérito – da Mulher, em 1976, com o objetivo de apurar as circunstâncias e contextos das mulheres no Brasil.

Nos trabalhos da Comissão Parlamentar Mista de Inquérito para examinar a situação da mulher em todos os setores de atividade, cuja representatividade política permitiu composição com apenas uma mulher, foram colhidos depoimentos de 32 mulheres e ouvidas jornalistas como fonte de informação. Alguns pequenos trechos, extraídos do *site* do Senado na internet, revelam os costumes e situação apurados na CPI da Mulher:[1]

> As universitárias atuam principalmente nos setores administrativos ou em serviços de assistência e saúde. Não são aproveitadas nos setores de produção, mesmo quando muito bem preparadas para isso. [...]
> No caso brasileiro, várias considerações devem ser feitas sobre o início da vida profissional do homem e da mulher. O início da atividade masculina remunerada costuma ser (parece-nos) cercada de um certo regozijo por parte da família e por uma aprovação ostensiva dos amigos. Todos acham que o rapaz que trabalha está cumprindo com seus deveres, está desde cedo ajudando na casa, aliviando seus pais de um encargo econômico, demonstrando maturidade. Mesmo nas camadas mais ricas onde este trabalho não é necessário ele é altamente valorizado como prematura demonstração da atitude "responsável" que o rapaz terá no futuro. Ao tratar da moça, porém, o início da vida profissional se faz frequentemente sob a expectativa de que este estágio de atividade é passageiro, de que "infelizmente ela precisa trabalhar, mas, ao se casar, ela não mais "precisará" fazê-lo, está sendo obrigada a isso por razões econômicas. (Eva Alterman Blay, doutora do Departamento de Ciências Sociais da USP, *in* CPI da Mulher) [...].
> A vida pública exige qualidades totalmente contrárias àquelas do papel feminino tradicional. ... As atividades da vida pública são contrárias ao emprego que a mulher faz, normalmente, de seu tempo ...... A vida pública tem má reputação e as mulheres mais que os homens são sensíveis a essa má reputação ...... Enfim, a política supõe que se tome a palavra em público ... e isso é contrário à concepção da mulher que a tradição a quer modesta e apagada" (apud Péchadre e Roudy, s.d. pág. 39, *in* CPI da Mulher).

---

[1] Disponível em: https://www2.senado.leg.br/bdsf/item/id/84968.

Após isso, na ocasião da Assembleia Nacional Constituinte, a questão foi oportunamente bem conduzida pelas mulheres que dela participaram e alcançaram a adesão dos homens, que eram a maioria. A representatividade cultural e política ainda não estava consolidada, mesmo que a liberação do voto feminino tenha ocorrido em 1932, até aquele momento haviam passado apenas 8 mulheres pelo Congresso, contudo, em 1987/88, foram eleitas 26 mulheres de um total de 559 parlamentares, representando menos de 5% da visão da mulher sobre a redemocratização do país.

Com pouco, fazem muitos avanços. As parlamentares formavam um grupo heterogêneo com representação partidária de amplo espectro, da direita à esquerda, e organizaram o chamado "Lobby do Batom", cujo lema era "Constituinte pra valer tem que ter palavra de mulher".

Do trabalho dessas mulheres em dialogar com a sociedade, com associações, feministas e ativistas, surgiu a Carta das Mulheres Brasileiras aos Constituintes, entregue ao presidente da Assembleia Nacional Constituinte, Deputado Ulysses Guimarães.

O êxito da aliança suprapartidária, no que se refere à ampliação dos direitos civis, sociais e econômicos das mulheres, erige da atividade do "Lobby do Batom" que, de acordo com levantamento do Conselho Nacional dos Direitos da Mulher, foi de 80% de inclusão das reivindicações na Constituição Federal de 1988.

Nessa esteira, foi aprovada a equidade jurídica entre homens e mulheres no âmbito familiar: a) os direitos e deveres referentes à sociedade conjugal são exercidos simultaneamente entre os cônjuges; b) o direito de a mulher ser considerada chefe de família; c) o fim do pátrio-poder; d) o fim da administração dos bens somente pelo homem (art. 226, §5º da CF). No que tange ao trabalho: a) proibição e discriminação por sexo e raça e etnia (art. 3º, inc. IV da CF), b) participação no mercado de trabalho (art. 5º, inc. XIII da CF), c) licença-maternidade (art. 7º, inc. XVIII da CF). Quanto à integridade física, ficou registrada a vedação sobre a violência doméstica (art. 226, §8º).

A Constituição Federal não recepcionou, contudo, um aspecto particularmente relevante que foi indicado à guarida constitucional pela Carta da Mulheres – certamente experienciado pelas próprias constituintes no desenvolvimento de seu trabalho, mesmo que consideradas independentes e relevantes ao contexto nacional –, e expressado da seguinte forma: "O Estado garantirá perante à sociedade a imagem social da mulher como trabalhadora, mãe e cidadã".

Tal proposição está longe de ser desprezível pois, ao nosso ver, sinalizaria não só as obrigações impostas à sociedade, mas a mudança de cultura necessária à aceitação zelosa e comprometida das determinações constitucionais referentes à matéria. Trata-se de um pedido de acolhimento do Estado do direito de escolha da mulher quanto a esses papéis, visando a repreender interpretações discriminatórias, o registro normativo desta abordagem na Constituição permitiria um amadurecimento maior da sociedade.

Graças àquelas constituintes, suas habilidades de negociação e convencimento de seus pares, foi inaugurada no Brasil a era dos direitos das mulheres de forma objetiva e direta na Constituição Federal, e os anos a partir dela foram de muito trabalho para a aplicação, execução integral e efetiva dos direitos constituídos.

Hoje as mulheres não são mais uma minoria e, exceto em alguns países, são livres para traçar seus caminhos, construir suas histórias. Isto significa que as reflexões objetivas da sociedade levaram à mudança do paradigma anterior, mas que ainda se monta, desmonta e remonta ante o quadro incessante de relativismo cultural.

Admite-se um espaço frutífero para o desenvolvimento das mulheres em contexto de equidade com os homens, mas a relembrança que a real participação da mulher, nas mesmas condições que o homem, na vida política, social, econômica e cultural de seu país, perpassa por desconstruir os papéis não só das mulheres, como o dos homens. É necessário incrementar a concepção do homem e da mulher para se chegar à almejada equidade.

Ainda é visto como surpreendente as mulheres usarem de suas potencialidades para prestar serviços ao país, ao mundo ou ao seu próprio núcleo familiar. Quando o que se espera, em realidade, é que, igualadas as condições e neutralizados os papéis, as contribuições à sociedade sejam equivalentes entre homens e mulheres.

Ambos, homem e mulher, compartilham a atuação no bem-estar da família, na função de pais, no suporte aos idosos, na educação dos filhos, no sustento material, no estímulo intelectual. Em um contexto amplo, concorrem ao desenvolvimento da humanidade com atuações e explorações que não se excluem, mas se equivalem, e cuja titularidade pode ser exercida harmonicamente por qualquer pessoa, independentemente do gênero. As situações de desarmonia originam discriminação contra a mulher.

A afirmação acima está corroborada pela Convenção sobre a Eliminação de todas as formas de Discriminação Contra a Mulher, que, pela anterioridade da construção, foi ratificada pelo Brasil em 1981, influenciou a Constituição de 1988 e figurou como reafirmação da Declaração Universal dos Direitos Humanos. Neste ato, o Brasil não só reafirma como esmiúça medidas para o equilíbrio dos papéis, tendo sido objeto de reflexão a "ressignificação de papéis", até hoje tão explorada por diversas áreas de conhecimento. De outra feita, indica as referências de proteção aos direitos inerentes à maternidade, ao pleno exercício do trabalho, entre outras questões.

A bem da verdade, o caminho percorrido pelo Brasil sobre o tema iniciou na Constituição brasileira de 1934, que incluiu uma norma regulamentadora de proteção ao trabalho da mulher, previu, em seu art. 121, a proibição de diferença de salário por motivo de sexo, assim como a proibição de trabalho em indústrias insalubres à mulher, e garantiu assistência médica, sanitária e previdenciária em favor da gestante. Tais direitos foram mantidos pela Constituição de 1937, todavia, foram interrompidos pelo Decreto nº 10.358, em 1942, e retornaram com a Constituição de 1946 sem nenhum adendo relevante quanto ao direito das mulheres.

Já a Constituição Federal de 1967 inovou, assegurando a proibição de critérios de admissão diferentes por motivo de sexo, cor ou estado civil, além de assegurar à mulher a aposentadoria com salário integral após 30 anos de trabalho.

Em todo o ciclo de proteção emergido das Constituições e Convenções internacionais, situa-se no campo de vedação à comparação entre homens e mulheres, ou seja, a preferência de um em detrimento do outro para tal ou qual papel, não por questões características de cada indivíduo, mas por uma suposição genérica relacionada à mulher.

A Carta Magna de 88, como se viu, trouxe a igualdade perante a lei de direitos e obrigações entre homens e mulheres, buscou preservar as mulheres do arbítrio indiscriminado das conjecturas sociais.

Ao longo dos anos, percebe-se com vigorosa convicção que o envolvimento da mulher, em condição equânime com o homem, em todos os campos, é indispensável ao desenvolvimento completo de uma nação, para o bem-estar do mundo e para a causa da paz.

Acerca das "reivindicações de respeito às diferenças", remete-se ao ideal de justiça e às opiniões polarizadas de liberais[2] e comunitaristas. Liberais atentam para o "caráter não-político das lutas pelo reconhecimento à diferença". Nesse entendimento, o Estado, assim como as demais instituições políticas, deve adotar uma postura neutra relativa às diferenças existentes no âmago da sociedade em relação às diversas concepções de bem.

A corrente comunitarista,[3] por sua vez, defende "a arena política como esfera privilegiada da luta pelo reconhecimento das diferenças", opta pela intervenção do Estado e sustenta que as instituições políticas atuam na reprodução de algumas "concepções de bem" em detrimento de outras. Assim, o reconhecimento das diferenças precisaria adentrar nessas instituições para impactar as opções feitas pelo Estado sobre o certo e o errado. O comunitarismo não é um tema totalmente ausente do direito brasileiro, pois revela nuances de ações afirmativas na Lei Maria da Penha.

As ações afirmativas, também chamadas de discriminações positivas, viabilizadas pelo pensamento comunitarista, são sobre políticas públicas voltadas para a redução das desigualdades advindas de qualquer tipo de discriminação, elas também podem ser originadas e dirigidas no âmbito privado.

A partir da experiência norte-americana, observa-se que o que se pretende com as ações afirmativas é uma mudança de postura na atuação do Estado, especialmente em relação às políticas públicas, deixando de ignorar a existência de diferenças, para considerá-las, com o intuito de evitar a perpetuação da desigualdade social. Da mesma forma, elas visam à mudança de mentalidade das pessoas.

Pelo olhar das relações de gênero, pode-se afirmar que fazer com que os homens e mulheres convivam harmônica e respeitosamente em diversos setores, como no mercado de trabalho e na política, inicialmente pelo incentivo das cotas, faz com que, com o tempo, isso se torne normal e tenha o efeito de alterar as relações entre ambos, diminuindo o preconceito, a hostilidade e a discriminação.

Constata-se igualmente que alguns desdobramentos destes direitos primários, por assim dizer, ocorreram da inspiração de exemplos de mulheres que ultrapassaram a situação passiva de destinatárias da proteção, para serem construtoras de novas abordagens, seja pelo vínculo direto com a ordem jurídica, seja por seus exemplos, contextos de dores e superações.

No âmbito do direito, tem-se como exemplo de afirmação de direitos, a caminhada da advogada Myrthes Gomes de Campos, que se formou 1898 e, com o diploma de bacharel em Direito, iniciou a sua jornada disruptiva, de ser a primeira mulher a exercer a advocacia.

Naquela altura, as mulheres poderiam até frequentar a faculdade e se formar, mas não recebiam a autorização para exercer a profissão, na medida em que o Instituto dos Advogados Brasileiros não lhes fornecia autorização. Myrthes foi aconselhada a fazer o seu registro como estagiária, e assim o fez, porém não desistiu e articulou a sua aceitação, ocorrida em 1906, com argumentos robustos, força e competência.

Ao longo de sua carreira, lutou pelo sufrágio feminino, pela emancipação jurídica das mulheres e pela defesa da tese de divórcio, por esta razão, foi classificada pela opinião pública como inimiga da família.

---

[2] Corrente de John Rawls, Ronald Dworkin, Thomas Nagel, Bruce Ackerman e Charles Larmore.
[3] Corrente de Alasdair MacIntyre, Charles Taylor, Michael Sandel, Will Kymlicka e Michael Walzer, entre outros.

Outro ponto interessante da vida da advogada foi a contenda sobre o próprio registro do diploma e consequente inscrição na Secretaria da Corte de Apelação do Distrito Federal, feito que ela alcançou somente após 8 anos de tentativas. O que não se conseguiria prever é que, após esse entrave inicial, Myrthes voltaria àquele Tribunal, porém com o prestigiado cargo de encarregada pela jurisprudência, cargo no qual encerrou a carreira de advogada.

Em um exemplo bem mais recente, e com outra forma de ultrapassar adversidades e buscar uma solução satisfatória, e no caso dela, pacífica, fala-se de Pauline H. Tesler,[4] advogada americana que começou a carreira jurídica em "casos-teste" litigiosos em nome de crianças, representando o Centro Nacional de Direito Juvenil, depois de conduzir um vigoroso contencioso de direito de família em meados da década de 1990.

Da observação dos desgastes pessoais dos envolvidos em litígios de família, ela se tornou pioneira no desenvolvimento e extensão da prática de direito colaborativo, cujas bases são um compromisso não adversarial, extrajudicial e multidisciplinar de solução de controvérsias. Um processo humanizado e eficiente de construção de consenso visando a evitar o conflito e a judicialização.

A Sra. Tesler, por seus feitos e grandes avanços acrescidos ao direito, ganhou uma reputação internacional como pioneira na abordagem de equipe familiar, interdisciplinar e baseada em valores para separação e reestruturação familiar, conhecida como divórcio colaborativo; por esse trabalho, a American Bar Association, em 2002, conferiu a ela seu primeiro prêmio Advogada como Solucionadora de Problemas.

Não se pretende aqui proceder a uma análise ou indicação da infinidade de mulheres que contribuíram, e contribuem, com o direito a todo momento, todavia, merece registro a narração de uma história de vida trágica, cuja dor e o sofrimento se reverteram em benefício de todas as mulheres do Brasil.

Referimo-nos a Maria da Penha Maia Fernandes, nascida em 1945, biofarmacêutica cearense, que sofreu diversas agressões e uma tentativa de homicídio em 1983, que a deixou paraplégica com 38 anos. O autor dos crimes foi seu próprio marido e pai de suas três filhas, que ao tempo do acontecido tinham entre dois e seis anos, o professor universitário Marco Antonio Herredia Viveros. A cearense, após vivenciar esta luta pessoal, cedeu sua dor em favor da luta contra a violência doméstica, o que resultou na criação da Lei nº 11.340.

A amplamente conhecida Lei Maria da Penha (Lei nº 11.340/2006), tem o objetivo de criar mecanismos para coibir a violência doméstica e familiar contra a mulher e aponta as formas de evitar, enfrentar e punir a agressão. Também indica a responsabilidade que cada órgão público tem para ajudar a mulher que está sofrendo a violência, pois dispõe sobre a criação de juizados contra a violência doméstica e familiar da mulher e estabelece medidas de assistência e proteção à mulher que se encontre em situação de violência doméstica e familiar.

Para os efeitos dessa lei, configura violência doméstica e familiar contra a mulher qualquer ação ou omissão baseada no gênero que lhe cause morte, lesão, sofrimento

---

[4] Pauline H. Tesler é especialista em direito de família, e foi certificada nessa especialidade pelo State Bar of California, Board of Legal Specialization, é membro da seleta Academia Americana de Advogados Matrimoniais e há mais de trinta anos recebeu a classificação de revisão por pares Martindale-Hubbell AV® Preeminent™, indicando que ela está exercendo a advocacia no mais alto nível possível de capacidade legal e ética profissional.

físico, sexual ou psicológico e dano moral ou patrimonial e que seja cometida por alguém que possua relação íntima de afeto, seja por laços naturais (biológicos), por afinidade ou por vontade expressa, independente de coabitação. As relações pessoais independem de orientação sexual.

Em 2022, a Lei nº 14.310/22 avançou, determinando o registro imediato, pela autoridade judicial, das medidas protetivas de urgência em favor da mulher em situação de violência doméstica e familiar ou de seus dependentes. Importante salientar que os efeitos da Lei Maria da Penha não se restringem apenas ao ambiente doméstico e familiar.

Assim como Maria da Penha, a atriz Carolina Dieckmann inspirou uma reforma no Código Penal, que se reconhece por Lei Carolina Dieckmann (Lei nº 12.737/2012),[5] surgida em decorrência de intenso debate popular sobre o vazamento não autorizado de imagens de 36 fotos íntimas da atriz, colocando-a sob ameaça de exposição e exigência do pagamento de valor em dinheiro.

A partir deste episódio, a legislação brasileira prevê crimes virtuais ou cibernéticos caracterizadas por ações criminosas, que geram danos a indivíduos ou patrimônios, e empregam computadores, redes de computadores ou dispositivos eletrônicos conectados, para fazer uso indevido de informações e materiais pessoais, referentes à privacidade de alguém na internet, ou seja, fotos e vídeos.

Por fim, não se pode esquecer da importante iniciativa do CNJ – Conselho Nacional de Justiça, que criou o grupo de trabalho instituído que originou o Protocolo para Julgamento com Perspectiva de Gênero. Tal movimento decorre do Objetivo de Desenvolvimento Sustentável – ODS 5 da Agenda 2030 da ONU,[6] com o qual se comprometeram o Supremo Tribunal Federal e o Conselho Nacional de Justiça.

O protocolo é voltado para os magistrados, inserido em uma dimensão estendida, que é o conceito de acesso à justiça e tem como objetivo principal "alcançar a superação dos percalços que impossibilitem a percepção de uma igual dignidade entre mulheres e homens, em todos os cenários".[7]

Este instrumento carrega muitos esclarecimentos teóricos de conceitos significativos para uma abordagem atual, baseada na questão da igualdade e não discriminação a ser observada nos mais diversos âmbitos da justiça. Surgiu da preocupação de que os julgamentos, ou qualquer forma de submissão à apreciação judicial, fossem influenciados por estereótipos construídos na cultura das diferenças, e assim determina:

> Dessa forma, recomenda-se que magistradas e magistrados comprometidos com julgamentos na perspectiva de gênero se perguntem: essas expectativas estão guiando determinada interpretação e/ou reforçando tais expectativas de alguma maneira, em prejuízo ao indivíduo envolvido na demanda?

---

[5] Sancionada em 30.11.2012 para assegurar a privacidade de informações pessoais dos cidadãos no âmbito digital, a Lei nº 12.737/12 alterou pela primeira vez o Código Penal brasileiro, acrescentando os arts. 154-A e 154-B e alterando a redação dos arts. 266 e 298, ambos do mesmo diploma legal.

[6] Os Objetivos de Desenvolvimento Sustentável (ODS) são um apelo universal da Organização das Nações Unidas à ação para acabar com a pobreza, proteger o planeta e assegurar que todas as pessoas tenham paz e prosperidade.

[7] Consultar em: https://www.cnj.jus.br/wp-content/uploads/2021/10/protocolo-18-10-2021-final.pdf.

Interessante verificar que aquele contexto revelado na CPI da Mulher ainda está enraizado na nossa cultura atual pela seguinte constatação do protocolo a seguir transcrita:

> Diariamente, nota-se que a sociedade impõe papéis diferentes a homens e mulheres. Mas o conceito de gênero permite ir além, expondo como essas diferenças são muitas vezes reprodutoras de hierarquias sociais. Isso porque, em muitos casos, aos homens são atribuídos características e papéis mais valorizados, enquanto às mulheres são atribuídos papéis e características menos valorizados, o que tem impactos importantes na forma como as relações sociais desiguais se estruturam. [...]
> A homens e mulheres são atribuídas diferentes características, que têm significados e cargas valorativas distintas. O pouco valor que se atribui àquilo que associamos culturalmente ao "feminino" (esfera privada, passividade, trabalho de cuidado ou desvalorizado, emoção em detrimento da razão) em comparação com o "masculino" (esfera pública, atitude, agressividade, trabalho remunerado, racionalidade e neutralidade) é fruto da relação de poder entre os gêneros e tende a perpetuá-las. Isso significa dizer que, no mundo em que vivemos, desigualdades são fruto não do tratamento diferenciado entre indivíduos e grupos, mas, sim, da existência de hierarquias estruturais.[8]

Conclusão

Considere-se que as fontes materiais – que são o conjunto de fenômenos de ordem social, econômica, científica ou então de natureza ideológica como o engajamento moral, religioso e político que levam à criação ou modificação de normas na ordem jurídica – serão constantes balizadores para evolução cultural no que se refere ao tratamento das questões da mulher.

No mais, Eleanor Roosevelt, as vinte e seis parlamentares que participaram da Assembleia Nacional Constituinte, Myrthes Gomes de Campos, Pauline H. Tesler, Maria da Penha e Carolina Dieckmann são exemplos de respostas diferenciadas ao questionamento inaugural deste ensaio. Quais os termos e condutas inerentes à condição de ser mulher?

O revés destas mulheres não difere dos potenciais reveses de todas as outras, que continuam a ser: as desigualdades de oportunidade, de criação e escolhas, na distribuição de papéis, de projetos de vida, no âmbito doméstico, no espaço público e no espaço privado.

As respostas às condições de desequilíbrio, de discriminação, de prejuízos físicos e psicológicos estão encaminhadas pelos Estados como maior ou menor grau de intervenção, contudo, o exercício dos direitos, a capacidade criativa de promover soluções está em cada mulher que se reconhece disposta a responder de forma diferenciada.

Informação bibliográfica deste texto, conforme a NBR 6023:2018 da Associação Brasileira de Normas Técnicas (ABNT):

SOUZA, Roberta Coelho de. Mulheres – Conhecendo e construindo direitos. *In*: MENDES, Denise Pinheiro Santos; MENDES, Giussepp; BACELAR, Jeferson Antonio Fernandes (Coords.). *Magníficas mulheres*: lutando e conquistando direitos. Belo Horizonte: Fórum, 2023. p. 361-369. ISBN 978-65-5518-488-4.

---

[8] Consultar em: https://www.cnj.jus.br/wp-content/uploads/2021/10/protocolo-18-10-2021-final.pdf. p. 17.

MULHERES E A HISTÓRICA ESTRUTURAÇÃO POLÍTICA E SOCIAL BRASILEIRA

SUZY ELIZABETH CAVALCANTE KOURY
JULIANA PANTOJA MACHADO

1 Introdução

O presente artigo tem como objetivo a análise da estrutura social e política brasileira, buscando mostrar, desde o processo de colonização, como os marcadores de diferenças sociais já se impunham para moldar uma sociedade que desabilita a existência plena de mulheres, nas suas multiplicidades entre brancas, negras, indígenas etc., homens negros, povos tradicionais e demais minorias, em razão de uma hierarquia humana específica, desenhada desde o início da história brasileira, cujas bases são eurocentradas, para codificar as pessoas de acordo com o valor social que lhes é destinado.

Embora o processo para a descortinação desse modelo hierárquico de sociedade incorpore inúmeros sujeitos e suas particularidades, o trabalho será focado nas mulheres negras e brancas, cujas vivência e importância para a construção do Brasil como nação, experimentadas de formas distintas, são sistematicamente apagadas e tomadas por desimportantes. É imprescindível esclarecer a razão de se adotar a diferenciação das experiências das mulheres negras e brancas, vez que unir tais grupos em uma única categoria de sujeitas é perpetuar a universalização das vivências da mulher branca e o consequente apagamento da mulher negra, permitindo, assim, que o mito da democracia racial tome corpo mais uma vez.

A premissa fundamental, portanto, é que as mulheres negras e brancas são propositalmente deixadas à margem das estruturas de poder, havendo ainda, uma construção de modo diverso entre elas, afetando-as de maneira também distinta. Esse é um dos pontos-chave desse estudo e nos lembra que a permissão para reducionismos da política de identidade é um dos pilares do processo de ajuste das estruturas sociais e institucionais desde a colonização, como projeto para a sistemática vulnerabilização de tais grupos.

A questão a ser enfrentada é como, na composição social e política brasileiras, as estruturas sociais e instituições foram impulsionadas por um sistema patriarcal, classista e racista, alimentando mutuamente todas essas categorias de opressão e naturalizando, constantemente, as desigualdades no curso da história brasileira, com a finalidade de manter e perpetuar no poder a mesma elite composta por homens brancos.

Para tanto, apresentar-se-á o contexto de estruturação da sociedade brasileira, vivido com base na colonização e nas suas consequências sociais, perpetuadas ao longo da história nacional, vinculando duas vias de opressão expressas, o racismo e o sexismo. Além disso, discutir-se-ão o esteio do sistema de poder público e sua determinação rígida de papéis, com a finalidade de demonstrar o permeamento das amarras de controle da dominação.

A partir dessa conjuntura, o outro passo pertinente a ser dado engloba a análise crítica do efeito que o sistema capitalista despeja nas mulheres, fazendo um adendo às diferentes consequências provindas deste cenário, as mulheres brancas e negras. Por fim, de maneira indispensável, ressalta-se como gênero, raça e classe, no contexto social, político e moral brasileiro, cruzam-se, promovendo uma sofisticada e complexa institucionalização opressiva, com diferentes frentes de subalternização.

2 Construção colonial e modelo social patriarcal, na sociedade brasileira

O Brasil inicia a sua história adotando um modelo colonial de sociedade estruturado com o uso da mão de obra escrava para a exploração dos grandes latifúndios, neste contexto existem os engenhos, chefiados por homens portugueses que incorporavam a figura do senhor, cujo domínio extrapolava as terras concedidas pela coroa portuguesa e impregnava a vida de todos os membros integrantes da família. Esse poder dos homens brancos revela-se mais contundente em relação às mulheres brancas, evidenciadas como esposas e filhas, no seio familiar, assim como, sobre os homens e as mulheres negras escravizados, para a produção mercantil das terras (SCHWARCZ, 2019).

As atividades na colônia são diretamente vinculadas a essa estruturação patriarcal, ditadora das regras do modelo econômico, político e privado vivido na formação social colonial. A estrutura interna na colônia é desenvolvida em torno das relações de produção que são escravistas, em um modelo próprio. Por essa razão, o "[...] latifúndio escravista moderno, capitalista, introduzido no século XVI, marcará com profundidade o desenvolvimento histórico-social do Brasil" (MAZZEO, 2015, p. 79).

O modelo patriarcal de sociedade surge, dessa forma, diretamente atrelado ao desenvolvimento social e político da colônia brasileira, privilegiando o senhor branco como operador principal dos meios públicos e privados, com liberdade e autonomia para decidir inclusive os destinos e vivências das mulheres brancas e dos corpos negros, pois:

> [...] os elementos específicos engendrados por uma sociedade latifundiária e escravista não só aparecem na estrutura produtiva, forças produtivas/relações de produção, mas também determinam os aspectos particulares superestruturais da formação econômico-social brasileira. (MAZZEO, 2015, p. 79)

Por meio da grande exploração rural, os latifundiários, donos das terras e patriarcas das famílias, monopolizavam o poder através da política, do poder familiar e da exploração da força de trabalho humana escravizada. Isso permitia a esses homens a organização de uma sociedade conservadora, enquanto autêntica aristocracia colonial, a qual, em razão da sua própria formação e natureza, era subordinada aos centros europeus capitalistas (MAZZEO, 2015).

Nesse contexto, a reivindicação pelo título de nobreza no Brasil, tal qual o *status* exercido na sociedade europeia, interessava diretamente a esses homens, uma vez que reforçava o lugar de poder naquela estrutura social e permitia uma sensação de superioridade, importante para manter as amarras de domínio às mulheres e aos escravos. Nesse sentido, Schwarcz (2019, p. 45) reforça:

> Capital, autoridade, posse de escravizados, dedicação a política, liderança diante de vasta parentela, controle das populações livres e pobres, postos nas Igrejas e na administração pública, constituíram-se em metas fundamentais desse lustro de nobreza que encobria muita desigualdade e concentração de poderes.

A estrutura societária, nessa perspectiva histórica, é, então, segregacionista e reitera uma lógica de subalternização e objetificação de grupos minoritários, a despeito do que historiadores compreendidos como clássicos da literatura brasileira reverberam, preenchendo as páginas da história brasileira com o engrandecimento da branquitude,[1] e a naturalização do racismo e da misoginia.

Em obras como *Casa grande & Senzala* de Freyre (2006), *Raízes do Brasil* de Holanda (1995), e *Formação do Brasil contemporâneo* de Prado Jr. (2011), a mistura de povos ocorrida em território brasileiro, supostamente, desencadearia uma convivência inter-racial em moldes próprios, gerando um novo mundo miscigenado e potente, no qual três raças formariam a nação brasileira, revelando um tipo fictício de harmonia, que nada mais significava, do que a dominação branca. Holanda (1995, p. 24) chegou a afirmar:

> O escravo das plantações e das minas não era um simples manancial de energia, um carvão humano à espera de que a época industrial o substituísse pelo combustível. Com freqüência as suas relações com os donos oscilavam da situação de dependente para a de protegido, e até de solidário e afim. Sua influência penetrava sinuosamente o recesso doméstico, agindo como dissolvente de qualquer idéia de separação de castas ou raças, de qualquer disciplina fundada em tal separação. Era essa a regra geral: não impedia que tenham existido casos particulares de esforços tendentes a coibir a influência excessiva do homem de cor na vida da colônia, como aquela ordem régia de 1726, que vedava a qualquer mulato, até à quarta geração, o exercício de cargos municipais em Minas Gerais, tornando tal proibição extensiva aos brancos casados com mulheres de cor. Mas resoluções como essa decorrente, ao que consta, da conjuração dos negros e mulatos, anos antes, naquela capitania estavam condenadas a ficar no papel e não perturbavam seriamente a tendência da população para um abandono de todas as barreiras sociais, políticas e econômicas entre brancos e homens de cor, livres e escravos.

Afirmações como essa, difundidas por quem recebe legitimidade para compor o campo intelectual, geram o que Fernandes (2007) denominou de mito da democracia racial, resultante de compreensões equivocadas, cujo pensamento atribuía a miscigenação "[...] como índice de integração social e como sintoma, ao mesmo tempo, de fusão e de igualdade raciais" (FERNANDES, 2007, p. 43-44).

---

[1] Conceito definido por Bento (2009) como característica da identidade do branco brasileiro, a partir das ideias sobre branqueamento. Aprofundando esse sentido, Cardoso (2017) afirma que o negro representava um problema que a sociedade moderna brasileira gostaria de esquecer, sendo a forma escolhida para tanto a do apagamento, a partir da miscigenação e da elevação dos privilégios dos não negros, fazendo com que o povo negro estivesse na categoria de outro, em relação ao branco como ser universal.

Na obra de Freyre (2006), a transformação do mito da democracia racial em história tomou contornos ainda mais determinantes para a naturalização de práticas racistas, assim como para a discriminação de gênero, uma vez que a sua narrativa é construída em cima da imagem de dominação do homem branco colonizador, como nos mostra a passagem a seguir (FREYRE, 2006, p. 83):

> Foi misturando-se gostosamente com mulheres de cor logo ao primeiro contato e multiplicando-se em filhos mestiços que uns milhares apenas de machos atrevidos conseguiram firmar-se na posse de terras vastíssimas e competir com povos grandes e numerosos na extensão de domínio cultural e na eficácia da ação colonizadora.

Diferentemente daquilo que Freyre (2006) havia tentado demonstrar, Fernandes (2007, p. 44) ressalta os processos de miscigenação vividos mais para "[...] aumentar a massa da população escrava e para diferenciar os estratos dependentes intermediários, que para fomentar a igualdade racial". Com o escopo de elucidar a composição dessa narrativa, divulgadora de uma visão irreal da sociedade brasileira, Schwarcz (2019, p. 19) reitera que "[...] a metáfora das três raças definiria, por um largo tempo, a essência e a plataforma do que significava fazer uma história *do* e *sobre* o Brasil". Essa imagem é, na realidade, utópica, porém se perpetuou na história e formação brasileiras, sendo tratada como realidade até hoje.

Gonzales (1988) denomina essa característica particular de negação do Brasil ao racismo estrutural de "racismo por denegação", marcando as teorias de miscigenação como um elemento fundamental do mito da democracia racial, que busca recusar a superioridade eurocristã implementada pela sociedade patriarcal da colonização europeia.

As nuances comportamentais delineadas na sociedade brasileira percorrem, portanto, a naturalização de racismos e sexismos institucionais, instaurando, como padrão, a identidade universal do homem branco, e ignorando as tensões existentes em razão dessa realidade. Schwarcz (2019, p. 22) discorre:

> E, por aqui, a história do dia a dia costuma sustentar-se a partir de quatro pressupostos tão básicos como falaciosos. O primeiro deles leva a supor que este seja, unicamente, um país harmônico e sem conflitos. O segundo, que o brasileiro seria avesso a qualquer forma de hierarquia, respondendo às adversidades sempre com grande informalidade e igualdade. O terceiro, que somos uma democracia plena, na qual inexistiriam ódios raciais, de religião e de gênero.

A lógica dos fenômenos do racismo e do sexismo estão, dessa forma, diretamente vinculadas à estratificação ocorrida na colonização brasileira, gerando, no modelo social de viver, formas determinadas de interação que delimitam, para as mulheres negras e brancas, os locais passíveis de sua existência como sujeitas, com liberdade e autonomia. Especificamente para a mulher negra, a lógica da dominação remonta à articulação dupla da violência do racismo e do sexismo, cujos efeitos as levam a serem vistas como objetos para o trabalho braçal, para a satisfação sexual dos senhores ou para a reprodução de mais mão de obra escrava.

A mulher branca, por sua vez, estava subordinada à vontade de seu pai ou marido, sendo mantida no âmbito doméstico e proibida da vivência pública, destinada a procriar e, assim, perpetuar a família patriarcal, mantendo a sua condição de submissa aos homens brancos. Porém, gozava de privilégios sobre a mulher negra escravizada e demais grupos minoritários, como os próprios homens negros, ou mesmo os povos tradicionais.

Dessa forma, a lógica colonizadora perpetrada em terras brasileiras através da chegada dos grupos europeus, mais especificamente dos portugueses, instaurou um modelo de vivência social, econômica e política que tinha por objetivo perpetuar a dominação branca sobre os demais povos, por meio da elevação do *status* do homem branco, como proprietário não apenas da terra, mas dos demais corpos, impedindo, com isso, que mulheres brancas, homens negros, mulheres negras e povos tradicionais fizessem parte de forma efetiva, livre e autônoma da sociedade.

3 Quem vive os papéis de poder na sociedade brasileira?

Ao considerarmos o desenvolvimento histórico da sociedade brasileira, como disposto no tópico acima, podemos compreender a estruturação social, desde seu nascimento, como uma ferramenta para excluir as mulheres, nas suas mais diversas formas, do espaço público, alijando-as das esferas de decisão social, institucional e normativa, através do mecanismo de cerceamento de sua liberdade, bem como de sua utilidade.

Ao longo do tempo, o Brasil, como Estado-Nação, foi sendo estruturado com pilares na escravidão, no colonialismo e a partir de uma visão eurocentrada.[2] Essas características fizeram com que o patriarcalismo e a discriminação racial se perpetuassem, imbricados nos modos morais e normativos de vida, através das instituições, pois a capacidade de manutenção dos problemas estruturais perpassa a inalterabilidade dos sistemas opressivos e acumuladores de poder, gestados pela força do Estado e da conservação dos interesses da elite que historicamente os ocupa.

Nesse viés, é importante compreender como apenas um grupo hegemônico desenha a estabilidade do poder operacional do Estado, de acordo com os seus interesses, subjugando a importância e a ocupação pública das minorias. Para tanto, é importante analisar as práticas sociais e sua interlocução com as instituições, para que, então, sejamos capazes de descortinar o padrão do poder, cuja raiz colonial legitima as antigas ideias e práticas pensadas a partir da lógica dual entre dominantes/dominados, difundida, também, através do mito da inclusão[3] como ferramenta de perpetuação de um passado que eleva apenas o olhar do opressor sobre os fatos.

Como nos ensina Quijano (2005, p. 130), as sociedades modernas são erguidas sobre estruturas de poder, sendo o poder o responsável por associar as diferentes formas

---

[2] Quijano (2005, p. 126) define o conceito da seguinte maneira: "[...] a elaboração intelectual do processo de modernidade, que produziu uma perspectiva de conhecimento e um modo de produzir conhecimento que demonstram o caráter do padrão mundial de poder: colonial/moderno, capitalista e eurocentrado. Essa perspectiva e modo concreto de produzir conhecimento se reconhecem como eurocentrismo".

[3] Schwarcz (2019) defende que há uma perpetuação idealizada dos acontecimentos do passado, em que se exalta apenas uma narrativa, como se ela fosse a única componente daquele cenário, trazendo, então, para o presente, um modelo de equiparação de ordem que não é verdadeiro, e cuja base se assenta em uma sociedade patriarcal, de maneira a elevarem-se os conceitos de hierarquia e ordem. É esse o mito da inclusão que levantamos, pois perpetra a farsa do respeito à multiculturalidade no Brasil, assim como a pluralização de sujeitos, como já demonstrado no tópico anterior, em que ressaltamos a tentativa de naturalização, em textos concebidos como narrativas históricas, da miscigenação como uma experiência positiva aos povos negros, e não como a política pública de apagamento e de violência, que de fato foi, e ainda é.

de existência social, acumulando-as em uma sociedade, com uma suposta identidade única, resultando em um Estado-Nação com instituições das quais derivam a cidadania, a política e a democracia. O formato do Estado é definido pela estrutura de poder, que "[...] é sempre, parcial ou totalmente, a imposição de alguns, frequentemente certo grupo, sobre os demais".

Desse modo, a desconsideração pela desigualdade de contexto de diversos grupos colabora de forma direta para a manutenção do poder ao grupo historicamente dominador, sendo insuficiente uma suposta igualdade moderna, jurídica e constitucional dos sujeitos sociais, não se levando também em consideração a implicação dos demais âmbitos de existência no espaço público, predecessor das instituições e consequentemente da democracia formal.

Explicando de outra forma, a colonização brasileira, com suas formas de vida e relações sociais impostas, está diretamente ligada ao controle do espaço público até os dias atuais, pois perpetua naturalizações excludentes de grupos minoritários das instituições componentes do Brasil como Estado-nação. Ainda que tenha havido diversas transformações sociais e políticas ao longo dos séculos, inclusive com a ascensão da era moderna, através do seu discurso de liberdade e igualdade, o máximo de mudança estrutural alcançada foi uma pretensão formal de equiparação entre os sujeitos. Tal modelo não permite a autonomia real dos grupos excluídos. Esse é o ponto que se pretende mostrar.

De uma forma histórica, social e politicamente imposta, mulheres e demais minorias permanecem alijadas da esfera pública, em razão de a disputa desse espaço ser permeada pela dominação de homens brancos, com interesses antagônicos aos dos povos negros, mulheres e povos tradicionais, dado que "[...] seus privilégios compunham-se precisamente do domínio/exploração dessas gentes" (QUIJANO, 2005, p. 134). Nesse sentido, do ponto de vista desse grupo hegemônico de exploração, suas ambições sempre estiveram mais próximas do modelo burguês europeu de domínio/exploração, ocasionando a forma eurocentrada de vivência da sociedade e, por consequência, o que Quijano (2005, p. 135) chama de "colonialidade do poder".[4]

Sobre essa perspectiva, Hirano (2008) elucida que, através do arranjo social, mantém-se a ordem social, protegendo a posição ocupada, por meio da articulação da dominação, movida pela localização pessoal, manipulação da ordem privada, manutenção dos interesses particulares e violência política, todos fundamentos da estrutura estamental, presentes na formação do Brasil.

Um plano de identidade, ou Estado-Nação, comum, nesses moldes, mostra-se impertinente, porquanto o interesse nacional não reflete uma real universalidade, passível de englobar as diferenças. A colonialidade do poder, apoiada na ideia de raça e subalternização como instrumento de controle, sempre se mostrou limitante ao processo

---

[4] Ainda no período colonial brasileiro, enquanto na Europa e nos Estados Unidos a burguesia branca expandia a relação social chamada capital, como eixo de conexão da economia com a sociedade, os senhores latino-americanos não podiam exercer a mesma forma de expansão, pois não era possível acumular seus muitos benefícios comerciais comprando força de trabalho assalariada, precisamente porque isso ia contra a reprodução de sua condição de senhores, que se determina pelo domínio aos corpos dos sujeitos e suas condições, da qual derivava a superioridade econômica e também social. Exerciam, então, domínio e supremacia, ostentando o consumo de mercadorias produzidas, em sua maior parte, na Europa. Isso provocou, entre outras consequências, o atraso da transformação do capital comercial em capital industrial, uma vez que libertar a mão de obra não estava nos planos dos senhores (QUIJANO, 2005).

de edificação da sociedade brasileira. Por essa razão, admite-se a existência histórica de imposição de certos interesses à gênese e gestão das instituições.

Entender essas hierarquias estadocêntricas e patriarcais, corroborando o abastecimento do espaço público com a vontade dos filhos brancos do prestígio colonial, é também compreender como a vivência dos papéis de poder não incorpora mulheres e não brancos. O sistema estrutural é permeado por uma narrativa de naturalização masculina, dominadora, privilegiada, sem demonstração de interesse pela sua pluralização.

4 O impacto social do modelo econômico capitalista na vivência das mulheres

A fim de se pensar as amarras políticas, econômicas, sociais e normativas que deixam as mulheres fora dos âmbitos de decisão, faz-se necessário analisar o sistema político e econômico capitalista, introjetado no Estado brasileiro, assim como no resto do mundo, cuja estruturação perpassa também a manutenção dos privilégios burgueses. Para tanto, lembremos que a sociedade brasileira se constituiu em consequência do processo de expansão do capitalismo europeu, a partir do século XV. No início, todas as relações comerciais eram voltadas para a metrópole, enquanto, em terras brasileiras, mantinham-se relações sociais baseadas na escravidão.

Antes de aprofundar qualquer temática sobre o capitalismo, é imperioso ressaltar que "[...] é, em primeiro lugar e principalmente, um sistema social histórico" (WALLERSTEIN, 2001, p. 13). Nos tempos modernos, o sistema de acumulação de capital se desenvolveu como prioridade, pautado na mercantilização dos processos e das relações sociais, com divisão em classes e exploração da mão de obra humana.

A coerção econômica presente no capitalismo está diretamente ligada à coerção extraeconômica, englobando o âmbito político, judicial e social. O que torna a dominação de classe e o imperialismo realmente funcionais é justamente a possibilidade de se criar amarras extrapolando o âmbito econômico. A força da possibilidade de controle por múltiplas vias impulsiona o sistema capitalista, cuja história é "[...] sangrenta e muito longa de conquistas e opressão colonial" (WOOD, 2014, p. 17).

A partir das revoluções burguesas na Europa, proclama-se a era do racionalismo, equalizada por um processo econômico misturado à lógica do poder político, concebendo uma sociedade econômica. Nesse contexto, a economia política passa a existir, fundamentando-se na ordem natural, buscando, ainda, elevar o direito natural, libertador do indivíduo na pretensa procura dos supostos melhores resultados para a sociedade (NUNES, 2019). A defesa dos individualismos, evidenciada desde a obra *A riqueza das nações*, de Adam Smith, responde aos anseios da burguesia, enquanto dominante, desenvolvendo a economia política sob os seus apelos e ignorando as desigualdades latentes, frutos desse modelo social econômico, afetando duramente as mulheres, entre outros grupos de excluídos.

Há, então, uma injustiça enraizada na estrutura política e econômica da sociedade, perenizada pela exploração do trabalho, com uma contínua marginalização econômica, possuidora da capacidade de afetar com eloquência as camadas estratificadas da sociedade, restringidas à vinculação da vontade dos dominantes. Existe, também, a injustiça de ordem cultural, arraigada a padrões sociais de representação, interpretação e comunicação, atingindo de forma precisa as mulheres, em virtude dos estereótipos abraçados desde a colonização, as vinculando a um padrão de comportamento específico e cerceando as suas formas de vida.

Nesse sentido, uma das primeiras contribuições do pensamento feminista, como crítico à sujeição das mulheres nos sistemas sociais, políticos e econômicos, foi a de desmascarar criticamente as teorias universalistas burguesas, mostrando que o sujeito moral privilegiado por ela, é um sujeito masculino e opera sistematicamente pela exclusão das mulheres e das suas questões da esfera pública. Entretanto, dentro da lógica capitalista e "[...] no mundo da economia, supõe-se que todos sejamos indivíduos racionais, egoístas, em busca do lucro. São qualidades sempre vistas como tradicionalmente masculinas [...]" (MARÇAL, 2017, p. 161-162) e, por conseguinte, neutras.

Compreender a naturalização do homem como ser universal configura-se como ponto-chave para entender a operacionalização do homem econômico como o sexo importante, enquanto a mulher passa a ser simplesmente o outro, ou o segundo sexo, como bem colocou Beauvoir (2016), relegado ao estereótipo do cuidado e da dependência, assim como no modelo colonial. Essa é a lógica implementada para o funcionamento desse padrão político e econômico de Estado, que não fala pelo todo.

Esse cenário traz a necessidade de olhar criticamente as categorias tradicionais com as quais as próprias teorias operam, assim como denunciar todos os fundamentos praticantes da exclusão das mulheres, por meio da privatização de suas experiências e através do confinamento de seu conhecimento a um âmbito que não é o público, portanto, não é o da moral e da política. Além disso, não podemos esquecer do processo de racismo estrutural, com raízes na colonização, o qual deixa as mulheres negras na base da pirâmide social e econômica, relegando a elas uma exclusão mais profunda do que o pertencimento e a participação do espaço público, levando-as à condição de não partícipes da sociedade como sujeitos.

Percebe-se a injustiça contra a mulher como econômica, ou seja, material, e também como cultural ou simbólica, estando essas duas causas sobrepostas, se reforçando continua e sucessivamente, na medida em que normas sexistas e androcêntricas são institucionalizadas na política e na economia. Esse fenômeno gera exclusão e silenciamento cultural, os quais, por sua vez, reforçam a restrição material, causando, assim, a relação de subordinação econômica e material de forma perversa para as mulheres (FRASER; HONNETH, 2003).

O obstáculo mais importante aqui é a dificuldade de reconhecimento nas instâncias decisórias, participativas e definidoras dos rumos da política e, consequentemente, da justiça. Beauvoir (2016), na sua obra *O segundo sexo*, colocou que a mulher é sempre definida como o outro pelo olhar do homem, e nesse sentido ela é objetificada. A função de tornar alguém um objeto secundário é desumanizá-lo. É tirar deste alguém, definido pelo outro, a característica de ser humano. Objetificar alguém é a mesma coisa que desvalorizar a sua subjetividade, a sua potência enquanto pessoa. Temos uma narrativa predominante, disseminando o mito da precariedade racional, moral e política da mulher. Por isso, estamos fora do âmbito público. "A igualdade só poderá se restabelecer quando os dois sexos tiverem direitos juridicamente iguais, mas essa libertação exige a entrada de todo o sexo feminino na atividade pública" (BEAUVOIR, 2016, p. 85).

As mulheres são deixadas de fora do espaço público brasileiro, então, a partir de duas perspectivas: a) pelo afastamento das mulheres brancas do espaço privado;

b) pela objetificação, desumanização, das mulheres negras. Pautas, essas, a serem tratadas nos subtópicos a seguir.

4.1 A exclusão das mulheres brancas do espaço privado

O uso do conceito dicotômico de público e privado reforça a representação ideológica da cultura patriarcal, organizada e orientada sobre as diferenças biológicas entre homens e mulheres. O conjunto de ideias éticas, políticas e econômicas da burguesia trouxe a separação entre Estado e sociedade, definindo atividades específicas ao indivíduo, reforçando a separação entre o político e o doméstico, assim, como, fortalecendo a esfera privada com uma lógica determinada pelo poder masculino, no qual o assentamento do trabalho doméstico e do cuidado recaem nas mulheres, através do contrato sexual.

Em sua revisão da teoria econômica capitalista e também liberal, Marçal (2017) afirma que a atividade produtiva aceita pelos modelos econômicos-padrão não incorpora o trabalho doméstico como relevante economicamente. À mulher foi instituída a tarefa de cuidado e cerceamento ao espaço privado e, a esse espaço, economicamente, não se dá importância. Há, então, um duplo sistema de apagamento e controle da mulher, determinado por uma mesma lógica.

Considerando a cultura ocidental como permeada por dicotomias, Marçal (2017) afirma em sua crítica política e econômica os parâmetros pensados para o homem econômico como reduzidos a tudo que a mulher não representa. Corpo, emoção, dependência, cuidado e vulnerabilidade. Essas são as características estereotipadas às mulheres e deixadas de fora do molde econômico abstrato e racional, pois, "[...] na verdade, a ideia do homem econômico é uma forma eficaz de excluir as mulheres" (MARÇAL, 2017, p. 172), e esse fato permite a criação de uma linguagem econômica substancialmente excludente.

Nesse contexto, a divisão entre público e privado está diretamente ligada ao trabalho remunerado e ao não remunerado, contribuindo para a implementação da lógica da divisão sexual do trabalho. Há uma atribuição imposta aos homens e mulheres, partindo dessa lógica, delega-se a elas a responsabilidade pelo cuidado e reprodução, e, a eles, a concepção de provedor, resultando em relações assimétricas de poder entre os sexos.

Beauvoir (2016) defende a emancipação da mulher a partir da desvinculação do trabalho doméstico, pois a naturalização deste ao estereótipo criado socialmente para as mulheres faz parte do projeto de poder masculino, atravancando a possibilidade de as mulheres serem, inclusive, socialmente educadas para a tomada da vida pública. Não estar no mundo político, social e formal é também não abrir para discussão o modo de vida imposto, admitindo como agenda pública mais do que apenas os interesses de determinado segmento de sujeitos. Esse, sem dúvida é um controle sistematicamente perpetrado às mulheres.

A imagem conservadora da mulher bela, recatada e do lar serve, dessa forma, à alusão de um estereótipo criado para exercer comando sobre a mulher, induzindo sistematicamente à alienação e opressão das mulheres brancas, desde os engenhos na Colônia brasileira, moldando o símbolo da inaptidão dessas mulheres para a vida pública, pois a disputa por protagonismo nas discussões comunitárias não é um interesse dos homens dominantes, visto historicamente, na ascensão pública do Brasil, por sempre haverem movido todo um aparato ideológico, visando ao controle das vontades, capacidades e participação das mulheres, nas decisões com caráter coletivo e consequência também individual, por afetarem diretamente a forma de vida de cada uma delas.

4.2 A desumanização das mulheres negras

No que concerne às mulheres negras, lembrando a narrativa brasileira de experiência do capitalismo, "[...] os escravizados nunca tiveram possibilidade de acúmulo significativo de capital" (BERTH, 2019, p. 74). A estratégia de dominação e aniquilamento social, nesse sentido, perpassa a exploração vivida desde a colonização, trazendo para esse campo um elemento essencial de opressão, pautado na hierarquização da raça e também do gênero. Teles (1999) prelecionou que a mulher negra na colônia foi geradora de mais-valia para acumulação primitiva de capital à elite escravocrata de forma incalculável, sendo submetida a um duplo mecanismo de degradação, baseado na repressão de raça e de classe.

Por isso, em virtude de sua vivência histórica em moldes diferentes das mulheres brancas, como já explicitado no primeiro tópico, a partir da raiz escravocrata, perpetuada no Brasil ao longo de três séculos, as mulheres negras são submetidas à uma exclusão sistemática, com raiz institucional no racismo estrutural e nos processos históricos de negação de direitos, materialidade econômica e objetificação.

Nesse sentido, Gonzales (1988) ressalta o mito da democracia racial como mais prejudicial às mulheres negras, pois é através desse mecanismo institucional de negação e de violência que a desumanização da mulher não branca ocorre. A antropóloga evidencia, ainda, o resultado dessa exclusão histórica como sendo uma mistura do estereótipo da mulata com o da doméstica, a partir da figura da mucama do período colonial, sendo esse o espaço reservado pela sociedade brasileira a essas mulheres. O de serem exploradas como força de trabalho braçal e também sexual.

Quando o conceito de mulher é tomado como um todo universal, cuja opressão fala em nome coletivo ao sistema de domínio do Estado, sem levar em consideração as iniquidades de gênero como atingindo as mulheres negras em frequências antagônicas, alimenta-se o sistema de cerceamento da autonomia e relevância das pessoas como sujeitos, nesse caso, especificamente da mulher negra, como bem advertiu Akotirene (2018), pois gênero, aqui, inscreve ao corpo racializado, proveniente de uma história sem privilégios e nutrido de negações.

Para ilustrar esse entendimento, Ribeiro (2018, 45-46) defende "[...] que trabalhar fora, sem autorização do marido, por exemplo, jamais foi uma reivindicação das mulheres negras ou pobres". As atividades e relações sociais das mulheres precisam ser interpretadas conforme os seus contextos, de modo a torná-las analiticamente visíveis no âmbito das reivindicações nos espaços públicos.

Depreende-se, dessa forma, e com clareza, a necessidade de salientar a luta das mulheres na sociedade brasileira por reivindicação de pertencimento e gerência na esfera pública, como dependente da capacidade de superar as desigualdades geradas pela histórica hegemonia masculina, mas, também, pela superação do apagamento sistêmico da mulher negra, através de complexos de opressão secularmente implementados, como é o caso do racismo (CARNEIRO, 2011).

Reconhecer a fonte dos privilégios brancos, como metodologia para a exploração dos corpos negros, o qual coloca a mulher negra na base da pirâmide social, é pauta essencial da resistência das mulheres ao exilamento do espaço público, pois a discussão sobre a exclusão das mulheres das esferas de poder engloba as mulheres em sua forma multifacetada e multiexperienciada.

5 Como raça, classe e sexualidade se interseccionam para a invisibilidade das mulheres no espaço público brasileiro?

O aparato teórico disposto a pensar a dominação e a exclusão da mulher deve levar em consideração a pobreza e o racismo, caso contrário, não tem a potência necessária para discutir a realidade. Pensar a causa das injustiças contra as mulheres e as suas possíveis formas de correção é falar de uma perspectiva elaborada pelos feminismos. Só faz sentido falar desse tema, no Brasil, através da intersecção entre gênero, raça e classe.

Por isso, interessa particularmente para o contexto brasileiro o feminismo negro, pois levantou a tese da natureza interligada da opressão, como uma ponte para entender a discriminação da mulher em sociedades pluriculturais, profundamente marcadas pela desigualdade econômica e pelo racismo estrutural, como a nossa. Não se prioriza um eixo como primário, elementar ou central a uma causa de pensar a opressão. Esse é um afastamento importante do marxismo, que prioriza o eixo classe e faz todas as outras formas de dominação serem pensadas como secundárias, dependentes da linha central.

As experiências das mulheres negras ocorrem, justamente na intersecção das múltiplas estruturas opressivas. Há uma longa e rica tradição do pensamento feminista negro com a qual se pode compreender melhor a estruturação e funcionamento do Brasil, assim, cria-se um mecanismo de ampliação da mentalidade, alargando, ainda, o campo da luta política e as agendas, de modo que elas sejam capazes de incluir o combate à desigualdade e à violência, a todas as mulheres. Sueli Carneiro (2011) esclarece:

> O que poderia ser considerado como história ou reminiscências do período colonial permanece, entretanto, vivo no imaginário social e adquire novos contornos e funções em uma ordem social supostamente democrática, que mantém intactas as relações de gênero segundo a cor ou a raça instituída no período da escravidão. As mulheres negras tiveram uma experiência histórica diferenciada que o discurso clássico sobre a opressão da mulher não tem reconhecido, assim como não tem dado conta da diferença qualitativa que o efeito da opressão sofrida teve e ainda tem na identidade feminina das mulheres negras.

Existem formas de opressão compartilhadas enquanto mulher como categoria geral, enquanto formas de opressão de gênero. Compreende-se bem isso quando se entende a função genérica do estereótipo, como já disposto no tópico acima. A exemplo, somos todas estereotipadas, porque somos mulheres. A função de uma criação de padrão básico para mulheres é justamente a de sujeição, de controle de certos grupos desprezados, sobre os quais se pretende exercer justamente dominação, contenção, aprisionamento.

Essas categorizações confinam as mulheres em certos modelos, padrões sociais. Particularmente nos interessam aqueles estereótipos que nos atribuem características incapacitantes para a vida social, política, na esfera pública. A história opera com dicotomias, nas quais as mulheres são sempre identificadas com os polos que se referem ao domínio do não público, incapacitadas para assumir uma posição social relevante e, sobretudo, no mundo da política.

Mostrar que o sexismo é uma construção cultural resultante da opressão, assim como os marcadores sociais têm a função de gerar exclusão, é, então, a condição para desnaturalizar a sub-representação da mulher. Os estereótipos, portanto, afetam mulheres diferentes de formas diferentes. Carneiro (2011) marca essa contestação ao lembrar que as mulheres negras, diferentemente das brancas, nunca foram tratadas como frágeis. A imagem da mulher bela, recatada e do lar aqui não faz sentido. Não é essa a construção.

> Nós, mulheres negras, fazemos parte de um contingente de mulheres, provavelmente majoritário, que nunca reconheceram em si mesmas esse mito, porque nunca fomos tratadas como frágeis. Fazemos parte de um contingente de mulheres que trabalharam durante séculos como escravas nas lavouras ou nas ruas, como vendedoras, quituteiras, prostitutas... Mulheres que não entenderam nada quando as feministas disseram que as mulheres deveriam ganhar as ruas e trabalhar! Fazemos parte de um contingente de mulheres com identidade de objeto. Ontem, a serviço de frágeis sinhazinhas e de senhores de engenho tarados. Hoje, empregadas domésticas de mulheres liberadas e dondocas, ou de mulatas tipo exportação.

Então, não é lógico dizer aqui que é preciso romper o mito da rainha do lar. Porque as mulheres negras fazem parte de um contingente de mulheres que, segundo Carneiro (2011), não são rainhas de nada, são retratadas como as "antimusas" da sociedade brasileira. A não ser, como escreve Gonzales (1984), no carnaval. Nesse momento a mulher negra se torna a rainha, mas revela nessa perspectiva e de forma muito emblemática o mito da democracia racial que "[...] exerce a sua violência simbólica de maneira especial sobre a mulher negra, pois o outro lado do endeusamento carnavalesco ocorre no cotidiano, no momento em que ela se transfigura na empregada doméstica" (GONZALES, 1984, p. 228).

Logo, pensa-se em uma crítica para a qual o gênero é uma variável teórica, mas não é a única. É, na realidade, uma categoria de diferenciação a ser pensada relacionando os demais eixos de opressão. Do ponto de vista teórico, não basta corrigir a cegueira de gênero das teorias morais, políticas e tradicionais contemporâneas. Com efeito, é preciso corrigir também a cegueira contra raça e classe. Não se contorna esse problema mencionando apenas os estereótipos, porque eles estão ligados a circunstâncias materiais, históricas, bastante concretas, como já explicitado.

6 Conclusão

Ao analisarmos o contexto histórico, social e econômico brasileiro, desde a construção colonial, podemos perceber claramente a fusão de mecanismos pensados para deixar as mulheres de fora da estruturação política e social brasileira, de modo que, a elas, seja negada participação no espaço público e, por consequência, apagada qualquer chance de reestruturação do modelo participativo do Estado.

Mostra-se, também, que este não é um projeto novo, pelo contrário. Faz parte de uma hierarquização sistematizada, repassada de geração em geração, desde o período colonial, resistindo inclusive às grandes mudanças políticas contextuais, porquanto encontra-se imbricada no funcionamento social, impedindo, com todos os mecanismos de manipulação a seu alcance, a contestação da mulher à esfera de poder.

Dessa forma, respondendo à pergunta título deste trabalho, constata-se que as mulheres, na estruturação política e social do Brasil, não estão no centro da esfera pública, institucional, não por falta de capacidade, pertencimento ou mesmo reivindicação, mas por serem secularmente alijadas das esferas de poder, com o objetivo de se assegurar a perpetuação dos interesses de uma elite de homens dominante, cujos valores se pretendem mostrar neutros e universalizáveis.

Nesse sentido, a manutenção da dominação masculina branca permeia a vivência da mulher branca e da mulher negra, aproveitando o sistema social e econômico capitalista como pano de fundo para o aprofundamento das desigualdades econômicas e também de gênero e raça, pois, é a partir dessa interseccionalidade que uma leitura apropriada das construções de exclusão pode ser feita, sendo essa a crítica capaz de impulsionar uma reestruturação política, moral e social da sociedade, a fim de trazer ao espaço público as objeções das mulheres, em sua pluralidade.

Referências

AKOTIRENE, Carla. *Interseccionalidade*. São Paulo: Pólen, 2018.

BEAUVOIR, Simone. *O segundo sexo*: fatos e mitos. 3. ed. Rio de Janeiro: Nova Fronteira, 2016. v. 1.

BENTO, Maria Aparecida Silva. Branqueamento e branquitude no brasil *In*: CARONE, Iray; BENTO, Maria Aparecida Silva (Org.). *Psicologia social do racismo*. Estudos sobre branquitude e branqueamento no Brasil. Rio de Janeiro: Vozes, 2002, p. 25-58. Disponível em: http://www.media.ceert.org.br/portal-3/pdf/publicacoes/branqueamento-e-branquitude-no-brasil.pdf. Acesso em: 2 nov. 2019.

BERTH, Joice. *Empoderamento*. São Paulo: Pólen, 2019.

CARDOSO, Lourenço. O branco não branco e o branco-branco. *In*: MULLER, Tania; CARDOSO, Lourenço (Org.). *Branquitude*: estudos sobre a identidade branca no Brasil. Curitiba: Appris, 2017. p. 175-196.

CARNEIRO, Sueli. Enegrecer o feminismo: a situação da mulher negra na América Latina a partir de uma perspectiva de gênero. *Portal Geledés*, 2011. Disponível em: https://www.geledes.org.br/enegrecer-o-feminismo-situacao-da-mulher-negra-na-america-latina-partir-de-uma-perspectiva-de-genero/. Acesso em: 4 jan. 2020.

FRASER, Nancy; HONNETH, Axel. *Redistribution or recognition*: a political-philosophical exchange. Londres: Verso, 2003.

FREYRE, Gilberto. *Casa grande & Senzala*: formação da família brasileira sob o regime da economia patriarcal. 51. ed. São Paulo: Global, 2006.

GONZALES, Lélia. A categoria político-cultural de amefricanidade. *Tempo Brasileiro*, Rio de Janeiro, n. 92-93, p. 69-82, jan./jun. 1988. Disponível em: https://negrasoulblog.files.wordpress.com/2016/04/a-categoria-polc3adtico-cultural-de-amefricanidade-lelia-gonzales1.pdf. Acesso em: 4 nov. 2019.

GONZALES, Lélia. Racismo e sexismo na cultura brasileira. *Revista em Ciências Sociais Hoje*, Caxambu, p. 223-244, 1984. Disponível em: https://edisciplinas.usp.br/pluginfile.php/4584956/mod_resource/content/1/06%20-%20GONZALES%2C%20Lélia%20-%20Racismo_e_Sexismo_na_Cultura_Brasileira%20%281%29.pdf. Acesso em: 4 nov. 2019.

HIRANO, Sedi. *Formação do Brasil colonial*: pré-capitalismo e capitalismo. São Paulo: Editora da Universidade de São Paulo, 2008.

HOLANDA, Sérgio Buarque. *Raízes do Brasil*. 26. ed. São Paulo: Companhia das Letras, 1995.

MARÇAL, Katrine. *O lado invisível da economia*: uma visão feminista. São Paulo: Alaúde, 2017.

MAZZEO, Antonio Carlos. *Estado e burguesia no Brasil*: origens da autocracia burguesa. 3. ed. São Paulo: Boitempo, 2015.

NUNES, Antônio José Avelãs. *Economia e direito*. Direito e economia. Belém: Editora Cesupa, 2019.

PRADO JÚNIOR, Caio. *Evolução política do Brasil*: e outros estudos. São Paulo: Companhia das Letras, 2012.

PRADO JÚNIOR, Caio. *Formação do Brasil contemporâneo*. São Paulo: Companhia das Letras, 2011.

QUIJANO, Anibal. Colonialidade do poder, eurocentrismo e América Latina. *In*: LANDER, Edgardo (Org.). *A colonialidade do saber*: eurocentrismo e ciências sociais. Perspectivas latino-americanas. Buenos Aires: CLACSO, 2005. Disponível em: http://bibliotecavirtual.clacso.org.ar/clacso/sur-sur/20100624103322/12_Quijano.pdf. Acesso em: 2 nov. 2019.

RIBEIRO, Djamila. *Quem tem medo do feminismo negro?* São Paulo: Companhia das Letras, 2018.

SCHWARCZ, Lilia Mortiz. *Sobre o autoritarismo brasileiro*. São Paulo: Companhia das Letras, 2019.

TELES, Maria Amélia de Almeida. *Breve história do feminismo no Brasil*. São Paulo: Brasiliense, 1993.

WALLERSTEIN, Immanuel. *Capitalismo histórico e civilização capitalista*. Rio de Janeiro: Contraponto, 2001.

WOOD, Ellen Meikesins. *O império do capital*. São Paulo: Boitempo, 2014.

Informação bibliográfica deste texto, conforme a NBR 6023:2018 da Associação Brasileira de Normas Técnicas (ABNT):

KOURY, Suzy Elizabeth Cavalcante; MACHADO, Juliana Pantoja. Mulheres e a histórica estruturação política e social brasileira. *In*: MENDES, Denise Pinheiro Santos; MENDES, Giussepp; BACELAR, Jeferson Antonio Fernandes (Coords.). *Magníficas mulheres*: lutando e conquistando direitos. Belo Horizonte: Fórum, 2023. p. 371-384. ISBN 978-65-5518-488-4.

A DISCRIMINAÇÃO DE GÊNERO E AS DIFICULDADES DA INSERÇÃO DA MULHER NO MERCADO DE TRABALHO

VANESSA ROCHA FERREIRA

MURIELLY NUNES DOS SANTOS

Introdução

A discussão acerca da participação da mulher no mercado de trabalho tem sido pauta constante de discussões jurídicas ao longo dos anos, especialmente por conta da discrepância entre a previsão legal e o tratamento que é dado à mulher no mercado de trabalho.

A discriminação de gênero no ambiente de trabalho ainda se perpetua na sociedade, escancarando mais do que uma mera desigualdade entre homens e mulheres trabalhadores, mas, também, uma violência de gênero que se espalha por todos os âmbitos sociais, em especial, o trabalho.

Na prática, é comum que se tenham homens e mulheres ocupando o mesmo cargo e ganhando remunerações distintas, a menor, para o sexo feminino. Além disso, a discriminação de gênero também transparece a facilidade masculina em ocupar cargos de lideranças ou altos postos nas organizações, em comparação às mulheres. Ao longo do tempo, utilizou-se de inúmeras hipóteses com vistas a entender a razão de tal disparidade. A análise contínua de tais presunções auxilia tanto a criação de projetos de leis mais eficientes, quanto a adoção de políticas públicas que causem uma efetiva mudança na sociedade, para resguardar o direito das mulheres no trabalho.

No entanto, importante aclarar que a solução não se limita apenas ao texto de novas leis de proteção e metas de ações positivas, como também da combinação da promoção de uma mudança cultural quanto à importância e reconhecimento da valorização da mão de obra feminina, em que homens também sejam demandados e responsabilizados por assuntos que, por muito tempo, eram, por concordância geral, exclusivos a mulheres.

Com o objetivo de identificar as principais dificuldades enfrentadas atualmente pelas mulheres no ambiente de trabalho, utilizou-se o método dedutivo, baseado em pesquisas bibliográficas e documentais sobre o tema, para analisar, com base em uma investigação jurídica e sociológica, de que forma os direitos da mulher estão sendo efetivados no Brasil e quais são as medidas que estão sendo tomadas para minorar os efeitos negativos da discriminação de gênero no mercado de trabalho.

Estruturalmente, o texto encontra-se dividido em cinco itens, sendo o primeiro esta introdução; o segundo traz algumas considerações sobre os direitos da mulher no meio ambiente de trabalho, destacando de que forma tal fato atinge direitos fundamentais individuais. O terceiro item trata especificamente sobre a relação entre a proteção da mulher no trabalho e a discriminação de gênero. O quarto item analisa as principais causas da desvalorização da força de trabalho feminina, as iniciativas públicas que estão sendo tomadas e as perspectivas para o futuro do trabalho. Por fim, o último item apresenta as considerações finais deste estudo.

1 Os direitos da mulher no meio ambiente de trabalho e a ordem constitucional brasileira

O retorno necessário da democracia brasileira, documentado com o advento da Constituição de 1988, cuidou de prever direitos e garantias fundamentais a todos os indivíduos, em condições de igualdade. Os direitos, elencados prioritariamente no art. 5º da Magna Carta, estabelece como fundamento do Estado democrático de direito a dignidade da pessoa humana, que figura como base não apenas principiológica no ordenamento jurídico, como também interpretativa.

Em concordância, um dos objetivos fundamentais da República Federativa do Brasil é a construção de uma sociedade livre, justa e solidária, o que significa efetivar proteções a determinados grupos ante temas como discriminação de gênero, discrepância salarial e oportunidade de inserção no mercado de trabalho em igualdade de condições.

Sem esforço, tais exemplos já nos remetem quase que automaticamente à classe feminina, uma vez que se demonstra notório que tal grupo ainda padece de tais adversidades, especialmente quando se trata de ambiente de trabalho, em que ainda se denota desigualdade material contraditória às disposições constitucionais.

E, por falar em igualdade, trata-se não apenas daquela formalmente positivada, mas sim da igualdade que, na prática, adota instrumentos e mecanismos capazes de minorar os efeitos da desigualdade de gênero e racial no ambiente de trabalho, erradicar a violência de gênero, fortalecer a identidade de gênero, proteger a mulher na sociedade, entre outras, seja por meio de políticas públicas, seja pelo advento de leis.

Na seara internacional, a promoção da igualdade e a eliminação de todas as formas de discriminação fazem parte dos quatro objetivos estratégicos da Organização Internacional do Trabalho (OIT) para a promoção do Trabalho Decente, juntamente com a promoção do emprego produtivo e de qualidade, a ampliação da proteção social e o fortalecimento do diálogo social.

Os direitos das mulheres, ainda que muito discutidos no âmbito jurídico, ainda enfrentam impasses em sua concretização, na forma de ações afirmativas. Principalmente porque, mesmo diante de todo o esforço de combate à discriminação de gênero ao longo dos anos, faticamente, as disparidades de gênero ainda não foram totalmente exterminadas, especialmente no que tange à posição do homem e da mulher no mercado de trabalho, seja na equivalência de remuneração, oportunidade de ascensão de carreira, participação na política, assédio no trabalho e outros.

Tal discriminação, que por consequência se desdobra em desigualdade entre os indivíduos, demanda do Estado uma atitude intervencionista que promova a proteção de grupos em particular vulnerabilidade social. Nesta esteira, Flávia Piovesan[1] aduz que as ações afirmativas estatais constituem medidas especiais e temporárias, que objetivam acelerar o processo de igualdade, como forma de remediar um passado discriminatório. Por meio das ações ação afirmativas, grupos socialmente vulneráveis têm a oportunidade de alcançar a igualdade substantiva.

Assim, em que pese haja a previsão normativa do direito das mulheres na atual Constituição da República, e previsão constitucional de igualdade de salários desde a Constituição de 1934, a efetiva erradicação da discriminação ainda se apresenta como uma meta distante de ser atingida.

Isso pois, qualquer proteção legal de grupos mais vulneráveis, mesmo pelo texto constitucional, não é capaz de garantir o amparo necessário à eliminação das desvantagens por eles enfrentadas. Sobre o assunto, cita-se, por exemplo, o maior marco legal de proteção à mulher na legislação brasileira, que ocorreu com o advento da Lei Maria da Penha, em 2006, que lamentavelmente não foi capaz de extinguir a violência contra a mulher, mesmo após completar 16 anos de vigência, em 2022.

Nem poderia.

O enfrentamento de qualquer medida social não se dá exclusivamente por lei formal, mesmo que contribua para a evolução da sociedade e para a conscientização geral sobre as condutas reprováveis pelo ordenamento jurídico. Aliás, não bastam apenas que as leis existam. A educação, por meio de campanhas nacionais de divulgação, também é medida que se impõe.

Em países desenvolvidos, onde logicamente o nível de educação formal da população é mais elevado, se comparado a países mais emergentes como o Brasil, em que apenas uma pequena parcela da população tem acesso a ensino superior, verifica-se maior nível de igualdade de gênero.

Os dados são do Fórum Econômico Mundial (FEM),[2] que em sua publicação mais recente, de 2022, revelou que, em uma lista mundial contendo 146 países, os três países que mais apresentaram paridade de gênero foram Islândia, Finlândia e Noruega, todos no continente europeu. Na América Latina e Caribe, Nicarágua, Costa e Rica e Barbados alcançaram as melhores posições, em sétimo, décimo segundo e trigésimo lugar, respectivamente. O Brasil apareceu na 94ª posição.

A expectativa para o futuro ainda não se mostra muito promissora. Segundo os mesmos dados coletados pelo FEM, de acordo com o progresso atual, levar-se-á mais de 130 anos para alcançar totalmente a paridade de gênero.

Esta longa expectativa reivindica esforços mútuos de cooperação para que o mundo consiga alcançar de fato a igualdade entre os indivíduos, em tempo menor que o esperado, para que se efetive um direito que há muito já se encontra previsto no texto legal.

---

[1] PIOVESAN, Flávia. *Temas de direitos humanos*. 11. ed. São Paulo: Saraiva Educação, 2018. p. 388.
[2] WORLD ECONOMIC FORUM. *Global Gender Gap Report 2022*. Disponível em: https://www.weforum.org/reports/global-gender-gap-report-2022. Acesso em 2 ago. 2022.

2 A proteção da mulher no trabalho e a discriminação de gênero

Historicamente, a positivação de direitos humanos básicos como a igualdade e a proibição da discriminação já era de preocupação coletiva da comunidade internacional, tendo como principal marco documental de proteção a Declaração Universal dos Direitos Humanos, de 1948.

Mais tarde, foi adotada a Declaração da Organização Internacional do Trabalho (OIT) sobre Princípios e Direitos Fundamentais no Trabalho, em 1998, como uma medida de promoção especial para fortalecer a aplicação dos quatro princípios e direitos considerados essenciais para alcançar a justiça social, entre eles, a eliminação da discriminação em matéria de emprego e ocupação.

A luta feminina pelo tratamento igualitário e pela busca de direitos é, no entanto, bem mais antiga, além de necessária, presente até os dias atuais, perpassando todas as vertentes protetivas de ordem psicológica, moral, social, política e, lógico, de trabalho, visto que, apesar da previsão normativa do direito à igualdade atingir um nível global, norteando o papel dos Estados, os direitos das mulheres continuaram reportando graves violações nos ordenamentos jurídicos internos.

Mesmo a promoção da igualdade sendo um dos elementos cruciais para o cumprimento do trabalho decente, notam-se distanciamentos entre a previsão normativa e a realidade apresentada. É o caso, por exemplo, do inc. XVIII do art. 7º da Constituição da República Federativa do Brasil de 1988 (CRFB/88), que prevê os direitos sociais assegurados aos trabalhadores.

O referido inciso reconhece importante condição biológica, única da mulher, que é a de gerar um filho em seu ventre, após isso, assumir um papel de ser mãe e, ao mesmo tempo, ser uma trabalhadora ativa. Diante disso, garantiu-se o direito à licença-maternidade como um direito não só da mãe trabalhadora como também da criança.

Ainda, como a característica dos direitos humanos é sua expansão e nunca o retrocesso, a evolução hermenêutica e legal do referido inciso aconteceu para proteger não apenas a mulher que gera um filho em seu ventre, como também a figura da mãe adotante, pelo advento da Lei nº 10.421/2002.

Esta importante medida protetiva às mulheres, no entanto, sempre conduziu a uma interpretação de desvantagem no mercado de trabalho, visto que, pela ótica empregadora, a contratação de um homem seria considerada muito mais conveniente, pois não há "ameaça" de este vir a engravidar a qualquer momento.

Está-se diante, portanto, de uma simples diferenciação pautada na condição biológica entre os gêneros, pois, mesmo que o trabalhador homem também possa figurar como pai e/ou adotante, esta circunstância não cria desvantagens para este gênero, no meio ambiente de trabalho.

Um dos pontos que pode fundamentar a discrepância de tratamento entre os gêneros repousa justamente no tempo de afastamento do trabalho do homem e da mulher. Pois, enquanto as mulheres devem ficar 120 dias afastadas do trabalho a título de licença-maternidade, sem prejuízo do emprego e do salário, ou 180 dias nos casos em que a empresa participe do Programa Empresa Cidadã, a licença-paternidade conferida aos homens é de 5 dias, podendo ser prorrogado por mais 15 dias, nos casos em que a empresa participe do Programa Empresa Cidadã, totalizando assim 20 dias.

Tais fatores têm sido inclusive objeto de diferenças nas conduções de entrevistas de emprego, em que mulheres são questionadas com mais frequência a respeito de filhos,[3] vontade de constituir família ou com quem as crianças ficarão quando estiverem doentes.

Além disso, uma pesquisa realizada pela Fundação Getúlio Vargas[4] concluiu que, após 24 meses, quase metade das mulheres que tiram licença-maternidade estão fora do mercado de trabalho e as dispensas geralmente são sem justa causa e por iniciativa do empregador.

É dizer, mesmo com direitos e garantias resguardos constitucionalmente, na prática as mulheres acabam sofrendo uma espécie de "penalização", apenas pelo fato de terem direitos previstos.

Por isso, não é incomum que mulheres de 25 a 49 anos, com crianças de até três anos, tenham muito mais dificuldades de inserção no mercado de trabalho se comparadas com os homens, em uma diferença de 34,6 pontos percentuais a mais para estes. É o que revela o estudo realizado pelo Instituto Brasileiro de Geografia e Estatística – IBGE.[5]

Dentro desse grupo, ainda encontramos um grupo de mulheres em maior situação de vulnerabilidade: mulheres pretas ou pardas, com crianças de até 3 anos de idade, apresentando níveis de ocupação ainda menores se comparadas a mulheres brancas, em uma diferença de mais de 12 pontos percentuais.

Em 2022, o Superior Tribunal Federal, enfrentando o tema da licença-paternidade, fixou importante precedente quando do julgamento do RE nº 1.348.854/SP,[6] admitido em repercussão geral (Tema nº 1.182), concedendo ao pai genitor monoparental, servidor público federal, licença-paternidade de 180 dias.

O julgamento da ação, além de fixar decisão inédita, também define importante precedente quanto à igualdade de disposição dos direitos sociais a homens e mulheres, criando prospectiva de uma futura redução da discriminação de gênero especialmente no tocante à igualdade de contratação entre as pessoas, independentemente de seus gêneros.

Infelizmente, a maioria das pesquisas e estudos referente à igualdade de gênero, no país, denota uma triste realidade para a mulher e, ainda pior, se adicionarmos questões raciais e orientações sexuais. É dizer, o Brasil ainda apresenta desigualdade entre classes minoritárias, cujo conjunto se apresenta em cascatas, em que é possível se verificar grupos minoritários dentro de grupos já considerados minoritários em relação ao conjunto geral.

A partir disto, percebe-se grande dissonância entre a previsão do princípio fundamental da igualdade e a realidade enfrentada no dia a dia. Os avanços nas questões raciais e de gênero ainda se demonstram bem tímidos e com pouca disposição para colocar o Brasil no *ranking* dos 10 países em que mais se observa igualdade de gênero.

---

[3] PIMENTEL, Vanessa. Mulheres são mais questionadas em relação a filhos em entrevistas de emprego. *Diário do Litoral*, 2019. Disponível em: https://www.diariodolitoral.com.br/cotidiano/mulheres-sao-mais-questionadas-em-relacao-a-filhos-em-entrevistas-de/123781/. Acesso em: 3 ago. 2022.

[4] MACHADO, Cecilia; PINHO NETO, Valdemar. *The labor market consequences of maternity leave policies*: evidence from Brazil. 2016. Disponível em: https://portal.fgv.br/sites/portal.fgv.br/files/the_labor_market_consequences_of_maternity_leave_policies_evidence_from_brazil.pdf. Acesso em: 3 ago. 2022.

[5] INSTITUTO BRASILEIRO DE GEOGRAFIA E ESTATÍSTICA – IBGE. *Estatísticas de gênero*: indicadores sociais das mulheres no Brasil. 2. ed. 2021. Disponível em: https://biblioteca.ibge.gov.br/index.php/biblioteca-catalogo?view=detalhes&id=2101784. Acesso em: 3 ago. 2022.

[6] BRASIL. Supremo Tribunal Federal (Tribunal Pleno). *Recurso Extraordinário 1348854 RG/SP*. Relator: Min. Alexandre de Moraes. Julgamento: 12/05/2022. Disponível em: https://jurisprudencia.stf.jus.br/pages/search/repercussao-geral12203/false. Acesso em: 16 ago. 2022.

A proposta de conferir a homens e mulheres os mesmos direitos também está apta a provocar sensação de injustiça no meio social, uma vez que certas medidas de proteção são previstas especialmente para grupos que demandam efetivamente maior tutela estatal.

De fato, a imposição de instrumentos de efetivação de direitos não deveria criar uma desigualdade ainda maior entre os indivíduos, como ocorre com a predileção pela contratação de homens, que não possuem o mesmo período de licença-paternidade que as mulheres, motivo pelo qual se faz imprescindível que haja uma análise dos efeitos de cada direito a ser despendido em favor de homens e mulheres trabalhadores.

A alternativa para minorar a discriminação de gênero, o resguardo dos direitos das mulheres à licença-maternidade e manutenção do emprego, repousa não apenas em dedicar o mesmo tempo de licença aos homens, na mera tentativa de igualar os sexos, que, biologicamente, não podem ser igualados.

Ao revés, incentivos estatais que encorajam empresas a contratar mais mulheres e a manter em seus quadros funcionais níveis aceitáveis de diversidade de gênero podem ser ações afirmativas a serem implementadas pelo governo.

Importante mencionar que as definições e interpretações de conceitos relacionados à discriminação de gênero à luz constitucional são inevitavelmente amoldadas pelos valores sociais de cada época.

Com a pandemia da Covid-19, por exemplo, os direitos das mulheres foram alvo de grandes discussões acadêmicas, governamentais e midiáticas, uma vez que o isolamento social e o confinamento revelaram um aumento significativo nos casos de violência doméstica no país.[7] Dados como esse revelam ainda circunstâncias discretas como a impossibilidade feminina de trabalhar dentro de casa, uma vez que também a divide com seu agressor.

Em outras palavras, a atual discussão quanto à proteção da mulher no trabalho ultrapassa os limites físicos da entidade, pública ou privada, chegando até mesmo dentro de sua residência domiciliar.

Isso pois, um grupo vulnerável não o é apenas em certos lugares, senão em todos os lugares da sociedade, demandando assim um leque protetivo maior, com vistas a equilibrar circunstâncias que naturalmente provocariam desigualdade entre os grupos. É dizer, o combate à discriminação de gênero não deve se ater apenas ao âmbito laboral, mas a todas as áreas em que a mulher precisa exercer papéis sociais.

O resultado repousa na liberdade feminina em exercer seus ofícios seja dentro de casa, seja dentro de entidades públicas ou privadas e, ainda, para com a sociedade.

Desse modo, a constante discussão dos direitos da mulher, combinada com a postura positiva do Estado, constitui medida essencial para que se propague o atrofiamento da cultura patriarcal e o empoderamento feminino nas mais variadas áreas da sociedade.

---

[7] FÓRUM BRASILEIRO DE SEGURANÇA PÚBLICA. *Violência doméstica durante a pandemia de Covid-19*. 3. ed. 2020. Disponível em: https://forumseguranca.org.br/wp-content/uploads/2018/05/violencia-domestica-covid-19-ed03-v2.pdf. Acesso em: 4 ago. 2022.

3 Causas da desvalorização da força de trabalho feminina, iniciativas públicas e perspectivas para o futuro

A desvalorização velada da força de trabalho feminina tem sido realidade noticiada em várias partes do mundo e, ao mesmo tempo, pauta de intensos estudos e pesquisas, quase como um esforço esperançoso de solucionar o grande problema da desigualdade de gênero na sociedade e no trabalho. Sobre este ponto, sustenta-se que um olhar para um futuro igualitário exige uma minuciosa análise do passado, para entender brevemente importantes características da mão de obra feminina e masculina.

Sem grandes aprofundamentos, as passagens históricas revelam que a mulher, assim como o homem, sempre esteve ligada ao trabalho. Enquanto elas dedicavam sua força de trabalho para os assuntos do lar, eles se dedicavam a trabalhos externos, dos mais variados.

Mesmo ambas as ocupações sendo consideradas formas de trabalho, o trabalho da mulher, antes exclusivamente doméstico e não remunerado, recebeu tacitamente o *status* social de trabalho "não qualificado", desprestigiado em relação às ocupações masculinas, em que homens estavam habitualmente inseridos no meio social, dedicando sua força física ou intelectual ao desenvolvimento socioeconômico do país.

À vista disso, nota-se que as estruturas patriarcais moldaram a sociedade para atender quase que exclusivamente aos interesses masculinos. Nesse sentido, a posição laboral feminina restrita, por muitos anos, aos serviços domésticos retrata não apenas a futura dificuldade de inserção no mercado, vivenciada até os dias de hoje, como também a expectativa social de onde deveria ser alocada a mão de obra feminina.

Uma breve análise do Código Civil anterior, de 1916, revela a posição da mulher na vida civil, em que esta era considerada relativamente incapaz e necessitava do consentimento do pai ou marido para trabalhar,[8] ou seja, precisava de aprovação masculina para ocupar os espaços por eles dominados, além de outras condições impactantes para o atual nível evolutivo da sociedade, como a antiga fixação do domicílio civil da mulher, para o mesmo do marido, exigências matrimoniais de virgindade como requisito para anulação de casamento, e outros, como a chefia da sociedade conjugal dada exclusivamente ao marido.

Não surpreendente, percebe-se que as leis, ainda que dispondo sobre os direitos das mulheres, eram produzidas e elaboradas apenas por homens. Atualmente, a presença feminina na política ainda é ínfima, mesmo representando 52% da população brasileira, as mulheres ocupam apenas 12% das prefeituras, 15% do Congresso Nacional e 4% dos governos estaduais, ainda, para cada 25 governadores homens eleitos no Brasil, há uma única governadora eleita.[9]

No mais alto posto do Executivo federal, o Brasil teve apenas uma mulher como presidente, desde o início da República em 1889.

---

[8] VIEGAS, Claudia Mara de Almeida Rabelo, PAMPLONA FILHO, Rodolfo Mário Viega. Discriminação de gênero e orientação sexual nas relações de trabalho. *Revista Argumentum*, Marília, v. 21, n. 1, p. 39-64, jan./abr. 2020.

[9] TRIBUNAL SUPERIOR ELEITORAL – TSE. *TSE lança campanha para incentivar mais mulheres na política nas Eleições 2022*. Disponível em: https://www.tse.jus.br/comunicacao/noticias/2022/Junho/tse-lanca-campanha-para-incentivar-mais-mulheres-na-politica-nas-eleicoes-2022. Acesso em: 16 ago. 2022.

Sob a ótica sociopolítica, até 2015, o trabalho doméstico no Brasil ainda não havia sido regulamentado por lei própria, revelando não apenas a mínima presença feminina na política, como também o pouco caso disposto ao trabalho doméstico. Isto é, a dedicação à proteção dos grupos mais vulneráveis é mais efetiva se olhada pela perspectiva daqueles que lidam com as desigualdades em seu cotidiano. Daí o motivo de a presença feminina na elaboração das leis ser de suma importância para o desenvolvimento do país.

No campo legislativo, a Reforma trabalhista, em 2017, alterando o art. 394-A da CLT, fez previsão importante no tocante à saúde da trabalhadora gestante, ao impor que a empregada gestante apenas poderia ser afastada de uma atividade insalubre, sem prejuízo de sua remuneração, na hipótese de apresentar atestado de saúde emitido por um médico de confiança da mulher, que recomendasse o afastamento.

Posteriormente, em 2019, a Suprema Corte brasileira considerou, por unanimidade, a inconstitucionalidade da expressão "quando apresentar atestado de saúde, emitido por médico de confiança da mulher, que recomende o afastamento" do referido artigo.

Notavelmente, as intensas mudanças legislativas criam um óbice legal para o desenvolvimento igualitário entre os gêneros no mercado de trabalho. Isso se deve, principalmente, pelo reforço à cultura do sistema capitalista patriarcal pautado pela preferência na contratação de mão de obra masculina, gerando assim uma assimetria de admissão entre os gêneros.

Mesmo já empregada, a posição da mulher em uma organização ainda apresenta descompassos em relação ao homem, mormente à possibilidade de sofrer algum tipo de violência, como o assédio sexual, sendo este três vezes maior para as empregadas do sexo feminino.[10]

Não obstante, a difusão do discurso feminista nos mais diversos campos da sociedade, quanto à igualdade de gênero, tem aberto espaço para maiores discussões acerca dos direitos das mulheres, em qualquer etapa de suas vidas. A evolução contínua no debate sobre as questões de gênero já provoca pequenas mudanças, mas significativas, como ocorreu em 2002, com o advento do novo Código Civil no Brasil, a partir de uma visão mais igualitária, que destaca a concepção da dignidade humana, em maior consonância com os dispositivos constitucionais.

Algumas iniciativas para a promoção da igualdade de gênero também surgem a partir de tais discussões. É o caso, por exemplo, da mudança na denominação da Lei nº 10.741/2003, antigo Estatuto do Idoso, que passou a se chamar, a partir de 2022, Estatuto da Pessoa Idosa, com vistas à promoção da igualdade de gênero.[11] A adoção de termos mais abrangentes, que abandonem a concepção tradicional de que a palavra "homem" compreende homens e mulheres, contribui para uma inserção de igualdade, diversidade na consciência social e abandono gradual de termos não inclusivos.

---

[10] BARRETO, Elis. Mulheres sofrem três vezes mais assédio sexual nas empresas do que os homens. *CNN Brasil*, 2021. Disponível em: https://www.cnnbrasil.com.br/nacional/mulheres-sofrem-tres-vezes-mais-assedio-sexual-nas-empresas-do-que-os-homens/. Acesso em: 5 ago. 2022.

[11] BAPTISTA, Rodrigo. Estatuto da Pessoa Idosa: lei é rebatizada para garantir inclusão. *Agência Senado*, 2022. Disponível em: https://www12.senado.leg.br/noticias/materias/2022/07/25/estatuto-da-pessoa-idosa-lei-e-rebatizada-para-garantir-inclusao. Acesso em: 5 ago. 2022.

Tais medidas, especialmente advindas pelo meio jurídico, traduzem o propósito essencial dos operadores do direito, qual seja, a busca incessante pela efetividade de direitos, a todos os indivíduos, independentemente de sua cor, raça e gênero.

Mesmo com os dados anteriormente expostos, demonstrando a situação de desvantagens das mulheres no mercado de trabalho, não há no Brasil qualquer determinação que obrigue empresas a manterem diversidade de gênero em seus ambientes corporativos. Mais do que garantir a diversidade, imprescindível o resguardo de um ambiente de trabalho seguro, livre de violências.

Com este intuito e para garantir a liberdade laboral da mulher durante as eleições de 2022, o Tribunal Superior Eleitoral do Brasil criou a Ouvidoria da Mulher[12] para servir como canal de escuta, acolhimento e orientação de pessoas que se sintam vítimas ou tenham informações sobre casos de violência política ou assédio e discriminação pelo gênero no âmbito do TSE e da mulher em sua campanha eleitoral.

O combate à reiteração de comportamentos discriminatórios não se mostra uma tarefa fácil e que possa ser realizada em curto prazo. Ao contrário. Políticas e atitudes inclusivas devem permear a cultura interna e externa das empresas e da sociedade, a partir de uma mudança cultural que começa com a educação de meninos e meninas, desde os primeiros anos.

No ambiente acadêmico, medidas de visibilidade para mulheres pesquisadoras podem ser tomadas a partir de mudanças simples de escrita, como a adoção de referências que não utilizem apenas o último sobrenome da autora, mas, sim, o nome completo, para que o leitor tenha ciência de que aquela parte do texto foi originalmente extraída de uma doutrina de autoria feminina.

O advento da Quarta Revolução Industrial, marcada principalmente pelo uso exacerbado de novas tecnologias no mercado de trabalho, pode constituir importante oportunidade para a promoção da valorização da mão de obra feminina e combate à discriminação de gênero, a partir da adoção de maior capacitação de mulheres para as mudanças do atual trabalho 4.0, como forma de promover maior inserção no mercado e/ou ascensão profissional.

A atuação positiva para incentivar organizações a contratarem mão de obra não apenas feminina, como também outras que contribuam para um quadro funcional mais inclusivo e diversificado, também se revela como medida futura a promover maior igualdade entre os indivíduos.

Para além disso, à sociedade cabe o papel importantíssimo de escolher com mais cautela seus representantes, não apenas como forma de exercício da democracia, também fruto da árdua luta feminina por tal direito, como também com a finalidade central de eleger governos que adotem discursos inclusivos, tenham como objetivos concretizar a erradicação das discriminações de gênero e efetivar direitos humanos no país.

O exercício democrático, então, além de constituir importante instrumento para a evolução social, também constitui forma de fortalecimento do empenho mútuo para o fomento da igualdade material entre os indivíduos.

---

[12] TRIBUNAL SUPERIOR ELEITORAL – TSE. *Ouvidoria da mulher*. Disponível em: https://www.tse.jus.br/eleitor/servicos/ouvidoria/ouvidoria-da-mulher. Acesso em: 5 ago. 2022.

Considerações finais

A luta feminina por igualdade de direitos marca a história humana, carregada de pequenas e lentas mudanças. Algumas destas, como o direito à licença-maternidade às mulheres trabalhadoras, acabaram por estimular o mercado a requisitar para muitos postos de trabalho mais homens que mulheres.

Um breve olhar ao passado, especialmente quanto ao resguardo e exercício do direito das mulheres, possibilita a observação de situações inquietantes que hoje parecem ser absurdas, como o fato de mulheres terem capacidade relativa para exercer atos da vida civil ou, até mesmo, votar. Tendo isso como base, a expectativa é que, no futuro, olhemos perplexas para o presente que vivemos, uma vez que ainda lidamos com inúmeras situações que nos privam de direitos básicos, desde a infância, como equidade de gênero, segurança, direito de constituir família, direito de trabalhar e outros.

No entanto, está-se diante de um futuro incerto, em que não se sabe até quando mulheres terão que lidar com as mais variadas formas de violência, discriminação, desvantagem e outros, opressões cometidas com base unicamente no gênero que carregam.

É dizer, é possível prever que os desafios a serem enfrentados por uma menina, na sua vida adulta, serão muito maiores que os de um menino na mesma idade, uma vez que a sociedade emprega tratamento diferenciado aos dois gêneros. A responsabilidade corrente baseia-se no fortalecimento dos ideais feministas, como forma de atrofiar a grande carga patriarcal que a sociedade vem carregando desde muito tempo.

Uma mudança grandiosa como essa repousa não somente na positivação legal, mas também na educação sobre igualdade racial e de gênero, escolha de lideranças políticas que propaguem princípios e fundamentos constitucionais relacionados à igualdade no país e constituição de mecanismos suficientes para minorar a perpetuação de práticas que coloquem a mulher em posição subalterna ao homem e outras.

A igualdade de gênero ainda se apresenta como um alvo a ser atingido diariamente, cuja medida solucionadora ainda se demonstra complexa e de esforço mútuo em longo prazo. Por abranger diversas áreas de conhecimento e da sociedade, a atuação positiva do Estado, com o fomento às mudanças culturais e sociais e o abandono de reproduções de costumes que enfatizam a misoginia, mostra-se medida adequada, que também depende da escolha democrática da sociedade, através da eleição de seus representantes.

Esforços contínuos e imediatos, no entanto, devem ser preocupações organizacionais, tanto do setor público como privado, para que a sociedade como um todo tenha condições de alcançar a igualdade já prevista em sua Carta Magna.

Referências

BAPTISTA, Rodrigo. Estatuto da Pessoa Idosa: lei é rebatizada para garantir inclusão. *Agência Senado*, 2022. Disponível em: https://www12.senado.leg.br/noticias/materias/2022/07/25/estatuto-da-pessoa-idosa-lei-e-rebatizada-para-garantir-inclusao. Acesso em: 5 ago. 2022.

BARRETO, Elis. Mulheres sofrem três vezes mais assédio sexual nas empresas do que os homens. *CNN Brasil*, 2021. Disponível em: https://www.cnnbrasil.com.br/nacional/mulheres-sofrem-tres-vezes-mais-assedio-sexual-nas-empresas-do-que-os-homens/. Acesso em: 5 ago. 2022.

BRASIL. Supremo Tribunal Federal (Tribunal Pleno). *Recurso Extraordinário 1348854 RG/SP*. Relator: Min. Alexandre de Moraes. Julgamento: 12/05/2022. Disponível em: https://jurisprudencia.stf.jus.br/pages/search/repercussao-geral12203/false. Acesso em: 16 ago. 2022.

FÓRUM BRASILEIRO DE SEGURANÇA PÚBLICA. *Violência doméstica durante a pandemia de Covid-19*. 3. ed. 2020. Disponível em: https://forumseguranca.org.br/wp-content/uploads/2018/05/violencia-domestica-covid-19-ed03-v2.pdf. Acesso em: 4 ago. 2022.

INSTITUTO BRASILEIRO DE GEOGRAFIA E ESTATÍSTICA – IBGE. *Estatísticas de gênero*: indicadores sociais das mulheres no Brasil. 2. ed. 2021. Disponível em: https://biblioteca.ibge.gov.br/index.php/biblioteca-catalogo?view=detalhes&id=2101784. Acesso em: 3 ago. 2022.

MACHADO, Cecilia; PINHO NETO, Valdemar. *The labor market consequences of maternity leave policies*: evidence from Brazil. 2016. Disponível em: https://portal.fgv.br/sites/portal.fgv.br/files/the_labor_market_consequences_of_maternity_leave_policies_evidence_from_brazil.pdf. Acesso em: 3 ago. 2022.

PIMENTEL, Vanessa. Mulheres são mais questionadas em relação a filhos em entrevistas de emprego. *Diário do Litoral*, 2019. Disponível em: https://www.diariodolitoral.com.br/cotidiano/mulheres-sao-mais-questionadas-em-relacao-a-filhos-em-entrevistas-de/123781/. Acesso em: 3 ago. 2022.

PIOVESAN, Flávia. *Temas de direitos humanos*. 11. ed. São Paulo: Saraiva Educação, 2018.

TRIBUNAL SUPERIOR ELEITORAL – TSE. *Ouvidoria da mulher*. Disponível em: https://www.tse.jus.br/eleitor/servicos/ouvidoria/ouvidoria-da-mulher. Acesso em: 5 ago. 2022.

TRIBUNAL SUPERIOR ELEITORAL – TSE. *TSE lança campanha para incentivar mais mulheres na política nas Eleições 2022*. Disponível em: https://www.tse.jus.br/comunicacao/noticias/2022/Junho/tse-lanca-campanha-para-incentivar-mais-mulheres-na-politica-nas-eleicoes-2022. Acesso em: 16 ago. 2022.

VIEGAS, Claudia Mara de Almeida Rabelo, PAMPLONA FILHO, Rodolfo Mário Viega. Discriminação de gênero e orientação sexual nas relações de trabalho. *Revista Argumentum*, Marília, v. 21, n. 1, p. 39-64, jan./abr. 2020.

WORLD ECONOMIC FORUM. *Global Gender Gap Report 2022*. Disponível em: https://www.weforum.org/reports/global-gender-gap-report-2022. Acesso em 2 ago. 2022.

Informação bibliográfica deste texto, conforme a NBR 6023:2018 da Associação Brasileira de Normas Técnicas (ABNT):

FERREIRA, Vanessa Rocha; SANTOS, Murielly Nunes dos. A discriminação de gênero e as dificuldades da inserção da mulher no mercado de trabalho. *In*: MENDES, Denise Pinheiro Santos; MENDES, Giussepp; BACELAR, Jeferson Antonio Fernandes (Coords.). *Magníficas mulheres*: lutando e conquistando direitos. Belo Horizonte: Fórum, 2023. p. 385-395. ISBN 978-65-5518-488-4.

POSFÁCIO

ENTRE MA'AT E AS PARAJÁS: A JUSTIÇA É UMA MAGNÍFICA MULHER

> *Sempre fico desconfortável quando as pessoas falam sobre mortais comuns, porque nunca conheci um homem, mulher ou criança.*
> (Joseph Campbel, O poder do mito)

Desde os mais antigos registros conhecidos, os símbolos estão presentes, permitindo ao ser humano expressar uma realidade sem os saberes consolidados ou as palavras definidas. Como manifestação simbólica destaca-se o mito, com estórias, fábulas, alegorias, com deuses e heróis que revelam, na sua maioria, qualidades ideais, verdadeiros modelos comportamentais, ou que tentam explicar seja o funcionamento da natureza, sejam as peculiaridades dos sentimentos e ações humanos.

No âmbito jurídico não é diferente, pois seus conceitos e fundamentos são repletos de valores que muitas vezes só podem ser compreendidos assertivamente se envoltos na linguagem metafórica.

Assim, o mito seria mais uma necessidade que mera alternativa retórica. Como afirmam De Sevilla, De Tovar e Arráez Belly (2006, p. 123): "De fato, não se pode acreditar que os mitos são o produto de uma invenção caprichosa da imaginação, mas foram principalmente inspirados pelo profundo sentimento de medo e respeito" (tradução nossa). As mesmas autoras asseveram: "Entre a linguagem e o mito não há apenas uma relação íntima, mas uma verdadeira solidariedade, uma vez que ambos têm a mesma forma simbólica, a palavra" (tradução nossa). Contudo, é preciso analisar os mitos com cuidado e técnica, evitando anacronismo, absolutizações e conclusões equivocadas.

Remonta ao século XXIV a.C., no contexto babilônico e sumério, a primeira representação da justiça. É um cilindro pintado no qual se identifica o deus Shamash (Utu), antropomorfizado. Esta divindade era considerada juiz supremo do céu e da terra. É a mesma figura que está presente no conhecido código de Hamurabi, do século XVIII a.C.

Já no Egito, a figura é feminina, trata-se da deusa Ma'at, a "deusa da primeira hora do dia". Tal designação era peculiar e significativa, pois afirmava, neste momento do cotidiano, que os inimigos que realizassem males durante a noite seriam julgados e punidos. Ma'at, filha de Re, o Deus Sol, representaria a justiça cósmica que respalda e legitima a justiça humana, do rei/juiz (MUGUERZA, 2017, p. 13-15). Segundo Rodríguez López (2003, p. 4), Ma'at personificava os conceitos de ordem, verdade e justiça, informando que "Los Textos de las Pirámides" a apresentam como "la fuerza capaz de garantizar el orden del Universo", como "la base de la Ley y de toda la sabiduría ética, y en el mundo terrena".

Contudo, não se pode negar que as imagens e simbologia mais afirmadas na contemporaneidade têm na Grécia e em Roma sua gênese. No helenismo, seriam três as figuras femininas representativas da justiça: Têmis, Nêmesis e Dikê (Astrea), pois os gregos identificavam conceitos por intermédio de figuras antropomórficas, relacionadas aos seus deuses.

Têmis/Themis (Θέμις) é filha de *Urano*, "rei do universo" e Gaia, "deusa da terra". Trata-se da esposa de Zeus (Júpiter, romano) o "deus dos deuses", com quem teve três filhas: a quem ele aconselha através de seus *Thémistes*, que seriam os julgamentos da deusa Têmis inspirados pelas ordens de Zeus. Tais julgamentos passaram a abarcar conceitos de imposição, exigência coercitiva, decreto, ordenamento, prescrição e estabelecimento de leis, e, posteriormente, passaram a ser *Nomoi*, normas absolutas, imutáveis (no mesmo sentido posterior de lei ou direito natural). Os juízes gregos eram conhecidos como *themistopoloi*, ou servos da deusa Têmis.

Commelin (2018) informa que seus atributos são:

> [...] a escala e a espada, ou um feixe de machados cercados por varas, símbolo de autoridade entre os romanos. Uma mão na ponta de um cetro ainda é um de seus atributos. Uma vez ela é retratada com uma venda, indicando a imparcialidade necessária ao bom juiz. (Tradução nossa)

O mesmo autor informa que a esposa de Zeus teve três filhas: a Equidade, a Lei e a Paz. Outros pesquisadores apontam sua prole como as Horas (referidas por Homero em suas obras *Odisseia* e *Ilíada*, e por Hesíodo na sua *Teogonia*), ou seja, personificações de deusas da ordem, da natureza e das estações e mais tarde identificadas como divindades da ordem em geral e da justiça. Seus nomes seriam: Eunomia (Ευνομια, boa ordem), a deusa da lei; Irene (Ειρήνη, paz), a deusa da paz e da riqueza, que tem como correspondente a deusa Pax, da mitologia romana; e Dikê ou Dice (Δικη, justiça), deusa da justiça moral, pois Têmis seria responsável pela justiça divina (COMMELIN, 2018).

Humbert (2017), esclarece a respeito de sua aparência tradicional, informando que, além de segurar uma espada e uma balança, estaria vendada: "[...] querendo indicar que para ela nem a patente nem a qualidade das pessoas que vêm submeter-se a seus julgamentos valem alguma coisa" e repousaria "sobre um leão para significar que a justiça deve ser apoiada pela força" (tradução nossa).

Por sua vez Nêmesis (Νέμεσις), filha de Nix (noite), é a deusa da justiça, da solidariedade e da vingança (divina), mas também do equilíbrio e da fortuna. Retratada como uma rainha alada e com um chifre de veado, que representariam a rapidez em suas ações julgadoras. Nas mãos, um galho de macieira, tochas, espadas e cobras, instrumentais da vingança que imporia aos desobedientes e orgulhosos.

Commelin (2018), baseado em Hesíodo (750 e 650 a.C.), retrata Nêmesis como aquela que veio à Terra e foi ao inferno "para cuidar de los castigos, de las faltas y del cumplimiento de las reglas imprescriptibles de la justicia". Era invocada nos tratados de paz, para garantir a estrita observância desses acordos. Sua relação com Têmis é interessante. A esposa de Zeus representa o "bom conselho", que, quando ignorado, provoca a ação de Nêmesis com sua punição justa, mas raivosa. Sua atuação punitiva alcançava crianças que desobedecessem a seus pais, amantes infiéis, bem como aqueles que não respeitassem o direito alheio. Atuaria contra os excessos (inclusive de felicidade) que perturbassem o equilíbrio do universo e geravam desigualdades. É associada à ideia de justiça distributiva.

Dikê (Δίκη), filha de Zeus e Têmis, é a deusa virginal que carregava os raios do "deus dos deuses" nos braços, além de uma balança. Seu caráter revelava as virtudes da prudência e modéstia, seus julgamentos traziam paz, motivos pelos quais seria muito procurada pelos mortais para apontar caminhos na solução de seus dilemas e conflitos.

Na *Teogonia* de Hesíodo (2007), escrita no século VIII-VII a.C., apontam-se as oponentes de Dikê: Eris, que seria a tendência de subverter a ordem, quando, por exemplo, se pratica a justiça própria; Bía, a força que confronta o direito; e Hybris, a incontinência que excede os limites da lei, transformando o justo no injusto.

Brandão (1986, p. 152) informa que, no período da magistratura de Sólon, em Atenas, surgiu instigante confronto entre o pensamento de Têmis e o de Dikê. Na ausência de um direito escrito, fundamentado no costume, os nobres atenienses defendiam o direito baseado em Têmis, a justiça divina, a qual tinham domínio para interpretar e aplicar, e cujo depositário era o rei, "aquele que decide em nomes dos deuses". Ao assumir sua magistratura, Sólon propôs a substituição de Têmis por Dikê, a justiça dos homens, manifesta em leis escritas.

Gonzalez Garcia (2017, p. 17-18) disponibiliza, em seu texto a respeito das imagens da justiça na estética do direito, um canto à Dikê, contido nos *Himnos* órficos (conjunto de poemas atribuídos ao poeta e músico lendário Orfeu):

> Canto ao olhar da Justiça [Dike] que tudo vê, de figura esplêndida, que se senta no trono sagrado do soberano Zeus e, desde o céu, contempla a vida dos mortais que são distribuídos em diferentes povos, deixando-se cair como uma justa vingadora das injustiças e confrontando, a partir de sua equanimidade, os fatos anômalos com a verdade, porque tudo o que, por seus pensamentos malignos, vai para os mortais de uma forma confusa, por desejar o lucro com intenções injustas, tu sozinha redireciona-os impondo punição aos injustos. Venha, então, deusa justa, para nos inspirar pensamentos nobres, até que, a qualquer momento, o dia fatal fixado pelo destino possa aparecer na minha existência. (Tradução nossa)

É esta divindade que se encontra transmutada para o panteão romano, com o nome de Iusticia, ainda que alguns entendam que a equivalência se estabelece com Têmis, sua mãe. Como informa Martin (2005, p. 472-473), "[...] a mitologia grecoromana é de fato GRECO-romana, ou seja, essencialmente grega" (tradução nossa), pois os romanos apenas "historizaram" mitos, não os criaram. Adotaram o essencial da mitologia grega e o "enriqueceram" com detalhes pontuais, mais de caráter legendário do que mítico. Portanto, Iusticia é a mesma Dikê grega.

Mesmo que Dikê seja considerada menos relevante que Têmis no panteão grego, foi a tradução de seu nome que influenciou a escolha pela palavra "justiça". De *dique* vem o adjetivo *dikaios*, "justo", e o substantivo *dikaiosyne*, "estado do que é justo". Sobre esta relação entre os símbolos e as palavras "direito" e "justiça", fundamental a pesquisa de Ferraz Jr. (2018), baseado da obra *Jus derectum (directum)*, de Sebastião Cruz, que também auxilia na aproximação com a deusa romana. Lembra que a balança é símbolo tradicional do direito e que se fazia presente nas representações grega e romana. Estava na mão esquerda de Dikê, que tinha na outra mão uma espada e, em pé, com olhos abertos, "dizia (declarava solenemente) existir o justo quando os pratos estavam em equilíbrio (íson, donde a palavra isonomia)". No contexto romano, a deusa era Iustitia, que por sua vez "distribuía a justiça por meio da balança (com os dois pratos e o fiel bem no meio) que ela segurava com as duas mãos". Também em pé, mas com os olhos ocultos por uma venda, "dizia (declarava) o direito (jus) quando o fiel estava completamente vertical: direito (rectum) = perfeitamente reto", pelo que explica:

> os gregos aliavam à deusa algumas palavras, das quais as mais representativas eram *díkaion*, significando algo dito solenemente pela deusa Diké, e íson, mais popular, significando que os dois pratos estavam iguais. Já em Roma, as palavras mais importantes eram jus, correspondendo ao grego *díkaion* e significando também o que a deusa diz (*quod Iustitia dicit*), e derectum, correspondendo ao grego íson. (FERRAZ JR., 2018, p. 11)

Quanto aos olhos abertos ou vendados, explica que "os dois sentidos mais intelectuais para os antigos eram a visão e a audição". Aquela para indicar ou simbolizar a especulação, o saber puro, a *sapientia*; esta para mostrar o valorativo, as coisas práticas, o saber agir, a prudência, o apelo à ordem etc. Assim, ao escolher pela figura com tais características, os gregos concebiam uma atuação mais abstrata e especulativa, enquanto para os romanos se destacava o "saber-agir, uma *prudentia*, um equilíbrio entre a abstração e o concreto".

No que concerne à presença da espada, informa Ferraz Jr. (2018), que, para os gregos, fazia-se necessário aliar a força ao direito, para tornar possível sua execução, enquanto para os romanos mais importante era demonstrar firmeza e segurança naquilo que se dizia (*jus-dicere*), daí o ato de segurar a balança com as duas mãos.

Sendo inquestionável a constatação de Ferraz Jr., no sentido de que expressão *jus* acabou sendo substituída por *derectum* ou direito, como designativo do saber estudado, o termo mais antigo se manteve vivo na sua essencialidade e na sua fundamentalidade. Se é verdade que se estuda e se aplica o direito, o que se busca é o justo. É a justiça o fim maior do direito, pois este não se realiza como algo em si mesmo. A justiça é a realização do direito, é a própria virtude cujo objeto é o direito.

Aulo Gélio (2020), que foi escritor romano, do II século d.C. e autor de *Noites Áticas*, apresenta a visão estética da deusa Iusticia em sua época: "Com forma e traço virginal, com aspecto veemente e formidável, com claridades enérgicas dos olhos, nem humilde com dignidade nem de atroz, mas de certa reverenda austeridade". Explicando que, da mesma forma, o juiz "[...] que é o antístite da Justiça", deve ser "[...] severo, incorrupto, não adulável, e impiedoso e inexorável contra os ímprobos e culpados, e também erguido, e também altivo e potente, terrífico pela força e majestade da equidade e da verdade", para que inspire aos injustos o medo "[...] e aos justos confiança, a estes benévola sendo a face por um lado, àqueloutros hostil por outro lado".

No concernente à imagem romana da justiça, Rodríguez López (2003, p. 13-17) informa que, seja em troféus militares, medalhas, moedas ou decoração de tumbas, surge, com variações, a figura de "mulher carregando em suas mãos uma balança disco duplo e uma cornucópia" (tradução nossa). Também era comum na época de Adriano a "figura feminina alada, com ramo de oliveira (alusão à paz que traz consigo a manutenção da Justiça), patena e espada" (tradução nossa). Explica que:

> As figuras representadas em moedas e medalhas colocam diante de nossos olhos um rico repertório de imagens simbólicas que tinham um caráter marcante de propaganda política para exaltar certos valores no Império: Justiça, Paz, Magnanimidade, Liberalidade, Abundância e outros conceitos semelhantes em relação à ordem social; com esse repertório iconográfico foi inaugurado na arte ocidental a própria linguagem alegórica que, como é conhecida, seria amplamente cultivada durante a Idade Média e o Renascimento e chegaria ao seu ápice na cultura do barroco, revigorada por políticas de sinais imperialistas. (Tradução nossa)

Portanto, a imagem feminina da justiça nunca foi substituída, mantendo seu perfil iconográfico geral, ainda que modificado de acordo com peculiaridades e circunstâncias. Por vezes apenas uma opção estética dos artistas que a concebem, sem um verdadeiro significado, seja político ou ideológico, seja jurídico. Mas, em outras expressões, o recorte símbolo-realidade se manifesta inegavelmente, ainda que numa perspectiva idealista seja da justiça como valor, seja como expressão do Poder Judiciário.

À guisa de conclusão, nesta obra que homenageia não uma, mas cinco magníficas mulheres que alcançaram o ápice nos órgãos estatais que compõem, no Sistema de Justiça, importante refletir sobre a presença feminina coletiva, e mais uma vez os símbolos nos oferecem suporte qualificado.

A ideia de uma tríade divina surge em diversas culturas, religiões e mitologias. Por vezes, é uma deusa com três aspectos distintos e complementares entre si, em outras, é representada por três personagens separados com conexões operativas. São diversas as expressões triádicas, especialmente na mitologia religiosa. No hinduísmo: Brahma, Vishnu e Siva, além da tríade feminina: Saraswati, Lakshmi e Parvati. Na Babilônia são identificados: Bel, Ea e Anu, enquanto no Egito, entre diversas composições, destaca-se a dos deuses mais importantes: Ra, Ptah e Amon. Os incas tinham: Inti, Mama Quilla e Viracocha, enquanto os maias, com seis tríades, veneravam em Itzamná, Ixchel e Kukulcán, a "grande tríade".

Mais uma vez, na Grécia, diante de diversas trincas masculinas, como Zeus, Poseidon e Hades, existem as mistas como: Apolo, Artemis e Leto, bem como as femininas: Hera, Atena e Afrodite; Selene, Artemis e Hecate; Demeter, Perséfone e Hecate; Hera, Anfitrite e Hecare. Sem esquecer as anteriormente tratadas, as filhas de Têmis, chamadas Horas (em referências às estações): Eunomia (ordem, disciplina), Dikê (justiça) e Irene (paz), as quais, conforme explica Grimal (1999, p. 276), tinha um duplo aspecto: "[...] como divinidades de la Naturaleza, presiden el ciclo de la vegetacion; como divinidades del orden (hijas de Temis, la Justicia), aseguran el equilibrio social".

É nesse contexto plural, diversificado, muito mais próximo da realidade da justiça e das mulheres que se descobre a tríade tupi-guarani das Parajás, que são as deusas da honra, do bem e da justiça. Seriam três inseparáveis irmãs, criadas pelo deus Tupã juntamente com a humanidade e responsáveis por auxiliar os seres humanos a decidir entre atitudes certas e erradas, e a manter sua existência harmônica e justa. Sem elas, prevaleciam os maus sentimentos, a injustiça e maldade.

Uma peculiaridade da narrativa que envolve as Parajás. Os humanos, pela influência invejosa de Anhangá, encheram seus corações de ambição e ódio e passaram a praticar toda sorte de maldade e injustiça. Mesmo com a ação das Parajás, não mudaram seus sentimento e ações. Então, as deusas, chorando, envolveram seus corpos com brancas plumas e abandonaram os mortais, voltando para junto de Tupã. Não em postura de covardia, mas sim diante de uma cosmologia que estava concentrada na figura masculina, como quem tinha maior poder para solucionar situações extremas.

Tal curiosidade revela uma importante característica da linguagem mitológica, pois, se por um lado revela um pensamento social, que pode ser tanto prospectivo como perspectivo, a respeito da existência humana e das relações que se devem estabelecer pessoalmente, coletivamente e ecologicamente, também precisa ser adaptada diante de situações complexas e dinâmicas.

As Parajás (ou Dikês ou Iusticias) da contemporaneidade são muito mais fortes e resilientes que as da mitologia. Não desistem tão facilmente e não recorrem mais ao sexo oposto para "salvá-las". Tais virtudes advêm de uma história de lutas, desafios, oposições e algumas frustrações temporárias, mas também de muita persistência, fé, embates e conquistas duradouras.

Por exemplo, a italiana Giustina Rocca, que viveu na transição dos séculos XIV e XV, é considerada a primeira advogada do mundo. É uma pioneira, pois Paiva (2019) informa que na França somente por intermédio de uma lei aprovada em 1900 as mulheres puderam exercer a advocacia. Nos Estados Unidos, a American Bar Association, somente em 1918, admitiu o ingresso de mulheres.

No Brasil, as primeiras bacharelas em Direito foram Maria Fragoso, Maria Coelho e Delmira Secundina da Costa, em 1888, e Maria Augusta C. Meira Vasconcelos, em 1889, formadas pela Faculdade de Direito de Recife. Já Mirtes Gomes de Campos, formada em 1898, pela Faculdade Livre de Ciências Jurídicas e Sociais do Rio de Janeiro, é considerada a primeira advogada do Brasil. Foi reconhecida sua luta tanto para cursar como para ter registrado seu diploma nos órgãos competentes da época. Em 1906, conseguiu associar-se ao Instituto dos Advogados do Brasil (IAB), órgão que antecedeu a Ordem dos Advogados do Brasil (OAB), fundada apenas em 1930 (SCHUMAHER, 2000, p. 501-502).

Quanto à primeira magistrada brasileira, há certa divergência entre a cearense Auri Moura Costa, primeira juíza nomeada por interventor, em 31.5.1939, e a catarinense Thereza Grisólia Tang, aprovada em concurso e nomeada em 1954. Suas histórias inspiradoras merecem ser conhecidas e difundidas. Bem como a da primeira juíza federal, a sergipana Maria Rita Soares de Andrade, empossada em 1967, também a primeira mulher a compor o Conselho Federal da Ordem dos Advogados do Brasil.

No Supremo Tribunal Federal – STF, a precursora foi a carioca Ellen Gracie Northfleet, tendo ingressado na referida Corte em 2000 e se aposentado em 2011. Entre 2006 e 2008, presidiu o STF, sendo a pioneira entre aquelas que ocuparam a chefia de um poder da União. Em seu discurso de posse, registrado nos anais do Tribunal, primeiramente, reconheceu o simbolismo do ato, na medida em que sabia não se tratar de conquista individual, mas sim de todas as brasileiras, pois, mesmo com "notáveis exemplos de capacidade, dedicação e bravura ao longo de nossa história, muito embora os extraordinários serviços prestados por essa metade da população brasileira", nenhuma havia ocupado cargo de tamanha envergadura, pelo que redirecionou a todas as mulheres do Brasil "os louvores" que lhe foram endereçados (SUPREMO TRIBUNAL FEDERAL, 2006, p. 44).

Ruth Bader Ginsburg, segunda mulher a ocupar a Suprema Corte dos Estados Unidos da América, disse que "As mulheres pertencem a todos os lugares onde as decisões estão sendo tomadas. Elas não deveriam ser a exceção". No estado do Pará, diferentemente de outros estados nos quais a presença feminina é residual, as mulheres vêm ocupando cada vez mais lugares de gestão superior, onde as verdadeiras decisões são tomadas. Essas magníficas mulheres têm deixado marcas e legados indeléveis!

O Tribunal de Justiça do Estado do Pará – TJPA tem em Lydia Dias Fernandes não apenas sua primeira desembargadora, como também uma das primeiras mulheres a ocupar cargo similar no Judiciário brasileiro, empossada em 1967, sendo considerada a primeira a presidir um Tribunal de Justiça (1978-1981) e um Tribunal Eleitoral no Brasil (1989-1991). Outras extraordinárias mulheres a seguiram na Presidência do TJPA: Desa. Maria Lúcia Gomes Marcos dos Santos (1993 a 1995), Desa. Climenié Bernadette de Araújo Pontes (2001 a 2003), Desa. Maria de Nazareth Brabo de Souza (2003 a 2005), Desa. Albanira Lobato Bemerguy (2007 a 2009), Desa. Raimunda do Carmo Gomes Noronha (2009 a 2011), Desa. Luzia Nadja Guimarães Nascimento (2013 a 2015) e Desa. Célia Regina de Lima Pinheiro (2021 a 2023).

No século XXI, foram seis desembargadores e seis desembargadoras ocupando a Presidência do TJPA. E, na atual composição da Corte estadual, a participação feminina é majoritária. Mais do que em outros lugares, no Pará a justiça é uma mulher.

Já no Tribunal Regional Eleitoral do Pará – TRE/PA, depois da primeira presidente, Desa. Lydia Dias Fernandes (1989 a 1990), seguiram-na as seguintes magistradas: Desa. Climenie Bernadette de Araújo Pontes (1990 a 1993), Desa. Maria de Nazaré Brabo de Souza (1994 a 1996 e 1996 a 1997), Desa. Ivonne Santiago Marinho (1999 a 2000 e 2000 a 2002), Desa. Albanira Lobato Bemerguy (2003 a 2005), Desa. Raimunda do Carmo Gomes Noronha (2007 a 2009), Desa. Célia Regina de Lima Pinheiro (2017 a 2019) e a atual Presidente Desa. Luzia Nadja Guimarães Nascimento.

No Tribunal Regional do Trabalho, da Oitava Região, a presença feminina na cúpula da gestão manifesta-se desde o século XX, mas alcança grande relevância do século XXI. Assim são lembradas: Desa. Semíramis Arnaud Ferreira (1980 a 1982), Desa. Lygia Simão Luiz Oliveira (1980 a 1990), Desa. Marilda Wanderley Coelho (1994 a 1996), Desa. Rosita de Nazaré Sidrim Nassar (2000 a 2002), Desa. Francisca Oliveira Formigosa (2008 a 2010), Desa. Odete Almeida Alves (2012 a 2014), Desa. Suzy Elizabeth Cavalcante Koury (2016 a 2018), Desa. Pastora do Socorro Teixeira Leal (2018 a 2020) e a atual Presidente Desa. Graziela Leite Colares, eleita para o biênio 2020/2022. Portanto, das últimas dez gestões, cinco foram comandadas por mulheres.

No Tribunal de Contas do Estado do Pará – TCE, a Conselheira Eva Andersen Pinheiro assumiu a Presidência da Corte em várias oportunidades: 1968 a 1970, 1981 a 1982, 1995 a 1996. Mais recentemente, a Conselheira Maria de Lourdes Lima de Oliveira foi eleita para três períodos: 2009 a 2010, 2017 a 2018 e 2021 a 2023, sendo a presidente atual. E, no Tribunal de Contas dos Municípios – TCM, depois de Rosa de Fátima Hage, que presidiu o TCM em dois períodos (2007 a 2008 e 2009 a 2010), comanda a Corte de Contas a Conselheira Mara Lúcia Barbalho da Cruz.

Todas essas Parajás/Têmis/Dikês/Iusticias enfrentaram lutas similares por reconhecimento, por valorização, resistindo ao preconceito, à discriminação, ao assédio e às tentativas de desqualificação. O espaço feminino no Sistema de Justiça ainda é uma conquista, fruto de embates cotidianos e permanentes. Portanto, uma luta inacabada, ainda que com muitas vitórias.

Por outro prisma, é incontestável que as cinco homenageadas deste livro, Célia Regina, Luzia, Graziela, Maria de Lourdes e Mara, conseguiram romper com quaisquer movimentos que tentaram diminuí-las ou impedi-las de realizar seus propósitos existenciais. São verdadeiras estrelas! Como os astros luminosos, com luz própria, que compõem a constelação Cruzeiro do Sul (Crux), formada pela junção de cinco estrelas: Alpha Crucis, Beta, Gamma, Delta e Epsilon Crusis.

Interessante que, apesar de ser a menor das constelações modernas, a Cruzeiro do Sul é uma das mais brilhantes da Via Láctea e reconhecida por sua imensa importância (histórica, geográfica, astronômica e mítica), especialmente para o céu meridional. Assim, nossas Estrelas continuarão iluminando o céu e a vida desde o Sul Global. Como disse Marguerite Yourcenar, escritora belga, "Não é difícil alimentar pensamentos admiráveis quando as estrelas estão presentes".

Continuem nos iluminando Dikês, Iusticias, Parajás, Estrelas... Magníficas Mulheres!

Jeferson Bacelar e Giussepp Mendes
Organizadores

Referências

BALIEIRO, Cristina. *O legado das deusas*: caminhos para a busca de uma nova identidade feminina. 2. ed. São Paulo: Pólen, 2019.

BRANDÃO, Junito de Souza. *Mitologia grega*. Petrópolis: Vozes, 1986.

COMMELIN, Pierre. *Mitología griega y romana*. Ciudad Autónoma de Buenos Aires: El Ateneo; Madrid: La esfera de los libros, 2018.

FERRAZ JR., Tércio Sampaio. *Introdução ao estudo do direito*. 6. ed. São Paulo: Atlas, 2011.

GELLIUS, Aulus. *Noites áticas*. Tradução e notas de José R. Seabra F. Londrina: Eduel, 2020.

GONZÁLEZ GARCÍA, José M. Imagens da justiça na estética da Conferência Direito IV "Javier Muguerza". Universidade de La Laguna. Outubro 2016. *Revista Laguna*, Madrid, v. 41, p. 9-40, dez. 2017.

GRIMAL, Pierre. Justiça. In: GRIMAL, Pierre. *Dicionário da mitologia grega e romana*. 3. ed. Algés: Difel, 1999.

HESIODO. *Teogonia*: a origem dos deuses. Estudo e Tradução de Jaa Torrano. 7. ed. São Paulo: Iluminuras, 2007.

HUMBERT, Jean. *Mitología griega y romana*. 2. ed. Barcelona: Editorial Gustavo Gili, 2017.

MARTIN, René. *Diccionario espasa mitología griega y romana*. 8. ed. Madrid: Espasa, 2005.

PAIVA, Francélia de Jesus Uchôa. *As mulheres nas carreiras jurídicas no país dos bacharéis*: avanço e desafios de advogadas e magistradas no Estado do Amazonas. Tese (Doutorado em Sociedade e Cultura na Amazônia) – Universidade Federal do Amazonas, 2019.

RODRÍGUEZ LÓPEZ, María Isabel. La imagen de la justicia en las artes plásticas (Desde la Antigüedad hasta las postrimerías del Medioevo). *Saberes – Revista de estudios jurídicos, económicos y sociales*, Madrid, v. 1, 2003. Separata.

SCHUMAHER, Maria Aparecida *et al*. *Dicionário mulheres do Brasil*: de 1500 até a atualidade. Biográfico e ilustrado. 2. ed. Rio de Janeiro: Zahar, 2000.

SEVILLA, María U. H. de; TOVAR, Liuval M. de; ARRÁEZ BELLY, Morella. El mito: la explicación de una realidad. *Laurus*, Caracas, v. 12, n. 21, p. 122-137, 2006.

SUPREMO TRIBUNAL FEDERAL. *Posse na Presidência do Supremo Tribunal Federal: Ministra Ellen Gracie Northfleet, Presidente; Gilmar Ferreira Mendes, Vice-Presidente*. Sessão solene realizada em 27 de abril de 2006. Brasília: Supremo Tribunal Federal, 2006.

SOBRE OS AUTORES

Agatha Gonçalves Santana
Doutora e Mestre em Direitos Humanos pela Universidade Federal do Pará. Graduada pela Universidade da Amazônia – Unama. Professora titular da Graduação e Pós *Stricto Senso* da Universidade da Amazônia – Unama/Ser Educacional. Membro efetivo do Comitê de Ética da Universidade da Amazônia – CEP ICES Unama/Ser Educacional. Líder do Grupo de Pesquisa CNPq "Teorias Gerais do Processo". Coordenadora do Projeto de Pesquisa "A virada tecnológica do Direito e a efetivação dos direitos fundamentais". Membro do Instituto Brasileiro de Direito Processual – IBDP. Membro do Instituto Brasileiro de Estudos em Responsabilidade Civil – Iberc. Associada da Associação Norte-Nordeste dos Professores de Processo – ANNEP. Membro do Instituto Brasileiro Elas no Processo – Abep. *E-mail*: agathadcpc@yahoo.com.br.

Agenor Cássio Nascimento Correia de Andrade
Mestrando em Direito na Universidade Federal do Pará (UFPA), na área temática "Normas Fundamentais Processuais e Processo Coletivo/Técnicas de Coletivização". Especialista em Direito Público pela Universidade Católica de Petrópolis. Especialista em Prática Sistêmica do Direito e das Constelações Familiares no Sistema de Justiça. Constelador sistêmico. Facilitador de círculos restaurativos. Mediador judicial pelo CNJ. Formador da Escola Nacional de Formação e Aperfeiçoamento dos Magistrados (Enfam). Juiz de Direito do Tribunal de Justiça do Estado do Pará (TJPA). Integrante do Centro de Inteligência (TJPA). Juiz de Cooperação do TJPA. Belém, Pará, Brasil. *E-mail*: agenordandrade@gmail.com.

Alice Bianchini
Doutora em Direito penal pela PUC-SP. Mestre em Direito pela UFSC. Foi Professora da Faculdade de Direito da USP. Foi Coordenadora dos Cursos de Especialização Telepresenciais da Rede de Ensino Luiz Flávio Gomes – Rede LFG. Vice-Presidenta da Associação Brasileira de Mulheres de Carreiras Jurídicas. Coordenadora da Pós-Graduação Direito das Mulheres (meucurso.com.br). Autora de vários livros e de artigos publicados em periódicos nacionais e estrangeiros, entre eles, *Crimes contra mulheres*, JusPodivm, 2022; *Crimes contra crianças e adolescentes*, JusPodivm, 2022; *Lei Maria da Penha*, Tirant, 2021; *Feminismo(s)*, em coautoria com Sílvia Pimentel, Matrioska, 2021. Integrante do Grupo de Pesquisa Direito, Discriminação de Gênero e Igualdade, certificado no CNPq e vinculado à PUC-SP. Conselheira do Notório Saber do CNDM. Ministra cursos de capacitação para profissionais do direito sobre práticas da Lei Maria da Penha, perspectiva de gênero e violência contra mulheres.

Anete Marques Penna de Carvalho
Graduada em Direito e Mestre pela Universidade do Estado do Pará (UFPA). Doutora em Direito pela Faculdade de Direito da Universidade de Lisboa/Portugal. Procuradora do Estado do Pará (PGE/PA). Coordenadora do Jurídico da Casa Civil da Governadoria. *E-mail*: anete.carvalho@pge.pa.gov.br.

Anna Marcella Mendes Garcia
Mestra em Direitos Humanos pela Universidade Federal do Pará (PPGD/UFPA). Pós-Graduada em Direito Processual. Advogada e Professora. *E-mail*: marcellamendesgarcia@gmail.com.

Anne Wilians
Administradora e advogada. Sócia do escritório Nelson Wilians Advogados. Fundadora e Presidente do Instituto Nelson Wilians. Autora do livro *Empreendedorismo social feminino*.

Bernardo Augusto da Costa Pereira
Doutorando em Direito pela Universidade Federal do Pará. Mestre em Direito, Políticas Públicas e Desenvolvimento Regional, pelo Centro Universitário do Estado do Pará. Professor de Direito Processual Civil nos cursos de Direito do Centro Universitário do Estado do Pará e da Faculdade Ideal. Membro da Associação Norte-Nordeste de Professores de Processo – ANNEP. Advogado. Belém, Pará, Brasil. *E-mail*: bapbernardo@gmail.com.

Bianca Cartágenes Saraiva
Mestre em Direito e Ciências Jurídicas, na especialidade de Ciências Jurídico-Internacionais, pela Faculdade de Direito da Universidade de Lisboa (FDUL). Especialista em Direito Público e Bacharel em Direito pelo Centro Universitário do Estado do Pará (Cesupa). Pesquisadora do Núcleo de Tribunais Internacionais da Faculdade de Direito da Universidade de São Paulo (NETI-USP). Advogada atuante na área de Direito Público. *E-mail*: biancacartagenes@gmail.com.

Brenda Araújo Di Iorio Braga
Advogada. Especialista em Direito Administrativo pela PUC Minas (2019), em Direito Empresarial pela FGV (2016) e em Processo Civil pela PUC-SP (2011). Associada-Fundadora e Diretora do Instituto de Direito Administrativo Sancionador Brasileiro – Idasan. *E-mail*: brenda@clodomiraraujoadv.com.br.

Camyla Galeão de Azevedo
Doutoranda em Direito pela Universidade Federal de Minas Gerais. Advogada. Integrante do Grupo de Pesquisa (CNPq): Filosofia Prática: Investigações em Política, Ética e Direito.

Carina Cátia Bastos de Senna
Doutoranda e Mestre em Direito pela Universidade Autónoma de Lisboa – UAL. Juíza Federal lotada na 12 Vara Federal da SJPA. Juíza Federal – Membro Efetivo do Tribunal Regional Eleitoral do Pará (biênio 2021-2023). *E-mail*: carina.senna@trf1.jus.br.

Carolina Amaral Venuto
Advogada, com especialização em Direito Público e em Ciência Política e mais de 10 anos de atuação em relações institucionais e governamentais. Presidente da Associação Brasileira de Relações Institucionais e Governamentais (Abrig). Fundadora da Consultoria Ética Inteligência Política.

Daniela Lima Barbalho
Primeira-Dama do Estado do Pará, atuando no programa Terpaz, com o cargo de Ação Social Voluntária. Lidera programas voltados para assistência social, saúde materno-infantil e proteção da criança e do adolescente. Participou de parcerias com a Justiça do Trabalho nas ações de combate ao trabalho infantil. Em 2020, junto à desembargadora Zuíla Dutra e à juíza Vanilza Malcher, participou da II Marcha de Belém contra o Trabalho Infantil. Foi Secretária Municipal de Cidadania Assistência Social e Trabalho do município de Ananindeua, de 2007 a 2012, onde realizou ações para o desenvolvimento da cidade, como a criação de novos Centros de Referência de Assistência Social (Cras), ações itinerantes de cidadania e saúde nas comunidades, realização de baile de debutantes e casamentos comunitários para os moradores do município. Advogada. *E-mail*: danielalimabarbalho@gmail.com.

Debora Dias dos Santos
Bacharelanda em Direito na Universidade Federal do Pará. Bolsista de Iniciação Científica. Pesquisadora do Grupo de Estudos e Pesquisas Direito Penal e Democracia. *E-mail*: DeboraDiaSantos@outlook.com.

Denise Pinheiro Mendes
Advogada e sócia-fundadora do escritório Pinheiro & Mendes Advocacia. Diretora Regional do Estado do Pará da Associação Brasileira de Relações Institucionais e Governamentais – Abrig (2022-2023).

Elaine Freitas Fernandes
Mestre em Direito, Políticas Públicas e Desenvolvimento Regional. Doutoranda em Direito Público e Evolução Social/Direitos Fundamentais e Novos Direitos. Advogada. Consultora Jurídica, Professora Universitária e Palestrante. Coordenadora do Curso de Direito da Faculdade Estácio de Sá – Castanhal-PA. Tem experiência como Professora Universitária na disciplina de Direitos das Obrigações e Tópicos Integradores I, e na Estácio – Castanhal-PA nas disciplinas de Direito Civil II – Direito das Obrigações; Direito Civil III – Contratos; Direito Civil IV – Direitos Reais; Direito Civil VI – Sucessões; Direito Agrário. Experiência como Coordenadora do Núcleo de Prática de Jurídica – NPJ Estácio – Castanhal-PA. Presidente da Comissão de Direito Ambiental da OAB Castanhal-PA, triênio 2019-2021. Delegada Adjunta da CAA – Caixa de Assistência dos Advogados – Pará. Autora e organizadora de livros acadêmicos. Membro da Comissão de Ensino Jurídico – OAB subseção Castanhal. *E-mail*: elainefff@hotmail.com.

Eliana Maria de Souza Franco Teixeira
Doutora em Direitos Humanos pela Universidade Federal do Pará. Mestre em Direito do Estado pela Universidade da Amazônia. Professora do Programa de Mestrado em Gestão Pública e Programa de Mestrado em Direito e Desenvolvimento na Amazônia. Vice-Diretora da Faculdade de Direito do ICJ/UFPA. *E-mail*: elianafranco@ufpa.br.

Emy Hannah Ribeiro Mafra
Advogada. Mestranda em Direito. Pesquisadora do Grupo de Estudos e Pesquisas Direito Penal e Democracia. *E-mail*: emy_mafra@hotmail.com.

Flávia Góes Costa Ribeiro
Graduada em Direito pelo Centro Universitário do Pará (Cesupa). Assessora Jurídica junto à Procuradoria de Assessoramento Jurídico à Chefia do Poder Executivo (PGOV-PGE/PA). *E-mail*: flavia.goes@pge.pa.gov.br.

Flávia Piovesan
Professora Doutora em Direito Constitucional e Direitos Humanos da PUC-SP. Professora dos programas de Pós-Graduação da PUC-SP e da PUCPR. *Visiting fellow* do Human Rights Program da Harvard Law School (1995 e 2000). *Visiting fellow* do Centre for Brazilian Studies da University of Oxford (2005). *Visiting fellow* do Max Planck Institute for Comparative Public Law and International Law (Heidelberg – 2007; 2008; 2015; 2016; 2017; 2018; 2019; 2021; e 2022); *Humboldt Foundation Georg Forster Research Fellow* no Max Planck Institute (Heidelberg – 2009-2014); e *Lemman visiting scholar* do David Rockefeller Center for Latin America Studies da Harvard University (2018). Recebeu Research Award da Fundação Humboldt em 2022. Foi membro da UN High Level Task force for the implementatiton of the right to development e do OAS Working Group para o monitoramento do Protocolo de San Salvador em matéria de direitos econômicos, sociais e culturais. Foi membro da Comissão Interamericana de Direitos Humanos (2018 a 2021) e ex-vice-presidente da Comissão Interamericana (2020-2021).

Gabriela Ohana
Mestra em Direito pelo Programa de Pós-Graduação em Direito da Universidade Federal do Estado do Pará – UFPA. Pós-Graduada em Direito Público pelo Centro Universitário do Estado do Pará – Cesupa. Pós-Graduanda em Direito Previdenciário. Pesquisadora do Grupo de Pesquisa Consumo e Cidadania – CNPq. Professora da Graduação em Direito na Uniesamaz e Esamaz – Abaetetuba. Técnica Previdenciária A no Instituto de Gestão Previdenciária do Estado do Pará – Igeprev.

Gisele Santos Fernandes Góes
Doutora (PUC-SP) e Mestre (UFPA). Procuradora Regional do Ministério Público do Trabalho. Professora da Universidade Federal do Pará (UFPA). Belém, Pará, Brasil. *E-mail*: gisele.goes@ufpa.br.

Helena Maria Oliveira Muniz Gomes
Promotora de Justiça Titular da 2ª Promotoria de Tutela de Fundações Privadas, Associações de Interesse Social, Falência, Recuperação Judicial e Extrajudicial da Capital. Coordenadora do Núcleo do Terceiro Setor do Ministério Público do Pará. Palestrante na área do Terceiro Setor. Especialista em Direito Processual (Unama).

Jessica Katharine Gomes Marques
Bacharelanda em Direito na Universidade Federal do Pará. Bolsista de Iniciação Científica. Pesquisadora do Grupo de Estudos e Pesquisas Direito Penal e Democracia. *E-mail*: jessicakgmarques@gmail.com.

Juliana Pantoja Machado
Advogada. Mestre em Direitos Humanos, Política Pública e Desenvolvimento Regional (Cesupa). Mestranda em Filosofia (UFPA). Coordenadora do grupo de pesquisa Filped – CNPq.

Juliana Rodrigues Freitas
Doutora em Direito (2010 – UFPA/Università di Pisa – Itália). Mestre em Direitos Humanos (2003 – UFPA). Pós-Graduada em Direito do Estado (2006 – Universidade Carlos III de Madri – Espanha). Graduada em Direito (1998 – Universidade da Amazônia). Atua como Consultora Jurídica e Advogada na área eleitoral e municipal. Professora da Graduação e Mestrado em Direito do Centro Universitário do Estado do Pará – Cesupa. Leciona as disciplinas Direito Constitucional e Eleitoral no curso de Graduação, e Direito ao Desenvolvimento no curso de Mestrado do Centro Universitário do Pará. Professora substituta de Teoria Geral do Estado e Direito Constitucional da Universidade Federal do Pará, durante o período de 2003 a 2004. Pesquisadora do Observatório de Direito Eleitoral do CNPq, promovido pela Universidade do Estado do Rio de Janeiro – UERJ. Presidente da Comissão da Mulher Advogada OAB/PA (2018). Conselheira Seccional OAB/PA (2019-2021). Membra Consultora da Comissão Especial de Estudo da Reforma Política (OAB – Federal). Experiência em Direito Constitucional, Eleitoral, Municipal e Direito ao Desenvolvimento. Membra-Fundadora da Academia Brasileira de Direito Eleitoral e Político – Abradep. Pesquisadora do Grupo de Pesquisa Mineração e Desenvolvimento na Amazônia.

Lidia Maria Barbosa Calado Coimbra
Bacharela em Direito (Unama). Licenciada Plena em História (UFPA). Pós-Graduanda em Direitos Humanos (MP/UFPA). Especialista em Direito Agrário. Servidora Efetiva do Ministério Público do Pará, lotada no Núcleo do Terceiro Setor do Ministério Público do Pará – MPPA.

Loiane Prado Verbicaro
Professora da Universidade Federal do Pará. Programa de Mestrado em Filosofia e Programa de Mestrado em Direito e Desenvolvimento da Universidade Federal do Pará. Doutora em Filosofia do Direito pela Universidade de Salamanca e Pós-Doutora pela Universidade de São Paulo (USP). Líder do Grupo de Pesquisa (CNPq) Filosofia Prática: Investigações em Política, Ética e Direito.

Luanna Tavares
Mestra em Direito do Ordenamento, do Urbanismo e Meio Ambiente pela Faculdade de Direito da Universidade de Coimbra, Portugal. Pós-Graduada em Direito Tributário pela Pontifícia Universidade Católica de Minas Gerais – PUC Minas. Pesquisadora do Laboratório de Estudos Avançados em Direito Internacional e Ambiental – Lepadia. Técnica Previdenciária A no Instituto de Gestão Previdenciária do Estado do Pará – Igeprev.

Luanna Tomaz de Souza
Professora do Instituto de Ciências Jurídicas da Universidade Federal do Pará. Doutora em Direito (Universidade de Coimbra). Pós-Doutora em Direito (PUC-Rio). Coordenadora da Clínica de Atenção à Violência (CAV/UFPA) e do Grupo de Estudos e Pesquisas Direito Penal e Democracia. *E-mail*: luannatomaz@ufpa.br.

Maria Berenice Dias
Foi a primeira mulher a ingressar na magistratura do Rio Grande do Sul e a primeira desembargadora do estado. É Advogada com especialização em Direito Homoafetivo, Famílias e Sucessões. Vice-Presidente Nacional do IBDFAM. Presidente da Comissão Nacional de Direito Homoafetivo e Gênero do IBDFAM. Pós-Graduada e Mestre em Processo Civil.

Maria Betânia de Carvalho Fidalgo Arroyo
Doutora em Administração. Mestrado em Ensino Superior e Gestão Universitária. Especialista em Psicologia da Educação. Graduada em Pedagogia. Reitora da Universidade da Amazônia (Unama). Presidente do Conselho Estadual de Educação (CEE). Membro do Conselho Municipal de Educação (CME) de Belém. Presidente do Conselho Curador da Fundação Instituto para o Desenvolvimento da Amazônia (Fidesa). Presidente da Escola de Reitores do Estado do Pará (Fiespa). Conselheira Titular no Conselho Estadual sobre Drogas (Coned). Avaliadora de Instituições de Ensino pelo Conselho Estadual de Educação (CEE). Diretora Regional do Grupo Ser Educacional. Membro da Academia Paraense de Letras. Docente colaboradora no Programa de Pós-Graduação em Comunicação, Linguagens e Cultura (PPGCLC) da Unama. Pesquisadora/Coordenadora da linha relações de gênero do grupo de pesquisa GEPIDIi/Unama.

Maria de Nazaré Saavedra Guimarães
Desembargadora do Tribunal de Justiça do Estado do Pará (TJPA). Doutora em Ciências Jurídicas e Sociais pela Universidad del Museo Social Argentino (UMSA). Coordenadora da Comissão de Ações Judiciais em Direitos Humanos e Repercussão Social do Tribunal de Justiça do Estado do Pará (TJPA).

Maria de Nazaré Silva Gouveia dos Santos
Desembargadora do Tribunal de Justiça do Estado do Pará. Doutora em Ciências Jurídicas e Sociais pela Universidade Del Museo Social Argentino. Mestre em Direito pela Universidade Federal do Pará. Pós-Graduada em Direito Penal e Processo Penal pela Universidade Estácio de Sá – RJ.

Maria Fernanda Granja Gonçalves Pinheiro
Vice-Cônsul de Portugal em Belém – Pará, com jurisdição consular sobre seis estados do Norte do Brasil. Docente na Pós-Graduação em Conflitos Armados e Direitos Humanos e curso de Operações de Paz e Ação Humanitária da Universidade de Coimbra. Desempenhou funções no Ministério dos Negócios Estrangeiros, Ministério da Justiça, Ministério da Administração Interna em Portugal e Comissão Europeia. Foi agente portuguesa no Tribunal de Justiça da União Europeia. Licenciada em Direito, pela Faculdade de Direito da Universidade Católica de Lisboa. Pós-Graduada em Direitos Humanos e Democratização pela Faculdade de Direito da Universidade de Coimbra; em Ciências Jurídicas pela Faculdade de Direito da Universidade Católica de Lisboa; em Prática Forense pela Faculdade de Direito da Universidade Católica de Lisboa; em Relações Internacionais pelo Instituto Superior de Ciências Sociais e Políticas; em Estudos Europeus pela Faculdade de Direito da Universidade Católica de Lisboa; em Estudos Avançados em Administração Pública pelo Instituto Nacional de Administração Pública. Auditora no curso de Defesa Nacional no Instituto de Defesa Nacional, Ministério da Defesa.

Milene Dias da Cunha
Conselheira Substituta no TCE/PA. Mestre em Ciência Política pela Universidade Federal do Pará (2019). Especialista em Direito Público com ênfase em Gestão Pública pelo Complexo Jurídico Damásio de Jesus (2015). Especialista em Gestão de Pessoas e Marketing pelo Centro Universitário de Patos de Minas (2004). Graduada em Administração pelo Centro Universitário de Patos de Minas/Universidade Estado de Minas Gerais (2002). Vice-Presidente de Relações Jurídico-Institucionais da Associação dos Membros dos Tribunais de Contas do Brasil (Atricon) (2022 – atual). Vice-Presidente Jurídico-Institucional da Associação Nacional dos Ministros e Conselheiros Substitutos dos Tribunais de Contas (Audicon) (2022 – atual). Docente, autora de artigos e conferencista na área de controle externo e políticas públicas. *E-mail*: gabinete.milenecunha@tcepa.tc.br.

Moema Belluzo
Titular do Cartório Monte Alegre – Pará. Graduada em Direito. Especialista em Direito Notarial e Registral, Direito Civil e Processual Civil e Direito Ambiental. Mestre em Direito, Justiça e Desenvolvimento pelo Instituto Brasileiro de Direito Público. Doutoranda em Direito. Atualmente, também é Presidente da Associação dos Notários e Registradores do Estado do Pará (Anoreg-PA) e Diretora da Confederação Nacional dos Notários e Registradores.

Mônica Palheta Furtado Belém
Defensora Pública do Estado do Pará da classe especial e titular da 1ª Defensoria Pública Criminal Especializada. Especialista em Direitos Humanos pela Universidade Federal do Estado do Pará. Presidenta da Associação das Defensoras e Defensores Públicos do Estado do Pará (ADPEP) (biênio 2018/2020). Subdefensora Pública Geral da Defensoria Pública do Estado do Pará (biênio 2020/2022 e no atual mandato biênio 2022/2024). Membra nata do Conselho Superior da Defensoria Pública do Estado do Pará (CSDP). *E-mail*: mpfbelemdias@gmail.com.

Murielly Nunes dos Santos
Advogada. Contadora. Graduada em Direito e em Ciências Contábeis pelo Centro Universitário do Estado do Pará (Cesupa). Membro do Grupo de Pesquisa em Trabalho Decente (Cesupa/CNPq).

Paula Cristina Rodrigues Gomes
Advogada. *E-mail*: paularodrigues@pinheiroemendesadv.com.br.

Reijjane de Oliveira
Juíza de Direito do Tribunal de Justiça do Estado do Pará. Especialista em Direitos da Criança e do Adolescente. Especialista em Gestão Pública com ênfase em Direito Penal, Direito Processual Penal e Direitos Humanos. Juíza Auxiliar da Cevid. Coordenadora do Comitê de Incentivo à participação feminina no TJPA.

Roberta Coelho de Souza
Formada em 2002 pela PUC-Rio e Sócia-Diretora do Escritório Coelho de Souza. Mestranda em Direito pela Universidade de Lisboa. Líder em Análise de Dados e Inteligência Artificial pela Universidade de Chicago, USA. Membro da ILTA – International Legal Technology Association. Líder em Inovação pelo MIT – Massachussets Institute of Technology.

Suzy Elizabeth Cavalcante Koury
Doutora em Direito pela UFMG. Desembargadora do TRT da 8ª Região. Professora do Centro Universitário do Pará (Cesupa).

Vanessa Rocha Ferreira
Doutora em Direitos Humanos pela Universidade de Salamanca (Espanha). Mestre em Direitos Fundamentais pela Universidade da Amazônia (Unama/PA). Professora da Graduação e Pós-Graduação *Stricto Sensu* do Curso de Direito do Centro Universitário do Estado do Pará (Cesupa). Coordenadora do Grupo de Pesquisa Trabalho Decente (Cesupa/CNPq). Auditora do Tribunal de Contas do Estado do Pará (TCE/PA).

Esta obra foi composta em fonte Palatino Linotype, corpo 10
e impressa em papel Offset 75g (miolo) e Supremo 250g (capa)
pela Gráfica Formato.